A Era Vargas
Desenvolvimentismo, economia e sociedade

FUNDAÇÃO EDITORA DA UNESP

Presidente do Conselho Curador
Herman Jacobus Cornelis Voorwald

Diretor-Presidente
José Castilho Marques Neto

Editor-Executivo
Jézio Hernani Bomfim Gutierre

Assessor Editorial
João Luís Ceccantini

Conselho Editorial Acadêmico
Alberto Tsuyoshi Ikeda
Áureo Busetto
Célia Aparecida Ferreira Tolentino
Eda Maria Góes
Elisabete Maniglia
Elisabeth Criscuolo Urbinati
Ildeberto Muniz de Almeida
Maria de Lourdes Ortiz Gandini Baldan
Nilson Ghirardello
Vicente Pleitez

Editores-Assistentes
Anderson Nobara
Fabiana Mioto
Jorge Pereira Filho

PEDRO PAULO ZAHLUTH BASTOS
PEDRO CEZAR DUTRA FONSECA
(Orgs.)

A Era Vargas
Desenvolvimentismo, Economia e Sociedade

3ª reimpressão

© 2011 Editora Unesp

Fundação Editora da Unesp (FEU)
Praça da Sé, 108
01001-900 – São Paulo – SP
Tel.: (0xx11) 3242-7171
Fax: (0xx11) 3242-7172
www.editoraunesp.com.br
www.livrariaunesp.com.br
feu@editora.unesp.br

Cip-Brasil. Catalogação na fonte
Sindicato Nacional dos Editores de Livros, RJ

E55

A Era Vargas: desenvolvimentismo, economia e sociedade / Pedro Paulo Zahluth Bastos, Pedro Cezar Dutra Fonseca (orgs.) – São Paulo: Editora Unesp, 2012.

Inclui bibliografia

ISBN 978-85-393-0249-9

1. Vargas, Getúlio, 1882-1954. 2. Brasil – Condições econômicas – Século XX. 3. Brasil – Política econômica – Século XX. 4. História econômica – Século XX. 5. Brasil – Política e governo – 1930-1954. I. Bastos, Pedro Paulo Zahluth. II. Fonseca, Pedro Cezar Dutra

12-4323.   CDD: 330.981
                                                      CDU: 338.1(81)
25.06.12 10.07.12   036849

Editora afiliada:

Asociación de Editoriales Universitarias
de América Latina y el Caribe

Associação Brasileira de
Editoras Universitárias

Sumário

Apresentação
Desenvolvimentismo, economia e
sociedade na Era Vargas   7
Pedro Paulo Zahluth Bastos e Pedro Cezar Dutra Fonseca

Gênese e precursores do desenvolvimentismo
no Brasil   21
Pedro Cezar Dutra Fonseca

Do progresso ao desenvolvimento:
Vargas na Primeira República   51
Pedro Cezar Dutra Fonseca

Autoritarismo e corporativismo no Brasil:
o legado de Vargas   69
Ângela de Castro Gomes

Getúlio Vargas: o estadista, a nação
e a democracia   93
Luiz Carlos Bresser-Pereira

Crise de 1929, soberania na política econômica
e industrialização   121
Wilson Cano

Instituições e política econômica:
crise e crescimento do Brasil na década
de 1930   159
Pedro Cezar Dutra Fonseca

Ortodoxia e heterodoxia econômica antes e
durante a Era Vargas   179
Pedro Paulo Zahluth Bastos

O projeto de desenvolvimento de Vargas, a Missão
Oswaldo Aranha e os rumos da economia brasileira   219
Francisco Luiz Corsi

A construção do nacionalismo
econômico de Vargas   253
Pedro Paulo Zahluth Bastos

Os conceitos e seus lugares:
trabalhismo, nacional-estatismo e populismo   295
Jorge Ferreira

A "política do Exército" no primeiro governo
Vargas: 1930-1945   323
Ligia Osório Silva

Ascensão e crise do projeto nacional-desenvolvimentista
de Getúlio Vargas   361
Pedro Paulo Zahluth Bastos

Referências bibliográficas   455

Sobre os autores   477

Apresentação
Desenvolvimentismo, economia e sociedade na Era Vargas

Pedro Paulo Zahluth Bastos e Pedro Cezar Dutra Fonseca

Para além de suas realizações como estadista, Getúlio Vargas consolidou-se na memória coletiva brasileira pelos temas de sua Carta-Testamento: como o mártir que se sacrificou na defesa do interesse do povo-nação contra seus inimigos – trustes e cartéis que exploravam a economia popular, filiais estrangeiras que sagravam nossas reservas cambiais, países contrariados com nosso desenvolvimento e oligarquias e camadas médias, civis e militares resistentes à ampliação dos direitos de trabalhadores e da população pobre em geral. Mas também há uma memória negativa – do ditador, do político demagogo e do caudilho – consagrada pelas forças de oposição ao varguismo. E estas vão desde os grupos conservadores que lhe fizeram oposição, liderados pela União Democrática Nacional, a UDN, até intelectuais de esquerda, os quais consagraram a crítica acadêmica ao denominado populismo. A lembrança atual de Vargas e de seu tempo também deita raízes nas próprias necessidades do presente, em que as esperanças de reencontro com o desenvolvimento econômico e social encontram alento na figura do mártir e em suas realizações.

Vários capítulos deste livro procuram matizar aspectos do tempo de Vargas e de sua memória, em busca de nuances frequentemente apagadas seja nas apologias que ajudaram a construir sua lembrança, seja nas narrativas que procuraram detratá-lo, em meio a disputas teóricas e práticas em torno das políticas, das instituições e das esperanças legadas daquele período rico e complexo de nossa história. As gerações seguintes acostumaram-se a pensar o tempo de Vargas com olhos no presente, avaliando a atualidade ou não de seu legado. Ao mesmo tempo, olhavam o passado influenciadas pelas preocupações e projetos do presente.

Isso ocorreu porque a herança do tempo de Vargas se materializou em instituições e projetos que extrapolaram o contexto em que emergiram e continuaram a influenciar nossa história depois do trágico suicídio. O suicida continuou presente, como referência positiva ou negativa, para os homens que pretendiam fazer o futuro, e que consideravam que o passado que herdavam era marcado sobretudo pela figura do estadista. Quase dez anos depois de sua morte, por exemplo, o editorial do jornal *O Estado de S. Paulo* afirmava, saudando o Golpe de 1964, que finalmente o legado varguista seria enterrado. As honras continuavam a ser disputadas quarenta anos depois de sua morte: Fernando Henrique Cardoso, em entrevista de 1994, propôs-se o desafio de finalmente superar o que chamava "Era Vargas". Ainda em 2004, a morte de Leonel Brizola era encarada por uns como um último suspiro do varguismo e, por outros, como expressão de seu vigor. Hoje, mais de cinquenta anos depois do suicídio de Vargas, talvez como continuou ocorrendo desde então, a reação perante sua herança ainda se assemelha menos à constatação fria ou à avaliação equilibrada do que, nos extremos, à rejeição ou ao elogio acalorados.[1]

Para aqueles que o aceitam, não acriticamente, a força do legado do estadista é inseparável dos símbolos e aspirações, nacionalistas, trabalhistas e populares que o ex-presidente dizia estar incorporando ao sistema político brasileiro, tão bem retratados em sua Carta-Testamento. Foi o próprio Vargas que inaugurou o uso de sua memória como recurso político: reagindo com o suicídio perante o ultimato de seus inimigos, ele ofereceu o tremendo poder simbólico de sua morte e modificou o curso dos acontecimentos

---

1 Nos termos do editorial do jornal *O Estado de S. Paulo*, em abril de 1964, "a marcha convergente das tropas de São Paulo e Minas contra os desmandos do homem de São Borja [representou] o esmagamento completo, e desta vez definitivo, do Estado Novo" (apud Saretta, 2004). Em dezembro de 1994, já eleito presidente, Fernando Henrique Cardoso alegou restar "um pedaço do nosso passado que ainda atravanca o presente e retarda o avanço da sociedade. Refiro-me ao legado da Era Vargas, ao seu modelo de desenvolvimento autárquico e ao seu Estado intervencionista" (*Folha de S.Paulo*, 18 dez. 1994). Em 1999, o ex-presidente avaliou seu primeiro mandato como o início da superação da Era Vargas: "Eu disse [...] quando fui eleito, que queria botar fim na Era Vargas [...]. Acho que estamos deixando de viver sob o mando do que Getúlio fez. Bom, eu era getulista, meu pai era deputado pelo PTB [...] Mas cada um tem seu momento" (apud Saretta, 2004, p.4). Para visões diferentes sobre o significado da morte de Leonel Brizola, ver artigos de Maria Vitória Benevides, Marco Antônio Villa, Roberto Mangabeira Unger, Jânio de Freitas e Elio Gaspari na *Folha de S.Paulo*, 23 jun. 2004.

futuros. Um aliado contemporâneo (Abelardo Jurema) dizia que o cadáver de Getúlio parecia querer continuar mandando nos vivos, limitando seus raios de manobra, particularmente, quando tentavam questionar, mais uma vez, o legado do velho presidente. Em outra imagem reveladora, um líder histórico da UDN (Otávio Mangabeira) teria afirmado, em 25 de agosto de 1954, que Vargas vencera mais uma vez. Os ecos do tiro no peito ainda soavam na eleição presidencial de 1955, e mais tarde Juscelino Kubitschek diria acreditar que, sem o suicídio do ex-presidente, suas chances de assumir a Presidência seriam mínimas.[2]

A herança extrassimbólica de Vargas também é tudo menos desprezível. Outro ex-presidente, Luiz Inácio Lula da Silva, afirmou que não teria ascendido socialmente, passando a ganhar mais que o salário mínimo (criado por decreto-lei em 1940), sem ter prestado curso técnico oferecido por instituição inaugurada em 1942 (Serviço Nacional de Aprendizagem Industrial, Senai), regida por decreto-lei do mesmo ano, subordinada ao Ministério da Educação e dirigida pela Confederação Nacional da Indústria (instituições criadas nos anos 1930).[3] De fato, o legado da Era Vargas é inseparável

---

2 Nas palavras de Abelardo Jurema: "Getúlio foi deposto. Café Filho assumiu o governo e manteve a nau udenista. Mas a morte de Getúlio havia revolucionado a opinião pública. Dizem que os cadáveres fazem revoluções. Ele, que até o momento de dar um tiro no peito parecia um homem amaldiçoado, muito desprestigiado, de repente virou a mesa, e o cadáver dele continuou mandando no país". O depoimento de Eusébio Rocha é muito significativo da premeditação política do ato final: "uns dez meses antes do desenlace [...] ele deu um sorriso e disse: 'Tu te recordas como os árabes antigos puniam os seus criminosos de morte?' E aí entrou alguém, e a conversa parou nisso. Quando ele se suicidou, realmente eu compreendi. Os árabes antigos, o que é que faziam? Uniam o cadáver ao criminoso e punham no deserto [...] Você sabe que o povo depredou os jornais, virou carros de polícia, e que a UDN foi derrotada: o Juscelino se elegeu. Realmente, ele amarrou o cadáver dele na UDN". Sobre os comentários de Otávio Mangabeira ("Mais uma vez ele nos ganhou"), ver o depoimento de Cleantho P. Leite, reunido com os demais em Lima et al. (1986). Nas palavras de Kubitschek: "Infelizmente, Getúlio não soube contornar as dificuldades que surgiram em seu caminho. Em 1954, vimos que o suicídio de Getúlio conseguiu manter a Constituição, porque ele já estava praticamente deposto – à frente de seu governo já estava um vice-presidente inteiramente solidário com a UDN; tinha-se transformado num udenista. Mas, com o suicídio, o trauma, o choque que a nação levou foi tão forte, que a Constituição sobrepairou e o regime constitucional continuou. Nesta altura, começou verdadeiramente a minha entrada na vida política nacional" (Juscelino Kubitschek, *Depoimento*, concedido a M. V. Benevides em março de 1974, CPDOC-FGV – reg. E-19).

3 Nas palavras do ex-presidente Lula, durante a assinatura de convênio entre a CNI e o Ministério da Educação em 23 de abril de 2003: "Quem quer acabar com o Sistema S nunca passou pelo Sesi, Senai ou Sesc. Eu vivi o melhor momento da minha vida no Senai. Consegui

das instituições que ajudaram a direcionar o desenvolvimento econômico e social posterior do país. Quem nos lembra é alguém que participou do cotidiano do presidente, como chefe da assessoria econômica, durante seu segundo mandato presidencial, Rômulo de Almeida:

> Este segundo governo, o oriundo do voto popular, está despertando um interesse particular pela herança econômica (positiva) para a política do desenvolvimento e pelo (controvertido) legado político para a crise da representação no Brasil. Com efeito, nele foi criada a Petrobras, lançados os projetos da Eletrobrás, depois de implantado o Fundo Federal de Eletrificação, e o Plano do Carvão; estabelecidos o Banco Nacional de Desenvolvimento Econômico e o Banco do Nordeste do Brasil; estabelecida a Superintendência de Valorização Econômica da Amazônia – Spevea –, depois de uma longa conferência sobre a região que juntou representantes das várias esferas governamentais, da inteligência e do empresariado; ampliadas as fontes de financiamento rodoviário; implantados a Capes – Companhia de Aperfeiçoamento do Pessoal de Nível Superior – e o programa nuclear (Álvaro Alberto); instituídos a Carteira de Colonização do Banco do Brasil (que teve, lamentavelmente, vida breve), e o Instituto Nacional de Imigração e Colonização; expandido o crédito agrícola, criado o seguro agrário e ampliado o sistema de garantia de preços mínimos; dado preferência ao reaparelhamento de ferrovias e portos; lançada a base da indústria automobilística, com ênfase em caminhões e tratores, e a da expansão da indústria de base [...]. Convém observar que além das criações nesse pequeno período, foi ele caracterizado também pelo reforço das estruturas encontradas, como a Vale do Rio Doce, o DNER e o Fundo Rodoviário, a Companhia Siderúrgica Nacional e a Companhia Hidrelétrica do São Francisco, criadas no primeiro governo... Um exame do Programa de Metas, elaborado depois pelo Conselho Econômico, com apoio técnico do BNDE, no governo Kubitschek, revelará que esse dinâmico período é uma continuação do governo Vargas, pois a maioria dos projetos é baseada nos projetos, nas agências e nos fundos legados por este. (Almeida, 1982)

---

ganhar mais que um salário-mínimo e comprar minha primeira televisão, minha primeira casa e meu primeiro carro; tudo isso graças ao meu diploma de torneiro mecânico do Senai" (declaração disponível em: <www.dn.senai.br/sb/sb65/acaointegrada65.htm>. Acesso em: maio 2012).

A atualidade do legado institucional acima citado é inegável, como um símbolo material vivo de um tempo no qual Vargas foi o principal protagonista: a Consolidação das Leis do Trabalho, a qual consagrou juridicamente um conjunto de benefícios sociais (limites à jornada de trabalho, férias remuneradas, aposentadoria etc.), ainda é o arcabouço geral de regulação das relações de trabalho, e a Justiça do Trabalho continua sendo prezada por uns e odiada por outros em razão do dever público de seus juízes perante a legislação "outorgada" pelo velho presidente; o salário mínimo ainda é objeto de luta política e suas tendências de variação ainda influenciam a vida de milhões de brasileiros; a ampliação do crédito agrícola por meio de programas do governo federal e de carteiras do Banco do Brasil ainda são essenciais para os rumos da agricultura brasileira; o investimento na indústria e na infraestrutura ainda depende de financiamento do BNDES; a oferta de petróleo, da Petrobras; a oferta de energia elétrica, da Eletrobrás; e, embora privatizadas, a Companhia Vale do Rio Doce e a Companhia Siderúrgica Nacional (criadas em 1942) ainda são responsáveis por volume significativo dos minérios e do aço produzidos no Brasil e por parte importante de suas exportações. E suas privatizações na década de 1990, como de outras empresas criadas na Era Vargas, continuam sendo criticadas por muitos. De fato, a crítica das privatizações teve impacto importante nas eleições presidenciais de 2006, a ponto de levar os grupos políticos associados à desestatização decidirem evitar o tema no escrutínio de 2010. Os exemplos podem ser multiplicados.[4]

Muito embora reconheçamos sua atualidade, não pretendemos defender aqui que a totalidade do ideário varguista seja ou possa ser aplicado atualmente. Este dizia respeito a problemas específicos do seu tempo histórico, e parte do seu legado já foi negado historicamente, ou seja, superado não só teórica mas praticamente, como o autoritarismo político e a repressão a formas autônomas de organização dos trabalhadores. As transformações econômicas significativas das últimas décadas, no sentido do fortalecimento

---

4 Sobre a importância do tema das privatizações nas eleições presidenciais de 2006, ver Matos (2006). Para a importância deste e de outros temas associados historicamente à Era Vargas no segundo turno das eleições de 2006, ver matéria do *Valor Econômico*, "Privatização é rejeitada por 70% do eleitorado" (26 out. 2006). Sobre as eleições de 2010, ver *O Estado de S. Paulo*, "Serra refuta privatização como tema" (13 abr. 2010), e *Folha de S.Paulo*, "Serra acusa Dilma e o PT de 'terrorismo eleitoral'" (22 jun. 2010).

de corporações multinacionais e da integração internacional crescente, talvez tenham tornado mais complexa a intervenção econômica dos Estados nacionais. Mas a atração do legado desenvolvimentista e trabalhista resiste porque, além das instituições, muitos dos valores daquele tempo persistem: Vargas acreditava, como muitos homens de sua época, que o mercado livre e autorregulado não garantia o desenvolvimento econômico, nem reduzia a desigualdade social, mas tendia a aprofundá-la em meio a crises econômicas e sociais graves e recorrentes. Por isso, em sua opinião, expressa inúmeras vezes desde a época de estudante, o Estado deveria intervir para corrigir os defeitos do mercado, contribuindo para melhorar a posição do país na Divisão Internacional do Trabalho e assegurar maior coesão social, defendendo trabalhadores e empresários da anarquia capitalista, e assim preservando o próprio capitalismo da ameaça comunista. Para tanto, o Estado deveria executar uma espécie de regulação pública do individualismo econômico, promover novos direitos trabalhistas e políticas sociais e orientar e apoiar decisões privadas de investimento consideradas de interesse público. Mas deveria também concentrar recursos diretamente, por meio de empresas estatais e bancos públicos, para realizar investimentos requeridos pela modernização econômica do país, mas evitados por empresas privadas temerosas dos riscos envolvidos. Muitos brasileiros, assim como os autores deste livro, ainda compartilham, de modos e graus diferentes, do ceticismo quanto às benesses do mercado autorregulado e defendem que o conhecimento histórico é decisivo na reflexão sobre os modos de regulá-lo publicamente, em busca de maior desenvolvimento econômico e justiça social.

Para aprofundar o conhecimento histórico do tempo de Vargas, este livro enfoca as origens e a evolução do ideário e da prática varguistas. Quando o ideário nacional-desenvolvimentista e trabalhista emergiu? Qual seu significado histórico? Quais os dilemas que sua aplicação experimentou? Como evoluiu? No que fracassou, e onde teve sucesso, e por quê? Qual sua atualidade e no que foi superado? Estas são algumas das perguntas que este livro pretende responder. Os autores de seus capítulos apresentam experiências de pesquisa em suas áreas, e juntam-se aqui para tentar decifrar aspectos do que já se chamou "enigma Vargas". Os autores rejeitam o mito da ação pessoal como motor da história, mas reconhecem que, em certas circunstâncias históricas, sobretudo em momentos de crise profunda do modelo econômico, social e político de um país, a ação política assume papel crucial para encaminhar soluções emergenciais e rotas estratégicas para o desenvolvimento nacional. Nessas conjunturas, o papel de estadista é fundamental para delinear linhas de ação e liderar forças políticas em direção a novos rumos. Daí a importância que Vargas assumiu no período de crise da economia e da sociedade brasileiras na década de 1930 e na redefinição nacional-desenvolvimentista até a década de 1950.

As origens do ideário nacional-desenvolvimentista podem ser buscadas antes de 1930. Nos dois artigos iniciais desta coletânea ("Gênese e precursores do desenvolvimentismo no Brasil" e "Do progresso ao desenvolvimento: Vargas na Primeira República"), Pedro Cezar Dutra Fonseca argumenta que a superação da ideologia da "vocação natural" do Brasil para a especialização primário-exportadora e dos dogmas liberais do mercado autorregulado, verificadas na década de 1930, tem raízes nas tradições intelectuais positivista, papelista e nacionalista modernizadora, mas que o papel do desenvolvimentismo como guia para a ação política foi inaugurado, sistematicamente, no governo estadual de Vargas em 1928. Mas antes desse ano já se pode constatar certa coerência no pensamento do ex-presidente, como o antiliberalismo, a defesa do intervencionismo e da necessidade de industrialização, conquanto esses objetivos viam-se limitados por sua formação positivista, que o fazia adepto do dogma da austeridade fiscal e monetária, tal como o liberalismo econômico e mesmo parte dos nacionalistas industrialistas brasileiros. Esses princípios eram questionados pela doutrina papelista, a qual advogava a expansão do crédito como fundamental para assegurar a expansão econômica nas "economias monetárias complexas", como diria Vargas. Mas em 1928 ele acabou superando a própria tradição papelista ao justificar a intervenção estatal sobre o sistema financeiro por meio da criação de um banco público que não deveria se limitar, como na tradição papelista brasileira, ao controle de crises financeiras e à oferta de crédito comercial. Ele deveria estimular também a modernização produtiva por meio da expansão do crédito de maior prazo para investimentos privados e, no caso da agropecuária, a sustentação de preços mínimos para garantir a rentabilidade de ramos sujeitos a instabilidades cíclicas e à concorrência anárquica e predatória. Essa inovação ideológica e prática marcaria a atuação posterior de Vargas no Poder Executivo nacional e seria um elemento fundamental para assegurar a rapidez da recuperação econômica brasileira e a reorientação de seu desenvolvimento na década de 1930, como outros capítulos do livro procuram explicar.

Mas Vargas não trouxe do Rio Grande do Sul para a arena da política nacional apenas a defesa de um Estado intervencionista na economia: ele também era partidário da tradição de um Estado autoritário modernizador, capaz de domar oligarquias interessadas em preservar o país em uma especialização agropecuária atrasada, como o Partido Republicano Rio-Grandense (PRR) fizera em relação aos pecuaristas da Campanha Gaúcha. Em parte por isso, Vargas alinhou-se, depois de 1930, a uma corrente de pensamento que, desde a República Velha, era crítica do Estado liberal e defensora da centralização federal contra o poder das oligarquias estaduais. Essa corrente autoritária é investigada por Ângela de Castro Gomes no capítulo "Autoritarismo e corporativismo no Brasil: o legado de Vargas", no qual destaca a contribuição de três intelectuais, Oliveira Viana, Francisco Campos e Azevedo Amaral, que assumiriam papel de relevo político e ideológico depois da Revolução de 1930. Esses autores foram fundamentais para a formação do projeto do Estado Novo, legitimado pela necessidade de ultrapassar a dicotomia entre Brasil legal (liberal e oligárquico) e Brasil real (moderno e nacional), sendo a centralização do Estado e a criação de formas representativas corporativas o caminho para a nacionalização e a modernização do poder público no Brasil. A autora mostra também que Vargas legou à posteridade a *mística da presidência* forte, capaz de superar a distância entre os interesses particulares dos principais atores privados – as oligarquias locais que só lutavam por si controlando as instituições representativas liberais (eleições, partidos políticos e o Poder Legislativo) – e os interesses nacionais/gerais de modernização econômica e justiça social, a serem defendidos por um Estado forte e por um presidente comprometido com a verdadeira soberania popular.

O sentido da ação política de Vargas é investigado por Luiz Carlos Bresser-Pereira no capítulo "Getúlio Vargas: o estadista, a nação e a democracia". O autor distingue os líderes políticos em três tipos: aquele que se antecipa à sua sociedade, aquele que a acompanha e aquele que a faz voltar para trás. Um estadista tem capacidade de se antecipar aos fatos e liderar forças políticas em direção a novos rumos. Vargas foi um estadista porque, num momento de crise da dominação política oligárquica e da economia agroexportadora que a sustentava, liderou a revolução nacional e industrial brasileira, encontrando um país agrário e atrasado quando assumiu o governo e, 24 anos depois, deixou-o industrializado e dinâmico. É claro que Vargas não agiu sozinho: as resistências da oligarquia dominante na Primeira República e dos centros industriais internacionais que desejavam manter o país especializado em atender às necessidades externas de alimentos e insumos primários foram superadas por meio de uma nova coalizão da qual faziam parte a burguesia industrial nascente, a burocracia política e profissional nascente no próprio seio do Estado, trabalhadores urbanos e setores da velha oligarquia, principalmente os voltados ao mercado interno. Segundo Bresser-Pereira, tanto quanto os setores agroexportadores deslocados do poder em 1930, Vargas era autoritário, mas, ao contrário deles, o sentido de sua ação política não era elitista, sendo o primeiro líder político brasileiro a buscar as bases de sua legitimidade no povo. Ao contextualizar a adesão geral ao autoritarismo na década de 1930, argumenta que a história mundial nos traz a lição de que a democracia só se consolida em um Estado-nação depois que ele completou sua revolução capitalista, de maneira que o controle direto do poder político deixa de ser condição necessária para a apropriação do excedente econômico. Isso permite entender por que Vargas liderou autoritariamente, desde 1930, o projeto de superação da condição semicolonial do Estado brasileiro e a revolução industrial nacional, mas voltou ao poder "nos braços do povo" na década de 1950 contra as resistências autoritárias e golpistas de militares e políticos que se opunham a seu "populismo" democrático e às propostas do Partido Trabalhista Brasileiro (PTB).

O sentido da ação política de Vargas também é enfocado no capítulo "Crise de 1929, soberania na política econômica e industrialização", em que Wilson Cano discute como a Crise de 1929 desestruturou a tradicional Divisão Internacional do Trabalho e abriu espaços para que países exportadores primários caminhassem rumo à industrialização. Sob esse pano de fundo, o autor alega que a recuperação diante da crise foi mais bem-sucedida onde existiu uma *vontade política*, explicitada por um Estado nacional atuante e indutor do setor privado, voltado à aplicação de políticas econômicas não apenas em reação à crise, mas orientadas à industrialização. Com essa perspectiva, o autor discute a política econômica do primeiro governo Vargas, e rejeita o argumento tradicional segundo o qual a recuperação resultou de políticas inconscientes ou foi atrapalhada por políticas econômicas ortodoxas.

O problema da superação da ortodoxia econômica e sua relação com a rápida recuperação da economia brasileira no início da década de 1930 é discutido nos dois capítulos subsequentes sob diferentes ângulos. Em "Instituições e política econômica: crise e crescimento do Brasil na década de 1930", Fonseca defende que a consciência do governo brasileiro por uma opção industrializante pode ser demonstrada pelas instituições criadas e alteradas no período, pois representam mecanismos, regras, arenas e espaços para, dentro do aparelho estatal e sob sua influência, reorientar a economia, definindo uma nova relação entre Estado/empresariado/mercado/trabalhador. Contraria, portanto, a tese altamente difundida na literatura que defende que só nas décadas de 1940 ou 1950 se pode falar de um projeto deliberado de industrialização.

Em "Ortodoxia e heterodoxia econômica antes e durante a Era Vargas", Pedro Paulo Zahluth Bastos defende que, ao longo da década de 1930, consolidou-se uma nova hierarquia entre objetivos econômicos, que subordinou as políticas macroeconômicas às necessidades da expansão interna, mais do que às exigências de austeridade dos credores externos. Essa transição no padrão de gestão macroeconômica é associada à crise econômica internacional e, no Brasil, à crise do modelo de desenvolvimento pautado em exportações primárias e abertura financeira, às ideias econômicas heterodoxas de Getúlio Vargas e aos desdobramentos da Revolução de 1930, que acabaria modificando substancialmente as relações entre classes e frações de classe, e entre Estado e economia, ajudando a redefinir a via de desenvolvimento capitalista no Brasil em direção ao mercado interno, à integração regional, à industrialização e à sociedade urbana de massas. O capítulo também explica por que, em meio a pressões contraditórias, a transição do modelo de política macroeconômica foi gradual, porém mais rápida na política monetária do que na fiscal.

Ultrapassados os momentos mais críticos das crises econômica e política do início dos anos 1930, quais os êxitos e as dificuldades do modelo de desenvolvimento que se foi delineando na Era Vargas? Qual o papel do Estado e das empresas privadas (nacionais e estrangeiras) nos setores estratégicos? Qual a relação com as potências internacionais e o capital estrangeiro? Quais forças políticas apoiavam ou atacavam os projetos econômicos e sociais getulistas?

Essas questões são abordadas pelos demais capítulos do livro. Em "O projeto de desenvolvimento de Vargas, a Missão Oswaldo Aranha e os rumos da economia brasileira", Francisco Luiz Corsi discute a definição de um projeto nacional de desenvolvimento e os obstáculos enfrentados, particularmente os problemas relativos a seu financiamento, nos primeiros anos do Estado Novo. O autor enfatiza a discussão da política econômica externa, pois a considera um elemento importante para a definição de tal projeto em um contexto internacional em que se abriam novas possibilidades de desenvolvimento, decorrentes de uma relativa desarticulação da economia mundial e do acirramento dos conflitos interimperialistas. Conclui mostrando como, depois de oscilar entre a opinião germanófila e americanófila, por motivos internos e externos, o governo Vargas se alinhou aos Estados Unidos, em troca de concessões que permitiram superar parte das restrições financeiras e cambiais que se antepunham ao desenvolvimento econômico brasileiro.

Em "A construção do nacionalismo econômico de Vargas", Bastos argumenta que a rejeição do internacionalismo liberal e a ênfase no controle nacional sobre a economia e o sistema político foram aspectos centrais da ação política do ex-presidente, mas que o *estilo* peculiar de nacionalismo econômico de Vargas não nasceu pronto, construindo-se pragmaticamente diante de restrições financeiras e políticas, internas e externas, cujos desdobramentos alçaram a empresa estatal ao papel de agente central do desenvolvimento econômico, nos ramos siderúrgico, petrolífero e de energia elétrica. Em todos os ramos em questão, uma mesma dinâmica pode ser identificada: depois de, inicialmente, buscar atrair filiais estrangeiras para um novo estilo de desenvolvimento nacional que rompia com a tradição liberal agroexportadora, o estadista tentou obter fundos públicos externos e, conseguindo-os ou não, recorreu à formação de fundos financeiros locais destinados a empresas estatais, como a Petrobras e a Eletrobrás, sem as quais já não mais considerava possível superar estrangulamentos estruturais ao desenvolvimento. Com base nisso, o autor defende que três características permaneceram centrais ao desenvolvimentismo de Vargas: o antiliberalismo, o oportunismo nacionalista e a capacidade de adaptação a circunstâncias históricas cambiantes.

Em "Os conceitos e seus lugares: trabalhismo, nacional-estatismo e populismo", Jorge Ferreira mostra que o nacional-estatismo difundiu-se por vários países que reagiram à crise do liberalismo econômico a partir da década de 1930, sobretudo em países periféricos cuja resposta à crise foi a industrialização. Lançando mão do conceito de nacional-estatismo, o autor alega, porém, que sua forma particular no Brasil foi o trabalhismo: as diversas políticas públicas introduzidas por Vargas entre 1930 e 1945 receberam, a partir de 1942, este nome, embora, para a população, naquela época, trabalhismo e getulismo tivessem o mesmo significado. Nos anos 1950, o projeto trabalhista tornou-se mais consistente, em especial pelo crescimento do PTB, mas, durante a ditadura militar, a tradição trabalhista foi renomeada de populismo, detratando-a com a pecha de demagogia, corrupção e irresponsabilidade administrativa. Baseado em pesquisa histórica bem documentada, o autor critica os abusos do conceito de populismo para designar, em geral, a luta entre correntes políticas diferentes antes de 1964, ou para exagerar o poder de manipulação de lideranças políticas e sindicais personalistas sobre um "povo-massa" amorfo. O autor mostra como se formava no Brasil, por meio da ação de lideranças e bases, uma cultura política vigorosa, com legados presentes na atual conjuntura, em que circulava o ideário de que os trabalhadores tinham direitos e que deviam lutar para mantê-los e ampliá-los, reconhecendo as diferenças entre as personalidades partidárias que disputavam seus votos e opinavam sobre seus direitos.

Em "A 'política do Exército' no primeiro governo Vargas: 1930-1945", Lígia Osório Silva discute como e por que a cúpula do Exército se envolveu com a ideologia do desenvolvimento econômico nacional durante a Era Vargas, com apoio inicial ao presidente capaz de expandir o controle nacional sobre a economia e o sistema político para assegurar a defesa nacional e suas bases materiais, mas dele se afastando à medida que o trabalhismo varguista se identificava crescentemente com aspirações distributivas, já em 1945. Ao final do primeiro governo Vargas, praticamente toda a corporação militar era adepta do desenvolvimentismo, mas o Exército havia se dividido entre aqueles que identificavam e aqueles que separavam os ideais de desenvolvimento econômico e as aspirações de desenvolvimento social, o que contribui para explicar as intervenções militares golpistas em 1945, 1954 e 1964, lideradas pelas cúpulas conservadoras das Forças Armadas.

Em "Ascensão e crise do projeto nacional-desenvolvimentista de Getúlio Vargas", Bastos avalia o segundo governo de Vargas afirmando que este se iniciara com uma estratégia, antecipada em discursos do ex-presidente durante a oposição ao governo Dutra e na própria campanha presidencial, a qual deixara para trás a relativa improvisação e ausência de sistematização características da década de 1930, ao rejeitar publicamente a ortodoxia econômica e ao articular coerentemente a gestão da política macroeconômica ao projeto de desenvolvimento econômico e social. A seguir, o autor analisa a crise do projeto desenvolvimentista em seus três aspectos principais: a crise sociopolítica interna, a crise da política externa e a crise estrutural da industrialização, manifesta na crise cambial de 1952 em diante. O autor conclui abordando o legado de Vargas, alegando que seu projeto nacional não foi capaz de superar restrições políticas e econômicas, que ele não conseguiu levar em vida o país à industrialização pesada e, muito menos, converter a burguesia nacional, elites políticas e militares ao ideário trabalhista de justiça social. Não obstante isso, o suicídio que se seguiu ao fracasso de seu projeto adiou o golpe conservador por uma década e permitiu, nesse ínterim, que parte de suas instituições, projetos e fundos financeiros formassem a base do Plano de Metas de Kubitschek, além de consolidar o ideário desenvolvimentista e trabalhista, com efeitos políticos de longo prazo.

Gênese e precursores do desenvolvimentismo no Brasil[1]

Pedro Cezar Dutra Fonseca

Usualmente, o termo "desenvolvimentismo" remete de imediato às teorias cepalinas e, como fenômeno histórico, em geral é associado no Brasil aos governos a partir da década de 1950, como o de Getúlio Vargas e o de Juscelino Kubitschek. Numa análise mais abrangente, demonstra-se que mesmo os militares, com o rompimento político ocorrido em 1964, continuaram aplicando políticas desenvolvimentistas. Na falta de uma definição mais precisa, o desenvolvimentismo é muitas vezes confundido com outros fenômenos associados a ele em experiências históricas mais típicas: defesa da industrialização e do intervencionismo, que vai desde políticas econômicas expansionistas, pró-crescimento, até o planejamento e a criação de empresas e bancos de fomento estatais, geralmente emoldurados por uma retórica com apelos ideológicos nacionalistas.

Este artigo propõe-se a contribuir para a recuperação, de forma mais sistemática, das origens do desenvolvimentismo no Brasil. Há que se distinguir, de início, dois planos que, do ponto de vista metodológico, a análise precisa abranger para atingir seu propósito.

O primeiro, o das ideias, indaga quais os precursores do ideário que, na segunda metade do século XX, associou-se ao que se convencionou denominar "desenvolvimentismo". Embora haja controvérsias sobre seu significado e alcance, este é entendido, numa primeira abstração que servirá como ponto de partida, como possuindo um "núcleo duro" que o caracteriza em suas várias manifestações concretas, como a defesa: (a) da

---

1 Este capítulo foi publicado, como artigo, na revista *Pesquisa & Debate*, São Paulo, PUC-SP, v.15, n.2(26), jul./dez. 2004, p.225-256.

industrialização, (b) do intervencionismo pró-crescimento e (c) do nacionalismo, embora este deva ser entendido num sentido muito amplo, que vai desde a simples retórica ufanista conservadora até propostas radicais de rompimento unilateral com o capital estrangeiro. Acompanhando historicamente a gênese dessas ideias no Brasil, detecta-se sua existência, embora de forma fragmentária, desde a época do Império – e algumas, como as nacionalistas, remontam ao período colonial.

O segundo plano, conquanto não dissociado do primeiro, enfoca mais diretamente a política econômica, as medidas efetivamente propostas e/ou aplicadas pelos governos. Com isso, convém indagar: quando um governo pode ser considerado "desenvolvimentista"? Qual a primeira experiência histórica no Brasil? Quando efetivamente há o ponto de inflexão em que as ideias e/ou práticas parciais e fragmentárias são ultrapassadas e se chega efetivamente em outro estágio, que com mais rigor se pode detectar o fenômeno histórico do desenvolvimentismo? E, o que é mais difícil precisar metodologicamente: qual seria esse ponto de corte, já que a defesa da industrialização, de políticas intervencionistas pró-crescimento e de ideias nacionalistas é muito mais antiga do que o que normalmente se considera como desenvolvimentismo, um fenômeno típico do século XX, principalmente após a ascensão de Vargas ao poder em 1930?

Assinala-se, desde já, que simples declarações de autoridades em defesa de medidas de política econômica correlatas ao referido "núcleo duro" não permitem, por si só, que se considere um governo como desenvolvimentista. Nem se precisa apelar para a velha dicotomia entre discurso e prática, ou mesmo para a complexa e sempre polêmica relação entre discurso e práxis cotidiana dos homens, para defender esse ponto de vista. Há uma razão básica de ordem empírica: nem sempre os três elementos do "núcleo duro" aparecem associados historicamente; ao contrário, demorou bastante tempo até os mesmos conjugarem-se, com certa coerência, em um ideário comum. Assim, *gratia argumentandi*, nem sempre a defesa da industrialização associou-se a políticas conscientes e amplas de intervenção estatal; da mesma forma, como se mostrará adiante, o intervencionismo nem sempre foi pró-industrial e nem mesmo teve como objetivo central o crescimento (ou o desenvolvimento) da economia.

Para se falar em desenvolvimentismo, então, um primeiro pré-requisito se impõe: a associação dos três elementos do "núcleo duro" em um conjunto comum de ideias concatenado e estruturado. Mas não apenas isso. O desenvolvimentismo, tal como tomou vulto no Brasil e na maior parte dos países latino-americanos, ia além de um simples ideário, mas emergiu como um guia de ação voltado a sugerir ou justificar ações governamentais conscientes. Estabelece-se, portanto, a hipótese de que sem uma política consciente e deliberada não se pode falar em desenvolvimentismo. Este não pode ser reduzido, como fenômeno histórico, a simples medidas de expansão da demanda agregada, a manifestações nacionalistas ou a reivindicações corporativistas em defesa da indústria. Além da união dos três elementos, o salto maior ocorre quando o conjunto de ideias, como toda boa ideologia, passa a justificar a si mesmo, ou seja, quando há a defesa explícita de que a principal tarefa do governo consiste na busca do desenvolvimento econômico, que este é seu maior dever, seu objetivo central, no limite, sua razão de ser.

Formula-se, portanto, de forma mais precisa, a primeira hipótese a ser trabalhada: quatro são as correntes de ideias que antecedem o desenvolvimentismo, as quais se associam para sua constituição. Além das três antes mencionadas – a dos nacionalistas, a dos defensores da industrialização e a dos intervencionistas pró-crescimento –, o positivismo é a quarta corrente de ideias que veio contribuir para sua formação e, associado às três anteriores, permitiu a construção de um fenômeno historicamente novo: o desenvolvimentismo. Nesse ideário, o desenvolvimento não é apenas uma palavra de ordem a mais, mas o elo que unifica e dá sentido a toda a ação do governo, ao legitimar a ampliação de sua esfera nos mais diferentes campos, além da economia propriamente dita: educação, saúde, legislação social, cultura, políticas públicas etc. Torna-se um fim em si mesmo, porquanto advoga para si a prerrogativa de ser condição para desideratos maiores, como bem-estar social, ou valores simbólicos de vulto, como soberania nacional. Assim, o desenvolvimento assume a configuração de uma utopia, um estágio superior a ser conquistado, com patamar mais elevado de felicidade. Sem ele a nação permanecerá no atraso, com péssima distribuição de renda, periférica ou subordinada no contexto internacional, com indicadores sociais degradantes. Mas a reversão desse quadro não vem espontaneamente, deve ser construída, exige ação, determinação, vontade e – em suas versões mais maduras – planejamento. Só por meio do Estado, como instituição que materializa por excelência a racionalidade burocrática e política, isso pode ser conseguido. Como toda boa ideologia, constrói-se um projeto de sonho que se propõe factível e realizável – e que, portanto, incita a um programa de ação.

Reconstituir-se-á adiante, em largos traços, a trajetória dessas ideias, bem como se ensaia uma segunda hipótese, a qual diz respeito a quando se pode detectar o ponto de inflexão antes mencionado. Este teria ocorrido ainda na Primeira República, com a ascensão de Vargas ao governo do Rio Grande do Sul, em 1928.

Isso posto, para fins de exposição, pode-se arrolar como precursores do desenvolvimentismo: (a) os nacionalistas, (b) os defensores da indústria, (c) os papelistas e (d) os positivistas. Embora um mesmo personagem possa perfilhar-se a mais de uma dessas correntes, a delimitação é um instrumento metodológico útil justamente por permitir demonstrar que a relação entre elas não é necessária, e levou um longo tempo para que confluíssem, em meados do século XX, num mesmo corpo de ideias, permitindo a formação mais nítida do que ficou consagrado como desenvolvimentismo. Neste artigo, após abordar cada uma das correntes separadamente, a quarta seção, "Os positivistas", as retoma associando-as à segunda hipótese e, à guisa de conclusão, enfoca a experiência desenvolvimentista do governo gaúcho de Vargas ao final da Primeira República.

Os nacionalistas

A mais antiga das quatro correntes é sem dúvida o nacionalismo, pois remonta ao período colonial. As primeiras manifestações nacionalistas tiveram lugar geralmente como crítica ao exclusivismo metropolitano ou a aspectos pontuais da condição colonial, sem todavia encamparem um projeto de separação. Ficaram consagradas na literatura tradicional de história política como "revoltas nativistas", enaltecidas como os primeiros atos de rebeldia contra Portugal. Ocorreram desde o final do século XVII, como a aclamação de Amador Bueno (São Paulo) e a Revolta de Beckman (Maranhão), até as primeiras décadas do século XVIII, como os movimentos dos Emboabas (Minas Gerais), dos Mascates (Pernambuco) e o Motim do Maneta (Bahia). Embora sem encampar uma proposta clara de independência do país, esses movimentos, ao expressarem descontentamento com aspectos parciais da situação colonial, como o monopólio comercial ou a centralização político-administrativa na metrópole, podem ser considerados como a forma mais embrionária do nacionalismo, ao apontar para a não coincidência de interesses entre brasileiros e portugueses, seja por parte de lideranças mais bem situadas socialmente ou por parte da população livre de estratos intermediários, o "povo".

Já a partir do século XVIII, e principalmente da revolta liderada por Felipe do Santos em 1720, em Vila Rica, gradualmente o nacionalismo apareceu de forma mais nítida e se associou à defesa da independência. Destacam-se, neste sentido, as conjurações Mineira (1789), Baiana (1798) e Pernambucana (1817). Como participante destas últimas destaca-se, nas primeiras décadas do século XIX, Cipriano Barata, "o homem de todas as revoluções", nacionalista mais radical e que associava esse sentimento ao liberalismo, ao criticar o absolutismo e a centralização monárquica no Rio de Janeiro, mesmo após a Independência. A década de 1820 provavelmente é o período do século XIX em que o nacionalismo foi mais marcante e exacerbado, polarizando a política entre os partidos "português" e "brasileiro", e com a divisão entre os nacionalistas "moderados" e "exaltados". Caio Prado Jr. (1969, p.50) chamou atenção para o "xenofobismo extremado dos constituintes" nesse momento em que nacionalismo significava dar os primeiros passos para a construção de uma nova nação e havia guerra interna em diversas províncias fiéis a Lisboa, como Bahia, Cisplatina e Grão-Pará.

Importa assinalar que, nesse momento, nacionalismo e liberalismo não se opõem, como ocorrerá mais tarde; antes andam juntos. Afora a questão da escravidão, que dividiu as elites e encontrava adeptos até entre os revolucionários mais radicais, o nacionalismo significava não só romper os laços com Portugal, mas expressar o repúdio às leis, regulamentações, concessões monopolistas e outras instituições mercantilistas, do ponto de vista econômico, e a afirmação da soberania nacional, no campo político. E esta dependia do estabelecimento da supremacia do Parlamento ("representante" dos brasileiros) sobre o imperador, absolutista e herdeiro do trono português, movimento que culminou com a abdicação de D. Pedro I e com a ascensão ao poder, pela primeira vez, de brasileiros, com as Regências.

Essa associação entre nacionalismo e liberalismo aparece de forma mais nítida quando se traz à baila o desfecho do cenário político, embora, como se mostrou, também abarque matérias de natureza econômica.

Tradicionalmente, a literatura de história econômica assinala a tarifa Alves Branco, de 1844, como uma das primeiras manifestações de nacionalismo. Embora seja duvidoso que a mesma tenha resultado em efeito protecionista, pois a alíquota da maior parte dos produtos (30%) era considerada baixa pelo próprio ministro, não resta dúvida de que a discussão que envolveu a política tarifária permeou-se por forte nacionalismo, tendo Alves Branco assinalado que a Assembleia visava "não só preencher o déficit do Estado, como também proteger os capitais nacionais já empregados dentro do país em alguma indústria fabril e animar outros a procurarem igual destino" (Luz, 1975, p.24).

Independentemente dos efeitos da tarifa, os pronunciamentos de Alves Branco e do deputado e ministro da Fazenda Joaquim José Rodrigues Torres permitem destacá-los nesse período do início do Segundo Império como os representantes de certo nacionalismo não radical, mas já associado à defesa da indústria. A seguinte afirmação de Alves Branco deixa claro seu ponto de vista: a indústria deve ser defendida, mas ela não se opõe, antes se complementa, às atividades primárias. Uma alavanca a outra e, como resultante, diminui a vulnerabilidade de depender de mercados externos:

> A indústria fabril interna de qualquer povo é o primeiro, mais seguro e abundante mercado de sua lavoura; a lavoura interna de qualquer povo é o primeiro, mais seguro e abundante mercado de sua indústria. Os mercados estrangeiros só devem ser considerados auxiliares para uma e outra, e jamais, como principais. (Luz, 1975, p.50)

Surpreende nesta declaração de Alves Branco o fato de antecipar em quase um século uma das marcas do desenvolvimentismo brasileiro do século XX: o entendimento de que não há oposição frontal entre os interesses "nacionais" e da indústria, de um lado, e os do capital estrangeiro, de outro. O centro da economia deve repousar no mercado interno, o "principal", mas sem rompimento com outros países, considerados mercados "auxiliares" tanto para a indústria como para a agricultura nacional. Ficava estabelecido, também, que embora nem todo nacionalismo fosse industrializante, a defesa da indústria tinha no nacionalismo um de seus melhores argumentos, com apelo emocional e ideológico inquestionável.

Dos mais moderados aos mais radicais, os defensores da indústria recorreriam, daí em diante, ao nacionalismo como ponto importante de seu discurso.

A próxima seção abordará os mais destacados defensores da indústria em sua origem, os quais formam inquestionavelmente uma das vertentes precursoras mais importantes do desenvolvimentismo. Mas antes disso é preciso mencionar, mesmo brevemente, a existência de outra corrente que ajuda a evidenciar como a relação entre nacionalismo e indústria não foi coincidente nem linear em sua história: os nacionalistas agrários. Dentre estes, destacam-se, principalmente no período que vai do final do século XIX às primeiras décadas do século XX: Américo Werneck, Eduardo Frieiro e Alberto Torres.

A marca do nacionalismo agrário consistia em enaltecer o setor primário como a vocação da economia brasileira, em associação a certo ufanismo que glorificava a natureza privilegiada do país. Assim, com base na ideia de vantagens comparativas, aconselhava-se a especialização primária devido ao fato de os recursos naturais serem fator abundante, enquanto mão de obra e capital eram escassos. Américo Werneck, mineiro, autor de diversas obras sobre temas econômicos publicadas principalmente na última década do século XIX, na mesma linha de Alves Branco, não via oposição entre agricultura e indústria, mas entendia que o governo deveria concentrar mais atenção na primeira, condenando o crescimento da época do Encilhamento como artificial e responsabilizando o protecionismo como causa da inflação. Werneck não era propriamente liberal: defendia a intervenção governamental em prol da produção primária e preconizava diminuir a taxação sobre os produtos agrícolas e, em alguns trabalhos, estendia essa defesa à agroindústria.

Já Eduardo Frieiro e Alberto Torres eram mais radicais. O primeiro possuía um pensamento bastante original, o qual assumia uma exótica coloração do que se poderia denominar, com certa licenciosidade, de "nacionalismo fisiocrático". Condenava a vida urbana e a indústria, ressaltando idilicamente as qualidades da vida rural, criticando a agitação social, o protecionismo e a inflação, os quais associava à sociedade industrial – tida, por sua vez, como um fenômeno europeu que não deveria ser copiado. Nícia Vilela Luz denominou sertanismo essa "exaltação e idealização do sertão", a qual repudiava o capital estrangeiro, em um tom de volta ao passado e mostrando inconformidade com o crescimento industrial em curso (Luz, 1975, p.92).

Já Alberto Torres possui obra bastante extensa e foi o autor de mais impacto, não apenas por ser escritor prolífico e articulista, mas por seu espírito militante, sempre voltado a apresentar projetos e novas propostas para o país. É o caso de *O problema nacional brasileiro: introdução a um programa de organização nacional*, de 1914, obra marcada por forte nacionalismo, a qual acusava o capital estrangeiro de dilapidar o país e drenar suas riquezas. Influenciado pelas teses sociobiológicas e evolucionistas da época, recorreu a argumentação de ordem racial para enaltecer o autóctone e as etnias locais, chegando ao ponto de condenar a imigração. Torres foi um dos ideólogos mais importantes a influenciar a geração nacionalista das décadas de 1920 e 1930, inclusive do Estado Novo, apesar de seu anti-industrialismo. Em um momento em que os nacionalistas dividiam-se entre esquerda e direita em consonância à polaridade internacional entre comunismo e fascismo, ao mesmo tempo que vários movimentos artísticos eclodiam, todos marcados por nacionalismos de diversos matizes – o Modernismo, a Antropofagia, o Pau-Brasil, o Anta –, Torres sempre perfilhou-se ao lado mais conservador, embora repudiasse também o fascismo: qualquer receita para o Brasil não poderia vir de fora. Ufanista, enaltecia as matas virgens, as riquezas naturais e a superioridade da vida do campo, sugerindo que deveria "regressar o homem ao trabalho da produção – as indústrias da terra", pois o "Brasil tem por destino evidente ser um país agrícola: toda a ação que tenta desviá-lo desse destino é um crime contra sua natureza e contra os interesses humanos" (Torres, 1938, p.214).

Contra esse nacionalismo agrário opunha-se outra corrente: a dos defensores da industrialização, menos ufanista e xenófoba e mais pragmática.

Os defensores da indústria

Além dos precursores já mencionados, pode-se assinalar o período entre a última década do Império e as primeiras da República como bastante rico no que tange à profusão das ideias em defesa da indústria. Muitas vezes estas reivindicavam para si a inserção ao "espírito republicano" e à modernização, em um contexto ideológico que associava o Império ao marasmo, à vida rural, ao atraso e à escravidão. Contribuiu ainda para acirrar o debate o expressivo crescimento do setor secundário dos primeiros anos da República e a crise do Encilhamento, que dividiram opiniões sobre o futuro do país e criaram ambiente propício para a crítica das políticas expansionistas, tidas como responsáveis pela inflação e pelo descalabro das contas públicas.

Nessa época, firmam-se os conceitos de indústria natural e artificial, entendendo-se pela primeira as atividades que beneficiavam as matérias-primas locais, vistas como uma "extensão" do setor primário, e que não precisavam de protecionismo, pois eram intensivas nos fatores domesticamente abundantes: terra e mão de obra. Já dentre as indústrias artificiais arrolavam-se, com exceção da agroindústria, quase todos os ramos: química, metalurgia e bens de capital, por exemplo, tidas como viáveis só por meio de forte protecionismo. Denunciava-se o artificialismo dessas indústrias alegando-se, dentre outros motivos: o alto volume de capital exigido, incompatível com a realidade do país; a estreiteza do mercado interno para fazer face à escala de produção mínima, o que resultava produção com alto custo médio, bastante superior ao dos produtos similares importados; a escassez de mão de obra qualificada para operar tecnologias sofisticadas; e, finalmente, o prejuízo que trazia ao consumidor nacional, forçado a pagar mais caro por bens de qualidade inferior. Entre tal denúncia e responsabilizar as indústrias artificiais – ou o setor secundário, como um todo – pela inflação não restava grande distância, e essa foi a tônica desde o Encilhamento até meados do século XX, inclusive se constituindo em um dos argumentos mais utilizados por segmentos da União Democrática Nacional (UDN) para criticar a política econômica dos governos de Vargas.

Um dos pioneiros da defesa da indústria é Antônio Felício dos Santos, descendente de família de empresários mineiros e responsável pela redação do manifesto lançado pela Associação Industrial no Rio de Janeiro em 11 de maio de 1882. Este atacava o liberalismo como doutrina, responsabilizando-o por condenar o Brasil à produção primária e à estagnação econômica; somente por meio da indústria conseguir-se-ia a independência do país. A partir do final do Império até as primeiras décadas da República, vários outros defensores da indústria apareceram, como Amaro Cavalcanti, Aristides de Queirós, Alcindo Guanabara, Serzedelo Correa e Felisbelo Freire, para mencionar alguns dos mais destacados. Não sendo propósito deste trabalho analisar detidamente o pensamento de cada um deles, assinalar-se-ão alguns traços que possuem em comum, embora reconheçam-se as peculiaridades e a riqueza das ideias próprias, bem como as ênfases e o peso de diferentes argumentos no conjunto de seus discursos, os quais se alteram de um para outro autor e até no mesmo ao longo do tempo.

Isso posto, pode-se assinalar como traço comum do discurso de todos eles em prol da indústria sua associação com a independência do país, o que lhe confere um tom nacionalista. Alguns, como Serzedelo Correa, general paraense e ministro da Fazenda de Floriano Peixoto, mencionavam que o Brasil precisava romper sua situação colonial, própria dos países exclusivamente agrários. Como a maioria dos outros defensores da indústria, Correa não chegava a criticar a agricultura: defendia a complementaridade entre esta e as atividades industriais; não propunha a substituição de uma por outra, mas tampouco aceitava a distinção entre indústrias naturais e artificiais, pois entendia que todas seriam necessárias e complementares entre si. O grande vilão, objeto de críticas mais ásperas, era o comércio. Antônio Felício dos Santos considerava-o parasita, bem como Amaro Cavalcanti, o mais prolífico autor dentre os mencionados, tendo publicado inúmeros trabalhos sobre economia, boa parte deles em defesa da indústria. Antecipando-se à futura tese cepalina da deterioração dos termos de intercâmbio, percebia uma relação entre especialização primária e crise do balanço de pagamentos. Como assinalou Luz, Dourival Teixeira Vieira já havia detectado essa tese em Cavalcanti:

> [...] é pequena a força aquisitiva da riqueza, sendo necessário despender uma grande quantidade de produto para obter os objetos necessários a seu consumo. Neles se produz o fenômeno curiosíssimo do poder aquisitivo da riqueza diminuir com o aumento do movimento econômico, porque as coisas indispensáveis ao seu bem-estar – produtos manufaturados vindos de outras regiões industrializadas – em vez de baratearem, tornam-se cada vez mais caras e mais custosas e o seu engrandecimento torna-se assim mais aparente que real. (Vieira, 1948, p.67-8)

Fica claro que todos esses autores ou políticos defensores da indústria recorriam a certo nacionalismo, embora este não seja exclusivamente industrial (como se assinalou, há o nacionalismo agrário). Todavia, o caráter inflamado da retórica na maioria das vezes não correspondeu a ações concretas. A crítica à situação "colonial" do país não significava necessariamente desprezar o capital estrangeiro nem deixava de reconhecer sua importância para a própria industrialização. A maior parte dos defensores da indústria lamentava a omissão dos governos e propugnava maior intervencionismo, inclusive tarifas, mas julgava desaconselhável medidas radicais que pudessem prejudicar as relações com os grandes centros que, além de mercados consumidores, eram supridores tanto de bens de capital como de financiamento, todos realisticamente lembrados como indispensáveis à industrialização. O próprio manifesto da Associação Industrial do Rio de Janeiro, a despeito de claramente denunciar a "beatitude fisiocrática" dos governantes, menciona os Estados Unidos como paradigma, onde convivem o "sistema protetor ao qual, mais ainda do que as suas libérrimas instituições, devem o progresso material da nação". Mais que rompimento, dever-se-ia buscar uma convivência: "O equilíbrio entre a produção nacional e a importação estrangeira está, porém, principalmente no regime aduaneiro. Não é um protecionismo a todo transe o que nos convém: toda a prática baseada em regras invariáveis e absolutas é absurda" (Carone, 1977, p.22-3).

Esse pragmatismo pode ser facilmente detectado por quem analisa o discurso dos defensores da industrialização, pois é explícito, já que integra o próprio imaginário que eles possuíam de si mesmos. Isso se evidencia quando eles reivindicam para si mesmos coerência com a prática, com a "vida real", denunciando os partidários do livre-comércio e da lei das vantagens comparativas como "teóricos", voltados a teses desvinculadas da experiência. Ao tratarem os contendores como um grupo exótico e radical, ajudavam a construir uma imagem moderada de si mesmos, procurando ganhar adeptos entre aqueles que defendiam a vocação agrícola do Brasil e ao mesmo tempo não se mostravam contra a indústria: radicais e sectários eram os adversários, velho artifício do *modus faciendi* da política. Citando mais uma vez o manifesto da Associação Industrial do Rio de Janeiro – importante por seu pioneirismo e por firmar o nascedouro de uma linha de pensamento que se manterá ao longo do tempo –, o intervencionismo pró-indústria justificava-se não por uma dedução abstrata, mas pela experiência histórica: "Todos os governos civilizados começaram assim, favorecendo o desenvolvimento do órgão industrial" (Carone, 1977, p.23). A opinião livre-cambista é associada à "miragem sedutora da teoria"; recorrendo-se à ironia:

> É muito mais simples adotar a política da indiferença para não perturbar o livre exercício das forças naturais, estatuir *a priori* leis gerais absolutas com a ingênua pretensão de reger os fatos, sem curar de sua relatividade, firmar enfim em bases imutáveis uma ciência do futuro, wagneriana, sobre a hipótese da igualdade de todos os homens, de todas as aptidões. Essa economia política absoluta tem ainda a vantagem de vigorar tanto na Inglaterra como no Brasil, na França e na China! Tamanho erro provém em linha reta da educação viciosa bebida nas Academias pelos diretores do país, teóricos puros, sem conhecimentos positivos, mais literatos que homens de ciência. (Carone, 1977, p.21)

Essa mesma linha está expressa em discurso de Amaro Cavalcanti no Senado em 23 de julho de 1892. Desde o início ele tenta mostrar o grupo opositor como radical: "por mais que digam ou se pretendam em contrário, os economistas ortodoxos, os quais, nesse particular, se identificam com os individualistas mais exagerados [...]". Reforçava-se esse argumento ao recorrer a autores clássicos, como Smith e Stuart Mill, mostrando-se que estes não eram sectários, mas aceitavam a intervenção governamental: "Por isso os economistas não se ocupam de pretensas leis naturais e necessárias, as quais deixam nos livros, mas de leis do Estado ou de medidas ocasionais dos governos". Ou ainda: "Economistas ortodoxos, dos mais insignes, como A. Smith e Stuart Mill, são os primeiros a confessar que a ação auxiliar ou supletiva do Estado é certamente justificada". A intervenção estatal estaria na própria natureza da economia: "E, com efeito, quem diz economia política diz, nos próprios termos, coisa que intervém o Estado, isto é, economia do Estado, *lato sensu*" (Carone, 1977, p.35).

Para rejeitar as teses ortodoxas, mais que recorrer a outras teorias, dever-se-ia recorrer à experiência e aos fatos: "seria mister rever a história dos povos mais adiantados". Com isso, evitar-se-iam "firmar conclusões [...], antes em fatos reais, positivos, do que em meras abstrações teóricas", pois "podemos aprender com a experiência alheia". Nota-se que não há nenhum tom xenófobo, ao contrário: deve-se aproveitar a experiência histórica de industrialização de outros países como ensinamento, discurso diverso de outro, mais radical, que advoga que cada nação deve buscar seu próprio caminho, mais comum a autores marxistas do século XX.

Os papelistas

Outra vertente que está na gênese do pensamento desenvolvimentista é a dos papelistas. Sua importância muitas vezes é negligenciada, pois os nacionalistas e defensores da indústria são muito mais citados. Todavia, não se deve subestimar sua importância, pois os papelistas afrontavam um princípio basilar da política econômica clássica: o das finanças sadias, materializado pelo equilíbrio orçamentário. Enquanto os intervencionistas discutiam quando e em que condições poderia ou não o Estado intervir na economia, recorrendo a argumentos doutrinários ou axiológicos, coerentes com a formação jurídica dos bacharéis e homens cultos da época, os papelistas rompiam em algo mais simples: na operacionalização da política econômica, trazendo à baila menos os fins últimos da ação estatal e mais a forma com que esta é executada. Para se ter ideia do caráter inovador do grupo papelista em seu contexto histórico, basta lembrar que a polarização do debate à época nas faculdades de Direito dava-se entre os jusnaturalistas, defensores do direito natural e de matriz liberal-iluminista, e os positivistas. A defesa do orçamento equilibrado era um dos poucos aspectos em que havia concordância entre as duas correntes, o que a tirava do foco do debate, pois não consistia objeto de polêmica entre elas. Os papelistas cumprem o importante papel histórico de trazer à ordem do dia um ponto que no século XX seria marcante no desenvolvimentismo: admitir o crédito, o déficit público e os empréstimos como indispensáveis para alavancar a economia. Conquanto estes são muitas vezes defendidos como política anticíclica, à *la* Keynes, gradualmente a defesa foi ganhando maior envergadura, argumentando-se como necessários simplesmente para fazer a economia crescer, propósito que, no desenvolvimentismo, tornar-se-ia quase um fim em si mesmo ou, pelo menos, a premissa maior para o desenvolvimento.

A discussão entre papelistas e metalistas remonta ao Império e dizia respeito à questão central da conversibilidade da moeda, portanto, remetendo às políticas monetária e cambial, bem como à relação entre ambas. Enquanto os metalistas tinham como pontos fortes para sua defesa do padrão ouro e da conversibilidade a teoria econômica convencional e a política do país hegemônico, a Grã-Bretanha, os papelistas, a exemplo dos defensores da indústria, na ausência de um corpo teórico de mesma envergadura, recorriam à razão prática. Devia-se isso em parte às dificuldades de manter o padrão ouro e a plena conversibilidade no país. Como afirma Prado (2003, p.97): "A tentativa contínua de estabelecer uma moeda conversível, sustentada em uma firme reserva de ouro, em uma sociedade periférica e pouco monetizada não era apenas impossível de ser obtida, mas reduzia enormemente às oportunidades de investimento produtivo". As críticas à conversibilidade eram comuns dentre os círculos produtores, seja da lavoura, inclusive escravista, seja no setor urbano, como do comércio e da indústria, enquanto, na ausência de estudos empíricos mais conclusivos para delinear que segmentos sociais defendiam uma e outra corrente, é de se supor que os rentistas, sempre temerosos com a inflação, deveriam alinhar-se aos metalistas.

Dentre estes últimos deve-se citar Francisco Belizário, Torres Homem e Joaquim Murtinho, ministro da Fazenda de Campos Sales. Já dentre os papelistas destacam-se Souza Franco (ministro na década de 1850), o Barão de Mauá, os viscondes de Cruzeiro e de Ouro Preto, João Alfredo e o Conselheiro Laffayette. Todos esses, entretanto, não chegam a negar a conversibilidade, embora advoguem seja pelo afrouxamento temporário da regra (como nas crises ou nas safras, para possibilitar aumento do meio circulante e "estímulo aos negócios"), seja por uma ancoragem ao ouro mais flexível, como uma porcentagem de lastro que poderia ser alterada dentro de certos limites. Estes constituem um grupo mais moderado de papelistas, diferente de outro, do qual faz parte Rui Barbosa, o qual se poderia considerar mais radical, ao negar e entender como perniciosa qualquer regra de conversibilidade.

Sumarizando o debate: para os metalistas, a prioridade da política econômica era a estabilização e a política cambial – e, portanto, a definição da taxa de câmbio –, seu epicentro. Defensores do padrão ouro, estabeleciam a relação entre política monetária e balanço de pagamentos: metais preciosos ingressariam naturalmente no país se a economia fosse saudável e qualquer oferta de moeda sem lastro causaria inflação. A política monetária deveria ser subordinada à política cambial. Via de regra os metalistas apoiavam-se nos grandes mestres da Economia Clássica, como Smith, Ricardo e Say. A taxa de juros era entendida como fenômeno real, à *la* Ricardo, dependente da taxa de lucro. Maior oferta de moeda não alterava o nível de atividade; como afirmava Francisco Belizário (Franco, 1983, p.104), querer "prevenir as crises" por meio da queda da taxa de juros resultante de maior oferta de moeda era um equívoco, pois consistia em "confundir moeda com capital" ao esperar-se que o aumento do estoque da primeira iria tornar o capital "mais barato, abundante e ao alcance de todos". Sendo a política monetária ineficaz, restava aumentar as condições de competitividade real do setor exportador, garantir as regras de finanças sadias e manter uma taxa de câmbio realista para que a economia prosperasse.

Já a preocupação maior dos papelistas, dos mais moderados aos mais radicais, era com o nível de atividade econômica. Sua pergunta mais frequente, qual o nível de oferta monetária mais condizente com o ânimo dos negócios, consistia em verdadeira heresia para os metalistas. Mauá, um de seus primeiros defensores, defendia o que se convencionou denominar "requisito da elasticidade": a oferta de moeda deveria ser flexível ou elástica a ponto de não interferir negativamente nas atividades produtivas. Menos teóricos e mais pragmáticos, apresentavam-se como coerentes com o bom-senso: simplesmente o governo deveria ajudar, e não prejudicar a economia. Segundo Franco (1983, p.56), essas ideias, principalmente a partir da década de 1880, eram "antes considerada[s] uma expressão dos 'interesses do comércio', do que uma posição legitimada pela autoridade de uma doutrina".

Para os papelistas, a atenção maior da política econômica deveria estar na taxa de juros e não na taxa de câmbio. Embora ainda não houvesse um corpo teórico sólido que embasasse suas teses, não há dúvida de que as mesmas eram instigantes e aproximam-se, em alguns aspectos, ao futuro keynesianismo, além de não possuírem um grau de sofisticação menor que as dos metalistas. A taxa de juros, determinada por oferta e demanda de moeda, refletia o estado de ânimo da economia e era um fenômeno monetário. Não havia relação entre variações do estoque de ouro e política monetária (antibulionismo), e argumentava-se que a velocidade de circulação da moeda em um país como o Brasil era baixa, devido ao país ser agrícola, de significativa extensão territorial e ter alta propensão a entesourar. O crescimento tornava-se a variável central da economia, uma vez que a política cambial deveria subordinar-se à política monetária, e esta às necessidades impostas pela produção. Assim, a conversibilidade era vista como uma medida artificial, prejudicial ao ânimo dos negócios; o câmbio alto não deveria ser buscado por uma conversibilidade artificial, mas pela prosperidade da nação. Daí decorria que as dificuldades do balanço de pagamentos não deveriam ser enfrentadas com medidas restritivas, mas com mais crescimento. Este argumento tornar-se-á mais tarde uma das teses centrais do desenvolvimentismo e da heterodoxia teórica.

Essa posição flexível dos papelistas foi praticada por Rui Barbosa nos primeiros anos da República. A tentativa de resolver as crises via emissão monetária fora introduzida em outras conjunturas do Império, como em seu final, na reforma monetária de 1888. Mas com Barbosa a medida foi levada às últimas consequências ao permitir o direito de emissão aos bancos privados, claramente entendendo-se que o estoque monetário é que deveria se adequar às necessidades da produção, ou seja, às necessidades domésticas da demanda por transações. Dessa concepção decorria a questão já mencionada: como saber qual o nível de estoque monetário desejável para manter o crescimento da economia? Dado que a inflação era problema secundário, a resposta era: acompanhando-se o nível de investimento, pois este dependia da taxa de juros e era o melhor sintoma do ânimo da economia (Franco, 1983, p.56).

O papelismo teve papel importantíssimo nas origens do desenvolvimentismo. Em primeiro lugar, por romper com princípios básicos da teoria econômica convencional, afrontando dogmas quase consensuais, como a conversibilidade e o papel passivo da política monetária. O segundo ponto, e talvez o mais importante, era inaugurar uma concepção de política econômica que a tornava responsável pelo crescimento: o Estado poderia e deveria atuar como agente anticíclico. Quebrada essa primeira barreira, no desenvolvimentismo ia-se além. A tarefa era o crescimento de longo prazo, capaz de gerar mudanças estruturais de maior vulto e reverter os péssimos indicadores sociais: o desenvolvimento. Embora não propusesse ainda medidas de envergadura próprias ao desenvolvimentismo do século XX, como empresas estatais e bancos de desenvolvimento, enfocava-se pela primeira vez a produção como a variável essencial da economia, a razão de ser da política econômica, subordinando a ela as políticas monetária, cambial e creditícia. Redefinir esse papel do Estado, ampliando-o, era imprescindível para a emergência do desenvolvimentismo.

Entretanto, deve-se lembrar que, apesar da relevância dessa contribuição, os papelistas não se confundiam nem com os nacionalistas nem com os defensores da indústria. No contexto em que as ideias surgiram e foram aplicadas, na maioria das vezes "produção" significava produção agrícola e os ciclos de contração e expansão monetária coincidiam com a necessidade de meio circulante que se adaptasse aos períodos de safra e entressafra. É verdade que Rui Barbosa reconhecia a importância da indústria, embora não recorresse a uma retórica nacionalista ou xenófoba. Mas a maior parte dos papelistas associava suas concepções à defesa de uma nação com vocação agrícola, exportadora de produtos primários, nada tendo a ver seja com o nacionalismo seja com a industrialização – ao contrário, aproximando-se, muitas vezes, mais de uma visão agrarista, cuja política econômica deveria reconhecer tal hegemonia e a ela se subordinar. Entendia-se que o padrão ouro e a conversibilidade prejudicavam a lavoura, e a elasticidade da política monetária deveria variar conforme o ânimo de seus negócios e a sazonalidade inerente às atividades primárias, por isso sempre em função da produção.

Dessa forma, parece haver um equívoco em boa parte da literatura, como em Fernando Henrique Cardoso (1975, p.35), ao associar o papelismo à indústria e o metalismo à defesa dos interesses primários, como se todos os papelistas fossem simpáticos à indústria, a exemplo de Rui Barbosa, ou que todos os nacionalistas e pró-industrialização fossem contrários à ortodoxia econômica. Para se ter claro que não se pode simplificar a formação dessas vertentes que confluíram na formação do desenvolvimentismo e que não se pode fazer uma associação *a priori* entre nacionalismo/papelismo/indústria *versus* liberalismo/metalismo/agricultura, basta citar homens como Serzedelo Correa, nacionalista e defensor da industrialização, mas também adepto da austeridade em matéria de política econômica:

> Sim, temos a balança econômica desfavorável porque não temos equilíbrio orçamentário, porque temos vivido o regime difícil de papel-moeda, depreciado, porque não temos comércio nacional, porque não temos indústria nacional, porque o próprio salário imigra para o estrangeiro, porque não temos navegação marítima mercante nacional, de modo que não temos economias e nada, lucro algum fica no país, mas tudo emigra para fora. Eis porque não me canso de dizer que a nossa situação é de colônia. (*Anais da Câmara Federal*, 4 out. 1985, p.131)

Na visão de Correa, assim como na de muitos líderes industriais, a ortodoxia em matéria de política econômica contribuía para o fortalecimento do país, emprestava-lhe respeitabilidade internacional, servia para lhe dar credibilidade. Em um quadro de instabilidade e déficits sucessivos, como se poderia esperar o florescimento das atividades produtivas? Backes (2006, p.185) assinala, com precisão, o "conteúdo modernizante da proposta ortodoxa" no contexto, a qual entendia que o saneamento financeiro poderia contribuir para fortalecer um quadro favorável ao crescimento do país, em especial sua indústria:

> Nem a austeridade financeira dos republicanos equivale ao agrarismo nem muito menos existe um elo necessário entre industrialismo e papelismo: os dois conhecidos líderes dos industrialistas, Alcindo Guanabara e Serzedelo Correa, são defensores apaixonados do equilíbrio orçamentário e do saneamento e valorização da moeda. Existe no início da República uma corrente industrializante que não é emissionista, mas que, ao contrário, irá prestar apoio decidido à política ortodoxa de Campos Sales.

Fica claro, na análise desse período histórico, que a defesa da regra das finanças sadias não é exclusiva dos liberais nem se associa exclusivamente aos interesses cafeeiros ou dos representantes do setor primário. Os papelistas inovam ao propor, mesmo que remando contra a maré, certa presença maior do Estado na defesa da produção, argumentando em prol de uma política econômica mais flexível, respondendo às flutuações da conjuntura. Se esta é importante geneticamente para o desenvolvimentismo, faltava-lhe, todavia, outro elemento fundante para sua configuração histórica: uma intervenção com propósito de construir um futuro desejável.

O positivismo viria preencher essa lacuna.

Os positivistas

A principal doutrina opositora ao liberalismo no período entre as duas últimas décadas do Império até as quatro primeiras décadas da República foi o positivismo. Inspirado diretamente em Comte ou recorrendo a outros autores como Saint-Simon, Stuart Mill e Spencer, os grupos positivistas articulavam-se tanto nas faculdades de Direito como nas Forças Armadas, formando muitas vezes nos parlamentos federal e estaduais blocos com relativa coesão e identidade ideológicas, o que lhes emprestava força no debate com os liberais. Inicialmente, seu nome mais forte foi Benjamin Constant, responsável pela difusão das ideias positivistas no Exército, e posteriormente ministro da Guerra de Deodoro da Fonseca.

Um aspecto a ser ressaltado é que, mesmo em um contexto como o da Primeira República, no qual predominavam partidos estaduais, os positivistas, espalhados pelo território nacional, conseguiam manter certa identidade ideológica, muitas vezes votando de forma semelhante e constituindo, na prática, um grupo político (Backes, 2006, p.213). Em estados como Rio Grande do Sul, São Paulo e Rio de Janeiro, os positivistas eram bastante numerosos, sendo que no primeiro, por meio da liderança de Júlio de Castilhos, tornou-se ideologia oficial ao ser adotado pelo Partido Republicano Rio-Grandense (PRR) e pela Constituição Republicana estadual. Esta estabelecia a "ditadura científica" de Comte, com supremacia do Executivo, ao retirar do Legislativo – a Assembleia dos Representantes – o direito de fazer leis, que caberia ao presidente do Estado. A função do Legislativo, ao se reunir apenas dois meses por ano, era fiscalizar as contas públicas e garantir a moralidade da administração, com poderes sobre o orçamento, mas teoricamente, mais um órgão técnico que político. Destacam-se, ainda, no Estado do Pará, Lauro Sodré, governador e candidato a presidente contra Campos Sales; no Espírito Santo, Estado em que a Constituição também apresentou influência de Comte, o governador Moniz Freire (1892-1896 e 1900-1904); em Minas Gerais, deputados como Antônio Olinto e Rodolpho Paixão, além do governador João Pinheiro (1906-1910), um dos precursores da defesa do planejamento econômico; e, em Goiás, Leopoldo Bulhões, ministro da Fazenda de Rodrigues Alves.

Marcado por divisões e por debates internos, como qualquer doutrina, o positivismo apresenta três vertentes: o religioso (a "Religião da Humanidade", apregoada por Comte ao final da vida, e que inspirou a criação de templos positivistas); o científico (apregoando as vantagens do método indutivo, a crítica à metafísica e a supremacia do saber científico sobre o religioso ou filosófico, com a criação de uma ciência social positiva – a Física Social); e o político (aconselhando regras para a boa administração das finanças e da política, o de maior influência no Brasil e na América Latina e, principalmente, na gênese do desenvolvimentismo). Não cabendo reconstituir todo seu ideário, cabe aqui assinalar o que mais contribuiu para a formação do desenvolvimentismo.

Em primeiro lugar, o positivismo aceitava a intervenção do Estado na economia. Embora a intervenção não se constituísse em uma regra, uma virtude em si mesma, poderia ser realizada desde que houvesse um "problema social" cuja relevância exigia a presença do poder público. O exemplo mais típico disso foi a estatização das estradas de ferro do Rio Grande do Sul, no governo de Borges de Medeiros, realizada sob o entendimento de que as empresas estrangeiras não faziam os investimentos necessários de manutenção e ampliação, além de cobrarem preços exorbitantes. Portanto, ao desconhecerem os direitos naturais do liberalismo, tidos como uma metafísica, os positivistas associavam os direitos, como o de propriedade, a determinado grau da evolução social: defendiam-no como superior ao estado primitivo comunista tribal, mas sempre com limitações que a própria sociedade, excepcionalmente, poderia determinar, em função do bem comum. Neste aspecto, os positivistas lembram outras vertentes precursoras do desenvolvimentismo, como os nacionalistas e os pró-industrialização: advogam para si as qualidades do pragmatismo, libertos de preconceitos e de verdades apriorísticas, como a de que o livre-mercado sempre levaria à melhor solução. Empiristas no campo da epistemologia, desconfiavam de regras dedutivas universais: cada caso deveria ser analisado em sua particularidade, fugindo propriamente de uma teoria econômica, já que teoria supõe certo grau de generalização. Comte, na verdade, duvidava do caráter científico da Economia Política, entendia-a como ainda na fase metafísica, apegada a categorias abstratas não empíricas, como valor, preço natural, ordem natural (fisiocrata), sem contar figuras exóticas como classes "produtiva" e "estéril", "preço de equilíbrio" e "mão invisível". A ânsia precipitada em generalizar e simplificar denunciava o caráter pré-positivo da Economia.

Em segundo lugar, o positivismo veio dar uma contribuição fundamental ao entender ser dever do Estado ajudar a sociedade a rumar para o progresso. Fruto do Iluminismo, o positivismo desapegava-se das concepções teológicas de história, as quais apontavam para um destino pré-traçado, sujeito aos desígnios da vontade divina, ou mesmo à mão invisível do mercado. Caberia ao homem a construção da história, seu papel era ativo, sujeito e não apenas objeto da evolução. Por isso a educação e a evolução moral possuíam papel de destaque, cabendo ao Estado atenção nessas áreas, bem como dar exemplo, abolindo privilégios de nascimento, separando a esfera pública da privada, bem como a religião do Estado, que deveria ser laico. Acreditando que havia uma trajetória a ser percorrida, os positivistas voltavam-se a uma utopia a ser buscada: o progresso científico e moral. Dessa forma, é uma das mais marcantes manifestações da Modernidade que seguiu à Revolução Francesa, como o socialismo. Não é à toa que Saint-Simon (o autor predileto de Getúlio Vargas) foi mestre de Comte e ao mesmo tempo considerado por Engels como um dos socialistas "utópicos" precursores do marxismo, ao condenar o liberalismo nascente como responsável pelo aumento da pobreza decorrente da Revolução Industrial e da desestruturação das comunidades feudais, e ao propor a substituição dos desígnios do mercado por decisões conscientes e planejadas.

Nada mais distante dessas concepções do que o *laissez-faire* do liberalismo econômico, pois conclamava seus adeptos para uma práxis, responsabilizando-os pela construção do futuro. Assim, o discurso positivista apresentava a contradição (muito explorada pela Religião da Humanidade, crítica do positivismo político) de condenar a ideologia e a política, as quais deveriam ser substituídas pela ciência e pela administração, quando, na verdade, defendia uma tábua de valores muito mais explícita e apelativa para o espírito militante do que o próprio liberalismo, pois abria uma brecha para substituir a impessoalidade do mercado pela ação consciente do Estado e dos governantes – daí a ditadura "esclarecida" ou "científica". Não se pode ignorar que o desenvolvimentismo, tanto no Brasil como na maior parte dos países latino-americanos, não só conviveu com regimes autoritários e ditatoriais, mas neles encontrou ambiente propício para sua afirmação, como no caso do Estado Novo varguista.

Os positivistas não podem ser confundidos nem com os nacionalistas nem com os defensores da industrialização, embora fossem a favor da diversificação da economia, o que, em si, geralmente os afastava de uma visão de mundo exclusivamente agrarista e os aproximava dos defensores da "indústria natural". Entretanto, discordavam frontalmente dos papelistas.

Apesar de defensores do intervencionismo por razões pragmáticas, este estava limitado, na prática, pelo preceito das "finanças sadias". Conquanto se afastasse do *laissez-faire*, o positivismo frequentemente recorria a critérios éticos como regras para a "boa administração". Os governantes não deveriam gastar mais do que arrecadassem, dando exemplo à sociedade. Da mesma forma, não deveriam se comprometer com empréstimos, a não ser em casos excepcionais, bem como deveriam ser extremamente cautelosos na concessão de crédito, pois poderiam privilegiar grupos específicos ou pessoas particulares, quebrando a regra da impessoalidade e neutralidade do Estado. Dois trechos de mensagens de Borges de Medeiros à Assembleia dos Representantes do Rio Grande do Sul exemplificam o apego a esses princípios moralizadores, os quais associavam a uma das maiores conquistas da República. No seu primeiro ano de governo, em 1898, afirmava:

> Mas, a atestação porventura mais frisante da profícua política e administração do Estado Republicano é sem duvida a inabalável prosperidade atual de suas finanças. Coincide com a instalação definitiva do regime político vigente a inauguração de uma nova era regeneradora, tendo por base a supressão do funesto sistema orçamentário do Império, que se caracterizava pelo déficit crônico. (Mensagem, 7ª Sessão Ordinária, 1899, p.15)

Três décadas depois, na Mensagem de 1927, assim se pronunciava ao fazer um balanço de suas sucessivas gestões à frente da Presidência do Estado:

> Ao cabo de uma longa e acidentada experiência, em que não se registrou um só "déficit", lícito é concluir pela perfeição relativa do orçamento, cujos elementos são suscetíveis de contínuo desenvolvimento. Entretanto, é fora de duvida que foi e será o espírito parcimonioso e a sistemática economia na aplicação dos dinheiros públicos a melhor garantia do equilíbrio orçamentário e o mais seguro método de administração. (Mensagem, 36ª Sessão Ordinária, 1928, p.57)

A expressão "foi e será" mostra tratar-se de um princípio do qual não se abriria mão, sendo que esta foi a própria marca das sucessivas administrações republicanas, que tinham o positivismo como doutrina oficial.

A defesa do equilíbrio orçamentário era o grande ponto comum entre positivistas e liberais, e os unia contra os papelistas em defesa de regras ortodoxas para a política econômica. Na verdade, a vinculação do "espírito" republicano à austeridade, enfatizada no discurso dos positivistas e dos "republicanos históricos" – os que participaram desde cedo da propaganda do novo regime, ainda no Império –, tornou-se corrente em outros partidos republicanos estaduais, construindo-se o imaginário que procurava associar o Império ao ganho fácil, aos privilégios dos "amigos do rei", à mescla entre os interesses do Estado com a pessoa do monarca e ao uso do dinheiro público para fins privados. A modernidade republicana deveria apregoar a impessoalidade e a austeridade; em matéria de política econômica, as finanças sadias, a conversibilidade e o equilíbrio fiscal e do balanço de pagamentos eram os princípios básicos a serem respeitados. Ressalta-se que a maioria dos republicanos históricos se opôs à política emissionista de Rui Barbosa, fato constatado ao se acompanhar os debates na Câmara Federal do período, os quais demonstram não se tratar apenas de um episódio isolado, mas de "um compromisso programático a favor da austeridade econômica, que se manifestará em várias oportunidades" (Backes, 2006, p.176 et seq.).

Assim, a separação entre o público e o privado, conquanto representasse grande inovação, quase uma revolução como norma para o serviço público brasileiro, chegou, ao ser esposada pelos adeptos de Comte, a confundir-se com a própria causa republicana (Targa, 2003). Se isso significava trazer à tona critérios distantes da regra geral dominante no país, como transparência ("viver às claras", afirmava a máxima positivista – também usada para combater o voto secreto) e moralidade no trato com a coisa pública, em matéria de economia essa austeridade materializou-se na defesa do orçamento equilibrado. Certamente tal preceito limitava, na prática, a extensão do intervencionismo, pois forçava os gastos públicos a adequarem-se à capacidade de arrecadação – e daí a importância à época do debate sobre quais impostos deveriam existir e sobre que segmentos deveria recair a maior parte da carga tributária. Em contraste com outras formas de intervencionismo, como o social-democrata, o keynesiano e o desenvolvimentista, esse era um intervencionismo conservador, já que circunscrito a limites bem definidos pelo mesmo corpo ideológico que o justificava (Fonseca, 1983, p.100).

Na área trabalhista, similar "dupla face" do positivismo deve ser mencionada, e que também o diferirá do futuro desenvolvimentismo. A posição defendida pela maior parte de seus adeptos, como a bancada gaúcha do

PRR, alinhava-se ao princípio doutrinário maior defendido por Comte de "integração do proletariado à sociedade moderna". No contexto europeu, essa palavra de ordem significava reconhecer as consequências nefastas da Revolução Industrial sobre a classe trabalhadora. Entendia-se que o liberalismo, ao desconhecer a questão social, abria espaço para o crescimento do comunismo. Vários autores, dentre os quais Bodea (1978) e Targa (1998, p.63-85), destacaram a atuação de Borges de Medeiros nas greves de 1917, o primeiro associando-a à origem do trabalhismo gaúcho, quando recebeu os trabalhadores no Palácio, considerou justas suas reivindicações por reajuste de salários e aumentou os vencimentos do funcionalismo público para servir de exemplo à iniciativa privada.

Se o tratamento dispensado aos grevistas contrasta com a repressão violenta verificada em outros pontos do país, isso não significa que esse tenha sido o comportamento do governo gaúcho em outras greves nem que houvesse uma predisposição do PRR para legislar sobre direitos trabalhistas, em busca de sua universalização. O servir de exemplo ao setor privado aponta justamente neste sentido: o Estado não deveria intervir diretamente na questão social, como ocorreu no Brasil a partir de 1930, mas lançar mão de instrumentos indiretos, como a persuasão, para conscientizar e induzir os empresários a uma atuação que, em vez de fomentar os conflitos, procurasse uma harmonia entre capital e trabalho, em consonância às ideias de Comte e de Saint-Simon. Com base em princípios como esse, a bancada do PRR na Câmara Federal, tendo Vargas como um de seus membros ao final da Primeira República, resistiu às medidas de regulamentação do trabalho, sempre defendendo que a proteção aos trabalhadores deveria resultar da educação e do esclarecimento, caminhos preferíveis à imposição de uma regra estatal. Ângela de Castro Gomes (1979, p.77) sintetizou a posição dos parlamentares gaúchos com estas palavras: "eram contrários, por doutrina, à legislação sobre o trabalho, mas concediam, na prática, quando a legislação se referia a acidentes de trabalho e à proteção de mulheres e menores. Não aceitavam, entretanto, o estabelecimento de um horário de trabalho de 8 horas ou a implantação de férias".

Apesar de apegado a princípios ortodoxos de política econômica, o positivismo foi crucial para a formação do desenvolvimentismo, pois pragmaticamente ampliava a agenda do Estado, aceitando sua participação quando houvesse "necessidade social" – expressão ampla o suficiente para abranger o próprio desenvolvimento econômico e acolher suas principais propostas. E, como já foi mencionado, por acenar a um futuro a ser buscado, com a história correndo a seu favor – daí progressista –, ao entendê-la como um processo evolutivo e conclamando os governantes para sua construção. Assim, mais que com ideias específicas, como o nacionalismo e a defesa da indústria, o positivismo contribuiu para algo mais sofisticado e definidor, que é uma mudança de postura dos governantes, pois supunha uma visão globalizante do processo histórico, a qual lhe dava um sentido. Sem essa *Weltanschauung* [visão de mundo], existiria o desenvolvimentismo?

Nasce o desenvolvimentismo

À guisa de conclusão, pode-se retomar a hipótese de que foi no governo de Getúlio Vargas, ao assumir a Presidência do Rio Grande do Sul, em 1928, que o desenvolvimentismo pela primeira vez expressou-se de forma mais acabada. Nele as quatro vertentes formadoras do desenvolvimentismo aparecem associadas não só como propostas, mas como medidas que o governo começa a introduzir, configurando o embrião da nova relação entre Estado, economia e sociedade, ao sugerir que o primeiro deveria estar à frente das duas últimas, como forma de estimular seu desenvolvimento. Essa palavra gradualmente substitui o progresso, de matriz positivista, mas desta herda a noção de marcha progressiva, de evolução, de um destino da história; o governo deveria estar à frente de uma construção.

Para tanto, não se deveria medir esforços e era preciso lançar mão de todos os meios e instrumentos para atingir o objetivo maior. Sendo este o crescimento da produção, o qual se torna o epicentro da política econômica e da ação estatal, esse positivismo mescla-se com o papelismo. Mas não se trata de uma mera "junção" ("ideias não são metais que se fundem", como afirma o tradicional provérbio). Surge daí um fenômeno novo, pois ao abandonar os princípios do orçamento equilibrado e da parcimônia com relação a crédito e a empréstimos e, inclusive, ao defender o aumento cada vez maior da presença do Estado na organização dos produtores e dos trabalhadores, fatalmente não se pode mais falar em positivismo. As regras moralistas do "conservar melhorando" e a evolução gradual do progresso vão sendo substituídas ou adaptadas para se conciliarem com o objetivo maior do desenvolvimento. Este vai se tornando um fim em si mesmo – esquecem-se os velhos dogmas em prol das exigências impostas pela "complexidade da vida social": ou seja, novas ideias eram necessárias, pois estava-se em uma nova época. O desenvolvimentismo, com isso, constrói sua imagem de modernidade e contemporaneidade, propondo-se inserido e à frente de seu tempo:

> É preciso amparar a produção, estimular a indústria, desenvolver a circulação de riqueza, disseminar a instrução, cuidar do saneamento público rural e urbano, facilitar a exploração de terras, desenvolver a agricultura, melhorar a pecuária, desbravar o caminho para a marcha do Rio Grande do Sul, no sentido de sua finalidade civilizadora. (Vargas, 1928, p.8)

O emprego da palavra marcha não é fortuito: ajuda a revelar que o desenvolvimento não brotaria espontaneamente, deveria resultar de decisão organizada, aplicada com determinação e disciplina; requeria sacrifícios ("desbravar"), legitimava-se por princípios iluministas ("civilizadora") e exigia à sua frente governos fortes e – quem sabe? – ditatoriais. Fazia-se mister o estabelecimento de uma nova relação entre o Estado e os responsáveis diretos pela produção, a fim de, em um pacto, ambos cooperarem para a expansão das atividades produtivas e fortalecerem-se para enfrentar as consequências nefastas do mercado.

Assim como o positivismo, o papelismo também não seria mais o mesmo (tanto que desaparece como expressão usual dentre os economistas). Associado à tradição positivista e ao nacionalismo, mesmo moderado, vai além de apenas propugnar meio circulante para fomentar os negócios da lavoura, ou mesmo de estimular as contrações da produção resultantes dos ciclos econômicos. Na verdade, torna-se uma das teses centrais do desenvolvimentismo, todavia incorporada a uma proposta de maior envergadura, mais abrangente: o intervencionismo.

A noção de uma política econômica heterodoxa, desvinculada das regras clássicas, justificava-se em face do objetivo maior do desenvolvimento, associando um instrumental de curto prazo para viabilizar o projeto de longo prazo. Como uma corrente de ideias não existe em abstrato e só faz sentido e justifica sua existência se for capaz de afirmar-se na prática antepondo-se a outra, como lembra a dualidade tese/antítese de Hegel, a superação do papelismo se dá com o próprio abandono do padrão ouro a partir da Primeira Guerra Mundial e da Crise de 1929. Como ser "papelista" sem existirem metalistas? A ortodoxia, em matéria de política econômica, recorrerá a outros argumentos para afirmar pontos como a neutralidade da moeda, a passividade da política monetária e as regras de equilíbrio orçamentário e de balanço de pagamentos. Os adversários serão outros. Polemizará, a partir daí, com os desenvolvimentistas, como demonstram os debates de Roberto Simonsen com Gudin, a partir da década de 1940, ou mesmo a controvérsia entre monetaristas e estruturalistas sobre inflação, nas décadas seguintes.

Assim, mesmo antes de 1930, Vargas expressa-se desta forma, associando as várias correntes originárias do desenvolvimentismo:

> É um conceito vulgar que se impõe como um aforismo. Todo o desenvolvimento econômico deve ter por objetivo tornar a riqueza abundante pelo trabalho e ensinar o homem a usar essa riqueza pela cultura. Mas, se o dinheiro metálico é a medida dos valores, ele, no conceito corrente dos economistas, pela escassez de seu volume e pelas dificuldades de sua condição física, já não satisfaz à exigência do progresso econômico.
>
> Como imposição da própria necessidade, surgiu um elemento imaterial destinado a atingir os limites da flexibilidade, que é o crédito. Ele se expressa por um estado de confiança e segurança econômica.
>
> A relação mercantil, diz um financista moderno, criou a operação sem dinheiro pela simples promessa de pagamento, que, por sua vez, se converte em riqueza, estimulando o trabalho e se transmutando em novos valores (Vargas, *Correio do Povo*, 3 dez. 1927, p.2).

Dentre várias interpretações possíveis, tudo sugere que a passagem acima contém uma crítica ao padrão ouro antes enaltecido, ao se referir que a "moeda metálica", ou seja, com lastro, representava uma barreira a ser vencida para que se pudesse colocar em prática políticas comprometidas com a expansão da produção. Por outro lado, revela o compromisso do governo não apenas com a estabilidade, mas com o desenvolvimento, o qual entra definitivamente na ordem do dia. E este significa, sobretudo, "tornar a riqueza abundante" – o que também se afasta da retórica populista e distributivista, associada ao trabalhismo, que florescerá nos pronunciamentos de Vargas nos últimos anos do Estado Novo e na década de 1950. Mas o mais inusitado é a consciência expressa do papel do crédito, rompendo com a "reprodução simples" da economia doméstica, presa à poupança; o crédito representava romper as barreiras impostas pelo passado, crescer com base na promessa de pagamento, superando os limites à expansão do crescimento.

Indo além do discurso, a importância do crédito e do papel do Estado no fomento à produção materializou-se com a criação do Banco do Estado do Rio Grande do Sul, em 22 de junho de 1928, pelo Decreto n.4.079. Este deveria assumir o papel de estímulo às atividades produtivas, ter uma "organização mais ampla de um banco de Estado". Sua finalidade era "fazer a defesa de nossa produção, constituindo um propulsor da riqueza e do progresso". (*Correio do Povo*, 26 abr. 1928, p.9).

Pela proposta do governo, o banco deveria contar com uma carteira hipotecária e uma carteira econômica. À carteira hipotecária caberia, dentre outras incumbências, conceder empréstimos aos produtores em prazo de até 30 anos, tendo como garantia suas propriedades, além de financiamentos de curto prazo de capital de giro, de armazenamento e venda da produção. Já à carteira econômica caberia realizar empréstimos sobre *warrants* e sobre notas promissórias para agricultores, pecuaristas e municípios, além do próprio Estado. Nota-se que a indústria não está ainda no centro da proposta; ela é mencionada, não é excluída da área de atuação do banco, mas – talvez pelo próprio predomínio do setor primário no Estado – este vai merecer mais destaque tanto no discurso como no volume das operações realizadas.

Finalmente, assinala-se que a criação do Banco, embora possa servir como símbolo de uma nova postura do Estado com relação à economia, não pode ser associada a uma ideologia nacionalista radical. Ao contrário, a integralização de seu capital inicial contou com renegociação de empréstimos externos com a Compagnie Française du Port de Rio Grande do Sul, de 67,933 milhões de francos (US$ 2,7 milhões) e de Labenburg, Thalmann & Cia Ltda, contraídos em 1921 e 1926, respectivamente de US$ 7,88 milhões e de US$ 20,5 milhões. Reafirmava-se o nacionalismo pragmático dos precursores da defesa da industrialização, o qual via de regra considerava como bem-vindo o capital estrangeiro que viesse colaborar para a realização do projeto.

Assim, constata-se que essa experiência regional consegue articular, mesmo que de forma embrionária, as quatro correntes formadoras do desenvolvimentismo, não só no discurso, mas também ensaiando uma realização de suas teses mais caras. Esse fato poderia ser mais uma curiosidade histórica e seu registro apenas um diletantismo acadêmico, não fosse seu principal agente o personagem central da política brasileira daí em diante, bem como se tratar do projeto norteador das grandes transformações econômicas, políticas e sociais do país pelo menos pelas cinco décadas seguintes.

Do progresso ao desenvolvimento: Vargas na Primeira República[1]

Pedro Cezar Dutra Fonseca

Introdução

Getúlio Vargas foi, indubitavelmente, o mais importante personagem da história brasileira do século XX. No período em que foi figura central da política nacional, de 1930 a 1954, o país passou por transformações de vulto, alterando-se o papel do Estado e aprofundando sua inserção na economia e na sociedade.

Os estudos sobre a chamada "Era Vargas" e, em particular, sobre seu papel na condução desse processo geralmente centram-se nos anos posteriores à sua ascensão à Presidência da República. Pretende-se neste trabalho enfocar algo pouco pesquisado, que é a trajetória e as ideias de Vargas, principalmente em matéria de economia, no período anterior a 1930. Não há dúvida de que a história do pensamento econômico do Brasil ainda está para ser feita – e principalmente o pensamento econômico de seus homens públicos mais destacados. Ao pretender contribuir para o preenchimento dessa lacuna, procura-se responder questões relevantes que dizem respeito à gênese de suas ideias, se há diferenças marcantes do período da Primeira República para o posterior, quando esteve à frente do poder federal. Já defendia o intervencionismo estatal? Qual sua posição sobre a industrialização do país? E sobre o capital estrangeiro, a gestão das finanças públicas, a questão social e a regulamentação do mercado de trabalho? Para

---

[1] Versão modificada de artigo intitulado "O ideário de Vargas e as origens do Estado desenvolvimentista no Brasil", apresentado no II Congreso Nacional de Historia Económica, México, DF, 2004 e no XXXIII Encontro Nacional de Economia da Anpec, João Pessoa, 2004.

responder perguntas-chave como estas, recorreu-se fundamentalmente a fontes primárias, como: (a) jornais (principalmente o *Correio do Povo*, de Porto Alegre), (b) anais (tanto da Assembleia dos Representantes do Rio Grande do Sul como da Câmara Federal), (c) relatórios governamentais (principalmente da época em que Vargas foi presidente do Rio Grande do Sul, de 1928 a 1930) e (d) suas provas como estudante de Direito, documentação valiosíssima, até há pouco inacessível à consulta e felizmente preservada pela Universidade Federal do Rio Grande do Sul (UFRGS), fonte indispensável para a reconstituição da gênese de seu pensamento e de sua formação intelectual.

Com esse objetivo e à luz desse material, o trabalho está estruturado em três seções, além da conclusão. A primeira aborda o período inicial da formação de Vargas, sua filiação ao positivismo e suas ideias da época de estudante – análise só possível com a pesquisa na fonte por último mencionada. A segunda seção abrange a época de parlamentar, tanto como deputado estadual como federal, quando ativamente participou dos principais debates e destacou-se na defesa das medidas tomadas pelo governo, muitas vezes liderando sua bancada, pois fora sempre político situacionista em seu Estado. Já a terceira enfoca suas primeiras experiências no Poder Executivo, como ministro da Fazenda de Washington Luís e, posteriormente, presidente do estado do Rio Grande do Sul, cargo de onde saiu para liderar o movimento armado que derrubaria o próprio Washington e impediria a posse de seu candidato, eleito para sucedê-lo, o paulista Júlio Prestes.

A iniciação política e o positivismo

O início da vida política de Vargas ocorreu ao ingressar, em 1903, na Faculdade de Direito de Porto Alegre, hoje integrante da UFRGS. O ambiente de disputa e de acaloradas discussões políticas, todavia, acompanhara-o desde a infância. Nascido em São Borja em 19 de abril de 1882, ainda menino vivenciou a Revolução Federalista de 1893, também conhecida como "revolução da degola" devido à violência das práticas adotadas no conflito, responsável pela divisão dos gaúchos em duas facções: os "chimangos", defensores da república e do presidencialismo, de ideologia marcadamente positivista, cujo líder máximo era Júlio de Castilhos, e os "maragatos" ou federalistas, defensores do parlamentarismo e descendentes do Partido Liberal do Império, cuja expressão maior era Gaspar Silveira Martins. Vargas assistira a radicalização dentro de sua própria família: caso pouco frequente, descendia de um pai que desde cedo aderira à causa republicana, Manuel do Nascimento Vargas, e de Cândida Dornelles Vargas, cuja família era "maragata". Após cursar as primeiras séries em São Borja, estudou Humanidades em Ouro Preto (MG) e, em 1900, resolveu entrar no Exército, opção de prestígio nas elites gaúchas, matriculando-se na Escola Preparatória e de Tática de Rio Pardo (RS). Posteriormente resolveu seguir a carreira jurídica.

Na Faculdade de Direito, Vargas integrou um grupo de acadêmicos denominado por Joseph Love (1975, p.234) de "geração de 1907", cujos membros – como João Neves da Fontoura, Lindolfo Collor, Oswaldo Aranha e Flores da Cunha – mais tarde ocupariam relevantes cargos públicos. Essa nova geração de políticos, ao ingressar no Partido Republicano Rio-Grandense (PRR), perfilhou-se às linhas básicas da mesma doutrina positivista da velha geração de seus fundadores; todavia, enquanto esta se voltara mais à política estadual, até pelas dificuldades de consolidar a república no Estado devido aos conflitos internos, a nova geração desde cedo demonstraria interesse maior pela participação na política nacional. Em linhas gerais, o positivismo, como ideologia oficial do PRR, significou um elemento de coesão interna e de diferenciação frente aos adversários. Firmando símbolos comuns, recorria à força da autoridade de autores como Comte, Saint-Simon e Spencer para justificar a "ditadura científica", consagrada no Estado pela Constituição republicana, praticamente elaborada por Júlio de Castilhos. Esta adotara princípios comtianos antiliberais, como a supremacia do Executivo em oposição ao princípio da independência e harmonia dos poderes de Montesquieu, possibilitando ao presidente do Estado elaborar leis; a Assembleia dos Representantes, por seu turno, reunia-se apenas dois meses por ano e possuía funções mais moralizadoras, como a discussão e aprovação do orçamento, do que propriamente legislativas. E, finalmente, o que era mais criticado pela oposição, a possibilidade de sucessivas reeleições do presidente estadual, desde que obtivesse três quartos dos votos, o que permitiu, na prática, a permanência de Borges de Medeiros no poder por mais de vinte anos – só abrindo mão para o próprio Vargas, em 1928, por imposição do Pacto de Pedras Altas, acordo de paz da Revolução de 1923, no qual se estabelecera que Borges de Medeiros teria sua reeleição reconhecida, mas em troca comprometia-se a não mais se candidatar ao cargo.

Material imprescindível para análise dessa fase inicial da formação de Vargas são seus exames da época de acadêmico na Faculdade de Direito, mencionados anteriormente. Nestes, nota-se a clara influência positivista e a crítica ao jusnaturalismo, evidenciando a disputa entre as duas doutrinas no meio jurídico da época. Assim, com frequência argumentava, com inspiração em Tobias Barreto, que o direito "não é um filho do céu, é um fenômeno histórico, um produto cultural da humanidade". O direito existente, portanto, era o positivo: o que se poderia confundir como direitos "naturais" – uma metafísica intolerável para os positivistas –, na verdade, eram direitos com raízes na evolução social, empiricamente demonstráveis por meio de estudos históricos das sociedades "mais atrasadas" (Arquivo, Prova de Direito Civil). Nesse material, poucos temas estritamente econômicos são abordados. Uma exceção é na prova de Economia Política, em que há dissertação, no ponto número 2, sobre a propriedade. Nesta, Vargas procura distanciar-se do liberalismo, do socialismo e do anarquismo, mais uma vez abeberando-se dos ensinamentos de Comte e de outros autores positivistas e profundamente alinhados ao cientificismo da época, inspirado em Darwin, nas leis da evolução e na analogia entre a vida social e a biológica.

Como crítica ao liberalismo, afirma que o "individualismo puramente doutrinário" não é capaz de resolver as "profundas agitações em que se debate a sociedade atual, o evidente desequilíbrio econômico, o deplorável estado em que se acham as classes". Isso ajudaria a demonstrar que o "socialismo tem a sua razão, é a miséria humana [...] no fausto das sociedades modernas". Surpreendentemente afirma que para julgar essas ações "temos o quanto possível desfazermo-nos de nossos preconceitos burgueses" e que o *laissez-faire* "é uma confissão tácita de impotência por parte desta pseudociência que se chama Economia Política". Cabe aqui mencionar que Comte considerava que a Economia não havia chegado ao estágio de uma ciência positiva, pois mais dedutiva que indutiva e apegada a dogmas e categorias pré-científicas, não empíricas, como valor, "mão invisível", "preço natural" e "ordem natural e providencial" (fisiocrata). A Sociologia, como se sabe, deveria ser a ciência social por excelência, desapegada de doutrinas e inspirada no método das ciências naturais, já que haveria um único método para todas as ciências.

Com relação ao socialismo, as críticas não são mais leves. Este é entendido como empecilho à liberdade, "única compatível com o estado atual de civilização", responsável por abafar a iniciativa individual e, ao suprimir a concorrência, trocá-la pela estagnação e apatia. Continuando com a analogia aos organismos vivos, argumenta que, mesmo caso a adoção do socialismo fosse imposta, haveria "a continuação das mesmas falhas nos organismos individuais, as diferenças de capacidade, destreza, inteligência, energia, que foram causas da individualização das sociedades primitivas [...] tornando a distanciar os possuidores dos não possuidores". Depreende-se desse argumento que, se os homens são desiguais por natureza, inclusive por razões biológicas, como forçá-los a uma igualdade social?

Crítica semelhante estende-se ao anarquismo. Enquanto autores como Lassale e Marx são parcialmente poupados – no sentido de que estão equivocados no diagnóstico e nas soluções, mas contribuíram na construção de um "socialismo empírico" que ajuda a alertar para o abandono das classes desfavorecidas por parte do Estado liberal –, Proudhon é tachado de "apriorístico e reacionário", sem contar que, para um positivista, o primeiro adjetivo possui uma carga depreciativa muito maior que o segundo. Ademais, contra o anarquismo dever-se-ia lembrar o mesmo erro que cometera em certo momento Spencer, ao ver Estado e indivíduo como inimigos. Ao contrário, defendia Vargas – ponto de vista constante em toda sua vida pública, mesmo com todas as mudanças em outras áreas e mesmo em sua ideologia – que ambos, indivíduo e Estado, deveriam ser vistos como aliados, devendo este "garantir os direitos individuais [e também] auxiliá-lo sempre que ele necessita de tal auxílio". E, por isso, como bom positivista que negava a filosofia e a ideologia, pretendendo substituí-las pela ciência fundada empiricamente, concluiu sua dissertação ponderando que, ao contrário do que pensavam os liberais, comunistas e anarquistas que se apegavam a verdades "previamente estabelecidas", aprioristicas, a intervenção estatal deveria ser aceita desde que se tornasse necessária, "exigida pela urgência dos fatos": "Deve proteger ou antes facilitar a tendência associativa e as sociedades cooperativas dos operários para resistirem ao capital. Deve porém ser o garantidor da liberdade individual e nunca julgá-lo no círculo de ferro de uma disciplina rigorosa" (Arquivo, Prova de Economia Política).

Como a maior parte dos estudos sobre as ações e sobre a ideologia de Vargas concentra-se no período após sua ascensão ao poder federal, em

1930, certamente causa espécie a recuperação dessa fase inicial de sua formação, seja pelos autores que leu e mencionou, seja por afastar-se do imaginário dominante sobre as elites "oligárquicas", "agrárias" e "liberais" da Primeira República. Ademais, mesmo que Vargas tenha mudado traços e ênfases de sua ideologia ao longo de sua vida pública, passando do positivismo dessa fase a uma postura que se alimentou, na década de 1930 e no Estado Novo, das teses corporativistas e fascistas em ascensão, até o trabalhismo do pós-Segunda Guerra, de contornos mais esquerdistas, nota-se que há certos elementos que já estão na gênese de seu pensamento e dos quais não se afastou ao longo do tempo, como se constituísse um "núcleo duro" de sua formação intelectual.

Assim, a proteção ao trabalhador como dever do Estado, tantas vezes atribuída à *Carta del lavoro* de Mussolini, já consta dessa prova de aula de 1906, bem como raízes do intervencionismo pragmático do Estado Novo e do entendimento de que os operários deveriam associar-se para contraporem-se ao capital, inclusive por meio de sociedades (sindicatos, cooperativas) – todos elementos que mais tarde marcariam sua vida pública. A postura antiliberal e antissocialista de Vargas encontra-se já nessa fase estudantil e é traço comum do positivismo, do corporativismo italiano e do trabalhismo, doutrinas que o atraíram ao longo de sua vida pública, embora se deva assinalar que suas perfilhações doutrinárias sempre foram flexíveis, a ponto de se conciliarem ao pragmatismo. Mesmo o positivismo, ideologia oficial de seu partido, o PRR, defendido conscientemente ao longo da Primeira República, em suas mãos foi capaz de adaptar-se, moldar-se e transformar-se diante dos novos desafios e circunstâncias que iam se verificando em cada conjuntura: acrescentando novas interpretações a Comte, inicialmente, até o abandono como referência explícita em seus discursos, como aconteceu na década de 1930.

Vargas no Poder Legislativo: em busca da perspectiva nacional

Em março de 1909, após um curto período como promotor de justiça em Porto Alegre, Vargas elegeu-se deputado da Assembleia dos Representantes do Rio Grande do Sul, ocupando uma das vagas do PRR. Reelegeu-se em

1913, mas renunciou ao mandato ao solidarizar-se com colegas do município de Cachoeira do Sul, os quais, por conflitos eleitorais, haviam se incompatibilizado com Borges de Medeiros. Retornou em 1917 à Assembleia Estadual e em 1922 foi eleito para a Câmara dos Deputados, onde ficaria até 1926, quando se tornou ministro da Fazenda de Washington Luís.

Nessa experiência no Poder Legislativo, Vargas participou ativamente dos debates, permitindo que neles se perceba certa presença constante dos temas econômicos. Ainda quando acadêmico de Direito, em discurso em homenagem ao recém-eleito presidente Afonso Pena, que visitava o Rio Grande do Sul, Vargas discursou em nome dos estudantes e afirmou: "Quantas causas de estagnação pesam sobre um país novo, exaurido pela captação e fisco, sopeando o livre desenvolvimento das atividades industriais! Amarga resultante para quem se vê coato a comprar, manufaturados no estrangeiro, os gêneros da própria matéria-prima que exporta" (Vargas, *Correio do Povo*, 18 ago. 1906). Embora à época fosse frequente o uso do termo indústria para designar, em sentido amplo, todas as atividades de produção, não resta dúvida de que nesse caso o termo está se referindo à indústria de transformação, já que associado à importação de manufaturados. Essa é a primeira manifestação de Vargas registrada em defesa da substituição de importações, marca que acompanharia toda sua vida pública.

Na Assembleia dos Representantes, a polaridade entre chimangos e maragatos propiciava debates calorosos. A política castilhista foi desde logo acusada por seus críticos como isolacionista, pois, ao lado da autonomia administrativa e fiscal garantida pela Constituição Estadual, as ações do governo iam no sentido de reafirmar tal autonomia diante da decisão de diversificar a economia gaúcha, tida como extremamente dependente da economia pecuário-charqueadora até então dominante. Esta fora hegemônica durante o Império e tinha por base as grandes propriedades agrárias da região da fronteira do Estado – denominada genericamente de Campanha – centrada em poucos produtos, como charque, couro e lã, exportados principalmente para o mercado nacional. Mas gradualmente a colonização do norte do Estado, principalmente com a imigração alemã e italiana, propiciou o aparecimento de uma outra economia, bastante diversificada, assentada na pequena propriedade e na mão de obra familiar e inicialmente voltada à produção local.

Ao longo da Primeira República, à medida que essa política econômica ia sendo colocada em prática, seu próprio êxito a limitava no longo prazo:

a expansão da economia colonial, com sua diversificação (milho, frutas, suínos) e, inclusive, beneficiamento rudimentar (banha, vinho, farinhas), ia gradualmente conquistando os mercados de fora do Estado (Fonseca, 1983). Em resumo: a crítica à velha economia pecuário-charqueadora, assentada na produção para mercados externos ao Rio Grande do Sul e que legitimara a política econômica diversificadora dos governos republicanos nas primeiras décadas da Primeira República, estendera-se para o conjunto da economia. A expansão da economia colonial estava a exigir ampliação do mercado consumidor, problemática formalmente semelhante à da economia tradicional do Estado. Com isso, o "isolacionismo" perdia seu sentido e a "geração de 1907" desde logo percebia esse novo contexto, defendendo a maior participação dos gaúchos na vida nacional. Talvez isso tenha influenciado Vargas a preferir candidatar-se à Câmara Federal em 1922. É sintomático que, certa vez, indagado qual o político que mais o influenciara, respondeu que, além de Castilhos, fora Pinheiro Machado – justamente o político da "velha geração" que mais se preocupara com a política nacional, na qual fez brilhante carreira no Senado (Silva, 1965, p.118).

O debate entre chimangos e maragatos assumia uma nítida conotação ideológica, respectivamente, entre positivismo e liberalismo. Os primeiros defendiam, além da diversificação já mencionada, maior intervenção do Estado na economia, a organização dos produtores em cooperativas para se protegerem das instabilidades do mercado, a "integração" dos trabalhadores à sociedade capitalista emergente, a nacionalização e a encampação de empresas quando houvesse "interesse social". Já a oposição ao PRR defendia a especialização pecuário-charqueadora com base na teoria das vantagens comparativas, seguindo de perto os preceitos liberais, como critica Vargas em debate com Gaspar Saldanha, em 1919:

> [...] permita-me dizer que V. Exa. está filiado à velha teoria econômica do *laissez-faire*, teoria essa que pretende atribuir unicamente à iniciativa particular o desenvolvimento econômico industrial de qualquer país, deixando de lado a teoria da nacionalização desses serviços por parte da administração pública, amplamente justificada pelas lições da experiência, não levando V. Exa., em linha de conta, que nos países novos, como o nosso, onde a iniciativa é escassa e os capitais ainda não tomaram o incremento preciso, a intervenção do governo em tais serviços é uma necessidade real. (Anais da Assembleia..., 1919, p.124-7)

Prosseguindo, Vargas argumentou que na Europa a intervenção estatal, "açambarcando a atividade particular, monopolizando serviços etc., deu os melhores, os mais surpreendentes resultados". Para Saldanha, entretanto, tal intervencionismo ocorrera em caráter excepcional, em um contexto de guerra, o que permitiu Vargas contra-argumentar:

> Tanto não é assim que após a terminação da guerra, os poderes públicos continuaram intervindo na atividade privada, mantendo-se esses serviços com o intuito de restringir a excessiva ganância dos particulares. E uma prova de eficácia e oportunidade dessas intervenções está na tendência, quase generalizada na Europa, do operariado para a nacionalização das indústrias. É em face desta situação que S. Exa. vem colocar-se como defensor nesta Assembleia dos interesses dos grandes proprietários de terras. (Anais da Assembleia..., 1919, p.124-7)

As desavenças entre as duas facções aprofundaram-se quando o governo, também seguindo o preceito positivista de priorizar os impostos diretos, propunha criar o imposto territorial e aumentar o imposto sobre herança, receitas que deveriam substituir o imposto sobre exportações.[2] Vargas, em outro debate com Saldanha, não só defendeu essa política como argumentou dever recair sobre os fazendeiros a maior carga tributária, alegando que estes exploravam o setor mais lucrativo da economia. E mais uma vez mostra-se comprometido com a defesa do setor industrial; este, por estar nascendo, deveria ser objeto de proteção, e não a produção primária: "As indústrias fabris, ainda incipientes, estão mais sujeitas às flutuações da lei da oferta e da procura, à concorrência estrangeira, dentro do nosso país" (Anais da Assembleia..., 26 nov. 1919).

Todas essas manifestações de Vargas no contexto da Primeira República certamente assumem um caráter bastante inovador, chocando-se com o imaginário que se tem das elites do período, mais apegadas às regras da ortodoxia econômica, ao agrarismo e ao controle do voto, enfim, como coniventes ou responsáveis pela exclusão econômica e social, daí corriqueiramente serem denominadas de "oligarquias rurais". Há que se ter

---

[2] Sobre a questão tributária e o incentivo fiscal às exportações no período, ver: Carvalho et al. (1998).

presente, todavia, que essa visão, consagrada em boa parte da literatura, não passa de uma caricatura, pois desde o limiar da República apareceram em vários estados, e principalmente no Exército, homens como Floriano Peixoto, Benjamin Constant, Serzedelo Correa, Alcindo Guanabara e Nilo Peçanha, os quais, sob a égide do positivismo ou de outras correntes de ideias, também criticavam o liberalismo, propunham maior intervencionismo econômico e defendiam a industrialização, às vezes recorrendo a uma retórica "jacobina", mais radical, com apelos populares, francamente nacionalista e crítica ao capital estrangeiro.[3]

A postura de Vargas afastava-se desse grupo mais radical, lembrando mais o positivismo clássico de Comte e de autores como Saint-Simon (a quem considerava seu preferido) e John Stuart Mill, também por ele citado. Estes, embora divirjam entre si em pontos importantes, têm em comum aceitar certas vantagens do mercado como instituição, mas sempre advogando a necessidade de políticas sociais, procurando um "meio-termo" entre o socialismo e o liberalismo clássico, o que lhes empresta um ar reformista.[4] Além do mais, são autores que defendem a ideia de *progresso* social: há um rumo desejável para a história, ou seja, etapas ou fases a serem percorridas, o que certamente supõe um ideal de sociedade a ser perseguido e uma visão otimista da história, pois marcada pela ideia de evolução, seja moral, intelectual ou material (Mattos, 1998, p.53-4).

Se a postura de Vargas destoa das elites dominantes em outros pontos do país, não chega a ser um caso raro ou exótico; além disso, não se pode deixar de registrar que em várias ocasiões ele também se manifestou como político conservador, defensor intransigente da ordem e dos princípios da "ditadura positivista". Se a própria intervenção governamental materializou-se no Rio Grande do Sul com a estatização dos portos de Porto Alegre, Pelotas, Torres e Rio Grande, ou ainda com a encampação da estrada de ferro que ligava Porto Alegre a Uruguaiana – certamente inaugurando novas responsabilidades na agenda do Estado –, também se deve lembrar

---

3 Ver, nesse sentido, dentre outros trabalhos: Queiroz (1986) e Penna (1997).
4 Também se nota nos discursos de Vargas dessa época a defesa de ideias que apontam para a gênese do futuro trabalhismo, fenômeno esse mais perceptível ao final do Estado Novo, com a campanha do queremismo e a criação do Partido Trabalhista Brasileiro (PTB). Em parte, abordo esse fenômeno ao tratar da influência do positivismo nas origens do desenvolvimentismo no capítulo anterior, "Gênese e precursores do desenvolvimentismo no Brasil".

que a aceitação do intervencionismo estava limitada na prática pelo preceito positivista das "finanças sadias". Conquanto se afastasse do *laissez-faire*, o positivismo frequentemente recorria a critérios éticos como regras para a "boa administração". A separação entre o público e o privado representava uma política inovadora dentro do contexto nacional e constituía palavra de ordem importante do positivismo, incorporada nacionalmente na propaganda republicana e, em particular, no Rio Grande do Sul, tornando-se um dos pontos doutrinários mais caros do PRR (Targa, 2003). Tratava-se da defesa intransigente da moralidade na administração pública, em consonância com o lema "viver às claras", e com consequências na política econômica, pois se tornou argumento recorrente na defesa do orçamento equilibrado. O Estado deveria dar o exemplo à sociedade: não gastar o que não dispunha, não contrair dívidas, ser parcimonioso em contrair e conceder empréstimos. Certamente esse preceito limitava, na prática, a extensão do intervencionismo, pois forçava os gastos públicos a adequarem-se à capacidade de arrecadação – e daí a importância do debate sobre quais impostos deveriam existir e sobre que segmentos deveria recair a maior parte da carga tributária.

O abandono do preceito do orçamento equilibrado como dogma será uma das maiores mudanças do pensamento de Vargas, detectável já ao final da década de 1920 (portanto, e ao contrário do que normalmente se pensa, bem antes da difusão das ideias de Keynes após a publicação da *Teoria Geral*, em 1936) e consolidado como prática efetiva de política econômica a partir de 1930.

Vargas no Poder Executivo e as origens do desenvolvimentismo

Em 15 de novembro de 1926, com a ascensão de Washington Luís à Presidência da República, Vargas assumiu o Ministério da Fazenda, onde permaneceu pouco mais de um ano, ao afastar-se para ocupar o cargo de presidente do Rio Grande do Sul.

O convite mostrava o claro interesse de uma conciliação entre paulistas e gaúchos, ao acalmar atrito antigo e que ganhara certa expressão durante o governo anterior, de Arthur Bernardes, pois o PRR apoiara a chapa derrotada de Nilo Peçanha, motivo que contribuiu para encorajar a oposição estadual a encabeçar mais um levante armado contra o governo de Borges de Medeiros em 1923. Em todo caso, nada havia de novo quanto à composição: o Rio Grande do Sul, como "terceira força" na política da Primeira República, tinha poucas chances de conquistar a cabeça do Executivo federal, mas era fatal nas composições, principalmente no Senado, em que a representação igualitária por estados favorecia que ele capitaneasse a liderança das bancadas estaduais menores, fazendo um freio ao poder de São Paulo e Minas Gerais. Como consequência, um cálculo mostra que os gaúchos estiveram muito mais tempo à frente de ministérios que os políticos de outros estados durante a Primeira República (Love, 1975, p.130).

Correspondências trocadas entre Borges de Medeiros e Vargas revelam surpresa diante do convite presidencial, pois este último alegara sua "incompetência" em assuntos da área financeira, apesar de, desde maio de 1926, integrar a Comissão de Finanças da Câmara (Vargas, 1997, p.38, 48). Havia, entretanto, um contexto propício à aproximação entre Washington Luís e os políticos do PRR: a preocupação com a austeridade monetário-financeira, prioridade assumida pelo presidente eleito.

Como se mencionou anteriormente, o positivismo, embora admitisse a intervenção estatal na economia e apontasse limitações ao mercado e ao *laissez-faire*, representando à época certa heterodoxia, defendia intransigentemente certas regras de política ortodoxas, como o orçamento equilibrado, a inexistência de déficits e a precaução com relação a dívidas e empréstimos. Ademais, talvez por ter uma economia voltada primordialmente ao mercado interno, a posição dos políticos gaúchos ao longo da Primeira República sempre foi no sentido de considerar o combate à inflação como absoluta prioridade. Júlio de Castilhos condenara Rui Barbosa, na época do Encilhamento, mostrando os ganhos ilusórios que a inflação proporcionava. O moralismo castilhista associava a inflação à especulação, ao ganho sem trabalho, às negociatas e falcatruas do Império, quando uma casta de privilegiados – os nobres, ou amigos do rei – recebia favores às custas dos cofres públicos. O espírito republicano apregoava a impessoalidade, a neutralidade do Estado perante as classes, a Igreja e a títulos honoríficos que representassem privilégios.

Esses princípios doutrinários materializavam-se, em termos de política econômica, em crítica às frequentes desvalorizações cambiais, realizadas ao longo da Primeira República com vistas a proteger as atividades exportadoras, as quais eram tidas como artificiais e encarecedoras dos produtos do mercado interno. O apoio do governo gaúcho à candidatura de Nilo Peçanha, em 1921, teve como um dos argumentos centrais sua proposta de deflação, em contraposição a Arthur Bernardes, tido como "inflacionista". Mesmo que defensor da indústria, nota-se que Vargas não entendia que o mecanismo de desvalorização cambial tivesse consequências positivas sobre a indústria local, ao encarecer os importados, pois o considerava ilusório e artificial. Assim expressa sua visão em discurso quando ministro, em 26 de novembro de 1926:

> A inflação é um excitante artificial das indústrias, porque produz a alta dos preços e estimula a produção. Mas as vendas feitas nesse regime de lucros aparentes constituem uma perda de substância para a economia nacional. Que a moeda diminua ou aumente de valor é sempre a instabilidade que, na alta aumenta o capital mas aniquila a produção, na baixa estimula a produção mas destrói o capital. Cada modificação no valor da moeda traduz uma nova distribuição de riqueza, um reajustamento de preços. A alta ou baixa do câmbio são igualmente prejudiciais como sintomas da instabilidade e da precariedade do valor da nossa moeda. A moeda que não é constante, que não é sempre igual a si mesma, não pode desempenhar o seu papel de medida dos valores. (Vargas, 1997, p.497)

Pode-se resumir sua preocupação central em duas palavras: estabilidade e deflação. Era preciso, portanto, retornar ao padrão ouro: "Não temos moeda porque não temos padrão fixo, como medida de valor", afirmou Vargas no mesmo discurso, passando, então, a discutir alternativas sobre em que nível dever-se-ia fixar a paridade. Defendia não voltar à mesma taxa anterior à Primeira Guerra, mas não abria mão, em sintonia com a ortodoxia da época, do retorno ao padrão ouro, amparando-se em exemplos internacionais para embasar seu ponto de vista, como na experiência de vários países europeus, onde via uma tendência nesse sentido:

> Todos os países europeus dessangrados pela guerra, tiveram de lançar mão das emissões de curso forçado, para atender às prementes necessidades de numerário. Quase todos, porém, já regressaram à circulação metálica, ao

padrão ouro, sem atingir a paridade do período anterior à guerra porque as condições de vida eram diferentes. (Vargas, 1997, p.499)

Cerca de um mês após a posse de Vargas no Ministério da Fazenda, o Congresso aprovou a reforma monetária, a qual estabelecia o retorno ao padrão ouro. Este deveria ser implementado de forma gradual. Inicialmente criava uma Caixa de Estabilização com a finalidade de emissão de notas com conversibilidade em ouro, o que lembra a antiga Caixa de Conversão, criada em 1906, a qual definira uma taxa fixa de câmbio em ouro. Como consequência, haveria dois meios circulantes temporariamente no país, um conversível e outro não. Quando as reservas em ouro atingissem nível suficiente para garantir a conversibilidade, haveria a troca do nome da moeda para cruzeiro.

A expectativa do governo ao proceder a reforma financeira visava não apenas garantir a estabilidade da moeda e do câmbio, como Vargas declarava. Como bem lembra Fritsch (apud Abreu, 1989, p.57), havia também uma intenção nitidamente política, com a perspectiva de recuperação de investimentos anglo-americanos no país, devido ao *boom* internacional, o que certamente contribuiria para uma expansão monetária, aliviando os produtores domésticos, sejam os exportadores sejam os industriais voltados ao mercado interno. Com isso, haveria uma descompressão da política econômica extremamente recessiva dos últimos anos sem recorrer a um instrumento discricionário ou violador da regra de "finanças sadias", que mais tarde resultaria em déficit público ou inflação. O contexto, de fato, era extremamente favorável, pois manteve a inflação estável ao mesmo tempo que propiciou um crescimento do produto de 10,8% em 1927, em contraste com o crescimento nulo de 1925 e com os 5,2% de 1926.

Esses resultados favoráveis, conquanto não podem ser atribuídos unicamente à gestão de Vargas no Ministério da Fazenda, já que fazem parte de um ciclo maior favorável às atividades agroexportadoras, certamente contribuíram para qualificar sua candidatura à Presidência do Rio Grande do Sul. Nesse momento, ele já era a figura mais destacada do PRR depois de Borges de Medeiros. Com o impedimento deste de concorrer à nova reeleição, Vargas desde logo apresentou-se como candidato de perfil bem diferente de Borges de Medeiros, dando veia à habilidade política que mais tarde seria enaltecida por seus biógrafos: em um estado dividido historicamente e marcado por lutas sangrentas, levantou a bandeira da pacificação e da harmonia, aproximando-se da oposição, então agregada no Partido Libertador, formado pelos antigos maragatos e por dissidentes do PRR. Vargas foi eleito sem oposição e tomou posse como presidente do Estado em 25 de janeiro de 1928.

A proposta de pacificação estadual, além dos argumentos éticos e humanitários, buscava respaldo em outro, de natureza econômica: a paz era pré-requisito do progresso – recorrendo a Comte –, mas gradualmente essa palavra fazia-se substituir por outra: desenvolvimento. Atribuía-se ao Estado um papel cada vez maior na economia, sendo seu dever alavancar as atividades produtivas, fornecer infraestrutura e conceder crédito. Certamente, esse setor público mais ativo contribuía para a aproximação com as "classes produtoras", firmando laços muito além dos admitidos pelo positivismo, inclusive ao aceitar com maior liberalidade o endividamento e a concessão de empréstimos e ao desapegar-se aos poucos dos princípios das "finanças sadias" e do equilíbrio orçamentário como regras invioláveis da política econômica. Dava-se início, assim, em uma experiência regional, ao embrião do *desenvolvimentismo* como ideologia maior norteadora da ação governamental e que perdurou no Brasil até o final da década de 1970.[5]

Vargas passava a apregoar, então, que "a complexidade da vida social" e o grande volume de capitais necessários para os investimentos exigiam a participação direta do Estado, pois não poderiam ser realizados "só pelo esforço individual". Juntamente com a presença estatal e também em consonância com postulados positivistas afirmava-se o princípio de que os

---

5 É digno de menção que Alfredo Bosi (1992, p.273-307), em instigante análise sobre a influência do positivismo em Vargas, afirma: "Só a modelagem positivista-castilhista da geração de 1907 dá conta do aparente paradoxo da economia brasileira dos anos 1930 que foi, ao mesmo tempo, saneadora ortodoxa das finanças, industrialista e centralizadora". Nossas pesquisas convergem para a pertinência dos dois últimos adjetivos, mas não ao que tange à ortodoxia, aspecto ademais deixado claro por Celso Furtado em sua clássica análise nos capítulos 30 a 32 de *Formação econômica do Brasil*. Justamente nesse período entendemos que se afirma o *desenvolvimentismo*, dentre outras razões porque se abandona ortodoxamente o princípio do orçamento equilibrado, caro aos positivistas, em prol de políticas anticíclicas e pró-crescimento. Defendemos que o positivismo está nas origens do desenvolvimentismo, fundamental para o resgate de suas raízes e na formação ideológica de Vargas, mas não hesitamos em entendê-los como dois fenômenos históricos distintos, tanto no Brasil como em outros países latino-americanos. Aliás, distintamente do que teria ocorrido no continente europeu, é na América latina onde se detecta essa particularidade de boa parte da elite positivista tornar-se "desenvolvimentista", principalmente a partir da década de 1930.

produtores deveriam associar-se em cooperativas, associações e sindicatos. A Mensagem à Assembleia dos Representantes de 1928 não deixa dúvidas de que essa proposta de "desenvolvimento associativo" representava um dos pontos prioritários do governo. Em uma conjuntura na qual a polêmica sobre autonomia *versus* atrelamento das associações e sindicatos, tanto patronais como de trabalhadores, estava na ordem do dia, Vargas explicitava sem rodeios sua visão: os vínculos com o Estado deveriam ser estreitos, pois caberia a ele corrigir insuficiências e exercer "certo 'controle', para lhe evitar excessos" (Vargas, 1997, p.513). É marcante o caráter antiliberal das medidas colocadas em prática, tendo em vista que o governo atribuía a crise por que passava a economia gaúcha, principalmente o setor pecuário-charqueador, à desorganização decorrente da concorrência e do individualismo inerentes às economias de mercado (Bak, 1983, p.273).

Por outro lado, o *desenvolvimentismo* firmava-se ao enaltecer o papel do crédito na economia, e ia além ao defender a responsabilidade do Estado em concedê-lo – ponto programático que por certo afastava-se da ortodoxia positivista. Esta sempre tivera como ponto essencial a neutralidade do Estado – o que implicava em "tratar a todos igualmente", sem privilegiar segmentos específicos –, resultando sempre em limite para a política de crédito à produção. Além disso, o positivismo tradicional do PRR recorria com frequência à analogia da economia do Estado com a doméstica, criticando medidas arrojadas ou de vulto, sempre em consonância com o lema do evolucionismo gradualista comtiano de "conservar melhorando". Assim, ao final da Primeira República, o termo desenvolvimento começa aparecer na retórica oficial, ainda algum tempo sem abandonar de vez a palavra progresso – e que ajuda a evidenciar o positivismo como uma das matrizes ideológicas do desenvolvimentismo brasileiro a partir de 1930 (Fonseca, 2000), o qual certamente também se abeberou de outras fontes, como o keynesianismo, a social-democracia e mesmo o corporativismo italiano, na época do Estado Novo, sem contar com os pensadores "autoritários" nacionais, como Oliveira Vianna, Francisco Campos, Azevedo Amaral e Plínio Salgado.

Sem abandonar de todo em sua retórica a defesa do orçamento equilibrado, o governo Vargas começava a defender a importância do crédito como precondição para alavancar a produção. Mais que mantenedor da ordem e da justiça, o Estado moderno deveria preocupar-se com a expansão das atividades produtivas. Como política efetiva, criou (Decreto n. 4.079) em 22 de junho de 1928 o Banco do Estado do Rio Grande do Sul (Banrisul). Este fora concebido como uma "organização mais ampla de um banco de Estado". Dentre suas atribuições constava o estímulo à agricultura, à indústria e ao comércio, "fazer a defesa de nossa produção, constituindo um propulsor da riqueza e do progresso" (*Correio do Povo*, 26 abr. 1928, p.9).

Para o êxito da política de pacificação política estadual, com a aproximação entre republicanos e maragatos iniciada com a eleição de Vargas para presidente do Rio Grande do Sul, foi fundamental essa nova postura do Governo do Estado com relação às atividades produtivas, não só por ampliar sua margem de cooptação política como também por acenar para o futuro, lançando mão de uma retórica que apostava em apagar o passado de lutas, ódios e retaliações. A união das forças gaúchas em torno de Vargas foi fundamental para que ele postulasse a cabeça da chapa da Aliança Liberal, em contexto de enfraquecimento e desarticulação do pacto entre paulistas e mineiros. Lideraria, a partir daí, a oposição às pretensões de Washington Luís de indicar seu sucessor – justamente de quem fora ministro da Fazenda um ano antes e, comentava-se, seria inicialmente seu candidato favorito. O desenrolar dos acontecimentos, com sua derrota eleitoral, levaria à Revolução de 1930.

Conclusão

A análise das propostas e dos pronunciamentos de Vargas ao longo da Primeira República mostra traços de continuidade que lhe asseguram extrema coerência. Mesmo com mudanças de ênfase ou de enfoque, sua atuação sempre se pautou por uma visão crítica ao individualismo e ao liberalismo, apontando falhas na economia de mercado e propondo certo grau de intervenção estatal na economia, mesmo que admitisse regras da política econômica ortodoxa.

Pode-se, todavia, assinalar um ponto de inflexão ao final do período, quando, já na Presidência do Estado, mesmo ainda tendo o positivismo como referência doutrinária, desapegou-se parcialmente de certos preceitos, passando a defender uma atuação mais vigorosa do Estado no fomento à produção, admitindo e estimulando empréstimos e crédito, bem como ao criticar o padrão ouro e certas regras da ortodoxia econômica clássica. Nota-se que, se houve uma ruptura com estes, a mesma se deu afirmando e com o propósito de aprofundar outros pontos programáticos que *já estavam* no ideário, como intervencionismo, compromisso do Estado com o "progresso" e defesa da industrialização. Nesse sentido, pode-se afirmar que a superação mais significou rompimento de amarras que propriamente negação radical das antigas ideias de Comte e Saint-Simon, e mesmo de Stuart Mill, as quais são reafirmadas com nova roupagem e adaptadas a novo contexto.

Para enfatizar essa mudança, convém associá-la às origens de uma nova forma de pensar e atuar na economia, a qual será hegemônica nas décadas seguintes no país. Emerge o *desenvolvimentismo*, entendendo-se este como uma ideologia consubstanciada em um projeto que firma o desenvolvimento econômico como a principal tarefa do governo, o epicentro de suas ações e da política econômica, tendo como objetivo maior a industrialização do país. Mais que *progresso* ou *evolução*, o *desenvolvimento* torna-se o fim último da ação estatal, supõe colocar todos os instrumentos e meios para a consecução de um objetivo bem definido: o crescimento da economia (e não mais a evolução moral ou intelectual). Por meio dele o Estado atua indo em direção a um ideal futuro de sociedade, inclusive tornando-se pré-requisito para melhorar a distribuição de renda e afirmar valores como soberania nacional e igualdade social.

O positivismo, em sua formação inicial, contribuiu desde cedo para uma postura que, com inspiração em Hegel, poder-se-ia denominar iluminista, ao entender história como racional e o homem como seu agente. Assim, o mundo poderia ser modificado, construído, cabendo aos governantes uma responsabilidade maior do que até então era admitida pelos presidentes do país que antecederam Vargas. É impressionante constatar que muitas teses difundidas nas décadas seguintes, seja por políticos, empresários, intelectuais ou economistas, como os vinculados à Cepal, já são encontradas, mesmo que embrionariamente, nesse período.

AUTORITARISMO E CORPORATIVISMO NO BRASIL: O LEGADO DE VARGAS

Ângela de Castro Gomes

O ano de 2004, para a sociedade e para a intelectualidade brasileira, foi um convite à reflexão histórica. Sob o conhecido e consagrado pretexto de rememorar datas e acontecimentos, 2004 abriu a possibilidade de se revisitar criticamente dois períodos marcantes da história política recente do Brasil. Em 31 de março, assinalou-se a passagem de quarenta anos do golpe civil e militar que derrubou o presidente João Goulart e deu início a duas décadas de um regime autoritário de extrema violência, mas que também promoveu o crescimento e a modernização do país, durante o período do chamado "Milagre Econômico". Na mesma chave, em 24 de agosto, relembrou-se o cinquentenário do suicídio do ex-presidente Getúlio Vargas, um dos fatos mais traumáticos da história do Brasil, tanto pelos desdobramentos de curto e médio prazo que desencadeou na década de 1950, como, posteriormente, pela demanda de análises que retomassem a Era Vargas (1930-1945 e 1950-1954), também marcada pelo autoritarismo político e pelo desenvolvimento econômico.

De imediato, o que tais eventos trazem à tona para reflexão é a recorrência do autoritarismo na história republicana do país, fato que é acompanhado pelo caráter complexo e ambíguo das duas experiências. Nos dois períodos, apesar de o Brasil conhecer imensas restrições nos terrenos da cidadania civil e política, o país experimentou políticas públicas que o tornaram mais moderno economicamente, e menos excludente socialmente, embora não menos desigual. A despeito dessas convergências, a forma como a memória nacional reteve essas duas experiências seguiu caminhos muito distintos.

Em relação ao regime militar, foi sendo consolidada, sobretudo a partir da década de 1980, período da redemocratização, uma memória política de condenação em bloco, associada a uma radical separação entre sociedade civil e Estado ditatorial e militar. Assim, como vários estudos apontam, construiu-se uma memória que apaga os apoios da sociedade civil ao regime (o que ocorreu em especial no seu início) e enfatiza as lutas e a resistência empreendidas contra ele. Do mesmo modo, os "êxitos" econômicos dessa ditadura foram sendo "esquecidos", fortalecendo-se a imagem de um grande fracasso, isto é, da violência, da incompetência e da corrupção administrativa, além da falta de ética da ditadura militar. Já em relação à chamada Era Vargas, mesmo considerando-se as variações dos balanços realizados ao longo do tempo, o processo de construção de uma memória nacional acabou retendo mais pontos positivos do que negativos, a despeito dos últimos também serem lembrados.

As razões que permitem compreender processos de "enquadramento da memória"[1] tão distintos são um estimulante ponto de partida para se pensar a própria Era Vargas, suas aproximações e distinções do regime militar pós-1964, bem como os rumos do pensamento autoritário no Brasil, durante o século XX. Algumas dessas razões são de fácil compreensão. Vargas foi, ao longo de quase vinte anos (embora não consecutivos), um chefe de Estado ditatorial (1930-1934 e 1937-1945), mas também um presidente eleito: primeiro, por uma Assembleia Nacional Constituinte (1934-1937) e depois, diretamente pelo povo (1951-1954). E foi exatamente nessa última condição que ele cometeu suicídio, oferecendo ritualmente seu corpo físico e político ao país e ao povo, em defesa da soberania e da democracia. Lance político indubitavelmente arriscado e radical, que obteve surpreendente sucesso imediato e demarcou a figura de Vargas como a de um mártir, a despeito de quaisquer defeitos ou culpas que seus adversários tenham querido ou ainda queiram lhe imputar. Nesse sentido, nenhum presidente da República, no Brasil, aproxima-se de Vargas, no que se refere à duração de tempo em que esteve no poder ou às condições dramáticas em que o abandonou.

Porém, a memória positiva do nome e do tempo de Vargas não se deve apenas a fatores do porte dos nomeados acima. Há questões mais complexas, que remontam à realização de um sistemático e sofisticado esforço de propaganda, combinado a políticas públicas inovadoras, especialmente nos campos social e cultural. Ou seja, assinalar a duração e o impacto da figura

---

1 Estou trabalhando com esse conceito, segundo proposta de Pollack (1992, p.200-12).

do ex-presidente na história contemporânea do Brasil significa procurar compreender por que seu discurso e suas políticas, construídas no marco do pensamento autoritário dos anos 1920-1940, encontraram condições tão favoráveis para se estabelecer e, sobretudo, para se transformar e perdurar na memória nacional. São questões difíceis, que exigem respostas que articulem as condições vigentes nos campos político e intelectual, nacional e internacionalmente, com as habilidades e possibilidades que se abriam às elites do Estado brasileiro àquela época. Para tanto, este texto se propõe a discutir algumas hipóteses que auxiliem tal reflexão.

A primeira diz respeito ao "lugar" que a democracia ocupou na prática e no discurso políticos dos anos 1930. É importante entender que, devido à montante internacional do antiliberalismo, foi possível para o pensamento autoritário do período capturar a bandeira da democracia, preenchendo-a de sentidos inteiramente novos e encontrando ampla recepção, tanto junto às elites, como nas camadas populares da população. O significado histórico da palavra democracia, particularmente no caso da experiência brasileira, esteve associado à dimensão social e não política, o que permitiu a construção de um conceito aparentemente paradoxal: "democracia autoritária". O Estado brasileiro do pós-1930 pôde então se proclamar, franca e claramente, um Estado forte, centralizado e antiliberal, sem perder a conotação de democrático, isto é, justo e protetivo. A segunda hipótese articula duas dimensões de qualificação desse novo Estado. Tratava-se, pela primeira vez no Brasil, de edificar uma arquitetura de Estado nacional moderno que ampliava suas funções de intervencionismo econômico e social, ao mesmo tempo que montava uma burocracia tecnicamente qualificada e impessoal, segundo moldes weberianos. Porém, no mesmo movimento, esse Estado se personalizava na face de Vargas, a figura carismática encarregada de conduzir o processo de mudança e assumir as novas tarefas que cabiam ao Executivo, ante as crescentes críticas ao Legislativo. Nesse sentido preciso, o Estado autoritário e democrático do pós-1930 é tanto uma "modernização" das tradições do poder privado e do personalismo caros à sociedade brasileira, como uma afirmação do poder do público, por meio de uma burocracia (impessoal e técnica) e de um modelo alternativo de representação política: o corporativismo.

Como se pode imaginar, a definição, a montagem e a aplicação desse modelo de Estado, articulando em novas bases o privado e o público no Brasil, foi tarefa que envolveu diversos projetos e lutas entre intelectuais e políticos, durante um bom tempo. O que se fará aqui, a seguir, é acompanhar, ainda que brevemente, algumas das principais formulações de uma das vertentes mais influentes da época – a do pensamento autoritário –, destacando a contribuição de três intelectuais particularmente relevantes por suas reflexões e ações: Oliveira Vianna, Francisco Campos e Azevedo Amaral.

O *atraso* do Brasil e o imperativo do Estado forte e centralizado

Durante a Primeira República (1889-1930), foram muitos os políticos e os intelectuais que debateram os rumos do Brasil. Todos, em geral, concordavam que era necessário superar o *atraso* no qual o país vivia e que o impedia de alcançar os patamares de *civilização* vislumbrados na Europa e nos Estados Unidos. Contudo, desde a proclamação da República, pode-se verificar que houve muitas disputas não só sobre quais seriam as *verdadeiras causas desse atraso*, como também sobre quais seriam as propostas para vencê-lo, o que obviamente significava diferenciados projetos de Estado republicano. Mas apesar dos confrontos, também se pode dizer que, entre a década final do século XIX e aproximadamente os anos 1920, um projeto de Brasil liberal, desenhado pela Constituição de 1891 e pactuado pela fórmula da política dos governadores (de 1902), ganhou concretude. Nele, a modernidade política imaginada dava precedência ao poder de um Estado, impessoal e racional-legal, fundado numa arquitetura institucional com partidos e parlamento, em que o indivíduo-cidadão participava do poder e o limitava por meio do voto.

As dificuldades para a consecução desse projeto foram rápida e fartamente proclamadas, sendo identificadas, segundo inúmeros diagnósticos, tanto na força do poder privado e na fraqueza do público, como na falta de educação e saúde do povo, aliás, por culpa das elites. Porém, durante as três primeiras décadas republicanas, tais diagnósticos não foram suficientes para que o modelo de Estado liberal vigente sofresse grandes abalos. Apesar de muito criticado, ele conseguiu se manter, estando ancorado no paradigma clássico de moderna sociedade ocidental, e lançando suas raízes nas concepções políticas de fins do século XVIII, democratizadas ao longo do século XIX, amplamente aceitas internacionalmente.

É justamente esse referencial maior que sofrerá fortes questionamentos após o término da Primeira Guerra Mundial, permitindo uma melhor compreensão das novas orientações que passarão a marcar o pensamento social brasileiro das décadas de 1920, 1930 e 1940. A partir do pós-guerra, grosso modo, entre uma grande maioria de intelectuais, a questão não era mais identificar e apontar as condições adversas à vigência de um modelo de Estado liberal, tendo em vista sua reforma, mas a de constatar sua real impossibilidade e indesejabilidade de adaptação ao Brasil. Para entender tal transformação é interessante observar que tal paradigma sofria críticas de uma nova orientação científica, traduzida quer pelos postulados de uma teoria elitista que desmascarava as *ficções políticas liberais*, quer pelos enunciados keynesianos que defendiam um intervencionismo econômico e social do Estado, até então inusitado. Embora permanecesse de pé o ideal de autoridade racional-legal e de economia urbano-industrial, como signo de uma sociedade moderna, os instrumentos operacionais, vale dizer, as instituições políticas para construí-la e materializá-la, sofreram mudanças substanciais. De maneira geral, conforme os exemplos europeu e norte-americano demonstram, após a Crise de 1929 ocorreu um afastamento, mais ou menos radical, do paradigma clássico de Estado liberal.

Nesse contexto, a ideia de igualdade liberal, fundada na equidade política do indivíduo-cidadão portador de opinião/voto, foi contestada pela desigualdade natural dos seres humanos que, justamente por isso, não podiam ser tratados da mesma maneira pelo Estado e pela lei. Esse cidadão liberal, definido como possível, mas, no caso do Brasil, inexistente, era uma ficção, como o eram os procedimentos a ele associados: eleições, partidos políticos, parlamentos etc. Por outro lado, importa assinalar que, com graus e formas variadas, tais formulações críticas acentuavam a importância da criação e/ou fortalecimento de certas instituições e práticas políticas estatais (novos órgãos e políticas públicas), como mecanismo de *start* para o estabelecimento de um modelo de modernidade eficiente.

Portanto, se crescia o descompromisso com procedimentos e valores liberais, realizava-se um enorme esforço para a formulação de uma outra arquitetura institucional de Estado, cujo sentido transformador era muito amplo, abarcando esferas da sociedade até então intocadas pela presença pública. Assim, no Brasil, a maior intervenção do Estado em assuntos econômicos e sociais assumia o papel de elemento precípuo para a transposição do *gap* que era identificado entre a vigência da lei e a ideia de justiça, que o Estado devia assegurar, mas não assegurava. Dito nos termos das análises do período, era necessário vencer o *artificialismo político* republicano, que postulava normas inaplicáveis à *realidade brasileira* e, em o fazendo, combater o arbítrio expresso no *caudilhismo* e em seus derivados: o *clientelismo* e o *personalismo* de nossa organização política. Era preciso ultrapassar a dicotomia entre *Brasil legal e Brasil real*, sendo a *centralização* do Estado o caminho para a *nacionalização* e a *modernização* do poder público no Brasil.

As interpretações da sociedade e da política brasileiras construídas a partir dos anos 1920 têm esse contexto político e intelectual internacional como cenário. Vivia-se sob o ataque ao liberalismo e, para intelectuais cujo desafio era construir um mundo moderno a partir de constrangimentos que o negavam, a força da crítica antiliberal podia ser explorada como um estímulo à criatividade. A riqueza quantitativa e qualitativa dos autores e textos que então aparecem no Brasil desautoriza qualquer tentativa de acompanhamento mais minucioso.[2]

A estratégia deste artigo, como se disse, será tomar alguns autores como guias, e em torno deles agregar outros nomes, todos integrantes da montagem do que se tornou conhecido como pensamento autoritário. Um desses autores é Francisco de Oliveira Vianna. Ele escreve desde os anos 1910 até 1951, quando morre. Sua obra é vasta e logicamente diferenciada, mas guarda pontos muito recorrentes, aqui retomados como referenciais fundamentais, apesar da passagem do tempo e das circunstâncias políticas mais imediatas. Trata-se de um intelectual que exerceu inequívoca influência entre seus contemporâneos, que com ele foram forçados a debater, quer com ele concordassem quer dele discordassem.[3] Seus textos acabariam também por se impor aos estudiosos do pensamento social brasileiro, apesar de, por

---

2 É interessante ressaltar como o período entreguerras assinala a emergência de um conjunto variado, consistente e alternativo de propostas às ideias e experimentos de liberal-democracia. Autoritarismo e totalitarismo estão presentes no fascismo, no nazismo e em corporativismos de diversos tipos. No Brasil, o diálogo estabelecido pelos pensadores autoritários, muitos diretamente vinculados ao Estado Novo (1937-1945), está sendo privilegiado neste texto. Contudo, também existiram propostas como o integralismo da Ação Integralista Brasileira (AIB) e o comunismo, já presente no Partido Comunista Brasileiro (PCB), nos anos 1920, e na Aliança Nacional Libertadora, na década de 1930.

3 Dois bons exemplos de interlocutores que dele discordam são Sérgio Buarque de Holanda (1936) e Gilberto Freyre (1933), que o citam e a ele se contrapõem.

algum tempo, ter sido minimizado e taxado como um *reacionário*. Tal identificação explica-se por seu engajamento no Estado do pós-1930 e por sua clara defesa de uma proposta autoritária, mais especificamente ainda, de uma engenharia política corporativa para sua realização. Por isso, Oliveira Vianna interessa de perto a este texto, que quer enfatizar *como*, no Brasil desse período, articulou-se um modelo de Estado que recriou as fronteiras entre o público e o privado em toda a sua ambiguidade. Um modelo que deixou profundo legado para a vida política do país.

Oliveira Vianna, com *Populações meridionais do Brasil*, cuja primeira edição data de 1918, é um ponto de partida seguro.[4] O grande objetivo desse livro, que foi de imediato saudado como fundamental, era compreender as características *originais* da sociedade brasileira, completamente desconhecidas e, por isso, causadoras do *atraso* em que o país vivia há séculos. Se tais características vinham sendo identificadas no ruralismo, na mestiçagem e no poder privado e pessoal dos caudilhos oligarcas, nunca um tão grande investimento em sua pesquisa histórico-sociológica estivera tão legitimado e despertara tanta atenção, como no momento do pós-Primeira Guerra Mundial. Como já foi assinalado, diante da crise internacional do paradigma político liberal, não se tratava mais de simplesmente apontar e vencer os obstáculos que impediam a modernização no âmbito dessa matriz. A saída era outra, pois outro era o ponto de chegada almejado.

A proposta de Oliveira Vianna, e de vários outros pensadores, partia de duas premissas: a impossibilidade de recriação, no país, e no curto prazo, das condições que tornaram o liberalismo possível fora do Brasil; e a total indesejabilidade de alcançá-las em uma transição para a modernidade. Isso porque a sociedade brasileira tinha características específicas, e outro era o *timing* e o ideal de ação política a ser colocado em prática. Se tal ação não estava ainda bem delineada, era inclusive porque não se reconhecia mais a existência de modelos universais a serem seguidos, o que exigia um esforço de compreensão das singularidades do país, capaz de orientar as novas diretrizes a serem traçadas. Nesses termos, o *Brasil real* não ficava desqualificado, pois era justamente com esse *real* que se poderia chegar a um projeto

---

4 Vianna (1952). O sucesso do livro diminuirá no correr dos anos 1930, quando mais questionado, sobretudo em sua visão da questão racial. Mas o autor não perde prestígio e não deixa de marcar o campo intelectual da época.

eficiente, uma vez que adequado à nossa singularidade. Esse novo encaminhamento foi uma das causas do sucesso de *Populações*, que encontrou um clima propício aos estudos sociológicos, percebidos como instrumentos analíticos para uma intervenção política efetiva.

Não é casual, portanto, que entre 1920 e 1940 tenham sido produzidos ensaios tão significativos para a *compreensão* do país, e que suas interpretações povoem ainda de forma vigorosa nosso imaginário político. Esse foi um tempo de *descoberta* e de *valorização* do homem e da realidade nacionais, embora tenha dividido os intelectuais quanto à crença na possibilidade de se alcançar, no país, a modernidade nos marcos da democracia liberal. Esse dilema vinha de longe e lançava suas raízes no período colonial: em nossa tradição rural e escravista e na cultura ibérica de onde esta havia nascido. Oliveira Vianna é o tradutor, por excelência, da interpretação que consagra o *insolidarismo* como marca da sociedade brasileira. Segundo ele, nossas relações sociais haviam se desenvolvido tendo como base o grande domínio rural, fincado na imensidão do território tropical: nós somos o latifúndio. Ora, o latifúndio isola o homem; o dissemina; o absorve; é essencialmente antiurbano (Vianna, 1952, v.1, p.48).

O ruralismo e o escravismo de nossa formação, demonstrando bem a força dos fatores geográficos e raciais, eram os responsáveis por um padrão de sociabilidade centrado na família e na autoridade pessoal do grande proprietário que tudo absorvia. Os conceitos que esse autor elabora para a compreensão do modelo de sociedade brasileira são os de *função simplificadora do grande domínio rural* e *espírito de clã*. O primeiro apontava para a independência e autossuficiência dos senhores de terra e escravos que *simplificavam* toda nossa estrutura social, dificultando o desenvolvimento de atividades comerciais e industriais e impedindo quaisquer outros associativismos que escapassem à família. O segundo, ao mesmo tempo, protegia o homem rural da falta de outra autoridade efetiva, inclusive a do Estado português, e bloqueava o *espírito corporativo* que só podia afirmar-se no ambiente urbano.

Era a vida na grande família a base e a origem do *caudilhismo*, personalizado e pulverizado no território nacional. Um tipo de autoridade que abarcava vínculos políticos e sociais e que recorria à fidelidade e à afetividade, orientando-se por valores não estritamente materiais e utilitários. Para enfrentar a força do *caudilhismo*, que era sempre uma ameaça à desintegração territorial e social do país, só um poder centralizador forte – metropolitano ou nacional –, que agisse como promotor da paz e da ampla proteção dos cidadãos. Por isso, para Oliveira Vianna, a realidade do *caudilhismo* acabara por inverter o sentido mais conhecido do poder central, que de autoridade absolutista e opressora das liberdades tornava-se o único meio de construção de um Estado moderno, isto é, orientado por procedimentos racionais/burocráticos, mas igualmente próximo e conhecedor da realidade nacional. Só esse novo Estado poderia, simultaneamente, neutralizar o *caudilhismo* dos localismos e personalismos e o *artificialismo político-jurídico* que confrontava nossas tradições históricas.

Em *Populações*, portanto, duas ideias ficam muito claras. Primeira: embora as características de nossa formação sociopolítica não fossem criticadas, pois se tratava de entender suas origens para nelas buscar orientação, elas certamente não eram situadas como alvissareiras para nos conduzir à modernidade. Eram tais características as responsáveis pela produção de uma multiplicidade de poderes, ameaçadora à unidade e harmonia do espaço público. Segunda: desse fato advinha a necessidade de criação de instrumentos capazes de estimular a integração social; de produzir uma nação e um povo, conforme nossa realidade histórico-sociológica. Mas as elites políticas brasileiras estavam irremediavelmente distantes desse propósito, submersas em formalismos herdados ou copiados de modelos estrangeiros que, por inadequados, eram ineficientes. *Populações*, contudo, realizou muito mais um diagnóstico do *problema de organização nacional* do que investiu em comentários sobre a maneira de enfrentá-lo. O que ficou de substancial do livro foi a defesa de um Estado forte e centralizado e com autoridade incontestável sobre o país.

Como se vê, o início dos anos 1920 é um momento de contundente crítica ao reduzido grau de governabilidade do Estado republicano de então. Este, por sua fragilidade institucional, não havia conseguido um bom desempenho na tarefa de forçar os principais atores privados (as oligarquias) a cooperar, abandonando seus interesses mais particulares e imediatos em nome de horizontes de longo prazo. Era essa fragilidade, expressa na insuficiente consolidação e funcionamento de suas instituições políticas, que bloqueava a constituição de um verdadeiro espaço público, para o qual se pudesse canalizar os conflitos privados, incorporando novos atores, por meio de arranjos garantidos por uma autoridade centralizadora incontestável.[5]

---

5 É claro que se pode argumentar, hoje, com sólidas evidências históricas, que a República Velha tinha, na época, tantos problemas de governabilidade e de incorporação de atores

Daí as demandas, generalizadas e às vezes pouco precisas, de ampliação do intervencionismo do Estado, que precisava assumir contornos antiliberais, particularmente em função da primeira experiência republicana, considerada fracassada. Isso porque, diretamente associados à Velha República, como passa a ser chamada, estavam as eleições, os partidos políticos e o Poder Legislativo, todos sendo identificados com os interesses locais e particulares que só lutavam por si e, logo, contra os interesses nacionais/gerais.

Resumindo, se a sociedade brasileira era, por formação histórica, não solidária e dominada pelo confronto entre o público e o privado, a constituição de um Estado forte e centralizado, capaz de interlocução com a diversidade de poderes privados existentes, emergia como uma autêntica preliminar para a constituição da nação. Nesse sentido, a avaliação da incapacidade política da República, fundada em práticas liberais, era fatal. Por isso, o que as obras de vários autores, durante as décadas de 1930 e 1940, situam como seu objeto de reflexão é essa questão e impasse. Ambos só seriam superados pela criação de outros arranjos institucionais capazes de construir um verdadeiro espaço público no Brasil. O *artificialismo político*, para ser afastado, precisava encontrar novas formas de representação que promovessem o encontro do Estado com a sociedade, que reinventassem as relações entre o público e o privado, segundo imperativos que respeitassem nosso passado fundador e que apontassem um futuro orientado pelos modernos parâmetros mundiais.

A nova democracia autoritária: personalismo e corporativismo

A elaboração e realização de um projeto que combatesse o *artificialismo político* e o *atraso* do Brasil envolveram diversos políticos e intelectuais. Nesse aspecto particular, dois intelectuais se destacaram por suas formulações teóricas e pela aplicação dos modelos e princípios que defenderam: Francisco Campos e Azevedo Amaral. De forma um pouco esquemática,

---

quanto as democracias europeias consideradas clássicas. Mas o que importa assinalar é que, nos anos 1910-1920 e 1930, tais democracias foram vistas, primeiro, como modelos a ser seguidos, ainda que não copiados, e a seguir, embora não de forma generalizada, como experiências a serem abandonadas.

pode-se dizer que o projeto de Estado então colocado em prática – o Estado Novo (1937-1945) – articulava, não sem dificuldades, duas dimensões fundamentais que só podem ser separadas analiticamente.

Em primeiro lugar, havia uma dimensão organizacional, materializada na necessidade de construção de uma nova arquitetura institucional para o Estado republicano. Esse novo e moderno Estado precisava abandonar o *velho princípio de separação de poderes*, que vinha sendo criticado e transformado pelo conceito germânico de *harmonia de poderes* (Campos, 1940). Tal opção superava a falsa dicotomia entre democracias (sempre entendidas como liberais) e ditaduras, na medida em que se abria a possibilidade de existir um Estado forte e democrático, por meio da revitalização do sistema presidencialista de governo. E um dos procedimentos para que, no Brasil, se pudesse construir esse novo tipo de democracia era a conversão da autoridade do presidente em *autoridade suprema do Estado* e em órgão de coordenação, direção e iniciativa da vida política.[6] Um Executivo forte e personalizado era o instrumento estratégico para se produzir o encontro da lei com a justiça; o estabelecimento de uma nova democracia não mais definida como política, mas sim como social e nacional.

Em função da emergência dessa nova forma de autoridade, encarnada na figura pessoal do presidente/Executivo, era impossível e desnecessária a existência de partidos políticos e parlamentos, todos lentos, custosos, ineptos e, sobretudo, órgãos de manifestação dos antagonismos sociais. Algo incompatível com a democracia autoritária, que negava a ideia de uma sociedade fundada no dissenso, postulando a tendência à unidade em todos os aspectos, fossem econômicos, políticos, sociais ou morais. No dizer de Azevedo Amaral (1970, p.170), um dos grandes propagandistas desse Estado, "a democracia nova só comporta um único partido: o partido do Estado, que é também o partido da nação".

A identificação entre Estado e nação, bem como a concentração da autoridade do Estado na figura do presidente, eliminava a necessidade de *corpos intermediários* entre o povo e o governante, segundo o modelo de partidos e assembleias que traduziam interesses particulares e desagregadores.

---

6 Diversas citações a seguir foram retiradas de artigos da revista *Cultura Política*, publicada de março de 1941 até 1945 pelo Departamento de Imprensa e Propaganda (DIP), na qual escreviam muitos intelectuais do período. No caso, o artigo é de Figueiredo (1942, p.33-50).

Contudo, a nova democracia não dispensava formas de representação adequadas às novas funções dos governos modernos, voltados para o interesse nacional. Tais funções eram, acima de tudo, de natureza técnica, donde a importância da criação de órgãos representativos da vida econômica do país, que podiam, como interlocutores válidos, exprimir a vontade geral/popular. Os novos mecanismos representativos, portanto, teriam que ser órgãos técnicos e corporações que exprimissem as verdadeiras vivências dos vários grupos sociais, articulando-os e consultando-os a partir de sua experiência direta no mundo do trabalho, isto é, de seus interesses profissionais.

Por essa razão, em tal lógica, ao lado de um Executivo forte e pessoal, o segundo grande instrumental político para a produção de novos arranjos institucionais era a montagem de um *Estado corporativo* que, ao mesmo tempo, separava os indivíduos – agrupando-os em diversas categorias profissionais por sindicatos – e reunia-os pela hierarquia global e harmônica de uma ordem social corporativa. Projeto corporativo e fortalecimento do sistema presidencial de governo eram as duas pedras de toque da nova democracia autoritária. Um autêntico e sofisticado ideal de modernização da política brasileira, que reinventaria as fronteiras da dicotomia público e privado, promovendo combinações plenas de ambiguidades, que alcançaram um amplo compartilhamento junto à população e deixaram marcas profundas e duradouras na vida política do país.

O projeto corporativo e a organização do povo brasileiro

Oliveira Vianna, em vários textos produzidos ao longo dos anos 1930 e 1940, é quem melhor explicita as características e o sentido dessa *utopia corporativa de boa sociedade*. Para ele, a nova organização corporativa era a melhor forma institucional de estabilizar a ordem político-social e promover o desenvolvimento econômico do país, cujo paradigma era o mundo urbano-industrial. Esse corporativismo envolvia, assim, indissociavelmente uma teoria do Estado e um modelo de organização sindical, como pontos de partida para a organização da própria sociedade.

A base do modelo era a ampliação da participação do *povo*, organizado em associações profissionais, que respondiam ao problema da incorporação de novos atores à esfera pública, o que era inviável segundo as práticas liberais, parcamente institucionalizadas e incompatíveis com a realidade nacional. Por essa razão, tais associações precisavam ser estimuladas e reconhecidas legalmente pelo Estado para exercerem funções efetivas de canalização e vocalização dos interesses de um determinado grupo social. Tinham que se transformar em instituições de direito público, atuando por *delegação* estatal e ganhando legitimidade política, além de outros recursos de poder. Entre eles e com destaque, os financeiros, materializados no recolhimento compulsório de um tipo de imposto que atingiria a todos os trabalhadores, fossem sindicalizados ou não: o imposto sindical.

Como decorrência, o modelo exigia o *sindicato único* e sujeito ao controle estatal, uma vez que reconhecido como o representante de toda uma categoria profissional, o que excedia a seu corpo de associados. A pluralidade e a liberdade sindicais tornavam-se inviáveis nessa proposta, que se sustentava no monopólio da representação, tão essencial quanto a tutela estatal. Era exatamente a articulação dessas duas características – a unicidade e a tutela – que *institucionaliza* o novo tipo de arranjo associativo, tornando-o *corporativismo democrático*, isto é, tornando-o um instrumento crucial da nova democracia social e da organização do *povo* brasileiro.[7]

Esse modelo propunha, sem dúvida, muito mais uma publicização dos espaços privados de organização do que uma privatização do espaço público de tomada de decisões, embora não excluísse essa contraface. Abarcando *empregados*, *empregadores* e profissionais liberais, sua aplicação seria muito diferenciada, o que é facilmente compreensível pela desigual posição desses atores no campo político da época. No que se refere aos *empregadores*, o *enquadramento* a que estavam sujeitos não eliminou sua antiga estrutura associativa, que subsistiu paralelamente. Mas houve *perdas*, por exemplo, na negociação das leis trabalhistas e previdenciárias. Apesar disso, o corporativismo proporcionou, inequivocamente, um largo espaço de influência para os *empregadores*, quer nas instituições consultivas (os conselhos técnicos), quer nas autarquias administrativas (os institutos). Já para os *empregados*, a tutela e a unicidade se impuseram, o que não impediu o

---

7 É devido a essa concepção que o imposto sindical devia ser pago por todos os trabalhadores, quer fossem sindicalizados ou não. A unicidade sindical e a cobrança do imposto complementavam-se com o poder normativo da Justiça do Trabalho, desenhando um modelo de relações entre capital e trabalho que, em aspectos fundamentais, existe até hoje.

reconhecimento, pela primeira vez na história do Brasil, de que finalmente tinham suas associações respeitadas pelo patronato e seus direitos sociais garantidos por lei.

Mesmo com essas diferenças, é importante observar como estavam sendo recriadas as relações entre o público e o privado sob o modelo corporativista estado-novista. Como a preliminar da nova democracia social negava o dissenso, o espaço público era definido como área de canalização de interesses privados que se exprimiriam organizadamente (via estrutura sindical), sob arbitragem estatal. Portanto, não se tratava de eliminar a diversidade de interesses da *realidade social*, mas a premissa de suas contradições, pela afirmação do papel diretivo e arbitral do Estado. A dimensão pública identificada ao Estado e à ação de seus órgãos especializados guardava, assim, as virtudes da política, finalmente *saneada e franqueada* à participação do povo. Já a dimensão privada, embora continuasse tendo um potencial ameaçador, quando devidamente *orientada*, possuía papel estratégico ao permitir o conhecimento das reais necessidades e desejos da população pelo governo.

Assim, o modelo corporativista proposto pode ser entendido como *bifronte* – estatista e privatista –, embora claramente controlado (e não apenas presidido) pelo Estado que, autoritário, impunha a eliminação da competição política entre os atores que dele participavam. O alto nível de subordinação ao Estado e o baixo grau de reconhecimento do confronto entre os interesses demarcam não só a proposta dos ideólogos autoritários, como igualmente a experiência histórica do período, mesmo não havendo inteira coincidência entre ambas. De qualquer forma, é fundamental reter a complexidade do novo arranjo institucional, articulando o público e o privado em uma fórmula que procurava solucionar a tensão constitutiva das relações entre Estado e sociedade no Brasil; entre capital e trabalho.

Para tanto, torna-se útil abandonar a simplificação de análises que entendem o corporativismo, em especial no Brasil, como uma forma exclusiva de produção de controles sobre o privado, obscurecendo aspectos como a abertura do espaço público à participação e o caráter sempre assimétrico desses arranjos, em que o Estado tem papel-chave.[8] Tal reconhecimento

---

8 A noção de corporativismo bifronte é de O'Donnell (1981). Eu estou compartilhando uma posição teórica, presente na literatura nacional e internacional, que situa o corporativismo

pode ser extremamente útil à compreensão de muitas das avaliações realizadas no período do Estado Novo, particularmente entre os *empregados*. Eles perceberam vantagens na existência dos arranjos corporativos, temendo inclusive sua eliminação, entendida como uma ameaça à manutenção dos direitos sociais adquiridos, ainda que vissem, claramente, a distância que os separava dos *empregadores* e o enorme poder do Estado.

Desigualdade e complementariedade se abrigavam nesse projeto corporativo, que instituía a organização do povo numa base social e econômica *real*, e portanto distante das ficções liberais das eleições, dos partidos e das assembleias. Tais ficções impediam, pois desvirtuavam, o contato direto e verdadeiro do povo com o poder público, finalmente possível com a montagem da hierarquia corporativa e com a concentração do poder do Estado na figura do presidente. É essencial, por conseguinte, atentar para como se articulavam esses pares e para como se desenhava essa nova autoridade presidencial, já mencionada.

Corporativismo e presidencialismo "imperial"

As relações estabelecidas entre organização corporativa e autoridade presidencial eram delicadas, pois combinavam elementos contraditórios. Teoricamente, as corporações eram concebidas como órgãos com poder de representação, sendo capazes de traduzir o interesse nacional, por sua amplitude, realismo e presença em várias instâncias governamentais. Contudo, essa estrutura corporativa só representava o interesse geral, na medida em que abarcava seus portadores, devidamente articulados e controlados pelo poder público. A forma de expressão política do interesse nacional, traduzida pelos sindicatos corporativos, surgia por meio do Estado, personificado na figura do presidente.

A autoridade máxima e a síntese do poder público moderno eram, nesse modelo, uma pessoa: o presidente. Ou seja, pelos acasos da sorte, tal

---

como uma forma de representação de interesses em que o Estado possui papel fundamental, havendo sempre assimetria e caráter bifronte nos arranjos institucionalizados. Tais arranjos podem envolver não só classes sociais, como igualmente os chamados *policy takers* [receptores de políticas públicas], sendo sempre fundamental observar o tipo de regime político onde ocorrem e o grau de liberdade/competitividade entre os interesses organizados.

formulação acabava por combinar as mais lídimas tradições da sociedade brasileira – fundada no poder personalizado do patriarca rural – com os mais vigorosos imperativos da política antiliberal da época. Tradição e modernidade se fundiam harmoniosamente no empreendimento que consagrava, a um só tempo, o reforço do sistema presidencial e a construção mítica da figura de seu representante como uma encarnação do Estado e da nação. Por isso, organizacional e simbolicamente, a função presidencial demandava investimentos cuidadosos.

As razões que explicam esse novo tipo de engenharia estatal podem ser facilmente compreensíveis pelos argumentos críticos que, desde fins dos anos 1910, vinham sendo esgrimidos contra o liberalismo. As funções dos governos modernos eram, acima de tudo, funções de especialização técnica que dispensavam a morosidade, ineficiência e corrupção dos procedimentos eleitorais, exigindo rapidez e eficiência, presentes nas decisões executivas, cientificamente assessoradas e voltadas para o interesse nacional. Mas a essas razões se articulavam outras, ainda mais importantes. Elas invocavam a existência de uma moderna sociedade, dominada por mudanças aceleradas, que produziam grave desorientação entre os governados.

Francisco Campos (1940) e Azevedo Amaral (1938; 1941a) trazem, nesse aspecto, contribuições particularmente significativas, sendo acompanhados por inúmeros outros intelectuais do período. Campos é pedagógico ao diagnosticar a *crise* que ameaçava a sociedade de *massas*, confrontada com tensões numerosas e profundas (bem mais complexas do que a da luta de duas classes de Marx) e distante da possibilidade de participar de decisões políticas que exigiam, crescentemente, formação especializada. Era essa situação, envolvendo o aparelho de Estado, mas o transcendendo, que aconselhava "forjar um instrumento intelectual, ou antes, uma imagem dotada de grande carga emocional" (Campos, 1940, p.8), capaz de ser reconhecida pelas massas e de gerar ideias e sentimentos neutralizadores de tão grande ameaça. Essa imagem, para o autor, que cita Sorel, era um mito. Um mito sobre o qual se fundaria o processo de integração da nação e que incorporaria suas características mais *arcaicas/originais*. Não tinha sentido, seguindo suas palavras, indagar do mito seu valor de *verdade*. Seu valor era *prático*, e estava em seu poder mobilizador, que dependia tanto dos elementos *irracionais* que incorporava, como das relações que estabelecia com as *experiências imediatas das massas* a que se destinava.

O mito da nação cumprira esse papel no século XIX, mas encontrava-se em declínio ante a montante *do mito solar da personalidade*. Vale a citação:

> As massas encontram no mito da personalidade, que é constituído de elementos de sua experiência imediata, um poder de expressão simbólica maior do que nos mitos em cuja composição entram elementos abstratos ou obtidos mediante um processo mais ou menos intelectual de inferências ou ilações. Daí a antinomia, de aparência irracional, de ser o regime de massas o clima ideal da personalidade, a política das massas a mais pessoal das políticas, e não ser possível nenhuma participação ativa das massas na política da qual não resulte a aparição de César. (Campos, 1940, p.15-6)

A observação-chave a ser efetuada é a de como o poder do Estado moderno – o poder em uma sociedade de massas urbano-industrial – está sendo definido, não apenas como forte e concentrado, mas como pessoal. Além disso, como tal personalização, conotada como virtuosa pelos teóricos da vertente autoritária, precisava ganhar a força de um mito, identificado nos atributos do homem que ocupasse a função presidencial.

No caso do Brasil, ele tinha um nome. Vargas é, não *naturalmente*, a primeira grande figura da República. Primeira, por não ter antecedentes que lhe rivalizem em prestígio; e por se constituir em mito, em modelo exemplar do que deve ser e fazer a autoridade presidencial, isto é, a autoridade política máxima do país. Durante a "República Velha" – assim a consagraram os ideólogos autoritários –, não surgira uma mística presidencial. Certamente, não devido ao poço de incompetência a que ela foi lançada por esses ideólogos, mas devido ao fato de a Presidência ser exercida muito mais abertamente como uma delegação de poder das principais oligarquias, do que como uma encarnação da soberania do povo.[9] A figura do chefe de

---

9 Não quero dizer, de forma alguma, que tal *ausência* se devesse aos critérios de exclusão eleitoral vigentes (por idade, sexo e escolaridade), já que eles eram compartilhados internacionalmente. As democracias europeias clássicas eram, na época, também *regimes* nos quais havia limites à participação pelo voto, à competição política, e onde tinham curso fraudes eleitorais e corrupção de políticos. A Primeira República não foi especialmente mais instável e ineficiente que outras experiências institucionais contemporâneas a ela. O lugar histórico, contudo, que lhe foi atribuído por inúmeros intelectuais críticos ou céticos diante do liberalismo, no Brasil, e a visão idealizada do paradigma anglo-saxão conferiram e, em boa parte, ainda conferem a ela, essa incômoda situação.

Estado, como materialização do poder público apoiado "diretamente" pelo povo, vai ser afirmada apenas no pós-1930. E, vale remarcar, vai ser afirmada como uma negação da cidadania política expressa pelas eleições.

A figura de Vargas, portanto, pode ser útil para se pensar algumas características de nosso sistema presidencial e do modelo de liderança/autoridade máxima reconhecido pelo imaginário político do país, desde então. Por esse motivo, um dos grandes teóricos do que os cientistas sociais posteriormente passaram a chamar de *presidencialismo imperial* ou de *sistema presidencial plebiscitário* é, sem dúvida, Francisco Campos. Esse conceito procura ressaltar um modelo de exercício da Presidência, que excederia o fato de se reconhecer que, em qualquer sistema presidencialista, há uma certa mística e personalização da função.

Segundo tal modelo, no Brasil, e também em outros países latino-americanos, a figura pessoal do presidente torna-se o centro de fixação e simbolização de todo o poder da República, advogando e recebendo maior legitimidade popular que os dois outros poderes, e mesmo investindo *contra* eles. É como se a doutrina de separação de poderes ainda permanecesse sob as críticas compartilhadas nos anos 1930 e 1940, especialmente daquelas voltadas para o Legislativo e compreensíveis pelas condições políticas do contexto internacional. O Executivo personalizado apresenta-se, nesses termos, com o poder e mesmo o dever de absorver as funções de proposição legislativa – uma contraface do *bias* antipartidário e antiparlamentar então gerados – e com a obrigação política dos que, por concentrarem recursos os mais variados, precisam distribuí-los generosamente. Nesse ponto estão as bases de um contrato político não liberal, fundado em *trocas generalizadas* e na lógica da outorga, da política como doação (e não como direito).

Trata-se de um capital político imenso, mas instável e perigoso, como todos os analistas do presidencialismo brasileiro reconhecem.[10] O *presidencialismo plebiscitário*, mesmo não possuindo mais os instrumentos autoritários nascidos nos tempos getulistas, e que só gradualmente lhe foram sendo retirados, permanece *autorizando* o presidente a, uma vez eleito, governar o país da maneira como julgar conveniente e suas alianças políticas permitirem. Uma situação que não colabora muito para a estabilidade

---

10 Estou seguindo as considerações e debates de vários cientistas políticos, entre os quais ressalto O'Donnell (1981); Lamounier (1992, p.39-57) e Santos (1993).

de um regime democrático, acentuando um viés anti-institucionalizante e reforçador de personalismos.

Por esse motivo, figuras carismáticas estariam sempre no horizonte do imaginário político brasileiro, habitando, preferencialmente, os executivos federal e estaduais. E seu modelo referencial básico continua sendo a figura de Vargas: amado e odiado; endeusado e vilipendiado; guardião das virtudes públicas e privadas da política; encarnação dos vícios públicos e privados da política. De qualquer forma, um político que traduziu uma fórmula de relacionamento entre Estado e sociedade, um tipo de pacto que, conduzindo o país à modernidade econômico-social, afinava-se com as tradições de nossa mentalidade patriarcalista.

Nesse ponto específico, convém voltar a explorar um pouco mais a imagem projetada de Vargas no Estado Novo. Uma imagem consolidada, em muitos aspectos, em seu segundo governo (1950-1954), e recriada, sucessivamente, após sua trágica morte.

Autoritarismo e mito do herói político

Durante o Estado Novo, o autoritarismo facilitou a divulgação e consolidação de mensagens oficiais, tanto pela via da propaganda como pela da censura. Porém, tal sucesso não dependeu apenas da sofisticada campanha ideológica então promovida, que recorreu a imagens e ideias com largo trânsito entre a população, servindo-se dos mais modernos meios de comunicação de massa. Seu impacto e duração devem-se à articulação estabelecida com um amplo e diversificado conjunto de políticas públicas, com destaque para as sociais, entre as quais aquelas desenvolvidas pelos novos ministérios da Educação e Saúde, e do Trabalho, Indústria e Comércio. Grandes hospitais, escolas secundárias e profissionais, pensões e aposentadorias, carteira de trabalho e estabilidade de emprego, além de uma Consolidação das Leis do Trabalho (CLT) atestavam o vínculo entre a pessoa do presidente e, como se dizia na linguagem da época, *as experiências imediatas das massas*. Estas, finalmente organizadas segundo arranjos institucionais efetivos, haviam sido retiradas do plano inferior em que se encontravam na democracia liberal, exprimindo suas aspirações e sendo ouvidas pelas elites políticas.

A relação direta entre o governo/presidente e o povo tinha, nesses termos, a dupla feição da representação de interesses e da representação simbólica, e Vargas transformava-se no terminal adequado para ambas. O projeto permitia, enfim, a inserção do povo no cenário político, sob controle ao mesmo tempo científico e pessoal do Estado/presidente. Cresciam, *pari passu* e harmoniosamente, tanto a face *racional-legal* desse Estado, traduzida quantitativa e qualitativamente em sua burocracia especializada e nos procedimentos que impessoalizavam/saneavam as práticas políticas correntes (os conselhos técnicos, as autarquias, os concursos públicos), como sua face *tradicional*, expressa na autoridade pessoal de um líder paternal que se voltava direta e afetivamente para *seu* povo.

Como política não é um jogo de soma zero, público e privado, moderno e tradicional podiam se combinar de forma vigorosa e efetiva. Por conseguinte, no novo modelo de Estado, a *tradição* do poder pessoal, orientada por diretivas racionais e também *irracionais* (crenças, emoções), era tão necessária quanto *moderna* (científica, especializada). Tal possibilidade resolvia um impasse crítico, colocado tanto pelos diagnósticos sociológicos sobre a natureza da formação nacional brasileira, como pelas complexas questões filosóficas do século XX: aquele entre racionalismo e irracionalismo, objetividade e subjetividade, legalidade e realidade, governo e povo, elites e massas. Um falso dilema, pois não era necessário desistir da razão para se comungar com a vida social. Entre a frieza e o impessoalismo radicais dos procedimentos legais burocráticos – o *absolutismo da razão* – e os excessos personalistas da ambição e do desejo – o *despotismo da emoção* – situava-se a política do Estado Novo. A obra de governo do presidente Vargas, com destaque para a social-trabalhista, era apresentada como testemunho desse equilíbrio perfeito.

Como Francisco Campos e Azevedo Amaral insistem numerosas vezes em seus textos, os tempos de crise eram os do mito da personalidade. Eram os tempos dos grandes estadistas. Por *fortuna* e por *virtude*, Vargas seria um deles, pois havia outros, bem visíveis, no cenário internacional. A construção de sua figura e de toda a sua obra governamental, pois tudo o que se fizera, desde 1930, resultara de sua intervenção pessoal na direção do Estado, era fruto de um conjunto de atributos excepcionais. O ex-presidente era um *gênio*, capaz de, por sua inteligência superior, entender e resolver os complexos problemas da nacionalidade em clima de ordem e tranquilidade. Aliás, bem conforme à índole e à *sabedoria* particulares do povo brasileiro, finalmente valorizado e conduzido ao centro do cenário político, do qual estivera afastado pelas *ficções liberais*. Vargas era, a um só tempo, *povo e patriciado*, sintetizando as qualidades intelectuais de nossos *maiores* – até então desviadas de um rumo adequado à nacionalidade – e a sensibilidade e intuição privilegiadas do homem brasileiro.

O presidente Vargas, como era geralmente nomeado em situações formais, possuía as qualidades de nossos *maiores*, embora fosse, de fato, o primeiro *estadista* de nossa história. Não tanto, como Azevedo Amaral (1941a) procurava explicar, por falta de *virtu* dos que o antecederam, mas por falta de *fortuna*, já que o *ambiente liberal* impedia a realização do *estadista*. Por outro lado, Getúlio, como era chamado informalmente, possuía a *sabedoria do homem brasileiro*, seus traços psicológicos, sua sensibilidade. Por isso, era capaz de representar tão bem a nação, ao mesmo tempo organizada hierarquicamente e *atravessada* por sua personalidade. Ou seja, um tipo de sociedade, como as análises histórico-sociológicas demonstravam, que, não se pautando pelos princípios individualistas, racionalistas e materialistas, também não seguia um modelo hierárquico tradicional, em que as *distâncias* verticais encontravam-se congeladas, impedindo comunicação e integração sociais.

Elites e massas finalmente reunidas numa comunicação *direta e afetiva*, sem intermediários. Desse fato advinha a capacidade incomparável de Vargas de se comunicar com todo o povo, que via nele o *chefe-guia* e o *amigo-pai*, que vibrava no mesmo compasso de sua *família*. É bom ressaltar que uma das imagens mais frequentes a que os discursos estado-novistas recorriam para caracterizar o processo de construção do Estado nacional era a da formação de uma grande família. Nela, as lideranças sindicais eram como irmãos mais velhos e o presidente – o *pai dos pobres* –, o pai de um povo nobre e trabalhador, a quem ele se dirigia com uma interpelação que se tornaria famosa: *Trabalhadores do Brasil!*[11]

Nesse contexto, a imagem de Vargas pode ser interpretada como um dos símbolos do laço político – do contrato – que estava sendo firmado entre Estado e povo/nação. Tal contrato guardava a ideia do encontro entre *lei*

---

11 Estou utilizando fartamente, para tais considerações, os artigos de *Cultura Política* e de uma série de discursos pronunciados pelo ministro do Trabalho, Indústria e Comércio, Alexandre Marcondes Filho, no programa radiofônico *A Hora do Brasil*, entre 1942 e 1945. Veja-se, especialmente, o capítulo 6 de Gomes (1988).

e justiça, entre *força e temperança*, com frequência separadas na história do povo brasileiro, mas presentes no governo de uma *pessoa* intelectual e moralmente excepcional, como o novo chefe da nação. A relação política, própria ao pacto que então se estabelecia, funcionava como um *sistema de prestação total*, como um tipo de *troca generalizada*, que não distinguia entre o interesse e a obrigação moral. Dessa forma, a política não era definida como *negócio de mercado*, em que tudo tem um preço e, no limite, não há valores ou ética.[12] No Brasil, a política era outra e seu laço pressupunha e/ou desenvolvia vínculos abrangentes, personalizados e duradouros, que incluíam as ideias de retribuição e sacrifício, impensáveis em pactos sociais instrumentais como os do modelo liberal.

O Brasil, colocando-se a questão em termos de uma tipologia clássica de sociedades individualistas e holistas, não preenchia exatamente nenhum desses polos. De um lado, porque em nossa sociedade, razões culturais de fundo moral, nascidas da mentalidade ibérica de nossas classes agrárias, e razões políticas, expressas na organização corporativa inaugurada pelo Estado Novo e mantidas pela Constituinte de 1946, afastavam-nos da lógica individualista do cálculo e do lucro material. Como Oliveira Vianna ressaltava, até o fim da década de 1940, no Brasil, *tanto não só os valores espirituais contam, como o dinheiro não é tudo,* e é isso que nos resguarda da *violência e cupidez* que caracteriza tantas outras experiências *modernas* das quais felizmente nos afastávamos (Gomes, 1989, p.28). Por outro lado, porque o argumento antiliberal contra o indivíduo, expresso no poder absoluto da necessidade coletiva e da nação como um *supersujeito totalizador*, também não era aceito. E não era, por motivos que se articulavam ao primeiro termo, apontando para um projeto de sociedade fundada numa comunidade de valores culturais e espirituais, que conseguia abarcar diversidades individuais e regionais sem destruí-las. O papel do Estado e de sua liderança maior era, certamente, o de respeitar esse conteúdo *humano* da sociedade brasileira.[13]

---

12 Venho trabalhando, livremente, com esses conceitos da antropologia de Mauss (1974).

13 Esse *conteúdo humano* da sociedade brasileira aparece expresso por diversos conceitos em vários autores. Eles guardam especificidades, mas há uma equivalência estrutural que permite sua aproximação. Os destaques, no caso, são a *cordialidade* de Sérgio Buarque de Holanda e a *mentalidade pré-capitalista* de Oliveira Vianna.

Se o indivíduo não imperava, também não se tratava de fazer o elogio do Estado totalizador, tão em voga na década de 1930. O objetivo era construir uma coletividade nacional na qual o indivíduo perdesse seus atributos egoístas e maximizadores, sem perder suas possibilidades de expressão como *pessoa humana*, aliás, seguindo uma diretriz católica sempre presente em nossa formação. Vargas, como a *pessoa maior a encarnar o Estado/nação*, traduzia essa dimensão e possibilidade político-cultural. Sua personalidade e autoridade paternal permitiam a manutenção das hierarquias, sem prejuízo da proximidade com a liderança. Ele era distinto por sua superioridade, mas justamente por ela estava próximo, *junto* do povo. A face pública da autoridade ganhava dimensão *familiar*, havendo identidade/intimidade com o poder.[14]

Vargas torna-se, mesmo durante o Estado Novo (e mais ainda em seu segundo governo), uma figura muito frequente em caricaturas que exploram suas *habilidades* de fazer política: para o bem e para o mal. Ele é personagem de peças de teatro de revista, de literatura de cordel e de marchinhas de Carnaval, sendo objeto de histórias e piadas, que demarcam e combinam amor e ódio. Como era *povo e patriciado* podia e era representado com extrema ambiguidade, tanto porque reunia esses dois polos, como porque reunia as ambiguidades características de cada um deles. Vargas era matreiro, desconfiado e moleque; honesto e desonesto; carinhoso e violento; ditador e até democrata!

É claro que a censura no Estado Novo exercia olimpicamente seu poder, punindo maiores pretensões críticas. Mas também é claro que havia tolerância, orientada pelo desejo de popularização de sua imagem e da aproximação de seu perfil com o que estava sendo postulado como próprio do *ser brasileiro*. Se o grande objetivo do Estado era a *humanização* da sociedade, a humanização da pessoa do presidente, seu símbolo maior, era vital. Ele devia ser poderoso e respeitado de forma bem brasileira. Ele devia se *misturar* ao povo, rompendo e mantendo, a um só tempo, as distâncias hierárquicas. Ele devia ser o modelo de chefe de Estado, paradigma exemplar de um sistema presidencialista fortalecido, simbólica e organizacionalmente. Como tal, sua presença, em especial após sua trágica morte, acabou por se impor como um mito: como um referencial para o imaginário político nacional, que se atualiza e se ressignifica com o passar do tempo.

---

14 A noção antropológica de *intimidade hierárquica* pode ser útil para se pensar o aspecto que está sendo destacado, reforçando a ideia de "proximidade de sentidos".

Getúlio Vargas: o estadista, a nação e a democracia

Luiz Carlos Bresser-Pereira

Em março de 2007, o jornal *Folha de S.Paulo* convidou duzentas personalidades brasileiras a dizer quem julgavam haver sido o "maior brasileiro de todos os tempos" e Getúlio Vargas foi o escolhido. O resultado não foi surpresa para mim, porque vejo Vargas como o estadista do Brasil no século XX; na nossa história, só a figura de José Bonifácio de Andrade e Silva com a dele se ombreia. O valor desse tipo de pesquisa é relativo, dada a legitimidade discutível da "amostra" e o caráter subjetivo do voto, mas mesmo assim o resultado é significativo. E também o é o fato de que o segundo colocado na pesquisa foi Juscelino Kubitschek, o presidente a quem coube completar a tarefa iniciada por Vargas. Ao escolherem os dois grandes presidentes, os pesquisados estavam também reconhecendo que o grande momento da história brasileira foi de 1930 a 1960.

A figura e a contribuição de Vargas já foram analisadas com competência por historiadores e biógrafos, de forma que não cabe fazer uma outra análise histórica de seu governo com fatos e citações. Não me parece relevante discutir a política econômica do ex-presidente, porque esta também já foi amplamente tratada por outros autores.[1] Nem é meu objetivo fazer um perfil com a enumeração de suas qualidades e defeitos, de seus muitos acertos e erros. Parece-me, todavia, que há uma abordagem que poderia ser útil: a do ensaio de teoria política. Importa saber como a ação política de Vargas se relacionou com a construção da nação e do Estado brasileiro, e,

---

1 Além dos capítulos deste livro, ver, entre outros, Leff (1968); Wirth (1970); Fonseca (1989; 1996), Vianna, S. B. (1990); Leopoldi (1996). O segundo governo de Vargas foi também examinado pelo economista que chefiou sua assessoria econômica, Rômulo de Almeida (1986), da qual fizeram parte também Jesus Soares Pereira e Ignácio Rangel.

em consequência, com a revolução industrial e nacional, e com a transição de um Estado oligárquico para um democrático. Por que sua figura é tão importante para os brasileiros, apesar de haver governado o Brasil de forma autoritária? Por que considerá-lo um estadista? Terá sido porque comandou a industrialização e a formação do Estado-nação brasileiro, ou teria sido ele apenas um político contraditório, como alguns propõem, ou um líder populista que enganava o povo, como outros sugerem? Para responder a essas questões neste trabalho, vou discutir três temas encadeados, tendo Vargas como referência: o conceito de estadista e a história, a revolução nacional brasileira e a relação entre o populismo e a democracia. Em síntese, afirmo, primeiro, que o estadista é o dirigente político que, não obstante suas próprias fraquezas e hesitações, tem a visão antecipada do momento histórico que seu país ou sua nação está vivendo e tem a coragem de enfrentar o velho em nome do novo; segundo, que um momento decisivo na história de um povo – o da Revolução Nacional e Industrial – é aquele no qual esse povo se transforma em uma nação não apenas formal mas real, ao mesmo tempo que completa sua transição para o capitalismo; e, terceiro, que a democracia só se consolida em um Estado-nação depois que ele completou sua revolução capitalista, de maneira que o controle direto do poder político deixa de ser condição necessária para a apropriação do excedente. Sob essas três perspectivas, concluo que Vargas foi o grande estadista que o Brasil teve no século XX.

Vargas tem muitos adversários: desde os remanescentes da oligarquia exportadora paulista e dos intelectuais de esquerda da Escola de Sociologia da Universidade São Paulo até os neoliberais de hoje cuja hegemonia desde 1991 levou o Brasil novamente à condição de quase colônia. Os primeiros não o perdoam por haver "traído" a revolução liberal que esperavam que fosse a Revolução de 1930 e, em seguida, por havê-la derrotado na Revolução de 1932; Boris Fausto (1983), por exemplo, salientou que o empresariado paulista não participou da Revolução; pelo contrário, a Fiesp apoiou o candidato governamental Júlio Prestes. Na verdade, como demonstra Fonseca (2011, p.4), não houve traição, porque a Aliança Liberal defendia a diversificação da economia, e apoiou, como também Vargas o faria nos primeiros anos de seu governo, as "indústrias naturais" que utilizassem matérias-primas e produtos agrícolas e pecuários nacionais. Os segundos, porque adotaram a "teoria da dependência associada" que não tornava a autonomia nacional condição do desenvolvimento, e porque definiram o populismo político negativamente como uma forma demagógica de propor a aliança dos trabalhadores e das esquerdas com a burguesia; os últimos, porque a industrialização que Vargas promoveu implicou forte intervenção do Estado na economia. Puderam, assim, diminuir o papel da Revolução de 1930 e o de Vargas na história brasileira, ao mesmo tempo que negavam a possibilidade de existência de uma burguesia nacional no Brasil, ou seja, de um empresariado industrial identificado com o interesse nacional.[2] Vargas é também criticado por ter sido conservador e autoritário. Mais recentemente, o neoliberalismo dominante nos Estados Unidos entre 1980 e 2008, e no Brasil desde o início dos anos 1990, acusou o nacional-desenvolvimentismo de Vargas de atrasado e de incapaz de promover o desenvolvimento econômico, não obstante o fato de que as taxas de crescimento tenham sido muito maiores entre 1930 e 1980 em comparação às vigentes desde 1991.[3] O ex-presidente foi sem dúvida um personagem complexo e contraditório, mas o importante é o resultado final que emerge, e este é extraordinário.

Discutirei as críticas a Vargas a partir de duas formas de avaliar os fatos e as figuras históricas: a visão liberal e normativa, que os retira do contexto histórico e social, e supõe que a história seja a simples transição do autoritarismo tradicional para a democracia moderna, e a visão histórico-estrutural, para a qual essa transição passa pela revolução capitalista, ou seja, pela formação do Estado-nação e pela industrialização, que ocorrem sempre no quadro de regimes autoritários. Só depois de completadas a revolução nacional e industrial – só depois que o excedente econômico deixa de ser apropriado pela força para ser apropriado no mercado – que a democracia torna-se um regime viável e, mais do que isso, consolidado.[4]

---

[2] Não obstante, vinte anos mais tarde um dos mais ilustres representantes da Escola Paulista, Weffort (1985, p.158), reconheceu o papel de Vargas: "foi o único político brasileiro das quatro últimas décadas na história deste país, cuja eficácia política sobreviveu à sua própria morte [...] creio que se pode imputar a Getúlio Vargas o papel histórico de criador do Estado moderno no Brasil".

[3] O período propriamente varguista termina em 1960 com o governo Kubitschek, mas o nacional-desenvolvimentismo só entra em colapso em 1980; os anos 1980 são um período de crise, não se enquadrando nem no desenvolvimentismo nem na ortodoxia convencional.

[4] Essa visão da história e da democracia está em Bresser-Pereira (2011). Entendo que a revolução capitalista, ou seja, a transição das sociedades agrárias letradas para as sociedades industriais ou capitalistas, foi constituída de três revoluções menores: a comercial, a nacional e

O estadista e a história

Um estadista é sempre um político com qualidades extraordinárias de inteligência e capacidade de liderança, mas nem todos os líderes políticos com essas qualidades se transformam em estadistas. É preciso também que chegue ao poder em um momento da história em que a sociedade e a economia de seu país estejam enfrentando uma crise e se tornando maduras para a mudança. Nesses momentos, abre-se a oportunidade para o surgimento de um dirigente político capaz de se antecipar ao movimento da sociedade. Vargas apareceu na vida política brasileira em um desses momentos. Quem primeiro compreendeu essa condição dos estadistas foi Hegel, quando afirmou que todos os grandes homens da história podem ser chamados de heróis na medida em que suas realizações não derivam do curso regular da história, mas da manifestação de um "espírito interior", de uma ideia geral que contém o que está maduro para acontecer. Ao pensar assim, o grande filósofo formulava de maneira inovadora uma filosofia da história que Marx e Engels, em seguida, transformariam no materialismo histórico – a extraordinária teoria da história que marcaria toda a ciência social. Desde então, perdeu sentido narrar a história por meio de seus grandes guerreiros ou seus grandes políticos, geralmente confundidos com heróis, e se tornou necessário situar todos os acontecimentos e os seus grandes personagens no contexto econômico e social mais amplo em que estão inseridos. Mais especificamente, tornou-se necessário relacionar a história social e política com os estágios de desenvolvimento tecnológico e as respectivas formas de propriedade ou modos de organizar a produção. Esse tipo de análise, entretanto, embora ofereça um quadro fundamental do que está ocorrendo, é muito geral para permitir previsões do que vai acontecer. O marxismo vulgar tentou fazer tais previsões, e fracassou ao usar de forma literal o voluntarismo revolucionário do próprio Marx. Hoje, no extremo oposto, vemos o economicismo vulgar reinante entre economistas neoclássicos e analistas políticos neoliberais que tudo explicam a partir do desempenho econômico dos governantes. Marx sempre teve claro para si próprio que a

---

a industrial. As duas últimas geralmente coincidem, embora uma indique a formação de um Estado-nação efetivamente autônomo e a outra o momento de industrialização rápida que transforma uma sociedade agrária e mercantil em uma sociedade plenamente capitalista.

história é feita pelos homens, que o Estado, o mercado e as demais instituições são construções sociais.

Ora, a partir dessa dupla constatação – de um lado, que a história tem uma lógica relacionada com o desenvolvimento tecnológico e econômico, de outro, que é um campo de liberdade ao refletir a vontade dos homens, e sua maior ou menor capacidade de enfrentar as oportunidades e os desafios – é que se abre o espaço para a ação política e para os estadistas. Alguns exemplos nos ajudam a compreender esse fato. Henrique VIII foi um rei que compreendeu a oportunidade que a Reforma representava para seu país, e dotou a Inglaterra de uma religião própria que foi importante para que pudesse iniciar sua revolução nacional. A Revolução Francesa não logrou produzir um estadista entre os revolucionários, mas afinal permitiu que um estadista, Napoleão, a transformasse em uma revolução efetivamente burguesa. Bismarck foi apenas um primeiro-ministro, mas compreendeu o atraso da Alemanha e foi o grande estadista da unificação e da revolução industrial alemã. Franklin Delano Roosevelt foi um líder democrático que encontrou os Estados Unidos em plena crise econômica e teve a coragem de enfrentar as elites da sua época para fazer seu país tanto avançar nos planos social e democrático como ter êxito econômico. Depois da Segunda Guerra Mundial, no quadro da reconstrução de seus países, Charles de Gaulle e Conrad Adenauer devolveram grandeza a seus países. Cada um desses homens poderia ter falhado, e se isso houvesse acontecido, a história seria outra. Poderiam não ter sido estadistas, mas dirigentes medíocres, ou, pior, poderiam ter produzido não um avanço, mas um atraso, como foi o caso de Juan Perón na Argentina ou de George W. Bush nos Estados Unidos.

Podemos distinguir três tipos de líderes políticos: aquele que se antecipa à sua sociedade, o que a acompanha e aquele que a faz voltar para trás. A grande maioria está na segunda categoria. Da mesma forma que, em um plano mais amplo, o Estado é uma expressão da sociedade, de suas forças e de suas fraquezas, seus governantes também são em geral meros produtos médios dessa sociedade. Possuem qualidades pessoais, ambição e sorte para chegar à chefia do governo, mas dificilmente logram se sobrepor à sociedade que os produziu. Outros, seja por uma questão de incompetência, de arrogância ou de falta de um mínimo de espírito republicano, ou ainda por uma combinação desses defeitos, tomam decisões equivocadas e causam males profundos a seu povo; são o inverso dos estadistas, porque só olham para trás, ainda que acreditem fazer o oposto. Os estadistas são o terceiro e o mais raro tipo de líder político. Este tem capacidade de se antecipar aos fatos, de compreender em que sentido estão caminhando os acontecimentos, porque sabe ou intui quais as alianças internas e internacionais é preciso fazer, quais decisões tomar e quais postergar. Um estadista é um solitário que ouve a muitos, mas toma suas decisões a sós e assume a plena responsabilidade por elas. Tem amigos, mas não hesita em abandoná-los. Seu critério para tomar as decisões não é apenas o poder pessoal, mas também o poder nacional, a realização de sua visão de futuro.

Vargas foi um estadista, porque teve a visão da oportunidade que a Grande Depressão dos anos 1930 abria para o Brasil iniciar sua industrialização e completar sua revolução nacional e capitalista. Foi um líder nacionalista e popular que encontrou um país agrário e atrasado quando assumiu o governo e, 24 anos depois, o deixou industrializado e dinâmico. Hoje, no quadro de uma sociedade novamente dependente desde o início dos anos 1990, essas duas palavras – nacionalismo e populismo – são usadas de forma negativa pelo pensamento hegemônico, mas foi o nacionalismo econômico de Vargas que o tornou um estadista, e foi seu "populismo" ou o caráter nacional-popular de seus dois governos (sua capacidade de se relacionar diretamente com o povo e atender a algumas de suas demandas) que abriu espaço para a democracia no Brasil ao promover sua revolução capitalista. Sua ação política foi marcada pela indignação frente ao atraso e a dependência do país. Seus adversários foram a oligarquia dominante na Primeira República, caracterizada pelo liberalismo retórico e por uma falsa democracia marcada pelo coronelismo, a fraude eleitoral e a exclusão dos analfabetos. Vargas teve a visão e a coragem para promover a industrialização do Brasil, mas isso não significa que, ao chegar ao poder, tivesse a visão completa de sua missão. Tampouco os outros estadistas citados a tiveram. Ele era um produto de sua época e das limitações que ela impunha: sua visão era incompleta, fragmentada, e ele a foi completando aos poucos, por tentativa e erro, corrigindo o rumo ao sabor das oportunidades e dos obstáculos. O estadista, em seus dois governos, antes e depois da Segunda Guerra Mundial, compreendeu que o Brasil precisava constituir-se como verdadeira nação e definir uma estratégia nacional de desenvolvimento; compreendeu que essa estratégia implicava a formação de um grande pacto político popular e nacional e a rejeição dos conselhos e pressões que vinham do Norte; em outras palavras, precisava rejeitar os diagnósticos e propostas liberais que afirmavam a vocação agrária do Brasil, que ignoravam que o desenvolvimento econômico é um processo de transferência de mão de obra para setores com valor adicionado *per capita* cada vez mais elevado, e que se apoiavam na lei das vantagens comparativas do comércio internacional para justificar políticas econômicas que manteriam o país eternamente subdesenvolvido. Percebeu, quando chegou à presidência da República, que já existia uma classe de empresários industriais que poderia se constituir na base do desenvolvimento econômico do país, mas que faltava a essa classe a liderança política necessária; deu-se conta, também, que reorganizando o Estado e dotando-o de uma burocracia pública de primeira qualidade, esta poderia ser a sócia ideal da burguesia industrial no processo de industrialização; reconheceu que o capitalismo brasileiro já produzira um operariado urbano, tratou de se aproximar dele e buscar legitimidade política para seu próprio poder nessa classe; e, finalmente, sendo ele próprio membro da oligarquia que dominava secularmente o país, entendeu que não podia governar sem ela, e por isso logrou dividi-la, aliando-se à sua parte voltada para o mercado interno.

Apoiado em um pacto político popular-nacional que liderou, Vargas foi aos poucos definindo uma estratégia econômica desenvolvimentista. Conforme observou Nathaniel Leff (1968, p.22):

> desde os anos 1930 a política econômica em relação ao café mostrou importantes diferenças quando comparada com a de 1906-1930, quando a intervenção era feita de forma clara em favor dos cafeicultores. Em contraste, no período moderno, quando os interesses do governo central e o do exportador de café divergiam em relação à política do café, o governo fez prevalecer sua vontade.

Não é surpreendente que o setor exportador de café e os liberais paulistas que desde o início do século dominavam a política brasileira tenham sido a fonte principal de oposição a Vargas em seus dois governos.

Ao adotar essa política econômica, o ex-presidente agia em parte intuitivamente, em parte copiando a experiência de outros países que haviam se industrializado depois da Inglaterra: nem ele nem os economistas de então tinham o conceito de "doença holandesa" – uma falha de mercado existente nos países que exploram recursos naturais abundantes e baratos que causa a sobreapreciação artificial e permanente da taxa de câmbio e, dessa forma, inviabiliza a industrialização e, portanto, o desenvolvimento econômico. Também não sabiam que é por meio de um imposto sobre a exportação desses bens, proporcional à gravidade ou dimensão da doença holandesa, que esta é neutralizada.[5] No entanto, o conflito político que logo no início de seu governo se estabelecerá entre a burguesia paulista produtora e comercializadora do café terá como origem o que os cafeicultores chamavam de "confisco cambial" – um imposto mal disfarçado sobre a exportação de *commodities* que existiu no Brasil entre 1930 e 1990 e foi fundamental para seu desenvolvimento econômico. Não se sentindo com poder político suficiente para aprovar um imposto sobre exportação, os governos desse período o estabeleciam indiretamente: ou definiam um sistema de câmbios múltiplos, como foi o da Instrução 70, de 1953, ou então estabeleciam um sistema de tarifas sobre tudo que se importava e de subsídio para a exportação de manufaturados, o que implicava, na prática, a taxação das exportações de *commodities* remuneradas pela taxa de câmbio nominal. Dessa forma, neutralizava-se a tendência à sobreapreciação cíclica da taxa de câmbio existente nos países que têm o problema da doença holandesa e garantia-se à indústria uma taxa de câmbio correta, de "equilíbrio industrial" – uma taxa que tornasse competitivas as empresas que utilizassem tecnologia no estado da arte mundial. John D. Wirth (1970, p.25) assinala que o confisco cambial existiu desde o início do governo Vargas. Os exportadores não eram em princípio prejudicados, porque o que eles perdiam com o imposto recebiam de volta com a depreciação cambial – uma depreciação que, dado o preço internacional da *commodity*, decorria do deslocamento da curva de oferta da *commodity* em relação à taxa de câmbio para a esquerda, o que significa que os exportadores só estariam dispostos a exportar a mesma quantidade que exportavam se a taxa de câmbio se depreciasse e compensasse o imposto. Mas eles não compreendiam esse fato e protestavam, defendendo o câmbio livre.

---

5 Embora fosse um fenômeno secular que aparece com o desenvolvimento capitalista e o surgimento de economias de mercado, a doença holandesa só se tornou conhecida nos anos 1960 quando os holandeses a identificaram como doença ou falha de mercado. O primeiro *paper* definindo-a teoricamente por meio da existência de uma economia com dois setores foi de Corden e Neary (1982), o segundo, salientando a existência de duas taxas de câmbio de equilíbrio, a de "equilíbrio industrial" e a de "equilíbrio corrente", foi de Bresser-Pereira (2007; 2008).

Nacionalismo

Vargas compreendeu, já no seu primeiro governo, que o Brasil estava ficando secularmente para trás no processo de desenvolvimento econômico, e que a única forma de recuperar o atraso era a industrialização. Todos os demais países ricos eram industrializados, por que, então, o Brasil poderia enriquecer apenas com a agricultura, como afirmava o pensamento dominante? Naquela época as elites brasileiras aceitavam sem discutir a verdade liberal vinda do Norte, segundo a qual o Brasil era "um país essencialmente agrário". Aceitavam essa "verdade" porque a superioridade intelectual do império era tão grande que para as elites do país dependente parecia não ter alternativa senão aceitá-la. Aceitavam-na, como aceitam hoje outras recomendações do Norte, porque eram elites mais comprometidas ou compromissadas com as elites internacionais do que com o próprio povo. Vargas enfrentou essas elites liberais, especialmente a de São Paulo, e não só decidiu usar o poder do Estado para industrializar o país, como percebeu que devia fazê-lo no quadro de uma estratégia nacionalista ou de um projeto nacional. O ex-presidente entendeu que seu desafio era construir uma nação e um Estado, era formar um verdadeiro Estado-nação independente, em vez de aceitar a permanente subordinação ao Norte. Não chegou a essa política no primeiro dia do seu governo, mas foi construindo-a aos poucos, por meio de acordos e compromissos, de avanços e recuos.

O projeto nacional de Vargas beneficiou-se da decadência do imperialismo industrial da Grã-Bretanha que tem início com a Grande Depressão dos anos 1930. Seus dois governos operaram no interstício entre esse declínio e o surgimento de uma nova potência hegemônica e imperial, os Estados Unidos. No início de seu segundo governo, em 1951, os Estados Unidos não haviam ainda definido uma política imperial. Pelo contrário, durante o governo democrata do presidente Harry Truman, os Estados Unidos desenvolvem uma política de favorecimento do desenvolvimento industrial brasileiro, primeiro, ainda no governo Dutra, por meio de uma missão de economistas norte-americanos que vem orientar o planejamento econômico do Brasil, e, em seguida, com a Comissão Mista Brasil-Estados Unidos, que, apoiada no Eximbank, irá financiar a execução desse planejamento na área da infraestrutura e da indústria de base. Conforme mostra Sérgio Besserman Vianna (1990), será só depois da vitória republicana no final de 1952 e da subida ao poder do presidente Milton Eisenhower que a política desenvolvimentista norte-americana será abandonada, ao mesmo tempo que o Banco Mundial vence sua disputa com o Eximbank sobre qual das duas instituições teria o papel de financiar o Brasil. O nacionalismo de Vargas sempre foi equilibrado. Conforme assinala Pedro Fonseca (1996, p.29), "o nacionalismo [de Vargas] não expressava uma repulsa ao capital estrangeiro, mas emergia como resposta aos projetos nem sempre coincidentes do Brasil e dos Estados Unidos". Por meio da Assessoria Econômica da Presidência chefiada por Rômulo de Almeida, Vargas obtinha uma assessoria nacionalista e desenvolvimentista, enquanto no Ministério da Fazenda e na Comissão Mista Brasil-Estados Unidos, ele recebia uma assessoria ainda desenvolvimentista, mas mais internacionalista, defendendo a aliança econômica com os Estados Unidos. Com a subida ao poder do presidente Eisenhower, essa aliança se torna mais difícil, porque o imperialismo norte-americano ganha a consistência ideológica na medida em que justifica sua dominação com a luta contra o comunismo e a defesa do "mundo livre". Não houve, então, uma "virada nacionalista" de Vargas, porque ele sempre foi nacionalista. Mas se tornou necessário enfrentar com mais firmeza a intervenção dos Estados Unidos no Brasil e seu apoio aos setores liberais das elites brasileiras – setores que, como é típico de democracias não consolidadas, veem sempre no golpe de Estado o "caminho para a democracia".

O nacionalismo dos países periféricos volta a ser condenado pelas elites do Norte, não obstante o forte nacionalismo que sempre caracterizou essas mesmas elites. O nacionalismo é essencialmente a ideologia da formação do Estado-nação; é a ideologia que um povo, sentindo-se capaz de se transformar em uma nação, usa para poder dotar-se de um Estado com soberania sobre seu território. Embora possam ser percebidos traços da nação no povo que compartilha um destino político comum, esse povo só se torna uma nação quando, no quadro da revolução capitalista, constrói um Estado e, assim, forma um Estado-nação. A nação é, portanto, um fenômeno moderno que surge com a revolução capitalista. O Estado é uma instituição histórica, velha como a própria história, mas o Estado antigo não organizava ou regulava as sociedades de Estados-nação, e sim de impérios ou então de cidades-Estados. Nessas unidades territoriais imperiais da Antiguidade não estavam presentes os objetivos fundamentais das nações e dos Estados-nação modernos: a busca do desenvolvimento econômico, da liberdade individual e da justiça social. Nem estavam presentes as três ideologias que são essenciais para a busca desses objetivos: o nacionalismo ou o desenvolvimentismo, para buscar a unidade do Estado-nação e seu desenvolvimento; o liberalismo, para garantir a seus cidadãos a liberdade econômica e política; e o socialismo que busca a justiça social. Por outro lado, enquanto nos impérios não havia qualquer preocupação em integrar as colônias na cultura do centro imperial, mas apenas cobrar delas impostos, no Estado-nação o Estado introduz a educação pública em todo o seu território de forma a aumentar a produtividade de todos os seus cidadãos e, assim, assegurar o desenvolvimento econômico. Nos impérios antigos a liberdade individual era impensável, já que as elites militar e religiosa necessitavam do controle direto do Estado para garantir sua apropriação da renda; no Estado-moderno o poder político vai se separar da propriedade, e os cidadãos vão exigir do Estado o respeito à sua liberdade, e, mais adiante, irão definir seus demais direitos de cidadania e instituir a democracia.

Para realizar a revolução capitalista na periferia do centro imperial moderno que se forma a partir do século XVIII na Europa e nas ex-colônias de povoamento inglesas, as novas elites burguesas que surgem, primeiro com a exploração de alguma *commodity* e, depois, para industrializar o país, deviam ser e foram nacionalistas, já que o nacionalismo e sua expressão periférica, o nacional-desenvolvimentismo, eram então a ideologia que legitimava a formação do Estado-nação e a revolução industrial. O caminho nesse sentido fora aberto pelo Japão, o primeiro país a realizar uma revolução nacionalista contra o Ocidente Imperial: a restauração Meiji, de 1868. O México da Revolução de 1910/1920 e a Turquia de Kemal Atatürk (1924) caminharam na mesma direção. No Brasil, a revolução correspondente será a de 1930. O nacionalismo, desde o início do século, já vinha fazendo parte do pensamento de um número importante de intelectuais do país. A sociedade brasileira, a partir da contribuição de intelectuais como Silvio Romero, Euclides da Cunha, Alberto Torres, Olavo Bilac e Monteiro Lobato, estava então vivendo um ciclo que tenho chamado de Ciclo Nação e Desenvolvimento, que só terminará nos anos 1970. Grandes intelectuais e artistas nacionalistas vão de alguma forma se associar a Vargas e a seu governo. Entre os primeiros temos, entre outros, Oliveira Vianna, Roberto Simonsen, Gilberto Freyre, Barbosa Lima Sobrinho, Ignácio

Rangel, Guerreiro Ramos, Hélio Jaguaribe e Celso Furtado; entre os últimos, Villa-Lobos e Cândido Portinari. Vargas compreendeu o sentido desse ciclo, compreendeu que só seria possível promover o desenvolvimento econômico e recuperar o atraso se imprimisse ao seu governo um forte cunho nacionalista, e foi o que fez com a visão do estadista. Seu projeto era a industrialização que estava ocorrendo principalmente em São Paulo. No entanto, porque esse Estado da Federação era também a sede da burguesia mercantil e liberal cafeeira que se oporia fortemente à revolução industrial, o ex-presidente não contou ali com grandes intelectuais nacionalistas que o apoiassem.[6]

Poderíamos supor que o nacionalismo ou patriotismo fosse algo trivial no Brasil. Afinal, também as elites dos países ricos são nacionalistas. Ocorre, todavia, que esse nacionalismo não é expresso, mas tácito entre as elites desses países. Nacionalismo é para eles uma ideologia para uso interno, para unir a nação, para torná-la solidária na competição internacional; nesse plano, ele é identificado com o patriotismo. Não há dúvida para as elites dos países ricos que seu governo existe para defender o trabalho, o conhecimento e o capital nacionais. Mas essas elites não têm interesse que o nacionalismo ou o patriotismo seja usado pelos demais países, especialmente os em desenvolvimento, como arma para aumentar a sua capacidade de competição. Assim como praticamente todos são tacitamente nacionalistas, não precisam da palavra nacionalismo para se distinguirem. Suas sociedades não são como a dos países dependentes, onde existem os nacionalistas em conflito com os dependentes ou globalistas que supõem que os países avançados estão prontos a ajudar, e que seus intelectuais e economistas sabem melhor do que os correspondentes locais o que deve ser feito em termos de política de desenvolvimento. Em outras palavras, suas sociedades não se dividem, como se dividem as dos países dependentes, entre o que têm e os que não têm o conceito de nação. Não precisam, portanto, do adjetivo "nacionalista" para se distinguirem entre si. Todos são nacionalistas ou patriotas, mas conservam o patriotismo como valor, enquanto tornam negativo ou atrasado o nacionalismo dos seus concorrentes periféricos. E contam com a colaboração das elites locais dependentes que se apressam em

---

6 O oxímoro presente na expressão "mercantilista e liberal" era estrutural na sociedade brasileira pré-1930. Sua análise paradigmática foi realizada por Wanderley Guilherme dos Santos (1978).

defender a tese do papel "natural" de fornecedores de matérias-primas e de bens agrícolas tropicais que teriam os países periféricos e se somar ao centro na defesa do liberalismo e na condenação do nacional-desenvolvimentismo. Não era, portanto, fácil ser nacionalista na periferia. Foi necessária a luta de muitos cidadãos com espírito republicano e nacional, e a coragem e visão de Vargas para que a revolução nacional brasileira pudesse ocorrer.

Estado capaz

Mas, como realizar essa tarefa, como consolidar o Brasil como nação, como completar a formação do Estado nacional brasileiro – uma tarefa que ficara pela metade no tempo do Império e não avançara durante a Primeira República? Vargas compreendeu que não bastava adotar uma perspectiva nacionalista e reforçar o ideário nacional que desde o início do século vinha ganhando força no país. Era preciso realizar três tarefas: dotar a nação de um Estado capaz ou efetivo; torná-la política e socialmente mais coesa ou integrada; e promover sua industrialização ou seu desenvolvimento econômico. Nos seus dois governos, houve uma preocupação central em fortalecer o Estado. Este é aqui entendido como o sistema constitucional-legal constituído pelos valores, objetivos políticos e normas fundamentais da nação e pelo aparelho ou organização formada por políticos, burocratas e militares que garantem essas instituições. O Estado não é uma instituição que se justapõe à sociedade, que existe ao lado da sociedade, como é comum se pensar, mas é a expressão institucional formal dessa sociedade – nas sociedades modernas, dessa nação. Ao contrário de uma outra crença muito difundida no Brasil, não é o Estado que forma a sociedade, mas é sempre esta que constitui seu Estado, o qual será dotado de todas as qualidades e fraquezas que caracterizam a nação. Esta constitui o Estado para que ele a regule e comande, de forma que há sempre uma relação dialética de tensão entre ambos, mas uma nação forte supõe um Estado forte. O Estado que Vargas encontrará no Brasil em 1930 é fraco, pouco capaz. É um Estado fraco, pois seu sistema constitucional-legal ou jurídico é artificial – é muitas vezes um mero transplante de sistemas jurídicos dos países mais avançados –; pois sua situação fiscal é sempre precária, já que tem pouca capacidade de tributar e grande facilidade em gastar; pois seus governos até então haviam sido elitistas e dotados de baixa legitimidade popular; e porque sua administração é patrimonial, pouco efetiva e nada eficiente. O Estado brasileiro encontrado por Vargas, portanto, precisava dramaticamente ser fortalecido. Um Estado forte é aquele cujas leis são cumpridas, cujos governantes são respeitados, cujas finanças são sadias e cuja administração é efetiva. Nada disso havia no Brasil naquele momento. Podemos dizer que, trinta anos depois, quando se encerra o ciclo de formação do Estado nacional iniciado por Vargas e o país entra em crise, o quadro não mudara. Podemos dizer que não mudou até hoje. Mas, limitando-me ao período do estadista, não há dúvida que esse pessimismo não é realista. No plano político, embora o ex-presidente tenha sido um líder autoritário, seu populismo e seu trabalhismo foram instrumentos da transição democrática brasileira, conforme veremos no final deste artigo. No plano fiscal, o populismo de Vargas não foi econômico; muito diferentemente do populismo de Perón, ele sempre tratou as finanças do Estado de maneira rígida. A preocupação que tivera com a saúde financeira do Estado, quando havia sido ministro da Fazenda do último governo oligárquico, ele conservou como presidente da República, não obstante todas as demandas políticas. Por outro lado, Vargas sabia que só governaria o Brasil se contasse com o apoio das elites econômicas e financeiras. Conforme assinala John D. Wirth (1970, p.xvii), "embora Vargas acrescentasse o populismo à sua caixa de ferramentas políticas, nunca permitiu que sua política trabalhista pusesse em risco os fortes laços que o ligavam a grupos mais 'respeitáveis', ou seja, aos políticos profissionais, líderes do comércio e da indústria, militares e funcionários do governo".

No plano administrativo, Vargas revelou sempre uma grande preocupação em dotar o Estado de uma organização efetiva e de uma burocracia profissional competente. E essa preocupação não ficou nas palavras, embora estas fossem muito expressivas. Em várias ocasiões ele afirmou que uma das razões do atraso brasileiro era a baixa qualidade da administração pública; e sempre falava em modernização e racionalização do Estado. Em 1936 e 1938, com a criação do Conselho Federal do Serviço Público Civil e, em seguida, do Departamento Administrativo do Serviço Público (Dasp), ele dá início à primeira grande reforma do aparelho do Estado brasileiro – a reforma burocrática ou reforma do serviço público que, nos países mais adiantados da Europa, havia sido feita na segunda metade do século XIX e fora, em seguida, analisada por Max Weber. O Estado brasileiro, do ponto de vista administrativo, era patrimonial e clientelista; a confusão entre o patrimônio público e privado era intrínseca ao sistema. Vargas busca romper formalmente com esse quadro, cria carreiras de Estado, o concurso torna-se obrigatório para a entrada no serviço público, há um grande esforço de profissionalização da administração pública. Sua ação, porém, não é apenas formal. Ao mesmo tempo ele deliberadamente vai procurando se cercar e equipar o Estado de uma burocracia pública competente. Com esse objetivo, ao mesmo tempo que realiza concursos públicos para as carreiras estatutárias, adota o princípio meritocrático para o recrutamento dos administradores das empresas estatais que começavam a ser criadas. Nos quinze anos de seu primeiro governo são criadas a Companhia de Álcalis, a Companhia Siderúrgica Nacional e a Companhia Vale do Rio Doce; no seu segundo governo, entre 1951 e 1954, a Petrobras, a Eletrobrás e o BNDES. Dessa forma, pela primeira vez na história do Brasil, uma burocracia moderna, uma tecnoburocracia pública qualificada passa a ter um papel importante na vida do país, passa a ser parte das classes dirigentes brasileiras.

Em consequência dessas iniciativas no plano fiscal e, principalmente, no plano administrativo, o Estado brasileiro, em 1960, quando se encerra o ciclo político nacional-desenvolvimentista por ele iniciado, era muito mais forte do que aquele que ele encontrara em 1930. Era um Estado muito mais capaz de promover o desenvolvimento econômico devido, principalmente, à reforma burocrática por que passara e ao fato de ter sido capaz de aproveitar os recursos humanos já existentes no país para dotar o aparelho do Estado de economistas, técnicos e administradores de excelente nível. No plano fiscal seu trabalho foi comprometido por seu sucessor, Juscelino Kubitschek, que, ao decidir construir Brasília, acabou desequilibrando as finanças públicas que Vargas sempre tivera cuidado em preservar. Mas o fato é que, depois de seu governo, a nação brasileira dispunha de um poderoso instrumento de ação coletiva para promover seu desenvolvimento econômico.

Pacto nacional-popular e desenvolvimentismo

Para construir a nação não bastava fortalecer o Estado: era preciso também reuni-la em torno de um projeto nacional. Não era suficiente criar um instrumento de ação coletiva, era também necessário unir a nação em torno de uma estratégia nacional de desenvolvimento que contasse com a participação do maior número possível de cidadãos; era preciso chegar a um acordo nacional ou a um pacto político amplo e informal que desse sustentação a essa estratégia. Será a construção de um acordo nacional para refundar a nação e transformar o Brasil em Estado-nação autônomo a grande realização política de Vargas. Para isso ele usará a ideologia do nacionalismo e mais especificamente do nacional-desenvolvimentismo, liderará uma coalizão de classes nacional-popular, adotará a estratégia da industrialização substitutiva de importações e recorrerá ao populismo político para incorporar as massas ao projeto.

Os primeiros anos do governo Vargas foram marcados pela mudança do pacto político dominante – pela formação de uma nova coalizão política nacional-popular que substituiu a velha coalizão oligárquica do Império e da Primeira República. O mundo capitalista enfrentava então uma grande crise econômica que tinha como centro os Estados Unidos, e uma grande crise político-democrática cujo palco principal era a Europa Ocidental e os dois principais atores, Hitler e Mussolini. De um lado, era a crise do capitalismo liberal, de outro, a crise de democracias liberais mal consolidadas como a Itália, onde Mussolini aproveitara a luta de classes (ainda forte demais) para fazer um experimento corporativista autoritário, e como a Alemanha, onde Hitler iria se valer do ressentimento alemão com a derrota na Guerra de 1914-1918 para destruir a nova e frágil democracia da República de Weimar. Os dois países já haviam realizado sua revolução capitalista, de forma que tinham condições para consolidar suas respectivas democracias, mas estas eram muito recentes, e as circunstâncias econômicas e políticas dos anos marcados pela grande tragédia que foi a Primeira Guerra Mundial afinal conspiraram a favor do fascismo. É nesse quadro conturbado, e em meio a uma grave crise da economia brasileira, que Vargas assume o poder. Mas de uma maneira muito diferente do que acontecia com a Argentina. Enquanto esta, como assinalou Túlio Halperin Donghi (2003), reagiria de forma errática diante da crise mundial, Vargas revelaria uma coerência de orientação, não obstante todas as hesitações que naturalmente o assaltaram. Ele contara com o apoio dos liberais de São Paulo – ou seja, com o apoio de uma parte da oligarquia que se sentia excluída pelo regime autoritário dos partidos conservadores que dominaram a Primeira República. Rapidamente, Vargas compreendeu que os liberais representavam também o pensamento oligárquico e colonial, que não fazia sentido reduzir a Revolução de 1930 a mais uma simples mudança de poder dentro da oligarquia agroexportadora, ainda que esta houvesse passado por um processo de modernização a partir da expansão do café para o oeste paulista. Conforme Vavy Pacheco Borges (1979), não existiam diferenças maiores entre os representantes do Partido Republicano Paulista e os do Partido Democrata (liberal) que representavam a oligarquia em São Paulo. Por isso, o que acabou ocorrendo foi a luta dessa parte mais moderna da oligarquia – aquela relacionada com o café – contra Vargas. Ele percebeu que seu real adversário era esse setor da oligarquia – um setor que tivera uma grande contribuição para o desenvolvimento econômico do país, mas cujas virtualidades haviam se esgotado. Não fazia mais sentido basear o crescimento do país no café, com prejuízo da indústria nascente. Estava na hora da mudança, de aproveitar o movimento tenentista que ganhara força nas revoltas militares dos anos 1920, de se associar às ideias nacionalistas de que partilhava um número crescente de intelectuais, de constituir dentro do Estado uma burocracia pública nacionalista e de chamar para o novo pacto político a nova burguesia industrial que estava se formando desde o final do século anterior, principalmente em São Paulo. Em outras palavras, estava na hora de estabelecer uma nova coalizão política dominante no Brasil.

Vargas, além de ter a visão do problema, era um homem extremamente hábil quando se tratava de fazer acordos políticos. A política é a arte do compromisso (para realizar o bem público, quando o político for republicano; para atender aos interesses de riqueza e poder, quando o político for corrupto, mas será sempre a arte do compromisso, das concessões mútuas). Sem o acordo não é possível alcançar maiorias e governar. Ora, ninguém era mais competente para realizar acordos políticos do que Vargas – fossem eles específicos para fins localizados, ou grandes acordos como o que envolveu a formação da coalizão nacional-popular que ele liderou. Enquanto o antigo pacto político era constituído pela oligarquia agroexportadora, pela elite burocrático-política patrimonialista e pelos interesses estrangeiros no Brasil, o novo pacto ou nova coalizão de classes será constituído pela burguesia industrial nascente, pela burocracia política e profissional nascente no próprio seio do Estado, pelos trabalhadores urbanos e por setores da velha oligarquia. Enquanto o antigo pacto político era culturalmente dependente e não tinha mais condições de promover o desenvolvimento econômico, o novo será nacional, popular e desenvolvimentista; será o pacto necessário para o país deixar sua condição semicolonial – sua condição de país independente formalmente, mas dependente em termos culturais e econômicos – e realizar sua revolução nacional ou se constituir como nação.

A coalizão de classes nacional-popular de Vargas era uma ruptura com a antiga ordem oligárquica, mas era também um compromisso ou um sistema de concessões mútuas. Era natural, portanto, que contasse com a participação de setores da própria oligarquia. Ele próprio era dela representante, era descendente de uma família de senhores de terra, criadores de gado do Rio Grande do Sul. Como Ignácio Rangel (1957) observou, o pacto de Vargas contará com a participação da oligarquia "substituidora de importações" – ou seja, dos proprietários de terra, principalmente do Sul e do Nordeste, voltados para o mercado interno que, no modelo primário-exportador, haviam interpretado um papel econômico secundário, mas um papel político relevante na medida em que, por meio do sistema coronelista, controlavam os votos dos pobres. Ao contrário do que acontecia com os setores exportadores que teriam que "financiar" o novo modelo de desenvolvimento econômico, transferindo para os setores industriais uma parte dos lucros obtidos com a política de se manter a taxa de câmbio competitiva, esse grupo só tinha a lucrar com a industrialização. O fato de um de seus membros liderar o processo, embora a burguesia industrial fosse a nova classe dominante que estava surgindo, não tinha nada de excepcional. Em vários outros países ocorreu processo semelhante, principalmente na Alemanha e no Japão. Enquanto a nova classe não estava dotada de homens públicos, seja porque era nova, seja porque seus membros mais expressivos estavam completamente voltados para suas próprias atividades empresariais, as velhas aristocracias ou oligarquias contavam com setores em decadência ou frustrados nos quais havia homens públicos bem preparados e talentosos; entre eles sempre podia surgir um número importante de políticos e intelectuais com suficiente independência pessoal e visão do futuro para decidir inovar e criar condições para a emergência de grupos sociais dinâmicos envolvidos no desenvolvimento econômico.

A burguesia industrial será o centro do novo modelo e a classe mais beneficiada por ele. No plano econômico será a responsável principal pela revolução industrial brasileira, e por isso os intelectuais do Instituto Superior de Estudos Brasileiros (Iseb) a definiram como uma "burguesia nacional" – ou seja, uma burguesia nacionalista que via o mercado interno como um bem público nacional e estava identificada com o desenvolvimento econômico do país.[7] Isso, entretanto, não significava que essa burguesia tivesse plena consciência desse fato, muito menos que fosse capaz de liderar politicamente o processo. Desde os tempos das repúblicas italianas dos séculos XIII e XIV, quando estava surgindo o capitalismo, a burguesia contratava uma elite político-burocrático-militar para se encarregar prioritariamente dos negócios do Estado; os próprios burgueses, ainda que ocupassem alguns cargos-chave, não tinham tempo nem condições para se ocupar da política e da administração. Por isso, a crítica de Fernando Henrique Cardoso (1964) à tese da burguesia nacional com base em uma pesquisa que procurava avaliar o caráter nacionalista ou não dos líderes industriais tem valor limitado, não permitindo a inferência de que, dada nossa dependência, não existia nem poderia existir uma burguesia nacional no Brasil. Vargas aliou-se à burguesia industrial e governou a favor dela, estimulando-a a investir, ainda que muitas vezes governasse apesar dela, porque seus representantes não compreendiam o sentido de sua política e se prendiam a um liberalismo fora do lugar. A burguesia nos países desenvolvidos sempre foi liberal e nacionalista, mas seu nacionalismo e o intervencionismo do Estado que implicava ficavam sempre em segundo plano, oculto: a ideologia aberta foi sempre a do liberalismo. Já na periferia, na qual a burguesia e todo o restante da sociedade estão permanentemente sob pressão da hegemonia ideológica liberal vinda do Norte, o liberalismo tende a ser aberto enquanto o nacionalismo, mais do que oculto, é amortecido e contraditório. Não obstante, como seus interesses estavam fortemente identificados com o pacto nacional-popular, os empresários industriais acabaram por ser seus participantes ativos e estratégicos. Vargas era deliberado nessa matéria: não se subordinou aos capitalistas mas se associou a eles. Conforme assinala Antonieta Leopoldi (1996, p.36), no segundo governo, "o principal assessor de Vargas [Rômulo de Almeida] vinha da CNI, seu ministro da Fazenda, Horácio Lafer, e o presidente do Banco do Brasil, Ricardo Jafet, eram industriais

---

7 Refiro-me principalmente a Hélio Jaguaribe, Guerreiro Ramos, Álvaro Vieira Pinto, Nelson Werneck Sodré e o já citado Ignácio Rangel.

paulistas; por sua vez, o presidente da CNI, Euvaldo Lodi, era deputado federal do PSD mineiro e tinha livre trânsito no gabinete presidencial".[8]

Igualmente estratégica foi a elite político-burocrática que, com a industrialização e a formação de grandes organizações públicas e privadas, estava começando a surgir, juntamente com a emergência mais ampla da classe média profissional no Brasil. Dos anos 1930 aos anos 1950, as grandes organizações privadas eram ainda poucas, mas o Estado estava crescendo e já vimos que Vargas compreendeu a importância de favorecer o surgimento de uma elite político-burocrática moderna e de usá-la como ator central de seu governo – uma burocracia pública, que fosse identificada com os valores da racionalização e da eficiência, do planejamento e da administração, e estivesse voltada para o desenvolvimento econômico. Os militares, recrutados a partir do movimento dos "tenentes", foram os primeiros burocratas públicos a participar do pacto político; depois foram se somando os civis. Afinal, os dois grupos estratégicos que constituíram o pacto nacional-popular e adotaram como ideologia alternativa ao liberalismo o nacional-desenvolvimentismo foram os empresários industriais e a elite político-burocrática originária da classe média profissional mais ampla que estava surgindo: as elites das duas novas classes que surgiam com uma defasagem relativamente pequena entre uma e outra foram os principais atores do pacto de Vargas.

O ex-presidente, porém, sabia que seu pacto não podia se limitar às elites. Ele se insurgira contra o antigo regime porque este era elitista e autoritário. Embora ele próprio fosse autoritário, não era elitista. Foi a primeira vez na história política do Brasil que um grande líder político foi buscar as bases de sua legitimidade no povo, especificamente nos trabalhadores urbanos que já começavam então a se manifestar por meio de movimentos sindicais. Na Europa, embora as reivindicações dos trabalhadores fossem veiculadas pelos partidos socialistas ou social-democratas, o primeiro líder político que havia buscado um contato direto com eles fora Mussolini, inaugurando um populismo fascista, de direita. Vargas afinal se definiu como um político antes de esquerda do que de direita, na medida em que fundou o primeiro partido de massas do país, o Partido Trabalhista Brasileiro, e por

---

8 CNI – Confederação Nacional da Indústria; PSD – Partido Social Democrático, o partido conservador da coalizão política getulista; enquanto o PTB – Partido Trabalhista Brasileiro – era o partido progressista.

ele foi eleito presidente da República em 1950. Vargas, entretanto, nos anos 1930, não era um homem de esquerda, nem exatamente de direita, mas um clássico líder populista conservador que compreendeu a importância de legitimar o seu poder nas massas e, em um país em que não havia partidos políticos ideológicos, tratou de estabelecer uma relação direta com o povo. Era um líder conservador, como foi um dos principais intérpretes de seu governo, Azevedo Amaral, que, em 1941, argumentava que a Revolução de 1930 fora uma revolução conservadora ou "restauradora", porque evitou que o desmoronamento do regime oligárquico, que estava em curso desde o fim da Guerra de 1914 devido ao aumento da agitação social e sindical, resultasse no colapso da ordem ou da "personalidade nacional" (Amaral, 1941a, apud Gomes, [1988] 2005, p.192). Mas era um líder conservador profundamente identificado com seu país e que compreendeu que chegara a hora de incorporar as massas urbanas no processo político nacional.

Estratégia nacional de desenvolvimento

O pacto nacional-popular foi, portanto, um pacto político que teve como participantes esses quatro grupos. Foi uma coalizão de classes que logrou definir uma estratégia nacional de desenvolvimento bem-sucedida, nacional-desenvolvimentista, a qual imprimiu uma taxa de crescimento econômico acelerada ao país e transformou uma economia agrícola em uma economia industrial, uma sociedade capitalista mercantil com traços pré-capitalistas em uma sociedade industrial, um Estado patrimonial em um Estado burocrático moderno. Dessa forma, Vargas liderou as duas revoluções que formam a revolução capitalista de um país: a revolução nacional brasileira, ou seja, a formação do Estado-nação brasileiro, e a revolução industrial brasileira. O Estado brasileiro havia sido fundado em 1822, mas fora até 1930 um Estado-nação dependente, semicolonial, supostamente liberal. Com Vargas, este torna-se um Estado desenvolvimentista. No período 1930-1960 ocorre a refundação da nação brasileira, que afinal se torna razoavelmente independente e passa a realizar políticas voltadas para seus interesses, de acordo com seus próprios critérios. O Brasil, em 1930, era "uma economia essencialmente agrícola"; no final dos anos 1950, já era um país industrial.

Essa estratégia nacional-desenvolvimentista teve algumas características centrais: a prioridade ao capital nacional, a valorização do trabalho por meio da incorporação dos trabalhadores urbanos ao processo político, o uso do Estado para realizar poupança-forçada e investir nas áreas de infraestrutura, a política de substituição de importações, a proteção tarifária e a neutralização da sobreapreciação cambial causada pela doença holandesa por meio de um imposto sobre a exportação. Geralmente, quando se pensa na política de promoção da industrialização, idealiza-se uma política protecionista de altas tarifas alfandegárias. Houve também essa prática no Brasil, mas, como salientam Villela e Suzigan (1973), o controle cambial introduzido já em 1931 teve papel talvez mais importante do que as tarifas. No Brasil de Vargas, a neutralização não se dava da forma simples como acontece em países desenvolvidos que enfrentam ou enfrentaram o problema, como a própria Holanda nos anos 1960 e, desde os anos 1980, a Noruega – com o estabelecimento de um imposto sobre a exportação desses setores de forma a deslocar para a esquerda sua curva de oferta do bem em relação à taxa de câmbio e assim impedir a apreciação do câmbio –, mas por meio de um processo complexo de câmbio múltiplo e de tarifas de importação combinadas com subsídios à exportação de bens manufaturados. Essa estratégia foi insistentemente acusada de "protecionista" pelos liberais e pelos cafeicultores, mas era simplesmente uma forma de neutralizar uma grave falha de mercado como é a doença holandesa. Os economistas de então não conheciam essa teoria, e precisavam usar o argumento da indústria infante e fazer a crítica da lei das vantagens comparativas do comércio internacional para justificar a administração da taxa de câmbio que, intuitivamente, percebiam ser necessária para viabilizar a industrialização. O certo é que sem essa política cambial ativa o Brasil jamais teria alcançado as extraordinárias taxas de crescimento econômico que alcançou nos dois governos Vargas e, mais amplamente, entre 1930 e 1980.

Democracia

Ao contrário do que afirmaram muitos dos seus opositores, Vargas não foi um "caudilho", não foi o clássico representante das oligarquias mercantis latino-americanas. Foi, sim, um estadista autoritário e moderno para quem o problema fundamental do Brasil era construir a nação brasileira e promover sua industrialização. A democracia viria depois. Seu grande mérito foi ter rompido com a oligarquia para liderar a revolução capitalista brasileira. Como líder autoritário ele não estava preocupado em introduzir a democracia, mas voltado para uma profunda transformação econômica e política do país, e olhava com interesse as experiências autoritárias e corporativas que estavam ocorrendo na Europa e que lhe pareciam compatíveis com as mudanças que estava aplicando.

Além de autoritário, Vargas foi um clássico líder populista que estabeleceu um contato direto e pessoal com o povo e comandou uma coalizão política popular-nacional. Como, então, considerá-lo um estadista? Pode um estadista ser autoritário e populista? O ideal não é que o líder político esteja comprometido com os ideais da democracia?

Vargas é com frequência chamado de "ditador" devido ao Estado Novo (1937-1945), o que é tecnicamente correto. Entretanto, é preciso considerar que o Estado Novo foi uma forma de completar a revolução econômica, política e social, iniciada em 1930, que tinha, no plano internacional, algumas referências importantes. Conforme observa Maria Celina d'Araujo (2000, p.10), suas origens podem ser buscadas em outros países periféricos como a Turquia, onde Atatürk fora o estadista que realizara a revolução modernizadora de seu país: "no Brasil a força desse movimento ficou conhecida entre os militares com a formação de um grupo de jovens oficiais conhecidos nos anos 1920 e 1930 como 'jovens turcos' – ou seja, radicais, modernizadores e autoritários". Por outro lado, o grande formulador da teoria corporativista foi também um pioneiro da teoria do desenvolvimento econômico, Mihail Manoilesco (1929; Love, 1996). Vargas errou ao decidir embarcar no Estado Novo, mas não teria sido o estadista que foi se houvesse então realizado eleições e transferido o governo para um novo presidente eleito.

O ex-presidente não estava sozinho no seu autoritarismo nacionalista. Outros grandes intelectuais, como Alberto Torres, Gilberto Freyre, Caio Prado Jr., Oliveira Vianna, Amadeu Amaral e Francisco Campos foram também defensores de um regime autoritário e nacionalista para levar adiante a formação do Estado-nação brasileiro. Conforme observa Boris Fausto (2001, p.45), referindo-se aos três últimos autores, eles "tinham uma idêntica avaliação dos tempos em que viviam e propostas idênticas para os problemas brasileiros. Identificavam o grande problema do país na obra apenas esboçada da construção nacional. No Brasil existia um povo, mas não uma nação e seu correlato: a identidade nacional". Na verdade, no Brasil dos anos 1930 não havia condições para uma verdadeira democracia. Nos países mais avançados a democracia só se tornou possível no século XX – depois que esses países completaram sua revolução capitalista. Durante o século XVIII e o início do século XIX, os países que primeiro completaram essa revolução, como a Inglaterra e a França, eram Estados absolutos; no século XIX se tornaram liberais, porque garantiram os direitos civis, mas não eram democráticos, já que não havia neles o sufrágio universal. A democracia era impensável antes da revolução capitalista, porque foi só com o capitalismo que o excedente econômico assumiu a forma do lucro realizado no mercado e passou a ser apropriado pela classe dominante sem que para isso ela precisasse contar com o controle direto do Estado. Antes disso, a apropriação do excedente na forma de impostos sobre colônias e de trabalho escravo ou servil dependia do controle direto do Estado, de maneira que a classe dominante oligárquica impunha um veto absoluto à democracia. Este desapareceu com a revolução capitalista em cada país, mas a burguesia precisou de todo um século – o século XIX, o século liberal – para gradualmente perder o medo de que a garantia do direito de voto aos trabalhadores os levasse a expropriá-la, fazendo a revolução socialista.[9]

Considerados esses fatos, se um chefe de Estado governa um povo que ainda não completou sua revolução capitalista, o fato de ter sido autoritário não impede que seja um estadista. Ninguém negaria que Júlio César, a rainha Elisabeth I ou Bismarck tenham sido estadistas. No Império Romano de Júlio César não havia qualquer vestígio de revolução capitalista, na Inglaterra da grande rainha essa revolução apenas começava e estava em sua fase comercial e na Alemanha de Bismarck o grande desafio era completá-la ao mesmo tempo que se unia o país ou se formava o Estado-nação. Eles foram notáveis estadistas, mas não foram democráticos, como também não o foi Vargas, que estava naquele momento realizando a revolução capitalista brasileira. Durante o Estado Novo o autoritarismo que sempre foi dominante na sociedade brasileira se aprofundou e foram cometidos alguns

---

[9] Eu próprio contribuí para o desenvolvimento desse conceito já que organizei um livro sobre o tema (*Populismo econômico*, 1991), no mesmo ano em que Rudy Dornbusch organizava um livro semelhante. Não vejo problema no uso do termo populismo econômico, mas ele deve sempre ser distinguido do populismo político.

abusos inomináveis que poderiam ter sido evitados, mas é preciso reconhecer que o projeto nacional de Vargas foi cumprido.

Ora, esse projeto abriu espaço para uma democracia consolidada no Brasil. Para que isso acontecesse foi necessário ainda que passássemos por uma nova ditadura militar entre 1964 e 1984 desencadeada pela Revolução Cubana de 1959 e pela Guerra Fria – por fatores exógenos, portanto –, mas as bases dessa consolidação democrática já haviam sido estabelecidas pelo grande desenvolvimento que Vargas comandou nos quase vinte anos que governou o Brasil.[10]

Além de ter sido um líder autoritário, Vargas foi um líder "populista", mas nesse caso não há razão para criticá-lo. Em 1930, embora não existissem as condições reais para a democracia no Brasil, o problema já estava colocado, de um lado porque a sociedade brasileira, como periférica e atrasada, via e naturalmente invejava as experiências democráticas que ocorriam nos países mais avançados, e, de outro, porque a industrialização que já ocorrera estava criando uma classe trabalhadora e uma classe média que se sentiam não representadas no plano político e prejudicadas no plano econômico pelas políticas do Estado oligárquico. Vargas tratou de incorporar a classe média ao Estado e ao governo, e encontrou no populismo a maneira de estabelecer sua relação com os trabalhadores e de algum modo incorporá-los ao processo político. O populismo de Vargas, portanto, não representava um atraso, mas um progresso. Enquanto no Estado oligárquico não havia qualquer espaço para as massas, no Estado desenvolvimentista que estava surgindo havia. O populismo de Vargas não era propriamente democrático porque implicava uma relação direta do líder político com o povo, não estando, portanto, de acordo com o ideal democrático que pressupõe a existência de partidos ideológicos que sirvam de intermediários entre os líderes e esse povo, mas, em compensação, por meio desse populismo os trabalhadores urbanos eram, pela primeira vez, chamados a participar de alguma forma do processo político. Não havia naquele tempo espaço para uma política baseada em partidos ideológicos, porque os conceitos necessários para isso como os de liberalismo, socialismo e nacionalismo não faziam parte da cultura e portanto da

---

10 Discuto e procuro demonstrar que as revoluções capitalistas em todo o mundo sempre ocorrem no quadro de um regime autoritário, no qual não se garantem nem os direitos civis, nem o sufrágio universal, e que as democracias só se tornam consolidadas depois que o país completa sua revolução capitalista (Bresser-Pereira, 2011).

consciência dos eleitores, mas já existiam os interesses dos trabalhadores que, por meio do populismo de Vargas, se transformavam em insumo político – em variável a ser considerada no cálculo dos políticos. Vargas sabia que o Brasil caminhava para a democracia, e tratou de se preparar para ela, principalmente a partir de 1942, quando decidiu se aliar aos Estados Unidos e à Grã-Bretanha na Segunda Guerra Mundial. É a partir desse momento, como mostra bem Ângela de Castro Gomes (1988, capítulo 5), que Vargas, por meio de seu ministro do Trabalho, Marcondes Filho, dá início ao que seria o "trabalhismo": aprova uma legislação do trabalho avançada para o estágio de desenvolvimento econômico do país (a Consolidação das Leis de Trabalho é de 1943) e pessoalmente, ou com seu ministro, multiplica sua comunicação com as massas, ao mesmo tempo que passa a trabalhar na constituição de um partido político que lhe servisse de base política após o fim da guerra, quando a democracia deveria ser estabelecida.

O populismo é uma palavra hoje abusada. No quadro da onda ideológica neoliberal e da hegemonia norte-americana que surge nos anos 1980, serve para os países ricos desclassificarem líderes populares dos países em desenvolvimento – tanto aqueles que são realmente incompetentes e gastadores quanto os governantes que procuram desenvolver seu país em bases autônomas. É preciso, entretanto, distinguir o populismo político do econômico. Em termos políticos, o populismo é uma expressão clássica que serviu para identificar, primeiro, um movimento político de esquerda na Rússia do século XIX que antecedeu o movimento comunista, depois como um movimento político norte-americano nos anos 1920 e finalmente como um fenômeno político latino-americano que teve em líderes como Vargas, Lázaro Cardenas e Domingos Perón seus principais representantes. Enquanto os intelectuais do Iseb o viam como um fenômeno positivo, os intelectuais da Escola de Sociologia de São Paulo o identificaram com uma forma de mistificação dos trabalhadores e das esquerdas. Desde a segunda metade dos anos 1980, o populismo (econômico) foi definido como a prática de gastar irresponsavelmente mais do que se arrecada, incorrer em grandes déficits públicos ou em grandes déficits em conta corrente e, portanto, no aumento da dívida pública ou da dívida externa, e, afinal, levar o país a uma crise econômica.[11] O populismo econômico é conde-

---

11 Não por acaso os dois trabalhos fundadores do populismo econômico são de um economista, Adolfo Canitrot (1975), e de um cientista político, Guillermo O'Donnell (1977), argentinos.

nável, enquanto o populismo político não necessariamente, pois tende a ser a primeira forma pela qual o povo é chamado, de algum modo, a participar da política e porque nem sempre o líder populista gasta mais do que arrecada. Vargas foi um líder populista político, mas sempre tratou as finanças públicas com rigor. Seu populismo, porém, além de não se confundir com o populismo econômico, também não se confundiu com o populismo demagógico, porque tratou de somar às suas palavras as suas ações. Enfrentando o protesto dos empresários e da velha oligarquia, ele protegeu os trabalhadores com a lei e estabeleceu o primeiro salário mínimo. Por isso, Vargas não foi um "pai dos pobres" apenas retórico; como estadista, ele se identificou com seu povo; percebeu que uma nação só é forte quando o povo também dela participa, e viu no "trabalhismo" uma forma de transformar essas intuições políticas em realidade. Conforme observa Ângela Castro Gomes (1988, p.197), a partir do Estado Novo (1937), Vargas reconheceu a questão social não apenas como uma questão econômica, mas também política e, portanto, passível de intervenção do Estado: "a construção do Estado Novo evidencia assim que a busca da legitimação da autoridade se deu de uma forma e por razões completamente distintas daquelas que haviam fundado a legitimidade dos regimes anteriores". Vargas foi um homem do seu tempo que enxergava o futuro: ele usou práticas populistas para entrar em contato com o povo porque simplesmente não existia a alternativa dos partidos políticos ideológicos que servissem de intermediários. Se até hoje esses partidos mal existem no Brasil, o que dizer então naquela época? Os partidos existentes eram meras expressões da oligarquia dominante. Mais amplamente, não havia no Brasil, como não há hoje em muitos países latino-americanos que ainda não realizaram sua revolução nacional e capitalista, as estruturas econômicas, culturais e institucionais necessárias para a democracia. No plano da estrutura, não havia empresas, tecnologia e nem uma ampla classe média profissional; no plano da cultura política, os valores e as ideologias políticas que permitem aos eleitores votar em partidos e não em pessoas; e no plano das instituições, além de não haver partidos políticos definidos em termos ideológicos, não havia a conceituação clara dos direitos civis e o respeito à lei, não havia, portanto, o Estado de direito, que é condição da democracia. Recentemente, participei de um seminário em Buenos Aires sobre "Esquerda, populismo e democracia" no qual um intelectual da Bolívia se referia à esquerda no seu país como "neopopulista, autoritária, anacrônica, nacionalista, anticolonial, étnica, indianista, fundamentalista, dogmática, não ideológica, sindical, sem identidade classista, clientelista". Há nessa declaração um óbvio exagero crítico, um preconceito ideológico, mas o mais grave nessa avaliação é sua falta de perspectiva histórica: o que esse intelectual fez foi aplicar ao seu país – uma Bolívia muito pobre e atrasada – os padrões políticos que aprendeu nas universidades norte-americanas.

O Brasil dos anos 1930 tinha um nível de desenvolvimento econômico semelhante ao que tem hoje a Bolívia. Como na Bolívia hoje, no Brasil daquela época a democracia só poderia se manifestar de forma parcial e incompleta por meio do populismo político. Por outro lado, diferentemente do que ocorre hoje, naquela época a ideia de um regime autoritário não contava com a condenação geral. Na Europa, os regimes autoritários prosperavam. E no Brasil havia uma parte grande das elites que apoiava uma solução autoritária. Vargas foi um homem do seu tempo, cometeu os erros e logrou os acertos que eram possíveis então. Porém, governou o Brasil com o discernimento e a grandeza de um estadista.

Crise de 1929, soberania na política econômica e industrialização

Wilson Cano

Este texto tem como objetivo examinar as principais consequências da Crise de 1929 sobre a América Latina, e especialmente sobre o Brasil, e discutir as distintas reações nacionais para enfrentar a crise e o subsequente avanço industrial. Embora de forma muito resumida, destaca, na primeira seção, as principais razões do desencadeamento da crise em alguns dos principais países desenvolvidos e suas políticas diante daquele fato, bem como seus efeitos sobre algumas de suas colônias. Na segunda, examina-se brevemente o caso latino-americano e na terceira, de forma mais detalhada, o caso brasileiro.

Antes de entrar no tema objeto deste texto, cabe lembrar, ainda que brevemente, alguns conceitos e interpretações sobre a industrialização, e particularmente sobre o processo de industrialização latino-americana. Em primeiro lugar, o termo *industrialização* significa o resultado de um processo de acumulação de capital por meio do qual a economia passa a contar com as bases *especificamente capitalistas* de produção, isto é, que produz não somente os meios de reprodução da força de trabalho, mas também os meios de produção necessários à reprodução de seu sistema produtivo. Quando isto se dá, dizemos também que efetivamente é essa indústria que comanda o processo de acumulação, e que o investimento autônomo é o principal determinante da renda e do emprego.[1]

Examinado esse processo no âmbito latino-americano, constatamos que ele somente se manifestou de forma mais ampla, em poucos países (notadamente na Argentina, Brasil e México), *grosso modo*, entre meados da década

---

1 Para a conceituação mais detalhada da industrialização ver Cardoso de Mello (1975, capítulo 2) e Teixeira (1983, capítulo 1).

de 1950 e a década de 1970, quando neles se instalam os principais segmentos produtores de insumos industriais e de bens de capital. Entre 1930 e meados da década de 1950, a acelerada industrialização que se manifesta na maioria dos países da região é constituída basicamente de bens de consumo e de uma incipiente gama de bens de produção. Por isso, alguns autores a denominaram de *industrialização restringida*.[2] Restringida, pois ainda não completou a montagem de suas bases técnicas e, assim, é ainda fortemente dependente das divisas, do mercado e do excedente gerado pelo setor *primário exportador*.

No período que se situa entre as duas últimas décadas do século XIX e a Crise de 1929, também se instalaram plantas industriais em vários de nossos países, mas isso não se pode chamar de industrialização, de um lado, pela quase absoluta predominância da produção de bens de consumo; segundo, porque esses investimentos eram subordinados e induzidos pelo setor exportador, que lhes determinava a dimensão dos mercados de bens e de trabalho, das divisas para a importação dos meios de produção e do excedente para o financiamento dessa acumulação.[3] Vale dizer, para existirem, esses investimentos dependiam do movimento cíclico do compartimento exportador, tanto em seu auge (quando o excedente é maior e extravasa as necessidades ou oportunidades de inversão em sua própria base) ou em sua baixa (quando há excedente à procura de outras aplicações e existe alguma capacidade para importar).

Essa introdução anterior a 1930 variou, segundo os diferentes países, em função do tipo de produto exportado, de sua dinâmica de acumulação, de suas estruturas socioeconômicas e das outras condições necessárias para isto: mercado de trabalho e taxa de salários, divisas para importar bens de capital novos, produção das principais matérias-primas utilizadas, da urbanização criada e de um certo grau de protecionismo tarifário (embora mais com sentido fiscal).[4]

---

2 Essa denominação foi introduzida, no caso brasileiro, por Cardoso de Mello (1975, capítulo 2) e Tavares (1998, capítulo 3), em seus seminais trabalhos sobre a industrialização brasileira, quando fazem a revisão crítica do conceito de *industrialização por substituição de importações*.
3 Nem Furtado (1969, capítulo 10) nem Tavares (1972b) incorreram nesse equívoco, ao se referirem à *adição de fábricas* anterior à ruptura causada pela Crise de 1929, quando muda o padrão de acumulação.
4 Em Furtado (1969) e em meu trabalho recente (Cano, 2000), o leitor encontrará material sobre esse tema bem como uma bibliografia para os principais países da região.

A análise da industrialização latino-americana feita pela Cepal e vários de seus técnicos entendeu-a como decorrente de um processo (o de *substituição de importações*) estimulado por longos e profundos desequilíbrios externos, notadamente os causados pela Crise de 1929 e pela Segunda Guerra Mundial, quando os diferentes países da região – embora de maneira diversa e cronologicamente defasada – reagiram a essas crises e aproveitaram os estímulos delas decorrentes (crise e desvalorização cambial) para internalizar a produção de alguns bens antes importados.[5] Essa interpretação teórica é hoje reconhecida como *insuficiente* para dar conta do fenômeno, haja vista que, segundo ela, o processo decorre, fundamentalmente, por fatores externos – as crises –, não levando em conta a dinâmica endógena da acumulação.

Ainda assim, há que se entender que a visão cepalina se detém na análise de um *processo*, que não pode ser interrompido, a menos que o estrangulamento externo se torne absoluto, paralisando a industrialização, a qual, entretanto, quando o desequilíbrio diminuir, deverá continuar, sob pena de que a industrialização seja abortada. Assim, a industrialização não resulta da ocorrência de "alguns choques externos", mas sim da sequência de vários desequilíbrios externos ou de um de longa duração, este gerado a partir de um ponto de grave ruptura, que, no caso da América Latina, foi a Crise de 1929.

Talvez o primeiro autor a denominar esses choques de "choques adversos" tenha sido A. Kafka em clássico trabalho no qual tece considerações teóricas em torno da industrialização latino-americana posterior "à Crise de 1929". Contudo, de maneira reticente, tenta afastar-se da interpretação cepalina, explicando a industrialização e o crescimento como "*associado*[s] com os violentos e os adversos choques recebidos pelo seu sistema econômico". Ainda mais cuidadoso, concluía: "Tudo que afirmo é que elas [as economias latino-americanas] se comportaram muito bem na presença de choques adversos e que esse surpreendente bom êxito merece uma explicação".[6] Mas não resta dúvida de que foi Peláez que tentou abastardar

---

5 Ver a clássica interpretação desse processo feita por Tavares (1972b) e sua posterior revisão (1998, capítulo 3).

6 Seu texto decorre de conferência pronunciada e que suscitou várias observações críticas de caráter ortodoxo. Ver A. Kafka (1964, especialmente p.21-2, 41-2; grifo meu).

aquela interpretação cepalina, denominando-a de "teoria dos choques adversos" e atribuindo esta a Kafka.[7]

Como se poderá ver mais adiante, não basta a ocorrência de "choques" sucessivos ou longos para que se institua um processo de industrialização. Se nada mais houvesse além desses desequilíbrios, como se comportaria essa industrialização, passado o choque? O que mais adiante coloco é que necessita-se de uma série de condições políticas e econômicas que possam dar maior sustentação a esse processo, no seu início e principalmente no seu desenvolvimento:

- como ressaltou Furtado, a existência prévia de implantação industrial ("induzida pelas exportações"), que tenha, portanto, capacidade produtiva suficiente para atender tanto a demanda interna que, com a crise, não pode mais ser abastecida por importações, como a fração decorrente da recuperação e expansão da renda e do emprego, com o que se minimizam os requisitos de investimentos líquidos;
- a restrição de divisas, embora aguda, ainda deve bastar para pagar importações essenciais de insumos e equipamentos industriais ainda não produzidos no país;
- acima de tudo, é imprescindível uma *vontade política*, explicitada por um Estado nacional atuante e indutor do setor privado, que coloque em prática instrumentos e políticas econômicas reativas à crise e de industrialização. Mais ainda, um Estado que fará avançar a produção industrial, no sentido de internalizar a produção de meios de produção;
- quanto mais profunda for a crise, menores restrições internas (dos setores liberais e reacionários à industrialização) surgirão, fortalecendo o apoio político necessário para esse processo;
- quanto mais profunda e longa for a crise externa, tanto melhor para essa primeira etapa do processo, dado que a soberania nacional poderá ser melhor exercida, haja vista que os *imperialismos* estarão muito ocupados com suas próprias economias, dando-nos maior grau de liberdade.

---

7 Ver especialmente seu equivocado ensaio (Peláez, 1968), em que tenta derrubar a interpretação clássica de Furtado sobre a industrialização brasileira.

A Crise nos países industrializados e em suas colônias

Embora toda crise capitalista se reflita em seu "termômetro" – a bolsa de valores e o mercado financeiro –, em geral, isso ocorre depois do desencadeamento de um processo mais complexo e longo de crise da economia. Assim foi nos Estados Unidos, com a explicitação, entre 24 e 29 de outubro de 1929 – a *Quinta* e a *Terça-feira negras* –, do *crack* da Bolsa de Nova York e, em seguida, da depressão dos anos 1930.[8] Entre as várias razões que a originaram ou a reforçaram, podemos resumir as seguintes:

(a) como resultado da Primeira Guerra Mundial, o mundo – notadamente a Europa – sofreu milhões de mortes e destruição de capacidade de trabalho humano e de riqueza; o fracionamento de impérios (principalmente o Austro-Húngaro), redução do tamanho de alguns Estados e perdas de antigas colônias; retomada da disputa imperialista no mercado internacional, desmantelamento do padrão ouro e um certo aumento do protecionismo;

(b) a recusa dos principais países – especialmente a França – em compensar parte de suas dívidas externas que tinham entre si e as draconianas perdas e indenizações impostas à Alemanha ajudaram a desequilibrar ainda mais as finanças internacionais da época, acelerando e volatilizando seus fluxos. Por outro lado, os empréstimos de curto e médio prazo com que os Estados Unidos socorreram a Alemanha foram utilizados por esta em investimentos e financiamentos externos de longo prazo, aumentando-lhes a instabilidade e o risco;

(c) a reinstitucionalização do padrão ouro, a partir de 1924, aumentou o preço do metal e sua acrescida procura defrontou-se com uma diminuição de sua produção, elevando ainda mais seus preços. Ambos fenômenos redundaram em fortes baixas dos preços dos bens e serviços em vários países. Isso reforçou o reajuste baixista de preços que se seguiu ao final da Primeira Guerra Mundial, tendenciando-os para uma possível deflação. No momento da readoção do padrão

---

8 Para esse tópico das economias industrializadas, utilizo largamente os trabalhos de Bleaney (1985), Estey (1960), Fano (1979), Galbraith (1972) e Kindleberger (1985), dos quais extraio o conteúdo básico para estas notas iniciais.

ouro, a França desvalorizou sua moeda, ganhando competitividade cambial, ao contrário da Inglaterra, que a valorizou, perdendo ainda mais terreno comercial para seus concorrentes;

(d) entre 1920 e 1921, ocorre uma crise de reajustamento de pós-guerra, eliminando a alta dos preços vigentes em 1914-1918, afetando principalmente a agricultura. Os estímulos à produção desse setor haviam injetado, no campo dos Estados Unidos, tecnologia mais avançada, diminuindo seus custos e deprimindo ainda mais seus preços ao longo da década, e reduzindo seu volume de emprego. Dessa forma, os preços deprimidos seriam mais um alento para converter sua crise em futura depressão;

(e) nos Estados Unidos, o extraordinário *boom* dos anos 1920 acelerou o consumo de bens duráveis (notadamente de automóveis e casas residenciais) mas, quando se aproxima do final da década, ele desacelera, o que aliás já era mostrado pelo índice da produção industrial. Com isso, a crise atinge também o setor de bens de capital, que havia crescido ainda mais do que o setor de duráveis. Essa expansão exigiu ainda notável crescimento dos sistemas internos de financiamento, os quais também se ressentiram, antes de 1929, dessa desaceleração e do problema agrícola anteriormente apontado. Durante a década, e antes de 1929, quebraram cerca de trezentos pequenos bancos nos Estados Unidos;

(f) no início de 1927, a pedido de Inglaterra, França e Alemanha, os Estados Unidos flexibilizaram sua política monetária, baixando sua taxa de redesconto de 4% para 3,5%, o que provocou enorme venda interna de títulos do governo, *descongelando* essa imobilização que se transferiu rapidamente para aplicações na bolsa de valores, cujas ações negociadas já apresentavam fortes elevações de seus preços. As menores oportunidades de ganhos ao capital especulativo na Europa estimularam a migração de seus capitais, rumo àquelas aplicações nos Estados Unidos, ampliando ainda mais o *calor* bursátil.

A expansão do movimento de títulos "popularizou-se" com o surgimento de consórcios de captação/aplicação, que criavam empresas (ou expandiam capitais de outras), quase sempre duplicando o valor nominal de uma ação emitida, já em seu lançamento ao público, numa verdadeira operação de estelionato. A demora do Sistema da Reserva Federal para atuar no processo, a despeito das advertências que algumas pessoas faziam e do nível de valorização fictícia atingido, não foi perdoada.[9] Já em setembro de 1929, a Bolsa emitiu sinais, oscilando alguns dias e, no início de outubro, novamente variou. O resultado final é bem conhecido: a espiral especulativa só parou em outubro de 1929, quando a Bolsa quebra.

Galbraith (1972) relatou algumas das inúmeras mentiras ou irresponsabilidades ditas por banqueiros, corretores e empresários, às vésperas do *crack*. Entre as "pérolas" recolhidas, cito as seguintes: "nada deterá o movimento ascendente da prosperidade norte-americana"; "nossa economia e indústria nunca estiveram tão sólidas"; "todos devem participar, para ficar ricos"; "[a Bolsa caiu] devido a um *problema técnico* de mercado", dizia Lamont (sócio de Morgan), em pleno 24 de outubro; J. D. Rockefeller, poucos dias depois, declarava à imprensa que "meu filho e eu estamos há vários dias adquirindo ações ordinárias de firmas sólidas".

Mesmo às vésperas do *crack*, o professor Irving Fisher, de Yale, depois de errar sobre essa trajetória especulativa, ainda dizia: "Espero ver o mercado de valores bem mais alto do que está hoje, dentro de poucos meses", enquanto a Sociedade de Economia de Harvard, que no início do ano previra a baixa e a crise, também refez suas pregações, confessando seu "erro" e passando a apostar na continuidade da "prosperidade norte-americana" e, já na depressão, em 1931, dizia que o pior já passara e a economia voltaria a crescer rapidamente. Fisher jogou muitas palavras "ao vento" para tentar justificar seus erros e, quanto à famosa Sociedade de Economia de Harvard, foi dissolvida logo depois. Como se vê, ontem, como hoje, a economia é suscetível a predições completamente erradas e a golpes de estelionato, praticados, ambos, pela ideologia da "prosperidade crescente e contínua" ou da esperteza.

Galbraith conclui apontando algumas razões que agravaram a depressão e dificultaram ainda mais a recuperação: a má distribuição da renda; a crescente oligopolização da economia; a fraqueza da estrutura bancária; a contração do comércio internacional; e a indigência da política econômica

---

9 Não se poderia alegar ignorância sobre o fenômeno especulativo, dado o episódio ocorrido da quebra e falência do monumental projeto imobiliário da Flórida (Miami) entre 1925 e 1928, que levou de roldão o patrimônio de milhares de famílias. Cf. Galbraith (1972).

dos Estados Unidos. Ressalta ainda o conservadorismo econômico do país, com o presidente Hoover, em plena depressão, insistindo no equilíbrio orçamentário, e o próprio Roosevelt, na campanha eleitoral em 1932, também defendendo o equilíbrio e o corte do gasto público!

Contudo, em seu primeiro mandato (1933-1936), Roosevelt desvalorizou o dólar e adotou política de forte intervencionismo (o New Deal), baixando a taxa de juros para as empresas, protegendo os preços agrícolas e industriais norte-americanos e fazendo acordos com empresários para tentar evitar o aprofundamento do desemprego. Mais tarde o Congresso anularia as medidas intervencionistas de sustentação de preços e de produção, e eliminaria as instituições para isso criadas por ele (a da Agricultura e a da Recuperação Industrial). Mesmo com esse programa anticíclico, os Estados Unidos foram cautelosos com seus déficits orçamentários, fato que certamente alongou ainda mais a depressão, cuja recuperação só viria já no bojo do envolvimento militar pré-Segunda Guerra Mundial, em 1938.

Esse tema também foi criticado nos trabalhos de Fano (1979) e Bleaney (1985). O primeiro aponta as ambiguidades de Roosevelt no tocante aos trabalhadores e seus sindicatos, aparentemente fazendo vistas grossas para a repressão que lhes faziam muitos empresários e governos locais, que, para isso, contrataram milícias particulares. Ambos os autores mostram o conservadorismo econômico de Roosevelt, principalmente no segundo mandato, quando, por pressões do Congresso, ele diminui fortemente o grau de intervenção do Estado na economia, e chega mesmo a provocar uma recessão desnecessária em 1937, retardando a recuperação.

Bleaney (1985) discute, além do caso dos Estados Unidos, os da Suécia, França e Alemanha, indagando onde as políticas de recuperação foram efetivamente do tipo keynesiano. No primeiro caso, mostra a ambiguidade da política fiscal dos Estados Unidos e o constrangimento causado pelo Congresso, com o que se conclui que as políticas ali colocadas em prática foram *menos keynesianas do que poderiam ter sido*.

Na Suécia, onde Myrdal teve papel central na formulação da política anticíclica, Bleaney mostra que a política foi deliberadamente fiscal, promovendo o déficit público com objetivo explícito de recuperar a demanda efetiva; e o perfeccionismo sueco ainda programou a anulação dos efeitos monetários perversos que poderiam surgir no pós-crise. Contudo, aponta ainda o fato de que o país também se beneficiou com o aumento de suas exportações demandadas pelo esforço da produção militar de alguns países europeus.

A França tentou, teimosamente, manter o padrão ouro, levando a pior a partir de 1931, quando a Inglaterra desvaloriza a libra e, de 1933, quando os Estados Unidos também desvalorizam sua moeda. A deflação agravou a depressão, estimulando a vitória do Partido Socialista, que se mantém entre 1936 e 1938. É curioso que os socialistas também não desvalorizaram o câmbio, alongando com isso a depressão. Ao mesmo tempo que reduziram a jornada de trabalho para 40 horas semanais, concederam aumento de salário (e liberdade sindical), ampliando os custos de produção. Via empréstimos, realizaram alguns programas de obras públicas, mas o rígido controle imposto ao capital estrangeiro não impediu a fuga de capitais, agravando ainda mais a crise. Só em 1938 a França desvalorizaria sua moeda, e a recuperação viria não por meio de políticas anticíclicas, mas sim de seu envolvimento na guerra.

A Alemanha foi o caso de mais rápida recuperação, obtida com forte intervenção e controle da economia pelo Estado, a partir da ascensão do Partido Nacional Socialista (nazista). Por meio do autoritarismo, "convencem" a mulher trabalhadora a voltar para o lar, em troca do emprego do marido; com o aumento da produção preparatória para a guerra e com a incorporação crescente nas Forças Armadas, cumprem rapidamente a promessa política de acabar com o desemprego e, com rigidez absoluta de controle de preços, evitam a manifestação da inflação. Acrescente-se que grande parte de suas elites, notadamente as representantes das grandes empresas (não só a nacional!), aceitou essa política como saída da crise e recuperação de sua riqueza. Pelas aparências, poder-se-ia pensar que sua recuperação foi oriunda de uma prática keynesiana de gasto público anticíclico, mas, a bem da verdade, foi o autoritarismo militarista e a repressão que a obteve, até serem derrotados.

O Japão não sofreu, tanto como os demais, as agruras da depressão graças a seu precoce envolvimento de preparação para a guerra, ao controle de sua economia e à articulação produtiva que fazia com suas colônias (Manchúria, Coreia e Taiwan), as quais também passam quase ilesas pela crise. Igual sorte não tiveram as colônias holandesa (Indonésia) e inglesa (Índia), que foram submetidas por suas metrópoles à valorização cambial e à deflação, além de eliminação de barreiras alfandegárias que facilitaram as importações originadas de suas metrópoles. Por isso, foram seriamente afetadas pela depressão, com maior intensidade e duração do que a sofrida pelos países latino-americanos.[10]

Crise e recuperação na América Latina

Como já apontei na seção anterior, algumas das causas e sintomas do que viria a ser a Crise de 1929 já se manifestavam na segunda metade da década de 1920, com a redução da atividade econômica da Inglaterra, diminuindo as encomendas de cereais e carnes latino-americanos (atingindo a Argentina e o Uruguai), a crise dos preços do açúcar (afetando Peru e Cuba) e, já próximo de 1929, problemas com as exportações minerais (na Bolívia, Chile e México).

Como economias primário-exportadoras e fortemente reflexas à demanda externa, nossos países foram fortemente atingidos na principal variável determinadora da renda e do emprego, que era a exportação, cuja redução combinada de volume e de preço resultou em queda em torno de 50% de sua capacidade para pagar importações. Acrescente-se que, aos primeiros sinais da crise, o capital estrangeiro (Estados Unidos e Inglaterra, à frente) retirou boa parte de suas aplicações, destruindo nossas reservas de divisas. Assim, se nada fizéssemos, regrediríamos. Não foi o que sucedeu. Reagimos, uns rapidamente, outros não; uns com maior intensidade de ações, outros mais contidos.

A profundidade da crise e sua longa duração não mais permitiam a "volta ao passado", isto é, a manutenção do antigo padrão de consumo e de investimento, e formas de ajustamento passivo para enfrentar a depressão. Ali onde as elites e o Estado – pressionados ou não por uma potência estrangeira – não tiveram uma atitude ativa em defesa da economia, ocorreu maior regressão da renda, do emprego e, em alguns casos, da própria estrutura produtiva alcançada antes da crise. A hipótese para a não regressão teria que ser, necessariamente, a ruptura do padrão de acumulação, o primário exportador.

---

10 Maddison (1988) faz interessante análise comparativa entre essas nações, sendo suas as conclusões anteriormente apontadas.

No período 1929-1937, apesar da profundidade da depressão e da enorme fuga do capital internacional, pudemos contar com maiores graus de liberdade em termos externos. As economias centrais estavam deprimidas, o comércio e as finanças internacionais desmantelados, sem quaisquer possibilidades de articulação interimperialista. Com o envolvimento das grandes potências na Segunda Guerra Mundial, nos deram mais uma "folga" entre 1937 e 1945, que, com alguns tropeços e interrupções, se estenderia até 1979.[11]

Em geral, a maioria dos países latino-americanos havia instalado unidades de transformação industrial. Contudo, os menores países praticamente não ultrapassaram as atividades industriais de beneficiamento agroindustrial, ao passo que os de maior porte haviam consolidado a instalação de outros compartimentos industriais de bens de consumo, como têxtil, calçados, vestuário e mobiliário, além de uma química e metalúrgica incipientes e de materiais de construção. Poucos haviam ingressado na produção de cimento e na siderurgia. Obviamente, quanto maior e mais diversificado fosse o parque industrial do país, melhores seriam as condições para internalizar e potenciar os efeitos de uma política de defesa da economia.

Analisando os processos inflacionários e a industrialização latino-americana a partir da Crise de 1929, Seers (1962) agregou os países examinados em dois grupos: um, constituído por onze nações (Venezuela, Equador, os seis centro-americanos, Cuba, Haiti e República Dominicana) que, diferentemente do outro grupo (México e os demais países sul-americanos, exceção de Bolívia e Paraguai, não discutidos no trabalho), não praticou políticas econômicas mais amplas contra a depressão (Crise de 1929) e em defesa do setor produtivo interno. Assim, as medidas praticadas pelo primeiro grupo foram nulas ou modestas se confrontadas com as do segundo grupo, que, de maneira mais rápida, desvalorizaram fortemente o câmbio, suspenderam o pagamento do serviço da dívida, instituíram controles cambiais drásticos e elevaram suas tarifas de importação.

---

11 Esta é a hipótese central de meu recente livro (Cano, 2000) em que sugiro que, entre 1929 e 1979, a América Latina (salvo exceções do Chile, Argentina e Uruguai, que interrompem seus processos pouco antes de 1979) teve maior grau de soberania no exercício de sua política econômica, e que "o sonho" termina ao final de 1979, quando os Estados Unidos retomam sua hegemonia e a impõem novamente ao mundo, sobretudo a nós.

Somente quando já haviam decorridos vários anos da passagem da depressão é que países do primeiro grupo passaram a instituir políticas desse tipo. Esse atraso na instituição de políticas de defesa da renda e do emprego se devia, fundamentalmente, a:

- tinham poucas e incipientes indústrias e escassa urbanização, com parte substancial de suas populações vivendo da agricultura de subsistência. Assim, não tinham um parque produtivo (com capacidade ociosa) para defender, nem contavam com uma "massa crítica" que pudesse fazer maiores pressões políticas contra a crise ou o desemprego;
- tinham estruturas de comércio exterior fortemente atreladas aos Estados Unidos, com acordos comerciais que concediam tarifas preferenciais a esse país e que dificultavam a possibilidade de imporem maiores controles sobre suas importações;
- eram monetariamente vinculados ao dólar (padrão ouro-dólar), com o que, junto com os Estados Unidos, faziam parte da "área do dólar", seguindo inclusive o comportamento dos preços norte-americanos, o que lhes impossibilitava ou dificultava a prática de uma desvalorização cambial. Do grupo (com exceção do Equador e de El Salvador), todos mantiveram suas taxas nominais de câmbio e a Venezuela valorizou-a ainda mais, passando o câmbio (bolívares/dólar) de 5 em 1929 para 3, taxa que se manteria até a década de 1950 (cf. Seers, 1962).

A desarticulação internacional, ao inibir a feitura de políticas agressivas de exportações, terminava por agravar nossas contas externas. Isso induzia (ou obrigava) os países do segundo grupo a um manejo mais ousado em termos de acordos internacionais, de administração inteligente do câmbio, das divisas e dos pagamentos internacionais, o que possibilitou tanto a priorização e seleção de determinadas importações quanto, inclusive, levou-os, por vezes, à prática da moratória.

A necessidade de readequação tarifária, em muitos casos, estimulou não só o protecionismo necessário, mas também trouxe alguma racionalização ao sistema. Por outro lado, como a carga tributária tinha por base os impostos de importação e exportação – como objetivo unicamente fiscal – a contração das importações abalou financeiramente o Estado, que se viu obrigado a alterar a estrutura tributária, agora mais centrada nos impostos sobre a produção, vendas, circulação ou consumo, mas tão regressiva quanto antes. As políticas de defesa da economia e o novo manejo da política econômica foram também gerando o aprendizado de uma futura burocracia planejadora e de um Estado intervencionista, ao contrário de antes, do Estado liberal.

Embora a Segunda Guerra Mundial nos tenha imposto inúmeros sacrifícios, o período 1937-1945 possibilitou a ampliação e uma certa diversificação produtiva, aumentando, inclusive, a percepção nacional da possibilidade real de avanços na industrialização. Antes mesmo de se recuperarem da depressão, os países centrais se envolveram, direta ou indiretamente, no processo da guerra. E isso, de novo, deixou-nos "com as mãos mais livres".

A partir desse segundo período, ficava mais clara a percepção da "nova era", A indústria leve havia se consolidado em alguns países e quase todos os médios e os grandes já contavam com alguns segmentos industriais mais avançados da química e da metalurgia. Por falta de abastecimento regular do exterior, fomos obrigados a diversificar nossas fontes internas de suprimento e a produzir não só peças de reposição mas também máquinas que antes não fabricávamos. Siderurgia e química avançaram, algumas vezes inclusive com apoio da potência líder, dado seu objetivo de criar bases logísticas na América Latina para complementar seu esforço de guerra. Tivemos, assim, quinze anos de expansão e diversificação.

Paralelamente a essa transformação industrial, nossos países enveredaram por uma precoce urbanização e esses dois processos incorporaram grandes levas de trabalhadores, que passaram a constituir importante apoio político ao processo de industrialização. Contudo, a velha máquina da administração pública e os sistemas tributário e financeiro receberam apenas "adaptações", acumulando para o futuro uma série de problemas que teriam forte repercussão não só econômica mas principalmente política.

Nossas velhas preocupações voltariam no período 1945-1955. Nele, o imperialismo sentir-se-ia seriamente ameaçado pela consolidação da União Soviética e pelas conquistas socialistas no Leste e no Centro europeus. Em 1949, a vitória de Mao na China e a Guerra da Coreia (1951-1952) abalariam ainda mais as relações "Leste-Oeste". É a partir de 1946-1947 que o desenvolvimento desses fatos geraria, nos Estados Unidos, a chamada Guerra Fria, alterando profundamente o comportamento norte-americano com relação à América Latina, com suas atitudes de fomentar e apoiar ações repressivas ao nacionalismo e às forças políticas progressistas em geral. É um período de rupturas e descontinuidades; de golpes político-militares para "restaurar a democracia".

Contudo, são esses mesmos fatos que obrigarão os Estados Unidos a alterar sua política de aniquilamento do Japão e da Alemanha: já ao final de 1946 fariam mudança radical, incorporando esses países na política de reconstrução da Europa Ocidental. Perceberam, rapidamente, que a não reconstrução daqueles países os converteria numa perigosa e permanente ameaça geopolítica.

A reconstrução, por outro lado, gerou também o enriquecimento da discussão teórica do crescimento e do desenvolvimento econômico, criando assim um anteparo político e ideológico para a discussão do subdesenvolvimento latino-americano e das formulações de políticas econômicas para combatê-lo.

Contudo, as pressões externas tiveram certo respaldo interno, seja na negativa de conceder ao Estado as reformas necessárias ou nas várias tentativas de instituir políticas econômicas ortodoxas. Mas a volta ao passado era uma ilusão. Não só ao passado político, mas principalmente ao passado econômico, no qual nossa "vocação agrícola" era indiscutível; no qual a industrialização, quando muito era tolerada, mas não estimulada; quando intervenção e controle cambial e de comércio deviam ceder lugar ao modelo liberal pré-1929, ou, no máximo, a um regime que não enfrentasse os interesses norte-americanos. Como bem mostrou Furtado, as investidas reacionárias internas e externas não poderiam frutificar, pois, entre a crise e o início da década de 1950, nossa participação nas exportações mundiais caíra enquanto o PIB duplicara. Assim, não haveria como recompor o coeficiente de importações de 1929 (cf. Furtado, 1961, capítulo 34). Não haveria, portanto, como liberalizar importações sem ter a anterior capacidade geradora de divisas.

É por isso que em vários países da região surgem (principalmente entre as décadas de 1930 e de 1950), por meio de movimentos rebeldes ou mesmo pela via eleitoral, várias lideranças nacionalistas e industrialistas que enfrentam aquelas pressões internas e externas, como Perón na Argentina, Paz Estensoro na Bolívia, Vargas no Brasil, Ibañez no Chile, Cárdenas no México, Alvarado no Peru (em 1968) e Caldera na Venezuela (em 1971), rompendo com as tentativas da "volta ao passado". As pressões norte-americanas na década de 1950 aumentaram: no início, por sua necessidade de unificar a América Latina em torno de si, diante do conflito da Coreia; no fim, porque, à medida que se esgotava o Plano Marshall, os mercados latino-americanos protegidos se tornavam uma necessidade maior para eles.

Por outro lado, as pressões liberais, antes de significarem um freio ao processo, aguçaram a resistência interna. Avançamos ainda mais na industrialização, até o ponto em que pudemos. O Estado supriu a debilidade do capital privado nacional e o desinteresse do capital forâneo: fez petróleo, aço, produtos químicos básicos, infraestrutura, bancos, transporte, energia e telecomunicações. Mais do que isso: nesse momento, a luta pela industrialização na América Latina passa a constituir uma bandeira progressista em todos os países.

Progressista, em termos, dado que urbanização e industrialização constituíam a via principal de amortecimento (até o início da década de 1960) das tensões sociais geradas pelo crescente êxodo rural na região, que, se de um lado representava, para o migrante, a oportunidade de obter melhor emprego, de outro, significava a tentativa de fugir do completo abandono social em que vivia no campo, em sua região de origem. Para as elites, isto também evitava, de forma permanente, o enfrentamento da questão agrária e da exclusão social.[12]

Crise e recuperação no Brasil

Até meados da década de 1920 era pequena a integração do mercado nacional. Isto se devia ao fato de que, até então, o padrão de acumulação de capital – lastreado pela economia exportadora – permitia uma política relativamente liberal de comércio exterior que proporcionava alto coeficiente de importações e, ao mesmo tempo, possibilitava a introdução de algumas indústrias (na maioria, de bens de consumo não durável) nas diversas

---

12 A outra via, não menos importante em termos quantitativos, foi a ampliação da "fronteira agrícola", onde isso foi possível. O México foi uma exceção, com o extenso programa de reforma agrária feito por Cárdenas.

regiões do país.[13] Assim, a demanda por bens de consumo, industrializados ou não, era suprida por produção local ou por importações do exterior, salvo as de origem inter-regional. Quer dizer: tanto faltavam estímulos necessários para ampliar a integração, como, e esta é a questão principal, nossa produção industrial não tinha suficiente dinâmica de crescimento que lhe obrigasse a romper o "arquipélago" nacional e *cativar* para si o mercado nacional. A "exceção" a esse quadro era – até início do século XX – a indústria instalada no Rio de Janeiro e no antigo Distrito Federal, que desde cedo tinham nos mercados regionais de maior proximidade a demanda mais importante para sua oferta.

Em termos regionais, apenas a indústria de São Paulo apresentava dinâmica de crescimento muito à frente de sua *demanda específica*.[14] Esse fato obrigá-la-ia a procurar "mercados exteriores" à sua própria região econômica, dado seu elevado ritmo de acumulação de capital que se verifica entre 1905 e 1914 e na primeira metade da década de 1920.[15]

A Primeira Guerra Mundial contraiu fortemente nossas importações, estimulando a indústria paulista a usar seu excesso de capacidade produtiva, exportando boa parte de sua produção para o resto do país.[16] Contudo, seus grandes investimentos na década de 1920 não encontrariam evento similar para evitar sua crise de superacumulação. Ainda, a crise de valorização cambial (1924-1926) diminuiu o grau de proteção à indústria, provocando pequeno aumento das importações de bens similares, até fins de 1929. Assim, à crise gerada pela sobreinversão adicionava-se a redução de seu mercado específico, dado o aumento das importações concorrentes com a produção nacional.

Em alguns setores industriais a expansão da capacidade produtiva encontrava amplo respaldo no mercado interno. Tratava-se de introdução de "novos" produtos que já diversificavam a estrutura industrial, não só

---

13 O valor das importações sobre a renda monetária, entre 1925 e 1929, teria alcançado a cifra de 22%. Cf. Furtado (1961, capítulo 33, p.239-40).

14 "Demanda específica" deve ser aqui entendida como a restrita a um determinado espaço (no caso, a região do Estado de São Paulo e adjacências) e às brechas ensejadas pelo grau de protecionismo e de competitividade que determinados produtos contavam em relação a similares estrangeiros.

15 Sobre a industrialização em São Paulo até 1929, ver Cano (1998, capítulo 2).

16 Cf. Cano (1998, seção 2.2). Durante 1914-1920, as exportações paulistas de produtos industriais, em relação à sua produção industrial, foram, em média, superiores a 25%.

nos segmentos de bens de consumo mas também nos de bens de produção, como ocorreu com a introdução de fibras químicas têxteis, a expansão da indústria de material elétrico, da metalúrgica, do cimento, do material de transporte e da mecânica. Isto evidencia que a década de 1920 constitui período de transição para o surgimento de uma formação industrial mais ampla, a partir da recuperação da crise de 1929. O quadro da crise de sobreinversão industrial deve ser completado com o da superprodução cafeeira, que ocorre em quase todos os demais estados cafeeiros. A estreiteza dos recursos financeiros necessários para sustentar os enormes estoques invendáveis de café, a partir de 1929, faria ruir o velho esquema da "valorização permanente" do café, deprimindo seus preços (cf. Cano, 1998).

Nos estados não cafeeiros, mas também *primário-exportadores*, a situação era pior. Salvo nos que haviam ampliado o investimento industrial e também buscavam uma saída nos "mercados exteriores" às suas regiões, os demais experimentavam grave crise de seu setor externo: as exportações não cafeeiras nos anos 1920 foram, em termos reais, 25% inferiores às da década anterior. As exportações totais do Brasil (exclusive São Paulo) nesses dez anos foram apenas 0,9% maior do que as do período 1911-1920. Assim, a dinâmica dessas regiões – salvo as cafeeiras – "encurtou" seus próprios mercados de bens industrializados. Note-se, em reforço a isto, que, enquanto as importações totais de São Paulo provenientes do exterior haviam crescido 59% entre as duas décadas apontadas, no resto do país haviam aumentado apenas 4,6% (cf. Cano, 1998, p.193). Embora o ritmo de acumulação de capital na indústria do resto do país também tivesse gerado capacidade ociosa, foi distinto e muito inferior ao verificado em São Paulo.

Essa crise de sobreinversão industrial – notoriamente na indústria têxtil algodoeira – ocasionou o agravamento da competição intercapitalista inter-regional durante a segunda metade da década de 1920, ampliando fortemente o intercâmbio comercial inter-regional, principalmente de produtos industriais. Embora esse comércio tenha aumentado tanto no sentido de São Paulo para o resto do país como no sentido contrário, o incremento das exportações paulistas foi bem superior ao do resto do país. Ainda assim, a crise não foi solucionada, manteve-se alta capacidade ociosa, a despeito, inclusive, da reestruturação tarifária que o setor têxtil obteve ao final da década.

Por isso, essa formação industrial necessitava de solução que extravasaria os estreitos limites de sua crise interna. Mais que isso, essa formação industrial – já em transição para um processo de industrialização, ainda que restringida – carece de maior autonomia para sua reprodução ampliada, e não apenas para contornar a crise. Como se sabe, isto seria obtido ao longo das transformações pelas quais passaria a economia brasileira a partir da Crise de 1929.

A década de 1920 não traria apenas crises de sobreinversão ou de exportações. Traria também mudanças muito importantes que teriam papel decisivo nas transformações que se dariam a partir da crise. É durante ela que os bancos de capital nacional atingem maior desenvoltura, sobrepassando, a partir da Primeira Guerra Mundial, os de capital estrangeiro instalados no país. A rede ferroviária nacional já contava com 32 mil quilômetros de extensão, o que já equivalia a 89% do existente no pós-Segunda Guerra Mundial. As ferrovias, juntamente com o sistema de navegação de cabotagem, agilizavam, até meados da década de 1940, a primeira etapa da integração do mercado nacional.

O Estado brasileiro também passava por algumas reformulações em sua forma de atuar e nas pressões que sofria. Por um lado, aumentavam e diversificavam as pressões setoriais pela presença cada vez maior de novas frações da classe dominante. Por outro, a expansão do mercado de trabalho e a "questão social" movia-o no sentido de preparar institucionalmente a economia para que pudesse se defrontar com as reivindicações da crescente classe operária: daí advieram várias regulamentações para o trabalho. Mais ainda, a estrutura tributária do país ao final da década já mostrava importância mais significativa dos tributos sobre a produção nacional: o imposto sobre o consumo, que no início do século perfazia pouco mais de 10% da arrecadação federal, ao final da década de 1920 gerava mais de um quarto.

Para a economia de São Paulo, outra transformação estava se processando e constituiria importante papel em seu desenvolvimento: a da agricultura. Esse setor da economia paulista passava por extraordinária dinâmica de crescimento não apenas do café mas também de outros alimentos e de matérias-primas.[17] A fronteira agrícola do Estado de São Paulo havia

---

17 O Censo Agrícola de 1920 mostra que o valor da produção agropecuária paulista perfazia 21% do total nacional, se não computarmos o café; se incluirmos esse produto (tanto na produção paulista como na brasileira), aquela cifra passa para 25%. Naquele mesmo ano, São Paulo era o primeiro produtor nacional de algodão, arroz, café e feijão; era o segundo

sido alargada e seu desbravamento na década de 1920 em direção à região noroeste permitiria, na década seguinte, nova e extraordinária expansão.

Lembremos que esse setor já apresentava o maior nível tecnológico agrícola do país em 1920, o que lhe conferia excelentes precondições para futura expansão diversificada. Recorde-se, a propósito, o extraordinário esforço de pesquisa então empreendido pelo governo estadual no desenvolvimento do algodão e do açúcar, produtos que desempenhariam importante papel na década seguinte (cf. Cano, 1998, capítulo 1; ver também Gnaccarini, 1972; Szmrecsányi, 1979). Ainda durante a década de 1920 se ampliam consideravelmente os movimentos sociais, culminando na Revolução de Outubro de 1930, a partir da qual o país passaria por notáveis reformulações políticas, institucionais e econômicas.[18]

A controvérsia sobre a Crise de 1929 no Brasil e sua recuperação

Penso que as condições econômicas ao final da década de 1920 estavam amadurecidas para pressionar a sociedade brasileira tanto para superar a crise (ambas, a cafeeira e a industrial), como para aprofundar o desenvolvimento industrial do país. As principais frações da classe dominante – fazendeiros, industriais, comerciantes e banqueiros –, ainda que por meio de "visões parciais", tinham consciência da necessidade premente de superar a crise e pressionaram nesse sentido, mesmo antes de seu momento culminante, que foi o final de 1929. Ainda, se nos detivermos no exame sumário da dimensão econômica dos fluxos de produção ou circulação dos setores econômicos representados por aquelas frações de classe, vemos que eram muito próximas, na economia paulista, o que reforça a hipótese de que constitui um equívoco pensar que naquele momento poderia haver um setor econômico hegemônico. Finalmente, acredito que a crise internacional não constitui o elemento decisivo para pôr em andamento a ruptura e a transformação do

---

produtor de batata-inglesa, milho e aves e o terceiro na produção de leite e no rebanho de bovinos e de suínos.

18 Sobre as principais transformações da *infraestrutura* e da *superestrutura* em São Paulo, na década de 1920, e precondições para a transição rumo à nova realidade que seria a da década de 1930, ver Cano (1997).

padrão de acumulação; ela apenas reforçou – graças à eclosão e consequente agravamento da crise interna – o processo que já vinha em marcha.

Contudo, o liberalismo ainda tentou, até outubro de 1930, manter a política econômica de seu receituário, exaurindo nossas reservas e aprofundando a crise. A Revolução de 1930 alteraria profundamente isso, enfrentando a adversidade externa – principalmente do imperialismo – e fazendo uso da soberania na prática de nossa política econômica. Ao contrário de vários países latino-americanos que estavam fortemente atrelados à área do dólar e às determinações da política e da economia dos Estados Unidos (ou da Inglaterra), o Brasil fez parte de restrito grupo de países que enfrentaram essa situação e enveredaram, assim, mais que os outros, pelos caminhos da industrialização. Mais precisamente, saímos muito à frente dos demais nesse processo.[19] É preciso deixar bem claro que ainda que as pressões do processo econômico por mudanças estivessem presentes, foi necessária sua condução, pelo Estado, pela liderança de Vargas.

Vejamos a crise cafeeira e seus mecanismos de recuperação.[20] Os planos de valorização do café em 1906, 1917 e 1921 atingiram resultados excelentes, fazendo que, a partir de 1922, o governo federal elaborasse uma "política de defesa permanente" do café. Contudo, esta só se inicia a partir de 1924, com a transferência de sua execução para a responsabilidade do governo de São Paulo.

Como salientou Delfim Netto (1966, p.128), "os repetidos bons êxitos das valorizações haviam convencido mesmo os seus oponentes da quase impossibilidade de repetição de uma grande safra em curto prazo". Quer dizer: a natureza do ciclo cafeeiro fazia que, a cada grande safra, que gerava acúmulo de estoques não exportáveis, sucedesse uma ou duas normais e menores, com o que os estoques retornavam a níveis adequados.

---

19 Para uma avaliação das atitudes desses dois grupos de países, ver o excelente texto de Seers (1962). Diaz Alejandro (1980) também examina a situação de vários países latino-americanos, inclusive o Brasil, para o qual, contudo, incorre em alguns dos erros cometidos por Peláez (1968). Ver também Maddison (1988).

20 Esta síntese sobre a crise cafeeira de 1929 tem como fontes básicas de referência os textos de Furtado (1961) e Delfim Netto (1966). Ver ainda, Fraga (1963); Villela; Suzigan (1973); Cardoso de Mello; Novais (1998); Aureliano (1981); e Cano (1998). Sobre a polêmica crítica apresentada por Peláez (1968) à abordagem de Furtado sobre os mecanismos de recuperação, ver Fishlow (1972) e Silber (1977).

Assim ocorreu até 1926 e, mesmo diante da previsão de que a safra de 1927-1928 seria equivalente ao dobro das dos últimos três anos, baixando o preço internacional do café durante 1927, a firmeza da política de defesa permanente dirigida pelo Instituto do Café do Estado de São Paulo fez o preço retornar a seus níveis anteriores e a partir de 1928 atingir níveis mais altos do que os de 1926. A safra de 1928-1929 teve produção normal e foi menor do que a média verificada antes de 1927. Contudo, contrariando a natureza normal do ciclo, a safra de 1929-1930 era estimada no segundo semestre de 1929 em níveis surpreendentemente elevados. Embora essas duas safras recordes (1927-1928 e 1929-1930) tenham produzido o equivalente a quatro anos de exportações normais, o Instituto do Café conseguiu manter os preços, até setembro de 1929.

A partir desse momento, entretanto, dois eventos precipitariam os preços para enorme baixa. Primeiro, no plano interno, o governo federal, tendo em vista a campanha sucessória da Presidência da República e sua política econômica deflacionista e de estabilização cambial, deixou de socorrer o Instituto do Café, gerando clima de desconfiança no comércio cafeeiro. Logo a seguir, no plano externo, a eclosão da crise na Bolsa de Nova York repercutiu pronta e negativamente no mercado internacional do café.

A manutenção da política econômica federal, que provocou inclusive a baixa do valor-base para o financiamento interno do café, propagou o efeito depressivo, precipitando ainda mais a redução do preço, demonstrando a impossibilidade de se continuar com a política de sustentação cafeeira nos moldes em que estava organizada. A insistência na política de livre conversibilidade, *ainda vigorando em plena crise*, faria que, além da grande fuga de ouro e divisas, se gerasse, por isso mesmo, forte redução do meio circulante, que passa de 3,4 milhões de contos para 2,8 milhões de contos entre 1929 e 1930. Dada a estrutura e o funcionamento do sistema bancário da época, esse fato diminuiria as possibilidades de socorro creditício, agravando a crise com a redução sensível da liquidez.

Embora o Estado de São Paulo conseguisse, ainda em 1930, empréstimo externo de 20 milhões de libras esterlinas, a política de sustentação cafeeira ruiu. Com a Revolução de outubro de 1930, o governo federal reorganizaria a política de defesa do café, retomando as compras de excedentes, a partir de fevereiro de 1931, com a criação do Conselho Nacional do Café, "que foi aos poucos assumindo a política cafeeira nacional" (Delfim Netto, 1966, p.139).

A situação tornar-se-ia ainda mais crítica a partir de 1931. A sustentação dos elevados preços, graças à política de defesa permanente, mantivera as margens de lucro dos negócios cafeeiros em altos níveis. Recordemos dois problemas importantes nesse quadro geral da década de 1920: a sobreinversão industrial e a impossibilidade de se concentrar capitais que pudessem ser canalizados para a indústria pesada; e a inexistência, a curto e médio prazos, de alternativas de exportação que pudessem alocar capitais em outros e novos produtos significativos e rentáveis.

Essas duas barreiras, que para sua remoção exigiriam muito mais do que uma simples e preventiva política anticíclica, fizeram que grande parte dos altos lucros cafeeiros resultassem em nova acumulação no próprio setor cafeeiro. Essa acumulação – dado que os novos cafeeiros só passam a produzir após quatro ou cinco anos – ampliou enormemente sua capacidade produtiva ao final da década, agravando a crise. Não bastasse a acumulação de invendáveis estoques gerados pelas supersafras anteriores, o país bateria mais dois recordes: a safra de 1931-1932 superaria as anteriores e a de 1933-1934 somente seria superada pela gigantesca safra de 1959-1960.[21]

A Tabela 1 (a seguir) mostra um dos ângulos da crise, o dos preços. Observe-se que o preço externo apresentou vertiginosa queda em 1930 caindo ainda mais daí em diante. A desvalorização cambial fez que o preço interno se mantivesse apenas 25% abaixo dos níveis de 1928. Entretanto, como apontou Furtado, o câmbio dessa vez só resolveria – ainda que em parte, e temporariamente – a questão do preço e da renda interna da cafeicultura. O segundo e mais grave problema residia em que, agora, diante da profundidade da crise internacional e do elevado acúmulo de estoques que as novas safras haviam provocado e que provocariam durante o restante da década de 1930, os antigos esquemas de valorização não mais teriam condições de vingar. Ou seja, o controle da oferta não mais podia ser feito por meio da *retirada temporária* do excesso estocado e não exportável a curto prazo. Agora, o ciclo natural, em que pese oscilar entre "grandes e pequenas

---

21 Na metade da década de 1920 as safras brasileiras de café situavam-se em torno da média anual de 15 milhões de sacas de 60 quilos. A de 1927-1928 foi de 27,1 milhões, enquanto as de 1929-1930, 1931-1932 e 1933-1934 atingiram, respectivamente, 28,2 milhões, 28,3 milhões e 29,6 milhões. Durante a década de 1920 e na maior parte da de 1930 as exportações médias anuais situaram-se em torno de 14 milhões de sacas.

safras", elevara os níveis mínimos e máximos delas.[22] Isto, a menos que se destruísse rapidamente parte apreciável da capacidade produtiva, dos estoques e da produção corrente, resultaria num incrível acúmulo de estoques que, além de não permitir seu escoamento, precipitaria os preços externos ainda mais para baixo.

Tabela 1 – Preços médios interno e externo do café por saca de 60 quilos (1928-1934)

Ano	Mil-réis	Índice	Libra-ouro	Índice
1928	204,6	100	5,00	100
1929	191,9	94	4,71	94
1930	119,5	58	2,69	54
1931	131,05	64	1,91	38
1932	152,8	75	2,20	44
1933	132,8	65	1,69	34
1934	149,5	73	1,52	30

Fonte: *Anuário Estatístico do Brasil* (1930-1940, p.1378).

As cifras das médias anuais da produção saltariam, em São Paulo, para cerca de 15 milhões na década de 1930 e para cerca de 7,5 milhões no restante do país (dados obtidos de Fraga, 1963, p.16). Assim, tanto esse quanto os demais estados cafeeiros participaram, em proporções praticamente constantes – salvo no quinquênio 1916-1920 –, daquela superprodução. Entretanto, isto não significaria que suas economias teriam destino semelhante à da paulista, em função da política de recuperação da crise cafeeira. Basicamente porque a maior semelhança dessas economias cafeeiras era – sem querer fazer humor – a da natureza da árvore cafeeira. Suas estruturas produtivas, escalas de operação bem como suas relações sociais de produção apresentavam acentuados graus de diferenciação. Em São

---

22 Com efeito, as menores safras brasileiras nos períodos 1921-1925; 1925-1930; 1930-1935 e 1935-1940 foram, em média, de 14 milhões, 15 milhões, 18 milhões e 20 milhões de sacas; as safras maiores foram de, respectivamente, 16 milhões, 28 milhões, 29 milhões e 26 milhões de sacas. Como se vê, ambos os níveis se elevaram, o que fez crescer também a média geral de produção nesses quinquênios. Cf. Fraga (1963, p.16).

Paulo despontavam as mais avançadas relações capitalistas de produção; nos demais estados cafeeiros predominavam ou relações pré-capitalistas ou relações capitalistas de "curto fôlego".[23]

Retornemos ao exame da crise. Como vimos, não mais bastava o clássico mecanismo cambial nem a temporária retirada do mercado dos excedentes não exportáveis a curto prazo. Furtado colocou corretamente a questão, demonstrando a vigorosa ação do Estado por meio da política do governo federal para a sustentação da economia cafeeira. Em suas palavras: "Estávamos, em verdade, construindo as famosas pirâmides que anos depois preconizaria Keynes" (Furtado, 1961, p.216). Sua afirmação decorria da análise que fez das linhas mestras daquela política.

Além da desvalorização cambial, o Estado praticou largamente a retenção dos estoques cafeeiros, destruindo entre 1931 e 1944 pouco mais de 78 milhões de sacas, e financiando essa operação, em sua maior parte, por meio do crédito público. Como se veria mais tarde, em outros trabalhos que analisaram essa questão, Furtado apenas incorreu em erro parcial ao generalizar o financiamento à conta do crédito público. No fundamental, acertou.

A primeira crítica que se fez à análise de Furtado foi a de Peláez – ortodoxa –, que pratica várias incorreções. Tentando destruir e desacreditar a argumentação central de Furtado, esse autor atribui peso menor ao crédito público (Banco do Brasil e Tesouro Nacional) no financiamento, tentando mostrar que foram os impostos de 5 shillings e de 10 shillings (depois alterado para 15 shillings) recolhidos pelos exportadores ao governo, por saca exportada, os principais recursos que financiaram cerca de dois terços da operação (cf. Peláez, 1968, p.24-7). Por outro lado, isso significa, segundo esse autor, sacrifício ao exportador, por reduzir-lhe a renda.

Continua, afirmando que foram as despesas governamentais com a Revolução de 1932 as principais responsáveis pelo déficit público, e não o

---

23 Em texto anterior (Cano, 1998) discuto essa questão, notadamente no que se refere à região cafeeira fluminense. No Paraná predominava a pequena e média propriedade. O caso de Minas Gerais, por sinal o mais significativo, foi objeto de duas teses da Unicamp: a de J. H. Lima (1977) e a de Nogueira da Costa (1978). Ambas mostram claramente a estruturação cafeeira com predomínio da pequena propriedade e do arrendamento e parceria, com precárias relações capitalistas de produção e, ainda, com o capital mercantil (notadamente o sediado no Rio de Janeiro) extraindo parcela substancial de seu virtual excedente. Ver também Cano (1985).

financiamento oficial ao café, tentando descaracterizar a análise de Furtado sobre o papel do crédito e do déficit públicos. Ainda, atribui aos saldos positivos da balança comercial que se verificam no período um dos fatores mais importantes da recuperação (Peláez, 1968, p.27-36).

Por último, atribuindo a Furtado afirmações específicas que este não faria, tenta negar um suposto argumento dele, que apontaria transferências de recursos do café para outros setores, mostrando que as indústrias do "ferro, aço e cimento" que então se instalam foram provenientes de capitais nacionais e estrangeiros não originários do café.[24]

Quem primeiro fez a crítica a Peláez foi Fishlow (1972, p.28-9), demonstrando que a fonte de financiamento via impostos, no caso cafeeiro, não onerou os produtores nacionais. Dada a relativa inelasticidade-preço da demanda cafeeira, o ônus desse imposto praticamente recaiu sobre o consumidor estrangeiro.

Silber (1977) faria crítica mais contundente a Peláez, mostrando que este, além de não dar o devido destaque ao empréstimo de 20 milhões de libras esterlinas que o governo paulista obtém em 1930, é injusto ao analisar apenas o

> financiamento de uma única safra elevada (1931-1932). Se adicionarmos aos dados de Peláez os referentes à safra de 1933-1934 (a maior de todas) vemos que as fontes de financiamento mudam sensivelmente e as operações de crédito representam agora 52% contra 48% da arrecadação de impostos. (Silber, 1977, p.204)

Sua crítica segue mostrando o absurdo de Peláez ao afirmar que a política monetária e fiscal durante a década de 1930 teria se pautado por princípios ortodoxos, quando, na verdade, uma "expansão monetária superior a 100% durante a década de 1930 não poderia nunca ser enquadrada como 'ortodoxa' da mesma forma que os déficits frequentes do governo não podem ser interpretados como ocorrências exógenas, nem como 'ortodoxia'" (Silber, 1977, p.205).

No que se refere à argumentação da não transferência de recursos do café para a indústria, Silber é ainda mais contundente:

---

24 As argumentações de Peláez (1968) encontram-se às páginas 19 e 36 do seu citado texto.

Utilizar o lucro líquido do setor do café como dado para avaliar a possibilidade de transferência de recursos da agricultura e [sic] indústria, deixa muito a desejar, pois esta pode não ser a única fonte de recursos para a transferência para o setor industrial. (Silber, 1977, p.206)

Além dessas críticas, pretendo discutir três aspectos do problema: o déficit público, a transferência de recursos do café para a indústria e o saldo da balança comercial como "fator externo de recuperação da economia".

Peláez afirma que a política fiscal e orçamentária do governo revolucionário se pautou pela busca do equilíbrio. A despeito de utilizar as contas orçamentárias e mostrar (por meio de sua tabela IV) que de 1929 a 1934 tanto o governo federal como o dos estados e municípios são deficitários, insiste que a política econômica era ortodoxa (cf. Peláez, 1968, p.28-31).

Ignoro a razão pela qual esse autor, ao pretender analisar a política orçamentária do governo, após a crise, toma apenas os dados referentes ao período 1929-1934. Em primeiro lugar, deveria incluir um ou dois anos anteriores à crise, como um período de "normalidade", para, daí então, concluir sua análise. Trabalhando mal, só vê ortodoxia onde seus próprios dados mostram o contrário: em relação a 1928, o déficit federal de 1930 é seis vezes maior; o de 1931 é 120% maior; o de 1933 é 134% maior; e o de 1934 é quatro vezes maior. O de 1932 é o maior do período, e mesmo dele se retirando os gastos com a revolução paulista de 1932 e com as secas do Nordeste (que o autor aponta para tentar minimizar os gastos com o café), ainda assim o déficit restante é cerca de quatro vezes maior que o de 1928. Note-se que a receita federal de 1930 a 1932 foi 27% menor que a arrecadada em 1928 (cf. Peláez, 1968, p.21-7).[25]

Peláez, preocupado em tentar atingir a obra de Furtado, socorreu-se com fracos instrumentos ao pretender fazer "análise do discurso" de autoridades do governo revolucionário, como os relatórios de famosos ministros como José Maria Whitaker e Oswaldo Aranha, em que estes, naturalmente como quaisquer bons políticos de então, *usam fala ortodoxa*, em que pesem suas práticas poderem ter sido outras.[26]

---

25 Obtive os dados anteriores, que o autor não cita, na própria fonte por ele possivelmente usada: Baer (1966, p.298-9).
26 As referências que Peláez (1968) faz daquelas autoridades encontram-se às páginas 28 a 31 de seu citado trabalho. A propósito, o leitor poderá consultar o próprio livro de Whitaker

Quanto ao meio circulante – saldo do papel moeda em circulação –, efetivamente reduzido pelo governo anterior à Revolução de Outubro de 1930, no período 1931-1933 já se encontrava cerca de 10% acima do nível de 1930; em 1935 superava os níveis vigentes em 1928-1929. Peláez comete outro equívoco ao não levar em conta que o nível geral de preços havia caído durante a depressão: se tomarmos 1928 como base, o nível dos preços em 1930 estaria 15,5% abaixo; o de 1931 a 1933, cerca de 25%; e o de 1934, o ano final de sua análise, pouco mais de 20%. O nível de 1928 só se recuperaria a partir de 1940.[27] Portanto, confrontada a série do nível geral de preços com a do saldo do papel moeda em circulação, e tomado o período de 1928 a 1934, apenas em 1930 poder-se-ia falar em sua redução real, assim mesmo, em apenas 0,5%. A "ortodoxia", em fins de 1931, já havia providenciado a elevação real do meio circulante em 16%; em 1932, em 25%; e, após a "guerra paulista", fizeram retornar seu nível, acima de 20% em 1933 e de 17% em 1934, em relação aos níveis reais de 1928. Como se vê, a "estagflação" não estava em moda, muito menos nas ações práticas da maior parte de nossos antigos ministros da Fazenda.

Examinemos a questão da transferência de recursos do café para a indústria. Em *Formação econômica do Brasil*, Furtado (1961, p.220-1) diz:

> A precária situação da economia cafeeira, que vivia em regime de destruição de um terço do que produzia com um baixo nível de rentabilidade, afugentava desse setor os capitais que nele ainda se formavam. E não apenas os lucros líquidos, pois os gastos de manutenção e reposição foram praticamente suprimidos [...] Restringida a reposição, parte dos capitais que haviam sido imobilizados em plantações de café foram desinvertidos. Boa parte desses capitais, não há dúvida, a própria agricultura de exportação se encarregou de absorvê-los em outros setores, *particularmente o do algodão*.

Cortadas as importações, continua Furtado,

(1978) ou o trabalho citado de Aureliano (1981, p.142-66), onde o autor faz minuciosa análise da política de sustentação da economia cafeeira.

27 Para o meio circulante: *Anuário Estatístico do Brasil* (1939-1940, p.1353); o deflator utilizado é o construído por Haddad (1974, p.191), *"general deflactor"*.

as atividades ligadas ao mercado interno puderam manter, na maioria dos casos, e em alguns aumentar, sua taxa de rentabilidade. Esse aumento [...] se fazia concomitantemente com a queda dos lucros no setor ligado ao mercado externo [...] As atividades ligadas ao mercado interno não somente cresciam impulsionadas por seus maiores lucros, mas ainda recebiam um maior impulso atraindo capitais que se formavam ou se desinvertiam no setor de exportação.

Furtado lembra que, quando baixou inexoravelmente a rentabilidade cafeeira, não havia por que manter, dentro de seus limites, inversões ou reinversões de capital. Ora, se havia outro setor mais rentável, fosse a própria agricultura (o algodão, por exemplo) ou a indústria, é evidente que se criava um novo canal (ou reforçava-se um antigo) que permitia continuar a reprodução do capital. O único setor que Furtado aponta diretamente, foi o do algodão; as demais transferências foram feitas para o "setor ligado ao mercado interno", que tanto poderia ser a própria agricultura como a indústria. Em nenhum momento especifica que indústria teria recebido capitais do café.

Peláez, contudo, atribui a Furtado a afirmação de que a indústria têxtil assim como a de base (à época, a de cimento, ferro e aço) teriam recebido tais recursos. A partir daí, tenta demonstrar o equívoco dessa "afirmação".[28]

É bom lembrar que Furtado, no capítulo 32 de *Formação econômica do Brasil*, lembra claramente a capacidade ociosa preexistente na indústria, assim como a importação de máquinas usadas para alguns setores. Mais ainda, é preciso entender que, por capital, não se deve compreender apenas máquinas e instalações. O capital deve ser entendido em suas várias acepções: sejam máquinas, matérias-primas ou simplesmente dinheiro, ou, ainda, como uma relação social. No caso da agricultura, obviamente é mais fácil "enxergar" a transferência de recursos: terras, homens e implementos

---

28 As afirmações de Peláez (1968) encontram-se em seu citado trabalho às páginas 18 a 20 e 36 a 40. As citações a Furtado, que faz às páginas 18 e 19, se referem à edição norte-americana de *Formação econômica do Brasil* (*The Economic Growth of Brazil*, editada pela Universidade da Califórnia, 1963), citando especificamente os capítulos 31 e 32. Como fica claro na citação de Furtado (1961, p.220-1) anterior, na edição brasileira não constam tais afirmações que lhe são atribuídas por Peláez. Infelizmente não pude consultar a versão norte-americana utilizada pelo autor. Entretanto, as citações que Peláez faz daquela edição, traduzindo-as para o português, também não contemplam quaisquer afirmações de Furtado, no sentido de apontar para que setores específicos teriam ocorrido as transferências, salvo no caso do algodão.

podem ser usados em várias culturas distintas, salvo em casos especiais. Por outro lado, deve-se ter em mente que o próprio sistema bancário pode promover "transferências" de capital-dinheiro, até mesmo sem que os proprietários de tais ativos financeiros o saibam. Por último, não se deve ignorar os arraigados interesses econômicos que existiam entre vários fazendeiros, comerciantes e industriais, constituindo verdadeiras "redes de capital" envolvendo esses e outros segmentos da economia, bem antes da eclosão da Crise de 1929.

Finalmente, examinemos a terceira questão, do saldo da balança comercial durante a depressão. Peláez, pretendendo negar a tese de Furtado sobre os mecanismos internos que causaram a recuperação da economia, tenta imputar àquele saldo, tratando-o como fator externo, o papel de um dos principais fatores da recuperação à Crise de 1929.

Primeiro, examinemos se o saldo da balança comercial constituía realmente "fator externo". Pelo lado das importações não, pois seus determinantes eram o nível interno da renda e sua distribuição, bem como a estrutura produtiva interna. Pelo lado das exportações, penso que seu movimento também não foi determinado pelo exterior, salvo no que se refere ao reforço à baixa do preço do café, que a crise internacional provocou. Foram determinantes internos tanto a fixação de controles cambiais como, em grande medida, a própria desvalorização cambial.

No que se refere ao saldo da balança comercial, Peláez afirma que é o grande saldo ocorrido em 1931 o principal fator de recuperação da economia brasileira. O exame da Tabela 2 contribui para melhor esclarecimento. Por outro lado, as séries do índice do produto real da economia mostram o seguinte: somente no ano de 1933 o produto recupera o nível de 1928; o de 1931 encontra-se 4,3% abaixo do nível de 1928 e 3,3% abaixo do de 1930, que foi de fraco desempenho.[29] O índice do produto real da indústria de transformação não apresentaria melhor desempenho: só em 1933 supera o nível de 1928; o de 1931, embora fosse cerca de 1% maior do que o de 1930, encontrava-se 9% mais baixo do que o de 1928.

---

29 Cifras calculadas a partir de Malan et al. (1977, p.207).

Tabela 2 – Comércio exterior do Brasil: 1927-36.

Ano	Em milhões de contos de réis					Em milhões de contos de réis		
	X	ΔX	M	ΔM	X-M	X	M	X-M
1927	3,6	0,5	3,2	0,6	0,4	88,7	79,6	9,1
1928	4,0	0,4	3,7	0,5	0,3	97,4	90,7	6,8
1929	3,8	-0,2	3,5	-0,2	0,3	94,8	86,7	8,2
1930	2,9	-0,9	2,3	-1,2	0,6	65,7	53,6	12,1
1931	3,4	0,5	1,9	-0,4	1,5	49,5	28,8	20,7
1932	2,5	-0,9	1,5	-0,4	1,0	36,6	21,7	14,9
1933	2,8	0,3	2,2	0,7	0,6	35,8	28,1	7,7
1934	3,5	0,7	2,5	0,3	1,0	35,2	25,5	9,7
1935	4,0	0,5	3,9	1,4	0,1	33,0	27,4	5,6

X = exportações; M = importações.

Fonte: *Anuário Estatístico do Brasil* (1930-1940, p.1.359).

A razão é simples: 1930 foi conturbado, tanto pela manutenção da ortodoxia monetária quanto pelos desajustamentos que a crise ensejou. O ano de 1931 não foi muito diferente: só no final do primeiro semestre é que o governo efetivamente assumia a política de defesa cafeeira; a destruição, nesse ano, atingiu apenas 2,8 milhões de sacas; o monopólio cambial pelo Banco do Brasil seria readotado em setembro desse ano. Quer dizer: as incertezas e a falta de medidas mais efetivas continuaram a ter papel importante sobre a crise.[30]

Voltemos à Tabela 2. Os dados em libras esterlinas – ainda que se compute a desvalorização sofrida por essa moeda – mostram uma série inequivocamente descendente, tanto das importações como das exportações. A série em moeda nacional possibilita, contudo, alguns "exercícios". O ano de 1931 mostra alto nível de exportações, porém, ainda inferior aos de 1927 a 1929. Quer dizer: ainda que o saldo da balança comercial em 1931 tenha sido positivo e maior do que o vigente no triênio 1927-1929, as exportações

---

[30] Para a destruição de café, cf. Delfim Netto (1966, p.139). Para a política cambial, cf. Malan et al. (1977, p.114-8).

não poderiam imprimir qualquer elevação do nível de renda de 1931 em relação a 1928. O aumento das exportações entre 1930 e 1931 não impediu que o PIB diminuísse entre esses dois anos; por outro lado, a queda das exportações entre 1931 e 1932 também foi "impotente" para impedir que ele aumentasse entre esses dois anos... Note-se ainda que o saldo da balança comercial diminui, entre 1931 e 1932, enquanto o produto real aumenta.[31]

Entretanto, a crítica fundamental que se deve fazer a Peláez é o grosseiro erro teórico que comete ao tomar o saldo positivo da balança comercial como elemento impulsionador da renda e, portanto, como fator de recuperação. Como se sabe, é o valor total das exportações que atua sobre a demanda efetiva e não apenas o saldo da balança comercial. Da mesma forma, o multiplicador do comércio exterior atua sobre as variações absolutas das exportações e não sobre aquele saldo. Esse equívoco tem sido usual entre aqueles que simplificam o significado da redução das equações macroeconômicas da oferta (P+M) – ou seja, do produto mais as importações – e da demanda (C+I+G+X) – consumo, mais investimento, mais gasto público, mais exportações. Ao reduzir essas duas expressões à equação do produto ela passa a ser: P = C+I+G+(X-M).

Esse equívoco teórico também tem ocorrido, a meu juízo, devido a interpretações errôneas sobre Kalecki, quando este desenvolve a equação da determinação dos lucros do sistema, em que "(lucros brutos, descontados os impostos) = (investimento bruto) + (saldo de exportação) + (déficit orçamentário) – (poupança dos trabalhadores) + (consumo dos capitalistas)". Kalecki está se referindo, quando fala em "saldo de exportações", à diferença entre as exportações e importações, em sua equação. Contudo, é cuidadoso ao lembrar que "um aumento no saldo de exportação elevaria os lucros portanto, *na medida em que os demais componentes* [da equação] *não se alterem*". Mais adiante, é ainda mais explícito ao dizer que "o valor de *um incremento na produção do setor de exportações* corresponderá a um aumento dos lucros e salários desse setor".[32]

---

31 As estimativas do Produto Nacional para o período 1928-1939 encontram-se em Malan et al. (1977, p.207); as do Produto Industrial, no de Haddad (1974, p.152). O índice do Produto Real da Economia Brasileira, entre 1930 e 1931, diminui 3,3% e, entre 1931 e 1932, aumenta 4,3%.

32 As citações encontram-se no livro organizado e traduzido por Miglioli (1980, p.57; grifos meus). Ver também: Kalecki (1956, p.53) e o livro de Miglioli (1981, p.268-70). Também

Note-se que o autor adverte o leitor em dois pontos fundamentais para a correta compreensão: (a) condiciona o papel do aumento do saldo da balança comercial a que "os demais componentes (da equação) não se alterem"; (b) explicitamente se refere a um aumento da produção do setor de exportações, indicando, com isso, que não basta tomar-se o saldo da balança comercial como fator explicativo da determinação dos lucros, mas sim sua função dinâmica sobre o aumento da produção. Caso não fizesse tais advertências, sua equação poderia dar a aparência de ter caráter meramente tautológico.

Por outro lado, as variações absolutas ou relativas de X e de M podem ou não ter sentidos contrários sem que isso implique necessariamente em contração ou expansão da renda. Podemos momentaneamente reduzir nossas exportações, aumentar as importações e a renda crescer. Numa depressão, como por exemplo no ano de 1931, o saldo da balança comercial pôde ser positivo e grande sem que a renda nacional crescesse, dado que aquele saldo foi muito mais resultado do corte drástico das importações que de aumento das exportações, ambas comparadas com os níveis de 1928. Se boa parte dessas importações reduzidas se referir a matérias-primas e bens de capital – mormente numa economia como a brasileira de 1930 –, tal contração está na verdade refletindo e até provocando redução do nível da renda. Tomada a média de 1931-1933, as importações de bens de capital para a indústria atingiam apenas 25% do nível médio de 1928-1929; as de matérias-primas chegaram a 64%; as de combustíveis a 68% e as de bens de consumo a 31%.[33]

A drástica redução de importações de bens de consumo pôde, em parte, ser compensada por produção interna, graças à capacidade ociosa que existia no setor industrial. Esforços significativos de "substituições de importações" também se realizaram nos compartimentos produtores de bens de produção.[34] Isto não tem o significado de "fator externo" de recuperação, como pensou Peláez. Aliás, entre os fatores externos negativos, este pouco fala sobre os efeitos depressivos que causaram à economia nacional tanto a

---

em seus *Estudios sobre la teoría dos ciclos económicos*, Kalecki já advertira sobre a questão do significado da balança comercial; ver Kalecki (1970, capítulo 2, especialmente p.44).
33 Cifras calculadas a partir dos dados de Villela; Suzigan (1973, p.442).
34 Ver o clássico texto de Maria da Conceição Tavares (1972b).

piora de nossas relações de troca no período, como a grande saída de capital que então se deu.[35]

Retornando à questão colocada por Furtado, cabe resumir os principais mecanismos que proporcionaram a rápida recuperação da economia. A instituição de imposto que gravava cada novo pé de café plantado, por cinco anos a partir de 1931 (salvo nos estados que tinham menos de 50 milhões de cafeeiros), bloqueou a expansão de novas plantações. Instituiu-se imposto em espécie, no início, de 20%, e mais tarde transformado em imposto de 10 shillings por saca exportada, para financiar a compra de café a ser destruído. Esse imposto, ainda em 1931, seria elevado para 15 shillings. Instituiu-se ainda, paga a preços baixos, a quota de sacrifício, que para a safra 1933-1934 atingiu a cifra de 40% do café produzido. O rígido controle de estoques; sua compra para destruição parcial, embora altamente significativa (78 milhões de sacas destruídas); a sustentação máxima possível dos preços internos e o financiamento da operação, em sua maior parte com recursos públicos, além da persistente política de déficit público no orçamento do Estado e da política cambial, constituíram inequivocamente mecanismos de política anticíclica, que mais tarde poderia chamar-se de keynesiana. Some-se a isso o rebaixamento nominal dos salários, em torno de um terço, que certamente contribuiu para assegurar uma rentabilidade média positiva à cafeicultura, ainda que baixa.

Assim, evitou-se que o nível da procura efetiva caísse ainda mais e, graças à capacidade ociosa existente na indústria, pôde-se reativar esse compartimento produtivo. Não tardaria uma reestruturação vigorosa na agricultura paulista, particularmente com as culturas do algodão e da cana-de-açúcar, que proporcionaria novo salto positivo no processo de recuperação.

O drástico corte das importações em 1930 e 1931 e a pesada desvalorização cambial de 1931 impediram que se aprofundasse ainda mais a crise do setor industrial. Embora o produto da indústria de transformação em 1930 tenha caído cerca de 7% em relação ao ano de 1929, já em 1931 dá seus primeiros sinais – ainda que pequenos – de que se recuperaria; em 1932 já era 3% superior ao de 1930 e em 1933 já era 7% superior ao de 1929.[36]

---

35 Suas referências a essas questões encontram-se às páginas 33 e 34 de seu citado texto (Peláez, 1968).
36 Cifras a partir dos dados de Haddad (1974, p.152).

É por isso que no período 1929-1933 se dão as condições para que se altere o antigo padrão de acumulação (o "modelo primário-exportador" ou "de desenvolvimento para fora"). Ou seja: a dominância que as exportações exerciam sobre a determinação do nível e do ritmo da atividade econômica do país passaria a segundo plano. A partir desse momento, seria a indústria o principal determinador do nível de atividade. No dizer de Furtado, dar-se-ia o "deslocamento do centro dinâmico" da economia nacional.

Vejamos alguns dos significados maiores dessa "saída para dentro". As observações que faço, nesse sentido, não têm em vista repor análises que outros autores fizeram sobre a questão, mas tão somente refletir sobre algumas repercussões desse processo sobre a questão regional. Na maior parte das regiões onde a indústria não teve maior desenvolvimento, as exportações para o exterior continuariam a ser o elemento mais dinâmico. Somente passariam a segundo plano em meados da década de 1950, quando foram superadas pelas exportações para o mercado interno. Em que pese isso, as exportações continuaram a cumprir o importante papel de gerar capacidade para importar parcela importante dos bens de produção necessários para o funcionamento e expansão da economia, com predominância acentuada nas importações para a indústria. Isto se deve a que durante a *industrialização restringida* é insuficiente a produção nacional de bens de produção. A indústria, para seu funcionamento normal, exigia grande volume de importações e, para sua expansão, a exigência se tornava maior, pressionando o balanço de pagamentos e exigindo melhor desempenho das exportações, sem o que estaria comprometida.[37]

Dito de outra forma: (a) a contração da capacidade para importar reduziu as importações de bens de consumo; (b) isto, junto com a política de sustentação do nível da renda, permitiu à indústria utilizar mais sua capacidade produtiva, ampliando sua produção; (c) o maior nível de atividade industrial reclama maior uso de matérias-primas, combustíveis e bens de capital; (d) essa demanda derivada pressionará ainda mais a capacidade para importar e o balanço de pagamentos.

Este é, como bem mostrou Maria da Conceição Tavares, o aspecto essencialmente contraditório do processo de substituição de importações.

---

[37] Esse problema, na verdade, persistirá, agravado por outras causas, durante a industrialização pesada.

Lamentavelmente, alguns autores puseram de "pernas para o ar" a correta interpretação cepalina desse fato, passando a afirmar que essa escola teria pensado a industrialização latino-americana como um processo ocorrido nos moldes de uma suposta e esdrúxula "teoria dos choques adversos", segundo a qual são os estrangulamentos (choques) do setor externo que impulsionam a industrialização.[38] Uma leitura mais atenta dos trabalhos da Cepal sobre a questão mostra que a industrialização, para prosseguir – isto é, para ampliar sua capacidade produtiva e diversificar-se –, requeria capacidade para importar compatível com suas necessidades básicas, sem o que estaria obstada.

Num "primeiro momento" da recuperação, a manutenção do nível da renda – e portanto da demanda – concomitantemente com o corte das importações torna a maior parte da antiga demanda por importações cativa para a indústria nacional. Esta, nesse momento, só acionará sua capacidade ociosa, salvo nos raros compartimentos industriais para os quais se teve condições de importar equipamentos. No "momento seguinte", essa indústria deverá capacitar-se para atender não apenas parte da demanda derivada de sua própria expansão mas, e principalmente, aquela surgida da recuperação e expansão da agricultura e dos outros setores urbanos.

Essa indústria não pôde se restringir apenas a responder à demanda de bens de consumo; sob pena de comprometer a reprodução do capital, teve que fazer grande esforço interno para "substituir" também algumas importações de bens de produção; para não comprometer ainda mais a capacidade para importar tão necessária para sua expansão, faria gestões no mercado interno para estimular ou forçar até mesmo a substituição de importações de produtos primários. Assim, provocou estímulos suficientes para uma adequada resposta da oferta agrícola à demanda exercida pela indústria e pela urbanização, ressalvada a questão da regressiva distribuição da renda. Tais estímulos não serão encontrados, em nosso passado recente, na forma de subsídios, crédito especializado etc. Decorreram dos mecanismos dos preços internos menos contidos, da ausência de bloqueios para a expansão agrícola e, até mesmo, da punição cambial de uma taxa supervalorizada que desestimulou, até certo ponto, uma expansão

---

[38] Entre os autores que cometeram esse equívoco estão: Dean (1971, p.21, 94-5, 117) e Peláez (1968, p.15-6).

mais que proporcional do setor agrícola exportador em relação à agricultura para o mercado interno.[39] Com isto, deu-se também, gradativamente, a expansão da *fronteira agrícola*, primeiro no Paraná e em seguida no Centro-Oeste.[40]

Recapitulemos as precondições para o novo padrão. O capitalismo brasileiro nasceu com o assalariamento da economia cafeeira do Oeste Paulista, em meados da década de 1880. Deu importante passo desde o final do século e, principalmente, nos períodos 1905-1913 e 1920-1925, quando o investimento industrial sobrepassou de muito a demanda então específica da indústria nacional. O setor cafeeiro superacumulou capacidade produtiva, principalmente na segunda metade da década de 1920; o de transporte ferroviário e o de cabotagem praticamente estavam introduzidos já antes de 1930; o bancário nacional já sobrepassara o movimento dos bancos estrangeiros instalados no país e mostrava plenas condições para uma decisiva expansão, que ocorreria nas décadas de 1930 e de 1940. Quanto ao Estado, também já dera algumas demonstrações de capacidade de intervir na economia, experiência que lhe seria bastante útil após 1929.

Esse quadro, de onde se deve destacar as duas crises de superacumulação – do café e da indústria –, mostra que o capitalismo brasileiro já apresentava condições mínimas para desencadear um processo de industrialização, somente com o que poderia marchar para etapas mais avançadas. A Crise de 1929 e sua recuperação cumpririam passo importante dessa caminhada: solucionariam parcialmente o problema da capacidade ociosa, mas não teriam condições, por si sós, de fazer prosseguir a marcha. Para isto era necessário profunda reestruturação do Estado – naturalmente guardando certo equilíbrio entre as principais frações da classe dominante – com o que a política econômica pudesse perseguir o desenvolvimento desse capitalismo.[41] Não é difícil perceber as dificuldades que esse Estado enfrentaria. No plano político, inexistiam frações *nacionais* da classe dominante que repre-

---

39 É justamente a partir da Crise de 1929 que a agricultura e a mineração das diversas regiões se integram com o núcleo urbano e industrial, substituindo importações também de produtos agropecuários e minerais. Como exemplos: cereais, laticínios, vinhos, frutas e carvão do Sul; borracha e juta do Norte; e outros.
40 Sobre a expansão agrícola e de sua fronteira ver, respectivamente: Paiva; Schattan; Freitas (1973) e Nicholls (1970).
41 Ver sobre o tema, o texto de Aureliano (1981).

sentassem os principais setores da economia; tais frações eram *regionais* e, não raro, representavam múltiplos interesses, às vezes conflitantes entre si.

No plano econômico, o quadro não era distinto. Salvo as pequenas "linhas" de integração preexistentes entre algumas regiões do país, este era muito mais uma "soma" de regiões econômicas distintas. Vale dizer: para prosseguir com o desenvolvimento do capitalismo brasileiro havia, necessariamente, que integrar o mercado nacional e, para tanto, não mais poderia o Estado permitir a supremacia de interesses especificamente regionais sobre os nacionais. Desnecessário dizer que o interesse nacional predominante seria o de desenvolver a indústria, prioritariamente aos dos demais setores.[42] Agora, não mais interessaria tratar de *problemas regionais* e o Estado faria que vários deles fossem rapidamente "convertidos" em *problemas nacionais*. Café, siderurgia, sal, pinho, mate, açúcar, álcool e outros seriam contemplados com instrumentos de política econômica federal centralizada e, em muitos casos, criar-se-iam instituições federais específicas para seu atendimento.[43]

Integrar o mercado nacional, eis a questão.[44] Essa era, na verdade, nossa única opção para crescer e não estagnar. Mas, para isto, era necessário o uso de maior *soberania nacional*, o que fizemos.

---

42 Não cabe contrapor esse argumento com a antiga discussão sobre se a política econômica foi ou não "intencional" para com a industrialização. Ainda que não se encontre, entre as várias medidas tomadas, um corpo integrado de política industrial abrangente, é fora de discussão que várias medidas específicas vão sendo tomadas desde os primeiros anos da década de 1930, e, no decorrer do tempo – principalmente após 1937 –, nota-se um conjunto bastante numeroso de decisões que, direta ou indiretamente, atuam sobre a industrialização. Sobre o tema e o prosseguimento da industrialização – notadamente a da indústria pesada, durante o Plano de Metas – ver Cardoso de Mello; Novais (1998) e Lessa (1975).

43 Uma boa fonte de referência para o estudo dessas instituições são os trabalhos de Baer (1966, capítulo 4) e o de Baer; Kerstenetzky; Villela (1973). Para a análise do papel do Estado entre 1930 e 1945, ver Diniz (1978) e Draibe (1985). Ver ainda Cano; Cintra (1975).

44 Entre os estudiosos da economia brasileira parece ter sido Normano (1939, p.274-80) o primeiro a compreender e explicitar, ainda que brevemente, a relevância da integração do mercado nacional. A versão original (em inglês) de Normano é de 1935 e certamente valeu-se de seu conhecimento sobre o processo histórico dos Estados Unidos. Também Simonsen (1973, p.31-5), em trabalho de 1939, aflorou a questão. Borges (1962), em 1954, já negava a existência de estagnação na economia nordestina. Ignácio Rangel parece ter sido o primeiro autor a compreender que o problema das disparidades regionais do Brasil era decorrência do processo de integração do mercado nacional e que não se tratava de problema de estagnação da periferia nacional e sim de crescimento diferencial.

Instituições e política econômica: crise e crescimento do Brasil na década de 1930[1]

Pedro Cezar Dutra Fonseca

Deve-se fundamentalmente a Celso Furtado, e a *Formação econômica do Brasil*, a tese clássica de que o Brasil foi um dos primeiros países ocidentais a sair da crise iniciada em 1929, e que tal fato deveu-se à política intervencionista empreendida pelo governo para sustentar as exportações de café. Essa tese e seus desdobramentos já foram objeto de inúmeras discussões e polêmicas, envolvendo ardorosos defensores e contendores. Pretende-se aqui retomá-la para aprofundar a discussão em um ponto ainda não de todo solucionado pela literatura, muitas vezes até ignorado, mas de suma importância para a reconstituição da história econômica do período. Este diz respeito, mais precisamente, à intencionalidade e à consciência do governo quanto à consecução das expressivas taxas de crescimento verificadas na indústria de transformação a partir de 1933.

Para tanto, recorrer-se-á a contribuições do pensamento institucionalista para interpretar a política econômica do governo brasileiro na década de 1930 e, com isto, apontar alguns limites da tese amplamente difundida a partir de Celso Furtado. Talvez por restringir ou centrar sua análise nas políticas instrumentais – aqui definidas fundamentalmente como as políticas monetária, cambial e fiscal –, as quais possuem uma lógica própria inerente a políticas de estabilização, Furtado acabou por entender o crescimento da indústria como consequência não intencional da política de

---

[1] Uma versão anterior deste artigo foi publicada na *Revista de Economia Política*, v.23, n.1(89), p.133-48, jan./mar. 2003. Agradeço a Wilson Suzigan e a Octavio Augusto Camargo Conceição pelas críticas e sugestões, assumindo a versão final como de minha exclusiva responsabilidade. Trabalho que sintetiza conferência apresentada no IV Encontro de Economia da Região Sul – Anpec Sul, como convidado, em setembro de 2001, em Maringá.

valorização do café e de manutenção da renda nominal do setor, executada pelo governo seja pelo efeito negativo da crise nas finanças públicas e no balanço de pagamentos, seja pela importância econômica e política dos setores exportadores de café.

Entende-se que, se nem sempre essas políticas instrumentais são capazes de evidenciar intencionalidade, dificultando que de sua formulação ou execução se possam depreender claramente as intenções de seus formuladores, o mesmo não ocorre com instituições criadas, extintas ou alteradas. O exame destas pode mostrar-se valioso metodologicamente ao permitir, com maior facilidade e precisão, que sejam empiricamente reveladas intenções, planos e projetos, porquanto em geral resultam de atos deliberados, que precisam ser materialmente expressos não só "fisicamente" (caso de órgãos, institutos, ministérios, associações), como pela escrita (caso de leis, códigos e alguns símbolos) ou pela linguagem oral (caso de discursos e entrevistas, por exemplo).

Embora a influência das ideias institucionalistas na área de história econômica do Brasil só tenha começado a aparecer nos últimos anos, sendo ainda incipiente, sem dúvida nas últimas duas décadas houve um florescimento no meio acadêmico da escola institucionalista, em intensidade sem paralelo desde a inovadora contribuição de Veblen, que remonta ao final do século XIX. Certamente, ao longo do século XX as ideias institucionalistas não foram esquecidas, haja vista nomes como Commons e Mitchell que, juntamente com Veblen, formam o tripé do "velho" institucionalismo norte-americano, crítico ao neoclassicismo, que também influenciou Galbraith e Myrdall, estes mais divulgadores das ideias institucionalistas que propriamente teóricos.

A partir da década de 1960, essas ideias ganharam vigor seguindo duas vertentes.

Uma, mais próxima ao neoclassicismo, a chamada Nova Economia Institucional, que aproxima o institucionalismo da microeconomia tradicional ao enfocar os custos de transação, a tecnologia e as formas institucionais de organização da firma, as falhas de mercado e os direitos de propriedade, embora crítica aos princípios de racionalidade substantiva e de maximização neoclássicos. Autores como Williamson e Douglass North são exemplos dessa corrente cujo precursor seja possivelmente Coase (1993), em seu famoso artigo de 1937. A outra vertente, que se pode designar de neoinstitucionalista ou institucionalista evolucionária, volta-se a resgatar a antiga tradição de Veblen, Commons e Mitchell, desde logo afastando-se das noções neoclássicas de equilíbrio e maximização e enfocando a importância do ambiente histórico e social na análise econômica, com ênfase na interdisciplinaridade.

Uma forma de apreender o debate dentro das várias vertentes do institucionalismo é por meio da sistematização do conceito de instituição subjacente a seus principais autores, como faz Nelson (1995, p.80-2), já que por esta pode-se perceber mudanças de significados, ênfases e abrangências na utilização desse termo que variam de autor para autor. Assim, a antiga tradição entende por instituição algo semelhante à cultura, envolvendo crenças, valores, símbolos e padrões de comportamento; chama-se atenção para a complexidade envolvida nas instituições, com cunho fortemente sociológico, acentuando a importância da interdisciplinaridade. Já para um segundo grupo, que compreende a Nova Economia Institucional, instituição tem um sentido mais restrito, lembrando "regras do jogo", numa concepção mais próxima à teoria dos jogos. Mas há ainda uma terceira visão, a qual se assenta em uma definição de natureza mais histórica, associando instituição a estruturas, organizações ou conjunto de leis, abarcando, portanto, por exemplo, a moeda, o sistema jurídico, as corporações, o sistema financeiro e os organismos econômicos internacionais.[2]

Essas três definições, embora diferentes, não chegam a ser incompatíveis, no sentido que nada impede sua utilização conjunta em um estudo histórico, principalmente por enfatizarem aspectos relevantes que a amplitude e a riqueza que o termo instituição pode abarcar ao associar-se à diversidade e à heterogeneidade de enfoques – nas palavras de Samuels (1995, p.570), à sua fertilidade. A terceira definição, entretanto, possui a vantagem de trazer consigo o caráter da historicidade, e por isso mais se coaduna ao objeto aqui abordado. Somam-se a esta as contribuições de Zysman (1994), para quem as instituições são fundamentais na reconstrução histórica porque moldam experiências nacionais e regionais concretas, possibilitando diferentes conformações históricas, necessariamente vinculando-as à forma de inserção no ambiente social e econômico. Assim, cada nação em seu curso

---

[2] Para uma discussão mais aprofundada entre as várias correntes do institucionalismo, ver Conceição (2000, capítulo 2).

histórico cria estruturas institucionais próprias para os diferentes mercados (de bens, de trabalho, de capital, de terra), e estas moldam tipos peculiares de comportamento empresarial e governamental.

Essa relação é de fundamental importância para a confirmação de nossa hipótese básica, segundo a qual a consciência do governo brasileiro na década de 1930, no que tange à opção industrializante, pode ser demonstrada pelas instituições criadas e alteradas no período. Para Zysman, os mercados estão enraizados (*embedded*) nas instituições políticas e sociais, são criações de governos e de políticos, "não podendo existir ou operar fora das regras e instituições, que estruturam compras, vendas e a própria organização da produção" (Conceição, 2000, p.65-6). Nesse sentido, pode-se demonstrar que as instituições criadas e/ou modificadas na década de 1930 pelo governo brasileiro evidenciam sua opção industrializante, pois representam mecanismos, regras, arenas e espaços para, dentro do aparelho estatal e sob sua influência, reorientar a economia, definindo nova relação Estado/empresariado/mercado/trabalhador.

Furtado e a industrialização como subproduto da defesa do café

Já logo após sua primeira edição, em 1959, *Formação econômica do Brasil*, de Celso Furtado, tornou-se marco nos estudos de história econômica. Justamente os capítulos 30 a 33, em que aborda a crise da economia cafeeira e o "deslocamento do centro dinâmico" – para usar sua expressão consagrada – das atividades agroexportadoras para o mercado interno como resultado do impacto da crise internacional, constituem sua parte considerada mais criativa e que propiciou maior debate (Furtado, 1977, p.195). De certa forma, toda a obra foi escrita preparando o leitor para seu clímax, que ocorre nesses capítulos.

Como já se mencionou, a polêmica envolvendo a interpretação de Furtado sobre esse período assumiu vários contornos e propiciou inúmeros temas de pesquisa. Dentre os que ocuparam maior lugar na literatura, podem-se mencionar, dentre outros, o debate envolvendo a origem da indústria, se realmente o autor subestimara o crescimento industrial anterior a 1930 e se este resultara de "choques adversos" externos ou do próprio crescimento da economia exportadora; o fato de considerar como crescimento industrial o crescimento da produção, subestimando a expansão da capacidade produtiva; se o financiamento para garantir a política governamental anticíclica deveu-se fundamentalmente a crédito e a emissões, como acentua Furtado, ou a impostos, como afirmam alguns de seus críticos; e, finalmente, e sem a pretensão de esgotar os pontos polêmicos mais debatidos, se a política econômica governamental pode ser realmente entendida como keynesiana, mesmo que anterior à Teoria Geral de Keynes, ou se seguia ainda as regras da ortodoxia.

Não cabe aqui reconstituir esses debates, mas assinalar que a literatura pouco se debruçou na interpretação do significativo desempenho do setor industrial, que cresceu 11,2% anuais entre 1933 e 1939 (Villela; Suzigan, 1973, p.211-2), mais precisamente, se este resultou de uma política governamental deliberada, se houve intencionalidade dos dirigentes em imprimir novos rumos à economia, ou se o "deslocamento do centro dinâmico" ocorreu sem uma intenção consciente por parte do governo. Essa questão faz sentido porque Furtado, a despeito de ressaltar os êxitos da política de manutenção de renda na superação da crise e de seu impacto positivo na indústria, interpretou-os como resultado de um salutar intervencionismo antiortodoxo, mas nunca defendeu a intencionalidade no que diz respeito ao crescimento industrial. Ao contrário, demonstra-se que Furtado entendeu o crescimento industrial da década de 1930 como fruto da política de defesa do café, que teria sido colocada em prática pelo governo: (a) seja devido às exigências pragmáticas impostas pela crise, por sua repercussão no balanço de pagamentos e na arrecadação de impostos; (b) seja por razões de ordem política, frente à importância do setor cafeicultor e pela própria composição do governo, chamando atenção a seus compromissos conservadores, "oligárquicos" e "agraristas"; ou (c) seja, ainda, devido a um terceiro fator, assinalado em uma passagem, na qual se menciona não propriamente a política governamental, mas a decisão individual dos capitais privados, em busca de diversificação dos investimentos, já que nas atividades voltadas ao mercado interno havia maior perspectiva de lucro, frente à crise das atividades de exportação (Furtado, 1977, p.198).

Deve-se ressaltar que críticos de Furtado, como Peláez (1972; 1979), voltados a refutar a importância da política "keynesiana" de defesa do café para a indústria e em relativizar as transformações econômicas da década de

1930, pouco abordaram a questão da intencionalidade, até porque esta não era uma questão posta por suas perspectivas. Explicando melhor: essa questão só faz sentido como tema de pesquisa ao admitir-se que efetivamente Furtado tenha acertado ao assinalar o "deslocamento do centro dinâmico" da economia em favor do mercado interno e da indústria, daí resultando a pergunta se o mesmo ocorreu ou não por uma ação deliberada do governo. Dessa forma, a hipótese aqui levantada afirmando a consciência e a intencionalidade da política pró-indústria na década de 1930 no Brasil tem, como seu pressuposto, que efetivamente a tese de Furtado sobre o referido deslocamento esteja correta.

Mesmo que bastante conhecido, vale a pena reconstituir o pensamento de Furtado enfocando esse aspecto, bem como citar passagens de sua obra, a fim de que não reste dúvida sobre a tese por ele defendida e algumas de suas implicações. Sua argumentação, nos capítulos 30 a 33 de *Formação econômica do Brasil*, parte da política cambial, com a desvalorização do mil-réis para enfrentar a crise do exportador e o estrangulamento externo, mas que, ao mesmo tempo, encarecia as importações – e, portanto, sem querer, ocasionara um efeito protecionista a favor da indústria nacional. Mas a crise diminuía também a arrecadação de impostos; o governo via-se forçado a partir para uma política monetária expansiva para contrabalançar a queda na receita tributária corrente, inclusive porque fora pelo crédito, viabilizado por emissão, que realizara os gastos públicos de sustentação de preço do café. Assim, as políticas monetárias e fiscais acabaram beneficiando o mercado interno não só por impedirem substancial queda na demanda agregada, como por baixarem taxas de juros: sem querer, acabavam favorecendo o setor industrial, embora seu objetivo se voltasse ao equilíbrio orçamentário e do balanço de pagamentos. Mesmo as tarifas protecionistas – embora menos enfatizadas por Furtado – teriam sido adotadas devido ao problema cambial e, portanto, também sem querer, acabaram tendo um efeito protetor à indústria.

Assim, em *Formação econômica do Brasil*, Furtado (1977, p.192 et seq.) afirma textualmente que se praticara "no Brasil, inconscientemente, uma política anticíclica de maior amplitude que a que se tenha sequer preconizado em qualquer dos países industrializados". Em uma única passagem transparece a dúvida sobre a consciência da política econômica, mas com respeito à economia do café, e não com relação ao setor industrial: "Esses resultados, de grande significação para o futuro imediato da economia brasileira, são um reflexo imediato das dimensões catastróficas da crise do café e da amplitude com que foram defendidos, conscientemente ou não, os interesses da economia cafeeira" (Furtado, 1977, p.201). A tese da não consciência ou da não intencionalidade do governo com relação ao desenvolvimento da indústria é clara; em outros momentos, abandona essa dúvida para defender explicitamente que "a recuperação da economia brasileira, que se manifesta a partir de 1933, não se deve a nenhum fator externo e sim à política de fomento seguida inconscientemente no país e que era subproduto da defesa dos interesses cafeeiros" (Furtado, 1977, p.193).

A política econômica, por conseguinte, em seu entender, não só se voltara à sustentação dos preços do café por uma questão de finanças públicas, mas para explicitamente defender os interesses da economia cafeeira. Assim, tanto a recuperação econômica como a mudança do eixo principal da economia brasileira para a indústria e para o mercado interno não decorreram de intenção ou consciência governamental nesse sentido; são antes, em suas palavras, "reflexo imediato" da crise do café e "subproduto" dos interesses desse setor.

É importante também demonstrar que essa tese está presente não só em *Formação econômica do Brasil*, mas é recorrente no pensamento de Furtado, encontrada em outras obras suas ao abordar o mesmo tema. Em *Desenvolvimento e subdesenvolvimento*, de 1961, ele voltou a afirmar que, diante da magnitude da crise dos anos 1930, o "Poder Público decidiu, então ir mais longe e garantir mercado aos produtores de café" e que "essa medida tomada para proteger o setor exportador resultou ser de extraordinário alcance como defesa do nível interno de emprego" (Furtado, 1961, p.237). A industrialização como subproduto dessa política é retomada ao afirmar: "Visando a defender o setor externo – preocupação constante da classe dirigente – o Poder Público criou condições para uma rápida ampliação do setor industrial ligado ao mercado interno" (Furtado, 1961, p.238). A tese da não percepção da envergadura e das consequências da política colocada em prática reforça-se ao frisar que "a marcha para a industrialização cumprida nos últimos decênios foi realizada sem que existisse no país uma clara compreensão das modificações que se estavam operando na estrutura econômica". Só a partir da guerra, na década de 1940, que se começaria a tomar "consciência do caminho percorrido pela industrialização" (Furtado, 1961, p.244).

Já em *Dialética do desenvolvimento*, cuja primeira edição apareceu em junho de 1964, Furtado argumenta que o movimento político de 1930 permitiu "renovar as cúpulas dirigentes, afastando os grupos mais diretamente ligados à economia de exportação" (Furtado, 1964, p.111-3, de onde foram extraídas esta e as demais citações a seguir). O fato de os novos dirigentes provirem "de áreas menos ligadas aos mercados externos, como era o Rio Grande do Sul" teria contribuído para "uma percepção mais direta da realidade", com a ressalva de que a política imprimida "não obedecesse a qualquer diretriz conscientemente estabelecida".

Seguiu-se, então, uma fase que ele denominou de "realismo político", na qual "se tentou enfrentar grandes males com grandes remédios, sem maiores preocupações de coerência e sem muita consciência do que daí decorreria". Mas, logo a seguir, retoma sua tradicional tese segundo a qual o objetivo dessa política "era aliviar a cafeicultura, transferindo para o conjunto da população os prejuízos que de outra forma se concentrariam nesse setor". Com ela, entretanto, "o país entra numa fase de modificações estruturais irreversíveis, cujo alcance somente mais tarde seria percebido". A industrialização é novamente entendida como "decorrência da crise", ou seja, "subproduto do realismo na defesa dos interesses cafeicultores".

Finalmente, em *Formação econômica da América Latina*, de 1969, mais uma vez Furtado frisou que a partir da Crise de 1929, a "industrialização seria principalmente induzida pelas tensões estruturais provocadas pelo declínio, ou crescimento insuficiente, do setor exportador" (Furtado, 1970, p.131). Embora nessa obra reconheça certas ações e instituições criadas pelo governo como importantes, como a eliminação das barreiras entre estados, visando unificar o mercado nacional, a criação da Companhia Siderúrgica Nacional e o treinamento de mão de obra voltada ao setor industrial, Furtado reafirmou que os vínculos maiores da política do governo varguista – ao qual denominou autoritarismo esclarecido – eram com os interesses exportadores, mesmo que essa interpretação lhe causasse certo embaraço para explicar a revolta paulista de 1932, que chegara à radicalização de um movimento armado: "O governo Vargas, não obstante a contrarrevolução inspirada pelos grupos tradicionalistas em 1932, levou adiante uma política de compromisso com os grupos cafeicultores, cuja produção foi adquirida mesmo que em grande parte tivesse de ser destruída" (Furtado, 1970, p.143).

Se há notável coerência por parte de Furtado ao defender o mesmo ponto de vista em diferentes obras no que tange às razões da política econômica realizada na década de 1930 e de suas consequências não intencionais sobre o setor industrial, ocasionadas sem que houvesse uma ação estatal consciente nesse sentido, o mesmo não ocorre ao tentar explicitar a que segmentos sociais o governo mais se aproximava ou nele se faziam representar. Em uma mesma obra, algumas vezes, defende pontos de vista conflitantes, ou pelo menos de difícil compatibilização sem uma série de qualificações e mediações. Esse fato, entretanto, não deve ser mencionado como mera curiosidade ou para apenas chamar atenção para uma eventual incoerência que se esgota em si mesma. Tudo sugere, ao contrário, que o mesmo decorre da deficiência da própria explicação de Furtado de ver a industrialização como "subproduto" da política de defesa dos interesses do café e de ter ocorrido sem qualquer consciência e intenção. Esta se choca frontalmente com a própria relevância que pretende ressaltar no deslocamento do "centro dinâmico da economia", contrariando sua própria percepção quanto ao vulto e a profundidade das transformações.

Em *Formação econômica do Brasil*, embora repita várias vezes, como se mostrou, que a política econômica voltava-se à estrita defesa dos interesses do café, em uma nota de rodapé, Furtado ensaia uma explicação para o movimento revolucionário de 1930, associando-o aos militares, às populações urbanas, à burocracia civil e aos grupos industriais – ou seja, aos segmentos "modernos" da sociedade (Furtado, 1977, p.201). Já em *Desenvolvimento e subdesenvolvimento*, predomina o tom crítico ao governo, chegando a afirmar que a política de retenção de estoques de café visava apenas dar uma aparência de normalidade: "Predominava no país um conservadorismo voltado para a restauração de um passado glorioso" (Furtado, 1961, p.235). E a seguir: "As classes dirigentes, afeitas a raciocinar em termos de economia de exportação de produtos primários, careciam de objetividade para diagnosticar os problemas decorrentes das transformações em curso" (Furtado, 1961, p.244).

Em *Dialética do desenvolvimento*, como foi antes mencionado, afirma que o movimento político de 1930 renovara as cúpulas dirigentes, "afastando os grupos mais diretamente ligados à economia de exportação" (Furtado, 1964, p.111). Mas, logo adiante, surpreendentemente assevera que a partir de 1930 "as classes que dirigem o país são, no essencial, as mesmas do período anterior" (Furtado, 1964, p.113). As mesmas classes, mas com ideologia diferente; recorre-se, então, ao "oportunismo" para explicar os novos rumos impressos à economia: "Contudo, o oportunismo político dos novos dirigentes, muitos menos rígidos em seus esquemas ideológicos que os homens de Minas e São Paulo que antes haviam governado a República, abrira indiretamente a porta à industrialização" (Furtado, 1964, p.113).

Já em *Formação econômica da América Latina*, ele afirma, num extremo oposto, ao comparar as revoltas de 1930 do Brasil com o movimento político similar ocorrido na Argentina, que a "Revolução de 1930" no Brasil fora mais uma "sublevação popular [sic] que um levante militar", permitindo que "se deslocasse do poder a oligarquia cafeeira, sob pressão de grupos periféricos do Nordeste e do extremo sul". Daí o autoritarismo esclarecido de Vargas, em contraste com a democracia apenas formal da União Cívica Radical (Furtado, 1970, p.143).

Assim, não resta dúvida de que, para Furtado, o crescimento industrial brasileiro na década de 1930 foi subproduto (para usar uma expressão sua) da defesa do setor cafeicultor e, tudo sugere, perseguindo o objetivo maior de evitar o aprofundamento da crise nas finanças governamentais. A tese da não intencionalidade é recorrente em sua obra e, mesmo sem ter uma definição clara e única sobre as relações entre o grupo dirigente e o setor agroexportador, ressaltou mais esse vínculo do que com os interesses industriais. Na verdade, quanto a este último não há nenhuma referência direta nos trabalhos analisados.

Evidências da consciência industrializante

Em contraste com a posição de Furtado, podem-se encontrar vários indícios e fatos que ajudam a evidenciar que o governo brasileiro, na década de 1930, conscientemente buscava a industrialização e a considerava uma alternativa a ser construída para a economia brasileira. Isto não significa dizer que essa consciência já estivesse plenamente configurada logo após a "Revolução de 1930".

Evidentemente ela não nasceu acabada, mas foi se fortalecendo ao longo da década; surpreende, entretanto, que já nos primeiros anos, em seu início, encontrem-se evidências nesse sentido. Chama-se atenção, nesse aspecto, para as instituições criadas e alteradas na década de 1930 pelo governo, em atitudes que de forma alguma podem ser entendidas como decorrência linear da política de valorização do café, ou cuja realização tenha se verificado sem intenção deliberada de defender e promover o crescimento industrial. Da mesma forma, essa intencionalidade não deve ser entendida como uma política introduzida "pelo alto" por um Estado clarividente e acima de tudo e de todos. Ao destacar-se a consciência da política governamental em defesa da indústria, não se pode negligenciar que a mesma contou para sua consecução e fortalecimento com o trabalho dos próprios industriais da época, com relativa organização em órgãos associativos, capazes de fazer o governo adotar medidas e, inclusive, voltar atrás em decisões já tomadas. Nesse aspecto, o trabalho de Leopoldi (2000) é fundamental ao trazer à tona as associações empresariais e sua importância para os rumos da economia e da política, muitas vezes subestimadas em prol de análises que se centram no grupo dirigente e nas ações estatais sem dar a necessária ênfase às relações entre estes e o empresariado, tendo por corolário a passividade deste frente políticas governamentais proativas.

Podem-se mencionar inicialmente leis voltadas aos interesses industriais, como o Decreto n. 19.739, de 7 de março de 1931, que proibia a importação de máquinas e equipamentos para certos segmentos da indústria. Embora se possa argumentar que os efeitos para o setor industrial poderiam, à primeira vista, ser negativos, deve-se lembrar mais uma vez que este não era o entendimento à época, pois a decisão decorria de pressão dos próprios líderes empresariais, para quem a crise de superprodução seria mais grave caso novas unidades fabris fossem instaladas (*Observador Econômico e Financeiro*, 1937, p.91). E a medida, como se sabe, não atrapalhou o desempenho da indústria, haja vista as taxas expressivas de crescimento verificadas a partir de 1933 e a prorrogação da vigência do decreto, atendendo reivindicação empresarial, até março de 1937.

A importação de bens de capital para o setor industrial contaria com apoio governamental, com a assinatura, em 1935, de tratado de comércio com os Estados Unidos. Estes concederam vantagens a alguns produtos de exportação brasileiros (café, borracha, cacau) em troca de redução de 20% a 60% na importação de certos artigos norte-americanos, como máquinas, equipamentos, aparelhos e aços. Conquanto alguns líderes empresariais à época tenham se mostrado críticos ao tratado, pois este também permitia a importação de certos bens de consumo, sua assinatura não deixa de demonstrar a intenção governamental de romper com o antigo papel de importador desses bens, ao incluir com ênfase – e esta era a novidade, em termos históricos – os bens de capital e intermediários necessários à indústria. É razoável supor que, na crise, os industriais já estabelecidos, nesse caso, mantinham-se na posição de preferir incentivos governamentais à utilização da capacidade existente a ver novas instalações serem introduzidas, com equipamentos importados. Já o comportamento do governo mostra seu interesse em modificar a pauta de importações, aprofundando o crescimento industrial e em coerência com o modelo substitutivo, ou seja, mudando-a qualitativamente por meio da perda da posição relativa dos bens de consumo diante da elevação dos bens de capital, intermediários e insumos industriais.

Pode-se lembrar, em adição, a política protecionista adotada com a reforma tributária de 1934. Embora não haja consenso na literatura sobre sua intencionalidade, temos de convir que a proteção decorrente de tarifas difere da resultante de desvalorização cambial, pois esta última pode – e geralmente é – adotada com vistas a fins que não a proteção ao setor industrial, ao contrário de políticas tarifárias, em que essa possibilidade existe, embora também possam ser adotadas para atender a finalidades diversas, inclusive buscar o equilíbrio do balanço de pagamentos.

No caso da reforma tributária de 1934, a despeito de controvérsias, há o fato incontestestá que a mesma atendeu a pressão de industriais da época, como Roberto Simonsen e Euvaldo Lodi, e resultou em um aumento da tarifa específica agregada em torno de 15% (Abreu, 1999, p.86). Como houve em 1935 uma desvalorização do mil-réis que, ao elevar o preço dos importados, acabou reduzindo o peso da tarifa, pode-se subestimar sua importância, mostrando que a política cambial foi o que, na prática, representou maior proteção para a indústria doméstica. Entretanto, mesmo que isto seja verdadeiro como resultado, não pode apagar a intencionalidade da reforma tributária – adotada antes da desvalorização cambial, portanto, quando a indústria ainda não fora beneficiada com a mudança no câmbio. Nesse aspecto, cabe lembrar que o governo adotou justamente a política defendida pelos industriais. Se, para o analista atual, pode parecer insignificante, certamente não o era para líderes empresariais devotados à causa da indústria, como Euvaldo Lodi, que em carta ao ministro da Fazenda afirmou que o novo código tarifário "deixara a melhor impressão nos meios industriais" (apud Leopoldi, 2000, p.116).

Quanto à política creditícia voltada diretamente à indústria, mais que o crescimento real do volume de crédito na década de 1930 deve ser salientada a criação da Carteira de Crédito Agrícola e Industrial do Banco do Brasil em 1937. Esta marca a institucionalização de um órgão voltado especificamente à concessão de crédito para criação de novas indústrias e expansão das já existentes, concedendo empréstimos em prazos de até dez anos. Não se trata ainda de um banco de desenvolvimento, que Hirschman considera, junto com a criação de empresas estatais, como instrumento de ação direta necessário para caracterizar uma política deliberada de desenvolvimento (apud Suzigan, 2000, p.41). Entretanto, não deixa de ser um embrião de uma nova relação entre o Estado e o empresariado industrial, já que institucionaliza o crédito em uma carteira específica, teoricamente seletiva por critérios burocráticos, diferente da forma mais personalizada e pontual com que se concedia crédito até então, principalmente para investimento (já que para capital de giro era usual, mesmo em bancos privados).

A intencionalidade dessas ações fica mais evidente quando a elas se associa o próprio discurso governamental. Já em 1931, Vargas afirmava a necessidade de protecionismo deliberadamente para proteger a indústria nascente: "O protecionismo industrial das matérias-primas do país é fator decisivo, sem dúvida, ao nosso progresso econômico. É justo, por isso, que se estimule, mediante política tarifária, conduzida sem excessos. As tabelas das alfândegas devem refletir estes critérios" (Vargas, 1938, v.1, p.163). Nessa época, associava-se a indústria ao progresso econômico. Em meados da década, este será substituído por desenvolvimento econômico, como no discurso pronunciado em 7 de setembro de 1936: "Atingimos elevado estágio de desenvolvimento cultural, institucional e econômico. [...] Já não somos um país exclusivamente agrário, jungido à luta pelos mercados consumidores de matérias-primas e esmagado pelo peso das aquisições de produtos industriais" (Vargas, 1938, v.4, p.182).

Desenvolvimento, então, paulatinamente transformara-se em sinônimo de industrialização. Passava a ser, por excelência, a condição necessária para o país se desenvolver, ou seja, melhorar seus indicadores econômicos e sociais; precisava-se romper com o passado agrário, do marasmo rural e das oligarquias retrógradas. O desenvolvimentismo, assim, foi-se formando e se consolidando como ideologia, ao nortear e justificar o reordenamento de leis e práticas de política econômica, bem como mudanças e criação de instituições. Foram se formando novas crenças, valores, símbolos e padrões de comportamento – ou seja, o amplo significado abarcado pela palavra instituição e que enfatiza sua importância e complexidade, que de forma alguma pode ser reduzido apenas a órgãos, mas abarca todo um conjunto de regras, normas, comportamentos e símbolos.

Em outro pronunciamento, ao final do mesmo ano de 1936, registra-se a explicitação da tese de que o desenvolvimento era a tarefa principal do poder público, que possuía etapas a serem vencidas e que esse novo relacionamento entre Estado e iniciativa privada não ocorreria em prejuízo desta última, "antes, amparando-a e favorecendo o surto de novas culturas e indústrias" (Vargas, 1938, v.4, p.209). Tratava-se, portanto, de uma nova era a ser construída; o Estado Novo, em seu próprio nome, encarregava-se de expressá-la simbolicamente. Todas essas passagens não deixam dúvida sobre a consciência da substituição de importações e de sua importância para o país. Como entender como "subproduto" da política de valorização do café políticas tão claramente colocadas em prática e defendidas explicitamente como voltadas a impulsionar o setor industrial?

A consciência industrializante manifestava-se, à época, também na preocupação com as riquezas do subsolo; a possibilidade de nova guerra, por sua vez, aproximava o exército da defesa da industrialização (fabricação de armas e projéteis, a qual exigia produção de ferro e aço) e da nacionalização das riquezas minerais. Trata-se, nesse caso, de regulamentar algo caro à Nova Economia Institucional: o direito de propriedade. Novas instituições – leis, códigos, órgãos, escolas, laboratórios, institutos – faziam-se necessárias, inclusive para estabelecer os limites da propriedade privada frente à estatal, e da propriedade de estrangeiros com relação a proprietários nacionais. Mas já em 1933, portanto ainda no início da década, previa-se a criação, junto ao Ministério da Agricultura, do Instituto de Tecnologia, que se vincularia à Diretoria Geral de Pesquisas Científicas. Previa-se, ainda, a criação de duas diretorias, das Minas e das Águas, e três centros de pesquisa vinculados à extração mineral: Instituto Geológico e Mineralógico, Laboratório Central de Indústria Mineral e Escola Nacional de Química. O Código de Minas e o Código de Águas, ambos bastante centrados na regulamentação do direito de propriedade, datam de 1934.

Essas ações culminaram com a intervenção direta do governo na produção industrial, com a criação da Companhia Siderúrgica Nacional, com a Usina de Volta Redonda, e com a Companhia Vale do Rio Doce, no início da década de 1940. Mas já na década de 1930 Vargas afirmava: "Nenhum outro dos problemas que dizem respeito ao desenvolvimento econômico do país sobreleva em importância ao da exploração das nossas jazidas minerais". Para tanto, seria insuficiente a pequena siderurgia, normalmente incapaz de atender à futura demanda a resultar do crescimento industrial acelerado (Vargas, 1938, v.1, p.100).

Por isso, defendia-se explicitamente a criação da siderurgia em "grande escala". Em 1934, ao discursar para um grupo de militares, Vargas anunciou a iniciativa do governo federal de criar fábrica de projéteis de artilharia, de materiais contra gases e de viaturas em Curitiba; que decretara a criação de fábricas de espoletas e estojos de artilharia e de canos e sabres; que ampliara a fábrica de cartuchos de infantaria e o Arsenal de Guerra do Rio Grande do Sul; e, finalmente, que enviara técnicos à Europa a fim de "estudarem os aperfeiçoamentos necessários à nossa indústria militar nascente" (Vargas, 1938, v.3, p.164).

Desde o início da década de 1930 o governo aplicou a política de criar órgãos estatais voltados a setores específicos da economia. Dentre as instituições criadas, podem-se citar como as que dizem respeito mais diretamente à indústria: o Ministério do Trabalho, Indústria e Comércio, em 1930; o Departamento Nacional do Trabalho e o Instituto do Açúcar e do Álcool, em 1933; o Conselho Federal do Comércio Exterior, o Plano Geral de Viação Nacional e a Comissão de Similares, em 1934; e o Conselho Técnico de Economia e Finanças, em 1937.

A partir do Estado Novo, e devido ao contexto de guerra, essa política de criação de órgãos, conselhos e institutos intensificou-se. Datam de 1938 o Conselho Nacional do Petróleo, o Departamento Administrativo do Serviço Público (Dasp), o Instituto Nacional do Mate e o Instituto Brasileiro de Geografia e Estatística (IBGE); de 1939, o Plano de Obras Públicas e Aparelhamento de Defesa e o Conselho de Águas e Energia; de 1940, a Comissão de Defesa Nacional, o Instituto Nacional do Sal, a Fábrica Nacional de Motores e a Comissão Executiva do Plano Siderúrgico Nacional; de 1941, além da Companhia Siderúrgica Nacional, o Instituto Nacional do Pinho, a Comissão de Combustíveis e Lubrificantes e o Conselho Nacional de Ferrovias; de 1942, o Serviço Nacional de Aprendizagem Industrial (Senai), o Banco de Crédito da Borracha e a Comissão do Vale do Rio Doce; de

1943, a Consolidação das Leis do Trabalho (CLT), a Companhia Nacional de Álcalis, a Comissão de Financiamento da Produção, a Coordenação de Mobilização Econômica, a Fundação Brasil Central, a Siderúrgica Social da Indústria (Sesi) e o Plano Nacional de Obras e Equipamentos; de 1944, o Conselho Nacional de Política Industrial e Comercial, o Serviço Nacional do Trigo e a Comissão de Planejamento Econômico; e, finalmente, de 1945, a Superintendência da Moeda do Crédito, que iria voltar-se a regular uma das mais importantes instituições: a moeda e a política monetária.

Nota-se que a maior parte desses órgãos, como sugere o próprio nome dos mesmos, diz respeito direta ou indiretamente à indústria, a contar que os voltados à agricultura também vinculam-se à agroindústria, e que esta, ao abarcar o que à época chamava-se "indústria natural", perfazia mais de 80% do valor agregado pela indústria de transformação. Por outro lado, instituições não propriamente voltadas à defesa de interesses corporativos da indústria, como o Conselho Federal de Comércio Exterior, legalmente arrolavam-se entre suas atribuições debater e sugerir medidas com relação às importações, incluindo o protecionismo.

Além disso, cabia-lhe propor "soluções técnicas" para problemas vinculados à promoção da indústria nacional, bem como a criação de departamentos e institutos relacionados com produtos minerais e agrícolas. Assinala, com isso, a diferença fundamental entre o impacto e o significado da criação de órgãos estatais e da legislação corporativista da década de 1930 sobre os trabalhadores e sobre os empresariado. Enquanto sobre os primeiros representou fundamentalmente um atrelamento ao Estado, que passou a controlar a organização sindical, estabelecendo as bases para o populismo das décadas de 1940 e 1950, para os empresários mais que atrelamento ou submissão significou uma aproximação às esferas estatais decisórias, a abertura de canais diretos entre a burocracia e os dirigentes das federações e confederações patronais. No Estado Novo, quando as instituições liberais de representação foram suprimidas e as casas legislativas fechadas, esses órgãos criados dentro do Poder Executivo transformaram-se em arenas decisórias e de canalização das demandas, firmando um tipo de aliança entre o grupo dirigente e o empresariado (Fonseca, 1989, p.205, 297).

Ressalta-se, sem dúvida, a grande complexificação do aparelho estatal, centralizando a arrecadação, derrubando barreiras interestaduais e criando instituições econômicas com âmbito de atuação em escala nacional, com o intuito de integrar o mercado e centralizar decisões. A criação do Dasp, em 1938, bem como de seus órgãos homônimos nos estados, os "daspinhos", vieram no sentido de tentar organizar uma burocracia estatal mais assentada em critérios de mérito e competência, sob a égide da ideologia estado-novista de substituir a política pela administração. Como frisa Sônia Draibe (1985, p.83-4), nesses aparelhos estatais começaram a se gestar políticas nacionais. A análise dessa autora, embora sem qualquer pretensão de questionar a tese consagrada por Furtado e sem abordar explicitamente a consciência e a intencionalidade da industrialização, é possivelmente a que dá mais elementos para sua defesa ao enfatizar as mudanças no aparelho do Estado ou, como prefere, em sua "ossatura material", mostrando como essa centralização administrativa associou-se ao desenvolvimento industrial.

Cabe mencionar, finalmente, a política do governo com relação aos trabalhadores, essencial para se detectar a existência de um projeto industrializante. O fato de a indústria não poder ser considerada mero "subproduto" da defesa dos interesses do café pode em boa parte ser evidenciado pela forma com que o governo passou a envolver-se nas políticas relativas ao trabalho, considerando como questão de Estado sua regulamentação, reconhecendo os conflitos como "de classe", criando instituições para mediá-los, bem como para educar e preparar mão de obra para as atividades produtivas, não só rurais como urbanas – o comércio e a indústria.

Na área de educação, destaca-se a reforma educacional de Francisco Campos, iniciada já em 1931. Esta visava abandonar o ensino exclusivamente considerado teórico e preparador de elites, os "bacharéis", ainda no essencial o mesmo que havia sido introduzido no país pelos jesuítas, centrado nas disciplinas ditas "humanísticas": latim, retórica, francês, filosofia, história, geografia e literatura. Ao lado deste, dever-se-iam criar cursos técnicos e profissionalizantes, centrados em áreas voltadas diretamente à produção como engenharia, agronomia e contabilidade. Tanto Vargas como Francisco Campos afirmam com todas as letras que a criação de riqueza depende da produtividade, e que esta se vincula à qualificação e às condições físicas dos trabalhadores; estes são vistos como "capital humano aplicável ao aproveitamento integral das nossas condições excepcionais de riqueza" (Vargas, 1938, v.3, p.246).

Considerar o trabalhador como capital humano certamente está longe do imaginário das elites agrárias. Não é por acaso que a legislação trabalhista restringe-se ao setor urbano da economia, excluindo os trabalhadores rurais. Além de mostrar os compromissos entre os setores agrários e o governo, essa exclusão ajuda a revelar seu caráter nitidamente urbano, principalmente industrial, no sentido de que é uma questão posta pelo aparecimento e crescimento da economia urbano-industrial e tem sua razão de ser vinculada à perspectiva de seu desenvolvimento.

Conquanto excluído da legislação trabalhista, o campo aparece no discurso ao se apregoar a necessidade de aumentar sua produtividade, principalmente quando se defende a criação de uma "Universidade do Trabalho", de onde deveria sair "no futuro, a legião dos nossos operários, dos nossos agricultores, dos nossos criadores, em suma, a legião dos obreiros dos campos e das fábricas" (Vargas, 1938, v.2, p.118-9). Mais uma vez, a criação e as modificações nas estruturas institucionais auxiliam decisivamente para revelar a intencionalidade e a consciência dos dirigentes, principalmente quando associadas à análise do discurso, o que nem sempre ocorre com o acompanhamento das políticas monetária, cambial e fiscal.

É na área do trabalho que ocorrem mudanças institucionais mais significativas, e estas evidenciam claramente seus vínculos com um projeto de industrialização, um rompimento com a visão de mundo agrarista até então dominante, fazendo emergir novas crenças, valores, símbolos e padrões de comportamento. Menos de um mês após a posse de Vargas, em 26 de novembro de 1930, foi criado o Ministério do Trabalho, Indústria e Comércio, simbolicamente denominado por Vargas de "ministério da revolução" (Vargas, 1938, v.3, p.24).

É verdade que antes de 1930 já havia leis sociais, mas geralmente específicas a determinadas categorias. A partir de então, as leis passaram a ser universalizadas, sua aplicação e fiscalização realizadas por órgãos estatais, como as Juntas de Conciliação e Julgamento, encarregadas de resolver dissídios, criadas em 1932, ano também em que surge a Carteira do Trabalho, maior símbolo do emprego formal e documento obrigatório para reivindicar direitos trabalhistas.

Evidentemente que essa legislação, fortemente inspirada na *Carta del lavoro* italiana, insere-se perfeitamente no contexto internacional da época, marcado pela descrença nas instituições liberais e pelos regimes totalitários, mas é adaptada à realidade brasileira, ou seja, às suas instituições, como evidencia o caso da exclusão dos trabalhadores rurais.

A legislação trabalhista da década de 1930, mais que trazer "benefícios" aos trabalhadores, voltou-se à regulamentação do mercado de trabalho e à organização burocrática da estrutura sindical. A criação das instituições e o controle estatal precederam as leis voltadas a assegurar direitos sociais, como salário mínimo, 13º salário, férias e previdência. Essa institucionalização dos conflitos e das arenas em que os mesmos deveriam expressar-se é por demais definidora e reveladora das intenções governamentais. Tratava-se, nesse aspecto, de regular e regulamentar o mercado de trabalho e as novas relações de propriedade, temas caros às contribuições teóricas institucionalistas.

Pode-se indagar até que ponto o governo tinha consciência da profundidade dessas mudanças, mas dificilmente pode-se entendê-las como ato fortuito, fruto do acaso, desvinculado dos novos rumos impressos à economia. Até porque Vargas em várias ocasiões recorreu a argumentos históricos para justificar a nova legislação trabalhista, como em discurso proferido na comemoração do primeiro ano de sua posse, em outubro de 1931. Nessa ocasião, com rara clarividência expôs que o fim da escravidão não trouxera de imediato novas leis para substituir as antigas; a República Velha omitira-se quanto à regulamentação do trabalho assalariado, de maneira que era preciso organizá-lo "em bases racionais", com novas leis, novas instituições, novos costumes e novos hábitos (Vargas, 1938, v.1, p.53 et seq.; v.3, p.15 et seq.). O alcance e o significado de discursos como esses não podem ser ignorados ao se abordar a consciência e a intencionalidade das mudanças pelos personagens da história, pois, somados a seus atos, são capazes de revelar suas intenções.

Conclusão

Pode-se concluir que, ao contrário do que argumentou Furtado na década de 1930, a industrialização não pode ser reduzida a mero subproduto da defesa dos interesses cafeeiros, ou da política de valorização do café. Ao centrar-se nas políticas econômicas instrumentais – monetária, cambial e fiscal –, Furtado não explorou a ação estatal em um sentido mais amplo, englobando a criação e/ou alteração de leis, códigos, órgãos, ministérios, regulamentação de relações de propriedade, enfim, toda uma rede que pressupõe regras, normas e comportamentos que passaram a caracterizar toda uma época, enfim, instituições que revelam a consciência e a intencionalidade do governo de direcionar a economia para o mercado interno, sob a liderança do setor industrial.

Por meio de uma metodologia em que essas variáveis institucionais são incorporadas, em associação à análise do discurso oficial, pode-se detectar evidências empíricas suficientes para se considerar a hipótese da consciência e da intencionalidade muito mais aceitável para interpretar as ações e atitudes do governo brasileiro naquela década.

Ortodoxia e heterodoxia econômica antes e durante a Era Vargas[1]

Pedro Paulo Zahluth Bastos

A situação impõe, no momento, a suspensão do pagamento de juros e amortizações, até que seja possível reajustar os compromissos sem dessangrar e empobrecer o nosso organismo econômico. Não podemos por mais tempo continuar a solver dívidas antigas pelo ruinoso processo de contrair outras mais vultuosas, o que nos levaria, dentro de pouco tempo, à dura contingência de adotar solução mais radical [...] As nossas disponibilidades no estrangeiro absorvidas, na sua totalidade pelo serviço da dívida e não bastando, ainda assim, às suas exigências, dão em resultado nada nos sobrar para a renovação do aparelhamento econômico, do qual depende todo o progresso nacional.

Getúlio Vargas, 1937

A disseminação das agências do Banco do Brasil para o fim de dar ao crédito expansão crescente, através de todas as zonas de produção, constitui prova flagrante de que, pela primeira vez depois de implantado o regime republicano, o Brasil pratica uma política de financiamento especializadamente executada em proveito das forças que promovem o desenvolvimento da economia nacional.

Getúlio Vargas, 1940

---

1 Agradeço aos comentários de Fausto Saretta, Pedro Dutra Fonseca, e Wilson Cano, eximindo-os dos problemas remanescentes. Uma versão anterior deste texto foi publicado, como artigo, na revista *Economia* (Selecta Especial do XXXVI Encontro Nacional de Economia – Anpec), v.9, n.4, dez. 2008 (publicada em 2010). Agradeço ainda à Fapesp pelo financiamento da pesquisa de doutorado sobre o tema.

Não há consenso entre intérpretes da gestão macroeconômica empreendida pelo governo Vargas diante da crise econômica da década de 1930. As opiniões sobre a política macroeconômica a qualificam entre os polos da ortodoxia (contração do crédito e do gasto público, defesa do valor interno e externo da moeda) e da heterodoxia (expansionismo e reflação de preços). Por sua vez, os motivos mencionados para a adesão à ortodoxia ou à heterodoxia oscilam entre o apego a orientações doutrinárias ou, ao contrário, a cálculos pragmáticos. Os que opinam pela hipótese de conversão à heterodoxia, por sua vez, a tomam entre os polos da consciência intencional e da inconsciência oportuna.[2]

Em linhas gerais, a interpretação clássica de Celso Furtado ([1959] 1989) argumentou que a recuperação brasileira nos anos 1930 foi uma consequência dos impactos sistêmicos imprevistos da política de defesa do café e da desvalorização cambial: a demanda interna gerada pela defesa do café foi reservada para a produção substituta de importações, graças à escassez e encarecimento das reservas cambiais necessárias para as importações. Assim, a intervenção para defesa do café, que recorreu (presumidamente a contragosto) a déficits fiscais e emissões monetárias, gerou "uma política anticíclica de maior amplitude que a que se tenha sequer preconizado em qualquer dos países industrializados" (Furtado, 1959, p.192). Se Furtado alegava que a adesão teórica à ortodoxia monetária e fiscal foi vencida, não deliberadamente, pela urgência de defender o café sem contar com empréstimos externos suficientes, Claudio Peláez (1968; 1972) alegou que a adesão à ortodoxia foi mais forte do que supunha Furtado, limitando a recuperação ao contar excessivamente com impostos para financiar a defesa do café e compensar os efeitos inflacionários da defesa com controle do crédito e corte de gastos em outros programas. A seguir, vários autores como Albert Fishlow (1972), Simão Silber (1977), Marcelo P. Abreu (1977), Wilson Cano (1990) e Gustavo Franco (1985) apresentaram evidências mais rigorosas que as de Peláez que confirmaram a importância das políticas macroeconômicas para a recuperação nos anos 1930.

Fishlow, por exemplo, apresentou dados que mostraram que a recuperação e a diversificação produtiva foram maiores do que defendeu Peláez,

---

2 Uma resenha densa do debate foi apresentada na dissertação de Lívia Bernardi (2007), partindo das controvérsias entre Celso Furtado e Peláez, até contribuições mais recentes.

e claramente puxadas pela demanda interna, estimulada pela política macroeconômica e protegida pela escassez cambial. Além disso, a defesa dos preços do café não era suficiente para continuar atraindo investimento para o setor cafeeiro a ponto de limitar a diversificação produtiva como na década de 1920, mas era suficiente para sustentar a demanda interna que estimulou a diversificação produtiva nos anos 1930. Silber, por sua vez, mostrou que o recurso a impostos de exportação para financiar o programa de defesa do café foi menor do que alegaram Peláez e Fishlow, e que seu custo era parcialmente repassado para os importadores sem subtrair o impacto anticíclico do déficit público. Abreu fez considerações mais detalhadas sobre as políticas macroeconômicas para mostrar que atenderam menos às recomendações ortodoxas dos credores externos do que à "base política do governo que tomou o poder em 1930, que o obrigou a buscar uma saída não deflacionária para a crise" (Abreu, 1977, p.104), embora o autor não aborde o que seria essa base política de apoio e pressão. Cano (1990), por sua vez, mostrou que, mesmo descontando os gastos extras no combate à seca nordestina e à Revolução Constitucionalista, o gasto público e a expansão monetária foram maiores do que argumentou Peláez, que teria também subestimado o impacto real da expansão monetária nominal ao desconsiderar a deflação do período. Além disso, Cano aprofunda a crítica de Fishlow e Abreu ao argumento de Peláez de que o saldo comercial, e não o mercado interno, teria sido o principal responsável pela recuperação, pois o saldo resultou menos de uma recuperação das exportações do que da substituição de importações para o mercado interno. Finalmente, Franco (1985) substituiu os dados sobre a execução orçamentária apresentados no Anuário Estatístico do Brasil, publicados pelo IBGE em 1939 e usados como fonte pelos autores acima citados, por dados corrigidos dos Balanços da União, mostrando que os déficits orçamentários eram em média muito maiores (56% entre 1930 e 1933, 83% entre 1935 e 1938 e 58 vezes em 1934), mas eram encobertos pela metodologia contábil criativa do governo.

Esse debate entre os economistas concentrou-se nas consequências (favoráveis ou não à recuperação) da política macroeconômica, sem ter por objetivo central sua relação com interesses socioeconômicos e cálculos políticos, ou seja, com a economia política da política econômica. Marcelo de Paiva Abreu chegou a justificar o foco, inegavelmente relevante, nos resultados das políticas macroeconômicas executadas alegando que "o importante é descobrir não o que os formuladores de política disseram ou escreveram, mas sim o que realmente fizeram" (Abreu, 1977, p.98), ainda que o autor faça referências genéricas à base política do governo. Desse modo, são abstraídos os problemas da orientação ideológica dos governantes, e da consciência (ou não) quanto aos resultados esperados das decisões, que eram temas centrais nas obras de Furtado e Peláez.

Sem negar que o debate posterior às obras de Furtado e Peláez sobre a relação causal entre decisões de política econômica e variáveis macroeconômicas seja importante, no presente capítulo pretende-se retornar a algumas questões do debate original, visando contribuir para a compreensão do contexto histórico mais geral no qual se enquadrava o processo decisório da política econômica. Esse contexto não se limita às circunstâncias de crise econômica que, na interpretação de Furtado, teria levado os novos governantes a reagir, pragmaticamente, de modo diferente do indicado pelas concepções econômicas ortodoxas que supostamente esposavam.[3]

---

3 Para não deixar dúvidas a respeito da interpretação apresentada em *Formação econômica do Brasil*, Furtado sintetizou-a mais de vinte anos depois, nos seguintes termos: "Mudado o contexto externo, reduzida brutalmente a capacidade para importar, fechadas as fontes externas de crédito, impôs-se a saída na direção do mercado interno [...] A tudo isso correspondeu, nas esferas políticas, a ascensão de novos homens [...] Mas o fundamental não foi a ruptura dentro da classe dirigente, e sim a modificação fundamental no contexto externo. Foi essa mudança brutal e profunda do contexto externo que canalizou as energias do país em outra direção, desacreditou a ideologia do país 'essencialmente agrário', fez com que os novos líderes vissem a realidade de outra forma [...] O novo discurso ideológico apenas se define lentamente [...] Mas não se imagine que os que chegaram ao poder em 1930 tinham percepção da natureza das mudanças que estavam em curso, ou que dispunham de um projeto para mudar o Brasil. Quando se tratava de formular política comercial, monetária ou fiscal, continuavam a predominar as ideias do passado [...] As mudanças foram impostas pelos fatos: as reservas de divisas se evaporaram e o crédito externo desapareceu; os impostos sobre importação, então os mais importantes, declinaram brutalmente; não havia possibilidade de atender ao serviço da dívida externa [...] O controle de câmbio não surgiu de uma escolha e sim da necessidade de sobreviver face à brutal baixa da entrada de divisas. Ninguém queimou café por masoquismo e sim para reduzir os imensos gastos de armazenamento e a pressão dos estoques sobre o mercado internacional. Ninguém dirá que José Maria Whitaker, o ministro da Fazenda da época, tinha ideias econômicas diferentes de Murtinho, como não demonstrara tê-las Getúlio Vargas quando ocupara a pasta da Fazenda no governo Washington Luís [...] Anos depois tive com Oswaldo Aranha uma conversa sobre esses acontecimentos e ele me observou: 'Celso, você me explicou o sentido do que fizemos nessa época; então eu não sabia de nada' [...] Nada disso foi feito a partir de um projeto; foram antes atos de desespero. Ninguém pensou que isso pudesse ser uma forma de sustentar o mercado interno de produtos manufaturados; entretanto esse foi o resultado" (Furtado, 1980, p.713-7).

O primeiro problema da interpretação de Furtado – nesse ponto compartilhado com Peláez – é a noção de que os novos governantes tinham uma orientação econômica ortodoxa. Neste capítulo alega-se que Vargas já apresentara publicamente uma visão dos problemas cambiais brasileiros e já propusera formas de gestão da política creditícia diferentes da tradição ortodoxa, antes mesmo da Revolução de 1930. E argumenta que a proposta alternativa de Vargas – diversificação produtiva apoiada em expansão do crédito – atendia a um conjunto de interesses voltados ao mercado interno que colocavam em questão, desde a década de 1920, a sustentação política da ortodoxia econômica como meio de saída de crises.

O problema da consciência decisória e a da base política das decisões econômicas foi retomado em análises da política econômica que não priorizaram a gestão macroeconômica, mas focaram em iniciativas de mudança institucional do governo que modificavam em termos gerais as relações entre Estado e economia, como Liana Aureliano (1981), Sonia Draibe (1985) e Pedro Fonseca (no capítulo anterior deste livro). Aureliano discutiu mais detidamente a base política do governo provisório na década de 1930 e criticou o argumento de Peláez de que o governo levava em consideração a opinião dos credores externos na gestão macroeconômica: a influência externa teria se limitado, na verdade, apenas aos primeiros anos do governo provisório, passando depois a incorporar interesses vinculados ao novo pacto federativo e ao mercado interno. Draibe apresentou uma ampla descrição da intervenção do Estado na economia na década de 1930 e relacionou-a com a constituição de um novo projeto de desenvolvimento, articulado a um novo bloco de poder. Fonseca argumentou, convincentemente, que era impossível ter proposto e executado iniciativas de mudança institucional que apoiavam a diversificação agrícola e industrial sem ter em vista um projeto consciente de reorientação produtiva da economia brasileira. Ou seja, Furtado estaria errado ao alegar que a reorientação da economia se fez independentemente da consciência do governo a respeito dos resultados previsíveis do que fazia.

A contribuição do presente capítulo é avaliar, por sua vez, a política macroeconômica para alegar, também, que havia consciência quanto a uma linha alternativa de gestão e saída da crise, embora não se tivesse consciência, na época, da profundidade e duração da crise. De fato, podemos argumentar hoje que a crise não foi apenas mais uma crise cíclica conjuntural do modelo de desenvolvimento econômico e inserção internacional pautado nas exportações primárias e na abertura financeira: foi a crise estrutural do próprio modelo de desenvolvimento, assim como do modo de gerir politicamente suas crises conjunturais, como veremos. Sem o benefício da visão retrospectiva, porém, os membros do governo, no calor da hora, tomavam decisões sem conhecer a extensão e o significado histórico da crise que experimentavam.

Se recuperarmos a incerteza do contexto em que as decisões de política econômica foram tomadas e o quadro de interesses atendidos ou prejudicados pelas decisões, é possível entender melhor os cálculos políticos que influenciavam as decisões de política econômica e sua roupagem retórica. De fato, argumenta-se aqui que as decisões de política econômica não resultaram apenas da heterodoxia de Vargas (em vez da ortodoxia suposta por Furtado e Peláez), mas também de cálculos políticos sobre os resultados distributivos das opções de política econômica, e sua relação com interesses divergentes, em uma conjuntura de grande incerteza. Nesta, uma política macroeconômica ortodoxa, como meio de saída de crises que vinha sendo experimentado desde o século XIX, implicava atender, sobretudo, a reivindicações dos credores externos: tinha por objetivo superar crises cambiais e financeiras por meio de recuperação do crédito externo e da recessão ou do crescimento baixo e aumentar o saldo comercial para gerar divisas externas que honrassem serviços da dívida rolada. Mas grupos vinculados ao mercado interno vinham pondo em questão a sustentação política da ortodoxia, pois careciam do contrário da ortodoxia: precisavam de políticas que defendessem o valor de ativos e refinanciassem passivos internos, por meio de políticas fiscais e monetárias expansionistas.

Mais precisamente, os agrupamentos conflitantes reuniam, de um lado, (a) credores estrangeiros, favoráveis a uma política econômica ortodoxa em troca de promessas de refinanciamento de passivos externos, acompanhados por representantes da oligarquia cafeeira paulista que defendiam a reprodução do estilo de inserção econômica internacional tradicional do país; e, de outro, (b) representantes de grupos oligárquicos estaduais, de camadas médias e populares dependentes da sustentação da renda (por meio da expansão do crédito e do gasto público) e, cada vez mais, do crescimento do mercado interno. Industriais paulistas, que inicialmente apoiaram os dirigentes do Partido Republicano Paulista na luta contra a Revolução de 1930, acabariam se alinhando, mais tarde, a grupos industriais de outros estados para apoiar e fazer demandas antirrecessivas ao governo revolucionário.

A reação inicial do governo Vargas a essas solicitações contraditórias foi também contraditória: inovou, ao procurar incorporar os interesses dos grupos dependentes do mercado interno, mas manteve a tradição de não romper com os credores externos, limitando a rejeição da ortodoxia. A cautela do presidente era, como apontou Furtado, temperada pelo pragmatismo político e econômico, mas não era apenas reativa à evolução da conjuntura: Vargas alegou antes mesmo de chegar ao poder que a incapacidade eventual de resolver o problema cambial da forma tradicional *poderia* exigir que novas políticas fossem ensaiadas para superar a crise econômica e a restrição externa da economia brasileira. A incerteza da conjuntura exigia, de fato, que os cálculos políticos e a leitura da conjuntura fossem reavaliados ao longo do tempo, em conjunto com percepções sobre a viabilidade prática de cada alternativa. Como romper imediata e inteiramente as pontes com os credores externos, em uma situação de escassez estrutural de reservas cambiais? Mas como crer que o recurso ao financiamento externo e ao modelo exportador continuava cabível à medida que a crise financeira global e a superprodução de café se aprofundavam? A indecisão aparente entre ortodoxia e heterodoxia, particularmente no terreno da retórica, refletia uma tentativa de deixar as opções políticas em aberto e conciliá-las o quanto fosse possível, buscando preservar o crédito perante os credores externos sem deixar de expandir o crédito para grupos internos.

Gradualmente, porém, consolidou-se uma nova hierarquia entre objetivos econômicos, que subordinava as políticas macroeconômicas às necessidades da expansão interna, mais do que às exigências de austeridade dos credores externos. Se a força da ortodoxia estava na promessa de refinanciamento dos passivos externos, sua fraqueza estava em que: (a) os créditos externos tendiam a desaparecer com o aprofundamento da crise internacional e (b) uma política pró-cíclica, de contração do crédito e do gasto público, tendia a aprofundar a deflação de ativos produtivos e financeiros, algo que o novo governo não podia permitir, se pretendesse atender (como fez) às novas clientelas sociais e políticas interpeladas pelos projetos anunciados de afirmação da policultura agrícola e de diversificação industrial, e de expansão dos direitos trabalhistas (inclusive ao emprego). No fundo, o novo modo de arbitrar os conflitos em torno da gestão macroeconômica acompanhou os desdobramentos da Revolução de 1930, que acabaria modificando substancialmente as relações entre classes e frações de classe, e entre Estado e economia, ajudando a redefinir a via de desenvolvimento capitalista no Brasil em direção ao mercado interno, à integração regional, à industrialização e à sociedade urbana de massas. Naquele momento, não entrou em crise apenas o modelo de desenvolvimento pautado nas exportações primárias e na abertura financeira: mas também o modo de gerir politicamente suas crises conjunturais, por meio da rolagem de serviços da dívida externa condicionada à execução de políticas pró-cíclicas.

A primeira seção, a seguir, discute o modo de resposta às crises financeiras antes de 1930, com um modelo de política econômica caracteristicamente ortodoxo, ensaiado no Império e consolidado na presidência Campos Salles em 1898. A segunda aborda a crise mundial do liberalismo e os questionamentos políticos e ideológicos à ortodoxia no Brasil. A terceira aborda a transição de modelo nos anos 1930, discutindo contradições, cálculos e reavaliações econômicas, políticas e ideológicas que levaram o governo a rejeitar as solicitações dos credores externos e as propostas ortodoxas de política econômica, sobretudo no terreno monetário e cambial, mas também no terreno fiscal. A quarta seção faz considerações finais, buscando enquadrar a mudança de política econômica no contexto de transformações históricas mais amplas.

Dependência financeira, regime monetário e ortodoxia macroeconômica antes de 1930

O modo ortodoxo de responder às crises econômicas consolidou-se ainda no século XIX, tornando-se comum também à Primeira República depois do governo Campos Salles (1898-1902). A saída das crises contava com o recurso aos credores externos para financiar a posição deficitária do país, em troca de austeridade macroeconômica e, quando possível, de adesão às "regras do jogo" do padrão ouro-libra, consideradas típicas de países integrados à economia mundial como "bons pagadores" de débitos externos. Nesse sentido, a dependência de financiamento externo esteve na raiz das regras ortodoxas de gestão macroeconômica do crédito, do câmbio e do gasto público.

O Brasil foi o primeiro país periférico a aderir ao regime monetário internacional baseado no padrão ouro-libra, em 1846, antecipando a tendência de denominar moedas nacionais, patrimônios privados e transações comerciais em termos do equivalente monetário universal, acompanhando a construção de uma economia mundial crescentemente integrada. O regime monetário do padrão ouro, difundido na segunda metade do século XIX, foi um pilar central da criação de um sistema centro-periferia articulado em torno da economia britânica, sendo posteriormente emulado por centros financeiros concorrentes que buscaram criar suas próprias zonas monetárias e financeiras internacionais (como Paris, Berlim e Nova York). O compromisso com taxas fixas de câmbio estimulava a integração comercial e financeira internacional, uma vez que conferia maior estabilidade ao valor esperado de créditos e débitos oriundos de investimentos, empréstimos e transações comerciais (bens e serviços). Desse modo, a expansão do padrão ouro foi essencial para vincular periferias devedoras e exportadoras de bens primários aos centros financeiros e industriais, apoiando a constituição de uma rede mundial de serviços de transporte, comunicação, comerciais e bancários que integrou, logística, financeira e comercialmente, novas regiões periféricas à divisão internacional do trabalho. Para países receptores de capitais externos, a adesão ao sistema de taxas de câmbio fixas não apenas reduzia custos e incertezas de transações comerciais e patrimônios privados, mas parecia ser uma garantia institucional quanto ao valor de ativos externos no país que frequentemente era vista como condição de maior participação no circuito financeiro mundial, como às vezes sugeriam os próprios banqueiros internacionais nas opiniões sobre países inadimplentes (Bordo; Kydland, 1996; Bordo; Rockoff, 1996; Broz, 2002; Mosley, 2003).

A adesão ao padrão ouro não trazia, porém, apenas a esperança de atrair financiamento externo e conferir maior estabilidade aos valores de transações comerciais e patrimônios privados em termos do equivalente monetário universal. A adesão implicava também regras limitantes de gestão macroeconômica: ao exigir a conversão da moeda local a reservas cambiais escassas, impunha limites à expansão da moeda local (por emissões primárias e/ou quase moedas bancárias) e, portanto, à expansão dos ativos denominados na moeda local e a ela conversíveis. Na prática, essa limitação macroeconômica variava ao longo do ciclo financeiro global e era sentida assimetricamente por países credores e devedores. Os países credores auferiam superávits crescentes na conta corrente em virtude do saldo de serviços, drenando recursos líquidos do resto do mundo que podiam ser mais ou menos "reciclados" por suas exportações de capital, dependendo do ritmo dessas exportações ao longo do ciclo econômico. Por outro lado, o financiamento do déficit de transações correntes dos países devedores dependia do ciclo de exportações de capitais oriundas dos credores. Enquanto essas exportações de capital se elevassem, a probabilidade de ocorrência de crises de liquidez internacional era pequena, embora crescesse à medida que empreendimentos mais arriscados fossem financiados. Quando as exportações de capital se contraíam, graças à eclosão de alguma crise financeira localizada e/ou ao esforço dos bancos centrais dos principais países credores visando repatriar recursos para defender taxas de câmbio fixas perante o ouro (elevando taxas de juros básicas), o contágio internacional de recessão e crise era irresistível.

De fato, no caso do Brasil, como de outros países periféricos, a recorrência de déficits de transações correntes (uma vez que o déficit de serviços era normalmente superior ao superávit comercial) tornava o pagamento de amortizações e serviços financeiros externos dependente de conjunturas de expansão do financiamento externo, rolando dívidas "em bola de neve" com a contratação de novas dívidas. Durante a fase de expansão do financiamento externo, que tendia a coincidir com a elevação de preços de *commodities* (acompanhando a tendência cíclica de inflação do preço dos ativos, reprodutíveis ou não), os países periféricos viam aumentar, internamente, o valor da riqueza (patrimônios, moeda e quase moedas bancárias), com maior ou menor elasticidade a depender de características institucionais dos sistemas financeiros locais e da regulação monetária. Mas viam também a ampliação de déficits correntes externos, graças aos gastos crescentes com as remessas financeiras (uma vez que o passivo externo aumentava) e com as importações de bens e serviços que acompanhavam a expansão interna. De todo modo, as periferias conseguiam refinanciar passivos com mais endividamento, aumentando assim sua fragilidade financeira à reversão do ciclo de crédito internacional. Concluída a fase expansiva, a contração dos empréstimos externos, em particular se associada à elevação das taxas básicas de juros nos países credores, atraía capitais para os centros do sistema e contraía não apenas a liquidez mundial mas, frequentemente, o preço de *commodities* exportadas por países devedores, o que empurrava alguns para a insolvência. A imagem de suavidade dos ajustes de balanço de pagamentos marca a nostalgia do padrão ouro, mas não passa de um dos mitos que cerca sua menção. Crises cambiais e financeiras eram eventos recorrentes, principalmente nos países periféricos. É claro que revoluções, golpes de Estado, guerras, azares climáticos ou mera irresponsabilidade administrativa e corrupção também podiam levar países periféricos à inadimplência. Mas a tendência *sistêmica* às crises cíclicas era tamanha que mesmo a Inglaterra passou por ataques especulativos contra a paridade ouro da libra esterlina que só foram superados graças ao apoio de outros países.[4]

De todo modo, em meio à crise, o fardo dos centros credores e industriais era menor, seja porque tinham débitos externos a receber (e não a pagar), seja porque o preço de *commodities* primárias importadas caía mais que o preço de suas exportações de manufaturados, ou ainda porque a liquidação de ativos arriscados em busca de aplicações seguras aumentava a demanda pelas moedas de países centrais (não só pelo ouro) e/ou por ativos líquidos nelas denominados. Assim, a contração do crédito e a deflação de ativos e passivos eram maiores nos países endividados que não emitissem moedas demandadas como reservas internacionais de valor e que experimentassem crises gêmeas afetando o balanço de pagamentos e o sistema financeiro, vendo desvalorizar-se a moeda nacional e os ativos nela denominados. Por sua vez, o valor da dívida externa, fixada em libras, encarecia na moeda nacional, que perdia valor internacional. Pagar dívidas externas tornava-se a questão central da política econômica e mesmo de segurança nacional durante as crises, uma vez que países credores usavam frequentemente de intimidação militar para garantir o direito de investidores. A forma mais direta de diplomacia financeira recorria à chamada *gun boat diplomacy* quando, antes ou depois de ultimatos, canhoneiras bloqueavam portos e/ou bombardeavam-nos para forçar governos inadimplentes a reconhecer e pagar dívidas; ou quando as intervenções armadas simplesmente desembarcavam agentes que tomavam controle de alfândegas, destinando parte de seus recursos para investidores lesados.[5]

---

4 Nas crises de 1873, 1890 e 1907, a cooperação para fornecimento conjunto de reservas fez da Inglaterra não um *lender* mas um *borrower of last resort* de empréstimos externos. O favor foi retribuído, por exemplo, na crise alemã de 1898: ver Eichengreen (1989). Sobre esses movimentos, ver também Cairncross (1953) e Ford (1963; 1989).

5 Para a lista de emprego de forças europeias na América Latina, ver Dunkerley (1999). Sobre as experiências duradouras na África e na Ásia, ver Feis (1930); Platt (1968); Smith (1982); Lipson (1985); Cain; Hopkins (1993).

Uma forma mais indireta de diplomacia financeira ocorria quando, em meio a episódios de renegociação de dívidas, os credores enviavam "missões técnicas" para aconselhar e monitorar condicionalidades impostas à política econômica de Estados inadimplentes. Como o prêmio esperado pelo bom comportamento era visto como compensador – renegociar a dívida e/ou poder participar de um novo ciclo de financiamento internacional –, as condicionalidades sugeridas pelos credores eram aceitas com pequena resistência, sobretudo quando a ameaça velada de intervenção armada temperava as sugestões.[6]

No Brasil, embora o Segundo Império sofresse de pressão diplomática e militar britânica para proibir o tráfico negreiro, foi apenas na primeira década republicana que a ameaça latente de intervenção por motivos financeiros manifestou-se abertamente, como atestam, por exemplo, as memórias do presidente Campos Salles. No Império, crises financeiras e cambiais eram interrompidas, antes de traumas militares, por meio do lançamento de empréstimos de consolidação (acertados usualmente com o banco londrino Rothschild & Sons) que cobriam compromissos vincendos reescalonando-os para prazos mais longos, restaurando o equilíbrio intertemporal do balanço de pagamentos e conferindo o atestado de credibilidade financeira necessário para que o país participasse de um novo ciclo financeiro internacional, até nova crise. Em períodos mais estáveis, a depreciação cambial do mil-réis era normalmente evitada: quando ocorria, ela era "um cataclismo, imposto de fora para dentro" (nos termos de Furtado), resultante de instabilidades alheias ao controle dos gestores da política econômica que aumentavam o valor, em moeda local, da dívida externa e seus serviços, provocando crise fiscal, fuga de capitais, crises bancárias, prejuízo a filiais estrangeiras e inflação dos preços de bens de consumo, insumos e equipamentos importados (cf. Furtado, [1959], capítulo 29).[7]

---

6 Sobre as visitas à América Latina do mais influente *"money doctor"*, Edwin W. Kemmerer, cf. P. Drake (1989).

7 Embora sejam mais comuns as análises da política cambial que relacionam o interesse dos exportadores à desvalorização/depreciação cambial (por meio da "socialização das perdas"), alguns trabalhos aprofundaram e qualificaram a afirmação de Furtado de que havia um bloco de interesses articulado a políticas de estabilidade/apreciação cambial. De diferentes maneiras, vários autores apontaram que o interesse do governo federal em evitar os impactos financeiros negativos da depreciação cambial, em vista do peso dos serviços da dívida externa no orçamento, era reforçado por um bloco favorável à estabilidade/apreciação cambial composto

Se os efeitos da crise eram amargos, a receita ortodoxa de política econômica para combatê-la também era, embora acentuasse, pelo menos temporariamente, descontentamentos políticos contra o governo central, no Império como na República, em troca do acerto com os credores externos: *contração da oferta de moeda e crédito* para reduzir o nível de atividade e as importações e, assim, aumentar o saldo comercial disponível para o serviço da dívida; *geração de superávits fiscais,* por meio de elevação de impostos e corte de gastos, para destinar recursos excedentes para o serviço da dívida; e tolerância e estímulo à *apreciação cambial* para baratear o custo da dívida externa e estimular novas entradas de capital, se possível revertendo a depreciação cambial trazida pela crise financeira e voltando ao padrão ouro.

No Império, as políticas ortodoxas de saída da crise eram realizadas frequentemente por gabinetes do Partido Conservador, onde predominava a corrente *metalista* de opinião econômica. Em linhas gerais, essa corrente responsabilizava pelas crises o excesso de emissão de *papel-moeda* sem lastro metálico, graças à expansão do crédito por meio de bancos com direito de emissão e/ou déficits públicos, provocando inflação, especulação e depreciação cambial, presumidamente sem efeitos produtivos significativos. O remédio amargo durante as crises cambiais (que se transmitiam, desde fora, independentemente da orientação fiscal e monetária do gabinete doméstico) era retirar de circulação o excesso de moeda inconversível, com controle do crédito e do gasto público, visando deflacionar preços de bens e ativos para apreciar o mil-réis contra o ouro e a libra esterlina e reverter pelo menos parte da depreciação trazida pela crise. Reformas propostas pelos *metalistas* impunham regras que limitavam emissões monetárias a um lastro limitado de reservas metálicas, o que conferia baixa elasticidade ao sistema doméstico de crédito, reforçando os limites ao desenvolvimento econômico colocados pelo escravismo e pela escala reduzida dos mercados domésticos, e tornando o ciclo de crédito doméstico muito dependente do ciclo internacional e, rotineiramente, das operações especulativas das filiais

---

por empresas de serviços públicos urbanos, firmas estrangeiras, credores externos, importadores e camadas médias urbanas consumidoras de produtos importados. Ver Aureliano (1981); Saes (1977, itens 2.4, 3.3, 4.3; 1983, capítulo 5); Cardoso de Mello; Tavares (1985); Kugelmas (1986, parte 2); Fritsch (1988); Perissinotto (1994); Souza (1995). Para os episódios de diplomacia financeira durante o Império, cf. Almeida (1985, capítulos 9 e 11).

dos bancos estrangeiros no mercado de câmbio e no financiamento do comércio exterior (Prado, 1991; Gremaud, 1997).

A concentração de poder necessário para colocar em prática políticas impopulares era facilitada pelo sistema político monárquico e pela demanda relativamente baixa de moeda e crédito inerente a um regime de trabalho escravo. No final da década de 1880, porém, a carência de moeda e crédito em meio à transição do regime de trabalho levou a descontentamentos e reivindicações crescentes que induziram um gabinete conservador a realizar uma reforma bancária que, em linha com proposições *papelistas*, autorizava a criação de bancos regionais com poder de emissão. A reforma foi aprofundada pelo primeiro gabinete republicano, com a política do ministro Rui Barbosa conhecida como Encilhamento (Tannuri, 1981; Franco, 1983).

A crise do regime monárquico eliminou os mecanismos de concentração de poder típicos do Poder Moderador, capaz de substituir gabinetes e formar maiorias parlamentares situacionistas esmagadoras. A primeira década republicana não presenciou a criação de novas instituições capazes de concentrar poder decisório suficiente no Poder Executivo federal, nem consenso sobre questões básicas de política econômica. De fato, a reforma monetária de Rui Barbosa foi combatida por alguns republicanos históricos, sobretudo gaúchos e paulistas (como o ministro da Justiça Campos Salles, futuro governador de São Paulo e presidente da República), temerosos com o potencial de inflação e instabilidade cambial que poderia trazer. A crise cambial de 1890 (associada a uma crise financeira no mercado londrino), a febre especulativa do Encilhamento e sua crise posterior aumentaram a resistência às reformas e políticas papelistas, à medida que a depreciação cambial trazia os resultados negativos característicos: inflação, fuga de capitais, crise fiscal e dificuldade de pagamento da dívida externa. A presidência Prudente de Moraes tentou colocar em prática as políticas ortodoxas tradicionalmente executadas para combater crises cambiais, mas não obteve apoio parlamentar para aplicar as reformas institucionais e os projetos orçamentários desejados, sendo incapaz de acertar um acordo duradouro com os credores externos. No final de seu mandato, a possibilidade de moratória da dívida externa assumia aspectos ameaçadores para a reputação e consolidação do regime republicano.

O acerto com os credores externos (*funding loan*) foi concluído, no final da presidência Prudente de Moraes, pelo candidato eleito Campos Salles em viagem aos centros financeiros europeus, em troca do compromisso de realizar um programa ortodoxo de política econômica e, como alegaria o presidente em suas memórias, sob a ameaça de intervenção militar britânica. Esse programa precisava ser apoiado pelo Parlamento de maneira que nenhum outro programa econômico republicano até então o fora. A operação de montagem do apoio parlamentar foi complexa, e teve efeitos políticos que não se restringiram ao mandato de Campos Salles, implicando a institucionalização do que se convencionaria chamar "Política dos Governadores", ou seja, um novo pacto político federativo que conferia apoio federal às situações estaduais, em troca de apoio parlamentar à gestão econômica do governo central, necessário para aprovar o programa impopular acertado com os credores externos. A receita ortodoxa foi realizada pelo ministro Joaquim Murtinho, trazendo recessão por meio de cortes orçamentários, contração do crédito e apreciação cambial, provocando desemprego urbano, crise industrial, queda da renda exportadora em mil-réis e falências bancárias. Internamente, o programa impopular foi defendido com recurso à ideologia de defesa da República e de um programa de "administração técnica e neutra" da crise econômica. Isto não convenceu os opositores, prejudicados pelos efeitos distributivos do programa, de modo que Campos Salles concluiu seu governo tendo restaurando o crédito internacional do país ao preço de impopularidade crescente (Lessa, 1988; Backes, 2006).

De todo modo, se uma expectativa que levava à negociação de um *funding loan* era a de tornar o país crível e apto para integrar-se a um novo ciclo de crédito internacional, esperava-se também que, internamente, a apreciação cambial (e o aumento resultante dos tributos sobre importações) relaxasse, com o tempo, o arrocho fiscal e creditício impopular. De fato, a austeridade do governo Campos Salles foi sucedida pela expansão do crédito externo e interno, do investimento urbano e do gasto público no mandato Rodrigues Alves (1902-1906): o acerto com os credores e a apreciação cambial baratearam o custo fiscal da dívida pública externa, enquanto a recuperação das importações e do gasto privado aumentou as receitas orçamentárias, permitindo a realização de um bloco de obras públicas que consolidou a recuperação econômica e beneficiou politicamente o conjunto de forças regionais que apoiava o governo federal. Em 1906, depois de um compromisso político tenso com grupos exportadores (sobretudo em São Paulo) prejudicados por oito anos de apreciação cambial, o Brasil voltou ao padrão ouro com a criação de uma *Caixa de Conversão*, abandonando-a apenas em meio à crise financeira global antes da Grande Guerra (Fausto, 1977).

A experiência Campos Salles-Rodrigues Alves consolidou a noção de que a política tradicional de acerto com os credores externos era a melhor a ser seguida diante de uma crise cambial e financeira, e que a receita de austeridade ortodoxa trazia resultados apenas temporariamente amargos. Atraindo capitais externos, apreciando o mil-réis e enfim retornando ao câmbio fixo, o país participaria de um novo *boom* internacional de empréstimos e investimentos diretos externos. De fato, o compromisso com os credores externos, com o regime monetário do padrão ouro e com a ortodoxia macroeconômica reafirmava a inserção subordinada do país no mercado financeiro internacional e sua especialização comercial dependente de exportação de *commodities* e importação de bens manufaturados, limitando o crescimento industrial (mas não impedindo) e resguardando a propriedade predominantemente estrangeira (interessada em rentabilidade calculada em divisas estrangeiras) da dívida pública, da logística de apoio ao comércio exterior e do setor de serviços públicos urbanos. A fórmula Campos Salles-Rodrigues Alves seria ainda ensaiada, na década de 1920, nos governos Artur Bernardes-Washington Luís: uma política recessiva e a negociação de um *funding loan* permitiram que o país acompanhasse um *boom* global de financiamento externo, produzindo apreciação cambial, aliviando temporariamente o custo fiscal da dívida pública externa e abrindo espaço para uma nova expansão do crédito, do orçamento público e da renda nacional, pelo menos até que uma nova crise ocorresse.

Crise mundial do liberalismo e questionamento político e ideológico à ortodoxia no Brasil

Ao longo da década de 1930, porém, três transformações estruturais inter-relacionadas, uma na economia mundial e as outras duas no Brasil, impediram a reprodução da resposta ortodoxa à crise que eclodiu no final dos anos 1920, em meio ao debate sobre a sucessão de Washington Luís: (a) a crise mundial do liberalismo econômico; (b) a emergência no Brasil de um governo sustentado em uma base política diferente daquela que sustentara o modelo de crescimento *hacia fuera* e a solução ortodoxa de suas crises cíclicas; e (c) a crítica de Vargas aos automatismos do padrão ouro e sua defesa da intervenção estatal sobre o sistema interno de crédito.

Primeiro, a própria radicalidade da crise financeira global tornou-se clara com o tempo: ela não se mostrou apenas mais uma crise cíclica da economia mundial regulada pelo padrão ouro, mas como uma crise estrutural do próprio sistema de integração econômica internacional, caracterizado desde meados do século XIX pela livre conversibilidade cambial e pelo liberalismo financeiro. Depois dessa crise, a economia mundial orientou-se para a fragmentação em blocos e para a administração estatal das relações econômicas internacionais, assim como da gestão de sistemas econômicos nacionais, com contração brusca e duradoura dos fluxos de financiamento e comércio internacional. Isto enfraqueceu o poder disciplinador dos credores externos sobre os governos e ao mesmo tempo abriu espaço para que diferentes governos ensaiassem formas heterodoxas de encaminhamento da crise econômica, sem forçar que todos agissem da mesma forma.[8]

Segundo, no caso brasileiro, a crise econômica e o processo político que levou à Revolução de 1930 direcionaram ao novo governo um conjunto de solicitações novas, exigindo graus de liberdade para a ação econômica do Estado que se mostrariam maiores do que as amarras da ortodoxia permitiam. As pressões políticas contra a ortodoxia já se apresentavam na década de 1920 e tendiam a aumentar à medida que a tentativa de refinanciar passivos externos fracassava, com o aprofundamento da crise mundial. Quanto mais tempo demorasse a retomada esperada do ciclo de financiamento externo (que não voltaria a ocorrer nos anos 1930 ou 1940), maior a resistência a que as exigências muitas vezes emergenciais de expansão do crédito e do gasto público fossem subordinadas a recomendações ortodoxas, cuja eficácia era varrida pela crise geral e pelo descrédito mundial que o liberalismo econômico (e em alguns casos político) passou a experimentar. Adiante, discutir-se-á como as propostas varguistas de intervenção sobre o sistema de crédito atendiam a um conjunto de interesses voltados

---

8 Para análises das mudanças das coalizões políticas que acompanharam as reações nacionais à crise geral, ver Gourevitch (1986, capítulo 4); Droz; Rowley (1986); Hobsbawm (1995, capítulo 4); Rothermund (1996). Uma síntese das mudanças na gestão econômica propiciadas pela ruptura da integração financeira internacional é de Hirsch; Oppenheimer (1976).

ao mercado interno que vinha colocando em questão a sustentação política da ortodoxia como meio de saída de crises.

De fato, as pressões políticas de diferentes grupos regionais contra a ortodoxia já haviam se manifestado no início da década de 1920, no governo Epitácio Pessoa, quando um projeto de lei tramitou no Congresso propondo a criação de institutos federais de defesa de diferentes produtos agrícolas. O projeto se inspirava na experiência exitosa de defesa do café ao longo da Grande Guerra, quando se recorreu à capacidade emissora do Banco do Brasil uma vez que recursos externos desapareceram com a guerra. Propunha-se então que recursos locais também fossem utilizados, anticiclicamente, para apoiar outras culturas, exigindo-se implicitamente maior autonomia na gestão da moeda e talvez mesmo do orçamento federal em relação às regras ortodoxas. A crise financeira e cambial do início dos anos 1920, porém, contribuiu para limitar os raios de manobra da política econômica, levando o governo Artur Bernardes a promover um ajuste monetário e fiscal austero, bloquear as demandas regionais de gasto, negociar o refinanciamento da dívida externa e receber a visita da Missão Norman Montagu, patrocinada pela Casa Rothschild para assessorá-lo na aplicação do programa ortodoxo. Até o instituto federal previsto para defesa do café teve sua criação bloqueada, selando o destino de institutos que protegeriam produtos com perspectivas mais limitadas ou inexistentes no mercado internacional. Mas em uma decisão com efeitos econômicos e políticos significativos, o Estado de São Paulo (presidido até 1924 por Washington Luís) recorreu independentemente a credores externos, resolvendo criar seu próprio Instituto do Café e um banco estadual para apoiar o esquema (o Banco do Estado de São Paulo, ou Banespa), o que contribuiria para a superprodução posterior ao defender preços muito elevados para o produto. Como a transferência de jurisdição era inviável para estados mais pobres, a iniciativa paulista aumentou o ressentimento contra a "monocultura" e deixou pendente a questão da ajuda federal à policultura como uma demanda central dos demais estados (Fausto, 1977).

O ressentimento contra a "monocultura" paulista aumentou quando o então presidente da República Washington Luís reagiu à crise financeira do final da década de 1920 com a austeridade tradicional, recusando-se a usar o Banco do Brasil ou déficits orçamentários para apoiar oligarquias regionais em apuros, além de enfraquecer sua própria base de apoio junto à cafeicultura paulista, também carente de apoio federal. A própria insistência em impor um sucessor paulista à Presidência (Júlio Prestes), esgarçando o pacto federativo, pode ser parcialmente explicada pela crença de que Prestes era o sucessor talhado para colocar em prática o programa ortodoxo e recuperar a reputação financeira do país.[9] Diante dessa imposição, a Aliança Liberal e mais tarde o movimento revolucionário de 1930 se rebelaram, tendo como principal lema da plataforma econômica a defesa da policultura, contra os desastres da monocultura e da tirania paulista. O apego de Washington Luís à ortodoxia aguçava as tensões federativas e dificultava a composição de interesses, a ponto de que mesmo a demanda do Instituto do Café de São Paulo, incapacitado de obter créditos externos para defender o preço do café, foi recebida com a famosa declaração de passividade federal, esperando recuperar a reputação e a solvência internacional do país: que o mercado se autorregule ("salve-se quem puder").

Assim, se o esquema político-federativo da "Política dos Governadores" foi criado em 1898 exatamente para que o governo federal, liderado por Campos Salles e Joaquim Murtinho, tivesse autonomia política para executar um programa ortodoxo negociado com os credores externos, a autonomia exigida por Washington Luís e Júlio Prestes, em 1930, para realizar uma linha de ação similar contribuiu para aumentar as tensões federativas até o ponto de ruptura. A diversificação de interesses era evidente trinta anos depois do pacto de Campos Salles: vários complexos econômicos regionais dependiam mais da pujança do mercado interno, seja porque seus produtos se mostravam incapazes de concorrer nos mercados internacionais, seja porque o próprio dinamismo do complexo cafeeiro ajudara a integrar crescentemente o mercado nacional, com diversificação agrícola e industrial marcante. Essas transformações estruturais condicionaram as mudanças de alinhamento político e de plataforma de política econômica manifestas em 1930 (Cano, 1990; Perissinotto, 1994).

É significativo o realinhamento do Partido Republicano Rio-grandense (PRR) e de seu líder no final da década de 1920, Getúlio Vargas. A posição tradicional do PRR era contrária ao recurso a emissões e desvalorização cambial para defender a renda dos exportadores cafeeiros, ameaçando desequilíbrios inflacionários que deprimiriam a renda real de consumidores de

---

9 Para essa e outras razões da preferência por Prestes, ver Fausto (1978) e Lessa (1988).

produtos voltados ao mercado interno, como era a maior parte da produção do Rio Grande do Sul, seja a que abastecia o mercado nacional (como a pecuária), seja aquela inicialmente limitada às fronteiras do Estado. O interesse particular dos produtores gaúchos era apoiado também por considerações doutrinárias vinculadas ao positivismo, que pregava a busca do equilíbrio orçamentário (consequentemente, a recusa a déficits financiados com emissões) como regra básica de conduta republicana, muito embora se atribuísse ao Estado o papel de coordenar a anarquia do mercado e garantir a coesão social, com a "integração do proletariado à sociedade moderna" (Fonseca, 2004; 2005; e no Capítulo 2 deste livro).

Ao longo da década de 1920, o interesse do estado na preservação do dinamismo do mercado interno aumentou, uma vez que um conjunto crescente de produtos deixava as fronteiras do Rio Grande do Sul para abastecer o mercado nacional. De todo modo, o alinhamento do PRR à ortodoxia federal ainda era evidente em 1926: depois de elogiar o programa austero de Artur Bernardes, Vargas tornou-se o primeiro ministro da Fazenda de Washington Luís, concluindo a criação de uma *Caixa de Estabilização* que limitava o arbítrio soberano do Estado brasileiro em questões monetárias, ao vincular novas emissões primárias à disponibilidade de reservas cambiais livremente conversíveis, a uma taxa de câmbio fixa perante o ouro. Mais tarde, a plataforma da Aliança Liberal uniria a defesa da policultura a uma crítica veemente da política para o café executada pelo Estado de São Paulo, por não se limitar a defender o preço do produto em uma crise, mas inflacioná-lo com recurso ao crédito excessivo, arriscando desequilíbrios cambiais e monetários que prejudicariam os demais estados e culturas voltadas ao mercado interno.[10]

Uma vez chefe de um governo revolucionário, porém, Vargas não poderia se prender por considerações doutrinárias e opiniões partidárias prévias, por exemplo, renegando a plataforma de defesa da policultura por razões ortodoxas e assim cometendo suicídio político, ou deixando o café apodrecer na lavoura, com impactos sistêmicos sobre o mercado interno que eram

---

10 Ver Fonseca (1987, capítulos 2 e 3) e Fausto (2006, capítulo 1). Comentando o governo Bernardes em janeiro de 1926, Vargas alegou que "a situação financeira com as medidas aplicadas com firmeza pelo governo federal combatendo o inflacionismo tem melhorado muito, refletindo-se na alta do câmbio e no equilíbrio orçamentário, que é um dos pontos do programa do atual governo" (apud Fonseca, 1987, p.86).

evidentes. Pelo contrário, precisava recorrer a novas políticas para moderar a crise econômica e consolidar um novo pacto político capaz de sustentar o governo. Para essa tarefa econômica e política, suas ideias heterodoxas a respeito da intervenção estatal sobre o sistema de crédito, já colocadas em prática na presidência do Rio Grande do Sul desde 1928, forneciam um roteiro de ação eficaz.

De fato, a ruptura de Vargas com a ortodoxia se iniciou, antes da Revolução de 1930, no Rio Grande do Sul, quando novas políticas foram propiciadas por inovações institucionais que anteciparam, de certo modo, a economia política da recuperação econômica na década de 1930. É digno de nota que as inovações institucionais e as políticas heterodoxas de crédito foram pública e, portanto, conscientemente apresentadas com uma retórica que elogiava o desenvolvimento amparado pelo Estado, mas que não prescindia do recurso a créditos externos que reforçassem a capacidade de ação do Estado na política de desenvolvimento. Por exemplo, Vargas tomou em 1928 um empréstimo externo de US$ 42 milhões para criar o Banco do Estado do Rio Grande do Sul (Bergs), empresa estatal destinada, nas palavras de Vargas, a "fazer a defesa de nossa produção, constituindo um propulsor da riqueza e do progresso", realizando empréstimos "a juros módicos e largos prazos". Além disso, estimulou a criação de institutos corporativos que associassem produtores para a defesa do preço dos produtos, contando com o apoio do Bergs, mas prometendo fiscalizar operações para "evitar os excessos", ou seja, ações coordenadas para impor preços exagerados. Ao mesmo tempo que elogiava a estabilidade cambial na administração Washington Luís por facilitar tanto a expansão do crédito externo como a do crédito interno, justificava a criação do banco público por razões desenvolvimentistas, alegando que o lastro metálico "não satisfaz as exigências do progresso econômico". Esse progresso depende da elasticidade do crédito para amparar fazendeiros e agricultores "contra as flutuações dos mercados consumidores" e estimular novas atividades recorrendo à "simples promessa de pagamento, que, por sua vez, se converte em riqueza, estimulando o trabalho e se transmutando em novos valores" (Vargas, 1927; 1928a).

A nova política de crédito proposta por Vargas se afastava dos automatismos do padrão ouro, não se limitando a uma mera declaração de princípios, mas se materializando em uma inovação institucional com consequências políticas e econômicas significativas. O Bergs não apoiou apenas a diversificação produtiva da economia gaúcha, mas também foi instrumento central de uma composição política com os inimigos tradicionais do PRR, ou seja, os políticos e estancieiros liberais da região da Campanha gaúcha, especializada na pecuária de corte desde o período colonial e base dos principais políticos gaúchos do Império. De fato, o governo de Vargas caracterizou-se pela conciliação entre as tendências inimigas do Estado, o que se expressou em uma política que, pela primeira vez de maneira sistemática, atendia as reivindicações de ajuda governamental que a Campanha fazia ao PRR. Segundo Pedro Fonseca (1987; 2004; e no Capítulo 2 deste livro), essas reivindicações eram até então preteridas pelo apoio conferido às regiões central e serrana, onde a diversificação da policultura gaúcha se materializara no período republicano, contra as vulnerabilidades que o PRR enxergava na especialização monocultora tradicional.

Por outro lado, se é verdade que o apoio à diversificação econômica já era uma política tradicional do PRR, esse apoio era tolhido pelos limites que a doutrina positivista colocava ao uso do crédito como meio de fomento ao desenvolvimento econômico, por exemplo, com o recurso à máxima de que "não se deveria gastar o que não se tem". Nesse sentido, a criação do Bergs, o estímulo a órgãos setoriais corporativos e a declaração de princípios de Vargas sobre a importância do crédito na economia moderna eram significativos de inovações políticas e ideológicas importantes, já estando distantes do *ethos* ortodoxo, mas superando também os limites do positivismo. É verdade que as declarações de princípio favoráveis a estender o incentivo à diversificação manufatureira não se materializaram imediatamente nas políticas de crédito do Bergs, orientadas mormente para a diversificação agrícola do Rio Grande do Sul. Mas, ao legitimar a criação de um banco estatal com objetivos desenvolvimentistas e finalidades políticas evidentes, a declaração de princípios que criticava a escassez do "dinheiro metálico" e elogiava "um elemento imaterial destinado a atingir os limites da flexibilidade, que é o crédito", expressão de "um estado de confiança e segurança econômica", foi corretamente apontada como momento crucial na criação da ideologia e da prática desenvolvimentista varguista.[11]

---

11 Ver Fonseca (2004) e o Capítulo 2 deste livro, sobre a síntese que a ideologia desenvolvimentista realizava entre positivismo, papelismo e nacionalismo; e Bastos (2006), sobre a evolução

A transição de política econômica nos anos 1930: contradições, cálculos e reavaliações

Se novas definições ideológicas e inovações institucionais já haviam sido testadas no Rio Grande do Sul, quando exatamente a ortodoxia macroeconômica foi superada, no plano federal? É difícil responder à pergunta com precisão, mas se pode afirmar que o ritmo da mudança foi diferente para as políticas monetária e de gasto público, muito embora os credores internacionais estivessem atentos ao desdobramento de ambas pelo menos desde que se acertou a visita da Missão Niemeyer, patrocinada pela Casa Rothschild em 1930 (Abreu, [1977] 1999). Diante da fiscalização severa dos credores internacionais, a ortodoxia monetária foi sacrificada antes da austeridade fiscal. Pelo menos três motivos explicam a divergência de ritmos: (a) as preferências ideológicas de Getúlio Vargas; (b) o poder de veto dos credores internacionais; e (c) as exigências práticas colocadas pelo controle de crises políticas e econômicas e, depois, pelas necessidades de consolidação de um novo pacto político e de uma nova via de desenvolvimento capitalista no Brasil.

As orientações ideológicas de Vargas eram diferentes nas questões monetárias e fiscais. No que tange ao crédito, a prática do governo federal atendeu às solicitações de expansão feitas por grupos socioeconômicos ameaçados pela crise e foi coerente com as convicções ideológicas manifestas em 1928. Cabe enfatizar, porém, que a criação de um banco público reforçava deliberadamente a capacidade estatal de fomento ao desenvolvimento econômico, mas a expansão do crédito interno não era vista por Vargas, em 1928, como substitutiva ao crédito externo. Pelo contrário, o episódio da criação do Bergs mostra que Vargas não prescindia do recurso a créditos externos que reforçassem a capacidade de ação do Estado sobre o sistema de crédito, ou seja, via ambos não como incompatíveis, mas complementares. Mesmo em janeiro de 1930, a crer nos discursos da campanha presidencial, *a menos* que o crédito

---

posterior do ideário nacional-desenvolvimentista varguista. Nas palavras de Fausto (2006, p.34): "A criação do Bergs expressou sobretudo o reforço do papel do Estado, dinamizando as atividades econômicas, por suas funções creditícias. O grosso de seus recursos, nos primeiros tempos, foi destinado ao setor pecuário, em crise desde o início da década de 1920. Do ponto de vista político, representou um fator que facilitou a crescente aproximação entre governo e oposição. Por exemplo, Assis Brasil, que durante longos anos amargou o boicote dos estabelecimentos creditícios locais, por força das pressões de Borges de Medeiros, captou um considerável empréstimo no Bergs, logo após sua abertura".

externo desaparecesse (como praticamente ocorreria), considerava-se que o crédito público continuaria tendo papel não substituto, mas complementar, necessário para superar a escassez relativa do "dinheiro metálico [que] não satisfaz as exigências do progresso econômico". Como veremos, a constatação de que ambos podiam expandir-se em conjunto não implicava que se pretendesse seguir o automatismo do padrão ouro, isto é, que o crédito interno devesse reduzir-se, pró-ciclicamente, se o crédito externo se contraísse.

Na campanha eleitoral, antes da falência da *Caixa de Estabilização*, Vargas prometia dar continuidade ao programa de estabilização cambial que executara como ministro de Washington Luís, não apenas por causa da adesão tradicional do PRR ao controle da inflação, mas por considerar que a estabilidade cambial era condição para não perder o crédito externo e facilitar a expansão desejada do crédito interno. Aliás, Vargas reiterava que o capital inicial do Bergs fora propiciado por um empréstimo externo viabilizado pela estabilidade cambial alcançada com Washington Luís, tornando "necessário um compasso de espera [antes que se possa] atingir a parte final do plano: o resgate do papel inconversível e a instituição da circulação metálica" (Vargas, 1930, p.48). Isso só poderia ocorrer "após o decurso de um tempo que não pode ser fixado com precisão, porque depende do nosso desenvolvimento econômico, do aumento de nossa capacidade produtora e do estoque de ouro da Caixa de Estabilização". As qualificações pragmáticas e desenvolvimentistas ao compromisso com a estabilidade cambial seguiam-se imediatamente no programa eleitoral:

> Só a prática, aliás, fornece a prova decisiva da eficiência de quaisquer planos e sistemas, ainda os de mais sólida e perfeita arquitetura. Por isso mesmo, quando opino, em princípio, pela manutenção e consolidação da política financeira em vigor, não excluo, é claro, a possibilidade de se lhe introduzirem as modificações e melhoramentos que a experiência aconselhar. Nenhuma política financeira poderá vingar sem a coexistência paralela da política do desenvolvimento econômico [...] O problema econômico pode-se resumir numa palavra – produzir, produzir muito e produzir barato, o maior número aconselhável de artigos, para abastecer os mercados internos e exportar o excedente das nossas necessidades. Só assim poderemos dar sólida base econômica ao nosso equilíbrio monetário, libertando-nos, não só dos perigos da monocultura, sujeita a crises esporádicas, como também das valorizações artificiais. (Vargas, 1930, p.48)

Se uma base econômica diversificada era a base do equilíbrio cambial desejado, qual era a política de desenvolvimento proposta para "coexistência paralela" com o compromisso cambial ortodoxo, de modo a sustentar o equilíbrio cambial em bases sólidas? Em outras palavras, qual política de desenvolvimento poderia sustentar o equilíbrio cambial em bases sólidas? Aqui a ruptura com a ortodoxia era mais clara, pois admitia-se que o Estado devia agir diretamente para induzir mutações do sistema econômico, por meio de intervenções sobre o sistema de crédito. Nas palavras de Vargas, além da política moderada de substituição de importações (evitando indústrias "artificiais" que aumentassem importações de insumos, pelo menos antes de encaminhada a "solução do problema siderúrgico") e do estímulo à policultura por meio da integração do mercado interno e da diversificação das exportações, uma reforma institucional no Banco do Brasil, em linha com o que já ocorrera no Rio Grande do Sul, era essencial para tornar o banco público

> um propulsor do desenvolvimento geral, auxiliando, nesse caráter, a agricultura, amparando o comércio, fazendo redescontos, liderando, em suma, todo o sistema bancário, no sentido do contínuo engrandecimento do país. Atingir-se-á esse objetivo mediante a criação de carteiras especiais para o comércio, para a agricultura, para as indústrias etc. Além do café, outros produtos estão a reclamar produção e defesa. Entendo que o problema só terá solução quando for criada no Banco do Brasil uma carteira agrícola. Esta deverá atender às necessidades do produtor, isto é, facilitar-lhe os recursos necessários tanto para o desenvolvimento da produção quanto para o aperfeiçoamento da produção [...] O que aí se preconiza em relação ao açúcar, tem aplicação plena quanto ao algodão, aos cereais em geral, à erva-mate, ao cacau etc. É o que se tem feito, no meu Estado, com o charque, com o arroz, a banha e o vinho [...] No Rio Grande, o governo intervém junto aos produtores, apenas, com o adiantamento do numerário, garantido pela produção, e com a fiscalização. (Vargas, 1930, p.55)

Essa proposta de campanha implicava uma rejeição total dos automatismos do padrão ouro, ao legitimar políticas nacionais autônomas e anticíclicas perante o ciclo financeiro internacional. De fato, dizer que a expansão do crédito externo, facilitada pela estabilidade cambial, propiciara a expansão do crédito interno antes da crise financeira mundial não implicava dizer que o crédito interno devesse necessariamente reduzir-se se o crédito externo viesse a se contrair, embora essa política pró-cíclica fosse o cerne das "regras do jogo" do padrão ouro. Em suma, a contradição entre expansão do crédito interno e ortodoxia monetária internacional, se persistisse, devia ser (como de fato foi) resolvida com o apoio à expansão interna. Na prática, se o cerne das regras ortodoxas de gestão das crises financeiras era fazer o crédito doméstico e a oferta de moeda variarem *pró-ciclicamente*, acompanhando a redução do crédito externo, o governo Vargas não foi ortodoxo nem em 1931. O recurso ao crédito público não se limitou a um papel complementar, mesmo antes de ter ficado claro que novos empréstimos externos líquidos desapareceriam por um tempo indefinido, mas substituiu rapidamente algumas das funções anteriores do crédito externo, como por exemplo na defesa do café, além de conferir elasticidade ao sistema de pagamentos e apoiar a diversificação produtiva.[12]

Nesse sentido, Vargas mostrou bem mais capacidade de adaptação às circunstâncias históricas que Washington Luís, embora seu governo continuasse buscando recuperar o crédito externo do país, pelo menos até que a crise estrutural do sistema financeiro internacional se tornasse evidente. De fato, precisando moderar a crise e consolidar um novo pacto político, Vargas não podia nem renegar a plataforma de defesa da policultura ou abandonar a defesa do café (por razões ortodoxas), nem cortar imediatamente laços com os credores externos e as exigências de reputação financeira do país, manifestas tipicamente por recomendações ortodoxas que visavam assegurar a geração de reservas cambiais. Por isto, as recomendações ortodoxas dos credores externos não tinham força para bloquear as pressões pela expansão do crédito interno, mas também não podiam ser abandonadas senão de maneira gradual, e sem anúncio a plenos pulmões, pelo menos até 1937.[13]

---

12 A rejeição da política pró-cíclica, sob pressão das circunstâncias, fica clara na passagem do diário em que Vargas relata reunião com o ministro Whitaker, em 23 de dezembro de 1930, em que não resistiu à demanda de defender (não valorizar) o café, esclarecido que a demanda de emissão tinha ordem geral e não se limitava ao café: "Recebo o ministro Whitaker e o secretário da Fazenda de São Paulo. Faço várias objeções ao pedido de emissão, alegando que não devíamos rescindir nos erros dos governos passados, querendo forçar a valorização e retendo o café. O ministro da Fazenda contesta que não se trata de uma emissão comum, mas de ordem geral, para todo o país, e somente sobre os efeitos comerciais. Afirma ser impraticável a venda do *stock*, porque os americanos não comprariam fiado, na maior baixa dos preços. Faço ainda outras objeções, mas concordo, afinal, com a emissão" (Vargas, 1995, p.34).

13 Já em novembro de 1930, Vargas emitiu vários sinais para acalmar os credores externos (Fonseca, 1987, p.136-7).

Assim, não se pode afirmar que o apego doutrinário à ortodoxia bloqueou políticas anticíclicas e dificultou a recuperação econômica brasileira, tal como defendido por Peláez (1972) em sua crítica a Furtado ([1959] 1989). Ideias heterodoxas sobre o crédito, cálculos pragmáticos e reavaliações da conjuntura inviabilizam a execução de um programa ortodoxo. No que tange ao café, por exemplo, a crítica anterior da Aliança Liberal ao programa de valorização perdia o sentido, pois não se tratava mais de arriscar provocar inflação artificial e superprodução (com risco de deflação posterior da *commodity* e problemas cambiais futuros), mas de moderar a deflação do café e os problemas cambiais concretamente experimentados, com impactos sistêmicos sobre os demais estados. Por outro lado, é razoável que Vargas e seus colaboradores econômicos mais próximos não tivessem capacidade de antecipar *todas* as consequências econômicas da decisão de defender o café; mas, ao contrário do que afirmou Furtado, o ex-presidente logo se mostrou consciente do impacto sistêmico da crise cafeeira e dos efeitos sistêmicos positivos, a curto prazo, da política anticíclica.[14]

Se a política de proteção foi aplicada para o café com o recurso ao crédito público, ela não poderia deixar de estender-se para a defesa de outras culturas. De fato, atestam o estímulo à policultura várias reformas institucionais realizadas no Ministério da Agricultura, por exemplo, a criação do Serviço de Inspeção e Fomento Agrícolas (Sifa) e a profusão de órgãos federais criados para estimular ramos específicos (Instituto do Açúcar e do Álcool, do Cacau, do Mate, do Pinho e do Sal). Talvez o único dos órgãos federais criados que trazia no nome sua marca regional foi o cacau (o Instituto do Cacau da Bahia, de 1931), embora todos tivessem implicações regionais evidentes. O estímulo à policultura era induzido não apenas pela flagrante vulnerabilidade inerente à especialização monocultora, mas pelas várias pressões setoriais e regionais que o governo provisório buscava incorporar,

---

14 Em outubro de 1931, Vargas se manifestou publicamente sobre as vantagens da política cafeeira: "Economicamente, o país caíra em verdadeiro colapso. A retenção prolongada do café nos reguladores paulistas obstruía literalmente os mercados nacionais, impedindo os lavradores de vender, ou sequer, de caucionar o que produziam. Em consequência, cessaram eles os seus pagamentos aos próprios colonos, e, por tal motivo, os comerciantes do interior, privados de receber o que já tinham adiantado, colocaram os atacadistas em dificuldades extremas, que se refletiam, por seu turno, nas indústrias, paralisando o respectivo movimento [...] A urgência de restabelecer o ritmo de nossa vida econômica determinou a providência da compra dos *stocks*" (apud Corsi, 1997, p.38-9).

não mais por meio do parlamento, mas da diferenciação institucional do aparelho de Estado, de uma estrutura de representação política corporativa e da expansão do crédito público. Ainda em 1932, Vargas acreditava que essa diferenciação deveria se refletir em reformas institucionais do sistema bancário, visando fomentar bancos especializados em créditos agrícolas, "com intuito determinado de promover o surto de novas riquezas agrícolas e amparar indústrias de produção existente: café, açúcar, cacau, álcool--motor, pecuária e seus derivados" (Vargas apud Fonseca, 1987, p.212).[15]

Na prática, a intervenção estatal se fez por meio da expansão de empréstimos e agências do Banco do Brasil, enquanto diversas reformas institucionais adaptavam o sistema bancário às necessidades de expansão do crédito: dentre outras, a recriação da Caixa de Redesconto do Banco do Brasil (Cared) em 24 de dezembro de 1930, pouco depois da posse do Governo Provisório, conferindo liquidez ao sistema bancário em crise, e funcionando como instrumento de defesa do café, com recurso à emissão; a criação da Caixa de Mobilização Bancária em 1932, subordinada à Cared, defendendo instituições bancárias do risco de insolvência; as reformas da Cared em 1932, permitindo o desconto de títulos do Conselho Nacional do Café, e em 1934, permitindo o desconto de títulos agrícolas e industriais; o uso da Cared e da Caixa de Mobilização Bancária (Camob) para cancelar a metade das dívidas existentes de fazendeiros e pecuaristas junto ao sistema bancário (Programa de Reajustamento Econômico, em 1933), favorecendo sobretudo os ramos de café, cana e pecuária, mas simultaneamente permitindo aos bancos usar esses ativos impagáveis para liquidar empréstimos tomados junto à Camob (financiados por emissões da Cared). Finalmente, a criação da carteira de Crédito Agrícola e Industrial (Creai) do

---

15 No balanço do primeiro ano de governo, Vargas celebrava que o Sifa já contava com 330 campos experimentais para cooperação público-privada, que produziriam 600 toneladas de várias espécies em 1932 – e segundo Vargas estariam desenvolvendo pesquisas nas culturas de batata, coco, cacau, castanha, cana, cebola, arroz, feijão, marmeleiro, vinha, mandioca, soja, mate, fumo, banana e abacate (Fonseca, 1987, p.212). Em 1935, Vargas não deixaria de frisar os êxitos da política de algodão do Ministério da Agricultura: "A prática da policultura, acoroçoada pela Revolução, a fim de garantir-nos contra possíveis colapsos desastrosos, vai obtendo rendimentos notáveis. O algodão entra em ascensão vertiginosa na coluna estatística de nossa economia. É hoje o segundo produto da nossa exportação. Em 1933, anunciavam-se os primeiros frutos da 'campanha do algodão' [...] Calcula-se, este ano, que a produção do 'ouro branco' se elevará a cerca de 300 milhões [de quilos]" (apud Fonseca, 1987, p.213).

Banco do Brasil (outubro de 1937), a primeira carteira do banco especializada em crédito de longo prazo.[16]

É significativo do uso anticíclico das emissões do Tesouro, da Cared e dos empréstimos do Banco do Brasil que os meios de pagamento se expandiram 16,1% em 1931, quando o país ainda sofria crise no sistema de crédito e grande fuga de capitais (até a restauração de controles cambiais em setembro), e enquanto a Missão Niemeyer ainda estava no Brasil para avaliar a capacidade de pagamento de débitos externos do país e fazer recomendações ortodoxas para garanti-la. A pressão ortodoxa não teve relevância nas questões monetárias porque, além de contrariar as opiniões heterodoxas de Vargas, uma ação pró-cíclica do governo aumentaria o risco sistêmico, provocando falências e queda da arrecadação fiscal que prejudicariam a capacidade de pagamento de débitos externos, particularmente da dívida pública. Como o objetivo do governo no trato com Niemeyer era obter sinal verde para a negociação de um *funding* da dívida pública, acentuar a fragilidade fiscal do governo e o risco financeiro sistêmico era um efeito previsível que inviabilizava a ortodoxia.

Tabela 1 – Base monetária, meios de pagamento e preços (1930-1937)

Em %

	1930	1931	1932	1933	1934	1935	1936	1937
Base	-16,26	3,5	10,1	-6,2	4,0	14,4	12,1	12,3
Meios	-14,7	16,1	18,2	-3,3	14,7	5,4	11,6	11,5
Preços	-12,4	-10,9	1,5	-2,0	6,3	4,8	1,6	9,4

Fonte: Villela; Suzigan (1973, p.413); Neuhaus (1975, p.192).

O mesmo não pode ser dito sobre a política de gasto público, na qual o escrutínio internacional sobre a capacidade de pagamento da dívida pública

---

16 Cf. Villela; Suzigan (1973); Neuhaus (1975); Malan et al. (1977); Oliveira (1996); Bastos (2004). A respeito da carteira, Vargas afirmaria em 1940: "A disseminação das agências do Banco do Brasil para o fim de dar ao crédito expansão crescente, através de todas as zonas de produção, constitui prova flagrante de que, pela primeira vez depois de implantado o regime republicano, o Brasil pratica uma política de financiamento especializadamente executada em proveito das forças que promovem o desenvolvimento da economia nacional" (apud Fonseca, 1987, p.261).

externa tendia a ter mais sucesso por contar com a aversão de Vargas ao desperdício e a déficits. Se o elogio da expansão do crédito era anterior a 1930, a rejeição de déficits correntes também o era. O objetivo alegado no Rio Grande do Sul, porém, não era produzir saldos ociosos, mas assegurar o crédito do Estado e financiar despesas de investimento (Vargas, 1928b, p.525-7, 548-62). De todo modo, ainda que Vargas e alguns de seus colaboradores pudessem considerar que o equilíbrio fiscal e a limitação de emissões monetárias primárias (mas não a contração do crédito) fossem políticas adequadas em condições ideais, ou que moderar pressões inflacionárias fosse política correta quando esse problema se colocasse concretamente, eles não se mostraram dispostos a sacrificar o realismo político e a perspicácia econômica em uma circunstância repleta de emergências econômicas e políticas, na qual a realização incondicional de políticas ortodoxas teria efeitos desastrosos. De fato, a tentativa de conciliar a restauração da credibilidade financeira externa e a recuperação da capacidade de investimento mostrou-se inviável ao longo do tempo, pois os serviços da dívida pública externa pressionavam tanto o resultado fiscal como a capacidade de importar do país.[17]

---

17 Depois de 1930, a preocupação do governo em assegurar o crédito internacional marcou de início a renegociação da dívida externa e a definição de prioridades para uso de reservas cambiais: ver Abreu (1999); Bouças (1955). Nas palavras de Bastos (2006): "A tática inicial foi buscar um compromisso com credores, preparando o cenário para uma retomada de empréstimos, negociando-se um *funding loan* em 1931. Mesmo quando a conjuntura de escassez de divisas forçou a aplicação de novos controles cambiais, em setembro de 1931, a necessidade de selecionar usos prioritários para as divisas se fez para satisfazer a capacidade de pagamento de parte da dívida, mesmo que isto reiterasse a escassez de divisas para importações essenciais. Outro *funding loan* seria negociado em 1934 por Oswaldo Aranha, recém-nomeado embaixador nos EUA, visando reduzir dispêndios para patamares mais adequados às reservas cambiais brasileiras e às expectativas pessimistas de novos recursos. Mas estimativas indicam que foi preciso esperar até novembro de 1937 para que uma nova moratória reduzisse dispêndios para níveis inferiores à capacidade de pagamento brasileira, liberando reservas cambiais para financiar importações destinadas a obras públicas e ao reaparelhamento militar".

Tabela 2 – Brasil: indicadores de solvência externa (1931-1945)

Em milhões de libras esterlinas

Ano	Exportações	Saldo comercial	Serviços da dívida pública externa	Serviços/ Exportações	Serviços/ Saldo Comercial(%)	Serviços/Receita fiscal (%)
1931	53,8	23,7	20,4	40,6	86,1	34,6
1932	51,2	20,7	6,8	24,4	32,9	7,5
1933	52,8	11,3	6,2	22,5	105,3	10,7
1934	58,0	16,1	7,1	21,7	78,3	22,7
1935	55,0	9,1	7,5	13,6	82,4	14,1
1936	64,5	17,8	7,9	12,2	44,4	13,5
1937	70,2	3,3	8,5	12,1	257,6	10,9
1938	60,3	0,1	0,0	0	0	0
1939	68,8	10,0	0,0	0	0	0
1940	65,2	3,1	3,4	5,5	109,7	3,7
1941	89,7	15,0	4,1	4,9	27,3	4,2
1942	100,0	35,1	4,0	4,2	11,4	4,0
1943	116,4	31,3	3,9	3,6	12,5	3,0
1944	143,0	32,5	18,8	13,9	57,9	7,1
1945	162,6	43,5	10,8	7,0	24,8	5,6

Fonte: Abreu (1999, p.46, 149, 236).

Não surpreende que Vargas anunciasse a moratória da dívida externa em 10 de novembro de 1937 contrapondo seu pagamento à exigência de recursos para o desenvolvimento econômico, ao mesmo tempo que criticava a ortodoxia financeira e a sucessão de *funding loans* que superavam crises antigas para levar a novas crises, na justificativa da moratória:

> Não podemos por mais tempo continuar a solver dívidas antigas pelo ruinoso processo de contrair outras mais vultosas, o que nos levaria, dentro de pouco tempo, à dura contingência de adotar solução mais radical [...] As nossas

disponibilidades no estrangeiro absorvidas, na sua disponibilidade pelo serviço da dívida e não bastando, ainda assim, às suas exigências, dão em resultado nada nos sobrar para a renovação do aparelhamento econômico, do qual depende todo o progresso nacional. (Vargas, 1938, v.5, p.27)

Por outro lado, antes da moratória, embora as preocupações com a recuperação do crédito externo fossem centrais para a política econômica, não é possível desconsiderar declarações públicas de Vargas a favor da austeridade fiscal como retórica apenas "para inglês ver". Várias passagens do diário de Vargas, não sendo destinadas a interlocutores, refutam a hipótese de Abreu (1999) de que certas declarações, no contexto da missão Niemeyer, não eram "indicativas da intenção de realmente implementar suas recomendações", ou de preocupação genuína com o déficit fiscal. A aversão de Vargas a déficits e o escrutínio dos credores externos ajudam a explicar por que ocorreu contração de despesas em 1931, porque o programa de defesa do café foi financiado predominantemente com impostos até 1933, e por que Vargas por muito tempo se lamentou em seu diário por não ter sido capaz de garantir o equilíbrio orçamentário desejado (Vargas, 1995, 21 nov. 1935).

Se recuperarmos a conjuntura de incerteza a respeito do comportamento do preço do café, em condições de evidente superprodução, não se pode afirmar, retrospectivamente, que a decretação de impostos sobre os exportadores de café para financiar a estocagem com menor expansão do crédito não expressou qualquer preocupação em limitar o crédito ou não teve qualquer impacto sobre a renda dos cafeicultores, dada a "suposição de que a maior parte do imposto foi desviada do exterior devido à demanda inelástica resultante da posição dominante do Brasil no mercado mundial" (Fishlow, 1972, p.27). Em primeiro lugar, porque essa suposição é a do pesquisador que faz a análise retrospectiva, e não recupera a percepção dos próprios agentes históricos sobre o processo histórico com resultados incertos em que viviam: como se podia ter certeza, na época, que o imposto seria majoritária ou inteiramente transferido para o oligopsônio internacional que comprava o café, se o oligopsônio vinha forçando com sucesso uma queda dos preços internacionais do produto, em condições de superprodução? E se o imposto era transferido para o exterior (incorporado supostamente a um preço maior do produto), e não para rendas internas (como lucros e, principalmente, salários), por que tornou-se necessário reduzir sua participação no *funding* da estocagem em vantagem da expansão do crédito, a partir de 1933? Segundo, o argumento é contrafactual: o preço internacional do café continuou caindo depois da decretação do imposto (Silber, 1977, p.178), e não se pode saber se o preço seria ainda menor caso o imposto não fosse cobrado (pois o imposto foi de fato cobrado). Em suma, a decisão de criar um novo imposto expressou alguma preocupação com equilíbrio fiscal e/ou com a necessidade de acomodar a opinião e o interesse dos credores externos.

Tabela 3 – Evolução das finanças federais (1930-1939)

Em milhares de Cr$ correntes

Ano	Orçamento			Execução orçamentária		
	Receita	Despesa	Saldo	Receita	Despesa	Saldo
1930	2.365	3.020	-655	1.674	2.510	-836
1931	2.670	2.452	218	1.752	2.046	-294
1932	2.242	2.217	25	1.695	2.859	-1.164
1933	2.125	2.101	24	2.096	2.392	-296
1934	2.086	2.355	-269	2.518	3.050	-532
1935	2.169	2.691	-522	2.723	2.872	-149
1936	2.537	2.893	-356	3.127	3.226	-99
1937	3.218	3.726	-508	3.462	4.143	-681
1938	3.824	3.875	-51	3.880	4.735	-855
1939	4.070	4.065	-5	4.297	4.850	-553

Fonte: Villela; Suzigan (1973, p.185).

É provável que a moderação na rejeição da ortodoxia fiscal também resultasse da incerteza inerente à experimentação de políticas novas, até então pouco justificáveis teoricamente. Como dizia Furtado, o keynesianismo varguista se fez *avant la lettre*. Mas como os déficits não traziam a indesejável pressão inflacionária (aliás, o gasto público procurava mesmo elevar preços de alguns bens), é natural que as preocupações fossem relaxadas com o tempo. Também não podia durar muito a esperança de recorrer ao velho hábito de reescalonar débitos por meio de *funding loans*, e assim superar a crise apelando, pelo menos em parte, aos métodos tradicionais.

Como, na prática, os credores externos só pareciam dispostos a rolar parte dos débitos vincendos, sua pressão não era suficiente para impedir a realização de políticas emergenciais afastadas da ortodoxia, embora talvez levasse o novo governo a moderar, quando possível, o tamanho dos déficits realizados e, sobretudo, dos déficits previstos nas peças orçamentárias anuais e em sua legitimação retórica, até que a ruptura com os credores externos fosse anunciada em 1937.

Já depois do *funding loan* do final de 1931, a tentativa de recuperar o crédito externo não se mostrou suficiente para impedir a execução de despesas emergenciais que deviam ser financiadas com emissões extraordinárias. A intenção inicial de garantir o equilíbrio fiscal foi, de fato, varrida pela retração da arrecadação associada ao comércio exterior, e por gastos emergenciais como a seca do Nordeste no início da década e a repressão da Revolução Constitucionalista de 1932. Destinar recursos ao Nordeste, porém, foi uma escolha política, certamente influenciada pelas necessidades de constituição de uma nova base de apoio ao governo federal, exatamente quando ele era questionado por membros das oligarquias paulistas, mineiras e gaúchas contrários ao projeto centralizador. Mitigar "a seca" era parte de uma barganha mais ampla, em que o apoio regional ao projeto de centralização federal contribuía para a influência dos estados do Norte/Nordeste na distribuição de verbas federais. De fato, os interventores federais encontraram maior receptividade nessas regiões porque suas elites procuravam modificar um equilíbrio federativo antes centrado nas regiões cafeeiras, e os interventores, além dos membros dos "órgãos técnicos" federais, se apresentavam aí como intermediários políticos e econômicos de um governo central receptivo (ver Pandolfi, 1980).[18]

Para além de gastos emergenciais, o próprio processo de transformação estrutural do Estado brasileiro, no sentido da incorporação de novas funções, da centralização federal e de modernização do aparato administrativo

---

18 Neste sentido, não se pode concordar com a afirmação de que "até 1936 houve compressão de despesas [...] a partir de 1937, fatores de ordem política prevaleceram sobre as convicções do ministro [Souza Costa] com respeito ao equilíbrio orçamentário, o que resultou em elevados déficits" (Villela; Suzigan, 1973, p.186), pois não era o ministro da Fazenda, mas o presidente, quem arbitrava o equilíbrio entre os diferentes ministérios e tarefas de Estado, e porque as despesas já haviam deixado de estar comprimidas por considerações não ortodoxas antes de 1937, embora esse ano marcasse de fato uma ruptura prática, ideológica e política marcante.

envolvia gastos crescentes, à medida que inúmeras instituições universais ou setoriais eram criadas ou reformuladas. Como desdobramento da Revolução de 1930, a união federal assumiu tarefas novas na regulação de setores econômicos e na reprodução das relações sociais, com uma intervenção crescente, por exemplo, sobre preços, salários, relações de trabalho, sindicatos patronais e trabalhistas, sistema educacional e de saúde, rede de transporte, infraestrutura básica e mesmo produção direta de insumos (Draibe, 1985).

É claro que esse processo de transformação estrutural reforçaria a influência que a ênfase inicial na defesa da policultura tinha para exigir recursos fiscais que podiam superar a arrecadação tributária corrente, como ocorreu sistematicamente na década de 1930. E à medida que ficava claro que os credores externos não eram capazes ou não estavam dispostos a transferir recursos líquidos para o país, e que a tímida acentuação da inflação não prejudicava a expansão, o temor de anunciar publicamente uma política fiscal deficitária diminuiu. De fato, em 1934, o orçamento planejado já previa um substancial déficit, assim como nos anos posteriores da década. Com essas evidências, como alegar que a ortodoxia continuou determinando o teor da política econômica? Depois da moratória de 1937, era o próprio Vargas quem anunciava a plenos pulmões o que já vinha sendo praticado antes, e continuaria a ser executado depois:

> É fato verificado a transformação que se vem operando na economia do país no sentido de maior diversificação da produção, tanto agrícola como industrial, e do aumento da capacidade de absorção dos mercados internos. A administração não pode permanecer alheia a tão significativo e fecundo movimento, denunciador da vitalidade de nossas energias de povo jovem e capaz, emparedando-se nos velhos processos fiscais e de controle financeiro. Precisa acompanhar, adaptar-se aos novos aspectos das atividades produtoras, concorrer e não entravar a sua expansão. (Vargas, 1938, v.5, p.169-70)

Considerações finais

Este capítulo procurou discutir a gestão macroeconômica nos anos 1930 considerando que a política econômica não é definida unicamente no plano das opções técnicas e ideológicas. Ela interage com as vias de desenvolvimento econômico e com os pactos que a sustentam no plano político, sendo mais complexa do que uma mera escolha técnica entre diferentes modos de solução de problemas econômicos. Ela é objeto de conflito político intenso, em virtude de seus efeitos distributivos desiguais sobre grupos socioeconômicos diferentes. Fazer política econômica de um jeito ou de outro é central para fortalecer ou enfraquecer alianças e compromissos políticos, escolhendo-se entre linhas de ação não apenas alternativas, mas às vezes opostas. Exatamente por isso, mais do que resolver, de forma neutra, problemas técnicos, a política econômica tende a expressar escolhas políticas que refletem hierarquias, correlações de forças e conflitos. Nos termos de Nicos Poulantzas, a maioria desses conflitos ocorre no interior de um certo bloco no poder, ou seja, de um conjunto contraditório de classes e frações de classes proprietárias representadas no Estado e unidas pelo interesse de preservar a dominação social sobre os produtores diretos, mas fragmentadas e hierarquizadas de acordo com a preponderância relativa na satisfação de interesses econômicos particulares (Poulantzas, 1968; Jessop, 1983).

Dito isso, pode-se inferir que, como esses interesses contraditórios lutam pela distribuição de ganhos e perdas nas diferentes conjunturas econômicas, as fases de expansão tendem a distender os conflitos, mas as crises econômicas tendem a abalar a unidade e reforçar a desunião. Nem todas as crises cíclicas, porém, experimentam conflitos radicais a ponto de alterar as maneiras tradicionais de recuperar o crescimento, de modo que a saída da crise normalmente reafirma vias ou estratégias de desenvolvimento conhecidas. Mas crises econômicas e políticas mais profundas, sobretudo quando se espalham por toda a economia mundial, podem abrir um período de disputa e indefinição a respeito das maneiras de sair delas e reconstituir o crescimento econômico, em bases que não respeitam necessariamente os caminhos tradicionais (Boyer, 1986; Gourevitch, [1986] 1988).

A década de 1930 presenciou uma crise econômica profunda, transmitida por laços de integração comercial e financeira global, que acabou por solapar as bases materiais de estratégias de desenvolvimento baseadas na ênfase em exportações e na liberdade financeira internacional e enfraquecer, no interior dos Estados nacionais, os grupos sociais comprometidos com a integração internacional liberal. Em países desenvolvidos ou subdesenvolvidos, novos projetos de recuperação protegeram mercados nacionais e romperam com o *ethos* do padrão ouro, de modo que fluxos produtivos, comerciais e financeiros tenderam a recuperar-se e orientar-se crescentemente para mercados internos e para transações internacionais administradas por acordos entre governos, superando o liberalismo econômico do século XIX.

No Brasil, em particular, os conflitos entre frações regionais e setoriais da burguesia nacional, que se aguçavam nos anos 1920, acabaram resultando em uma revolução política que, mais do que concluir, abriu um período de lutas associadas, mais ou menos diretamente, à configuração da estratégia de saída da crise geral, modificando com o tempo os perfis do capitalismo brasileiro, da relação entre Estado e economia e mesmo das relações entre capital e trabalho. Para Draibe (1985), nas lutas dessa revolução burguesa estavam em jogo o *passado* (a questão agrária), o *presente* (a relação entre frações da burguesia e o capital estrangeiro) e o *futuro* (a questão social): enquanto as duas últimas "questões" experimentaram mutações mais aceleradas no período, a questão da propriedade agrária foi encaminhada conservadoramente, muito embora a agricultura de exportação perdesse espaço para a agricultura voltada ao mercado interno. Como argumentado no capítulo de Bresser-Pereira neste livro, uma unidade complexa e contraditória de forças políticas se formaria, a partir da década de 1930, para apoiar uma nova estratégia nacional de desenvolvimento, contando com a burguesia industrial emergente, a burocracia política e profissional nascente no próprio seio do Estado, trabalhadores urbanos e setores da velha oligarquia voltados para o mercado interno. Nesse processo, grupos tradicionalmente vinculados à integração internacional acabariam perdendo espaço econômico e político, à medida que a via de desenvolvimento capitalista no Brasil era redefinida em direção ao mercado interno, à integração das regiões, à industrialização e à sociedade urbana de massas. Muito embora membros de camadas populares estivessem afastados da direção do processo, Vargas e outros líderes políticos advogavam uma nova forma de incorporação, por meio de políticas sociais e trabalhistas, de interesses não revolucionários de camadas socialmente dominadas, reproduzindo a dominação de classes com uma correlação de forças menos desfavorável aos trabalhadores, sobretudo urbanos, pelo menos até 1964 (Gomes, 1988).

É no contexto dessas transformações estruturais que as mudanças nas formas de gestão macroeconômica verificadas nos anos 1930 ganham sentido. Gradualmente, a política econômica passaria a corresponder às necessidades de consolidação de um novo bloco no poder e de uma nova estratégia de desenvolvimento que excluiria os antigos credores externos e subordinaria velhas oligarquias exportadoras. No novo contexto histórico, não caberia mais uma política econômica que procurava superar as crises de uma velha estratégia de desenvolvimento pautada em exportações de bens primários e importação de bens manufaturados e capitais, buscando recuperar a credibilidade financeira do país à custa de políticas pró-cíclicas, que aprofundavam a crise do mercado interno para gerar superávits comerciais que aumentassem a capacidade de pagamento de passivos externos. A própria crise financeira internacional e a notável queda das exportações inviabilizavam a sucessão de *funding loans* como meio de saída da crise, abrindo espaço para a experimentação de novas políticas de crédito que, de certo modo, eram inspiradas em políticas de desenvolvimento econômico já executadas no Rio Grande do Sul. As transformações do aparelho de Estado que acompanhavam a consolidação de um novo bloco político e da nova estratégia de desenvolvimento, por sua vez, traziam "para dentro" dos órgãos públicos novas tarefas e novas clientelas políticas que exigiam recursos que podiam, frequentemente, superar a capacidade de arrecadação tributária, induzindo a ocorrência de déficits financiados por emissões monetárias. Assim, a construção gradual de um novo padrão estrutural de interação entre Estado e economia se materializava tanto em novos aparelhos estatais, como em novos modos de conduzir a gestão econômica, ou seja, macroeconômica e setorialmente. Ademais, os dois aspectos do processo tendiam a interagir e a se reforçar mutuamente, empurrando adiante a modernização do Estado e da economia, e de sua relação, com força irresistível.

De fato, novos aparelhos estatais materializavam, setorialmente, a expansão do gasto agregado do governo que facilitava a recuperação e transformação da economia; as clientelas atendidas pelos novos aparelhos tendiam a sustentar politicamente suas tarefas e a dificultar a reversão das políticas de gasto público que estimulavam ramos de atividade específicos; por sua vez, a recuperação do gasto privado tendia a expandir o emprego e gerar receitas tributárias crescentes que financiavam, *ex post*, pelo menos parte da ampliação das novas tarefas do Estado, de modo que os valores absolutos do gasto público, em termos reais, tendiam a crescer mais do que o déficit público, mas de toda maneira realimentando a expansão de lucros, salários, capacidade produtiva, oportunidades de emprego e, indiretamente, pressão e apoio político. E como um conjunto complexo e diversificado de interesses era trazido "para dentro" dos novos aparelhos criados, a tendência de reprodução ampliada dos programas setoriais e de sua escala de intervenção, paralelamente à reprodução ampliada de uma economia crescentemente integrada em escala nacional, reforçava "desde dentro" as pressões para que a administração pública, como diria Vargas em 1938, deixasse de estar "emparedando-se nos velhos processos fiscais e de controle financeiro", superando a ortodoxia. Afinal, não custa lembrar que não se criam novos órgãos públicos e programas setoriais sem instalações, obras públicas, funcionários, encomendas, enfim, recursos que os "velhos processos fiscais e de controle financeiro" tendiam a sonegar.

Esses processos históricos não se realizaram automaticamente, mas se tornaram possíveis, em parte, graças à capacidade de adaptação da liderança carismática, apoiada em novas forças sociais, na busca de novos objetivos e meios de ação que, já em 1927, Vargas considerava ser a principal característica de um bom político:

> Imutabilidade é retrocesso. O governante não pode paralisar o surto de ideias [...] ele reflete as necessidades do ambiente para se orientar e satisfazê-las no sentido do interesse público. As exigências deste, apoiadas pela maioria da opinião, impõem ao governo o dever das reformas. Não deve faltar ao governante a necessária agilidade mental, uma contínua capacidade de adaptação às exigências incoercíveis do progresso [...] aos homens do governo, corre o dever de aproveitar os elementos ao seu alcance, no momento que passa, para realizar o que exige o interesse da comunidade [...] As velhas fórmulas já não satisfazem e se vai operando a transformação inevitável [...] O Estado não pode limitar-se ao conceito de Spencer de mantenedor da ordem e distribuidor da justiça. E, todos lhe reconhecem o papel preponderante de interventor, protegendo a saúde das populações pelas medidas sanitárias, amparando as indústrias, fomentando as riquezas, estimulando a cultura, regulando o trabalho, ordenando todas as energias na aspiração comum da grandeza da pátria. (Vargas, 1927, p.21-2)

Embora a *persona* política de Vargas não possa ser confundida com a de um demiurgo da história, a força material liberada por sua capacidade de adaptação ideológica e política, enraizada em crenças fortemente críticas do liberalismo econômico tradicional, teve impactos enormes sobre a economia política do capitalismo brasileiro, sobretudo depois que a política de Estado, empurrada por uma nova correlação de forças sociais e políticas, se libertou das recomendações ortodoxas dos representantes de credores externos. É irônico que vários processos impulsionados pela Revolução de 1930, ou seja, de integração crescente do mercado interno, de diversificação industrial e agrícola e de expansão dos papéis e do aparelho material do Estado, passassem a ser estruturalmente questionados, como prioridades nacionais, exatamente quando uma nova crise financeira internacional, dessa vez, aumentou a força da opinião e o poder de veto dos credores externos sobre as políticas de governo, meio século depois.

O PROJETO DE DESENVOLVIMENTO DE VARGAS, A MISSÃO OSWALDO ARANHA E OS RUMOS DA ECONOMIA BRASILEIRA[1]

Francisco Luiz Corsi

Este artigo tem por objetivo discutir a questão da definição de um projeto nacional de desenvolvimento e dos obstáculos por ele enfrentado, particularmente os problemas relativos a seu financiamento, nos primeiros anos do Estado Novo. Enfatizamos a discussão da política econômica externa, pois a consideramos um elemento importante para a definição de tal projeto em um contexto internacional em que se abriam novas possibilidades de desenvolvimento, decorrentes de uma relativa desarticulação da economia mundial e do acirramento dos conflitos interimperialistas.

Talvez esse assunto continue a voltar à baila porque tenha algo a nos dizer neste momento em que o modelo de desenvolvimento, que começou a ser definido no tempo Vargas, esgotou-se e, mais uma vez, os rumos da economia brasileira parecem incertos. Não é por acaso que o tema voltou a ganhar certo destaque. José Luiz Fiori (1995, p.62), ao discutir o papel do Estado na industrialização e as raízes da crise que abalou a economia brasileira a partir da década de 1980, assinalou:

> Do ponto de vista de seu projeto econômico, Vargas definiu como pedra angular a construção da indústria do aço [...] E assinando um grande contrato com a empresa alemã Krupp, pensou vincular seu projeto industrializante ao rearmamento do Exército. Mas seu projeto naufragou logo à frente, quando, em 9 de março de 1939, Oswaldo Aranha assinou os Acordos de Washington,

---

[1] Este capítulo baseia-se nos primeiros quatro capítulos de nossa tese de doutorado *Estado Novo: política externa e projeto nacional*, defendida junto ao IFCH-Unicamp em 1997. Uma versão anterior do capítulo foi publicada, como artigo, na revista *História Econômica e História de Empresas*, v.2, n.1, 1999.

que nos liberaram créditos do Eximbank para cobrir atrasados comerciais, mas nos comprometeram com a abertura da economia aos capitais norte-americanos, com a suspensão da moratória e a retomada do pagamento do serviço de nossa dívida externa. Logo depois, o intercâmbio de missões militares interrompeu a aproximação alemã de Vargas. A partir dessas decisões, redefiniu-se o rumo do projeto nacional varguista, afastando-se da via prussiana no exato momento em que ele optou, frente à resistência política do empresariado e à escassez dos recursos fiscais, pelo financiamento internacional da siderurgia de Volta Redonda, marco inicial de nossa indústria pesada.

As afirmações de Fiori apontam para questões bastante interessantes, mas parecem exigir um "mergulho na história" muito mais profundo do que as suas esquemáticas formulações. Esse autor parece dar pouca atenção ao problema da obtenção de recursos externos para financiar, pelo menos em parte, a industrialização, enfatizando a falta de apoio político das classes dominantes ao projeto de Vargas. Tal falta de apoio político teria impedido o ex-presidente de ampliar as receitas públicas e definir uma ação mais decisiva do Estado na economia. Lídia Goldenstein (1994) também parece considerar a dificuldade para montar um consistente esquema de financiamento interno o problema-chave do desenvolvimento desde a década de 1930. Sem desconsiderar esses pontos, que são realmente importantes, cabe observar que um avanço qualitativo na industrialização, dada a pequena proporção da indústria de bens de capital na economia brasileira daquela época, não dependia apenas de uma maior participação do Estado na economia e da mobilização de capitais nacionais, mas também de recursos externos, então escassos em virtude da crise internacional. Além disso, não podemos esquecer que o desempenho das exportações foi sofrível no período em pauta. Portanto, o problema do financiamento externo era igualmente importante naquele momento. Um desenvolvimento autônomo, fundamentalmente calcado em capitais nacionais e na definição da política econômica a partir de interesses internos, provavelmente teria que enfrentar esse problema, mesmo na hipótese de Vargas contar com um irrestrito apoio político de grandes proprietários e da burguesia industrial.

Dessa forma, na primeira seção deste capítulo, discutiremos a Grande Depressão para entender as novas possibilidades de desenvolvimento abertas na década de 1930. Nas três seções seguintes, examinaremos o processo de maturação do projeto de desenvolvimento, que acabou ganhando contornos mais nítidos entre 1937 e 1938. Na quinta seção, abordaremos os problemas relativos ao financiamento da acumulação. Em seguida, discutiremos a Missão Oswaldo Aranha, procurando mostrar que ela representou uma possibilidade de superar os impasses vividos pelo projeto de Vargas, embora implicasse o abandono da perspectiva de um desenvolvimento com maior autonomia. Por último, teceremos alguns comentários gerais.

A relativa desarticulação da economia mundial e a busca de saídas nacionais para a crise

A década de 1930 foi marcada por uma profunda depressão econômica, que ficou conhecida como a Grande Depressão. A atividade econômica regrediu em quase todos os países do mundo capitalista e o desemprego atingiu taxas elevadíssimas. Com a queda acentuada dos preços dos produtos primários, as regiões menos desenvolvidas, que em muitos casos já enfrentavam problemas de superprodução desde a década anterior, também imergiram na depressão. Como diz Hobsbawm (1995, p.96), esses eventos tornaram "a depressão global no sentido literal".

Uma das mais importantes consequências dessa globalidade da Grande Depressão foi uma relativa desarticulação da economia mundial. A forte queda dos grandes fluxos de capital, mercadorias e força de trabalho, responsáveis maiores pela expansão mundial do capitalismo e de seus modos de vida e de pensar, rompeu com a tendência de contínua integração da economia mundial. Consolidou-se a tendência de redução do livre deslocamento internacional de mão de obra, já delineada desde a Primeira Guerra Mundial. Entre 1929 e 1932, o volume das trocas mundiais caiu 25% e seu valor sofreu uma diminuição de cerca de 60%. O sistema multilateral de trocas praticamente desmoronou, prevalecendo em seu lugar acordos bilaterais de comércio e um ferrenho protecionismo. Paralelamente, observou-se um declínio de cerca de 90% dos empréstimos internacionais e, ao longo da década de 1930, uma drástica redução dos investimentos diretos externos. Isso, além de neutralizar um fator relevante para expansão do capitalismo em escala planetária, atingiu negativamente os países devedores, que contavam com esses recursos para fecharem seus balanços de pagamentos, contribuindo para uma queda ainda maior das importações e para a generalizada suspensão dos pagamentos das dívidas externas a partir de 1931 (Hobsbawm, 1995; Kennedy, 1989).

Nesse contexto de desagregação dos laços econômicos, a incapacidade da libra de resistir aos movimentos especulativos contra ela desencadeados pela crise financeira austríaca e alemã (1931) e, um pouco mais tarde (1933), a desvalorização do dólar solaparam o já combalido padrão ouro-divisas (*Gold Exchange Standard*), estabelecido em meados da década de 1920. O fracasso da Conferência de Londres, em 1933, devido em grande parte à postura do governo Roosevelt de deixar o dólar flutuar, selou a possibilidade de qualquer acordo para a estabilização do padrão monetário internacional. Os países que tentaram manter o padrão ouro não tinham força suficiente para tanto.

O desmoronamento desse padrão foi fundamental para a constituição de áreas restritas de comércio vinculadas às diferentes moedas, pois a libra deixou de ser um meio de pagamento internacional universalmente aceito. Embora o padrão ouro-libra (e muito menos o *Gold Exchange Standard*) não implicasse a regulação automática das economias nacionais pela economia mundial, funcionava como um importante elemento integrador desta, ao estabelecer um sistema de pagamentos e de reserva de valor internacionais que agora parecia que deixaria de existir.

Em virtude da relativa desarticulação da economia mundial e da queda generalizada da atividade econômica, muitos, à época, acreditavam que um sistema mundialmente integrado parecia estar com seus dias contados. A ascensão do nazismo, que recolocava de forma mais aguda a luta pela hegemonia mundial, e a política expansionista do Japão no Extremo Oriente aumentavam ainda mais as incertezas quanto ao futuro. A situação foi agravada pelo clima de agitação social. Embora os movimentos de esquerda tenham sofrido um refluxo no início dos anos 1930, voltaram a crescer a partir de meados da década, aprofundando os embates com o nazifascismo e as disputas ideológico-políticas entre socialismo e capitalismo. A vitória da Frente Popular na França e a Guerra Civil Espanhola são emblemáticas dos confrontos vividos naquele momento. O fato de a União Soviética, que levava a cabo uma política de construção do socialismo em um só país, passar incólume pela crise, apresentando vigoroso crescimento sob a égide dos planos quinquenais, consistia em outra fonte de dúvidas quanto à sobrevivência do capitalismo (Hobsbawm, 1995).

A relativa desarticulação da economia mundial abriu espaços para a busca de saídas nacionais para a crise. A alarmante situação econômica vivida por diversos países empurrou a maioria dos governos a experimentar políticas alternativas à ortodoxia econômica neoclássica, então perplexa diante dos acontecimentos. Ao longo da década de 1930, os Estados passaram a intervir cada vez mais na economia, procurando regular os mercados e estimular a atividade econômica. As desvalorizações competitivas de moedas, os controles de câmbio e importações, as restrições à livre circulação de capitais e de força de trabalho, o comércio bilateral e um forte protecionismo passaram a ser adotados por um número crescente de países. Cada nação queria proteger-se da crise mundial, direcionando sua economia para o mercado interno e, ao mesmo tempo, exportando mais e importando menos.

A Grã-Bretanha, símbolo da economia liberal, com a introdução, em 1932, da Lei de Direitos de Importação, que estabelecia um aumento significativo das tarifas, rompeu com três quartos de século de política liberal. O governo britânico procurou orientar sua economia para o mercado interno e consolidar a área do esterlino com os acordos comerciais de Ottawa, assinados com outros membros da comunidade britânica nesse mesmo ano. Os Estados Unidos se fecharam ainda mais com a introdução da tarifa *Smoot-Hawley* em 1930. Esses não eram casos isolados, mas representavam uma tendência geral, levada ao limite na Itália fascista e na Alemanha nazista. Esses regimes consideravam essencial alcançar certa autossuficiência econômica, particularmente em relação a diversas categorias de matérias-primas e de bens de capital, como base da segurança nacional e de seus projetos expansionistas (Hobsbawm, 1986; Kennedy, 1989).

Os países da América Latina, seguindo a tendência geral, também tiveram que fechar-se de maneira crescente sobre si mesmos e buscar soluções próprias para a situação. A crise tinha tornado evidente a vulnerabilidade de países dependentes de uns poucos produtos primários de exportação. Pelo menos os principais países da região, a partir de 1931, adotaram controles de câmbio e de importações, políticas creditícias e monetárias de caráter expansivo, medidas que significavam uma maior presença do Estado na economia, políticas de formação de estoques reguladores para os principais produtos de exportação, medidas de proteção e incentivo à indústria e procuraram rever o pagamento de suas dívidas externas. De imediato, não se observa a adoção de políticas de cunho industrializante: a preocupação inicial parecia ser em neutralizar a crise por meio da diversificação da economia (Halperin Donghi, 1975). Os governos, as classes sociais e os partidos políticos demoraram algum tempo para tomar consciência das novas possibilidades que se abriram naquele momento para os países que já tinham alcançado um certo patamar de desenvolvimento capitalista. Só um pouco mais tarde, com o avanço das ideologias nacionalistas, os projetos nacionais de desenvolvimento vieram a ganhar contornos mais nítidos, como nos casos do cardenismo no México e do peronismo na Argentina (Llach, 1992; Ianni, 1991).

O Brasil e as novas possibilidades de desenvolvimento

Vargas não percebeu de imediato a possibilidade de trilhar novos caminhos. As suas primeiras medidas para enfrentar a gravíssima situação econômica do país decorrente da Crise de 1929 seguiam as receitas da ortodoxia econômica, visavam ao equilíbrio das contas públicas, à estabilização do câmbio e à contenção da expansão da base monetária. A esse respeito, as palavras de Vargas, no seu discurso de posse, eram claras: "manter uma administração de rigorosa economia, cortando todas as despesas improdutivas e suntuárias – único modo de restaurar as nossas finanças e conseguir saldos orçamentários reais" (Vargas, 1938-1947, v.1, p.73). Oswaldo Aranha também era enfático: "De maneira alguma cogita o governo de emissão [...] Um país, sem capacidade para equilibrar seus orçamentos é como um navio que não pode retomar seu rumo, por perda de navegabilidade" (apud Hilton, 1994, p.118).

Contudo, a gravidade da situação obrigaria Vargas a adotar medidas mais pragmáticas. A política monetária e creditícia restritiva logo foi abandonada. Da mesma forma, a busca do equilíbrio orçamentário se transformou em uma meta que o governo nunca fez grandes esforços para atingir. O núcleo da política econômica nesse período, como é amplamente conhecido, consistia na política de defesa do café, que, associada à desvalorização da moeda, ao monopólio do câmbio, ao aumento do gasto público e a uma política monetária frouxa, contribuiu de forma decisiva para uma rápida recuperação e para o crescimento da indústria (Furtado, 1959). Uma série de outras medidas também contribuiu para a rápida recuperação, tais como: o reajustamento econômico de 1933, a criação de organismos de regulação e fomento de setores específicos, a reforma tarifária de 1934 e medidas com o fito de ampliar a integração do mercado interno.

No âmbito da política econômica externa, Vargas não adotou uma posição mais dura em relação aos credores internacionais, embora a situação das contas externas fosse bastante precária. A introdução do monopólio do câmbio e a celebração de um novo *funding loan* em 1931 foram fruto da grave crise cambial. O *funding loan* não significou a suspensão completa dos pagamentos da dívida externa e o decreto que estabelecia o monopólio determinava que o pagamento da dívida teria prioridade no dispêndio das divisas em detrimento das importações essenciais. Assim que a fase crítica foi superada, o governo iniciou um processo de liberalização do câmbio e voltou a renegociar a dívida externa, assinando em 1934 um acordo – o chamado Esquema Oswaldo Aranha – que, não obstante procurar adequar os pagamentos às reais condições do país, era difícil de ser sustentado, pois consumia parte considerável dos superávits da balança comercial. A alocação de divisas continuava comprometida com os pagamentos da dívida externa justamente no momento em que o país dava os primeiros passos na industrialização e necessitava ampliar as importações de máquinas e equipamentos.

A política comercial continuou privilegiando os acordos com base na cláusula de "nação mais favorecida", exatamente no momento em que prevaleciam largamente os acordos bilaterais e o fechamento dos mercados. O acordo assinado com os Estados Unidos em 1935 é ilustrativo. A preocupação excessiva com o crédito externo, a prioridade dada ao pagamento da dívida externa e a crença em que a liberalização do câmbio possibilitaria um incremento no comércio e a obtenção de financiamentos sugerem que Vargas ainda nutria ilusões quanto à "normalização" da situação internacional.

Apesar de as mudanças representadas pelo Esquema Aranha e por outras medidas, tais como a criação do Conselho Federal de Comércio Exterior, sugerirem alterações no rumo na política econômica, parece que Vargas ainda não apostava na industrialização como possibilidade de desenvolvimento. Aparentemente, o governo brasileiro acreditava que a superação da crise e o futuro do país dependiam da sorte das exportações, da diversificação da economia e do fortalecimento do mercado interno. O governo procurava sair da crise estimulando tanto a agricultura como a indústria.

Defender a diversificação da economia não significa necessariamente optar por um desenvolvimento calcado na industrialização e no mercado interno. Dificilmente poderíamos caracterizar a política econômica do período 1930-1937 como expressão de um nítido projeto nacional de desenvolvimento. Buscava-se novos caminhos, novas fórmulas, mas nada era muito definido. Vargas não rompia totalmente com a ortodoxia, nem adotava uma coerente e coordenada política de desenvolvimento, embora medidas nesse sentido tenham sido tomadas. Mas tais medidas eram isoladas, parciais e muitas vezes de eficácia reduzida. Entretanto, observa-se, por volta de meados da década de 1930, indícios de uma definição mais clara pela industrialização, que seria assumida no início do Estado Novo.

A industrialização como alternativa de desenvolvimento

A percepção de novos caminhos para a economia brasileira e a adoção de políticas mais consistentes voltadas para o desenvolvimento só seriam observadas a partir de 1935, quando, por um lado, aprofundaram-se as disputas entre as potências imperialistas e, por outro, as profundas transformações econômicas e sociais em curso na sociedade brasileira se fizeram mais visíveis. A partir desse momento, observa-se o amadurecimento da ideia da necessidade de o Brasil desenvolver suas indústrias.

Na segunda metade da década de 1930, a situação mundial deteriorou-se rapidamente. A política armamentista de Hitler e a sua tentativa de redefinir a posição da Alemanha no quadro internacional (que começou com a ocupação da Renânia), somadas à invasão da Etiópia pela Itália, ao expansionismo japonês na Ásia e à Guerra Civil Espanhola, acirraram as disputas interimperialistas por áreas de influência e criaram um clima de incerteza e insegurança geral, particularmente para os países fracos.

A América Latina, nesse contexto, foi alvo de acirrada disputa entre os Estados Unidos e a Alemanha. Embora fosse uma disputa desigual, dado o enorme peso da economia, os laços históricos e a proximidade geográfica dos Estados Unidos, os alemães imprimiram uma agressiva política comercial e de propaganda ideológica na região, que chegou a ameaçar a posição norte-americana e sobrepujou, em vários países, a posição comercial da Grã-Bretanha. A América do Sul, particularmente o Nordeste brasileiro, ganhou redobrada importância nos planos norte-americanos de defesa do continente, em vista da avaliação segundo a qual um novo conflito mundial seria inevitável (Moura, 1980).

Essa complexa situação externa, ao mesmo tempo que abria novas possibilidades para o Brasil, tornava evidentes as debilidades do país. O governo Vargas avaliava que o país estava em uma situação frágil, pois os acontecimentos internacionais mostravam a vulnerabilidade dos países fracos e pouco desenvolvidos. O momento se tornava mais difícil devido ao clima de tensão também existente na própria América do Sul. A Guerra do Chaco (1932-1935) e a questão Letícia (1933), que ameaçaram envolver o Brasil de forma mais direta, eram indicativos da instabilidade da região. Mas, o problema central, do ponto de vista do governo brasileiro, era a histórica rivalidade com a Argentina, a qual vinha realizando uma ampla política de fortalecimento de suas forças armadas e tentando ampliar sua influência sobre os países vizinhos (Hilton, 1977; Bandeira, 1993). O atraso econômico, a falta de estabilidade política e o despreparo das forças armadas pareciam à época questões a serem enfrentadas com a máxima urgência.

Em 1935, em carta a Vargas, Aranha afirmou: "uma nova era de ambições coloniais, determinada por fatores econômicos, mais do que propriamente políticos, vai assenhorar-se dos destinos universais" (apud Hilton, 1994, p.210-1). Na mesma época, Valentim Bouças, empresário e importante assessor de Vargas, assinalava: "Os povos que não cuidarem de sua indústria [...] somente desempenharão papel de colônias [...] É espetáculo que hoje vemos na África. A Etiópia era um país agrícola, cheio de recursos minerais inexplorados [...] A China agrícola esboroa-se [...] Manchuco e Coreia são dependentes do Japão industrial" (apud Hilton, 1977, p.47).

Essas avaliações da situação mundial, muito provavelmente, contribuíram de maneira significativa para o governo Vargas repensar a sua política externa e sua política em relação ao desenvolvimento industrial do país. Observa-se uma preocupação cada vez maior com a industrialização. Outro fator importante para essas mudanças de posição foi, sem dúvida, o projeto político de alguns setores do governo e da burocracia de transformar o Brasil em uma potência regional (Hilton, 1994; Wirth, 1973).

Um dos principais formuladores dessa ideia foi Oswaldo Aranha. Em 1935, ao discutir a Guerra do Chaco, ele já falava em preeminência do Brasil na América do Sul: "Não interessa o Chaco em si [...] mas o Brasil, unicamente o Brasil, a sua posição na política continental e sua preeminência na América do Sul apoiada nos Estados Unidos". Dois anos mais tarde, estabelecia como uma das linhas mestras da política externa brasileira "o apoio à preeminência continental dos Estados Unidos em troca de seu reconhecimento da nossa supremacia na América do Sul" (apud Hilton, 1994, p.232, 250). Transformar o Brasil em potência regional implicava robustecer sua economia.

Setores militares, embora não defendessem uma aliança com os norte-americanos, também sonhavam com um Brasil potência; e alcançar esse objetivo passava, necessariamente, pelo fortalecimento industrial do país. Trecho de um parecer do general Francisco José Pinto, secretário do Conselho de Segurança Nacional, acerca da questão siderúrgica é bastante elucidativo:

> A situação atual do mundo, as ameaças de uma catástrofe próxima que pesam sobre os povos, o desrespeito às leis internacionais e aos tratados, não mais permitem a existência de países fracos, objeto da cobiça de povos fortes [...] Só as nações fortes, econômica e militarmente, estão hoje em condições de, provendo sua defesa, poder subsistir e viver com dignidade [...] o Brasil precisa constituir-se, o mais rapidamente possível em grande potência [...] Possui vários fatores determinantes para isso; falta-lhe, porém, o desenvolvimento industrial [...] Impõe-se, então, a organização da indústria pesada, para ficar em condições de, com outros povos, sentir-se confiante no seu progresso e segurança. (GV, 39.05.11/2)[2]

A propósito da ideia segundo a qual a industrialização é essencial para a manutenção da independência nacional parece ter ocorrido uma convergência entre os discursos de setores da burocracia e da liderança da burguesia industrial, que pelo menos desde o final dos anos 1920 vinham procurando

---

2 As referências dos documentos pesquisados nos Arquivos Getúlio Vargas (GV), Oswaldo Aranha (OA) e Sousa Costa (SC), do CPDOC-FGV, indicam o código de localização dos documentos com base na data de cada um. Os números após a sigla indicam a data do documento, na seguinte ordem: ano, mês e dia.

identificar a industrialização com o interesse nacional, como forma de combater o pensamento anti-industrialista (Diniz, 1978).

As transformações em curso na sociedade brasileira também induziam à tomada de consciência quanto à importância do fomento da indústria. A sociedade que emergiu da Crise de 1929 e da Revolução de 1930 era bem diferente da do período anterior, embora muito das novas características fossem desdobramentos de processos desencadeados ainda na República Velha. O Brasil começa a deixar de ser uma sociedade fundamentalmente agrária para se tornar urbano-industrial. A indústria tinha se tornado o setor dinâmico da acumulação de capital. A estrutura de classes ganhou maior complexidade, com o crescimento acelerado do proletariado e de outros setores urbanos. A burguesia industrial ganhou mais peso econômico e político. Além disso, o clima da época era marcadamente nacionalista.

Essas mudanças já eram visíveis por volta de meados da década de 1930. Em 1934, em carta a Aranha, Vargas escreveu: "o renascimento econômico é palpável [...] nas fábricas trabalha-se intensamente" (apud Hilton, 1977, p.47). Quatro anos mais tarde afirmaria:

> Já atravessamos a fase crítica da monoprodução [...] Em lugar de recebermos gêneros de alimentação e artigos industriais de imediato consumo precisamos importar máquinas para fabricação de outras máquinas e amparar as indústrias de base [...] Cumpre-nos, pois, dirigir, cuidadosamente, a importação, controlar o que recebemos de modo sistemático, a fim de evitarmos a drenagem do ouro na importação de superfluidades [...] Por esta forma, incrementaremos numerosas indústrias no país, adquiriremos técnicas novas e desdobraremos a capacidade de consumo do mercado interno. (Vargas, 1942, p.129-30)

Nas circunstâncias da época, seria plausível esperar que Vargas começasse a apostar cada vez mais no setor industrial, pois a superação da crise e a manutenção do crescimento econômico seriam elementos importantes para satisfazer anseios e interesses de diferentes setores sociais e para costurar uma sólida base de sustentação política. Também começava a ficar claro que a própria continuidade do crescimento carece de substancial ampliação da infraestrutura e da oferta de bens de capital, setores cuja expansão dependia, em boa medida, da ação estatal.

Esse ponto foi bastante discutido por Fonseca (1989), que mostrou que, entre o período da Aliança Liberal e o Estado Novo, o discurso de Vargas evoluiu de uma posição cética em relação à indústria para uma defesa de um desenvolvimento nela calcado. A percepção cada vez mais clara de que a industrialização seria um elemento-chave para o futuro do país foi importante para o amadurecimento do projeto de desenvolvimento de Vargas.

O Estado Novo e o esboço de um projeto de desenvolvimento

Ao mesmo tempo que começava a tomar corpo a ideia de que seria imprescindível incrementar rapidamente o desenvolvimento nacional calcado na indústria, o governo Vargas adotava uma política externa mais independente, aproveitando os espaços abertos pelo acirramento das disputas interimperialistas. O cerne dessa nova postura era uma maior aproximação comercial e militar à Alemanha. Essa aproximação iniciou-se em 1934, quando se estabeleceu um intercâmbio bilateral entre os dois países baseado em "marcos de compensação", uma moeda não conversível que só poderia ser despendida na compra de produtos alemães. Em junho de 1936, foi assinado um novo ajuste de compensação, um acordo provisório de comércio que inicialmente teria duração de um ano, mas que acabou sendo renovado sucessivas vezes até 1939. Entre 1934 e 1938, a Alemanha passou de quarto parceiro comercial do Brasil para segundo. Em 1938, foi assinado um acordo para o fornecimento de peças de artilharia e outros armamentos com a empresa alemã Krupp, que implicava aproximação maior entre o Brasil e a Alemanha.

As fortes pressões norte-americanas contra o "comércio compensado", que feria o Tratado de 1935, não surtiram efeito. Os Estados Unidos, aparentemente, não tinham força naquele momento para enquadrar o Brasil em sua política. Em 1937, quatro meses antes do golpe de novembro, o governo Roosevelt acabou aceitando, depois de longas negociações com Sousa Costa, então ministro da Fazenda, o "comércio compensado" do Brasil com a Alemanha, desde que este não subsidiasse as suas exportações e fossem estabelecidas quotas que limitassem o intercâmbio entre os dois países (GV 37.07.14; GV 37.07.30).

Outro ponto de inflexão da política econômica externa foi a decretação da moratória da dívida externa (anunciada junto com o golpe que instaurou a ditadura do Estado Novo) e a reintrodução, logo em seguida, do monopólio do câmbio. Essas medidas deveram-se fundamentalmente à crise cambial que se configurou no segundo semestre de 1937. Não cabe aqui discutirmos as causas da referida crise, mas é importante observar que o tratamento dispensado à questão da dívida foi diferente em relação ao período anterior, quando, em situações similares de crise cambial, o governo optou por priorizar os compromissos externos. Foi assim em 1931, quando a crise foi contornada mediante um novo *funding loan* e o monopólio do câmbio, que, como já dissemos, privilegiavam os pagamentos ao exterior na distribuição das escassas divisas. Mesmo o Esquema Aranha, que diminuía substancialmente os serviços da dívida, continuava a dar prioridade aos interesses dos credores.

Com a moratória o governo brasileiro procurou não comprometer as disponibilidades de divisas no pagamento da dívida externa. Tanto é que o monopólio do câmbio determinava como prioridade no dispêndio das divisas as compras do governo e as importações essenciais; as remessas ao exterior ficavam em último lugar. Outro ponto importante do decreto que estabelecia o monopólio do câmbio foi a introdução de um imposto de 3% sobre as operações cambiais, com o fito de formar um fundo de investimento governamental.

Essas medidas permitiram a manutenção de um nível relativamente elevado de importações em 1938 e 1939, cerca de 60 milhões de libras, o que dificilmente teria sido possível sem a interrupção dos pagamentos da dívida externa (Abreu, 1986). A manutenção desse patamar de importações, particularmente no que diz respeito aos bens de capital, deve ter contribuído para a continuidade do crescimento econômico então em curso. Também se iniciou um processo de reaparelhamento das forças armadas, considerado vital pelos militares diante da tensa situação internacional.

Vargas deve ter percebido que qualquer outra medida alternativa à moratória seria meramente paliativa; preferiu assim subordinar a questão da dívida externa à manutenção do crescimento da economia. Ainda que não tenha adotado uma política seletiva de importações nesse momento, a postura de 1937, ante a dívida externa e ao câmbio, associada ao aprofundamento da política externa independente, sugere claramente que, no início do Estado Novo, começou a definir-se um projeto de desenvolvimento nacional calcado na indústria. Reforça essa hipótese o fato de outros importantes aspectos da política econômica terem apresentado uma evolução similar.

Com o advento do Estado Novo, a instalação de uma usina siderúrgica moderna e de grande porte passou a ser considerada o nó górdio do desenvolvimento e da segurança nacional; tornou-se o centro das preocupações e da ação do governo Vargas, que redobrou esforços no sentido de concretizar o projeto (Corsi, 1997). Também intensificou-se a adoção de medidas fomentadoras do desenvolvimento. Numerosos organismos de estímulo e regulação de setores considerados importantes para a diversificação da economia e para a ampliação da infraestrutura foram criados ou remodelados. A lista a seguir é bastante conhecida: Conselho Nacional do Petróleo (1938); Conselho Federal de Comércio Exterior (remodelado em 1939); Conselho de Águas e Energia Elétrica (1939); Conselho Técnico de Economia e Finanças (1937); Carteira de Crédito Agrícola e Industrial do Banco do Brasil (1937). Institui-se também o Plano Especial de Obras Públicas e Reaparelhamento da Defesa Nacional (1939). Embora esse plano fosse bastante deficiente, não passando de um cronograma de investimentos que ultrapassava o ano fiscal, ele tinha como objetivo o desenvolvimento da indústria de base e da infraestrutura e a modernização das forças armadas.

Trecho de um relatório do Ministério da Fazenda, datado de janeiro de 1939, ao expor os objetivos do Plano Especial, é elucidativo do quanto tinha amadurecido no interior do governo Vargas a ideia de um crescimento calcado na indústria: "A ideia central do governo consiste em promover a criação das chamadas indústrias básicas, a execução de obras públicas produtivas e o aparelhamento da defesa nacional de maneira a não afetar o resultado expresso no saldo positivo do orçamento do corrente exercício" (GV 39.01.09 – Documento 4).

A meta de promover a industrialização está claramente exposta, mas defende-se um desenvolvimento com equilíbrio orçamentário: as duas metas parecem não ser concebidas como algo incompatível. A separação dos investimentos do orçamento ordinário da União, representada pelo Plano Especial, que tinha esquema de financiamento próprio, parece ter sido uma tentativa de facilitar a obtenção do equilíbrio nos dois orçamentos: no de investimentos e no ordinário. Também cabe observar que o lançamento do

Plano Especial denota o quanto, na época, desenvolvimento e defesa nacional estavam entrelaçados.

Concomitantemente a essas medidas, parece ter ocorrido um aprofundamento da postura nacionalista do governo Vargas. A Constituição outorgada em 1937 continha vários artigos que enrijeciam a legislação nacionalista em vigor. Estabelecia-se a nacionalização progressiva das minas, jazidas minerais, quedas-d'água, bancos e companhias de seguros e das indústrias consideradas essenciais à defesa econômica e militar do país. É importante observar que essas determinações constitucionais foram anunciadas simultaneamente à moratória da dívida externa e ao monopólio do câmbio.

O projeto de desenvolvimento ganhou, nesse período, mais espaço e consistência nos discursos de Vargas. Em fevereiro e abril de 1938, em entrevista à imprensa nas cidades de Petrópolis e São Lourenço, o presidente traçou as linhas gerais do programa econômico do Estado Novo, que posteriormente ficaria conhecido como a "Carta de São Lourenço" (Vargas, 1938-1947, v.5, p.163-83; Vianna, 1976, p.276). Esse documento estabelecia os pontos básicos da política econômica do novo regime: a criação da indústria de base, que se confundia com a introdução da grande siderurgia, considerada decisiva para a industrialização do país; a nacionalização das jazidas minerais, quedas-d'água e outras fontes de energia; a nacionalização dos bancos e companhias de seguros; a elaboração de um plano para integração e expansão dos sistemas de transportes; a introdução do salário mínimo; a elaboração de políticas visando elevar a produção do carvão nacional; a elaboração de políticas com o objetivo de ampliar e diversificar as exportações; e a elaboração de um plano para o desenvolvimento do Vale do Rio São Francisco.

Esse programa foi anunciado com o objetivo de garantir a unidade nacional e acabar com a dicotomia entre "os dois Brasis – um político e outro econômico, que não coincidem". Para tanto, seria essencial consolidar o mercado interno:

> O imperialismo do Brasil consiste em ampliar suas fronteiras econômicas e integrar em um sistema coerente em que a circulação de riquezas e utilidades se faça livre e rapidamente, baseada em meios de transportes eficientes que aniquilem as forças desintegradoras da nacionalidade. O sertão, o isolamento, a

falta de contato são os únicos inimigos temíveis para a integridade do país. Os localismos, as tendências centrífugas, são resultados da formação estanques de economias regionais fechadas. Desde que o mercado nacional tenha sua unidade assegurada, acrescentando-se a sua capacidade de absorção, estará solidificada a federação política. A expansão econômica trará o equilíbrio desejado entre as diversas regiões do país. (Vargas, 1938-1947, v.5, p.165)

O discurso de Vargas procurava vincular o desenvolvimento econômico à superação da miséria e à consolidação da unidade nacional. Vargas atribuía ao Estado um papel central na construção da nação. Para ele, a nação brasileira não estaria ainda consolidada, mas sim fragmentada. Caberia ao Estado reconstruí-la por meio de uma política integradora. Mas essa visão era utilizada como um dos elementos que justificavam a necessidade de um Estado autoritário, pois essa política integradora só seria possível por meio de um "governo central forte dotado de recursos suficientes" (Vargas, 1938-1947, v.5, p.163-83). Dessa forma, "o Estado, segundo a ordem nova, é a nação e deve prescindir, por isso, dos intermediários políticos para manter contato com o povo e consultar suas aspirações e necessidades" (Vargas, 1938-1947, v.5, p.123).

Para Vargas, estava claro que reorientar a economia para o mercado interno e fomentar a industrialização requereria uma ampla ação estatal na economia:

É fato verificado a transformação que se vem operando na economia do país no sentido de maior diversificação da produção, tanto agrícola como industrial, e do aumento da capacidade de absorção dos mercados internos. A administração não pode permanecer alheia a tão significativo e fecundo movimento, denunciador da vitalidade das nossas energias de povo jovem e capaz, emparedando-se nos velhos processos fiscais e de controle financeiro. Precisa acompanhar, adaptar-se aos novos aspectos das atividades produtoras, concorrer e não entravar a sua expansão. (Vargas, 1938-1947, v.5, p.169-70)

A radicalização da postura nacionalista e a adoção de uma política externa mais independente, associadas à percepção da necessidade urgente de uma política visando incrementar a unificação do mercado interno e de uma política de desenvolvimento calcada na indústria, consistem em fortes indícios de que o governo Vargas, à época do início do Estado Novo, começava, como já dissemos, a vislumbrar a possibilidade de um caminho nacional para o desenvolvimento do país. Em uma situação mundial de crise econômica, de avanço das ideologias nacionalistas e de acirramentos dos conflitos internacionais, marcada pela drástica redução dos fluxos de capitais, com todos os países de maneira geral buscando saídas nacionais para a crise, deveria parecer plausível e possível uma alternativa nacionalista para o desenvolvimento do Brasil.

Contudo, não encontramos um projeto acabado, mas sim, como sugere Ianni (1986, p.81), uma estratégia voltada para o desenvolvimento calcado na indústria. Essa estratégia política, que norteava as ações do governo Vargas, constitui uma clara expressão do projeto nacional. Não existia um programa global predefinido. O que encontramos é um conjunto de projetos, alguns de caráter amplo, outros específicos, formulados à medida que os problemas iam se colocando. Entendemos que o projeto varguista consistiu em um processo, redefinido constantemente pelas injunções de fatores políticos, sociais e econômicos internos e externos.

A questão do financiamento e os impasses do desenvolvimento

O projeto nacional do Estado Novo esbarrava em uma questão sem solução até aquele momento, a saber: como financiar um desenvolvimento mais autônomo e modernizar as forças armadas? Vargas, em princípios de 1938, parecia acreditar que isso seria possível com base no capital nacional. Na já referida entrevista concedida em São Lourenço, depois de listar os projetos visando desenvolver e integrar o país, afirmou:

> Para esses empreendimentos, é necessário mobilizarmos grandes capitais. Entretanto, não me parece que, sem maior exame, devemos continuar afirmando um exagero de expressão que resultou em lugar comum: a dependência do progresso brasileiro das inversões de capital estrangeiro e que sem ele, nada será possível fazer [...] É sabido que, desde a guerra mundial, a imigração de capitais tem diminuído muito e, por outro lado, o processo de formação de capital nacional atingiu um grau adiantado de desenvolvimento. O simples exame

dos subscritores e tomadores de ações nas sociedades anônimas, nas organizações bancárias, bem como o montante dos depósitos bancários nos institutos nacionais e estrangeiros revelam a predominância de inversões feitas por brasileiros e que as contas nacionais são bem mais vultosas [...] Verifica-se que as próprias empresas estrangeiras [...] ou adquirem aqui sua maior parte dos seus vastos capitais ou operam com boa parte de valores nacionais. Em muitos casos, os reduzidos capitais entrados são inferiores aos dividendos exportados em um único exercício financeiro [...] A grande tarefa do momento, no nosso país, é a mobilização de capitais nacionais. (Vargas, 1938-1947, v.5, p.165-6)

Vargas, ante a reduzida entrada de capitais estrangeiros, não via alternativa senão financiar o desenvolvimento com o capital nacional, que teria condições para tanto, desde que houvesse mecanismos para mobilizá-lo e direcioná-lo corretamente. Nesse período observamos a tentativa de organizar um esquema de financiamento interno tanto para o capital privado como para o gasto público. Uma série de medidas foi tomada nessa direção, mas parecia faltar um plano consistente e capaz de superar as enormes carências de créditos de longo prazo e as dificuldades em ampliar a obtenção de recursos para o financiamento do gasto público.

Os bancos comerciais não possuíam linhas de financiamento de longo prazo, concentrado suas operações em créditos comerciais e em atividades especulativas. O sistema bancário era de caráter regional; o único banco de abrangência nacional era o Banco do Brasil. A maioria das empresas, inclusive as grandes, mesmo quando organizadas na forma de sociedades anônimas, era familiar. O mercado de capitais também era muito pouco desenvolvido. Nessas circunstâncias, eram os lucros acumulados a principal fonte de financiamento industrial. Também decorria dessa situação o desvio de parte dos lucros para a especulação, particularmente com imóveis. Esse diagnóstico já era feito à época como mostraram o relatório da Missão Cooke em 1942 (A Missão..., 1948, p.325, 334-9) e as discussões acerca de várias propostas de organização de bancos de investimento realizadas no Conselho Federal de Comércio Exterior (CFCE) e no Conselho Técnico de Economia e Finanças (CTEF) ocorridas no período (Diniz, 1978, p.134-45).

A criação da carteira de Crédito Agrícola e Industrial do Banco do Brasil (Creai) foi uma tentativa de contornar essa situação. Inicialmente, a área de atuação da Creai abarcava o financiamento da entressafra, da aquisição de máquinas agrícolas, da aquisição de matérias-primas e da reforma de máquinas industriais. Logo, porém, passou a financiar projetos de expansão de indústrias. Os financiamentos para a aquisição de equipamentos e máquinas industriais tinham prazo de até dez anos; eram portanto empréstimos de longo prazo. A Creai, em pouco tempo, ganhou importância, chegando seus empréstimos às atividades produtivas a representar mais de 40% dos financiamentos totais do Banco do Brasil a partir de 1942 (Malan et al., 1977, p.242-52; Villela; Suzigan, 1973, p.187-8). Contudo, a Creai não foi uma solução para os problemas nessa área, a carência de financiamento de longo prazo continuaria sendo uma das principais questões da industrialização.

Outra medida importante para enfrentar os problemas relativos ao financiamento dos investimentos, também adotada em 1937, foi a flexibilização da legislação referente à aplicação de recursos dos Institutos de Aposentadoria. Passou a ser permitido a esses órgãos empregar parte de seus recursos em investimentos com garantias hipotecárias (regulamentação do Decreto-Lei 1.918 de 27 de agosto 1937). No início de 1940, cerca de "20% do total das hipotecas [desses institutos] provinham de terrenos e edificações para fábricas, e outros imóveis com fins industriais" (A Missão..., 1948, p.325, 336-9).

No que diz respeito ao financiamento público, a principal medida parece ter sido o já mencionado Plano Especial, que não deixava de ser uma forma nova de financiar a ampliação dos gastos públicos sem a necessidade de uma reforma no sistema tributário. A principal fonte de recursos desse plano consistia no imposto sobre as operações cambiais, instituído em dezembro de 1937 pelo decreto que estabelecia o monopólio do câmbio em dezembro de 1937 (Costa, J. G., 1971). Esse plano e sua forma de financiamento foram uma das primeiras tentativas, depois largamente utilizadas ao longo do Estado Novo, de ampliar e flexibilizar o gasto público por meio de fundos, impostos específicos e programas paralelos ao orçamento federal, fazendo da política fiscal um instrumento de desenvolvimento (Coutinho; Szmrecsányi, 1987, p.7-11).

A Creai, o fundo de investimento formado a partir do imposto sobre operações cambiais, a flexibilização da legislação acerca dos fundos dos Institutos de Aposentadoria e o Plano Especial, como forma de constituir um esquema de financiamento fundamentalmente calcado em capitais nacionais, eram claramente insuficientes. A carência de recursos parece ter sido permanente no período. Mas esse tosco esquema de financiamento não deixa de ser outro forte elemento que sugere que o governo Vargas pelo menos flertava com a possibilidade de um desenvolvimento nacional autônomo naquele momento.

Entretanto, Vargas parece ter vacilado em seguir esse caminho. A ideia de o capital estrangeiro ser fundamental para o desenvolvimento nunca foi abandonada, e não foram adotadas efetivamente as medidas nacionalistas preconizadas na Constituição. Vargas procurava, nessa época, muito mais estabelecer os parâmetros para uma nova forma de relacionamento com o capital estrangeiro do que assumir uma posição xenófoba. Em seus discursos, afirmava que o capital externo era bem-vindo desde que se submetesse às leis brasileiras, não almejasse lucros exorbitantes e contribuísse para o desenvolvimento do país, o que implicava investimentos que não reproduzissem a inserção do Brasil na economia mundial como país agroexportador (Corsi, 1997). No exato momento em que Vargas radicalizava sua postura nacionalista com a moratória da dívida externa e com a outorga de uma Constituição que restringia sobremaneira o espaço do capital estrangeiro na economia brasileira, ele entabulava negociações com o Export and Import Bank a fim de obter créditos para a introdução da grande siderurgia no Brasil (GV 37.10.28/1; GV 37.12.06).

A situação ganhava complexidade porque a definição de um projeto de desenvolvimento entrelaçava-se com a questão das alianças externas do Brasil. Um dos aspectos dessa questão consistia no fato de que o problema do financiamento do desenvolvimento não residia apenas na mobilização de capitais nacionais: implicava também o financiamento das importações de bens de capital e matérias-primas (que não eram produzidos internamente devido ao relativamente acanhado setor industrial da economia brasileira), em um contexto de carência crônica de divisas. A obtenção de capitais e tecnologia passava por acordos e alinhamentos entre governos.

Vargas não apostou todas suas fichas num desenvolvimento mais autônomo porque teria lhe faltado sustentação política, como aponta Fiori? Os Estados Unidos teriam se mostrado pouco dispostos a aceitar essa evolução?

Até fins de 1939, existia, aparentemente, uma margem de manobra considerável para países como o Brasil. O acordo com a Krupp para o fornecimento de armas e a ampliação do comércio compensado com a Alemanha, somados à manutenção da moratória da dívida externa e do monopólio do câmbio, apesar da forte oposição dos credores e do governo norte-americano a essas medidas, sugeriam a possibilidade de o Brasil sair da esfera de influência norte-americana. Ou seja, os Estados Unidos, devido ao acirramento dos conflitos interimperialistas e à crise avassaladora que os atingia, enfrentavam dificuldades crescentes para assegurar sua proeminência na América do Sul. O fato de a Argentina também adotar à época uma postura independente em relação aos norte-americanos é indicativo dessas dificuldades.

Vargas, provavelmente, levava isso em consideração nos seus cálculos políticos. No entanto, a situação internacional era bastante confusa e as incertezas sobre o futuro levavam o governo brasileiro a assumir uma posição cautelosa, pois apostar em uma aproximação mais decidida com a Alemanha poderia isolar o país e deixá-lo à mercê de represálias norte-americanas caso estourasse uma guerra. Também não parecia certo que a Alemanha teria condições de financiar o desenvolvimento brasileiro justamente quando se preparava para a guerra.

Internamente, a situação também era bastante complexa. Por um lado, o Estado Novo conseguiu formar uma sólida base de sustentação política, que abarcava desde setores da burocracia até grupos da burguesia rural, passando pela burguesia industrial e frações da burguesia comercial. Além disso, Vargas contava com certa simpatia e apoio difusos dos trabalhadores. Em 1938, o Estado Novo estava consolidado. As esquerdas tinham sido anuladas em 1935, e as oligarquias regionais oposicionistas foram neutralizadas com a introdução da ditadura. Com o fracasso do golpe integralista, em maio daquele ano, Vargas era senhor da situação (Fausto, 1988; Fonseca, 1987). Por outro lado, como apontou Moura (1980), as classes dominantes e as Forças Armadas estavam internamente rachadas no que diz respeito às alianças potenciais do Brasil. Isso paralisava o governo.

Essas divergências também estavam no seio do próprio governo. Aranha defendia uma aproximação com os Estados Unidos e um desenvolvimento mais integrado à economia desse país. Mas, naquele momento, era a Alemanha que acenava com o fornecimento de armas e de bens de capital em troca de matérias-primas. Até 1939, o governo Roosevelt se mostrava mais interessado nos problemas das dívidas, do câmbio e do comércio entre os Estados Unidos e o Brasil (Wirth, 1973).

Uma definição mais clara quanto às alianças externas e aos rumos do desenvolvimento parecia impossível naquele momento, pois, se, de um lado, o "amplo arco social" que sustentava Vargas permitia uma série de medidas modernizantes, de outro, ele estabelecia limites a sua ação, impedindo-o de avançar mais decididamente rumo a uma industrialização autônoma. Medidas mais radicais contra o capital estrangeiro e um alinhamento mais decidido com os Estados Unidos ou a Alemanha provavelmente rachariam as bases de sustentação do Estado Novo. Também parecia impossível uma reforma tributária ampla que dotasse o Estado de maiores recursos necessários para uma ação mais profunda na economia. Embora importantes lideranças das burguesias industrial e comercial, lideradas por Roberto Simonsen, não fossem avessas à maior participação do Estado na atividade econômica, a burguesia brasileira mostrou-se resistente à ampliação de tal participação estatal e à majoração de impostos, e sempre considerou imprescindível a participação do capital estrangeiro na economia do país (Corsi, 1991; Diniz, 1978).[3]

Fiori tem certa razão ao afirmar que faltou apoio político a Vargas, mas o aspecto central dessa questão parece residir nas divergências sobre a definição das alianças externas, e não na relutância das classes dominantes em majorar impostos que financiassem uma maior ação estatal na economia. Nessas circunstâncias, Vargas, como era de seu feitio, preferia esperar para ver para onde o vento sopraria mais forte.

Mediante impostos específicos, planos de investimentos paralelos ao orçamento da União, organismos de fomento com recursos próprios etc., o governo Vargas conseguiu manter a receita e o gasto público em relação ao PIB, mesmo diante das dificuldades em ampliar a arrecadação. Isso sugere que as afirmações de Fiori, segundo as quais a incapacidade de ampliar as receitas públicas teria sido um dos fatores centrais que asfixiou o projeto nacional de Vargas, precisam ser matizadas (Coutinho; Szmrecsányi, 1987, p.9). Mas isso não significa que o problema da carência de recursos

---

3 Ver a esse respeito carta de Valetim Bouças a Vargas, datada de setembro de 1941, na qual ele afirma com franqueza que a saída para financiar o desenvolvimento, sem onerar os empresários com novos impostos, seria o recurso ao capital estrangeiro: "Incontestavelmente precisamos de maior renda, mas não tendo meios, nem capitais para o nosso desenvolvimento [...] podemos obter os recursos financeiros enveredando pela nova política econômica [política de aproximação aos Estados Unidos], sem a necessidade de majorar impostos" (GV 41.09.07).

tenha sido completamente contornado. O problema do financiamento do desenvolvimento parecia ser, nos primeiros anos do Estado Novo, como já dissemos, sobretudo uma questão de obtenção de capitais e tecnologia externos. A carência de divisas e a quase interrupção dos fluxos externos de capitais, somadas à crescente necessidade de moedas fortes para importar armas, máquinas, equipamentos e matérias-primas, pareciam levar a política de Vargas a um impasse.

O governo Vargas procurou manobrar entre a Alemanha e os Estados Unidos, tirando proveito das oportunidades que se abriam com o acirramento dos conflitos internacionais (Moura, 1980). Procurava articular, ao mesmo tempo, a participação de capital alemão e norte-americano no processo de desenvolvimento, sem comprometer-se firmemente com nenhum deles, mas também sem conseguir atraí-los efetivamente. Esses problemas e as divergências no interior do governo e das classes dominantes quanto aos rumos da economia e das alianças externas só foram encaminhados quando o conflito entre as potências evoluiu para um conflito aberto.

A Missão Aranha

Em 1938 e 1939, a situação internacional agravou-se ainda mais com a anexação da Áustria pela Alemanha, a resolução da questão dos Sudetos em favor dos alemães e a invasão da Albânia pela Itália. Diante desse quadro de falência da política de "apaziguamento" levada a cabo pela França e pela Grã-Bretanha, o governo Roosevelt, segundo Moura (1980, p.113-4), considerava que seria inevitável um novo conflito que extrapolaria a Europa. Portanto, urgiria que os Estados Unidos estivessem preparados para essa eventualidade, o que implicava, entre outros pontos,

> estabelecer o pleno controle estratégico da América Latina e assegurar o apoio – e de preferência o alinhamento – de seus governos; para isso, urgia eliminar a influência comercial, política, ideológica e militar da Alemanha, e ao mesmo tempo opor-se às iniciativas de caráter nacionalista [...] O governo dos Estados Unidos temia especialmente que se alastrasse o exemplo mexicano de nacionalização de empresas norte-americanas durante o governo Cárdenas.

Para alcançar seus objetivos, o governo norte-americano intensificou a política de boa vizinhança. O Brasil, devido à sua importância estratégica e à instauração de uma ditadura considerada nacionalista, foi um alvo prioritário da ação dos Estados Unidos. Ao mesmo tempo que procurava consolidar suas posições na Conferência dos Chanceleres das Américas que se realizaria em Lima, em dezembro de 1938, o governo Roosevelt lançou, em novembro, um programa de auxílio econômico para os países da região. Henry Morgenthau Jr., então secretário do Tesouro e mentor do programa, sugeriu "em memorando a Hull [secretário de Estado] em 1º de novembro que o programa fosse lançado em base bilateral e que o Brasil fosse o ponto de partida" (Hilton, 1994, p.300). Logo depois, Morgenthau escreveu a Sousa Costa pedindo-lhe que enviasse sugestões visando incrementar a cooperação entre os dois países e superar os problemas relativos às dificuldades cambiais brasileiras (SC 38.11.24).

Em sua resposta a Morgenthau, Sousa Costa procurou creditar o monopólio do câmbio, os problemas comerciais e a suspensão dos pagamentos da dívida externa às dificuldades enfrentadas pela economia brasileira a partir do segundo semestre de 1937, decorrentes sobretudo do agravamento da situação internacional. Em vista dos limites desse artigo, não cabe aqui uma análise mais detida da carta do ministro brasileiro. Mas cabe destacar a ideia central do referido documento: a estabilidade da moeda, a liberdade cambial e o equilíbrio do orçamento estariam vinculados ao problema do desenvolvimento.

> Condição fundamental para o êxito dessa política monetária [estabilidade da moeda] é o equilíbrio orçamentário, contra o qual conspira no meu país a pressão de necessidades inadiáveis, quer para o seu reaparelhamento econômico, quer para a defesa nacional [...] A rapidez com que pudermos satisfazer tais necessidades permitirá, mais ou menos facilmente, atingir os objetivos que temos em vista e, desse modo será altamente valiosa a cooperação do seu país, facilitando-nos a execução do programa que assegure a expansão de nossas forças econômicas. Somente por ela poderemos satisfazer as demais necessidades e os compromissos assumidos no passado. (SC 38.11.24)

Sousa Costa também mencionou que o problema-chave era a questão do financiamento do reaparelhamento da economia e, pressionando os norte-americanos, falou das ofertas alemãs nesse sentido. A passagem sugere claramente que o governo Vargas procurava imprimir uma política voltada ao desenvolvimento e estava disposto a aceitar ajuda externa.

Esses primeiros contatos logo evoluíram para um convite formal para uma missão brasileira visitar os Estados Unidos. A pauta apresentada pelos norte-americanos era bastante extensa, abarcava, no que se refere aos problemas econômicos e financeiros, desde os problemas cambiais e comerciais até as questões relativas a empréstimos de longo prazo e a investimentos diretos. Na primeira semana de 1939, Vargas e seus ministros da Guerra, Marinha, Relações Exteriores e Fazenda reuniram-se para avaliar a situação. Embora alguns ministros se mostrassem céticos, decidiu-se, nessa reunião, aceitar o convite norte-americano. Caberia a Aranha a chefia da delegação brasileira, que seria composta de nomes de destaque: Luiz Simões Lopes, Marcos de Sousa Dantas, João Carlos Muniz e Sérgio Lima e Silva.[4] Ao longo do mês de janeiro, os ministérios enviaram a Aranha dados, propostas, levantamentos e relatórios de suas respectivas áreas de atuação (GV 39.01.09).

De maneira geral, esses documentos eram bastante genéricos, a não ser os dos ministérios militares, estes sim mais detalhados; os demais não continham projetos específicos, além de levantamentos setoriais, expunham as linhas políticas e as principais medidas que cada ministério vinha realizando. Ou seja, observa-se uma série de avaliações, ideias, sugestões, diretrizes e alguns programas voltados para o desenvolvimento econômico. Exemplo disso é o vago e deficiente Plano Especial de Obras Públicas. Sobre a introdução da grande siderurgia, não existia nenhum projeto definido naquele momento, apesar da expectativa de se obterem créditos para tanto. Assim, lendo esses relatórios, fica-se com a impressão de que o projeto de desenvolvimento do Estado Novo era algo em elaboração.

O relatório do Ministério da Fazenda, que nos interessa mais de perto, reafirmava as posições que Sousa Costa tinha exposto a Morgenthau na carta de 2 de dezembro do ano anterior. As questões relativas ao câmbio, ao

---

[4] Luís Simões ocupou importantes cargos públicos entre 1930 e 1945, sendo o principal deles a presidência do Daspe. Marcos de Sousa Dantas, funcionário do Banco de Brasil, ocupou vários cargos na instituição, dentre os quais o de diretor da Carteira de Câmbio. João Carlos Muniz foi embaixador, chefe de gabinete de Aranha, diretor do Conselho de Imigração e Colonização e diretor executivo do CFCE. Sérgio Lima e Silva era funcionário do Itamaraty.

comércio, ao equilíbrio orçamentário e à dívida externa estavam subordinadas ao esforço do governo de desenvolver o país. O documento reafirmava a prioridade de fomentar a indústria básica, particularmente a siderurgia. Em relação à dívida externa, sugeria que Aranha não colocasse o assunto em discussão. O comércio compensado com a Alemanha era defendido como uma alternativa da qual o Brasil não deveria abrir mão em um momento de crise aguda das exportações. No que diz respeito aos problemas cambiais, o relatório reafirmava que não existiria uma saída isolada: qualquer mudança deveria dar-se dentro de um conjunto mais amplo de medidas visando reorganizar as finanças públicas e impulsionar a economia. Mas sugeria que um empréstimo que cobrisse os atrasados comerciais poderia, em um curto espaço de tempo, liberalizar o câmbio para o comércio normal. Também continha uma proposta de organização de um banco central, sendo, para tanto, necessário um empréstimo para formar um fundo de estabilização da moeda. No que diz respeito ao capital estrangeiro, assinalava que este seria bem-vindo desde que contribuísse para o desenvolvimento e se submetesse às leis brasileiras (GV 39.01.09).

Com base nas diretrizes e informações contidas nesses documentos, Aranha e os outros membros da delegação brasileira elaboraram uma série de propostas a serem negociadas com os norte-americanos. As concepções da delegação brasileira acerca da economia nacional, da situação mundial e dos rumos do desenvolvimento estão expressas em dois importantes documentos: "Aparelhamento econômico do Brasil" (OA 39.01.09/2 – Documento 9) e "Cooperação agrícola" (OA 39.01.09/2 – Documento 11). Embora contemplem vários pontos dos relatórios dos ministérios, esses documentos têm algumas divergências importantes, que sugerem outra visão da economia brasileira.

De acordo com o primeiro documento, o capital estrangeiro tinha desempenhado um papel-chave no desenvolvimento brasileiro até 1930, pois a produção voltada para a exportação só teria se expandido, em grande parte, graças ao seu concurso. Com a interrupção da entrada de novos capitais, devido à Crise de 1929, o Brasil não teria condições de, por si só, retomar o crescimento de forma consistente, dados os saldos insuficientes da balança comercial e o seu "deficiente equipamento econômico". Para superar essa situação, seria necessária a adoção de "um plano de desenvolvimento em larga escala do aparelhamento econômico do Brasil, pela criação das indústrias básicas". Mas para alcançar esse objetivo seria necessária a ajuda externa: "sem a colaboração de um país altamente industrializado, dispondo de tecnologia avançada, o Brasil não poderá levar avante, com a rapidez necessária, a reconstrução econômica" (OA 39.01.09/2 – Documento 9). O documento "Cooperação agrícola", ao comentar os problemas da agricultura e da exploração dos recursos naturais, também enfatiza esse ponto:

> Precisamos nos convencer de que estamos em fase colonial e sem capital nós brasileiros, sozinhos, tão cedo não poderemos explorar o país [...] a exploração dos produtos tropicais é cara [...] para dominá-la, só com aparelhamento completo e custoso, equipes de técnicos servidos por abundante material [...] Os Estados Unidos poderiam nos auxiliar com recursos financeiros e com técnicas [...] para o desenvolvimento imediato dessas riquezas, o caminho mais rápido seria de concessão a empresas brasileiras que se organizassem, permitindo a participação de capitais e técnicos estrangeiros. [Para desenvolver o país a partir do capital nacional seria preciso um] programa para 50 anos. (OA 39.01.09/2 – Documento 11)

O desenvolvimento calcado em capitais nacionais não era considerado impossível, mas implicaria um caminho muito custoso e prolongado. O auxílio externo seria a saída. Essa posição se encaixava perfeitamente na estratégia política defendida por Aranha de aproximar o Brasil dos Estados Unidos. A contrapartida seria um desenvolvimento complementar à economia norte-americana. Os documentos enfatizam essa visão:

> A posição complementar que caracteriza a economia dos dois países dá a essa colaboração múltiplos aspectos e enormes possibilidades latentes. Não só a indústria norte-americana poderia com vantagem vir buscar no Brasil numerosas matérias-primas de que precisa [...] como o progresso econômico que adviria para o Brasil dessa colaboração teria como consequência o alargamento do mercado brasileiro para os artigos manufaturados dos Estados Unidos, criando deste modo uma estreita interdependência econômica de um imenso alcance político entre os dois países. (OA 39.01.09/2 – Documento 9)

Embora os documentos mencionem a necessidade de se criar indústrias básicas, que na prática significava criar uma grande siderurgia, a ênfase recai no desenvolvimento de indústrias processadoras de matérias-primas e da agricultura de exportação. A defesa da grande siderurgia se devia ao fato de o Brasil possuir condições naturais e econômicas favoráveis ao seu desenvolvimento. Ou seja, defendia-se uma industrialização mais limitada. Além disso, propunha-se a participação de capitais estrangeiros em setores nos quais essa participação era vetada pela Constituição e pela legislação nacionalista em vigor.

Dessa forma, a visão da delegação brasileira parece diferir em pontos importantes dos relatórios apresentados pelos ministérios e das medidas e discursos que Vargas vinha adotando desde pelo menos 1937, e que enfatizavam um desenvolvimento mais centrado no mercado interno e baseado, sobretudo, no capital nacional, apesar de não desprezar o auxílio externo. As propostas, as medidas e os discursos do governo Vargas, nesse período, sugerem a defesa de uma política mais ampla de industrialização e de autonomia nacional.

Em termos de propostas concretas vinculadas às questões econômicas, Aranha defendia os seguintes pontos: empréstimo com prazo de pagamento de cinco anos para saldar atrasados comerciais em troca da liberalização do câmbio apenas para o comércio; créditos da ordem de US$ 50 milhões para formar as reservas de um futuro banco central; créditos de US$ 50 milhões para a siderurgia, o transporte e outros investimentos; discussão de medidas necessárias para estimular a vinda de capital norte-americano para o setor de processamento de produtos de exportação; discussão de medidas visando a uma maior cooperação militar. Com relação à dívida externa, Aranha, seguindo as diretrizes de Vargas, não pretendia colocar o tema em discussão, aguardaria sugestões dos norte-americanos (OA. 39.01.09/2 – documento 7).

A partir dessas propostas e da agenda apresentada pelos norte-americanos, as discussões nos Estados Unidos se estenderam de 9 fevereiro à segunda semana de março, quando, no dia 8, foi assinada uma série de compromissos. Em relação às questões políticas, Roosevelt teria deixado claro a Aranha o perigo que representava a aproximação do Brasil à Alemanha. Julgava que uma guerra, que extrapolaria o cenário europeu, seria inevitável e estaria próxima. Os Estados Unidos estariam preparados para defender o continente. Aranha teria concordado com a iminência da guerra, mas considerava que ela não envolveria as Américas. Em todo caso, o Brasil estaria disposto a colaborar com qualquer ação norte-americana que garantisse a paz. Para isso, porém, seria necessário o nosso "equipamento econômico e militar", para o qual a ajuda norte-americana seria essencial (OA 30.01.09/2 – Documento 12).

O estreitamento dos laços econômicos parecia fundamental tanto à estratégia política de Aranha como para o governo norte-americano, que via nesse estreitamento a possibilidade de barrar a influência alemã e assegurar sua posição no Brasil. Inicialmente, as negociações caminharam bem, chegando-se até a discutir a formação de uma corporação brasileira, com recursos da ordem de US$ 100 milhões, com o objetivo de fomentar a industrialização de produtos primários, a exploração de recursos naturais e a criação da indústria siderúrgica de grande porte. Contudo, logo apareceram problemas que acabaram esvaziando as negociações.

Os resultados concretos da missão foram pequenos ante a pauta proposta e a expectativa de Aranha. O ministro brasileiro não conseguiu sustentar suas propostas iniciais. Com relação ao crédito para saldar os atrasados comerciais, ficou acordado um empréstimo de US$ 19,2 milhões com prazo de pagamento de 24 meses, considerado muito exíguo por Sousa Costa. Em contrapartida, o Brasil comprometia-se a modificar o regime cambial. Os créditos para formar as reservas do Banco Central foram em princípio acertados, mas a operação dependia de uma nova legislação que nem tinha sido ainda enviada ao Congresso norte-americano. O governo dos Estados Unidos comprometeu-se em termos vagos a fornecer créditos da ordem de US$ 50 milhões para financiar investimentos no Brasil, desde que projetos específicos fossem apresentados e aprovados. Esses empréstimos também dependiam de uma nova legislação que ampliasse os recursos do Export and Import Bank. No referente à questão do desenvolvimento de indústrias voltadas para o processamento de produtos primários, o governo Roosevelt prometeu incentivar a formação de companhias mistas. Na área militar, ficou acertada a troca de visitas de missões de ambos os países. (OA 39.01.09/2; Hilton, 1994).

O fato de o Brasil não estar pagando sua dívida externa parece ter sido a questão que emperrou as negociações (Hilton, 1994, p.307). A posição do governo a esse respeito era clara: Aranha não devia assumir nenhum compromisso acerca do assunto. O ministro das Relações Exteriores, contudo, temendo um fracasso total de sua missão, insistia em algum tipo de acordo com os norte-americanos. No dia 3 de março, Sousa Costa em telegrama a Aranha reafirmou essa orientação: "Conversei com o Presidente sobre a questão da dívida externa [...] Se vossa excelência julgar indispensável manifestar-se sobre a questão, deverá prometer que pleiteará no Brasil a retomada dos pagamentos logo se manifeste a melhora da situação do país" (SC 39.01.18). Aranha ameaçou então abandonar as conversações. Em vista disso, Vargas autorizou-o a fazer uma declaração em que prometia a retomada dos pagamentos, mas "sem importar propriamente um compromisso" (Vargas, 1995, v.2, p.205-6). No entanto, nas declarações assinadas, em 8 de março, lê-se: "Chegou-se a conclusão de [...] retomar os pagamentos em primeiro de julho de 1939, por conta dos juros e amortizações desses empréstimos em dólares" (SC 39.01.18). Aranha, deliberadamente, não respeitou as instruções de Vargas e forçou mudanças na política externa brasileira.

Os resultados da Missão Aranha ante as expectativas iniciais foram bastante modestos: em troca de um empréstimo para saldar atrasados comerciais e de vagas promessas de créditos de longo prazo, o Brasil concordou em retomar os pagamentos da dívida externa e mudar o regime de câmbio. Boa parte da literatura assinala o fracasso da missão (Moura, 1980; Abreu, 1986), o que poderia levantar dúvidas quanto a sua relevância. Entretanto, os compromissos firmados por Aranha sinalizavam para uma mudança de rumo da política econômica, no sentido de uma maior abertura da economia brasileira e de uma aproximação em relação aos Estados Unidos, rompendo com o projeto de desenvolvimento autônomo que acabara de ser esboçado.

Talvez por isso a repercussão da missão no Brasil, à época, tenha sido tão negativa. As críticas eram generalizadas, iam desde os militares até setores que apoiavam Aranha. A seguinte passagem de Hilton (1994, p.310) é ilustrativa:

> A tempestade interna já estava se formando antes de Aranha chegar ao Rio de Janeiro. Segundo a embaixada americana, o "desapontamento" com o resultado da missão era generalizado [...] o serviço de censura de Filinto Muller permitiu que a imprensa criticasse o resultado das negociações [...] Líderes militares sem entusiasmo pela viagem de Aranha a Washington para começar ficaram ainda mais descontentes com a falta de benefícios tangíveis.

No dia seguinte à chegada de Aranha, 24 de março de 1939, Vargas proferiu um discurso no qual reafirmava a sua posição nacionalista e a neutralidade do Brasil diante dos conflitos europeus, objetivando com isso aplacar a ira dos militares. As classes dominantes estavam divididas. Setores ligados ao café, à importação e às finanças tendiam para os Estados Unidos, enquanto setores vinculados à produção de frutas, tabaco, couros, carnes e algodão pendiam para a Alemanha. A burguesia industrial estava temerosa de que um acordo com os Estados Unidos implicasse abertura do mercado brasileiro para os produtos manufaturados daquele país. Roberto Simonsen, em carta a Aranha datada de 25 de janeiro, já tinha expresso seus temores a esse respeito (OA 39.01.25/3; Moura, 1980).

Depois de tensa reunião ministerial, realizada em 31 de março, Vargas decidiu sustentar o seu ministro das Relações Exteriores e encaminhar as medidas necessárias à concretização dos acordos (Vargas, 1995, v.2, p.211-3; Dulles, 1967, p.216). Contudo, ficou estabelecido que o pagamento da dívida externa não seria retomado na data estipulada; o Brasil faria apenas um pagamento simbólico e abriria negociações para discutir o assunto. Um acordo provisório só seria assinado em janeiro do ano seguinte, em um contexto de grande incerteza quanto à capacidade de pagamento do país devido às repercussões negativas da guerra sobre o comércio exterior brasileiro. Com relação ao câmbio, em abril de 1939, foi introduzida uma nova política que liberalizava parcialmente o regime cambial.

O que levou Vargas a bancar Aranha, apesar das críticas de quase todos os setores que lhe davam sustentação? Que importância teria essa missão de tão magros resultados imediatos? A resposta a essas indagações parecem estar no discurso de João Carlos Muniz, diretor executivo do CFCE e membro da Missão Aranha, proferido em maio de 1939 na abertura dos trabalhos daquele ano:

> A economia que se baseia só na produção de matérias-primas não passa de uma economia colonial [...] todos somos testemunhas dos esforços de V. Exa. para implantar no país as indústrias básicas, sem as quais não poderá o Brasil equipar-se adequadamente nem prosseguir na obra do alargamento de sua economia agrícola e industrial [...] Os acordos concluídos em Washington [...] visam estabelecer a colaboração com a maior potência econômica e financeira do mundo, mediante concessões de créditos que permitiram criar as indústrias

de base e levar avante a industrialização de certas matérias-primas de que os Estados Unidos são grandes compradores mas não produzem. Esses acordos poderão ser, como bem viu V. Exa., uma alavanca potente para nosso ressurgimento econômico. Eles se enquadram admiravelmente na estrutura da nossa economia agrícola e industrial e mostram o rumo que devemos seguir: desenvolver novas fontes de produção exportável de artigos para os quais o Brasil oferece incontestáveis vantagens e encontram grande aceitação nos mercados mundiais e ampliar cada vez mais nosso aparelhamento industrial. Só desta forma é que poderemos criar uma economia estável, que fará a grandeza do Brasil. (Conselho Federal de Comércio Exterior, 1944, p.11-2)

O discurso de João Carlos Muniz é primoroso. O desenvolvimento da agricultura e da indústria são objetivos complementares, que só seriam alcançados com financiamento norte-americano, o que sugere a concepção de um caminho de desenvolvimento fortemente articulado ao capital estrangeiro. Ao discursar para a liderança empresarial e para Vargas, procura mostrar que essa era uma alternativa viável para aquele momento de incertezas. Segundo ele, Vargas teria percebido nesses acordos a possibilidade de alavancar o desenvolvimento. Esse parece ser um elemento importante para explicar o apoio de Vargas ao seu ministro das Relações Exteriores, apesar das duras críticas a que ele estava sendo submetido.

O primeiro semestre de 1939 foi uma época de incertezas. Os resultados da Missão Aranha não definiam claramente o enquadramento do Brasil nos parâmetros da política externa do governo Roosevelt, embora indicassem uma mudança de rumos. As atitudes relativas ao regime cambial e à dívida externa, que não seguiam à risca o acordado com os Estados Unidos, indicavam a existência, ainda naquele momento, de certa margem de manobra razoável para Vargas ante as fortes pressões norte-americanas. A Missão Aranha abriu a possibilidade, mesmo que vaga, de financiar, em boa medida, o desenvolvimento com capital estrangeiro; e Vargas deve ter procurado explorá-la, pois as alternativas eram difíceis. Um salto qualitativo no desenvolvimento com base no capital nacional parecia improvável naquele momento caracterizado por severas restrições na capacidade de importar.

O desencadeamento da guerra na Europa, em setembro de 1939, reduziu o leque de opções de Vargas ao tornar a opção alemã ainda mais remota. A perda do mercado alemão fragilizou a posição brasileira. Uma aposta na

Alemanha aumentava o risco de isolamento e poderia deixar o país com um grande volume de moedas bloqueadas sem poder transformá-las em bens reais. A evolução da situação internacional no sentido de um confronto aberto entre os blocos imperialistas parece ter sido um dos fatores decisivos da decisão de estreitar os laços com os Estados Unidos. Sem a guerra, Vargas talvez não tivesse abandonado tão rapidamente seu sonho de um desenvolvimento nacional autônomo. Mesmo a opção pelos norte-americanos não foi imediata, Vargas demorou a descartar por completo a hipótese de uma aproximação com a Alemanha.

A estratégia definida por Aranha – um alinhamento aos Estados Unidos em troca de um papel de destaque do Brasil na América do Sul e de recursos para financiar o seu desenvolvimento – se impôs, em grande medida, nos anos que se seguiram. A partir de 1939, iniciou-se um processo, marcado por avanços e recuos, de alinhamento do Brasil aos Estados Unidos, que culminaria com a entrada do país na guerra ao lado dos Aliados. Ao longo desse processo, o governo Vargas condicionou de maneira sistemática o apoio brasileiro ao fornecimento de capitais, tecnologia e armas por parte do governo Roosevelt. Também procurou assegurar papel de destaque no cenário internacional, conferindo ao país o papel de potência regional. Ao perseguir essa política, o Brasil estreitou as suas possibilidades de seguir outro caminho de desenvolvimento mais nacional (Moura, 1980; Corsi, 1997). A aliança com os Estados Unidos, no entanto, não significava, para Vargas, nem subordinação, nem que o Brasil devesse ter uma economia complementar à norte-americana. O país deveria caminhar para uma economia industrial, contando com ajuda norte-americana, como contrapartida ao alinhamento brasileiro à política de "boa vizinhança".

Considerações finais

Ao longo deste artigo, tentamos mostrar que, naquele momento, o problema central para a viabilização do projeto de desenvolvimento de Vargas não foi, como sugere Fiori (1995), a falta de um firme apoio a uma ação estatal mais ampla na economia por parte das classes dominantes e a carência de recursos fiscais, embora esses fatores sejam bastante importantes. O Estado Novo, como já foi assinalado, contava, pelo menos até 1943, com sólida base de sustentação política. Além disso, importantes lideranças da burguesia industrial e comercial não eram contra uma maior participação do Estado na atividade econômica. As tentativas de criar mecanismos que possibilitassem a flexibilização e a ampliação do gasto público, como também foi mencionado, se não resolveram o problema da carência de recursos o minoraram consideravelmente. Contudo, a falta de um consistente esquema interno de financiamento continuava sendo um sério obstáculo aos planos do governo Vargas.

O nó górdio da questão, no final dos anos 1930, foi a obtenção dos recursos necessários ao financiamento das crescentes importações imprescindíveis para o avanço da industrialização. Esse problema impelia Vargas a buscar capitais estrangeiros e para isso tinha apoio da maior parte das forças políticas que compunham sua base de sustentação. Soma-se a isso o problema do equipamento das Forças Armadas, considerado vital pelos militares. Também não podemos desconsiderar que o próprio projeto nacional de desenvolvimento de Vargas era nessa época muito mais um esboço do que um plano consistente.

Diante desse conjunto de questões, Vargas parece ter-se inclinado cada vez mais para um desenvolvimento calcado na indústria com financiamento externo. Essa saída, vislumbrada como factível à época, mostrar-se-ia, nas décadas seguintes, um sério problema para qualquer projeto de desenvolvimento com pretensões de autonomia nacional, embora o caminho indicado naquele momento se mostrasse frutífero para o crescimento econômico no futuro.

A importância da missão Aranha reside não nos seus resultados concretos, mas no fato de ela ter aberto um novo caminho que, nos anos que se seguiram, seria percorrido por Vargas de forma cautelosa e titubeante. A Missão Aranha parece ter sido o primeiro ato em que ganhou contornos mais nítidos a ideia de um projeto de desenvolvimento associado ao capital estrangeiro, indicando os formidáveis obstáculos para um desenvolvimento mais autônomo. Entretanto, industrialização com amplo financiamento externo não era concebida por Vargas como subordinação. No processo de alinhamento do Brasil aos Estados Unidos, o governo Vargas buscaria garantir um salto qualitativo na industrialização e um papel de proeminência para o país na América do Sul.[5]

---

5 Desenvolvo essas proposições em Corsi (1997).

A CONSTRUÇÃO DO NACIONALISMO ECONÔMICO DE VARGAS[1]

Pedro Paulo Zahluth Bastos

> Não será exagero atribuir, historicamente, a nossa conduta de incompreensão e passividade ao provincialismo que a Constituição de 1891 estabeleceu e ao reclamo dos países industriais interessados em manter-nos na situação de simples fornecedores de matérias-primas e consumidores de produtos manufaturados. Aquela expressão – "país essencialmente agrário" –, de uso corrente para caracterizar a economia brasileira, mostra, em boa parte, a responsabilidade de nosso atraso.
>
> Getúlio Vargas, 1938

A questão do nacionalismo econômico de Getúlio Vargas esteve sujeita a muita controvérsia política e acadêmica. Os debates sobre o tema não costumam diferenciar, porém, as finalidades do nacionalismo econômico – sua maneira de definir quais os interesses econômicos da nação no sistema internacional – e as formas particulares mediante as quais esses interesses poderiam ser alcançados. Isso motiva confusões conceituais: embora poucos duvidem que Vargas associava o interesse nacional ao desenvolvimento de novas atividades econômicas, sobretudo industriais, que superavam a dependência primário-exportadora do mercado externo, vários intérpretes se dividem ao afirmar que Vargas era "mais ou menos" nacionalista

---

1 Agradeço às sugestões de Luiz Gonzaga Belluzzo, Alonso Barbosa de Oliveira, Paul Singer, Octavio Camargo Conceição, Reginaldo Moraes, Wilson Cano e Pedro Dutra Fonseca, eximindo-os dos erros remanescentes. Uma versão anterior do capítulo foi publicada, como artigo, na revista *Economia* (Selecta Especial do XXXIII Encontro Nacional de Economia – Anpec), v.7, n.4. Agradeço ainda à Fapesp pelo financiamento da pesquisa de doutorado sobre o tema.

em razão da maior ou menor disposição em aceitar a participação do capital estrangeiro no desenvolvimento econômico. Em um extremo, alguns autores enxergaram em Vargas o defensor radical da autonomia nacional, chegando às raias da xenofobia contra o capital estrangeiro. Outros viram no ex-presidente o "entreguista" capaz de ludibriar o povo brasileiro com uma retórica do desenvolvimento econômico nacional, enquanto pretendia deixar aberta a porta aos "trustes" internacionais do petróleo ou aos monopólios estrangeiros em serviços públicos que, presumidamente, impediriam que esse desenvolvimento ocorresse. Curiosamente, alguns intérpretes chegaram a mudar de percepção de um extremo ao outro, como certos membros do Partido Comunista antes e depois do suicídio do presidente em agosto de 1954.[2]

A questão se complica porque a bibliografia nem sempre separa, para fins analíticos, a questão do nacionalismo econômico e a do trabalho. É difícil negar que, para Vargas, o desenvolvimento industrial não era visto apenas como um fato econômico: desde cedo, ele considerava que o radicalismo político de massas seria um resultado inevitável de um Estado economicamente omisso, que deixasse a estrutura econômica decadente

---

[2] Para as versões extremas do PCB, ver Biroli (1999). A divergência não era menor em interpretações acadêmicas. Por exemplo, Octávio Ianni defendeu, de um lado, que o modelo "getuliano" de substituição de importações "envolve a reformulação dos vínculos externos e com a sociedade tradicional. Com base na política de massas e no dirigismo estatal, estabelece gradações nas rupturas estruturais indispensáveis à sua execução. Fundamenta a política externa independente e implica numa doutrina do Brasil como potência autônoma [...] Em 1954, é total o antagonismo entre os que desejam o desenvolvimento internacionalizado (ou associado com organizações externas) e os que pretendem acelerar o desenvolvimento econômico independente. É a época em que se impunha o aprofundamento das rupturas com os setores externos e com a sociedade tradicional, se se desejava entrar em novo estágio de aplicação do modelo getuliano. O suicídio de Vargas revela a vitória daqueles que queriam reformular e aprofundar as relações com o capitalismo internacional" (Ianni, 1968, p.54, 68). Em outro polo, cf. Carlos Lessa e José Luís Fiori: "Em síntese, não encontramos evidências consistentes, nos planos das intenções e objetivos e, ainda menos, no das políticas realmente executadas, que sustentem a ideia dominante de que naquela quadra histórica existiu e foi derrotado um projeto governamental de desenvolvimento nacional autônomo e popular [...]. Os anos de 53 e 54 foram, efetivamente, anos críticos, onde se desdobra a crise política-institucional que derrubou Vargas. Mas, certamente, essa crítica não tem a ver com opções nacionalistas ou populares feitas por Vargas quando da reforma ministerial [...] A estratégia de desenvolvimento aberto e integrador, sustentado, em grande medida, pelo Estado e pelos capitais forâneos, fez-se consensual com Vargas e bem-sucedida com JK" (Lessa; Fiori, 1984, p.593-8). Para uma resenha de diferentes visões do nacionalismo getulista, cf. Campos (2005); e comentários de Fonseca (1987, p.402-28).

(legitimada pela noção de vocação agrária do Brasil) à sua própria sorte, mantendo também milhares de trabalhadores famintos fora do mercado de trabalho. Como o Capítulo 12 deste livro aborda, para Vargas era preciso fazer a reforma do capitalismo e da rede urbana de proteção social antes que o povo fizesse a revolução. Mas os *meios* mediante os quais o desenvolvimento industrial e urbano poderia avançar e, em termos mais gerais, a questão do reposicionamento econômico do país no sistema internacional, não se confundem, embora se relacionem, com os dilemas da questão do trabalho e a correlação das forças sociais, que apresentam autonomia relativa e têm uma dinâmica, até certo ponto, própria. Por isso, alguns aspectos da relação tensa entre a questão nacional e a do trabalho são tratados em outros capítulos deste livro, estando apenas implícitos neste, que se concentra na análise das formas pelas quais as finalidades do nacionalismo econômico poderiam avançar.

O problema das definições do nacionalismo econômico varguista a partir dos *meios* pelos quais os interesses nacionais de desenvolvimento econômico seriam alcançados é que Vargas não manteve, ao longo do tempo, a adesão a formas particulares de intervenção estatal e de associação com o capital estrangeiro. O que apresenta maior continuidade é a adesão ao ideário do *nacional-desenvolvimentismo*, ou seja, a vinculação do interesse nacional com o desenvolvimento, ativado pela vontade política concentrada no Estado, de novas atividades econômicas, particularmente industriais, associadas à diversificação do mercado interno, superando: (a) a especialização primário-exportadora no sistema internacional, e (b) a valorização ufanista das riquezas naturais, associada à ideologia da vocação *natural* (passiva) do Brasil para exploração primária de suas riquezas e à suposição implícita de que a maioria do povo era inapta para atividades não rurais ou extrativas. Contraposto à ideologia ufanista tradicional, o nacionalismo econômico varguista defendia a intervenção para o desenvolvimento, ou seja, não era apenas nacionalismo, mas nacional-desenvolvimentismo.[3]

Dada essa definição geral dos interesses nacionais – desenvolver economicamente o país e reposicioná-lo na divisão internacional do trabalho,

---

3 Pedro Fonseca (2004; 2005) discute a diferença entre o desenvolvimentismo de Vargas e as tradições nacionalistas anteriores, alegando convincentemente que a ideologia desenvolvimentista sintetizou inspirações positivistas, papelistas e nacionalistas modernizadoras,

diversificando atividades voltadas para o mercado interno e reduzindo a dependência frente ao comércio exterior –, as formas e os objetivos particulares da intervenção nacional-desenvolvimentista mudariam ao longo da trajetória política de Vargas. Embora a "questão siderúrgica" fosse central ao novo modelo de desenvolvimento desde o início da década de 1930, a ênfase na industrialização pesada, e na infraestrutura de base, aumentou ao longo do tempo, à medida que estrangulamentos na oferta de energia e insumos básicos ameaçavam a continuidade da expansão econômica e da diversificação industrial. A demanda resultante por importações essenciais, de difícil substituição, também provocava estrangulamentos cambiais e pressões inflacionárias, uma vez que as exportações tradicionais não eram capazes de fornecer o fluxo crescente de reservas cambiais necessárias. Desenvolver economicamente a nação se confundia, cada vez mais, com a redução de sua dependência de insumos industriais e energéticos importados, avançando na industrialização pesada, inclusive para poder mudar posteriormente a pauta de exportações. É por isso que Vargas alegaria que a questão do aço era o principal desafio para a emancipação/desenvolvimento econômico nacional no início da década de 1930, assim como o petróleo e a energia hidrelétrica (e não mais termelétrica), com as respectivas indústrias de bens de capital, seriam nas décadas posteriores. Simultaneamente, as formas da *intervenção do Estado* necessárias para realizar os objetivos do ideário nacional-desenvolvimentista também se ampliariam, desde a regulação, à distância, do mercado até a criação de empresas estatais, como veremos.[4]

Isso tudo exigia superar, ao longo do tempo, um conjunto de restrições econômicas e resistências políticas contra a ampliação do escopo da intervenção do Estado nacional, para o que o apelo público à ideologia nacionalista era fundamental, como meio de legitimação da ação estatal e recurso de poder contra interesses avessos a ela. Embora o nacional-desenvolvimentismo tivesse uma função retórica "legitimista", ele não pode ser encarado apenas como uma "máscara" ou "véu" da ação política varguista,

---

iniciando-se com intervenções econômicas de Vargas no governo gaúcho em 1928. A propósito, Marilena Chauí (2000) analisa sinteticamente o ufanismo tradicional agroexportador (denominado "verde-amarelismo"), alegando ser ideologia adequada à especialização primário-exportadora pós-colonial.

4 Para uma análise do processo de industrialização tardia do Brasil e suas restrições, ver Cardoso de Mello (1975).

mas também como um ideário que a orientava para certos fins. Nesse sentido, é preferível afirmar que Vargas aderia ao nacional-desenvolvimentismo do que alegar que defendia simplesmente o desenvolvimento capitalista no Brasil: uma vez que a economia mercantil agroexportadora também era capitalista, o que o ideário nacional-desenvolvimentista defendia era um *certo tipo* de desenvolvimento capitalista, como anteriormente referido.

As finalidades, os dilemas e a mutação das formas do nacional-desenvolvimentismo podem ser avaliados com uma análise das políticas frente aos ramos então considerados básicos e prioritários para um desenvolvimento econômico moderno: a siderurgia pesada, a exploração de petróleo e, particularmente, o ramo de energia elétrica. Enquanto os dois primeiros não estavam constituídos antes de 1930, no terceiro já se concentravam as maiores filiais norte-americanas presentes no Brasil (Light e Amforp).

Regular a atividade dessas empresas envolvia chocar-se com interesses fortemente consolidados, uma vez que o governo Vargas pretendia que a expansão da oferta de energia se fizesse com garantias de fornecimento e preços que não prejudicassem a operação dos setores usuários de eletricidade. Assim, a prática da intervenção era nacionalista não só em seus objetivos desenvolvimentistas, mas também no sentido que resultaria em choques entre interesses definidos como nacionais pela política de Estado e os interesses constituídos de filiais estrangeiras, seja as que já operassem (concessionárias de energia, bancos e mineradoras, por exemplo), seja as que tivessem apenas concessões para operar, ainda não concretizadas (como companhias de petróleo). Ao longo do tempo, outros conflitos ocorreriam com interesses particulares, estrangeiros e locais que resistissem às políticas nacional-desenvolvimentistas. Como em um jogo dialético, essas contradições reforçavam a aura nacionalista de Vargas: contraposta a interesses particulares e egoístas, a ação estatal era legitimada precisamente por almejar o interesse público-nacional, identificado ao desenvolvimentismo e, a partir do final do Estado Novo, também crescentemente ao distributivismo trabalhista.[5]

As filiais não eram os únicos *agentes estrangeiros* a entrar em choque com o governo Vargas. À medida que, na década de 1930, o governo procurava

---

5 Sobre a "invenção do trabalhismo" no Estado Novo e sua relação com a ideologia nacionalista, ver Ângela Gomes (1988).

superar a crise econômica e destinar recursos para apoiar o desenvolvimento de novas atividades econômicas associadas à diversificação do mercado interno, buscou-se gradualmente regular e orientar o uso de recursos escassos, como reservas cambiais. Filiais estrangeiras eram afetadas nesse campo, uma vez que as remessas de lucro foram limitadas para permitir pagamento de dívidas externas e compromissos comerciais. Mas a decretação de moratórias da dívida externa e a acumulação de atrasados comerciais, para financiar outras importações consideradas essenciais para o desenvolvimento econômico, também provocaram choques entre o Estado nacional, de um lado, e credores externos ou exportadores estrangeiros. Bancos estrangeiros também foram afetados pela nacionalização do sistema financeiro, prevista na Constituição de 1937, apresentada aliás no mesmo dia em que se anunciava a moratória da dívida externa.

Na verdade, os conflitos induzidos pela intervenção desenvolvimentista do governo central não se limitariam à relação com empresas estrangeiras, ou com outros Estados nacionais que defendessem interesses de seus empresários. A aplicação do ideário nacional-desenvolvimentista exigia o fortalecimento dos poderes decisórios e materiais do Estado nacional para superar os obstáculos diversos de uma industrialização tardia, o que produzia choques com interesses locais. De fato, o governo Vargas procurou regular mercados (limitando a liberdade de proprietários), e concentrar recursos financeiros e decisórios anteriormente sujeitos a outras esferas de poder, seja o Poder Legislativo, sejam unidades políticas subnacionais (estados e municípios). Assim, a intervenção econômica do governo Vargas era nacionalista também no sentido em que, para alcançar objetivos desenvolvimentistas, requeria e buscava concentrar recursos decisórios e financeiros no Estado nacional, contra resistências internas oriundas de grupos políticos e econômicos particulares prejudicados. E, ao alegar enfrentar resistências que atrasavam o desenvolvimento nacional desejado, Vargas reforçava sua mística de presidente nacionalista, até à célebre carta-testamento.

No caso dos ramos básicos, a intervenção desenvolvimentista dos governos de Vargas recorreu a diferentes políticas, que não recusavam *a priori* investimentos de empresas estrangeiras. Ainda assim, em todos os ramos a intervenção caminhou, pragmaticamente, da tentativa de criação/regulação do mercado em direção à criação de empresas estatais, consideradas imprescindíveis para superar estrangulamentos estruturais ao desenvolvimento no final do processo. O que determinou essa flexibilidade tática, até que finalmente a solução por meio do investimento estatal se afirmasse?

A hipótese deste capítulo é que a dinâmica de interação entre Estado e mercado nos ramos básicos foi determinada: (a) pelo fracasso das tentativas de regulação do mercado e (b) pelos obstáculos para mobilizar recursos para empreendimentos estatais. Contar com empreendedores privados nacionais era pouco realista, dadas suas limitações financeiras e tecnológicas e a existência de alternativas de investimento rentáveis e menos arriscadas. A intervenção por meio da criação de estatais envolvia custos políticos e econômicos significativos, não apenas por entrar em choque com concessionárias estrangeiras, mas também por exigir a concentração de recursos financeiros significativos no Estado nacional. Para um governo que se consolidou politicamente e se fortaleceu economicamente de maneira gradual, com idas e voltas, a opção estatal não podia ser a inicial nos ramos básicos. Sobretudo onde já existissem filiais instaladas (como na energia elétrica), era natural que o governo Vargas primeiramente procurasse regular as atividades empresariais privadas de acordo com interesses definidos como nacionais pela política de Estado. Por outro lado, se a regulação do mercado, à distância, não se mostrasse viável para induzir os investimentos desejados – pelo desinteresse ou incapacidade de filiais (mesmo quando apoiadas pelo Estado) –, a alternativa de intervenção direta por meio de empresas estatais só se viabilizaria com recursos financeiros cuja mobilização era política e economicamente custosa. Por isso, em todos os três ramos em questão, o governo Vargas procurou explorar oportunidades de barganha de fundos públicos externos para desenvolver os ramos básicos, antes de recorrer à formação de fundos financeiros locais destinados a empresas estatais.

A análise do ramo de energia elétrica é significativa dessa dinâmica da interação entre Estado e mercado não apenas porque já havia filiais estrangeiras constituídas, mas também porque um projeto de nacionalização progressiva do setor foi adiado, no segundo governo Vargas, exatamente porque se vislumbrou a oportunidade de barganhar recursos públicos externos (bilaterais e multilaterais) a partir da operação da Comissão Mista Brasil-Estados Unidos (CMBEU). Por outro lado, assim que o acordo de cooperação financeira foi denunciado pelos Estados Unidos (apesar de solicitações dramáticas do governo brasileiro), um projeto sistemático de intervenção direta de empresas estatais finalmente foi apresentado, contando sobretudo com recursos locais. Para mobilizar apoio político ao projeto da Eletrobrás e reforçar as possibilidades de aprovação contra resistências no Congresso Nacional, Vargas o apresentou com uma retórica nacionalista agressiva semelhante àquela característica da campanha "O petróleo é nosso".

Essa oscilação tática da intervenção no setor elétrico mostra que o nacional-desenvolvimentismo de Vargas não era xenófobo, nem "entreguista", e sim flexível, oportunista e politicamente realista. Dada a dificuldade de regular o mercado segundo os objetivos nacional-desenvolvimentistas, e de mobilizar recursos locais para empreendimentos estatais, as táticas variaram em função de cálculos a respeito da possibilidade de alcançar os resultados pretendidos com diferentes formas de barganha externa, ou seja, por meio de filiais ou de recursos públicos. Esses cálculos eram reformulados em razão do êxito ou fracasso da tática de barganha internacional e, particularmente, em razão do grau de amadurecimento de fontes de financiamento locais alternativas a fundos externos. No caso do setor elétrico, quando a barganha internacional não se mostrou funcional para assegurar a realização dos objetivos nacional-desenvolvimentistas, Vargas não hesitou em denunciá-la com uma retórica que tinha um objetivo interno evidente: confrontar e superar os interesses contrários à concentração de recursos no Estado e à expansão de sua intervenção direta na economia, orientada para objetivos nacional-desenvolvimentistas. Antes disso, era preciso explorar as oportunidades de financiamento externo não apenas para superar a escassez de reservas cambiais, mas porque os raios de manobra para uma política desenvolvimentista mais autônoma, menos associada a recursos externos, dependiam da superação dos obstáculos à centralização de recursos financeiros locais, em um processo lento e penoso que caracterizou também, de certo modo, as questões siderúrgica e petrolífera.

A primeira seção, a seguir, tece comentários sobre o contexto de crise internacional em que o nacional-desenvolvimentismo consolidou-se, nos anos 1930, descrevendo brevemente as políticas de renegociação da dívida externa e nacionalização do sistema financeiro. A segunda avalia as políticas para os ramos siderúrgico e petrolífero. Nesses ramos, a construção do nacional-desenvolvimentismo seguiu uma dinâmica semelhante: depois de, inicialmente, buscar regular o mercado e induzir filiais estrangeiras para um novo estilo de desenvolvimento capitalista que rompia com a tradição liberal e com a especialização agroexportadora, Vargas tentou obter fundos públicos externos e, conseguindo-os ou não, recorreu à formação de fundos financeiros locais destinados a empresas estatais, sem as quais já não mais considerava possível superar estrangulamentos estruturais ao desenvolvimento.

A terceira seção discute as políticas de Vargas para o ramo de energia elétrica desde a década de 1930, apontando para a existência de uma dinâmica semelhante de interação entre Estado e mercado, construindo um padrão de nacional-desenvolvimentismo caracterizado pela intervenção estatal progressiva. Em seguida, recorre-se a arquivos diplomáticos para discutir os obstáculos à estratégia do segundo governo Vargas, de financiar inversões estatais contando com recursos barganhados junto aos Estados Unidos e agentes financeiros multilaterais – que, por sua vez, procuravam defender filiais estrangeiras e limitar a expansão do Estado. Avalia-se também o jogo de forças que levou à solução do impasse, por meio da proposta de um fundo local (Fundo Nacional de Eletrificação), que financiaria usinas estatais e, particularmente, a constituição da Eletrobrás (ou Centrais Elétricas do Brasil S.A.).

A última seção faz considerações finais, alegando que o nacional-desenvolvimentismo de Vargas tinha três características centrais, o antiliberalismo, o oportunismo nacionalista e a capacidade de adaptação a circunstâncias históricas cambiantes, exigindo que sejam reavaliadas interpretações que o caracterizam como "xenófobo" ou "entreguista" a partir de uma descrição *abstrata e formal* dos meios mobilizados para colocar em prática o ideário nacional-desenvolvimentista.

A crise do liberalismo e a emergência do nacional--desenvolvimentismo

A crise econômica que se abateu sobre o Brasil no final dos anos 1920 não foi produto de circunstâncias econômicas internas, embora a superprodução de café fosse induzida em parte pelo programa local de valorização do produto. Como se sabe, crises econômicas generalizaram-se por todas as economias capitalistas, integradas por fluxos comerciais e financeiros cuja retração drástica aparecia como um choque externo contra o qual pouco se poderia fazer, além de tentar reduzir ou amortecer seus efeitos internos. A crise abalou o sistema financeiro mundial e provocou moratórias e renegociações da dívida externa que esgarçaram laços que integravam centros financeiros a periferias endividadas: na América Latina em 1931, na Europa Central e Meridional em 1932 e finalmente o repúdio alemão em 1933. Vários impérios europeus, mesmo antes do New Deal nos Estados Unidos, acompanharam países periféricos na rejeição do compromisso com taxas fixas de câmbio e livre conversibilidade de capitais. A queda no preço de *commodities* também não teve precedentes. Não surpreende que a crise geral levasse diferentes Estados nacionais, no centro como na periferia do capitalismo, a redirecionar políticas para proteger economias da instabilidade mundial e apoiar novos projetos de recuperação nacional, rompendo com o tradicional *ethos* do padrão ouro e da credibilidade perante os portadores de ativos financeiros internacionais.[6]

Se a crise econômica mundial não foi o produto de uma "mentalidade" antiexportadores ou anticredores, ela certamente teve por efeito solapar as bases materiais de modelos de inserção internacional baseados na ênfase em exportações e na liberdade financeira internacional. Simultaneamente, a instabilidade política global e a alteração das coalizões políticas na primeira metade da década de 1930 provavelmente foram as maiores desde o ciclo de revoluções burguesas de 1848. Sua simultaneidade não resultou da difusão de agitações políticas, meramente, e muito menos de campanhas militares devastadoras: a globalidade da crise tinha raízes profundamente

---

6 "A vantagem da depreciação cambial era que ela liberava as políticas monetárias e orçamentárias. Não mais era necessário restringir o crédito doméstico para defender a conversibilidade. Não mais era necessário cortar o gasto público em países em que as despesas já estivessem em queda descontrolada. 'Há poucos ingleses que não se alegram com a quebra de nossos grilhões de ouro', argumentou Keynes quando a Inglaterra foi forçada a desvalorizar [...] Entretanto, não era apenas o padrão ouro como um conjunto de instituições que impunha um obstáculo à recuperação econômica, mas também o padrão ouro como um *ethos* [...] Uma crise financeira poderia forçar um país a abandonar a conversibilidade-ouro, mas não o levava a abandonar a ortodoxia financeira. Somente depois que os princípios da ortodoxia financeira também foram rejeitados é que se seguiu a recuperação [... e] a maioria dos países levou mais tempo para abandonar o *ethos* do padrão ouro que suas instituições" (Eichengreen, 1992, p.21-2). Eichengreen argumenta que as desvalorizações cambiais colaboraram para a lenta recuperação econômica dos anos 1930, ao contrário das interpretações de que seu resultado líquido foi uma "soma zero", o que é o caso de Nurske (1944). Uma síntese das mudanças nas formas nacionais de gestão das políticas monetárias propiciadas pela ruptura da integração financeira internacional é de Hirsch e Oppenheimer (1976).

econômicas, associadas ao funcionamento do padrão ouro e à integração internacional sem precedentes das economias capitalistas. Como tal, não é de surpreender que muitas das reações nacionais à crise se pautassem pelo repúdio ao internacionalismo cosmopolita e, em alguns casos, pelo isolacionismo chauvinista. Na interpretação clássica de Karl Polanyi ([1944] 1988), o que estava em jogo era a defesa de tecidos sociais territorializados contra a instabilidade de mercados internacionais em crise descontrolada. Seja como for, independentemente de quão nacionalizantes fossem as ideologias das novas lideranças políticas, os fluxos produtivos, comerciais e financeiros tenderam a recuperar-se da crise global, ao longo dos anos 1930, orientando-se crescentemente para mercados internos e para transações internacionais administradas por acordos entre governos, deixando para trás o velho liberalismo econômico do século XIX.[7]

É claro que essa tendência mundial de nacionalização de decisões e fluxos econômicos foi internacionalmente assimétrica: embora todos os países soberanos fossem induzidos a responder à crise, não tinham as mesmas ideologias de intervenção, a mesma força política ou os mesmos instrumentos regulatórios, financeiros e administrativos que os capacitassem para a tarefa. De todo modo, o processo de construção de aparelhos de Estado, mais ou menos adequados à intervenção econômica crescente que se tornava necessária, avançou em vários países centrais e periféricos. Assim como decisões e fluxos privados de financiamento, produção e distribuição destinavam-se crescentemente para mercados internos, Estados se aparelhavam para um ativismo inaudito na regulação de taxas de juros, câmbio, preços, salários, condições de concorrência, gasto público, políticas sociais, programas de investimentos e modernização produtiva. Por outro lado, se é verdade que a intervenção estatal sobre sistemas econômicos implicou conflitos e realinhamentos políticos que, em maior ou menor grau, prejudicou interesses tradicionalmente vinculados ao internacionalismo comercial e financeiro, países credores tendiam a continuar defendendo o interesse de investidores nacionais contra Estados receptores, periféricos ou não, que ameaçassem seus negócios com expropriação, moratória ou simplesmente

---

7 Para análises comparativas das mudanças das coalizões políticas que acompanharam as reações nacionais à crise geral, cf. Gourevitch (1986, capítulo 4); Droz; Rowley (1986, livro I, item III); Hobsbawm (1995, capítulo 4); e Rothermund (1996). Sobre o ciclo das revoluções burguesas de 1848, ver Hobsbawm (1975).

prioridades políticas (por exemplo, na regulação de rentabilidade ou na alocação de reservas cambiais) adaptadas aos novos tempos.

Inversamente, a crise do liberalismo e a tendência de nacionalização de decisões e fluxos econômicos traziam, aos países periféricos que hospedavam investimentos estrangeiros, conflitos com representantes locais e estrangeiros do capital estrangeiro, de risco ou carteira. De fato, em países periféricos, como o Brasil, (a) em que parcela significativa da infraestrutura básica fora constituída sob propriedade estrangeira, (b) que eram endividados junto ao sistema financeiro internacional em crise, (c) dependiam de reservas cambiais escassas para importação de insumos essenciais e (d) experimentavam quedas acentuadas das receitas de exportação, o esforço de recuperação econômica envolveu não apenas nacionalização de decisões, mas também algum nacionalismo econômico, ou seja, a defesa de interesses nacionais contra corporações e credores estrangeiros, localizados ou não dentro do território nacional. De certo modo, esse nacionalismo econômico era, em parte, o próprio modo de ser da intervenção estatal em economias periféricas forçadas pela crise mundial a orientarem-se para seus mercados internos, e nas quais parcela significativa dos créditos e da infraestrutura era de proprietários estrangeiros interessados, apesar dos novos tempos, em preservar vendas, juros e lucros conversíveis em moeda internacional forte. Mas nem todas as economias periféricas desenvolveram ideologias de desenvolvimento econômico e intervenção estatal tão elaboradas quanto o nacional-desenvolvimentismo brasileiro, sob o impulso decisivo de Vargas. Nesse caso, não se tratava apenas de defender interesses nacionais contra reivindicações de corporações e credores estrangeiros, mas de orientar a intervenção estatal para estimular o desenvolvimento de novas atividades produtivas, sobretudo industriais, reduzindo a dependência tradicional do comércio exterior.[8]

O ideário nacional-desenvolvimentista de Vargas se desdobraria em formas de intervenção que não nasceram prontas em 1930, definindo ao longo do tempo, com tentativas e erros, seus objetivos parciais, meios de aplicação de políticas e as esferas de atuação do Estado e do mercado,

---

8 Sobre as origens do nacional-desenvolvimentismo de Vargas, ver Fonseca (2004; 2005); sobre o pensamento econômico brasileiro durante o "ciclo ideológico do desenvolvimento", ver Bielschowsky (1985). Para uma análise comparativa das ideologias desenvolvimentistas no Brasil e na Romênia, ver Joseph Love (1998). Sobre a influência do economista romeno Mihail Manoilescu no desenvolvimentismo brasileiro, ver Eli Diniz (1978).

particularmente empresas estatais, filiais estrangeiras e companhias privadas brasileiras. Em meio à crise internacional dos anos 1930, a primeira postura do governo provisório de Vargas foi cautelosa, procurando minimizar conflitos com investidores estrangeiros. Essa cautela caracterizou, por exemplo, a renegociação da dívida pública externa e a redefinição das prioridades para uso de reservas cambiais escassas. A tática inicial foi buscar um compromisso com credores, preparando o cenário para uma retomada de empréstimos, negociando-se um *funding loan* em 1931. Mesmo quando a conjuntura de escassez de divisas forçou a aplicação de novos controles cambiais, em setembro de 1931, a necessidade de selecionar usos prioritários para as divisas se fez para satisfazer a capacidade de pagamento de parte da dívida, mesmo que isso reiterasse a escassez de divisas para importações essenciais. Outro *funding loan* seria negociado em 1934 por Oswaldo Aranha, recém-nomeado embaixador nos Estados Unidos, visando reduzir dispêndios para patamares mais adequados às reservas cambiais brasileiras e às expectativas pessimistas de novos recursos. Mas estimativas indicam que foi preciso esperar até novembro de 1937 para que uma nova moratória reduzisse dispêndios para níveis inferiores à capacidade de pagamento brasileira, liberando reservas cambiais para financiar importações destinadas a obras públicas e ao reaparelhamento militar.[9]

No que tange aos investimentos estrangeiros em insumos básicos e serviços públicos, Vargas afirmaria precocemente que seria necessário regular o mercado, limitando a liberdade de ações que empresas estrangeiras gozavam antes da Revolução de 1930, visando à segurança econômica e militar do país. Em suas palavras, pronunciadas em discurso de fevereiro de 1931:

> Não sou exclusivista nem cometeria o erro de aconselhar o repúdio do capital estrangeiro a empregar-se no desenvolvimento da indústria brasileira, sob a

---

9 Sobre o padrão de negociação da dívida pública externa brasileira entre 1930 e 1945, ver especialmente Abreu (1999) e Bouças (1955). A prioridade de uso das reservas, determinada pelo controle cambial de setembro de 1931, é significativa da força dos credores: a dívida externa e as compras do governo foram elencadas como prioridade de primeira ordem, seguidas de "importações essenciais" (não definidas segundo um critério que distinguissem favoravelmente as importações fundamentais para a expansão da indústria, pois discriminavam as importações de petróleo, carvão e produtos químicos) e remessas de lucros. Para uma descrição das políticas cambiais no período ver Villela; Suzigan (1973, p.309-29) e Oliveira (1978).

forma de empréstimos, no arrendamento de serviços, concessões provisórias, ou em outras múltiplas aplicações equivalentes [...]. Mas quando se trata da indústria do ferro [...]; do aproveitamento das quedas-d'*água*, transformadas na energia que nos ilumina e alimenta as indústrias de guerra e de paz; das redes ferroviárias de comunicação interna [...]; quando se trata, repito, da exploração de serviços de tal natureza, de maneira tão íntima ligados ao amplo e complexo problema da defesa nacional, não podemos aliená-los, concedendo-os a estranhos, e cumpre-nos previdentemente manter sobre eles o direito de propriedade e domínio. (Vargas apud Lima, 1995, p.20-1)

De fato, veremos a seguir que, no ramo de energia elétrica, algumas iniciativas foram executadas no sentido de regular e fiscalizar a operação das empresas estrangeiras no país, no interesse do barateamento de serviços e visando defender reservas cambiais escassas contra remessas de lucro crescentes. No entanto, apesar de arroubos retóricos nacionalistas, esse movimento regulatório esteve longe de envolver a rejeição à participação das filiais estrangeiras no setor, como ocorreria com os bancos de depósito e companhias de seguro durante a Segunda Guerra Mundial.

De fato, o princípio de nacionalização de licenças novas para bancos e companhias de seguro foi incluído na Constituição de 1937 e regulamentado em abril de 1941. O objetivo era economizar reservas cambiais e adaptar o sistema financeiro brasileiro às novas necessidades do desenvolvimento do mercado interno, uma vez que, antes da década de 1930, os bancos estrangeiros prosperavam com operações no mercado livre de câmbio e no financiamento do comércio exterior. Paralelamente, a carteira de Crédito Agrícola e Industrial (Creai) do Banco do Brasil seria criada um pouco antes do Estado Novo (outubro de 1937), contornando a carência de instrumentos de financiamento a longo prazo no sistema de bancos privados, nacionais ou estrangeiros. Para Vargas, não se tratava apenas de regular a estrutura financeira herdada de uma época em que a economia brasileira se subjugava predominantemente a processos internacionais além de seu controle, mas de reformar a própria estrutura para atender melhor às exigências nacional-desenvolvimentistas.[10]

---

10 Sobre a Creai, cf. Villela; Suzigan (1973, p.79-80, 187-8, 346-53); Malan et al. (1977, p.242-51); e Oliveira (1996). A respeito da carteira, Vargas afirmaria em 1940: "A disseminação

Na virada para o Estado Novo, algumas decisões (como a moratória de 1937) e certos discursos de Vargas sugerem que se consolidara uma percepção na cúpula do governo de que não se poderia contar imediatamente com influxos financeiros privados, e que era necessário financiar o projeto de "reaparelhamento" com a mobilização mais decidida de capitais locais e fundos estatais. No pronunciamento anunciando o Estado Novo em 10 de novembro de 1937, a moratória da dívida externa seria apresentada com ares de nacionalismo libertador:

> A situação impõe, no momento, a suspensão no pagamento de juros e amortizações, até que seja possível reajustar os compromissos sem dessangrar e empobrecer o nosso organismo econômico. Não podemos por mais tempo continuar a solver dívidas antigas pelo ruinoso processo de contrair outras mais vultuosas, o que nos levaria, dentro de pouco tempo, à dura contingência de adotar solução mais radical [...] As nossas disponibilidades no estrangeiro absorvidas, na sua totalidade, pelo serviço da dívida e não bastando, ainda assim, às suas exigências, dão em resultado nada nos sobrar para a renovação do aparelhamento econômico, do qual depende todo o progresso nacional. (Vargas, 1930-1945, v.5, p.27)[11]

---

das agências do Banco do Brasil para o fim de dar ao crédito expansão crescente, através de todas as zonas de produção, constitui prova flagrante de que, pela primeira vez depois de implantado o regime republicano, o Brasil pratica uma política de financiamento especializadamente executada em proveito das forças que promovem o desenvolvimento da economia nacional" (apud Fonseca, 1987, p.261). Sobre os motivos da perda de mercado dos bancos estrangeiros já na década de 1920 e, sobretudo, nos anos 1930 (prejudicados por controles cambiais e pela crise do comércio e do financiamento externos), e a tendência de nacionalização, cf. Neuhaus (1975); Carone (1977); Topik (1979; 1981); Sochaczewski (1980); Saes (1986b; 1997); e Triner (1996; 1997).

11 Seja como for, o mesmo discurso não escondia que a moratória era inevitável em razão da redução brusca do saldo comercial (Vargas, 1930-1945, v.5, p.27-8). Mais tarde, Vargas seria ainda mais explícito, como no discurso de final de ano de 1937 (Vargas, 1930-1945, v.5, p.122) e, sobretudo, nas entrevistas de fevereiro-abril de 1938: "A suspensão da dívida externa não foi um simples capricho. Impõe-se pela poderosa circunstância de não dispormos dos recursos necessários. A baixa dos preços do café, a redução do saldo de nossas exportações, muito aquém do quantum exigido pelas amortizações, a falta de cobertura para as nossas cambiais – tudo isso criou situação cujo remédio só podia ser esse. Trata-se, porém, de uma solução de caráter temporário. O reajustamento de nossa economia, certamente, nos permitirá, mais adiante, retomar os pagamentos se as exportações deixarem margens a saldos consideráveis" (Vargas, 1930-1945, v.5, p.186).

As entrevistas de Petrópolis e São Lourenço, em fevereiro e abril de 1938, por sua vez, completavam a mensagem no sentido de centralizar recursos locais para financiar empreendimentos de maior escala necessários ao desenvolvimento local:

> Para esses empreendimentos, é necessário mobilizar grandes capitais. Entretanto, não me parece que, sem maior exame, devamos continuar afirmando um exagero de expressão que resultou em lugar comum: a dependência do governo de capital estrangeiro e que, sem ele, nada será possível fazer [...] É sabido que, desde a guerra mundial, a imigração de capitais tem diminuído muito e, por outro lado, o processo de formação do capital nacional atingiu um grau adiantado de desenvolvimento [...] A grande tarefa do momento, no nosso país, é a mobilização de capitais nacionais. (Vargas, 1930-1945, v.5, p.165-6)

Essas declarações não devem ser tomadas como representativas de um repúdio ao capital estrangeiro, embora sinalizassem para uma política de maior independência e controle na seleção das formas de associação externa pertinentes ao desenvolvimento nacional. De fato, o mesmo pronunciamento que anunciava o Estado Novo admitia a pertinência de substituir a renovação frequente de empréstimos em carteira (com *funding loans*) por investimentos diretos de risco em indústrias de base (sobretudo na siderurgia), que apoiassem a reorientação econômica que o país experimentava em direção ao crescimento industrial voltado ao mercado interno.[12]

Na noite de 31 de dezembro de 1937, Vargas explicitaria melhor a necessidade de substituir a subordinação ao velho mercado financeiro internacional por investimentos atraídos pela expectativa de uma remuneração justa regulada pelo Estado nacional, e que colaborassem diretamente para o desenvolvimento econômico de novo tipo que se processava:

> Foi-se a época em que a escrituração das nossas obrigações se fazia no estrangeiro, confiada a bancos e intermediários; não mais nos impressiona a

---

12 Nas palavras do presidente, "essas realizações exigem que se instale a grande siderurgia, aproveitando a abundância de minério, num vasto programa de colaboração do Governo com capitais estrangeiros que pretendam emprego remunerativo, e fundando, de maneira definitiva, as nossas indústrias de base, em cuja dependência se acha o magno problema da defesa nacional" (Vargas, 1930-1945, v.5, p.28).

falsa atitude filantrópica dos agentes da finança internacional, sempre prontos a oferecer soluções fáceis e vantajosas. A inversão de capitais imigrantes é, sem dúvida, fator ponderável de nosso progresso, mas não devemos esquecer que ela opera diante das reais possibilidades remunerativas aqui encontradas, contrastando com a baixa dos juros nos países de origem. Compreende-se, assim, o motivo porque, se não hostilizamos o capital estrangeiro, também não podemos conceder-lhes outros privilégios além das garantias normais que oferecem os países novos em plena fase de crescimento. (Vargas, 1930-1945, v.5, p.122)

A despeito da produção retórica, a emergência do Estado Novo envolveria alguma ruptura nacionalista significativa? No que tange ao uso das reservas cambiais e ao pagamento da dívida pública externa, sim. É claro que a declaração de moratória ocorreu depois de uma deterioração brusca do saldo comercial que a tornava incontornável, como Vargas mesmo admitiria. Não obstante isto, é verdade que, a partir de então, o padrão de negociação da dívida passou a implicar redução substancial dos dispêndios para patamares inferiores à capacidade de pagamento brasileira, permitindo a realocação de divisas para as necessidades de reaparelhamento militar e obras públicas. Em vez de preservar a credibilidade do país perante os credores estrangeiros, tratava-se de orientar o uso de reservas cambiais e recursos financeiros para objetivos nacional-desenvolvimentistas. Com efeito, a moratória seguiu-se da restauração de controles cambiais e da criação de um fundo constituído com base em imposto de 3% sobre certas operações cambiais (DL n.97, de 23 de dezembro de 1937). Em 1938, o imposto foi majorado a 6% (e reduzido a 5% um ano depois) e, a partir de 1939, os recursos assim obtidos constituiriam a principal fonte do Plano Especial de Obras Públicas e de Aparelhamento da Defesa Nacional (Peopadn). Um movimento mais cauteloso, mas no mesmo sentido, foi realizado na política para os ramos básicos.[13]

---

13 Para as fontes de fundos do Peopadn, cf. Villela; Suzigan (1973, p.187). Em 29 de dezembro de 1943, o Plano de Obras e Equipamentos (POE) substituiu o Peopadn para os cinco anos seguintes; apesar de separar o desenvolvimento econômico das questões militares, suas fontes de fundos e suas limitações eram parecidas: ver J. G. Costa (1971) e Draibe (1985, capítulo 1). Na justificativa dos objetivos do Peopadn presente em um relatório do Ministério da Fazenda de janeiro de 1939, afirmava-se: "A ideia central do governo consiste em promover a criação das chamadas indústrias básicas, a execução de obras públicas produtivas

A construção do nacional-desenvolvimentismo nos ramos básicos

Não obstante o esforço anunciado publicamente de mobilização de recursos locais, o Estado Novo não provocou uma virada nacionalista no que tange à atração de filiais para o ramo siderúrgico, embora uma tendência nacionalista mais clara se fizesse sentir temporariamente, no ramo petrolífero, com a criação do Conselho Nacional do Petróleo (CNP) em 1938. A despeito da retórica nacionalista crescente em torno da "questão siderúrgica", discursos e iniciativas de Vargas não deixavam de conclamar investidores estrangeiros a colaborar para a superação dos obstáculos ao desenvolvimento nacional, em parte porque os fundos públicos não eram suficientes para a tarefa. De fato, o nacionalismo de Vargas mostrou-se politicamente realista, flexível e paciente a ponto de procurar explorar várias possibilidades de atração de filiais estrangeiras, ao invés de seguir as propostas de militares, técnicos e políticos nacionalistas locais, vinculados em torno da Comissão Nacional de Siderurgia desde 1931, e proponentes precoces de uma solução estatal para a questão.[14]

Antes de 1937, as barganhas brasileiras visavam atrair primeiro a norte-americana DuPont; depois do Estado Novo, as alemãs Demag, Krupp e Stahlunion, antes da intensa negociação com a US.Stell entre maio de 1939 e janeiro de 1940. Essa negociação fracassou não por causa de qualquer resistência brasileira em atender a condições exigidas pela empresa, mas sim por causa do desinteresse da empresa a despeito do desejo comum do governo brasileiro e do Departamento de Estado norte-americano. Esse revés voltou a levar o governo a procurar empresas da Alemanha em 1940. A opção alemã voltou a fracassar, mas, indiretamente, induziu Roosevelt a propor uma barganha de governo a governo depois dos célebres discursos pró-germânicos de Vargas em meados de 1940. Assim, os recursos oficiais que propiciaram a criação da Companhia Siderúrgica Nacional sequer resultaram de uma primeira demanda brasileira nas barganhas bilaterais, mas, sim, de uma terceira ou quarta opção, indicando

---

e o aparelhamento da defesa nacional de maneira a não afetar o resultado expresso no saldo positivo do orçamento do presente exercício" (apud Corsi, 2000, p.72).

14 Ver Wirth (1970); Martins (1976); Moura (1984); e Corsi (2000).

que o nacional-desenvolvimentismo varguista era suficientemente flexível a ponto de conviver com a hipótese de atração de filiais estrangeiras nesse setor estratégico. A instalação da Mannesmann em Minas Gerais, durante o segundo governo, demonstra que investimentos estrangeiros na siderurgia continuaram bem-vindos nos anos 1950, desde que contribuíssem, por meio de barganhas vantajosas, para superar a natureza "semicolonial" da economia brasileira, como Vargas afirmaria em Volta Redonda em 1943:

> O que representam as instalações da Usina Siderúrgica de Volta Redonda, aos nossos olhos deslumbrados pelas grandes perspectivas de um futuro próximo, é bem o marco definitivo da emancipação econômica do país [...] O problema básico da nossa economia estará, em breve, sob novo signo. País semicolonial, agrário, importador de manufaturas e exportador de matérias-primas, poderá arcar com as responsabilidades de uma vida industrial autônoma, provendo as suas urgentes necessidades de defesa e aparelhamento. Já não é mais adiável a solução. Mesmo os mais empedernidos conservadores agrários compreendem que não é possível depender da importação de máquinas e ferramentas. (apud Fonseca, 1987, p.270-1)

No caso do petróleo, a história de nacionalismo entre políticos, técnicos e militares datava pelo menos da República Velha, embora a abertura a investidores estrangeiros não fosse restringida abertamente senão com a criação do CNP, depois que o México nacionalizou a indústria em março de 1938. Em 1939, técnicos do CNP encontraram petróleo em Lobato (Bahia) e, entre 1940 e 1942, a Standard Oil fez três propostas para a criação de companhias mistas visando à pesquisa e extração, sendo rechaçadas pela oposição da cúpula militar, apesar da posição majoritariamente favorável do gabinete de ministros de Vargas. Em 1943, porém, a substituição do general Júlio Horta Barbosa pelo coronel João Carlos Barreto no comando do CNP sinalizou que as posturas avessas a qualquer participação estrangeira ficariam em segundo plano; e, de fato, Vargas promulgaria um decreto em 1944 abrindo a possibilidade de *joint ventures* nas quais o capital estrangeiro poderia subscrever até metade das ações. Não houve tempo para que a iniciativa tivesse efeitos práticos no Estado Novo, e a campanha nacionalista barrou propostas mais liberalizantes previstas no Estatuto do Petróleo do governo Dutra.[15]

Ainda assim, Vargas não abandonou a preferência por companhias mistas expressa em 1944. Na campanha presidencial de 1950, dizia defender o retorno ao que chamara de "um nacionalismo econômico moderado, mas eficiente", que não deveria envolver, doutrinariamente, uma recusa à "cooperação internacional" para o financiamento de investimentos básicos. Muito embora ele frisasse a necessidade de regular a entrada de capitais, não prescindia de financiamento externo, desde que se preservasse o controle nacional dos recursos naturais imprescindíveis à defesa nacional, como o petróleo (a "ser explorado por brasileiros com organizações *predominantemente* brasileiras" – Vargas, 1951, p.258), e caso se assegurasse a vinculação direta dos investimentos estrangeiros às necessidades de desenvolvimento do país:

> Não sou, como tendenciosamente afirmam forças reacionárias, inimigo da cooperação do capital estrangeiro. Ao contrário, convoquei-o muitas vezes a cooperar com o Brasil durante os anos de minha administração. Sou adversário, sim, da exploração do capitalismo usurário e oportunista, visando exclusivamente o lucro individual e fugindo à função mais nobre de criar melhores condições de vida para todos. Por isso, sempre preferi e continuo a preferir, como método de ação, o sistema das sociedades de economia mista. (Vargas, 1951, p.303)

Uma vez no governo, a proposta de constituição da Petrobras, formulada por sua assessoria econômica e apresentada ao Congresso Nacional em dezembro de 1951, previa uma companhia mista, perdendo essa característica depois das emendas legislativas empolgadas pela campanha nacionalista.

---

15 Sobre a questão do petróleo, ver Cohn (1968); Wirth (1970); Victor (1970); Martins (1976); Smith (1976); C. de A. Lima (1977) e Moura (1986). Antes, durante e depois do Estado Novo, as solicitações brasileiras de financiamento público estadunidense para empreendimentos petrolíferos encontraram recusa sob diferentes versões da alegação de que "não se contemplam empréstimos governamentais para tais objetivos [petróleo], visto que há capitais privados e saber técnico abundantes, preparados para entrar no Brasil se e quando uma lei de petróleo adequada seja aprovada pelo Congresso brasileiro" (informe do Departamento de Estado ao presidente Truman, 18 maio 1949 apud Moura, 1984, p.271). Documentos do Departamento de Estado citados por Martins (1976, p.302-5) mostram que o *lobby* da Standard Oil de New Jersey (depois Exxon e, no exterior, Esso), para evitar financiamento de refinarias no Brasil pelo Eximbank, já se inicia em 1939, pouco depois das posições nacionalistas do Conselho Nacional do Petróleo, criado em 1938.

Em geral, nem Vargas nem os membros da assessoria tinham uma aversão por princípio ao recurso a capitais externos, resguardada, nos projetos originários da assessoria que a ele apelavam, sua vinculação a companhias mistas (*joint ventures*) que garantissem o controle da destinação dos recursos às prioridades de investimento identificadas.[16]

Nas diretrizes de Vargas para o início dos estudos que levariam ao Programa do Petróleo Nacional e à Petrobras, havia uma indicação explícita a seu principal assessor que repete vários de seus pronunciamentos sobre o tema, quando tratava de defender o projeto encomendado a seus assessores: a solução nacionalista devia ser "eficaz" (Almeida, 1980, p.6). Isto é, devia ser "um projeto nacionalista para resolver o problema do petróleo. Mas um projeto para funcionar" (Almeida, 1988, p.15). Aquilo que esse apelo à eficácia significava torna-se mais claro em um pronunciamento público de Vargas defendendo o projeto original da assessoria:

> A diretriz nacionalista, consubstanciada na legislação vigente e mantida na elaboração do projeto da Petrobras, deverá efetivar-se na execução do programa do petróleo. Nada adiantariam dispositivos legais de cunho aparentemente nacionalista se, de um lado, impedissem a solução do problema, ou, de outro, pudessem ser burlados em proveito de interesses contrários aos nacionais. (Vargas, 1952, p.40)

Como se sabe, o projeto original da Petrobras resguardava o monopólio das jazidas e concentrava o poder decisório na *holding* de controle estatal, mas abria a possibilidade de associações com a iniciativa privada

---

16 Nas palavras de Rômulo de Almeida, o primeiro chefe da assessoria: "Estava muito integrado o objetivo nacionalista e social. Por isso nós tínhamos certas restrições realmente, certas limitações ao capital estrangeiro, mas não chauvinistas. Nós considerávamos objetivamente que em alguns casos você não podia deixar de utilizar o capital estrangeiro [...] a nossa atitude não era uma atitude chauvinista, nós achávamos apenas o seguinte: as atividades básicas deveriam estar sob o comando nacional e o comando do Estado brasileiro. Mas agindo com muita flexibilidade, com muita capacidade de operação, eficiente, para que pudesse ser eficaz" (Almeida, 1980, p.9). Corretamente, Almeida também afirmava que esse tipo flexibilidade nacionalista não era uma posição política nova do presidente: "[o nacionalismo] já estava na biografia do presidente, inclusive nos discursos da campanha e acredito também que estava implícito no tipo de escolha que ele fez para a Assessoria. Se ele me escolheu, tomou informação e me testou, viu as ideias e a equipe que eu formei. Então [...] aí está a diretriz tomada" (Almeida, 1980, p.10).

estrangeira (por meio de subsidiárias locais) na pesquisa, lavra e produção de petróleo, sem afetar os interesses já consolidados na distribuição. Os representantes do truste internacional do petróleo reclamaram do projeto varguista argumentando que ele, na prática, significaria transferir capacitação tecnológica e fundos financeiros para empreendimentos controlados, de fato, por uma *holding* estatal. Mas o projeto original da Petrobras pode ser encarado, precisamente, como um símbolo do projeto de desenvolvimento esboçado pelo segundo governo Vargas: recorrer a recursos externos sem comprometer o controle (ou perdendo o menor controle possível) sobre a destinação dos recursos, buscando orientá-la segundo finalidades internas de desenvolvimento.[17]

A tentativa de obter recursos externos para financiar projetos de infraestrutura básica também caracterizou o tratamento conferido ao ramo de energia elétrica no segundo governo. De todo modo, nesse ponto a política de Vargas também começara, como nas indústrias de siderurgia e petróleo, com tentativas de regular a expansão de firmas privadas estrangeiras, buscando conciliá-las ao novo estilo de desenvolvimento nacional que rompia com a inserção internacional agroexportadora. Também como nos casos da siderurgia e do petróleo, as dificuldades de regulação acabariam levando a esforços de obtenção de recursos externos oficiais e, finalmente, à constituição de fundos públicos e empresas estatais.

A dinâmica nacional-desenvolvimentista no ramo de energia elétrica

A energia elétrica foi difundida no Brasil durante a República Velha, embora as primeiras experiências de produção de energia datassem do Império. Na Primeira República, estados e municípios gozavam do poder de realizar concessões de serviços e negociar contratos diretamente com

---

17 Sobre a defesa do projeto original da Petrobras feita por Rômulo de Almeida no Congresso Nacional, mostrando a uns que uma eventual participação de testas de ferro brasileiros do truste internacional seria necessariamente muito limitada em poder decisório (ainda que viesse a adicionar recursos financeiros significativos sob controle da *holding* estatal), e a outros que a solução do problema justificava a decretação de novos impostos, ver Mário Victor (1970, p.321-4).

as empresas, sem regulamentação nacional. As principais regiões metropolitanas do país, São Paulo e Rio de Janeiro (então Distrito Federal), tornaram-se áreas de operação do conglomerado Brazilian Traction, Light and Power Co. (ou simplesmente Light), criado em 1912 para consolidar as três empresas do grupo de acionistas que já operavam no Brasil. Na década de 1920, o conglomerado absorveu concessionárias de menor porte na região do Vale do Paraíba, provavelmente visando integrar redes das duas regiões metropolitanas. Paralelamente, a American & Foreign Power Co. (ou simplesmente Amforp), empresa norte-americana vinculada a acionistas da General Eletric (que já operava na América Central), constituiu uma *holding* local para coordenar operações no Brasil, denominada Empresas Elétricas Brasileiras. A partir de 1927, a subsidiária da Amforp realizou aquisições de empresas no interior de São Paulo e do Rio de Janeiro, além das capitais de Rio Grande do Sul, Minas Gerais, Bahia e outros cinco estados.[18]

A capacidade de estados e municípios para regular serviços e tarifas dessas empresas era pequena. Embora uma determinação legal federal de 1904 estipulasse a revisão periódica de tarifas a cada cinco anos, os contratos da Light e da Amforp continham cláusula que corrigia parte das tarifas (tipicamente metade) pela variação cambial mensal, a chamada cláusula-ouro. Ela protegia a rentabilidade das subsidiárias em moeda internacional forte, mas prejudicava usuários ao inflacionar serviços independentemente dos custos correntes, encarecendo e limitando a difusão das aplicações industriais da energia elétrica. A série histórica das tarifas da Light indica que a empresa era capaz de financiar inteiramente a construção de usinas e linhas de transmissão (sem falar de suas remessas de lucro) unicamente com receitas obtidas com as tarifas, sem necessidade de novos aportes externos, pelo menos até que a escala da demanda de energia do mercado brasileiro assumisse novo patamar pós-Segunda Guerra Mundial (Castro, 1985, p.133-5).

Na década de 1930, a postura do governo Vargas foi a de buscar regular serviços e tarifas das concessionárias de energia, retirando autoridade de estados e municípios. Embora a influência do nacionalismo do movimento tenentista não possa ser desprezada (uma vez que Juarez Távora foi

---

18 Para análises do setor desde sua criação até a reformulação do pós-guerra, cf. Branco (1975); Lima (1984; 1995); Castro (1985) e CMEB (1988).

diretamente atuante na regulação do setor, como ministro da Agricultura), a própria crise cambial, a partir do final dos anos 1920, tornava premente regular tarifas. Em valores reais, as tarifas da São Paulo Light praticamente triplicaram entre 1929 e 1931, estabilizando-se em mais do que o dobro durante a década de 1930 e retornando ao patamar anterior à crise apenas em 1945. É claro que essa circunstância induziria a alguma reação por parte do governo federal para proteger a renda de usuários contra monopólios de serviços e defender reservas cambiais escassas.[19]

A primeira reação do governo foi barrar o processo de concentração do setor, impedindo transferências ou promessas de transferências da exploração de cursos e quedas-d'águas em setembro de 1931, alegando a preparação de um Código de Águas e buscando evitar "operações, reais ou propositadamente simuladas, que dificultem oportunamente a aplicação das novas leis ou frustrem a salvaguarda do interesse do país" (Decreto 20.395 de 15 de setembro de 1931 apud Lima, 1984, p.32). Antes mesmo da promulgação do novo Código em meados de 1934, o governo interveio sobre a liberdade contratual das concessionárias eliminando a cláusula-ouro, e determinando que a revisão tarifária se realizasse a cada três anos (DL. 23.501, de 27 de novembro de 1933).[20]

O Código de Águas foi promulgado uma semana antes da Constituição de 1934, com as seguintes disposições: (a) eliminação do chamado direito de acessão, que conferia ao proprietário do solo a propriedade de cursos e quedas-d'água; (b) estas foram transferidas para a União, que concentrou o poder concedente de seu uso, antes distribuído também para estados e municípios; e (c) imposição de revisões contratuais que respeitassem o princípio de "custo pelo serviço" na determinação das tarifas, ou seja, que regulassem a remuneração "justa" das empresas a partir do capital investido e seus custos correntes, incluindo a depreciação. Isso exigia fazer o

---

19 Para a série das tarifas, ver Lima (1995, p.39). Para a influência do ideário tenentista e, em particular, do ministro Juarez Távora na regulação do setor, cf. Lima (1984), as memórias de Távora (1974, v.2, capítulo 8), e especialmente Forjaz (1988, capítulo 2).

20 É digno de nota que Vargas comentaria, em seu diário de 28 de novembro de 1933, a repercussão política evidentemente favorável do fim da cláusula-ouro, nos seguintes termos: "Assino o decreto abolindo os pagamentos em ouro feitos obrigatoriamente no Brasil. Isto atinge principalmente as empresas de serviços públicos, Light e outras, para aliviar os ônus do Tesouro e as obrigações dos particulares, causando excelente efeito no público" (Vargas, 1995, v.1, p.249).

tombo do patrimônio da empresa, ou seja, inventariar os investimentos que ela realizara até o presente e, posteriormente, determinar uma taxa de lucro anual "justa" (a ser definida por legislação complementar), que remunerasse a empresa, com a cobrança de tarifas, de acordo com o "custo do serviço" que prestava.

As disposições transitórias do Código de Águas proibiam qualquer ampliação de instalações até que os contratos existentes fossem revisados segundo os princípios do Código, mas não conferiam qualquer prazo para que a regulamentação do Código em lei se realizasse (o que se completaria apenas em 1950). Depois de sucessivas prorrogações do prazo para revisão dos contratos, em meio a uma batalha legal sobre a constitucionalidade do Código que o suspendeu até 1938, o Decreto 2.079 (5 de março de 1940) liberou a ampliação das instalações independentemente da revisão de contratos.

Uma dinâmica semelhante de declaração jurídica de princípios nacionalistas, seguida por recuos que reacomodavam a legislação às restrições econômicas e políticas existentes, também se verificou depois da Constituição de 1937. Ela reforçaria o nacionalismo da legislação varguista ao definir que novas concessões só poderiam ser feitas a brasileiros ou empresas constituídas por acionistas brasileiros. Sem qualquer efeito prático (uma vez que empresários locais não se interessavam pelo setor nem dispunham de recursos para ampliar a geração de energia na escala necessária pelo crescente consumo industrial e urbano), a regra foi atenuada pelo Decreto 852 em 1938 (concedendo a estrangeiros a possibilidade de ações sem direito a voto) e pela Lei Constitucional n.6 (12 de maio de 1942), que voltou a autorizar o aproveitamento de novas concessões por empresas estrangeiras, diante do cenário de racionamento experimentado a partir de 1942.

O objetivo prático da política varguista foi limitar o aumento abusivo das tarifas verificado no início da década, culpando as filiais que faturavam receitas em moeda local, mas que pretendiam converter lucros em moeda internacional forte, prejudicando usuários de serviços monopolizados e pressionando reservas cambiais escassas. No entanto, a política nacionalista para o setor não previa qualquer mecanismo para conciliar a expansão da oferta de energia e preços baratos, algo nada trivial em um setor explorado por monopólios estrangeiros. De todo modo, os representantes das empresas disseram-se impedidos legalmente pelo Código de Águas de cobrar tarifas remuneradoras o suficiente para ampliar a oferta, culpando-o pela crise energética e pelos racionamentos frequentes ocorridos no início da década de 1950, o que seria repetido pelo relatório final da Comissão Mista Brasil-Estados Unidos, em 1954. Os defensores da intervenção estatal, porém, alegavam que as empresas eram incapazes de ampliar satisfatoriamente a geração de energia, melhorar o serviço de distribuição e cobrar tarifas baratas, uma vez que queriam rentabilidade em dólar.[21]

Embora as críticas dos representantes das filiais ao Código de Águas sejam teoricamente passíveis de discussão, o problema delas é que o Código nunca chegou a ser colocado em prática a ponto de tolher a rentabilidade das empresas. Dentre as decisões tomadas, mais efetiva que o Código para limitar a rentabilidade das empresas estrangeiras foi a proibição da cláusula-ouro em 1933, imitando a reforma (com o New Deal) de Franklin Roosevelt nos Estados Unidos. No entanto, essa proibição tampouco foi precoce o suficiente para impedir que as tarifas mais que dobrassem, em termos reais, depois da crise cambial do início da década. De fato, como as determinações do Código não foram inteiramente regulamentadas até a Lei 28.545 de agosto de 1950 (e mesmo depois disto o tombamento do capital das empresas não foi realizado), as tarifas das empresas não foram reduzidas para atender ao critério do "custo pelo serviço" estipulado pelo Código. Ao contrário, as tarifas ficaram praticamente congeladas até o fim do Estado Novo, em níveis relativamente elevados, graças à regra de variação cambial vigente até o final de 1933. Sem efeito prático, o Decreto 3.128 determinou em 1941 que a remuneração "justa" do capital investido seria de 10% ao ano, mas não determinou a taxa de depreciação nem os métodos de tombamento do patrimônio das empresas. Como o princípio do custo pelo serviço continuou sem regulamentação, o Decreto 5.764 de 19 de agosto de 1943 instituiu o princípio da "semelhança e razoabilidade" na definição de reajuste de tarifas, a título precário: em vez do "custo histórico", a evolução posterior dos custos correntes e a comparação com outras empresas seriam os critérios flexíveis e vagos para reajuste, sem qualquer estudo prévio para saber se as tarifas correntes estavam superestimadas ou não segundo os critérios do Código. Em junho de 1945, enfim, as tarifas foram majoradas para compensar o aumento de salários, concluindo o governo Vargas

---

21 Para uma apresentação desses argumentos, ver Pereira (1975).

com um valor real, em moeda local, semelhante àquele verificado em 1929, antes da crise e bem antes do Código de Águas.

Ou seja, o Código de 1934 e a Constituição de 1937 podem ter criado alguma ameaça jurídica à rentabilidade das empresas, mas na prática não a reduziram. Talvez seja mais pertinente procurar as raízes da crise da oferta de energia pelo setor privado, explicitada nos racionamentos e "apagões" do início da década de 1950, na dificuldade de preservar remuneração elevada em dólares, sem aumentar as tarifas a ponto de tornar o custo da energia incompatível com a expansão acelerada de indústrias e cidades que agora usavam, intensivamente, eletricidade. Na existência de uma alternativa nacionalizante viabilizada por fundos públicos e empresas estatais (constatado o desinteresse de empresários nacionais), parece preferível contar com empreendimentos nacionais capazes de oferecer energia a uma rentabilidade inferior à exigida por filiais estrangeiras, oferecendo externalidades para setores usuários e economizando reservas cambiais.[22]

Talvez a principal crítica a ser feita à política para o setor elétrico do primeiro governo Vargas não é a de ter feito o Código (independentemente de seus custos e benefícios), mas a de ter se limitado quase que à declaração de princípios gerais, sem ter avançado: (a) no plano da regulação, em direção à criação de um aparato administrativo que ao menos fiscalizasse a rentabilidade das empresas; e (b) no plano da expansão da oferta, sem a criação de mecanismos viáveis de financiamento que garantissem energia abundante a preços baratos, transferindo externalidades favoráveis para os setores usuários de eletricidade. De todo modo, a existência de capacidade ociosa nas usinas hidrelétricas no início da década de 1930, complementada por novos projetos que amadureceram ao longo da década, permitia que recursos administrativos, financeiros e cambiais escassos fossem alocados para

---

22 Este seria o argumento apresentado pela "Memória Justificativa do Plano Nacional de Eletrificação" no segundo governo Vargas. O documento chegava a reconhecer a dinâmica progressiva de nacionalização que caracterizara a intervenção estatal no setor, sobretudo em capitalismos tardios: "A exemplo do que se verifica nos Estados Unidos da América, o Estado começa por simples atuação disciplinadora de uma atividade fundamentalmente privada, para depois intervir economicamente nela, com seus próprios recursos, seja por via fiscal, seja associando-se ao produtor privado e, finalmente, emerge como produtor por conta própria, como nas grandes obras do período rooseveltiano [...] quanto mais atrasado seja o país, mais profunda e frequente se faz a intervenção do Estado". Ver Vargas (1952-1969, v.4, p.417 et seq.) e Pereira (1975, capítulo 4).

outras prioridades. Com efeito, é provável que a expansão da oferta de energia elétrica ainda não fosse considerada tão prioritária quanto, por exemplo, a resolução do "problema siderúrgico", em parte porque, na década de 1930, os principais centros industriais do país ainda dispusessem de energia elétrica em abundância, embora cara. Nesse contexto, não surpreende que os esforços políticos e financeiros da "cooperação pan-americana" se destinassem mais ao ferro e ao aço, na década de 1940, do que à eletricidade.

O mesmo não pode ser dito, porém, da conjuntura do início dos anos 1950, quando duas décadas de crescimento industrial e urbano progressivamente intensivo em eletricidade, sem expansão adequada da oferta, implicavam períodos crescentes de racionamento (Castro, 1985, capítulo 4). A controvérsia entre privatistas e estatistas ficou mais acirrada e premente quando o presidente Vargas deu a entender, em sua Mensagem ao Congresso Nacional de 1951, que o programa energético federal tinha forte "tendência nacionalizadora", estando pronto a apoiar também programas estaduais nesse sentido.

De fato, a longa espera por novos investimentos privados e a descrença na possibilidade de induzi-los, de um lado, e a esperança de obter recursos oficiais internacionais alocados para investimentos estatais, de outro, eram claramente expressas na Mensagem Presidencial de 1951. Ela apresentava um histórico do desenvolvimento do setor e de suas debilidades correntes, associadas ao desinteresse privado e não a uma regulação pública pouco atraente; coerentemente, propunha que o governo federal assumisse a responsabilidade direta de construção de sistemas elétricos, apoiando também as iniciativas estaduais que tinham se antecipado à ausência de interesse privado:

> O aumento da produção de energia elétrica constitui imperativo do programa de governo [...] A vigilância do poder público, aqui, como em todo mundo, tornou-se indispensável para suprir as deficiências do regime de concessão [...] Demais, a profunda mudança operada na conjuntura mundial com a crise de 1929 acarretou, de um lado, a diminuição do comércio internacional e a paralisação virtual do fluxo de capitais e, de outro, o grande desenvolvimento de nossos laços econômicos internos pelo progresso da produção industrial possibilitou largo incremento na formação de capitais nacionais. Dessas novas condições, decorreu a possibilidade prática da aplicação do princípio da nacio-

nalização progressiva firmado pelo Código de Águas [...] Apesar de lucrativas, as grandes empresas não têm atraído novos capitais em proporção conveniente e vêm retardando seu ritmo de expansão para não ultrapassar as possibilidades de autofinanciamento ou de obtenção de créditos com o apoio dos governos. É uma característica da época atual o desinteresse do capital privado para serviços de utilidade pública. Mesmo nos Estados Unidos, tais empresas encontram-se em grandes dificuldades de financiamento. Cumpre acrescentar que essas dificuldades não são estranhas à tendência nacionalizadora nos principais países europeus [...] Verifica-se hoje, entre nós, um déficit de instalações produtoras de energia elétrica da ordem de meio milhão de quilowatts. Há, por outro lado, enormes demandas potenciais a atender como decorrência das inadiáveis necessidades de industrialização [...] É indispensável, por isto, que o governo assuma uma posição ativa em face do problema de criação de novos recursos de energia elétrica [...] um grande acréscimo das atividades administrativas do governo com o desempenho das funções fiscalizadoras da contabilidade e da implantação do princípio tarifário do "serviço pelo custo", além das tarefas precipuamente técnicas de engenharia e financeiras, sobretudo com a concretização dos projetos relativos ao fundo e ao banco de eletrificação [...] A oferta de energia deve preceder e estimular a demanda. A falta de reserva de capacidade e as crises de eletricidade são processos de asfixia econômica de consequências funestas. É indispensável, por isto, que o poder público assuma a responsabilidade de construir sistemas elétricos, onde sua falta representa maiores deficiências. A iniciativa de vários governos estaduais, como o de Minas Gerais e Rio Grande do Sul, de construírem usinas e sistemas de transmissão e distribuição, merece apoio do governo federal através de assistência técnica, financiamento e auxílio financeiro. (Vargas, 1951-1954, p.156-9)

O problema do programa nacionalizante de Vargas era que parte importante da expansão imaginada do setor elétrico dependia de recursos a serem obtidos por meio da "cooperação internacional", ou melhor, não por meio do estímulo às empresas estrangeiras e sim pela barganha de recursos transferidos junto ao Banco Mundial. De fato, a esperança do governo parecia ser a de que o financiamento da expansão do setor pudesse, nos anos 1950, repetir mais a experiência do setor siderúrgico do que a do petrolífero, ou seja, que pudesse contar com financiamento oficial internacional para expansão da capacidade de geração de energia por meio de empresas estatais:

A carência de capitais nacionais, impossível de suprir-se sem sacrifícios dos níveis de vida, reclama um crescente influxo adicional de capitais estrangeiros [...] Em face da experiência do após-guerra na finança mundial, devemos esperar mais da cooperação técnica e financeira de caráter público. Até porque a maior aplicação de capitais privados pressupõe a existência de condições que só podem ser criadas mediante inversões públicas em setores básicos, tais como energia e transporte [...] Nossas fontes de capitais públicos são hoje o governo norte-americano, através do Eximbank, e os organismos internacionais, criados em Bretton Woods, o Banco Internacional de Reconstrução e Desenvolvimento e o Fundo Monetário Internacional [...] Vale salientar que o Brasil está incluído entre as áreas da economia mundial que se devem beneficiar com a ajuda técnica e financeira através do denominado Ponto IV, ou seja, o programa de assistência do governo norte-americano às regiões economicamente subdesenvolvidas. (Vargas, 1951-1954, p.187-8)

A fragilidade da política nacionalista anunciada era exatamente a de não contar com recursos próprios que conferissem autonomia às decisões setoriais de planejamento e investimento. De fato, a necessidade de contar com recursos do Banco Mundial tornava um programa que contava com a expansão de empreendimentos públicos dependente de um agente financeiro interessado em limitar a intervenção estatal e estimular a presença do capital estrangeiro. Além da influência desproporcional dos representantes norte-americanos no Banco Mundial, e de sua dependência do levantamento de recursos em Wall Street, a doutrina do banco era a de que seus empréstimos deviam pavimentar o caminho para que novos investimentos privados pudessem ser realizados (cf. Mason; Asher, 1973). Ou seja, o banco não devia financiar empreendimentos que expulsassem investidores privados ou, em geral, apoiar governos que não concordassem com políticas "sadias" de atração de capitais externos. O modelo preferido de governo garantiria uma esfera lucrativa de atividades para o capital estrangeiro, criando um ambiente favorável para a absorção de novos investimentos diretos ou indiretos, se possível por meio de uma definição clara das esferas de atividade que o governo poderia comprometer-se a operar – concentrando-se em serviços públicos (saúde e educação, por exemplo) e infraestrutura básica (transporte e energia), mas evitando, sobretudo, redundâncias e sobreposições em áreas que atrapalhassem a atração espontânea de investidores externos e os lucros dos investidores domésticos. Significativamente, no primeiro empréstimo para um país latino-americano (Chile, em 1948), o Banco recusou-se a fazer o empréstimo até que o governo negociasse um acordo favorável com os portadores de títulos da dívida externa chilena.[23]

Dada a doutrina do banco, a vulnerabilidade do programa nacionalizante de Vargas para o setor elétrico é que ia de encontro às concepções e interesses dos bancos financiadores, e de grupos internos defensores de um estilo de "cooperação internacional" um tanto diferente daquele proposto pela Mensagem Presidencial de 1951. Retrospectivamente, isso estava explícito na seguinte passagem do Relatório Geral da CMBEU em 1954, repetindo a orientação geral privatista do Relatório Abbink de 1948 nas críticas ao Código de Águas e atacando abertamente a proposta de criação da Eletrobrás: "Parece ser mais prudente confiar numa regulamentação que assegure à indústria de energia o cumprimento de suas funções como serviço básico, do que constituir-se o governo como responsável por toda a expansão futura nesse setor. A ação deste deve ser principalmente reguladora e supletiva" (CMBEU, 1954, p.269).

O conflito estava colocado desde o início da "cooperação": enquanto Vargas preferia contar com recursos externos sem perder a capacidade de decidir sobre a destinação destes (ou seja, sem que a dependência financeira implicasse perda de autonomia decisória), os bancos queriam influenciar o governo e reforçar a posição do capital estrangeiro no setor elétrico brasileiro, com apoio das seções brasileira e norte-americana da CMBEU. Para isso, tinham um recurso político decisivo: o poder financeiro. De fato,

---

23 Nas palavras dos historiadores oficiais do banco, Mason e Asher (1973, p.464-5): "Essa permaneceu sendo a política bancária desde então, sendo sua mais recente aplicação [até 1973] na Guatemala, em 1968. Uma política semelhante orientou a concessão de empréstimos bancários aos países membros que expropriaram investimentos estrangeiros privados. O banco se recusaria a emprestar a menos que os esforços adequados fossem feitos para se chegar a um acordo justo e equitativo [...] Uma preocupação primária para o financiamento bancário de transporte, energia, instalações portuárias e de comunicação tem sido prover o marco necessário para a expansão da iniciativa privada, verdadeiro motor do desenvolvimento econômico. O investimento estrangeiro privado deveria desempenhar um papel importante no processo de desenvolvimento, e claramente se afirmou que 'um dos principais objetivos do Banco, portanto, é ajudar a criar condições que incentivem um fluxo constante e substancial de investimento privado, particularmente o investimento de capitais que fluem para os países membros subdesenvolvidos'" (IBRD, Third Annual Report, 1947-1948, p.20 apud Mason; Asher, 1973, p.464-5).

usaram o controle de fundos financeiros para fortalecer as filiais estrangeiras. O conglomerado da Light já fora agraciado pelo primeiro empréstimo do Banco Mundial para o Brasil em 1949, recebendo US$ 75 milhões para expandir as operações de suas várias subsidiárias (e mais US$ 15 milhões em 1951). Não obstante a liberação inicial de 1949, um memorando enviado pelo vice-cônsul dos Estados Unidos em São Paulo ao Departamento de Estado, em março de 1950, advertia que "isso não será suficiente a não ser para postergar um pouco a necessidade de um aumento considerável na capacidade da rede em São Paulo" (NA 832.2614/3-1750).[24]

É claro que, dada a doutrina do Banco Mundial e a limitação de seus recursos, as solicitações de financiamento para empreendimentos estatais concorreriam com projetos privados. De fato, uma vez instituída a CMBEU, as primeiras solicitações governamentais brasileiras (o empreendimento federal da Chesf em Paulo Afonso e os empreendimentos estaduais no Rio Grande do Sul, pela Ceerg, criada em 1943; Minas Gerais, pela Cemig, criada em 1952; e São Paulo, pela Uselpa, em 1953) concorriam por recursos com as solicitações feitas pela Amforp e pela Light. O Departamento de Estado sabia ser necessário dosar o atendimento às solicitações governamentais (mas de preferência por meio de contratos de fornecimento de equipamentos por exportadores estadunidenses) com a preservação do poder de mercado e da capacidade de expansão das filiais estrangeiras no setor, em ameaça política e econômica evidente:

1. Chesf. Com o compromisso específico por parte desse governo de facilitar o fornecimento de equipamentos para esse projeto de energia nacional, é politicamente importante que não haja atraso no atendimento prioritário. Uma grande empresa americana contratante já teve dificuldades de conexão [...] e quaisquer outros adiamentos de prioridades dificilmente ajudariam as nossas relações ou, em vez disso, ou melhorariam a posição da empresa norte-americana que tem o contrato de construção.
2. Rio e São Paulo Light. Essas empresas atendem as duas maiores áreas metropolitanas do Brasil [...] Qualquer atraso na conclusão

---

24 A sigla NA é usada para designar documentos do National Archives, arquivo dos documentos oficiais dos Estados Unidos.

desses programas certamente terá repercussões importantes sobre as nossas relações.
3. Cia. Força e Luz de Minas Gerais; Cia Energia Elétrica da Bahia; Cia Paulista de Força e Luz. As empresas acima fazem parte da cadeia operacional brasileira da Amforp. Têm muita necessidade de substituição ou ampliação de equipamentos; essas unidades operacionais específicas estiveram sob fortes críticas, localmente, por fracassarem em melhorar o serviço. Os projetos representam um passo inicial por parte dos proprietários para atender as demandas de melhoria do serviço. Em vista da crescente agitação política no Brasil para a estatização do ramo de energia, é muito importante não aumentar os problemas deste capital americano (considerado o maior do Brasil) por meio de qualquer ação que tenda a atrasar a conclusão do seu programa atual. (NA 832.2614/11-7-51)

A preocupação da diplomacia norte-americana era compartilhada pela alta cúpula do Banco Mundial. O ocupante do cargo diplomático de chefe da seção dos Estados Unidos da CMBEU, Burke Knapp, era um funcionário do Banco Mundial que fora indicado, por solicitação direta de Dean Acheson, secretário de Estado norte-americano, a Eugene Black, pelo próprio Banco (NA 832.00 TA/7-1851). O Banco era, por sua vez, confidencialmente considerado por Acheson como "a fonte de financiamento em primeira instância" dos empréstimos para o Brasil (NA 832.00 TA/3-2752). Knapp voltaria para o Banco em agosto de 1952 para assumir o cargo de diretor da Divisão do Hemisfério Ocidental, de onde bloquearia o financiamento dos projetos recomendados pela CMBEU quando o governo Eisenhower resolveu interromper a cooperação. Mais tarde, se tornaria vice-presidente do Banco. O então presidente do Banco Mundial, Eugene Black, entrara na instituição em 1947 como representante norte-americano indicado pelo Departamento de Estado, graças a seu renome em Wall Street por ser vice-presidente do Chase National Bank of New York, tornando-se entre 1949 e 1963 o mais duradouro presidente do Banco Mundial (Mason; Asher, 1973, p.50). A circularidade de elites políticas e econômicas no eixo Washington-Wall Street (que seria ampliada no governo Eisenhower, mas já se verificava no governo democrata) facilitava uma ação coordenada, na qual os interesses do Banco podiam ser combinados aos da diplomacia dos

Estados Unidos. Esta, por sua vez, preservava uma "fonte de financiamento em segunda instância" (o Eximbank) quando fosse necessário colocar em prática iniciativas com as quais o Banco não concordava ou não tinha condições de realizar. No caso do setor elétrico brasileiro, porém, a concordância de interesses era evidente, pois o Banco Mundial não desagradaria nem os acionistas de Wall Street dos grandes conglomerados elétricos no Brasil (Light e Amforp), nem os planos da diplomacia norte-americana, em nome de projetos nacionalizantes varguistas que eram frontalmente contrários à própria concepção de desenvolvimento equilibrado do Banco.

É verdade que a cúpula do Banco Mundial não podia deixar de divulgar o caráter "técnico" de seus posicionamentos, sabendo se preservar diante de um tema politicamente tão central como os termos da associação de empreendimentos públicos e privados na expansão do setor de energia no Brasil. Nesse sentido, a solicitação do governo do Rio Grande do Sul para o financiamento do plano de eletrificação do Estado foi imediatamente redirecionada por Eugene Black para o corpo técnico da CMBEU, embora, segundo memorando de Burke Knapp ao Departamento de Estado, Ary Torres expressasse na seção brasileira da Comissão Mista a mesma preocupação que fizera o Banco Mundial recusar analisar e atender isoladamente a requisição: a preocupação com os possíveis conflitos entre os interesses da Comissão Estadual de Energia Elétrica (CEEE) e da Amforp (na figura da Companhia de Energia Elétrica Rio-Grandense, Ceerg, que seria encampada pelo governador Leonel Brizola no final da década), e o temor de que a intervenção da CMBEU poderia ser vista no Brasil apenas como um meio de protelar ainda mais o empréstimo solicitado (NA 832.2614/11-3051).

Tabela 1 – Energia elétrica – RS (Amforp e CEEE)

Em %

Ano	Amforp	CEEE	Total
1949	95,7	4,3	100,0
1950	93,3	6,7	100,0
1951	95,4	4,6	100,0
1952	91,0	9,0	100,0
1953	84,0	16,0	100,0
1954	71,0	29,0	100,0

Ano	Amforp	CEEE	Total
1955	68,0	32,0	100,0
1956	62,1	37,9	100,0
1957	48,5	51,5	100,0
1958	35,6	64,4	100,0

Fonte: Castro (1985, p.165).

Significativamente, Eugene Black afirmava para Knapp e Torres que o desejo do Banco era conhecer "as opiniões da comissão conjunta sobre esse programa e o lugar que ele deve ocupar no desenvolvimento econômico geral do Brasil." (NA 832.2614/11-3051), impondo depois várias condições para o encaminhamento do empréstimo, conforme a descrição feita pelo cônsul norte-americano em Porto Alegre de sua conversa pessoal com o presidente da instituição multilateral: (a) formação de uma autarquia para responsabilizar-se pelo empréstimo; (b) garantia federal do empréstimo estadual; e (c) determinação de prioridades na seleção dos projetos, sob fiscalização do corpo técnico do Banco Mundial (NA 832.2614/12-1351).

Nesse ponto, embora a fiscalização fosse revestida de um caráter técnico e feita por engenheiros, a questão mais importante para a definição dos projetos governamentais prioritários que podiam ser financiados pelo Banco era de fato a sobrevivência da filial estrangeira ou, nos termos mais técnicos dos relatórios anuais do Banco Mundial, *a possibilidade de complementaridade ou concorrência direta* entre os projetos governamentais e a expansão da filial estrangeira no setor de geração ou no de distribuição, em que o grosso de seus lucros eram feitos. Com efeito, a opinião do oficial responsável do Banco, no relato do cônsul norte-americano, era que os projetos governamentais no Rio Grande do Sul atenuariam o descontentamento popular com a falta de energia e poderiam até aumentar a rentabilidade da filial estrangeira no setor de distribuição (antecipando o modelo que se consolidaria alguns anos depois no resto do Brasil):

> A situação atual é que a CEEE (Comissão Estadual de Energia Elétrica) pode restringir a distribuição da Ceerg (Companhia de Energia Elétrica Rio-Grandense em Porto Alegre e Canoas [...] A franquia Ceerg está programada para fechar em sete anos, mas ainda estará em condição de seguir operando,

particularmente porque é a única empresa que tem linhas de distribuição em Porto Alegre. Pelo menos um quadro profissional da BIRD comentou que ele, pessoalmente, não vê como um empréstimo para a CEEE poderia prejudicar a Ceerg de alguma maneira. Ele sustenta que a usina de geração da Ceerg é ineficiente [...], mas que a empresa tem um investimento valioso nesse sistema de distribuição. Ele afirma que é com essa usina ineficiente da Ceerg que eles devem estar lucrando, e não com a geração, portanto, se a usina a vapor for usada não fará muita diferença financeiramente. Ele também afirma que se a CEEE não for capaz de abastecer a cidade até 1962, 1963 ou 1964, em vez de 1957 ou 1958, haverá muito mais pressão e mal-estar para a Ceerg. (NA 832.2614/12-1351)

Além de procurar financiar apenas empreendimentos públicos que não ameaçassem diretamente as filiais estrangeiras, o principal recurso à disposição da diplomacia norte-americana e do Banco Mundial para influenciar a configuração da expansão do setor elétrico brasileiro era o financiamento conferido diretamente às próprias filiais estrangeiras. Embora a Amforp fosse favorecida pelo Departamento de Estado por ser uma empresa dos Estados Unidos, o Banco Mundial mantinha uma indisfarçável preferência pelo grupo Light, cuja filial mexicana recebera o segundo empréstimo do Banco Mundial para a América Latina, em 1949 (Mason; Asher, 1973, p.158 et seq.). No que tange às relações entre o Brasil e o Banco Mundial, a Light não foi só a primeira destinatária de um empréstimo para o Brasil, também em 1949, como obteve nada menos que 56% do valor total de todos os empréstimos feitos pelo Banco no país até 1958. Além dos empréstimos liberados pelo Banco Mundial para a Amforp em 1950 (US$ 15 milhões), para a Light em 1949 (US$ 75 milhões) e em 1951 (US$ 15 milhões), o mais significativo dispêndio aprovado e liberado a partir dos trabalhos da Comissão Mista foi, de longe, o empréstimo conferido à Amforp pelo Eximbank (US$ 41,1 milhões); somando um novo empréstimo conferido à Light pelo Banco Mundial em 1954 (US$ 18,8 milhões), cerca de um terço (US$ 60 milhões) do total de recursos liberado pelos bancos (US$ 186 milhões) dentre os 41 projetos (ou US$ 387 milhões) aprovados pela CMBEU destinou-se a apoiar a expansão das duas grandes filiais estrangeiras no setor de energia elétrica.

Tendo em vista a resistência que Vargas manifestava publicamente contra a participação estrangeira no setor elétrico, o maior óbice para a aprovação dos primeiros empréstimos do Banco Mundial, em junho de 1952, foi precisamente sua demora constrangedora em aprovar o empréstimo para as Empresas Elétricas Brasileiras, a subsidiária da Amforp no Brasil. Esse conglomerado dispunha de concessões em São Paulo, Rio Grande do Sul, Minas Gerais, Bahia e outros seis estados, sendo a maior empresa norte-americana no Brasil (NA 832.2614/11-7-51). Sem a aprovação de Vargas à liberação do empréstimo para a empresa, a diplomacia dos Estados Unidos – Dean Acheson à frente – afirmava que não haveria liberação de qualquer outro empréstimo para projetos da CMBEU.

Tabela 2 – CMBEU: projetos no setor de energia elétrica

Empresa	Custo (US$/ mil)	Custo (Cr$/ milhões)	Meta (KW)	Participação (%)
N 5 – Comissão Estadual de Energia Elétrica – CEEE (Rio Grande do Sul)	25.000	1.004	137.200	20,1
N 6 – Usinas Elétricas do Paranapanema S.A. (São Paulo)	10.000	555	60.000	8,8
N 9 – Empresas Elétricas Brasileiras (Amforp)	41.140	1.346	170.660	25,0
N 11 – Companhia de Eletricidade do Alto Rio Grande – Cearg (do Grupo Cemig)	7.300	150	24.000	3,5
N 12 – Companhia Hidrelétrica do São Francisco – Chesf	8.500	120	60.000	8,8
N 14 – Companhia Nacional de Energia Elétrica (São Paulo)	1.470	17	9.600	1,4
N 22 – Companhia Mato-Grossense de Eletricidade	1.630	34	11.410	1,6
N 24 – Companhia Força e Luz de São Paulo (Grupo Light)	18.790	316	160.000	23,5
N 29 – Companhia de Eletricidade do Alto Rio Doce – Ceard (do Grupo Cemig)	15.916	1.061	50.000	7,3
Total	129.746	4.603	682.870	100,0

Fonte: Castro (1985, p.159).

Se isso não fosse feito até 31 de junho de 1952, porém, o governo federal perderia as contrapartidas votadas pelo Congresso Nacional para a constituição do BNDE, de maneira que Vargas estava em um dilema inescapável: ou liberava um empréstimo que ia de encontro a seus projetos nacionalizantes para o setor elétrico ou todo o esquema financeiro armado para superar "cooperativamente" os estrangulamentos de infraestrutura básica ruiria de início. O presidente teve que recuar, diante das restrições financeiras e pressões diplomáticas que experimentava (NA 832.00 TA/6-652). Assim, o conglomerado norte-americano foi destinatário do primeiro empréstimo liberado para o setor elétrico, constituindo também o maior (US$ 41,1 milhões) de todos os empréstimos liberados a partir dos trabalhos da CMBEU.

As pressões diplomáticas dos Estados Unidos indicam a dificuldade de colocar em prática um projeto estatizante que não controlava com autonomia os recursos financeiros necessários, dependendo da obtenção de fundos contingentes de uma barganha internacional em que os interlocutores controlavam a liberação de verbas exatamente para favorecer um projeto privatista. De todo modo, um certo compromisso se realizou: o *lobby* das filiais estrangeiras não impediu o financiamento de três empreendimentos públicos estaduais na geração de energia (Ceerg, Cemig e Uselpa), uma vez que os três empreendimentos atenderiam regiões à beira do colapso energético, assegurando fornecimento de energia em áreas cuja distribuição estava sob controle de filiais estrangeiras – antecipando a separação de tarefas que se consolidaria na segunda metade da década de 1950 e na seguinte.

Depois desse compromisso inicial, porém, apenas mais um projeto elétrico elaborado pela CMBEU seria financiado pelo Banco Mundial, já depois da ruptura da cooperação financeira entre Brasil e Estados Unidos: um novo empréstimo para a Light em 1954, no valor de US$ 19 milhões, deixando à míngua os três projetos públicos anteriores na fila estipulada pela CMBEU (Chesf, Cia. Nacional de Energia Elétrica-SP e Cia. Mato-Grossense de Eletricidade), assim como outro projeto imediatamente posterior (Cemig).

A ruptura da cooperação bilateral, com a chegada do presidente Eisenhower ao governo dos Estados Unidos, de um lado, impediu que recursos multilaterais fossem liberados para financiar novos programas estatais. Mas, por outro lado, finalmente forçou o governo Vargas a mobilizar recursos locais que conferissem autonomia à política nacionalizante que propunha, depois do adiamento dos planos nacionalizantes anunciados na Mensagem de 1951.

Não surpreende que, depois de ter sido forçado a protelar a realização de planos nacionalizantes para o setor elétrico visando preservar a "cooperação internacional", a ruptura unilateral da mesma levou Vargas a retomar mais decididamente projetos temporariamente paralisados, contando agora com maior mobilização interna de recursos. Exatamente em março e abril de 1953, depois de receber a notícia de que os trabalhos da CMBEU seriam interrompidos e que nenhum outro projeto que estudava ou já aprovara seria financiado, sua equipe de assessores diretos (agora chefiada por Jesus Soares Pereira) finalizou o primeiro dos quatro projetos de lei que reformulariam o setor elétrico brasileiro: a constituição do Fundo Federal de Eletrificação, que seria enviado em maio de 1953 para apreciação do Congresso, sendo aprovado apenas em 31 de agosto de 1954, pouco depois do suicídio de Vargas (ver Pereira, 1975, capítulo 4). Não é improvável que o próprio suicídio do ex-presidente tenha ajudado a superar as resistências políticas contrárias a mais um fundo financeiro destinado a um programa nacionalizante, tendo em vista a comoção trazida pelas denúncias da Carta-Testamento. O Fundo contava, além de dotações orçamentárias, com 20% da arrecadação de taxas de despachos aduaneiros e, principalmente, com o Imposto Único sobre a Energia Elétrica (IUEE, um imposto sobre o consumo de eletricidade), visando "expressamente à constituição do capital das empresas públicas destinadas a investir no setor" (Pereira, 1975, p.118).[25]

Menos surpreendente ainda é que, assim que a sanção presidencial à lei que criava a Petrobras (Lei n. 2004, de 3/10/1953) e o fim do ano fiscal norte-americano retirassem de Vargas qualquer esperança de liberar os recursos

---

25 Por sua vez, o projeto definindo os critérios de repartição do IUEE entre as unidades da federação foi enviado em agosto de 1953; o projeto instituindo a *holding* do setor, a Eletrobrás, e o Plano Nacional de Eletrificação (PNE), apenas em abril de 1954. O PNE nunca seria aprovado formalmente, embora tenha servido de algum modo como diretriz para a expansão do setor, enquanto os demais seriam aprovados apenas na década de 1960. A Memória Justificativa do Plano Nacional de Eletrificação é provavelmente o melhor documento de época para esclarecer não só a história do setor elétrico brasileiro, como também para sintetizar os princípios que regulariam futuramente a progressiva estatização do setor de geração e transmissão nas áreas integradas por redes regionais, muito embora a resultante não fosse exatamente aquela imaginada pelo presidente: ver Vargas (1952-1969, v.4, p.417 et seq.). Sobre o papel que os grandes blocos de investimento estatal na geração de energia teriam, no projeto varguista, para ampliar a oferta à frente da demanda, economizar reservas cambiais, regularizar as flutuações cíclicas da economia e implantar a indústria nacional de material elétrico pesado, ver Draibe (1985); Lima (1984) e Castro (1985).

que haviam sido destinados pelo Eximbank para os empréstimos da CMBEU em 1953, o ex-presidente procurasse empolgar a opinião pública nacionalista para os novos projetos do setor elétrico, fazendo clara denúncia/ameaça contra os interesses estrangeiros no setor. Seu objetivo era, evidentemente, o de mobilizar pelo menos parte do apoio popular destinado à constituição da Petrobras para sustentar o projeto de centralização de recursos locais do Fundo Federal de Eletrificação e realizar o programa nacionalizante.

Assim, em discurso em Curitiba em 20 de dezembro de 1953, Vargas afirmou que os planos da Eletrobrás vinham sendo sabotados por filiais estrangeiras que já tinham em cruzeiros mais de duzentas vezes aquilo que investiram em dólares, e que produziam cruzeiros para enviar dólares para o exterior. Era necessário, portanto, criar os fundos necessários para introduzir a indústria elétrica nacional, ou seria obrigatório nacionalizar os empreendimentos privados que não davam os resultados desejados (NA M-1487: 732.00/1-554; M-1489: 832.2614/12-2153). Muito embora suas ameaças não tenham se concretizado até a sua morte, essa era mais uma das idas e voltas que a tentativa de mobilizar recursos internos e externos induzia o ex-presidente a dar, até mesmo em sua morte.[26]

Considerações finais

Essas idas e voltas do presidente não devem ser confundidas com mudanças radicais nas finalidades de sua ação política. O ideário geral que a orientava era o nacional-desenvolvimentismo, superando a ideologia da "vocação natural" do Brasil para a especialização primário-exportadora e os dogmas liberais do mercado autorregulado, que prescreviam limites bem

---

26 Na Carta-Testamento, a alusão à Eletrobrás conclui a primeira referência à espoliação internacional: "Depois de decênios de domínio e espoliação dos grupos econômicos e financeiros internacionais, fiz-me chefe de uma revolução e venci. Iniciei o trabalho de libertação e instaurei o regime de liberdade social. Tive de renunciar. Voltei ao governo nos braços do povo. A campanha subterrânea dos grupos internacionais aliou-se à dos grupos nacionais revoltados contra o regime de garantia do trabalho. A lei de lucros extraordinários foi detida no Congresso. Contra a justiça da revisão do salário mínimo se desencadearam os ódios. Quis criar liberdade nacional na potencialização das nossas riquezas através da Petrobras e, mal começa esta a funcionar, a onda de agitação se avoluma. A Eletrobrás foi obstaculada até o desespero. Não querem que o trabalhador seja livre. Não querem que o povo seja independente" (Vargas, 1952-1969, v.4).

definidos para a ação estatal. A ideologia nacional-desenvolvimentista tampouco nasceu depois de 1930 para responder a novos desafios impostos pela crise geral. Pedro Fonseca (2004; 2005) apresenta argumentos convincentes para defender que o papel dessa ideologia como guia para a ação política foi inaugurado, sistematicamente, no governo estadual de Getúlio Vargas em 1928, incorporando, com uma síntese superior, aspectos das tradições positivista, papelista e nacionalista modernizadora.

Do positivismo, herdava-se a crença de que o Estado precisava coordenar a anarquia do mercado e garantir a coesão social, com a "integração do proletariado à sociedade moderna". Mas o valor que o positivismo conferia, tal como o liberalismo econômico e mesmo os nacionalistas industrialistas brasileiros, ao dogma da austeridade fiscal e monetária, também era rejeitado, aderindo-se à crença papelista de que a expansão do crédito era fundamental para assegurar o crescimento econômico nas "economias monetárias complexas". No entanto, a intervenção estatal por meio do recurso planejado ao crédito e ao gasto público não deveria limitar-se, como na tradição papelista brasileira, ao controle de crises financeiras e à oferta de crédito comercial, orientando-se para estimular a modernização industrial nacional, superando as debilidades de uma especialização primário-exportadora.

É claro que o ideário nacional-desenvolvimentista, sendo uma visão de mundo orientada para a ação, não permaneceria imutável, refinando, ao longo do tempo, seus argumentos, diagnósticos e propostas, e abrigando correntes diferentes em seu interior (Bielschowsky, 1985). Do ponto de vista da ação governamental de Vargas, os modos de intervenção estatal também seriam alterados, assim como os objetivos particulares da intervenção, refletindo novos diagnósticos e desafios práticos. Por exemplo, muito embora a chamada "questão do aço" já fosse central na década de 1930, a ênfase na indústria pesada aumentou nas décadas seguintes, à medida que estrangulamentos na oferta de energia, insumos básicos e reservas cambiais ameaçavam a continuidade da expansão econômica e da diversificação industrial. A confiança de que filiais estrangeiras poderiam atender às exigências do desenvolvimento nacional moderno, sobretudo nos ramos básicos prioritários, também se alterou. Mas antes de tentar ou ser capaz de concentrar recursos financeiros locais necessários para investimentos estatais nos ramos básicos (para não falar de reservas cambiais e conhecimentos tecnológicos), Vargas conseguiu financiar com recursos públicos externos a siderurgia estatal, no início da década de 1940. Nos anos 1950, tentaria repetir, com sucesso muito menor, a barganha que resultara na constituição da CSN, enquanto se preparavam os projetos para a constituição da Petrobras e da Eletrobrás, sobretudo com recursos locais.

Desse modo, as formas de intervenção para realizar os objetivos do ideário nacional-desenvolvimentista se ampliaram, desde a regulação do mercado até a criação de empresas estatais. O ideário geral que orientava a intervenção econômica de Vargas, porém, não se alterou, embora viesse a se refinar e se adequar às necessidades práticas e concretas de desenvolvimento que, em última instância, lhe conferiam sentido. Sendo assim, autores que buscam identificar o "maior" ou "menor" teor de nacionalismo na caracterização da *persona* política de Vargas, a partir de opiniões sobre sua maior ou menor disposição de aceitar a participação do capital estrangeiro no desenvolvimento econômico nacional, buscam pontos fixos em um alvo móvel, confundindo meios e fins: os meios não foram fixados pelo ex-presidente, e os mesmos fins se refinaram ao longo do tempo.

Na barganha com o capital estrangeiro ou recursos públicos externos, a ação de Vargas não foi "xenófoba", nem "entreguista", mas marcada por três características permanentes do nacional-desenvolvimentismo: (a) pelo antiliberalismo, ou seja, pela crença de que o mercado não era capaz de se autorregular sem crises econômicas e sociais graves e recorrentes, e muito menos gerar desenvolvimento industrial avançado em países como o Brasil; por isso, necessitava-se de regulação pública do individualismo econômico, orientação política de decisões de investimento e formas de concentração estatal de recursos (empresas estatais e bancos públicos) para apoiar empreendimentos necessários; (b) pelo oportunismo nacionalista, ou seja, a identificação de oportunidades de realizar barganhas externas que atendessem a finalidades desenvolvimentistas e fossem orientadas para maximizar interesses nacionais; e (c) a capacidade de adaptação e, ao mesmo tempo, ação sobre as circunstâncias históricas, interagindo com mudanças na correlação de forças sociais, nos dilemas da questão do trabalho e nos desafios ao avanço nacional-desenvolvimentista. Várias décadas depois, é difícil afirmar que a força material dessa herança ideológica, com suas lições, contradições, desvios e dilemas históricos, esteja esgotada, saibam ou não os que dela são herdeiros.

Os conceitos e seus lugares: trabalhismo, nacional-estatismo e populismo

Jorge Ferreira

As diversas políticas públicas realizadas por Getúlio Vargas entre 1930 e 1945 receberam, a partir de 1942, o nome de trabalhismo, embora, para a população, naquela época, trabalhismo e getulismo tivessem o mesmo significado. Nos anos 1950, o projeto trabalhista tornou-se mais consistente no quadro político da época, em especial pelo crescimento do Partido Trabalhista Brasileiro (PTB). Contudo, durante a ditadura militar, a tradição trabalhista foi renomeada de populismo. Mas, afinal, do que tratam expressões como trabalhismo, nacional-estatismo e populismo? Quero, neste trabalho, discutir, numa perspectiva histórica, a assim chamada "Era Vargas" e o significado desses conceitos no Brasil contemporâneo.

A Era Vargas: o Brasil como projeto

Objeto de paixões políticas, Vargas nem sempre é compreendido com o devido distanciamento. Mas a existência de paixões, décadas após a sua morte, somente comprova como ele foi importante na história republicana brasileira. Qualquer avaliação apaixonada do ex-presidente, desse modo, resulta em versões simplificadas, maniqueístas e caricaturais. Afinal, não existiu um único Getúlio, mas vários. Vargas foi o político da Primeira República, o líder da Revolução de 1930 e o chefe do governo provisório, mas também foi o presidente constitucional de 1934 e, logo a seguir, em 1937, o ditador do Estado Novo. E foi, após 1945, o ex-ditador esquecido e abandonado nos confins do Rio Grande do Sul e que voltou, nas eleições de 1950, ao Palácio do Catete nos "braços do povo". A partir daí, o Brasil conheceu outro Getúlio Vargas, o do governo democrático. Em 1954, finalmente, ele saiu da vida e entrou para a história, acreditando que, de fato, entraria para ela e permaneceria por muito tempo.

Existiram, portanto, vários Getúlios. Alguns dizem que ele foi o ditador do Estado Novo, perseguidor implacável dos comunistas e dos integralistas, admirador do fascismo, patrocinador de ampla propaganda política de enaltecimento de sua imagem e artífice da legislação que controlou e cerceou o movimento sindical. Os que dizem tudo isso têm razão, mas não toda a razão. Outros, de maneira inversa, garantem que Vargas foi o líder nacionalista, o criador da Petrobras, da Companhia Vale do Rio Doce, da Companhia Siderúrgica Nacional e do CNPq; garantem que foi o reformador social, concedendo leis trabalhistas aos assalariados urbanos, elevando-os à categoria de cidadãos no plano social. Os que defendem as iniciativas progressistas de Vargas também têm razão, mas não toda a razão. Vargas foi tudo isso ao mesmo tempo: governou como ditador e como democrata; foi o reformador social e enquadrou os sindicatos com leis coercitivas; censurou a imprensa e patrocinou o cinema, o teatro, as artes plásticas, a literatura e o canto orfeônico; perseguiu os comunistas e fundou a Petrobras. Para conhecê-lo, portanto, é preciso aceitar que o reformador social e líder nacionalista foi o mesmo que manteve simpatias por regimes autoritários e perseguiu as esquerdas. Ao compreender e avaliar o papel de Vargas na história brasileira do século XX, não se deve separar as partes de um todo. Além disso, foi com essa liderança política que o Brasil se inseriu na modernidade.

O grupo político que assumiu o poder com a Revolução de 1930 inventou o moderno Estado brasileiro. Naquela década foi criada, no Brasil, uma burocracia técnica, impessoal e baseada no mérito. A fundação do Departamento Administrativo do Serviço Público (Dasp) foi um marco nesse sentido. Abandonando o liberalismo econômico, o Estado passou a intervir na economia e nas relações entre empresários e trabalhadores. Sinalizando o caráter intervencionista do grupo vitorioso em 3 de outubro de 1930, a primeira medida do novo governo foi a criação do Ministério do Trabalho, Indústria e Comércio, também chamado de "Ministério da Revolução". Os empresários se fizeram representar no Estado por meio dos conselhos técnicos, nos quais, junto com os funcionários do governo, elaboraram políticas públicas de desenvolvimento nos campos do comércio exterior, de fontes de energia elétrica, da política industrial, do planejamento econômico, entre outras.[1] Órgãos públicos também surgiram no sentido de modernizar o Estado brasileiro: a Comissão Executiva do Plano Siderúrgico, a Carteira de Exportação do Banco do Brasil e a Superintendência da Moeda e Crédito. A partir daí, o Estado aumentou de tamanho e o setor público se fortaleceu com a fundação de ministérios, autarquias, empresas estatais, institutos, entre diversos outros órgãos. O Estado tornou-se interventor, regulador e planejador. A Companhia Siderúrgica Nacional e a Companhia Vale do Rio Doce foram os resultados mais imediatos da política intervencionista do governo de Vargas, inserindo o Brasil no mundo industrial moderno.

O grupo que assessorava Vargas, no início dos anos 1930, estava afinado com os rumos do mundo. A crise econômica de 1929 havia condenado o liberalismo econômico ao descrédito. No plano mundial, o ideário liberal foi abandonado, mesmo nos Estados Unidos. O New Deal, com suas políticas públicas fortemente interventoras, é o exemplo. Além disso, as elites políticas do Ocidente observavam os sucessos do planejamento e do dirigismo estatal que ocorriam na União Soviética – país que escapou da grave crise econômica. Em outras palavras, o grupo político no Palácio do Catete estava atento ao que acontecia no mundo e atualizado com ele. Nesse sentido, os homens do governo eram, como se diz hoje, "modernos".

O Estado intervinha para o desenvolvimento econômico, mas, acompanhando a tendência mundial, realizava políticas públicas de valorização do trabalho e do trabalhador. É desse período a invenção de um sistema de saúde pública, com a construção de grandes hospitais. Vasto programa de previdência social se impôs, com seguros contra invalidez, doença, morte, acidentes de trabalho, seguro-maternidade, entre outros. Surgiu um sistema de educação universal e público com a criação do Ministério da Educação e Saúde. Somente um de seus órgãos, a Diretoria Nacional de Saúde e Assistência Médico Social, investiu recursos na área materno-infantil e no combate à malária, bouba, peste e lepra. A fundação do Instituto

---

[1] Entre os conselhos técnicos, cito o Conselho Nacional do Café em 1931, o Conselho Federal de Comércio Exterior em 1934, o Conselho Técnico de Economia e Finanças em 1934, o Conselho Federal de Serviços Públicos em 1936 – depois substituído pelo Departamento Administrativo do Serviço Público em 1938 –, o Conselho Nacional de Águas e Energia Elétrica em 1939, o Conselho Nacional de Política Industrial e Comercial em 1943 e a Comissão de Planejamento Econômico em 1944. Para mais informações, ver Diniz (1999).

Nacional de Puericultura demonstrou a preocupação com a saúde da criança. Outros órgãos, como o Serviço de Malária do Nordeste e o Serviço de Febre Amarela, tinham a tarefa de combater males que minavam as resistências de uma população bastante sofrida. Na área da saúde, o Estado atuou nas "atividades sanitárias básicas", como assistência médica, educação sanitária, saneamento, controle de doenças transmissíveis e bioestatística (Hochman; Fonseca, 1999).

Logo após a Revolução de 1930, os trabalhadores tornaram-se interlocutores privilegiados do Estado (Gomes, 1988). É necessário lembrar que as ideias dominantes na Primeira República não reconheciam o valor do trabalho e do trabalhador. Não havia relação entre trabalho e riqueza. O trabalhador era pobre e era bom que permanecesse nesse estado porque somente assim ele trabalharia. Também nenhuma relação existia com a questão da cidadania. Exatamente por viver de seu próprio trabalho, o operário não teria direitos. Após 1930, no entanto, o discurso estatal foi alterado de maneira substancial: o ato de trabalhar foi dissociado da herança degradante da escravidão e tomou aspectos positivos, passou a ser valorizado, merecedor de recompensas materiais e de valorização social e política. Trabalho, riqueza e cidadania tornaram-se partes integrantes do discurso estatal. O ideal de "justiça social" começou a tornar-se uma referência na interlocução entre Estado e classe trabalhadora.

Além de avanços na educação, saúde e previdência, leis sociais foram colocadas em vigor de maneira muito rápida. Nesse caso, é muito difícil, hoje, imaginar um mundo sem um conjunto de leis sociais que resguardem os direitos dos trabalhadores. Esse mundo, porém, já existiu. No caso brasileiro, entre 1931 e 1934, em apenas quatro anos, portanto, toda a legislação trabalhista, à exceção do salário mínimo, foi promulgada: limitação da jornada de trabalho, regulamentação do trabalho feminino e infantil, horas extras, férias, proteção à mulher grávida, pensões e aposentadorias, entre diversas outras. Mas não bastava criar leis. Era necessário obrigar os empresários a cumpri-las. Daí a criação da Justiça do Trabalho. O impacto das leis sociais entre os assalariados não pode ser minimizado. Sem alguma repercussão em suas vivências, o governo Vargas não teria alcançado o prestígio que obteve entre os trabalhadores, mesmo com a divulgação de sua imagem patrocinada pelo Departamento de Imprensa e Propaganda, o DIP. Como defendi em trabalho anterior, o "mito" Vargas não foi criado simplesmente na esteira da vasta propaganda política, ideológica e doutrinária veiculada pelo Estado. Não há propaganda, por mais elaborada, sofisticada e massificante, que sustente uma personalidade pública por tantas décadas sem realizações que beneficiem, em termos materiais e simbólicos, o cotidiano da sociedade. O "mito" Vargas expressava um conjunto de experiências que, longe de se basear em promessas irrealizáveis, fundamentadas tão somente em imagens e discursos vazios, alterou a vida dos trabalhadores (Ferreira, 1997).

O projeto do grupo que cercava Vargas no Palácio do Catete também incluía a valorização da cultura, interpretada como patrimônio da sociedade. A fundação do Serviço do Patrimônio Histórico e Artístico Nacional (SPHAN) e de diversos museus, como o Museu Nacional de Belas-Artes, o Museu Imperial e o Museu da Inconfidência, é reveladora da importância reservada ao setor. O ministro da Educação, Gustavo Capanema, levou para o âmbito de sua pasta o que de melhor havia no meio artístico e intelectual: no SPHAN, trabalharam Lúcio Costa e Oscar Niemeyer; na direção da Superintendência de Educação Musical e Artística (Sema), estava Villa-Lobos; no próprio Ministério, trabalhavam Manuel Bandeira, Carlos Drummond de Andrade, Mário de Andrade, Cândido Portinari e Rodrigo de Melo Franco (ver Bomeny, 2001). Nas revistas *Ciência Política* e *Cultura Política*, bem como no jornal *A Manhã*, escreviam intelectuais brasileiros de diferentes correntes teóricas, como Cassiano Ricardo, Almir Andrade, Carlos Drummond de Andrade, Oliveira Vianna, Cecília Meireles, Gilberto Freyre, Vinícius de Moraes, Gustavo Barroso, José Lins do Rego, Manuel Bandeira, Nelson Werneck Sodré e, inclusive, Graciliano Ramos (Velloso, 2003; ver também Oliveira; Velloso; Gomes, 1982). Capanema, com o apoio de Vargas, ainda criou o Serviço Nacional de Teatro, o Serviço de Radiodifusão Educativa, o Instituto Nacional do Cinema Educativo, o que seria mais adiante o Instituto Nacional do Livro, e redefiniu as funções da Biblioteca Nacional, do Observatório Nacional, da Casa de Rui Barbosa e do Museu Histórico Nacional, permitindo que, segundo Davie Williams, a administração cultural e "a cultura nacional de uma certa época ganhassem carne e osso" (Williams, 2000; ver também Oliveira, 2003).

Em 29 de outubro de 1945, Vargas foi derrubado por um golpe de Estado. Naquele momento, o Brasil era muito diferente da época em que ele entrara no Palácio do Catete vindo do Rio Grande do Sul. O conjunto de políticas públicas colocadas em prática pelo seu governo até então – como os benefícios sociais aos trabalhadores, o incentivo à industrialização, a defesa do patrimônio cultural e a redefinição do papel do Estado como agente regulador das relações entre empresários e assalariados, além de interventor, planejador e investidor na esfera econômica – recebeu, a partir de 1942, o nome de "trabalhismo" e, a seguir, foi institucionalizado como projeto político em um partido, o PTB.

A sociedade brasileira ainda não tinha clareza, mas enquanto o ex-ditador viajava para seu exílio em São Borja, ela já vivia o que, mais tarde, chamaríamos de "Era Vargas".

Não demorou muito e Getúlio começou a articular seu retorno à Presidência da República. Recorrendo ao nacionalismo, como instrumento para o desenvolvimento econômico, e ao trabalhismo, como forma de ampliar a cidadania social dos trabalhadores, ele preparou sua volta ao Palácio do Catete. Nas eleições presidenciais de 1950, Vargas apresentou-se como candidato pelo PTB em aliança com o PSP de Ademar de Barros. Depois sondou o Exército para saber se haveria veto à sua posse, em caso de vitória. O PSD lançou como candidato Cristiano Machado, mas, na prática, apoiou Vargas. Surgiu, daí, a expressão "cristianizar" o candidato. A União Democrática Nacional (UDN) participava novamente com o brigadeiro Eduardo Gomes.

Vargas fez campanha eleitoral sem nenhum apoio da imprensa. Na verdade, foi hostilizado por ela. Fazia comícios em cima de boleias de caminhão, munido de alto-falantes e distribuindo panfletos. No entanto, era recebido pelo povo com imenso carinho. Na campanha, ele defendeu o aceleramento da industrialização do país como forma de superar a pobreza e o subdesenvolvimento, bem como a expansão e o fortalecimento da Previdência Social. O brigadeiro Eduardo Gomes, mais uma vez, contou com a simpatia e o patrocínio dos jornais e das estações de rádio. Muito dinheiro foi gasto em publicidade, embora sem sucesso.

Nas eleições de 3 de outubro de 1950, Vargas obteve 3.849.040 votos, 48,7%. Eduardo Gomes, em segundo lugar, recebeu 29,7% e Cristiano Machado alcançou 21,5%. A vitória de Vargas foi um choque para os liberais udenistas. O ditador do Estado Novo voltava ao poder, democraticamente, pelo voto popular. Os udenistas não aceitaram o resultado e tentaram anular a eleição. Entraram com recurso no Supremo Tribunal Eleitoral alegando que Vargas não obtivera a maioria absoluta, ou seja, 50% mais 1 voto. Como a Constituição não exigia a medida, a corte recusou a chicana. Além disso, chefes militares importantes reconheceram a vitória de Getúlio. Nada mais havia a fazer.

O presidente eleito recebeu de Eurico Dutra um quadro de grandes dificuldades econômicas, sobretudo com a retomada do processo inflacionário e o desequilíbrio financeiro no setor público. Contando inicialmente com a boa vontade do governo norte-americano, a instalação da Comissão Mista Brasil-Estados Unidos anunciou um vasto programa de investimentos em infraestrutura. A elevação dos preços do café no mercado internacional igualmente beneficiou o governo. Até 1952, o mandato obteve resultados positivos, com superávit em seu orçamento, desaceleração da inflação e, inclusive, índices positivos no crescimento econômico, com 7,3% naquele ano.

Contudo, no início do ano seguinte, Vargas deparou-se com uma série de dificuldades, a começar pela vitória do Partido Republicano nas eleições presidenciais norte-americanas. Eisenhower, com sua política de combate ao comunismo e alegando a necessidade de conter gastos públicos, rompeu os acordos da Comissão Mista e suspendeu financiamentos para projetos de desenvolvimento. Ao mesmo tempo, o Banco Mundial passou a cobrar dívidas de empréstimos vencidos. Para o novo governo dos Estados Unidos, a prioridade era o combate ao comunismo e não a ajuda econômica aos países latino-americanos.

Mesmo com as limitações impostas pela crise econômica, o governo realizou sua política de modernização econômica. A novidade foi a criação da Assessoria Econômica. Tratava-se de um órgão técnico cuja função era assessorar a Presidência da República, além de atuar como setor de planejamento econômico. Encarregados de formular projetos estratégicos para o país, os técnicos da Assessoria, orientados pelo nacionalismo, procuraram soluções independentes. Segundo Maria Celina D'Araujo (1982, p.152), "pela primeira vez um governo brasileiro criava um órgão permanente de planejamento encarregado de estudar e formular projetos sobre os principais aspectos da economia do país". A Assessoria propôs a criação da Petrobras, Eletrobrás, Fundo Nacional de Eletrificação, Plano Nacional do Carvão, Carteira de Colonização do Banco do Brasil, Banco do Nordeste do Brasil, Comissão Nacional de Política Agrária, Comissão de

Desenvolvimento Industrial, Instituto Nacional de Imigração e Colonização, Banco Nacional de Desenvolvimento Econômico (BNDE), Campanha de Aperfeiçoamento do Pessoal de Nível Superior (Capes), Plano Nacional do Babaçu, entre outros órgãos. Lançou as bases para a introdução da indústria automobilística no Brasil, com planejamento e criação da Subcomissão de Jeeps, Tratores, Caminhões e Automóveis, propondo, ainda, a reforma administrativa, o reaparelhamento dos portos e ferrovias, o financiamento para a construção de rodovias, seguro agrícola, crédito rural etc. Quando, alguns poucos anos mais tarde, Juscelino Kubitschek assumisse a Presidência da República, encontraria um projeto de industrialização cuidadosamente planejado por técnicos do governo Vargas.

Naquele momento, o nacionalismo era a bandeira dos setores progressistas e de esquerda, a exemplo dos trabalhistas, socialistas e comunistas. Não seria exagero afirmar que, na primeira metade da década de 1950, surgiu, na sociedade brasileira, uma geração de homens e mulheres que, partilhando de ideias, crenças e representações, acreditou que, no nacionalismo, na industrialização com base em capitais nacionais, na instituição de empresas estatais para enfrentar o poder dos monopólios norte-americanos, na defesa da soberania nacional, nas reformas das estruturas socioeconômicas do país, na ampliação dos direitos sociais dos trabalhadores do campo e da cidade, entre outras propostas, encontraria os meios necessários para alcançar o real desenvolvimento do país e o efetivo bem-estar da sociedade. Sentindo-se contemporânea aos mesmos problemas, crenças e destinos, parcelas significativas da sociedade brasileira comprometeram-se com um conjunto de demandas associadas sobretudo com o nacionalismo e a democracia (Neves, 2001). Democracia e nacionalismo tornaram-se ideias próximas, uma conjunção que tiraria o país do atraso econômico, elevaria o nível de vida das populações mais pobres e permitiria a superação da dependência em relação aos países ricos. O sentimento nacionalista invadiu diversas instituições. Facções das Forças Armadas, em especial o Exército, também tinham o nacionalismo e a democracia como soluções para os problemas brasileiros, permitindo que setores da oficialidade se aproximassem do trabalhismo. Trabalhistas e comunistas começaram a falar a mesma linguagem: a saída nacionalista e democrática para o Brasil. Nesse sentido, ser de esquerda, ser nacionalista e ser democrata tornaram-se, a partir daí, expressões muito próximas.

Juscelino Kubitschek, mesmo antes de concorrer à Presidência da República em 1955, percebeu a importância da recuperação europeia após 1945. Diversamente do período anterior à guerra, a economia mundial encaminhava-se para o processo de multilateralização comercial, com o surgimento de empresas transnacionais que avançavam sobre os diversos mercados nacionais,[2] e de organizações como o FMI, o Gatt e o Banco Mundial. Era preciso trabalhar com aquele processo, e não contra ele, pensava Kubitschek. Além disso, o governo republicano nos Estados Unidos não dedicava à América Latina o menor interesse. Para o Hemisfério, o governo norte-americano tinha como prioridade a luta contra o comunismo. Empresas estatais, por exemplo, não passavam de infiltração ideológica dos comunistas. Todas deveriam ser privatizadas, a começar pela Petrobras. O simplismo da política externa de Eisenhower também foi levado em conta por Kubitschek em seus planos de governo. Dos Estados Unidos, ele não poderia contar com o apoio. Mais ainda, ele percebeu que a má vontade do governo norte-americano também se estendia aos seus empresários. Assim, o ex-presidente voltou-se para a Europa e, na viagem internacional que realizou antes da posse, atraiu investimentos de indústrias automobilísticas alemãs: a DKV se associou à brasileira Vemag; a Volkswagen veio logo depois; a Mercedes já montava caminhões; em novembro de 1955, a Sofunge fundiu o primeiro motor no Brasil.

Com habilidade política, o ex-presidente convenceu os empresários, nacionais e estrangeiros, a investirem no país, ajudados por uma política de crédito generosa. Afastou-se, assim, da linha traçada por Vargas, marcada pelo nacionalismo e pela obsessão do Brasil como "projeto nacional", na definição de Claudio Bojunga. Enquanto os trabalhistas definiam o capital como nacional ou estrangeiro, Kubitschek o compreendia como produtivo ou especulativo. Distanciando-se do nacionalismo de trabalhistas e comunistas, ele foi definido por Roberto Campos da seguinte maneira: "O que interessava para Juscelino era 'onde estava a fábrica e não onde morava o acionista'". Sem vinculações com o projeto trabalhista, ele aceitava, pragmaticamente, o processo de internacionalização da economia brasileira do pós-guerra.

---

2 Os dados que se seguem estão em Bojunga (2001, p.320, 329-30, 344, 374).

Embora sem compromissos com o trabalhismo, Kubitschek não deixou de compreender que países capitalistas atrasados necessitavam do "Estado-empresário" como alavanca de seu próprio desenvolvimento. O ex-presidente não pôde negar, no plano econômico, aspectos do projeto trabalhista, como a política de industrialização por substituição de importações e o planejamento econômico, a exemplo do Plano de Metas. Seja como for, o projeto era o "nacional-desenvolvimentismo". Seu Plano de Metas, bastante flexível, priorizou as indústrias de base e de consumo, mas ignorou a agricultura e a educação. A estratégia do presidente era industrializar o país privilegiando os investimentos estrangeiros sobre os empréstimos. Kubitschek acreditava que o próprio desenvolvimento industrial solucionaria todas as injustiças sociais e as tensões políticas que o país sofria (Skidmore, 1967, p.206-7). Além disso, entre o desenvolvimento econômico e a estabilidade monetária, o ex-presidente não tinha dúvida em escolher a primeira opção. A inflação e o endividamento externo, na verdade, foram os instrumentos que financiaram o desenvolvimentismo de Kubitschek.

O Brasil mudou com Juscelino. Os dados, de fato, são impressionantes. Entre 1956 e 1960, a taxa média de crescimento da economia foi de 8,1% e a participação do setor industrial no PIB passou de 20,44% para 25,6%. Os investimentos voltaram-se, prioritariamente, para energia, com a construção das hidrelétricas de Três Marias e de Furnas, e transportes. Neste último estava o que Juscelino chamava de "Operação Brasília". Tratava-se da construção da nova capital do país e do "cruzeiro rodoviário": a Belém-Brasília (2.000 quilômetros), a Acre-Brasília (2.500 quilômetros), a Fortaleza-Brasília (1.500 quilômetros), a Belo Horizonte-Brasília (700 quilômetros) e a Goiânia-Brasília (200 quilômetros) (Moreira, 2003, p.176). JK também construiu mais de 2.000 quilômetros de ferrovias alterando a circulação de riqueza e de pessoas no país. A construção naval tomou impulso jamais experimentado. Para o país vieram as indústrias Verolme, Ishikawajima, Niigetabras e Ellicot, bem como ocorreu a ampliação dos estaleiros Mauá, Emaq, Caneco e Aratu. Os estímulos foram dados aos transportes ferroviário, rodoviário e marítimo (Bojunga, 2001, p.405-7). No entanto, a grande vedete da industrialização com Kubitschek foi a indústria automobilística. O plano era atrair as montadoras que, aqui, produziriam veículos com 90% a 95% de nacionalização, aliviando, assim, o balanço de pagamentos. A agricultura foi colocada em segundo plano.

O Brasil mudou, inclusive com uma nova capital. Em uma região em que nada havia, a não ser a natureza intacta, o ex-presidente construiria Brasília. Oscar Niemeyer e Lúcio Costa se encarregaram de criar uma cidade-monumento.

Logo ao assumir o governo, João Goulart se viu diante das demandas históricas das esquerdas e, na verdade, pregadas ao longo dos anos por ele mesmo: as reformas de base. Para os grupos nacionalistas e de esquerda, tratava-se de um conjunto de medidas que visava alterar as estruturas econômicas, sociais e políticas do país, permitindo o desenvolvimento econômico autônomo e o estabelecimento da justiça social. Entre as principais reformas, constavam a bancária, a fiscal, a administrativa, a urbana, a agrária e a universitária, além da extensão do voto aos analfabetos e aos oficiais não graduados das Forças Armadas e da legalização do PCB. O controle do capital estrangeiro e o monopólio estatal de setores estratégicos da economia também faziam parte do programa reformista dos nacionalistas.

Mesmo com graves dificuldades na área econômico-financeira e com o processo desestabilizador da crescente radicalização política, Jango retomou o projeto desenvolvimentista getulista, com investimentos em indústrias de base e na infraestrutura econômica, e também ampliando os direitos sociais dos trabalhadores (Bandeira, 1977, p.89-90, 117-8). Incentivou a Companhia Vale do Rio Doce a construir o porto de Tubarão, inaugurou as usinas Cosipa, Cariacica, Usiminas e Aços Vitória. No setor energético, fundou a Eletrobrás e aumentou em 20% a capacidade de geração de energia elétrica; elaborou os planos para Sete Quedas que, posteriormente, serviria de base para a hidrelétrica de Itaipu; a Petrobras passou a contar com as refinarias Alberto Pasqualini no Rio Grande do Sul, Gabriel Passos e Artur Bernardes em Belo Horizonte, Landulfo Alves na Bahia e Duque de Caxias no Rio de Janeiro; oleodutos, como os de Belo Horizonte e Porto Alegre, foram construídos; unidades industriais permitiram ao país contar com um polo petroquímico genuinamente nacional; estabeleceu ainda as bases para a criação da Embratel, com a regulamentação do Código Brasileiro de Telecomunicações e do Conselho Nacional de Telecomunicações.

Na área social, Jango executou o Plano Nacional de Educação, multiplicou o número de vagas escolares, determinou a obrigatoriedade de que as empresas, com mais de cem empregados, oferecessem o ensino elementar gratuito aos funcionários e enviou mensagem ao Congresso concedendo o 13º salário aos trabalhadores. Financiou apartamentos em conjuntos habitacionais e inaugurou hospitais regionais da Previdência Social. Aos trabalhadores rurais, estendeu os benefícios da Previdência Social, incentivou a sindicalização deles e regulamentou o Estatuto do Trabalhador Rural.

João Goulart atualizou o projeto getulista para os anos 1960. A imagem negativa que temos de seu governo não está de acordo com o seu desempenho na Presidência da República. Jango ainda é uma figura a ser resgatada (ver Ferreira, 2011a).

O golpe militar foi contra o PTB, sua prática política e suas lideranças – diz, com razão, Maria Celina D'Araujo. O trabalhismo surgiu aos olhos dos militares como um inimigo a ser combatido. A ruptura constitucional foi uma reação aos compromissos dos trabalhistas com as esquerdas e os comunistas no clima da Guerra Fria, as alianças que tentaram com setores militares, as propostas de fazer dos trabalhadores o sustentáculo privilegiado do poder e a estratégia de atuar pela via da participação direta. Além disso, o PTB estava no poder (D'Araujo, 1996, p.140). Não casualmente a queda de Jango foi seguida pelo declínio político dos trabalhistas, com vários parlamentares cassados e, mais tarde, com a própria extinção do partido, bem como pela grande repressão ao movimento sindical, com intervenções em diversas entidades, prisões e cerceamento das liberdades básicas, como o direito de greve.

Contudo, após o "interregno liberal" do governo de Castelo Branco, o projeto getulista foi resgatado pelos militares. A ditadura militar repudiou a imagem de Vargas e desmereceu o trabalhismo – renomeado de "populismo". Todavia, com o milagre econômico no período Médici, e, sobretudo, com a industrialização patrocinada por Geisel, as políticas públicas de desenvolvimento industrial aplicadas por Vargas foram retomadas. Em 1969, o Brasil cresceu 9,3%, sendo a indústria 15,5%. Até 1973, o crescimento da economia oscilou entre 9,5% e 11,4% (ver Prado, 2003). Os investimentos na infraestrutura do país alteraram a sua paisagem. Recorrendo ao planejamento centralizado e ao dirigismo estatal da economia – bem de acordo com o projeto trabalhista –, a ditadura investiu fortemente no setor petroquímico, nas telecomunicações, em hidrelétricas, em rodovias, na agricultura de exportação, entre outras áreas. Mas o crescimento econômico acontecia ao mesmo tempo que se firmava uma perversa ditadura. A espionagem, a perseguição da polícia política, a censura e a propaganda governamental formaram, no dizer do historiador Carlos Fico (2003), os pilares da ditadura militar.

Com Geisel, o II Plano Nacional de Desenvolvimento (II PND) foi um exemplo de planejamento e dirigismo centralizado. Muitas empresas estatais foram criadas, enquanto as existentes, como a Petrobras e a Vale do Rio Doce, receberam fortes incentivos à expansão. Eletrobrás, Telebrás, Siderbrás, entre outras siglas de empresas estatais, multiplicaram-se pelo país. No plano diplomático, o "pragmatismo responsável" de Geisel lembrava, em muito, a política exterior de Vargas, Jânio e Jango. O setor cultural também foi beneficiado. Instituições, como a Embrafilme, o Serviço Nacional de Teatro e a Funarte, incentivaram e fomentaram a produção de artistas, atores e cineastas. Aos setores bancário e de crédito, de infraestrutura e de exportação, da cultura e dos esportes, o Estado se impôs como planejador, indutor, fomentador e investidor. Avaliando o governo do general Ernesto Geisel, é possível mesmo afirmar que o próprio Vargas não imaginou que seu projeto chegasse a esse grau de estatismo e de intervencionismo governamental.

A Era Vargas: nacional-estatismo e trabalhismo

A Era Vargas, portanto, não é apenas a pessoa de Getúlio, mas de um conjunto de políticas públicas para o país. Trata-se de um fenômeno histórico especificamente brasileiro, mas atualizado com um movimento a nível planetário que resultou das convulsões geradas pela Primeira Grande Guerra – a exemplo da Revolução Soviética, dos fascismos e da crise do liberalismo nos anos 1930 (ver Reis Filho, 2000).

Naquela década, os Estados Unidos e as potências europeias encontravam-se enfraquecidos em seu poderio mundial. Desse modo, muitos países da periferia do capitalismo encontraram meios para superar a dependência e formular projetos com algum grau de autonomia. O México revolucionário, a Índia e seu Partido do Congresso, a Argentina peronista e a Turquia modernizada de Mustapha Kemal foram alguns dos exemplos. Todos esses países avançaram sobre as brechas que encontraram diante de potências imperiais enfraquecidas, explorando as oportunidades que se abriam com as rivalidades entre elas. O objetivo era alcançar algum tipo de autonomia política e econômica. O projeto era ambicioso: colocar em prática o desenvolvimento nacional autônomo baseado em um Estado forte, centralizado, interventor e planejador; em alguns desses países, mobilizar a população em torno de uma ideologia e/ou de uma liderança carismática, recorrendo, para isso, a um partido político de caráter nacional; conseguir o apoio de empresários e trabalhadores, e incentivá-los à colaboração mútua. Se, em cada país, o projeto recebeu um nome de acordo com sua própria história e as tradições políticas decorrentes dela – peronismo na Argentina, cardenismo no México, trabalhismo no Brasil etc. –, em nível mundial, podemos chamá-lo de "nacional-estatismo".

Com o fim da Segunda Guerra Mundial e a nova ordem mundial que se estabeleceu, o projeto autonomista de muitos países foi refreado, sobretudo com a reconciliação entre as diversas potências capitalistas. Na América Latina, o nacional-estatismo encontrou avanços mesmo após 1945. Na Argentina ocorreu a ascensão do peronismo e em Cuba, alguns anos depois, irrompeu uma revolução de caráter nacionalista.

No Brasil, o nacional-estatismo dos anos 1930 revelou-se como um projeto nacional em dois sentidos. No primeiro, o Estado, ao induzir e financiar a industrialização, tinha por meta superar a dependência internacional, particularmente em relação aos Estados Unidos. No segundo, o projeto também foi nacional porque procurava valorizar os padrões da cultura do país (música, cinema, cultura popular etc.). Criar uma economia moderna com algum grau de autonomia e uma identidade cultural, ambas nacionais, eis uma das faces do nacional-estatismo brasileiro.

Mas o projeto também foi estatista porque encontrava no Estado aquele que poderia viabilizar instrumentos para levar adiante o projeto nacional. E o foi em dois sentidos: no primeiro, com a criação de empresas estatais. O argumento é que os capitais privados nacionais, pequenos e frágeis, não teriam condições de enfrentar o poderio das multinacionais. Seria fundamental a existência de empresas públicas. A Petrobras, nesse caso, é um ícone do estatismo. No segundo sentido, o projeto é estatista porque defende o fortalecimento do Estado – aqui identificado como Poder Público. Trata-se da ideia de que a expansão deste consegue barrar os interesses, nem sempre legítimos, do poder privado. O projeto nacional-estatista brasileiro também defendeu a valorização da mão de obra. Para o desenvolvimento do país, não era mais possível a dilapidação de um importante fator de produção: os trabalhadores. Assim, leis sociais e salários indiretos, como educação e saúde públicas e de qualidade, foram colocados em prática. O projeto realizado pelo grupo político de Vargas na década de 1930, portanto, foi nacional-estatista nesses dois sentidos.

Grosso modo, o nacional-estatismo inclui um Estado forte, interventor na economia e nas relações de trabalho, induzindo a industrialização e promovendo a cultura nacional. Com o objetivo de desenvolver o país, o nacionalismo mobilizou diversos grupos sociais. Empresas estatais e leis sociais completam o projeto. Trata-se, como já foi dito, de um processo mundial que ocorreu em países da periferia do capitalismo após a Primeira Guerra. O objetivo era alcançar algum grau de desenvolvimento econômico e autonomia política. No entanto, deve-se ter alguns cuidados no uso do conceito de nacional-estatismo, sobretudo com as generalizações excessivas. Como ferramenta teórica, ele nos aponta algumas indicações gerais. O historiador, no entanto, deve trabalhar com as especificidades de cada país, reconhecendo as experiências políticas, econômicas e culturais de cada sociedade. Afinal, se Índia e Brasil adotaram políticas comuns para o seu desenvolvimento, ambos os países têm trajetórias históricas completamente diversas. Portanto, o nacional-estatismo, como um movimento mundial, deve ser historicizado em cada país.

No Brasil, o nacional-estatismo surgiu no início dos anos 1930 para superar a crise econômica buscando alternativas não liberais. Naquela década, eram diversos os Estados nacionais que, abandonando o primado liberal, passaram a intervir e a planejar a economia, bem como a investir em empresas estatais. Mas foi com o Estado Novo que o projeto nacional-estatista tomou rumos bem delineados, adotando, a partir de 1942, o nome de trabalhismo. Quero dizer com isso o seguinte: nacional-estatismo é um conceito teórico para se compreender um movimento mais amplo internacionalmente. Trabalhismo é o nome que, historicamente, ele recebeu no Brasil. Com Dutra, ele foi abandonado pela alternativa liberal, mas logo retomado em meados de 1947. O projeto nacional-estatista retornou vigorosamente com Vargas na primeira metade dos anos 1950. Investimentos em aço, petróleo, cimento, na indústria química, entre outras atividades voltadas para bens de capital, demonstravam a determinação em industrializar o país.

Portanto, o conjunto de políticas públicas colocadas em prática na década de 1930, sobretudo os investimentos na industrialização pesada, as leis sociais, a expansão do setor público, a intervenção estatal na economia e nas relações entre empresários e trabalhadores, recebeu, a partir de 1942, o nome de trabalhismo e foi assumido, em 1945, como projeto político pelo PTB. Logo a seguir, os comunistas do PCB, o movimento sindical e os diversos grupos nacionalistas e de esquerda, que surgiram na década de 1950, tomaram o projeto como bandeira de luta, agregando a ele novos elementos de caráter reformista. O nacional-estatismo tornou-se o programa político dos grupos progressistas e de esquerda: manutenção e ampliação das leis e dos benefícios sociais; soberania nacional; luta pela reforma agrária; defesa das empresas estatais em setores estratégicos, como a Petrobras; tradição da unicidade sindical; demandas por educação e saúde públicas de qualidade; reajustes salariais garantindo o poder de compra dos trabalhadores; fortalecimento do poder público ante as ambições desmedidas dos grupos privados; regulamentação e disciplinamento do mercado; programas para desconcentrar a renda, entre outras políticas públicas.

Jango reatualizou o projeto na década de 1960 colocando em pauta uma série de mudanças econômicas e sociais conhecidas como "reformas de base". O regime militar veio, em grande parte, para se opor à tradição trabalhista. Todavia, no plano econômico, o resultado foi o nacional-estatismo de Geisel, com investimentos pesados em infraestrutura e na expansão de empresas estatais.

Logo, o que chamamos "Era Vargas" é uma temporalidade considerável e com governantes distintos. Embora com modalidades, ritmos específicos e conjunturas diferenciadas, um mesmo projeto para o país percorre todo o período – o nacional-estatismo. Trata-se de um conjunto de políticas públicas que surgiu nos anos 1930 e se definiu com maior densidade na década de 1950 e início da de 1960. Os militares claramente retomaram aspectos centrais daquele padrão de desenvolvimento. O governo do presidente José Sarney, em meio à grave crise econômica, esforçou-se para dar continuidade ao projeto. O nacional-estatismo continuou presente em vários pontos da Constituição de 1988. Fernando Collor de Mello tentou alterar o modelo, mas, sem legitimidade política, não pôde continuar seu programa liberal. O presidente Itamar Franco, ao assumir, tentou voltar-se para o nacional-estatismo. Mas foi com Fernando Henrique Cardoso que ocorreu a grande alternativa ao modelo estatista – o neoliberalismo. Logo após vencer sua primeira eleição à Presidência, FHC disse, para surpresa de todos: "a Era Vargas acabou". E isso quarenta anos após a morte de Getúlio. Com o governo do presidente Luiz Inácio Lula da Silva, o Partido dos Trabalhadores – um dos grandes críticos do getulismo – retomou elementos estratégicos do nacional-estatismo, mas, no mesmo movimento, flexibilizou outros. Mas se é necessário historicizar o conceito de nacional-estatismo ao enfocar um contexto internacional determinado no tempo, também é necessário fazer o mesmo em casos específicos, como o brasileiro. Afinal, o nacional-estatismo de Vargas e de Jango não foi o mesmo de Geisel. No primeiro caso, beneficiou os trabalhadores; no segundo, os prejudicou.

Seja como for, João Trajano Sento-Sé, com razão, afirma que as iniciativas econômicas e sociais arquitetadas por Vargas foram de tal modo engenhosas e funcionais que seus sucessores, ao tentarem desmontar o projeto getuliano, capitularam ou conseguiram apenas alguns sucessos parciais. Foi o caso de Fernando Collor de Mello, de Fernando Henrique Cardoso e dos "novos sindicalistas" que tiveram o objetivo de fazer da Era Vargas apenas uma lembrança para o Brasil. O projeto varguista, na avaliação de Sento-Sé, ora demonstra ser extremamente funcional para quem exerce o poder, ora apresenta a articulação de redes de interesses difíceis de enfrentar. Para o autor, a Era Vargas ainda funciona como um marco definidor da identidade dos atores públicos do país e, portanto, a sua herança permanece como "fardo, virtude e engenho a ser superado" (Sento-Sé, 2004, p.12).

A invenção do populismo

O trabalhismo ficou conhecido como populismo. Formulada muito lentamente nos anos 1950, foi após o golpe militar de 1964 que a teoria do populismo começou a tomar corpo e forma. De início, tratava-se de um conjunto de insultos que a direita civil-militar, vitoriosa com o golpe, dedicou aos trabalhistas: demagogia, manipulação, corrupção, entre outros. Ao mesmo tempo, as esquerdas revolucionárias igualmente passaram a desqualificar o passado anterior ao golpe: sindicatos atrelados ao Estado, manipulação de líderes burgueses de massa, falta de consciência de classe etc. Foi a publicação do livro *O populismo na política brasileira*, de Francisco Weffort, porém, que deu a consistência acadêmica que faltava ao conceito. Assim, a teoria do populismo, pelo menos até meados dos anos 1980, tornou-se hegemônica para os estudos da política brasileira no período.

Somente em fins daquela década surgiram as primeiras versões alternativas, sobretudo análises que apontavam para as interações entre o projeto getulista e as demandas dos próprios trabalhadores antes de 1930. Recusando as concepções que sugeriam "desvios ideológicos" da classe trabalhadora, categoria que implicitamente acredita na existência de um caminho "verdadeiro", um grupo de cientistas políticos interpretou a consciência de classe como algo que se define por uma complexa interação dos trabalhadores com o Estado e os empresários. Maria Hermínia Tavares de Almeida (1978), Luiz Werneck Vianna (1978) e Wanderley Guilherme dos Santos (1979) ofereceram importantes contribuições.

É nesse contexto de insatisfações com o conceito de populismo e de procura de alternativas que vem a público, em 1988, *A invenção do trabalhismo*, de Angela de Castro Gomes (2005). De início, o livro foi recebido com certa inquietação. Afinal, não se rompe com todas as premissas da noção de populismo e, portanto, com uma tradição longamente aceita e compartilhada sem custos. Atualmente, *A invenção do trabalhismo* conhece uma nova leitura, menos inquietante e mais reflexiva.

No rastro dos novos estudos que surgiam, publiquei *Trabalhadores do Brasil: o imaginário popular* (Ferreira, 1997). No livro, procurei analisar a maneira pela qual os trabalhadores de baixa renda, pessoas que se definiam como "pobres" ou "comuns", explicavam, no decorrer das décadas de 1930 e 1940, suas relações com o Estado, com Vargas e a política do país. Tratava-se de compreender os trabalhadores, suas crenças, ideias e manifestações discursivas, a partir de seus próprios termos. A originalidade do trabalho, acredito, foi a de utilizar cartas escritas pelos próprios trabalhadores. Nesse sentido, não são elementos das classes dominantes, elites políticas, intelectuais engajados ou propagandistas do regime falando pelos assalariados, mas, sim, os próprios trabalhadores escrevendo seus textos e, desse modo, manifestando suas ideias, crenças, valores, sensibilidades e expectativas de caráter político.

Mais adiante, convidei um grupo de estudiosos e, em obra coletiva, publiquei *O populismo e sua história: debate e crítica* (Ferreira, 2000).[3] No livro, os autores avaliaram a capacidade analítica do conceito de populismo; alguns

---

3 Participaram da coletânea Ângela de Castro Gomes, Daniel Aarão Reis Filho, Elina Pessanha, Fernando Teixeira da Silva, Hélio da Costa, Lucília de Almeida Neves, Maria Helena Capelato, Regina Morel e eu mesmo.

reconstituíram a história do conceito e suas implicações políticas; outros não apenas criticaram o conceito, mas o recusaram como categoria explicativa.

Portanto, muito mudou no período recente. Com a renovação dos estudos em História Política, as indicações teóricas oferecidas pela História Cultural e as influências exercidas pela História Social Inglesa, E. P. Thompson em particular, velhas questões foram reavaliadas, algumas questionadas e outras inventadas. Contudo, ainda persiste uma certa concepção de que, na história política e social do Brasil, teria havido um "desvio" de um "caminho natural". Embora somente a existência da jabuticaba em nossos quintais faça de nós, brasileiros, diferentes dos outros povos do mundo, as análises, sobretudo aquelas baseadas no conceito de populismo, desqualificam a trajetória histórica recente do Brasil.

Apesar das abordagens alternativas, persiste a explicação de que a política no Brasil é marcada por práticas e relações "populistas". Estabelece-se a "norma" e, a partir dela, identifica-se o "desvio".

Inicialmente, é grande a dificuldade em nomear o período que se estende de 1945 até 1964.[4] Há, entre muitos estudiosos, resistências em reconhecer que, durante essa época, o país conheceu uma experiência democrática. As análises insistem nas adjetivações, a exemplo do "período populista", "República populista" ou "democracia populista". Alguns, inclusive, têm dificuldades em valorizar a experiência democrática do período, chamando a temporalidade de "entre ditaduras", ressaltando os regimes autoritários do Estado Novo e dos militares, minimizando, em contrapartida, uma experiência importante. A democracia no Brasil, desse modo, recebe o nome de "entre ditaduras".

Embora o regime tivesse sido fundado por uma Assembleia Constituinte soberana, os direitos civis estivessem garantidos, a separação de poderes assegurada e os governantes eleitos pela população, a experiência, alegam, não teria sido democrática. Primeiro, porque no governo Dutra o PCB foi posto na ilegalidade, os comunistas perseguidos e o movimento operário cerceado pelo aparato policial-repressivo. É de se perguntar se, na mesma época, foi diferente na maior democracia ocidental, os Estados Unidos, com seus comitês de atividades antiamericanas, o *mccarthysmo*, as listas negras de artistas e intelectuais, a intromissão do FBI na vida privada dos cidadãos, a

---

4 Para o período ver Ferreira (2005).

Lei Taft-Hartley de cerceamento dos direitos sindicais, entre outras medidas que acuaram as esquerdas daquele país com a histeria anticomunista. Nos Estados Unidos e na Alemanha (antiga Ocidental), os partidos comunistas também foram declarados ilegais – e nem por isso tais países foram denunciados como "não democráticos".

O segundo argumento para desqualificar o caráter democrático do regime é a interdição do direito de votar dos analfabetos. Como no caso dos comunistas, sem dúvida que se tratou de uma limitação das prerrogativas democráticas. Contudo, é preciso considerar a ampliação do direito ao voto no Brasil nessa época. Segundo o sociólogo Gláucio Ary Dillon Soares, o regime da Carta de 1946 teve como principal êxito a ampliação dos direitos de cidadania política. Na primeira eleição, a de dezembro de 1945, votaram cerca de 7,5 milhões de pessoas, contra 1,5 milhão no pleito de 1933. Ao longo dos anos, o alistamento eleitoral não parou de crescer, chegando a 18,5 milhões de cidadãos votando em 1962 – 2,5 vezes comparando a 1945 e 12 vezes a mais que 1933. No caso das eleições presidenciais, o número de participantes dobrou: de 6 milhões na primeira eleição para presidente, alcançou 12 milhões em 1960. O crescimento do número de votantes deveu-se à expansão do sistema educacional. Além disso, o número de novos eleitores foi maior que o aumento da população. "O aumento de 11 milhões de eleitores mostra que a cidadania se ampliou gradualmente, democratizando o eleitorado", afirma Soares. Além disso, continua o mesmo autor, "outro impacto positivo para a democracia foi inculcar na cultura brasileira o valor do voto, divulgando a ideia de que votar era bom e um direito ao qual amplos setores da população também deveriam ter acesso" (Soares, 2001, p.313, 318).

Os que resistem em admitir que o período entre 1945 e 1964 foi uma experiência democrática, pensando invariavelmente em Dutra, procuram, muitas vezes, uma receita prévia de democracia, esquecendo-se de que ela não nasce pronta, mas é conquistada, ampliada e "inventada", no dizer de Claude Lefort (1983). Ela avança no conflito e na luta social.

Outro bastião desmerecedor do passado é a imagem, tão solidificada no imaginário acadêmico, do "sindicalismo populista", reino dos pelegos de toda sorte. Bastaram, no entanto, pesquisas baseadas em fontes documentais, e não em meros ensaios teorizantes, para desmentir uma ideia longamente partilhada. Nada de operários esperando o sol e a chuva dos líderes populistas, mas uma "cultura de direitos" fortemente estabelecida;[5] nada de classe operária passiva e destituída de organização, mas comissões de fábricas como uma tradição dos trabalhadores;[6] nada de líderes sindicais cupulistas, fortemente politizados e afastados das bases, mas continuidade entre o "velho" e o "novo" sindicalismo (Silva, F. T.; Costa, 1995). As pesquisas recentes recuperam organizações operárias nos locais de trabalho, comissões de fábricas com arrojada disposição de luta, bem como trabalhadores confiantes em suas lideranças, sentimentos de solidariedade grupal e noção de seus interesses. A eleição de delegados, escolhidos por eleições diretas e secretas nas fábricas, permitia que a opinião dos operários chegasse a seus sindicatos, criando permanente canal de comunicação entre as bases e a direção. Diversamente do que aprendemos nas interpretações que se tornaram dominantes, as lideranças sindicais do PTB e do PCB não formavam uma casta politizada e distante de operários sem consciência. De 1945 a 1964, o sucesso de comunistas e trabalhistas dependeu da proximidade com os trabalhadores e do envolvimento com seus problemas mais imediatos no mundo da fábrica. Uma multiplicidade de militantes intermediários, entre base e cúpula, sustentou o prestígio dos sindicalistas nacionalistas. Os trabalhadores seguiram seus líderes sindicais não pela cantilena doutrinária e ideológica, mas por ideias-força que formavam o ideário nacional-estatista – entre elas a noção de que os operários tinham direitos e deviam lutar para mantê-los e ampliá-los. Onde tudo era explicado por subordinação, as novas pesquisas revelam relações democráticas entre bases e lideranças, e também independência em relação ao governo. Enfim, as novas pesquisas mostram outra classe trabalhadora entre 1945 e 1964. Os antigos ensaios que afirmavam o "sindicalismo populista" não mais se sustentam em termos teóricos e empíricos.

E o que dizer do sistema partidário da época? A ideia de que não havia projetos políticos consistentes, mas luta entre personalidades, ainda é repetida, desconhecendo-se as pesquisas mais atuais. "Entre o populismo dos demagogos e o reformismo nacionalista de 1964 sempre existiram afinidades profundas de conteúdo", disse Francisco Weffort (1980, p.37) pouco mais de trinta anos atrás. Em um Estado como esse, alega, "não há lugar

---

5 Ver, por exemplo, Pessanha; Morel (2000).
6 Entre diversos outros trabalhos, cito F. T. Silva; Costa (1995); e Fontes (1997).

de destaque para as ideologias. Os aspectos decisivos da luta política – as formas de aquisição e preservação do poder – estão vinculados a uma luta entre personalidades" (Weffort, 1980, p.54). Ao mesmo tempo em que personaliza o passado histórico da sociedade brasileira, o autor dilui e, consequentemente, perde a especificidade dos projetos políticos em que esses líderes políticos se manifestaram. Projetos existiam, e a população os reconhecia. Em um lado do espectro político, o nacional-estatismo de trabalhistas e comunistas; de outro, o liberalismo conservador da UDN. Quem votava no PTB sabia o que estava fazendo. Votava pelo nacionalismo, pela reforma agrária, pela manutenção e ampliação dos direitos sociais. Quem votava na UDN também sabia o que estava fazendo. Votava contra o trabalhismo, com sentimento anticomunista, pela abertura do país ao capital estrangeiro e por uma democracia restritiva, particularmente contra o movimento sindical. A identificação do eleitorado com os partidos políticos, algo difícil de construir, mas fácil de ser desmantelada, era algo evidente no período.

Pesquisas diversas também criticam a expressão generalizadora de "populismo" (Capelato, 1998, p.186). Algo que, nos anos 1950, surgiu para definir o ademarismo (Gomes, 2000), na década seguinte serviu para agrupar, sem distinções, personagens de diferentes tradições políticas: líderes trabalhistas, como Vargas, João Goulart e Leonel Brizola, perfilaram-se ao lado de políticos regionais paulistas, como Ademar de Barros e Jânio Quadros; um general anódino, a exemplo de Eurico Dutra; um udenista golpista, como Carlos Lacerda; e uma figura ainda mal estudada como Juscelino Kubitschek. Após 1964, o próprio general-presidente João Figueiredo igualmente entrou no rol, segundo algumas análises (Ferreira, 2000). Mais adiante, Fernando Collor de Mello. Nem mesmo Fernando Henrique Cardoso escapou do insulto, embora o xingamento tenha sido rebatizado com o nome de neopopulismo. Recentemente, o presidente Luiz Inácio Lula da Silva também recebeu de alguns analistas a mesma ofensa.

A tradição que resiste

Com a teoria do populismo, a história política e social brasileira de 1930 a 1964 passou a ser explicada por essa estranha teorização que fala de líderes burgueses de massa, crise de hegemonia das classes dominantes, operários sem consciência, camponeses que vestiram macacão, propaganda política, doutrinação das mentes, corporativismo sindical, cegueira nacionalista dos comunistas e, inclusive, de totalitarismo. Em síntese, uma grande conspiração tramada pelas classes dominantes para manipular, dominar e desvirtuar os proletários de seus caminhos "naturais". A teoria do "populismo" tornou-se, assim, a teoria do equívoco. Todos, sobretudo entre 1945 e 1964, se confundiram, de comunistas a udenistas, de trabalhistas a socialistas, de sindicalistas a camponeses, dos trabalhadores às camadas médias. Só quem estava correto e conseguia enxergar as luzes, mas somente após 1964, claro, foram as esquerdas marxistas-leninistas e os sociólogos que formularam a teoria do "populismo". Portanto, tudo o que ocorreu entre a queda do Estado Novo e o golpe militar de 1964 deveria ser desmerecido, criticado e condenado. Um passado, enfim, lastimável para a história da classe trabalhadora brasileira, digno de ser, merecidamente, golpeado e reprimido pelos militares naquele ano.

Para alguns estudiosos, a exemplo de John French (1995, p.7-8), a geração de intelectuais que viveu o golpe militar de 1964 não se conformou com a facilidade com que o grupo civil-militar tomou o poder. Sentiram-se, com razão, infelicitados pela opressão que passaram a suportar. Angustiados pelo que viviam sob a ditadura, sentiram-se vitimados. Daí o "acerto de contas" da intelectualidade com o passado político brasileiro entre 1930 e 1964. Desse modo, sobretudo os professores universitários forjaram uma vontade coletiva para desmerecer o movimento sindical e suas lutas, os partidos de esquerda e suas estratégias, as organizações populares e suas mobilizações. Todos, trabalhadores e camponeses, sindicalistas e estudantes, oficiais e subalternos nacionalistas das Forças Armadas, por se "iludirem" com o reformismo de trabalhistas e comunistas, teriam contribuído para o desastre de 1964. Para Hélio da Costa et al. (1999, p.91), houve, a partir da segunda metade dos anos 1960, um "enquadramento" da memória dos trabalhadores do período anterior. Tratados como peça da engrenagem do Estado, vitimados pela cooptação dos "populistas" e dominados pela ideologia burguesa, eles foram tidos como seres incapazes de se expressarem como classe. Fernando Teixeira da Silva, por sua vez, afirma que grande parte das análises procurou compreender a luta dos trabalhadores após 1945, ou 1930, de maneira retrospectiva, ou seja, a partir do "colapso do populismo"

(Silva, 1995, p.53). Como o desastre já estaria determinado muito antes de 1964 pelo jogo político inaugurado nas "origens do populismo", caberia ao estudioso tão somente apontar os erros e desvios da classe, todos derivados do "pecado original". Em síntese, é necessário reconhecer: constituímos uma geração que, sentindo-se infelicitada por uma ditadura, culpabilizou, com a ideia de populismo, a geração que nos precedeu. Por suas ilusões nacionalistas ou reformistas, nossos antepassados foram condenados pelo infortúnio que vivemos com o regime político inaugurado pelos militares em 1964.

Vimos que o trabalhismo foi a manifestação histórica no Brasil do nacional-estatismo no plano internacional. Mas trabalhismo e populismo, como diferenciá-los? Seguindo algumas indicações de Angela de Castro Gomes, identifico populismo como uma construção intelectual formulada após 1964. É utilizado como um "fato", um "acontecimento", como "algo que realmente aconteceu" (Gomes, 2002). A expressão insinua a existência de uma classe trabalhadora "passiva", destituída de uma "verdadeira consciência" e por isso "manipulada" por políticos cínicos e mentirosos em um regime carente de sistema partidário consistente. Trabalhismo, por sua vez, surge, historicamente, a partir de 1942, traduzindo um conjunto de ideias, crenças, valores e maneiras de fazer política que passaram a integrar a cultura política no Brasil. Um processo, portanto, histórico. Trata-se, nesse caso, de compreender a classe trabalhadora como sujeito de sua história, com suas escolhas, cuja atuação nos partidos e sindicatos excedia o personalismo. Para a autora, portanto, o trabalhismo surge, historicamente, como uma tradição que integra o universo político brasileiro. Populismo, por sua vez, surge como um mito, como algo para ser acreditado e não discutido, que resiste às chamadas "provas empíricas". Ao lado do mito das três raças e do mito do "país bonito por natureza", populismo surge como uma das construções míticas mais importantes do imaginário social brasileiro. Inúteis são as pesquisas que revelam a fidelidade entre eleitores e seus partidos entre 1945 e 1964; de pouco adianta demonstrar a participação dos trabalhadores na política e os mecanismos de ligação entre as bases e suas lideranças sindicais; de nada valem os esforços de historiadores que chamam a atenção para as relações de continuidade entre o "velho" e o "novo" sindicalismo. Na lógica do mito, vale muito mais a versão do que o trabalho historiográfico. Vale mais a crença do que a evidência. Mais ainda, embora o mito também tenha um poderoso elemento mobilizador, o populismo, estranhamente, anuncia, de maneira pessimista, um destino triste e digno de lamentos: nesta terra, diz Angela de Castro Gomes, há enterrada, no plano político, uma espécie de "caveira de burro". Elites e povo, envolvidos por um pacto perverso, são, ontologicamente, carentes de atributos positivos.

As dificuldades, no entanto, persistem. Alguns tomam as reflexões de Angela e as minhas sobre populismo e trabalhismo de maneira equivocada. Por exemplo, dizer que defendemos a substituição do conceito de populismo pelo de trabalhismo. Em nenhum de nossos textos existe a proposta de substituir um termo pelo outro. Até porque trata-se de um erro. A proposta é utilizar, no dizer dos antropólogos, os termos nativos, ou seja, recorrer a expressões que eram usadas pela própria sociedade brasileira da época. Nesse sentido, Getúlio Vargas e João Goulart eram reconhecidos pelo eleitorado, pela imprensa e por seus opositores como "trabalhistas" por atuarem no Partido Trabalhista Brasileiro. Juscelino Kubitschek e Tancredo Neves, integrantes do Partido Social Democrático, eram chamados de "pessedistas". Carlos Lacerda e Magalhães Pinto, por sua vez, eram denominados de "udenistas" por militarem na União Democrática Nacional. Luís Carlos Prestes era conhecido como comunista. A proposta, portanto, é chamar os trabalhistas de trabalhistas; os pessedistas de pessedistas, os udenistas de udenistas e os comunistas de comunistas, como se fazia na época. É possível, se assim o historiador quiser, chamar a todos de "populistas", embora, com tal operação, se perca a especificidade e a historicidade dos projetos políticos de cada um deles. O que não é possível, porque errado em termos empíricos e teóricos, é chamar a todos de "trabalhistas". Afinal, qualificar Lacerda, Juscelino e Prestes de "trabalhistas" é um erro. Da mesma maneira, o período na História do Brasil inaugurado em 1946 e que se encerra em 1964 é reconhecido como uma República democrática. Pode-se, se assim o historiador preferir, qualificar a experiência como "República populista", embora, com isso, se desmereça a República e a própria democracia. O errado seria definir o período como "República trabalhista". Afinal, Dutra, Juscelino e Jânio não eram trabalhistas. Apenas os governos de Vargas e de Jango poderiam ser chamados assim.

Portanto, pode-se chamar os políticos, os partidos e a própria República de "populistas", se assim o historiador achar melhor. O que não se pode, porque errado, é chamar a todos de "trabalhistas". Desse modo, a proposta sugerida por Angela e por mim é chamar os protagonistas do passado pelos termos que eram utilizados para nomeá-los – fossem eles trabalhistas, pessedistas, udenistas, comunistas, socialistas etc. E não substituir a expressão "populismo" por "trabalhismo", como acusam, de maneira equivoca, algumas leituras.

O trabalhismo e as esquerdas

Mas quem eram os trabalhistas? Inicialmente, eles eram getulistas que não conheceram a experiência autoritária do Estado Novo. A nova geração de trabalhistas que surgiu nos anos 1950, João Goulart *primus inter paris*, interpretou o getulismo, ou seja, o sentimento de gratidão coletiva a um chefe de Estado que procurou dar resoluções à questão social, a partir de três projetos contemporâneos. Ao Leste, eles observaram a experiência social-democrata que avançava na Europa Ocidental, com suas políticas de desenvolvimento econômico, de forte assistencialismo social e de valorização da democracia; ao Oeste, viram os movimentos de esquerda latino-americanos que se espalhavam pelo continente, defendendo a ideia de que somente com a libertação política e econômica dos interesses norte-americanos a América Latina poderia alcançar o efetivo desenvolvimento e o real bem-estar de seus povos. Com o socialismo soviético e suas políticas de planejamento, intervencionismo e dirigismo econômico, eles assistiram aos sucessos alcançados pela União Soviética no campo da industrialização pesada. Assim, interpretando o getulismo pelo prisma das esquerdas europeias, latino-americanas e soviéticas, os petebistas dos anos 1950 "reinventaram" o próprio trabalhismo. Sem abdicar do personalismo, dos métodos centralizadores e, mesmo, do fisiologismo, o PTB, a partir daí, se projetou, nas palavras de Maria Celina D'Araujo, com um discurso voltado para as reformas, com um "papel capital na transformação do sindicato em ator político visível" e na definição de uma política que queria fazer dele "uma fonte de poder". Mais ainda, foi "como partido de 'libertação nacional' que o PTB passou a interpelar o eleitorado nos anos seguintes" (D'Araujo, 1996, p.96). Tratou-se do primeiro partido moderno de massa, popular e reformista do país.

O sucesso que os trabalhistas obtiveram não foi casual e muito menos resultou, como ainda se pensa, da ação maquiavélica da mão esquerda de Vargas. O PTB, participando dos movimentos sociais, das associações de bairro e das lutas sindicais, canalizando demandas operárias e populares, agiu no sentido de "dialogar" com a população, atuando como elemento institucional de interlocução entre Estado e classe trabalhadora. Aliados aos comunistas, os trabalhistas ganharam os sindicatos. Teceram alianças com militares nacionalistas, oficiais e subalternos. Hegemonizaram outras propostas políticas, como o CGT, a UNE, as Frentes Parlamentares, os deputados de outras agremiações, como a "ala moça" do PSD e a "bossa nova" da UND, partidos menores, como o MRT, e o próprio PCB. Atuaram pela via parlamentar e também pela ação direta, mobilizando trabalhadores, sindicalistas e estudantes nas ruas. Tomados por forte sentimento reformista, radicalizaram a ponto de desprezar as instituições democráticas e de ameaçar a ordem econômica e social reinante. Todos, sindicalistas, camponeses, estudantes, trabalhadores e, até mesmo, marinheiros, resolveram insubordinar-se. Ao final, lutando pelas reformas, em especial a agrária, decidiram ir para o confronto. Perderam. Mas quem vai para o confronto pode perder ou ganhar. Como perderam, nós, os professores universitários, resolvemos chamar o processo de radicalização política e social vivido pela sociedade brasileira, os trabalhistas à frente, de *colapso do populismo*.

E o trabalhismo, hoje, onde estará? O trabalhismo, atualmente, perpassa a cultura política das esquerdas brasileiras, sendo um de seus elementos constitutivos. Ele está presente nas exigências de garantia, manutenção e ampliação das leis e dos benefícios sociais; no clamor pela soberania nacional e pelo rompimento com o FMI; na luta pela reforma agrária; na defesa das empresas estatais em setores estratégicos, sobretudo a Petrobras; na tradição da unicidade sindical; nas demandas por educação e saúde públicas de qualidade; nas reivindicações por reajustes salariais que garantam o poder de compra dos trabalhadores; no fortalecimento do Poder Público ante as ambições desmedidas, e muitas vezes espúrias, dos grupos privados; na regulamentação e disciplinamento do mercado; nos programas para desconcentrar a renda; entre outras políticas públicas. Na verdade, descontando temporalidades e conjunturas tão afastadas, as esquerdas brasileiras ainda carregam bandeiras similares às dos trabalhistas do passado.

As elites brasileiras – empresários, políticos, intelectuais, militares, sindicalistas etc. – ainda não conseguiram formular alternativas ao projeto trabalhista que surgiu com Vargas e se consolidou na década de 1950. Discutir Getúlio, o PTB e o trabalhismo, portanto, é refletir sobre que tipo de projeto econômico e social queremos para o Brasil.

A "política do Exército" no primeiro governo Vargas: 1930-1945

Ligia Osório Silva

Questões teóricas sobre o "intervencionismo" e o "profissionalismo" militar em economias "atrasadas"

A grande difusão das ideias de Alexander Gerschenkron expostas no livro *Economic Backwardness in Historical Perspective* [O atraso econômico em perspectiva histórica][1] se deveu não apenas ao que delas se retirava para explicar as industrializações europeias, apesar do reparo que merecem algumas afirmações peremptórias, mas também à generalização dessas ideias para as industrializações retardatárias do Terceiro Mundo.

A tese geral de Gerschenkron é de que um relativo atraso cria uma tensão entre a promessa de desenvolvimento econômico, como aquele alcançado por outros países, e a continuidade da estagnação. Essa tensão toma uma forma política e origina a motivação para a mudança institucional, que, por sua vez, substitui as precondições do crescimento ausentes até então. Quanto maior o grau de atraso, mais intervenção é necessária na economia de mercado para direcionar capital e liderança empresarial para as indústrias nascentes. E, também, maior é a necessidade da adoção de medidas coercitivas e abrangentes para reduzir o consumo doméstico e ajudar a poupança nacional. O atraso também torna provável a ocorrência de outra série de características, tais como a ênfase na produção de bens de produção em vez de bens de consumo e a dependência da tecnologia avançada estrangeira em lugar do uso de técnicas próprias. Enfim, é também menos provável que o setor agrícola constitua um mercado crescente para

---

[1] Edição em espanhol, Gerschenkron (1968, p.15-38).

a indústria que depende em maior grau do aumento da produtividade e do intercâmbio intersetorial para crescer. Esse crescimento desigual implica a participação do Estado.

A noção central da teoria de Gerschenkron é o papel positivo desempenhado pelo atraso econômico relativo na indução do uso sistemático de processos substitutivos para os pré-requisitos do crescimento industrial. A intervenção estatal compensou a falta de capital, de mão de obra especializada e de capacidade tecnológica que existiam nos países sequiosos por se industrializar. A Inglaterra, lugar da Primeira Revolução Industrial, pôde avançar com o livre mercado como guia seguindo os conselhos de Adam Smith. A França, começando logo depois, já precisou de uma maior intervenção para compensar suas limitações.[2] Na Alemanha, a grande inovação foi a formação de grande bancos de investimentos para fornecer o capital para a industrialização, e a Rússia, ainda mais atrasada, necessitou de substantiva intervenção estatal compensatória.

Essa relação estabelecida entre o atraso e a intervenção estatal é que levou à aplicação das ideias de Gerschenkron nos países latino-americanos, aplicação nem sempre justificada. Cardoso de Mello, ao utilizar o conceito de industrialização retardatária, fez questão de distingui-la do conceito produzido por Gerschenkron, argumentando que seu ponto de partida (as economias exportadoras capitalistas nacionais) e seu momento histórico (a era do capitalismo monopolista) configuravam uma situação bastante distinta daquela das industrializações europeias.[3] Entretanto, no aspecto que nos interessa mais de perto, o clima intelectual no qual a industrialização tem lugar, seu "espírito" ou sua ideologia, uma analogia parece possível. Para conseguir romper as barreiras das sociedades tradicionais e para inflamar a imaginação dos homens, fazendo que pusessem suas energias a serviço do desenvolvimento econômico, foi necessário mais do que a promessa de uma melhor distribuição de recursos ou a diminuição do preço dos alimentos. Se na pioneira Inglaterra não foi preciso um reforço idealista para os argumentos racionais em favor da industrialização, as industriali-

---

2 Na França do Segundo Império, os saint-simonistas contribuíram para o clima ideológico favorável à industrialização e penetraram muito além do grupo de referência original, influenciando figuras como Isaac Pereire, o famoso banqueiro da Terceira República e criador do Crédit Mobilier (Gerschenkron, 1968, p.15-38).

3 Ver Cardoso de Mello (1975, p.98).

zações que se seguiram, e especialmente as mais retardatárias, precisaram de um reforço ideológico significativo. O grande alcance do trabalho de Gerschenkron, acreditamos, advém do fato de que suas proposições fundem sistematicamente as ideologias, as instituições e a experiência histórica da industrialização. Essa orientação é valiosa quando se pretende examinar brevemente os trabalhos que analisam as relações entre os militares e o processo de industrialização numa determinada quadra da história brasileira: o primeiro governo Vargas.

Nas obras que analisam do ponto de vista teórico o envolvimento dos militares com a política nas "novas nações" vamos encontrar outras contribuições necessárias a este estudo; nesse campo destacam-se os trabalhos de Morris Janowitz (1964), Samuel Huntington (1969; 1985), Frederick Nunn (1972, p.29-54), John Johnson (1962) e Samuel Edward Finer (1969). Algumas análises tomam a América Latina, ou mesmo o Brasil, como objeto privilegiado de estudo. É o caso de especialistas como Edwin Lieuwen (1961), Victor Alba (1962, p.165-83) e Alfred Stepan (1971), além dos citados John Johnson e Frederick Nunn. De modo geral, esses trabalhos têm como foco o processo de modernização como um todo, detalhando o esforço em prol da industrialização, as mudanças institucionais e o intervencionismo militar.

Em síntese, essas análises partem do fato de que em muitos Estados em fase de organização do chamado Terceiro Mundo, em particular na América Latina, os militares agiram como uma força revolucionária, contribuindo para a desintegração da ordem política tradicional. Nas sociedades latino-americanas que no início do século XX ainda apresentavam um nítido atraso econômico em relação aos países capitalistas desenvolvidos, as Forças Armadas ocupavam um lugar diferenciado na sociedade, que criava áreas de fricção com o agrarismo dos setores tradicionalistas nos quais o ideal nacional ainda não penetrara. Seja para realizar o ideal nacional, seja para fortalecer sua inserção dentro do Estado, frequentemente o envolvimento dos militares com o processo de modernização resultou em intervencionismo, fenômeno bastante controverso pela natureza das suas características.

Se por um lado não é difícil estabelecer as razões do envolvimento dos militares com a necessidade da industrialização, como demonstram os trabalhos que examinaremos a seguir, por outro, a explicação das razões que fizeram que esse envolvimento resvalasse para o militarismo político não são tão evidentes.

No primeiro caso, as ideias convergem. Huntington (1969, p.203), por exemplo, afirma sobre as "nações novas":

> Nessas etapas iniciais da modernização política, os oficiais militares desempenham um papel altamente modernizador e progressivo. Eles desafiam a oligarquia e promovem uma reforma econômica e social, a integração nacional e, em certa medida, a extensão da participação política. Eles atacam o desperdício, o atraso e a corrupção, e introduzem na sociedade ideias da classe média como a eficiência, honestidade e lealdade nacional. Como os empreendedores protestantes da Europa ocidental, os soldados em sociedades reformadoras não ocidentais encampam e promovem um puritanismo que, embora talvez não tão extremo quanto o dos revolucionários radicais, não deixa de ser uma inovação em suas sociedades. Os líderes e grupos militares desempenharam este papel inovador em sociedades maiores e mais complexas da América Latina, no final do século XIX. No Brasil, México e outros países, militares e seus aliados civis adotaram o positivismo como sua filosofia de desenvolvimento.

Finer (1969, p.15) também destaca o papel dos militares como reformadores nas sociedades atrasadas:

> Os exércitos modernos são um microcosmo do Estado, pois eles possuem seus próprios e separados sistemas de abastecimento, suprimento, engenharia, comunicações e até educação. Nas economias primitivas eles podem, portanto, ser ainda mais bem equipados tecnicamente do que o setor civil, e não é de se estranhar que mesmo em sociedades relativamente avançadas como Brasil ou Argentina as Forças Armadas sejam utilizadas para promover a evolução econômica. No Brasil, por exemplo, o exército explora o interior, implementa as estações telegráficas e sem fio, desenvolve colônias agrícolas e ajuda a educar os índios.

Pode-se fazer uma crítica geral à visão um tanto preconceituosa que esses autores manifestam das sociedades tradicionais, em geral, e latino-americanas, em particular, inclusive para justificar as intervenções militares. Por trás do entendimento de "sociedades imaturas",[4] como demonstrou Feres

---

4 A citação reproduzida por Huntington sobre os povos árabes, estendida por ele aos latino-americanos, é ilustrativa: A desconfiança entre os árabes [...] é internalizada cedo dentro do

Jr. (2005) em obra que analisa a construção do conceito de *Latin America* nas obras acadêmicas norte-americanas, está um conceito construído na forma de oposições assimétricas. Cada uma das características atribuídas aos latino-americanos (católicos, indolentes, ignorantes, supersticiosos, incapazes de se esforçar e desprovidos de iniciativa) corresponde univocamente a uma característica positiva da autoimagem norte-americana (protestante, trabalhador, educado, racional, industrioso e provido de espírito de iniciativa); consequentemente, elas ensinam mais sobre o país dos formuladores das teorias do que sobre o objeto pretendido de estudo.[5]

Não obstante a presença eventual desse pressuposto criticável, algumas formulações encontradas nesses autores constituíram pontos de partida proveitosos para os analistas do papel dos militares brasileiros no processo de modernização. É o caso das contribuições sobre o envolvimento dos militares no processo de industrialização na Era Vargas dos brasilianistas Stanley Hilton, Frank McCann Jr. e Shawn Smallman, entre outros, e das observações de Janowitz sobre o *ethos* militar e as características da corporação, aproveitadas nos trabalhos de Edmundo Campos Coelho e José Murilo de Carvalho e que muito nos ensinaram sobre a história do envolvimento militar na política brasileira.[6]

Uma das conclusões incontestadas desses trabalhos é a de que os militares forneceram mão de obra especializada de caráter técnico/administrativo para sociedades em que a educação superior era restrita a poucos e, nesse particular, não faz diferença supor que o choque da corporação com

---

sistema de valores da criança. [...]. Organização, solidariedade e coesão são escassas. [...] O senso público não é desenvolvido e sua consciência social é fraca. A lealdade com o Estado é frágil, e a identificação com os líderes não é forte. Além disso, prevalece um descrédito geral e falta de confiança naqueles que os governam.

5 O papel de John Johnson nos estudos sobre a América Latina também é assinalado: "John Johnson foi o latino-americanista mais importante da Guerra Fria. J. J. trabalhou para o Departamento de Estado americano, na função de chefe do South American Branch da Division of Research for the American Republics, em 1952 e 1953. Em 1958, publicou *Political Change in Latin América*, um livro considerado pelos comentaristas uma das primeiras colaborações à teoria da modernização. Como outros trabalhos produzidos na época sobre modernização, esse livro apresenta uma perspectiva otimista acerca das consequências políticas e econômicas do processo de modernização. No entanto, em lugar de insistir sobre a importância de mudanças estruturais e reformas políticas e econômicas para promover o desenvolvimento econômico, Johnson enfoca o papel dos setores intermediários Latin American como agentes históricos da modernização" (Feres Jr., 2005, p.147-64).

6 Os trabalhos desses autores serão citados ao longo deste artigo.

as estruturas das sociedades tradicionais ocorreu porque os oficiais eram representantes das aspirações das classes médias ou porque fossem produto de um tipo particular de formação – que fazia uso da tecnologia.[7]

Já no segundo caso, como se observa por meio do debate, a questão das relações entre o intervencionismo[8] e a profissionalização das Forças Armadas é bastante controversa, especialmente quando tratamos da América Latina.

A questão do "profissionalismo" militar, por exemplo, é o conceito central de um dos mais importantes estudos sobre intervencionismo militar, o livro de Samuel Huntington, *The Soldier and the State* [O soldado e o Estado]. Nele Huntington defende a ideia de que o "profissionalismo" é o maior antídoto às intervenções políticas dos militares, pois, quanto mais o oficial se torna envolvido nas suas tarefas técnicas, menos ele se envolve em aspectos políticos que não lhe dizem respeito diretamente e, consequentemente, deixa a política para os políticos. Diante das autoridades civis, a atuação da corporação militar se limita à intermediação das demandas dos militares, ao aconselhamento e, finalmente, à execução das decisões tomadas. O "profissionalismo" militar cumpre esse papel porque implica três ingredientes: especialização, responsabilidade social e lealdade corporativa. Os integrantes das modernas Forças Armadas são profissionais porque eles são técnicos na gerência e na organização da violência; são responsáveis perante seu cliente (isto é, o Estado); e têm uma forte tradição corporativa. Mas esse profissionalismo é recente. Antes da Revolução Francesa, os vários corpos de soldados eram ou mercenários que seguiam seu chefe ou nobres que seguiam o rei. Enquanto no começo do século XIX não havia exércitos profissionais, no começo do século XX praticamente não havia exército que não o fosse.

Janowitz (1964, p.1, 27-9) formulou o problema de outro modo e procura as causas da intervenção militar nas características da organização, no seu *ethos* profissional, e nas suas habilidades estruturais, que combinam

---

7 À guisa de exemplo, no primeiro grupo temos Santa Rosa (1976) e Sodré (1979). No segundo grupo, Coelho (1980; 1976) e Carvalho (1982b, p.109-87; 1982a, p.194).

8 Tido pelos especialistas da Ciência Política como sintoma e efeito da decadência da sociedade civil e da classe política, o intervencionismo é "geralmente inconcebível sem um violento conflito de interesses entre os representantes civis dos grupos organizados" (Pasquino, 2000, v.2, p.753).

capacidade de gerenciamento e postura heroica. Mas embora algumas evidências corroborem essas afirmações, outras não o fazem: oficiais com diferentes tipos de habilidades – gerenciais, carismáticas, técnicas e políticas – intervieram na política, outros com as mesmas características, não. A questão que Janowitz se coloca ("Quais características dos estabelecimentos militares das novas nações facilitam o envolvimento destes na política interna?") é, para Huntington, uma falsa questão porque as causas mais importantes das intervenções militares na política não são militares, mas políticas e refletem não as características sociais e organizacionais das corporações militares, mas a estrutura política e institucional da sociedade como um todo (Huntington, 1969, p.193-4).

Já para Finer, a questão de Huntington está mal colocada porque sua explicação depende da definição que damos a "profissionalismo". Como Huntington define este como sendo um corpo de oficiais altamente profissionais, pronto para levar adiante os desejos de qualquer grupo civil ungido pela autoridade legítima dentro do Estado, sua prevalência parece ser a maneira mais segura de isolar os militares da política, pois a lealdade da oficialidade é para com o ideal militar e, sendo motivados pelos ideais militares, serão servos obedientes do Estado e o controle civil estará assegurado.

Entretanto, observa Finer, a existência de muitos corpos de oficiais altamente profissionais que intervieram na política – casos notórios são o alemão e o japonês – problematiza tal tese. Argumentar que esses exércitos não eram completamente profissionais não resolve o problema, na verdade demonstra o ponto fraco da argumentação: a tese de Huntington depende da definição dada ao "profissionalismo militar" e, a partir daí, por dedução, daquilo que se concebe sobre o "pensamento militar". Se os soldados não têm um comportamento condizente com os conceitos de "profissionalismo" e "pensamento militar" definidos anteriormente, então é porque não são suficientemente profissionais. Na realidade, para Finer, a não intervenção dos militares não depende do que entendemos por "profissionalismo" nem por "pensamento militar", mas de um princípio explícito que a corporação tem que respeitar: o princípio da supremacia civil. Para ele, os militares enquanto membros de uma corporação sofrem de duas fraquezas estruturais: a primeira é sua inabilidade técnica para administrar, que só lhes permite fazê-lo em sociedades muito atrasadas; a segunda é sua falta de legitimidade, isto é, a falta de um título moral para governar (Finer, 1969, p.14, 24-6).

A tese de que o intervencionismo militar é derivado da falta de "profissionalismo militar" tem no caso brasileiro seu maior desmentido: aqui, o processo de profissionalização das Forças Armadas não teve por efeito afastar os militares da política. Na realidade, como afirmam alguns analistas, com mais frequência na América Latina "o profissionalismo militar evoluiu para o militarismo profissional".[9]

Neste artigo, vamos examinar algumas teses relativamente difundidas a respeito do processo de profissionalização das Forças Armadas e do intervencionismo militar na política durante o primeiro governo Vargas, avaliando temas largamente discutidos na bibliografia sem pretender fazer mais uma reconstituição histórica dessa complexa relação, mas sim revisar um debate que se desenrola há décadas para tentar uma nova síntese.[10]

A corporação militar contra a "República dos Bacharéis"

No pós-1930 foi comum os revolucionários designarem a República Velha como a "República dos Bacharéis",[11] e a expressão era, sem dúvida, pejorativa. O desprezo pelo direito é característico dos governos pós-revolucionários, afinal, as revoluções são feitas para mudar as leis. O sistema político da Primeira República realmente funcionava num clima de legalidade, mas ao mesmo tempo, no que dizia respeito ao direito público, às eleições, ao reconhecimento de poderes e ao funcionamento dos partidos, os "bacharéis" manipulavam a lei em benefício próprio ou para favorecer amigos e correligionários. Nesse aspecto, as críticas dos integrantes do "novo poder" que se organizou no pós-1930 eram procedentes. Mas a verdade, entretanto, comumente tem duas faces. E os vencedores de 1930, em nome da moralização das eleições, ocultaram tal ambivalência.

---

9 A expressão é de Nunn (1972, p.30).
10 Dispensamo-nos de fazer referência à tese do poder moderador nesta breve discussão teórica por ela já ter sido criticada e comentada em dois trabalhos alentados. Ver Moraes (2001a) e Coelho (1976, p.65-70).
11 "Bacharelismo", além de fazer referência aos bacharéis em Direito, também tinha uma conotação mais geral associada à educação de fundo romântico, ao parasitismo urbano, aos empregados públicos etc. Ver Belo (1976, p.199).

Em razão disso, o conjunto de críticas de caráter liberal, bastante repisadas na historiografia sobre a Revolução de 1930, não parece suficiente para explicar a eclosão do movimento.[12] A "verdade eleitoral" era talvez o calcanhar de Aquiles do sistema, mas não a razão da sua queda. O ciclo autoritário inaugurado em 1930 não permite que se dê muito crédito às convicções liberais dos revolucionários. Há que buscar, portanto, outras razões de insatisfação.

Na opinião de Afonso Arinos de Melo Franco (1955, p.1282), a transição para um regime autoritário já vinha se delineando nos últimos anos da República Velha.[13] A transição começara a se esboçar no governo Arthur Bernardes (1922-1926). Este, ainda segundo Arinos, teria agido como um "ditador", usando os meios legais à sua disposição, pois dispunha de maioria no Congresso, apesar de a "política dos governadores" já se encontrar em crise, sintoma de que as classes dominantes estavam divididas àquela altura. Bernardes chegou mesmo a revisar a Constituição e, de acordo com os críticos da época, prevaleceu sua vontade nos artigos revisados (que enfeixavam mais poderes nas mãos do presidente), episódio anunciador do que viria depois.

Para Arinos, Vargas era o homem certo para operar a transição do superpresidencialismo do decênio 1920-1930 para o antipresidencialismo (Franco, 1955, p.1303). Político da República Velha, Vargas soube tirar vantagem da nova situação desencadeada pela ruptura da coligação Minas Gerais/São Paulo e, não sem dificuldade, conseguiu, ao longo dos anos, forjar um novo equilíbrio entre os estados da federação, em substituição ao antigo, que se tornara obsoleto.

Parece mais seguro dizer que o movimento de 1930 teve motivações diversas que convergiram em determinado momento. Foi, em parte, uma reação ao arbítrio, à violência e à falta de liberdade do governo Bernardes (características agravadas pelo movimento militar dissidente dos tenentes); em parte, foi causado pela insatisfação com o aumento do peso dos

---

12 Para uma visão geral ver Barbosa Lima Sobrinho (1975).
13 "O presidencialismo deveria desabar no Brasil precisamente quando as suas condições de força pareciam chegar ao apogeu: quatriênios de dois homens excepcionalmente vigorosos, Arthur Bernardes e Washington Luís. No fundo não havia contradição nisso. As condições ótimas de aplicação deram ao presidencialismo oportunidade para que ele manifestasse plenamente, não só o que tinha de bom, como o que tinha de mais autenticamente ruim. Os grandes Estados, os fortes presidentes (entre eles Epitácio) encarnavam no decênio 1920-30 os erros fatais, que levaram à ruína o presidencialismo majoritário e fraudulento da Primeira República", Franco (1955, p.1282).

interesses da oligarquia paulista no governo federal,[14] ou, de outro modo, pela insatisfação crescente com o funcionamento do sistema federalista. Por último, foi motivado pela necessidade de aumentar o grau de institucionalização do Estado em vários campos. Das Forças Armadas ao movimento operário, era preciso aumentar a capacidade de o Estado lidar com as questões afloradas após a Primeira Guerra Mundial.[15] Era preciso mudar o regime para preservar o Estado. Era preciso modificar o federalismo tal como ele se expressava na Constituição de 1891 porque, sem essas mudanças, a continuidade do desenvolvimento capitalista da sociedade brasileira estaria comprometida.

Esse conjunto de problemas envolvia de modo diverso os vários grupos heterogêneos. A "política dos governadores" tornou-se um problema quando Minas Gerais, que se sentira preterida ao longo do governo Washington Luís (entre outras situações, no caso da polêmica em torno da introdução da siderurgia e da exportação de minérios), abandonou seu aliado tradicional e seu candidato, Júlio Prestes, unindo-se ao Rio Grande do Sul a favor da candidatura de Vargas. Mas esses dois grandes Estados (e seus aliados) não conseguiram vencer o adversário: São Paulo e seus aliados (Norte e Nordeste, sem a Paraíba). São Paulo, por sua vez, embora ganhando a eleição, enfrentava a dissensão nas suas fileiras com a fundação do Partido Democrático, o que enfraquecia o "bloco no poder". Por outro lado, a derrota eleitoral só deixou a Minas a saída de apoiar o movimento revolucionário, que uma vez desencadeado relegou-a ao papel de "sócia menor" da coligação, ao mesmo tempo que alçava o Exército, ao lado dos políticos do Rio Grande do Sul com Getúlio à frente, à posição de protagonista central. Em consequência, apesar da participação dos militares na história política brasileira remontar à Proclamação da República, sua presença no cenário político ganhou, com a sublevação e a mudança de regime, uma projeção incomparável.

---

14 Segundo Franco (1955, p.1280), em 1927, "sentia-se a desagregação dos antigos Partidos Republicanos, o declínio de Minas e os primórdios da revolução".

15 "A etapa que vai da guerra de 14 até a Revolução de 30, passando pelos governos de Epitácio, Bernardes e Washington Luís não pode mais ser comparada com a que surge com a Proclamação de 1889, porque nessa segunda fase, aparece um novo fator e este serve para delinear nitidamente a modificação de nossa política. Esse fator se chama questão social" (Besouchet, [s.d.], p.47).

Isso nos leva à questão de saber quais eram as razões dos militares para participarem do conflito e o que os opunha verdadeiramente à República Velha.

As revoltas tenentistas de 1922 e 1924 haviam deixado entrever que a insatisfação das Forças Armadas com a coligação que sustentava a República Velha ia além da crítica liberal de desrespeito à verdade eleitoral; na verdade, essa insatisfação abrangia dois aspectos bastante distintos da vida militar. Por um lado, atingia o âmago da instituição, dizendo respeito diretamente à forma de inserção dos militares no Estado e à sua capacidade de exercer as funções que lhes eram próprias (a defesa da soberania e o monopólio da violência).[16] Em segundo lugar, derivava de uma crítica à sociedade brasileira que operava uma dicotomia entre a corporação militar e a sociedade. Do ponto de vista da corporação, essa dicotomia se expressava pela fórmula: o Exército (e a Marinha)[17] era a única força nacional do país.[18] Sua missão era retirar o Brasil do atraso no qual o particularismo das elites agrárias regionalistas o mantinha.

Esses dois aspectos aparecem formulados e debatidos já no primeiro número da revista *A Defesa Nacional*.[19] O conteúdo da revista revela que os oficiais se viam naquele momento como uma elite por formarem um corpo profissional moldado em anos de treinamento e estudo militar padrão. Mas, ao mesmo tempo, identificava na sociedade a persistência de forças centrífugas, impedindo as Forças Armadas de exercerem apropriadamente suas funções precípuas de defesa da soberania nacional. A existência da Guarda Nacional (e mais tarde das forças públicas estaduais) era um desafio permanente ao monopólio da violência que teoricamente devia ser da corporação militar. A revista voltava toda a atenção à questão da modernização, neces-

---

16 A Guarda Nacional, força organizada dos latifundiários, foi dissolvida em 1918, mas nem assim as Forças Armadas passaram a ter o monopólio da violência, pois as Forças Públicas dos estados, em alguns casos, eram mais bem equipadas do que o Exército nacional, e eram a base de sustentação das oligarquias estaduais.
17 O Exército, sendo a Arma dominante (nessa época seu efetivo era cerca de dez vezes maior que os efetivos da Marinha), traçou e difundiu as diretrizes das reformas destinadas ao conjunto da corporação; quando foi criada, a Força Aérea era uma Arma do Exército, como a cavalaria ou a infantaria. O termo forças armadas é empregado para designar o conjunto e se refere aos valores militares que dão sentido comum à corporação.
18 Até que ponto a afirmação de que o Exército era a única força organizada de caráter nacional era verdadeira (por que não a Magistratura)? Nunn não considera importante responder a essa questão. Para ele, o importante é que os militares acreditavam nisso.
19 *A Defesa Nacional*, n.1, 10 out. 1913; o editor era o tenente Bertoldo Klinger.

sária para superar essas deficiências que eram acarretadas em larga medida pelas forças centrífugas que operavam contra o Estado nacional moderno e, portanto, centralizado. O "coronelismo" era também a expressão do particularismo ainda dominante na vida rural, símbolo do atraso em que estava mergulhado o campo brasileiro.

Muitos analistas concordam com o diagnóstico do pensamento militar dos anos 1920, mas Nunn tem uma visão crítica sobre a situação e afirma que, na realidade, não havia uma dicotomia entre as Forças Armadas e o resto da sociedade, ambas eram fracamente estruturadas. O oficial do Exército podia ser visto como um microcosmo da frustração socioeconômica dos brasileiros.[20] Além disso, os militares não eram os únicos a defender a modernização do Estado brasileiro. Depois da Primeira Guerra Mundial, o governo brasileiro começou um extenso programa de reformas nas Forças Armadas, que teve como ponto alto a vinda da Missão Francesa em 1919, cuja influência no pensamento militar marcou a década de 1920 e 1930.

Todos os analistas são concordes em afirmar que o pensamento dos "jovens turcos", expresso na revista, influenciou a nova geração da oficialidade brasileira. O movimento tenentista foi, portanto, resultado de uma tomada de consciência que, embora não exclusivamente militar, provocou nos oficiais de baixa patente uma urgência pelas reformas que os integrantes dos altos postos do Estado não compartilhavam. Os tenentes lutaram contra a República Velha motivados por reivindicações corporativas (melhores equipamentos e salários, progressão meritocrática na carreira, monopólio da violência para as Forças Armadas etc.) e por razões políticas.

Nas divergências que opunham a jovem oficialidade ao regime da Primeira República, dois aspectos devem ser destacados. O primeiro é que, embora profundas essas divergências, elas não extrapolavam o campo político, como se pode comprovar no completo desinteresse que demonstraram em relação à polêmica em torno da instalação da indústria siderúrgica e do contrato da Itabira Iron durante o governo Bernardes. O nacionalismo econômico não tinha ainda sido abraçado pelos militares e não há nenhuma evidência significativa de que nesse período as Forças Armadas se preocupassem com as implicações da cessão a outros países de recursos naturais

---

20 Dentre os que concordam com a visão de que os militares eram a única força organizada da sociedade, ver McCann (2007, p.19) e Nunn (1972, p.39).

esgotáveis ou a concessão de monopólios para firmas estrangeiras de companhias destinadas a explorar os serviços públicos.[21]

O segundo aspecto é que o movimento tenentista era uma cisão horizontal no interior da corporação e, embora tenha contribuído para a queda do antigo regime, não era um movimento homogêneo do ponto de vista político-ideológico como se encontra amplamente estabelecido na bibliografia.[22] Foi o caráter amplo da Revolução de 1930 e a figura conciliadora de Vargas que fizeram que os tenentes e a alta hierarquia militar estivessem juntos no movimento revolucionário.

Vargas e as Forças Armadas I: as revoltas

No pós-1930, os tenentes passaram ao primeiro plano do cenário político nacional e, apesar das divergências quanto ao peso que tiveram nos rumos políticos do período, sua presença no governo, na burocracia, como interventores estaduais etc. é um fato,[23] e dizem respeito às relações do movimento tenentista com o varguismo na política nacional. Aqui priorizamos a relação de Vargas com os militares enquanto membros da corporação chamada a intervir inúmeras vezes ao longo dos quinze anos em que esteve no poder.

O caráter da relação de Vargas com os militares no pós-1930 foi determinado em larga medida pela situação pós-revolucionária imediata. Vargas encarava os tenentes com desconfiança, por considerá-los o único grupo capaz de ofuscá-lo naquele momento. Por isso o comando do Exército revolucionário em 1930 foi confiado ao legalista e politicamente ambicioso Góes Monteiro. Por outro lado, a Junta Governativa integrada por oficiais tradicionalistas[24] não o ameaçava. A deposição de Washington Luís

---

21 Segundo J. Q. de Moraes (1982, p.384-5), o que caracterizava o comportamento das Forças Armadas diante do poder civil durante a Primeira República era, de um lado a falta de unidade frente aos conflitos entre frações e setores da classe dominante e, de outro, sua unidade cada vez que a questão era reprimir as revoltas camponesas (Canudos, 1896-1897; Contestado, 1912-1916).
22 O pluralismo e a indefinição ideológica do movimento tenentista eram características deste, como apontam, entre outros, Fausto (1983).
23 Silva (1966) e Prestes (1999) possuem, por exemplo, interpretações distintas.
24 Tradicionalistas eram aqueles oficiais que foram contrários ao movimento tenentista (às vezes combatendo contra eles) e aderiram ao movimento revolucionário ou ao regime de 1930.

pela Junta contrabalançou o peso da participação tenentista na Revolução. Durante as disputas internas no novo regime, Vargas se aliou ora a facções tenentistas, ora aos militares e civis mais tradicionalistas. A depuração sistemática da hierarquia militar e a promoção dos tenentes para todos os postos-chaves do Exército não foi considerada nem necessária nem desejável. O esquema militar de Vargas, portanto, nos primeiros anos do seu governo estava baseado num pacto com os generais oportunistas da Junta Governativa – Leite de Castro (escolhido para ministro da Guerra), Mena Barreto, Pantaleão Pessoa, Firmino Borba e outros. Esses elementos funcionaram como um amortecedor contra a pressão vinda de baixo, dos tenentes. Os generais tradicionalistas continuaram ocupando os cargos de comando, causando insatisfação especialmente por ocasião das promoções, e apesar de serem taxados de oportunistas pelos revolucionários. Na ocasião em que Góes Monteiro foi promovido, logo após a Revolução, todos os outros integrantes da lista de promoção eram legalistas (tradicionalistas). É interessante observar como os oficiais promovidos foram indicados: dois escolhidos pelo general Tasso Fragoso (chefe do Estado-Maior), dois pelo general Leite de Castro (ministro da Guerra), dois pelo general Firmino Borba (comandante da 1ª Região Militar) e dois (sendo um deles Góes Monteiro) por Vargas.

Essa situação só mudou quando a Revolução Constitucionalista de 1932 revelou quão fraca era a lealdade desse estrato militar ao Governo Provisório. A crise foi na verdade precipitada pelo ato de insubordinação do general Bertoldo Klinger, o arquiteto da Junta Governativa de 1930, e subsequentemente comandante do Exército do Mato Grosso. A abertura das hostilidades entre São Paulo e o governo federal levou à renúncia do chefe do Estado-Maior, Tasso Fragoso, e do chefe da Casa Militar, João Johnson, e à prisão dos generais Firmino Borba (comandante da 4ª Região Militar sediada em Juiz de Fora, MG), Pantaleão Teles e Mascarenhas de Morais por terem conspirado com os rebeldes. Nessa emergência, Vargas não teve outro jeito senão apelar novamente para Góes Monteiro, nomeando-o para o Comando Supremo das Forças Armadas, para debelar a rebelião, apesar de que ele também estivera em contato com os conspiradores. Na ocasião ficou claro o risco que Vargas correra ao confiar os altos cargos da burocracia aos oficiais tradicionalistas para enfraquecer os tenentes. Após a pacificação de São Paulo, Vargas escolheu Góes Monteiro para o Ministério da Guerra (depois de promovê-lo a general de divisão, posto mais elevado da hierarquia militar naquela época, assim como a seu mais próximo colaborador Mariante). Mas Góes Monteiro não contava com o apoio de toda a oficialidade e, em maio de 1935, foi forçado a sair por uma série de pressões. A escolha do novo ministro (general João Gomes) mostra que Vargas ainda temia os tenentes. Gomes era um lídimo representante dos oficiais tradicionalistas no Exército, com uma história de hostilidade ao tenentismo em todas as suas manifestações. Tinha sido comandante da Vila Militar sob Washington Luís, e advogara insistentemente a expulsão dos elementos indesejáveis das Forças Armadas para garantir a segurança do regime. Enquanto comandante da 1ª Região Militar (sediada no Rio de Janeiro), denunciou publicamente o ataque do Clube 3 de Outubro ao *Diário Carioca* em fevereiro de 1932, apesar de Leite de Castro, ministro da Guerra, estar protegendo os oficiais responsáveis. Durante a Revolução Constitucionalista recusou-se a comandar tropas contra São Paulo, e era notório que havia discutido a revolta com os chefes da conspiração (Euclydes Figueiredo e Julio de Mesquita). Apesar disso tudo, Vargas aceitou a indicação de Armando Salles de Oliveira e fez de João Gomes seu ministro da Guerra. Por um lado, a escolha refletia a crise política do ano de 1935, quando o crescimento da Aliança Nacional Libertadora (ANL) estava ameaçando as classes dominantes que serraram fileiras contra a Aliança e contra Prestes, seu líder mais visado. Com apenas dois meses de funcionamento, a ANL já possuía sedes na maioria dos estados e só no Distrito Federal inscreveram-se 50 mil pessoas. Dentre os membros desse vigoroso movimento de massas antifascista havia nomes de projeção do tenentismo, como Miguel Costa, João Cabanas e Hercolino Cascardo. Segundo o historiador Hélio Silva, dentro da ANL conviviam as mais diferentes tendências: comunistas, socialistas, católicas, positivistas, democratas etc. (Silva, 1969, p.116-27). Quando, em julho de 1935, Vargas colocou o movimento da ANL na ilegalidade, o Partido Comunista caminhou para a conspiração militar.[25] Por outro lado, reafirmava a relutância de Vargas em dar postos de comando aos oficiais da Revolução de Outubro.

---

25 Apesar das evidências em contrário, alguns analistas persistem em afirmar que a chamada Intentona Comunista foi uma iniciativa gerada em Moscou, como recentemente McCann (2007, p.474, 489). Moraes (1994, p.156-8) discute e critica versões anteriores dessa tese.

Em 1936, entretanto, Gomes se tornou um obstáculo aos planos de Getúlio para a instauração de uma ditadura. Ele se opôs à intervenção no Rio Grande do Sul e se recusou a considerar a hipótese de cancelar as eleições. Por isso foi substituído e o novo ministro da Guerra escolhido foi Eurico Gaspar Dutra, que tinha sido contrário à Revolução de Outubro, mas demonstrara total lealdade ao governo federal por ocasião da Revolução Constitucionalista e pareceu a Vargas ser o ministro ideal porque encarnava a unidade da corporação e não o radicalismo tenentista. Por muitos motivos, Dutra preencheu as expectativas do ex-presidente, mas, mais uma vez, sua adesão ao projeto de introdução de um regime autoritário – e a da grande maioria da oficialidade unificada pelos expurgos e pelas reformas de Góes Monteiro – não significou que os militares estivessem a reboque da política getulista. A corporação tinha sua própria agenda, como ficara claro nos anos subsequentes.

Quando, em 1937, o Estado Novo[26] foi instituído, o esquema militar funcionou muito bem. Não houve resistência séria ao golpe de 1937, o que desvendou o quanto os tenentes tinham ficado marginalizados. Eduardo Gomes, o decano dos tenentes ainda na ativa, foi considerado não confiável por Vargas, apesar do seu papel na repressão à Insurreição Comunista de 1935. Seu quartel foi cercado pelas tropas da Vila Militar em 10 de novembro e ele resignou em protesto. Juracy Magalhães denunciou o Estado Novo da Bahia e foi removido do governo. Virgílio de Melo Franco já estava na oposição. José Américo, que teria sido o provável vencedor das eleições (canceladas), foi a principal vítima política do *putsch*. Oswaldo Aranha renunciou ao seu posto na Embaixada de Washington e só voltou a ficar em evidência no governo em 1939, durante a Guerra, quando ocupou o posto de ministro das Relações Exteriores. O Estado Novo registrou, portanto, o declínio da influência tenentista na forma civil ou militar, sem que Vargas tivesse alcançado um real domínio das Forças Armadas, apesar do desgaste político dos tenentes e dos militares tradicionalistas.

Que Getúlio não gozava da confiança absoluta do Exército parece óbvio ao se considerar o ocorrido durante a crise de 1938, quando a Ação

---

26 As várias faces do Estado Novo – fascista, autoritária, populista, paternalista e desenvolvimentista – foram contempladas no livro de Fonseca (1989), especialmente o capítulo 5, páginas 249 a 328.

Integralista Brasileira foi colocada na ilegalidade e seus líderes descontentes com o caráter do regime instaurado pela quarta Carta Constitucional brasileira, inspirada na *Carta del Lavoro* e na Constituição polonesa (por isso, a "Polaca"), tentaram assaltar o poder. A instauração do Estado Novo esvaziara o movimento integralista de massa. Apesar dos integralistas tentarem contatos com os liberais, os integrantes da revolta eram fundamentalmente oficiais militares, como os generais Castro Júnior e Guedes da Fontoura e os tenentes Severo Fournier e Otávio Mangabeira.[27] Os integralistas desencadearam um assalto ao Palácio do Catete, no Rio de Janeiro (residência e sede da Presidência da República), com o objetivo de assassinar Getúlio e tomar o poder. Durante o assalto, o Palácio ficou isolado por várias horas e nenhuma unidade militar veio defender o presidente, apesar dos seus assessores próximos clamarem desesperadamente pela ajuda do Exército e da polícia. Os generais Dutra, Góes Monteiro, Canrobert Pereira da Costa, Cordeiro de Farias e Felinto Muller deixaram o tempo passar para ver quem venceria a luta. Essa atitude parece confirmar a hipótese de que Vargas estava longe de ter o apoio irrestrito do Exército. Vencidos, os revoltosos foram duramente reprimidos.[28] A vitória sobre os integralistas aumentou novamente o prestígio de Vargas e um novo acordo foi posto em prática entre o governo e os militares que, na prática, funcionou até o fim do primeiro governo Vargas, tendo a Segunda Guerra Mundial como novo momento de inflexão.

As reformas de Góes Monteiro e a missão do Exército

Góes Monteiro foi um personagem decisivo dos anos 1930 no que concerne tanto aos assuntos militares como à política no sentido mais amplo. Foi descrito como oportunista, inteligente e ambicioso e, quando chamado de revolucionário, o epíteto se refere à sua participação na Revolução de Outubro e não à sua adesão a uma crítica radical da República Velha. Durante o governo Washington Luís (1926-1930), ele fora um servidor

---

27 Embora a Ação Integralista Brasileira (AIB) tivesse um caráter de movimento de massa, o caráter putschista do golpe de 1938 não costuma ser questionado pela bibliografia. Sobre as relações da AIB com a Itália fascista, ver Seitenfus (1984, p.503-34).
28 Presos lado a lado com os comunistas foram quase tão maltratados quanto estes.

leal, tendo sido parcialmente responsável pela derrota da Coluna Prestes (combateu-a utilizando jagunços a soldo dos fazendeiros na Bahia) (McCann, 2007, p.358). Segundo Quartim de Moraes (1994, p.131), "aliou-se ao tenentismo sem assumir-lhe o espírito" e seu "partido não foi nem o getulismo nem o tenentismo, mas o corporativismo militar". Dada a sua inserção no aparelho militar, Góes Monteiro assegurou-se de que não haveria depuração nem punição no interior das Forças Armadas no imediato pós-1930 e, quando após a Revolução de 1932 foi obrigado a fazê-lo, limitou-se ao essencial (McCann, 2007, p.425). Seu objetivo era a busca da unidade dentro da corporação para que a missão política do Exército se cumprisse; o sucesso do comportamento de Góes Monteiro inspirou alguns oficiais superiores na história posterior e teve implicações duradouras no comportamento da instituição. Há consenso entre os analistas, por exemplo, de que houve uma mudança radical no caráter do intervencionismo militar a partir de 1930: a rebelião dos escalões mais baixos na hierarquia (como a revolta dos tenentes) não ocorreria mais; os militares participariam cada vez mais na vida política, mas dentro da hierarquia militar. Assim ocorreu nos golpes de 1937, 1945 e 1964. Há também consenso de que a raiz dessa mudança está nas reformas comandadas no aparelho militar por Góes Monteiro.[29]

Estas visavam a um triplo objetivo: (a) introduzir nas Forças Armadas o sentido do interesse corporativo, portanto da sua especificidade institucional, de modo que ela não se pusesse mais a serviço das facções políticas em conflito, e não desempenhasse a função de uma "força pretoriana" ou "miliciana"; para tanto, o "monopólio das funções bélicas do poder estatal" (Moraes, 1994, p.130) era indispensável; (b) transformar as Forças Armadas, "órgão essencialmente político", num instrumento de uma doutrina global de defesa nacional, tanto no plano interno como externo, levando em conta todos os dados da vida econômica, social, política e cultural do país; e (c) criar as bases econômicas da defesa nacional por meio do desenvolvimento industrial; a consciência do papel estratégico da tecnologia tornou-se dominante nas Forças Armadas.

---

29 Para Campos Coelho (1980, p.251), sob a liderança de Góes Monteiro, as Forças Armadas transitaram na década de 1930 da forma *organização* (cujo valor é instrumental) para a forma *instituição* (que tem valor em si mesma). Em seu livro *Em busca de identidade* (1976), o assunto é exaustivamente analisado.

Na realidade, as ideias de Góes Monteiro não eram somente para o Exército, constituíam um projeto para a nação (Coutinho, 1956). Seu pensamento convergia com o daqueles autores da década de 1920 que mobilizaram os recursos da sociologia da época para demonstrar a inviabilidade da democracia liberal no Brasil. Suas ideias não eram originais e podem ser retraçadas em autores como Alberto Torres, Azevedo Amaral e Oliveira Vianna.[30] A influência do pensamento autoritário foi grande durante toda a década de 1930. De acordo com essa linha de pensamento, Góes Monteiro considerava que os dois maiores culpados pelos problemas brasileiros eram o federalismo e o regime liberal-democrático. O federalismo porque sobrepunha os interesses regionais ao interesse nacional. E o regime liberal democrático porque as eleições eram um engodo, já que o povo e as elites, no Brasil, não formavam uma nação. Para dar continuidade ao processo de reforma do Estado iniciado pela Revolução de 1930 e alcançar os objetivos maiores – substituição dos particularismos, soerguimento nacional etc. – era preciso fazer a reorganização do Exército e da sociedade, reforçando a centralização do Estado.

Não propunha propriamente a militarização da sociedade, mas sim que esta devia ser organizada de modo a responder aos objetivos militares, isto é, visando à preparação e ao apoio à guerra. Essa visão do lugar da corporação na sociedade celebrizou-se no famoso dístico "não deve haver política *no* Exército e sim a política *do* Exército" (ver Moraes, 1994, p.133). A política *do* Exército era promover uma organização social que possibilitasse a maior eficiência possível na busca do desenvolvimento e da mobilização para a Segurança Nacional.[31] Como bem argumentou Murilo de Carvalho (1982b, p.141-2), Góes Monteiro projetava para a sociedade as características que considerava fundamentais para o Exército, isto é, a ausência de facções, a unidade de pensamento e de ação e acreditava que só se acabaria

---

30 Sobre o projeto autoritário, ver a excelente análise de Ricardo Silva (2004).
31 "A política do exército é a preparação para a guerra, e esta preparação interessa e envolve todas as manifestações e atividades da vida nacional, no campo material – no que se refere à economia, à produção e aos recursos de toda natureza – e no campo moral, sobretudo no que concerne à educação do povo e à formação de uma mentalidade que sobreponha a tudo os interesses da pátria, suprimindo, quanto possível, o individualismo ou qualquer outra espécie de particularismo" (Góes Monteiro, [s.d.], p.163).

com as dissensões dentro das Forças Armadas quando se suprimisse a divisão na sociedade.

O fortalecimento do Estado e da economia, como forma de garantir a unidade e a independência da nação, a crítica ao liberalismo e ao comunismo (implícita ou explícita), a defesa da centralização e a crítica do federalismo, no qual entendiam estar assentado o poder das oligarquias, todas essas ideias eram ventiladas pelos autoritários e se encontram nos escritos de Góes Monteiro. As ideias deste convergiam de modo significativo com as do próprio Vargas, conforme é possível comprovar por meio dos escritos de ambos.[32]

Ter um posicionamento a respeito da economia foi parte das mudanças introduzidas na instituição, e com especial destaque durante o Estado Novo. O clima tenso do cenário internacional e a certeza de que outro conflito mundial se desenhava no horizonte trouxeram mudanças no pensamento estratégico brasileiro. Até essa época todos os planos de defesa do Brasil estavam centrados na eventualidade de uma agressão argentina e os aumentos nas despesas desse país com seu aparelhamento estratégico eram acompanhados com extrema preocupação. Mas as mudanças características dos anos 1930, o indisfarçável militarismo que dominava a política mundial, levaram os militares brasileiros a reformular sua estratégia. O Brasil precisava se preparar para qualquer eventualidade e não podia correr o risco de se transformar numa "Mongólia americana" (Hilton, 1973, p.89). As potenciais fontes de agressão estavam agora no mundo todo. Da Europa vinha a ameaça das políticas de anexações territoriais da Itália e Alemanha; da Ásia, a política agressiva do Japão; da América do Sul, havia desconfiança quanto aos vizinhos Peru, Bolívia e Argentina; e da América do Norte temia-se a satelização econômica.

A polarização da política no cenário interno, marcado pela Revolução Constitucionalista de 1932, pela Intentona Comunista de 1935 e pelo *putsch* integralista de 1938, era outra motivação para que os militares quisessem reforçar a capacidade de resposta do Estado, ameaçado pela esquerda e pela direita organizadas e acossado pelos liberais.

---

32 Sobre o pensamento de Vargas nesse e no período subsequente, ver Fonseca (1989, p.147-248). Sobre Góes Monteiro ver Coutinho (1956), além do próprio Góes Monteiro (s.d.).

Havia a convicção de que a capacidade de defesa do Estado brasileiro estava comprometida pela ausência de uma infraestrutura condizente com as necessidades do mundo moderno. Necessitávamos de um parque industrial, de uma rede viária e de capital para explorar as riquezas do território e poder, assim, contarmos com nossas próprias forças num mundo cada vez menos amigável e mais competitivo.

Dada sua preocupação com a defesa nacional, Góes Monteiro não poupava críticas às Forças Armadas. Apontava as três frentes nas quais o Exército estava desorganizado: material, tropa e chefe (Góes Monteiro, [s.d.]).[33] O material era inadequado, insuficiente e impróprio para as necessidades do país. Faltavam indústrias que fornecessem material adequado. A tropa era insuficiente quanto ao número e mal enquadrada, mal preparada e desaparelhada na aptidão ao combate; os chefes ineptos, mal formados e incapazes de cooperação.[34]

Era preciso enfocar a questão da deficiência no equipamento militar (suprimento do material bélico, munições, viaturas, material de transmissões, construção de quartéis, depósitos etc.) e a preparação do pessoal, isto é, dos diferentes quadros do Exército para atuar nas áreas de tropas, serviços e reserva. Essa preparação devia envolver da alta administração ao mais simples integrante da tropa. O Exército moderno, acreditava Góes Monteiro, repousava em bases políticas fixas para ser o instrumento de força da nação e dispor de órgãos técnicos capazes de enquadrar a nação no caso de guerra. Para isso era preciso definir uma "política de guerra" ou "doutrina de guerra".

Cabe entretanto fazer a ressalva de que o entusiasmo das Forças Armadas pela tecnologia e pela industrialização no imediato pós-1930 não era resultado de nenhuma expectativa de que a industrialização ia tornar, no curto prazo, o Brasil independente em relação ao aprovisionamento externo em material bélico, razão apontada hoje em dia para o apoio à indústria bélica. A urgência era "reaparelhar" para enfrentar os novos desafios e cumprir a missão precípua das Forças Armadas.

Assim os militares, que estavam próximos dos centros de decisão entre 1930 e 1945, apoiaram as medidas de Vargas que tinham por objetivo,

---

33 As análises se referem ao Exército. A Marinha é raramente mencionada nos escritos de Góes Monteiro. Mas as reformas são pensadas para o conjunto da corporação.

34 Os efetivos militares cresceram muito no intervalo 1930-1944, passando de 47.997 a 171.300 entre oficiais e praças. Cf. Carvalho (1982b, p.136).

entre outras coisas, a pacificação interna que só seria alcançada com uma política que contentasse os principais setores produtivos da sociedade. Em 1934, por exemplo, o fator militar ainda não era o mais importante. Vargas estava angariando apoio civil, agradando aos exportadores: cafeicultores, plantadores de algodão, de tabaco, criadores etc. A pacificação de São Paulo depois da Revolução Constitucionalista tinha prioridade. Assim, o estímulo às exportações era um importante meio de angariar o suporte das oligarquias estaduais. Até 1936, os militares pressionavam para a compra de material bélico e não pela fabricação dos armamentos. Para fabricar seria preciso expandir a capacidade siderúrgica brasileira e isso, como Vargas e os militares sabiam, não era possível no curto prazo. Como a preocupação de curto prazo era o "reaparelhamento" das Forças Armadas, apoiar a política de Vargas de estímulo à exportação parecia ser a via apropriada. Um estudo da Fiesp (1948) para os anos 1935-1937 mostrou que 90% das importações do período eram matérias-primas para as indústrias, combustível e maquinaria.

Por outro lado, se abordarmos a questão do ângulo dos quinze anos de varguismo, os efeitos da política econômica foram decisivos para a estrutura produtiva do país. Essa política econômica e seu papel na história da industrialização já foi bastante analisada e seus efeitos marcantes na estrutura da sociedade brasileira não estão em questão.[35] Outro debate é se o processo de industrialização se deveu à pressão dos militares ou foi um objetivo do ex-presidente, o que não parece possível avaliar com certeza, uma vez que a própria existência de um projeto nacionalista de desenvolvimento para o governo Vargas é objeto de discussão. Para alguns, se à época do início do Estado Novo começava-se a vislumbrar um caminho nacional para o desenvolvimento, não se encontra nesse período um projeto acabado, mas uma estratégia voltada para a indústria (Corsi, 2000, p.78-9); para outros, a questão se coloca mais em termos de caracterizar a política de Vargas de 1930 a 1945 como sendo a expressão de novas relações entre Estado e classes sociais urbanas, significando, por um lado, conquista de espaço para o empresariado industrial e, por outro, a subordinação do movimento sindi-

---

35 Desde as obras pioneiras de Celso Furtado ([1959] 1989) e Maria da Conceição Tavares ([1963] 1972a), passando pela nova periodização de João Manuel Cardoso de Mello ([1975] 1987, p.110) (a industrialização restringida que caracteriza a fase 1933-1955), às contribuições mais recentes como Bastos (2001).

cal-operário ao corporativismo estatal (ver Fonseca, 1989, especialmente a conclusão do capítulo 5, p.321-28). De todo modo, o resultado do processo foi especialmente importante para a continuidade de desenvolvimento do capitalismo.

Nesse contexto o que cabe destacar é que as iniciativas do governo foram sustentadas pelos militares: da política trabalhista à política cambial, que passou a beneficiar a indústria, passando pelos órgãos burocráticos criados para dar mais eficiência ao intervencionismo estatal,[36] os militares foram cúmplices de Vargas. No cenário internacional recessivo dos anos 1930, apoiaram também a dinamização das relações comerciais entre o Brasil e a Alemanha (inclusive para comprar armamentos), estimulados pelos marcos de compensação do dr. Schacht (cf. Martins, 1976, p.246; Hilton, 1986, p.294-300; entre outros). Em consequência, se levarmos em consideração a mentalidade da época, parece um tanto anacrônica a afirmação categórica de Hilton (1973) de que os militares não eram nacionalistas no início dos anos 1930 e não tiveram um papel tão central na industrialização quanto comumente se presume, e que todo o crédito deve ser dado a Vargas. O que se entendia por nacionalismo na década de 1930 não era o mesmo que na década de 1950, quando o desenvolvimentismo econômico dominava o ideário nacionalista (Hilton, 1973, passim).[37]

Mais justificada parece ser a observação de Luciano Martins (1973) de que no longo processo político de negociação para construção da usina de Volta Redonda, os militares desempenharam um papel secundário

---

36 Durante a década de 1930 e a primeira metade da década de 1940 foram criados órgãos de planejamento ligados ao governo central: Conselho Federal de Comércio Exterior (CFCE – 1934), Instituto Brasileiro de Geografia e Estatística (IBGE – 1934), Conselho Técnico de Economia e Finanças (CTEF – 1937), Conselho Nacional do Petróleo (CNP – 1938), Coordenação de Mobilização Econômica (CME – 1942), Conselho Nacional de Política Industrial e Comercial (CNPIC – 1944) e Comissão de Planejamento Econômico (CPE – 1944), subordinado ao Conselho de Segurança Nacional com a função de estudar as atividades econômicas em geral; órgãos setoriais com o objetivo de regular a produção, fixar cotas e estabelecer equilíbrio entre a produção e o consumo, como o Departamento Nacional do Café (DNC – 1933), Instituto do Açúcar e do Álcool (IAA – 1933), Instituto Nacional do Mate (INM – 1938), Instituto Nacional do Pinho (INP – 1941) e Instituto Nacional do Sal (INS – 1941); e órgãos para regulamentar o aproveitamento dos recursos naturais: Departamento Nacional de Produção Mineral (DNPM – 1934), Conselho Nacional do Petróleo (CNP – 1938) e Conselho Nacional de Águas e Energia Elétrica (CNAEE – 1939).
37 A tese criticada é de Wirth (1973). Sobre o caráter do nacionalismo da época e a posição dos militares, ver L. O. Silva (1997, p.15-35).

e indireto.[38] De fato, a lentidão caracterizou o processo de conversão dos militares para os benefícios da instalação de um sólido setor de indústria de base (caso da siderurgia de grande porte), apesar de a impressão causada pela utilização intensiva de armamentos pesados durante a Primeira Guerra Mundial contribuir indiscutivelmente para chamar a atenção do grande público para a posição fundamental que o aço ocupava na indústria moderna. Apenas duas iniciativas tomadas antes de 1930 merecem registro: o surgimento da Companhia Siderúrgica Belgo-Mineira (1921) por ocasião da visita do rei Alberto da Bélgica ao Brasil, resultado da união da Companhia Siderúrgica Mineira com o consórcio europeu Aciéries Réunis de Burbach-Eick-Dudelange, o Arbed; e, em 1920, a assinatura do contrato de exploração de minério de ferro com o Sindicato da Itabira Iron Ore Company de Percival Farquhar. O projeto causou grande polêmica e, quando na presidência (1922-1926), por ser contrário às cláusulas do contrato, Arthur Bernardes foi alvo de uma onda de ataques de magnitude inédita na história da República. Nesse episódio os militares tradicionalistas se encontravam do lado oposto ao dos nacionalistas e os tenentes estavam lutando para derrubar Bernardes sem dar importância ao affaire Farquhar (Silva, L. O., 1997, p.15-35).

Vargas, por sua vez, estava interessado na instalação de uma siderurgia de grande porte muito antes do Estado Novo, mas não ignorava que isso demandava capital numa proporção que nem o Estado nem os particulares estavam em condições de prover; e, nos anos 1930, nem os investidores estrangeiros, em razão da crise internacional.[39]

Logo após a tomada do poder, Vargas criou a Comissão Nacional Siderúrgica para examinar a situação dos recursos minerais do país. Dois militares integravam a comissão (capitão Silvio Raulino de Oliveira e capitão Edmundo Macedo Soares). Uma das primeiras decisões da comissão foi proibir a exportação de trilhos de ferro que poderiam ser reciclados para a indústria bélica. Para os militares, até esse momento, ainda não estava na ordem do dia a criação de um parque siderúrgico de grande porte. Havia mais interesse em melhorar e investir nas siderúrgicas existentes do que

---

38 Martins (1973, p.165-266) conta minuciosamente o processo de introdução da siderurgia de grande porte.
39 A questão do financiamento está discutida também em Corsi (2000, p.79-90).

criar uma nova. Com a instalação do conjunto integrado de Monlevade (1934), a contribuição da Belgo-Mineira à produção brasileira de aço parecia satisfazer os militares[40] e, para o Ministério da Guerra, a necessidade mais premente era combustível, portanto, viam com bons olhos a exportação de minério de ferro em troca de carvão; uma siderurgia de grande porte precisava esperar que o mercado interno crescesse e se fortalecesse para se instalar. Somente com o advento do Estado Novo a questão da introdução de uma usina siderúrgica moderna e de grande porte foi relançada, embora permanecessem os mesmos obstáculos. Em consequência, embora a questão siderúrgica (e inclusive seu financiamento) estivesse sendo discutida na Comissão Nacional de Siderurgia, no Conselho Federal de Comércio Exterior e no Conselho de Segurança Nacional, nada de concreto foi acordado antes da Segunda Guerra Mundial.

Vargas e as Forças Armadas II: a guerra

A importância do contexto da guerra para a política industrialista de Vargas já foi abundantemente destacada. Segundo Fonseca (1989, p.290-1),

a guerra [...] favoreceu a difusão de teses já abraçadas por Vargas bem antes de sua deflagração, criando ambiente propício à defesa da industrialização, da diversificação agrícola, do comércio externo bilateral e do fortalecimento do poder do Estado na economia e na política. A situação internacional favorável – e no caso não só a Segunda Guerra, mas a mudança na divisão internacional do trabalho verificada a partir de 30 – evidencia a conjugação de fatores externos com internos para configurar um processo único, de consolidação do capitalismo no Brasil.

A posição do governo brasileiro às vésperas do conflito não era de alinhamento com nenhum dos dois blocos em confronto. Porém, as trocas comerciais com a Alemanha, especialmente no setor de armamentos, iam

---

40 A usina de Monlevade só foi instalada quando foi completada a extensão da malha ferroviária até o sítio da empresa. Embora integrada, a usina de Sabará produzia pequenas quantidades de aço laminado, setor no qual ainda em 1940 o Brasil dependia quase 70% das importações. Cf. Baer (1970, p.83-5).

muito bem. Em 1938, o Brasil assinou um contrato para a compra de US$ 55 milhões em equipamentos de artilharia e outros acessórios com a firma alemã Krupp (mas nem todo o material chegou a ser embarcado devido à guerra e ao bloqueio naval inglês) (McCann, 1980, p.116-7). Em contraste, a obtenção de financiamento para a siderúrgica de grande porte patinava. Em junho de 1940, no auge das vitórias militares alemãs e das derrotas aliadas, Vargas fez um discurso a bordo do encouraçado *Minas Gerais* que provocou uma onda de repúdio no departamento de Estado norte-americano, e naturalmente o efeito contrário nas ditaduras fascistas. A péssima repercussão nos Estados Unidos provocou um desmentido do Departamento de Imprensa e Propaganda (DIP). Há consenso na bibliografia de que o intuito de Vargas era pressionar os norte-americanos a tomar uma decisão definitiva em relação à questão siderúrgica: ou passavam a colaborar decididamente com o desenvolvimento econômico brasileiro ou o Brasil manteria uma neutralidade estrita no conflito europeu (Corsi, 2000, p.160; Moura, 1980, p.152-5; Hilton, 1979, p.208). Também, segundo a maioria dos analistas, Vargas agiu com sagacidade no momento certo, aproveitando a necessidade dos Estados Unidos de garantir um apoio importante no continente sul-americano quando parte substantiva do continente europeu estava perdida e a ameaça japonesa já se desenhava na Ásia. Por outro lado, também não estava excluída a hipótese de que, sendo a Alemanha vitoriosa no conflito, Vargas quisesse garantir um lugar na nova ordem. Os alemães demonstraram interesse em financiar uma siderurgia no Brasil e o governo Vargas entabulara negociações preliminares. No final, e embora trabalhosas, as negociações para o financiamento da Usina de Volta Redonda pelos Estados Unidos (como parte dos Acordos de Washington) tiveram sucesso e o empreendimento foi considerado por Vargas como o símbolo da era de progresso inaugurada pelo Estado Novo (Fonseca, 1989, p.270).

Os militares participaram do processo que teve, sem dúvida alguma, a direção decidida de Vargas. Se este estava manobrando quando fez o discurso que provocou a celeuma, a cúpula militar, com Góes Monteiro (chefe do Estado-Maior das Forças Armadas) e Dutra (ministro da Guerra) à frente, nutria reais simpatias ideológicas para com as ditaduras fascistas. Mas não eram apenas as simpatias pró-Eixo que tornavam os militares relutantes em estabelecer uma aliança especial com os norte-americanos. Havia uma preocupação de caráter estratégico. O alinhamento dos países sul-americanos com a posição dos Estados Unidos, desejada por Washington após a entrada do país na guerra em 1941, não era tão simples, encontrando resistência especialmente na Argentina. Os militares brasileiros temiam que as potências do Eixo invadissem o Brasil caso este rompesse relações diplomáticas e declarasse, sem circunlóquios, um alinhamento com os Estados Unidos. Por outro lado, se a Argentina ficasse neutra, o alinhamento brasileiro poderia provocar um enfrentamento com esse país. Caso se produzisse qualquer dessas eventualidades o Brasil não estava preparado para enfrentá-las e as consequências poderiam ser nefastas. Os Estados Unidos estavam preocupados com a defesa do Hemisfério Norte e os militares brasileiros estavam preocupados com a defesa do Hemisfério Sul. Havia, como coloca Hilton, "um conflito de interesses estratégicos". Essa foi a razão, dada pelo próprio Vargas ao secretário Sumner Welles, para que o Brasil não declarasse de modo claro apoio à posição norte-americana e defendesse em termos gerais a solidariedade continental e os compromissos assumidos anteriormente na abertura da Conferência Pan-americana do Rio de Janeiro no primeiro mês de 1942 (Francis, 1974, p.93; Hilton, 1979, p.211; Corsi, 2000, p.189).

O rompimento de relações diplomáticas com as potências do Eixo ocorreu, entretanto, em janeiro de 1942 e, após a assinatura dos Acordos de Washington, cuja negociação se estendeu por boa parte daquele ano, o Brasil declarou guerra ao Eixo em agosto de 1942. Não obstante a direção que tomava a guerra e a inflexão da política externa brasileira em favor do pan-americanismo, isto é, pelo alinhamento com Washington, não deixarem outra alternativa aos militares brasileiros a não ser voltar-se para os Estados Unidos, aparentemente houve resistência, embora não na questão do fornecimento de equipamentos para as Forças Armadas. Não existe muito consenso entre os analistas, especialmente entre os brasilianistas, para explicar a relutância com que essa alternativa foi abraçada pelas Forças Armadas. Para Hilton, a objeção era mais pragmática: o sucesso do intercâmbio germano-brasileiro nos anos 1930 fora devido ao caráter complementar das duas economias e às trocas *im Kompensationswege*, enquanto a compra de material bélico nos Estados Unidos implicaria dispêndio de moeda forte, um bem escasso. Já McCann, embora reconhecendo as vantagens comerciais do intercâmbio com a Alemanha, destaca a existência no oficialato da percepção de que a Grã-Bretanha e os Estados Unidos eram imperialistas e cobiçavam as riquezas naturais do país, donde resultaria uma oposição mais ideológica (Hilton, 1973, p.81; e McCann, 1980, p.117). Para Smallman (1998, p.233), não resta dúvida que a alta hierarquia das Forças Armadas era germanófila (incluindo os generais Góes Monteiro, Dutra, Canrobert da Costa e Mendes de Moraes). De qualquer maneira, a mudança na política externa brasileira levou o governo Vargas ao estabelecimento de novos objetivos. Nas palavras de Corsi (2000, p.225), "o governo Vargas procurou ocupar um espaço próprio no contexto internacional, embora a dependência em relação aos EUA tenha aumentado substancialmente. Esse espaço compreendia, para amplos setores do governo, um papel de proeminência na América do Sul e de destaque no mundo". Parece-nos que essa é a ordem correta dos fatores e não, como afirma McCann, que o Brasil entrou na guerra movido pelo desejo de desenvolvimento e grandeza nacionais. O país foi empurrado para a guerra pelo pan-americanismo (outra maneira de dizer pela pressão norte-americana) e, a partir do novo contexto nacional e internacional, redefiniu objetivos e metas próprias. Parece que havia na cúpula do governo e do empresariado nacional (João Daudt de Oliveira, Roberto Simonsen, dentre outras figuras proeminentes) um consenso de que, ao se tornar o "aliado especial" dos Estados Unidos, o Brasil garantira para si o apoio norte-americano para a continuidade do desenvolvimento econômico, além das armas necessárias à sua defesa interna (contra os contestadores) e externa (contra os potenciais agressores estrangeiros) (Corsi, 2000, p.231; Moura, 1980, p.126-7). A ideia de que um grande fluxo de capitais norte-americanos viria para o Brasil depois da guerra animava esses setores, mas foi desmentida no pós-guerra, quando os Estados Unidos se voltaram totalmente para a Europa com o Plano Marshall e nem mesmo as reparações de guerra pretendidas pelo Brasil foram concedidas.

    A participação brasileira em operações militares estava prevista nos Acordos de 1942 e representou uma significativa mudança de *status* para as Forças Armadas brasileiras que passaram a ser "forças auxiliares na defesa do Ocidente" (Martins, 1973, p.253). Mas a criação da Força Expedicionária Brasileira (FEB) também deve ser vista como parte das novas metas do governo federal. Maior visibilidade internacional, participação no reordenamento mundial que se seguiria inevitavelmente ao fim do conflito, fortalecimento das Forças Armadas, posição de liderança na América do Sul, todos esses objetivos já foram destacados como motivadores da organização da FEB. Se a participação do Brasil fosse apenas de supridor de recursos e de territórios para bases militares, na conferência de paz sua participação seria também apenas simbólica (como acabou sendo). Mas a organização da FEB teve que enfrentar resistências no interior das próprias Forças Armadas. De onde provinham as objeções, além das já mencionadas? Em 1942, a vitória alemã parecia improvável dada a reviravolta soviética e o engajamento norte-americano, portanto, as razões da resistência devem ser buscadas na política interna da corporação. Dutra e Góes Monteiro, sem poderem participar da expedição eles mesmos por medo de perderem seus postos, temiam o prestígio que teriam os oficiais que retornassem vitoriosos do campo de batalha (a carreira do ambicioso Cordeiro de Farias ganhou efetivamente um impulso por ele ter se apresentado como voluntário), receavam também que oficiais comunistas integrassem a Força pelos mesmos motivos[41] e, por último, receavam a instalação de bases norte-americanas no território nacional (parte da barganha). De todo modo, o efetivo enviado (25 mil homens mais uma esquadrilha de aviadores que lutou ao lado do 5º Exército norte-americano sob o comando do marechal Mascarenhas de Moraes) só partiu em 1944 e precisou do apoio dos Estados Unidos, primeiro para vencer a resistência dos britânicos que eram contra o envio de tropas brasileiras à frente de combate e, segundo, para fornecer o equipamento e o transporte das tropas (Hilton, 1979, p.222).

Os acordos Brasil-EUA também dispunham que o governo brasileiro devia manter a ordem interna e impedir que atividades subversivas ameaçassem a segurança continental. Esse aspecto ganhou uma importância excepcional nos anos posteriores ao fim do conflito. A influência norte-americana e a experiência da guerra levaram à criação da Escola Superior de Guerra (ESG) e do Estado-Maior das Forças Armadas (Emfa), que coordenava as atividades das três armas, ambos em 1948, visando à ação da instituição no plano profissional e político.[42] O desdobramento mais grave dessa nova orientação foi o fato de que os militares se viram como garantidores da ordem interna e progressivamente se atribuíram a função de únicos intérpretes do conceito de "subversão" (Martins, 1976, p.254).

Não há consenso na historiografia sobre as consequências na política e no Exército da participação das Forças Armadas brasileiras na guerra. Para

---

41 Essas e outras maquinações políticas estão em Smallman (1998, p.235-6).
42 Os dois organismos foram integrados em 1949.

Alfred Stepan e boa parte dos analistas, a experiência da FEB imbuiu na oficialidade que esteve na Itália, lutando ao lado das forças norte-americanas, uma crença na capacidade de o capitalismo como sistema econômico forjar uma poderosa nação, uma confiança de que o estreitamento das relações com Estados Unidos seria altamente benéfico no campo militar e econômico, uma admiração pela democracia e uma desconfiança pela ideologia nacionalista (Stepan, 1971, p.285-6; e McCann, 1980, p.119-20). Nos oficiais retornados, a experiência teria reforçado ainda mais a certeza de que o crescimento econômico era a base da segurança nacional, mas agora essa crença vinha associada à aliança política, militar e ideológica com os Estados Unidos. Seguindo o raciocínio, alguns veem na FEB a origem do movimento que derrubou Vargas do poder em 1945 (Peixoto, 1980, p.75). Smallman oferece vários argumentos para se discordar dessas interpretações. Em primeiro lugar, a socialização dos soldados brasileiros com os norte-americanos praticamente não ocorreu, pois as tropas combatiam em batalhões separados e o contato se dava apenas no mais alto nível de comando, e ademais a maioria dos *febianos* não falava inglês. Em segundo lugar, a dependência brasileira para com os Estados Unidos em equipamento e até mesmo em instrução militar desacreditou a alta hierarquia do Exército e o governo. Além disso, o desempenho das forças brasileiras foi criticado em várias ocasiões pelos comandantes norte-americanos e houve muito orgulho ferido nesses embates (Smallman, 1998, p.236-7). Havia desconfiança da alta hierarquia militar com os combatentes que não eram informados da situação no Brasil; outra prova dessa desconfiança é que a FEB foi dissolvida antes mesmo de pisar o solo nacional.

Seria mais correto dizer, em síntese, que a guerra ofereceu oportunidades distintas para a cúpula das Forças Armadas e para a oficialidade média. Para os oficiais de patente média, a experiência da guerra deu uma visão crítica do Estado Novo que não estava necessariamente associada à valorização do *american way of life*, nem os induzia a repudiar o nacionalismo. Nelson Werneck Sodré (1979, p.286) nota que a oficialidade média elegeu o general José Pessoa para a Presidência do Clube Militar, em 1944, um adversário dos líderes do Estado Novo, desvinculado do regime e conhecido pelas suas posições liberais.[43] Mas o argumento mais forte a respaldar

---

43 As presidências dos generais José Pessoa (1944-1946), Cesar Obino (1946-1950) e Estillac Leal (1950-1952), quando o Clube Militar esteve mais à esquerda, não provam que a maioria

a crítica à interpretação de que a FEB levou a oficialidade média aos braços dos liberais golpistas de 1945 está na história do envolvimento dos militares com a política nos anos 1950. Nesse período, houve dentro do Exército uma fração de oficiais nacionalistas que travou inúmeras batalhas ideológicas dentro do Clube Militar com a corrente pró-norte-americana. Dentre essas batalhas, destacam-se a luta contra o envio de soldados brasileiros para a Guerra da Coreia, mas especialmente a "campanha do petróleo", pela criação da Petrobras.⁴⁴ Fizeram parte dessa facção nacionalista ex--febianos e alguns heróis de guerra, como o major Tácito Lívio de Freitas, major Júlio Sergio de Oliveira, major Leandro José de Figueiredo Júnior, capitão Joaquim Miranda Pessoa de Andrade e major Fortunato Câmara de Oliveira. Muitos ex-*febianos* amargaram a prisão sob a acusação de fazer agitação comunista – o jornalista Carlos Lacerda, no jornal *Tribuna da Imprensa*, acusava os ex-febianos de terem iniciado a infiltração comunista no Clube Militar – porque defendiam o monopólio estatal do petróleo.⁴⁵

Para a cúpula das Forças Armadas, toda ela comprometida com a ditadura do Estado Novo, a FEB deu legitimidade democrática na conjuntura

---

da oficialidade era de esquerda ou apoiava os projetos nacionalistas como o monopólio estatal do petróleo, mas certamente comprovam que os militares não apresentavam uma coesão ideológica e que havia dissonância na corporação em relação à posição pró-norte-americana da ESG. A questão está analisada em L. O. Silva (2008, p.12-16).

44 "O Clube Militar e a Campanha Nacional de Defesa do Petróleo (Cedpen) constituíram um polo fundamental de apoio ao avanço do projeto desenvolvimentista nacionalista. Com a campanha, cresceu intensamente a ideologia da 'emancipação econômica' do país e, com ela, da industrialização planejada. A *Revista do Clube Militar* transformou-se num órgão de consulta obrigatória não só para os militares, mas também para os civis interessados na estratégia de desenvolvimento econômico nacional" (Bielschowsky, 2000, p.323). O debate sobre o petróleo ia desde a negação da sua existência até o que se deveria fazer com ele caso existisse. Ecos desse debate permanecem até hoje. Num livro de 2002, Shawn Smallman afirma na conclusão do capítulo sobre "a luta pelo petróleo" (p.105), "*Peter Seaborn Smith has said that the petroleum debate in Brazil was shaped by two beliefs about oil, both of which are false. The first was that Brazil had oil, and the second was that the international trusts wanted to control this resource*" [trad.: Peter Seaborn Smith disse que o debate sobre o petróleo no Brasil foi moldado por duas crenças sobre o óleo, ambas falsas. A primeira era de que o Brasil tinha petróleo, a segunda que cartéis internacionais queriam controlar esse recurso]. Embora as reservas brasileiras não se comparem às da Arábia Saudita (as maiores do mundo), nem mesmo às da Venezuela (sexta do mundo), o petróleo brasileiro está longe de ser "inexistente".

45 Smallman (1998, p.247-8, 255). O autor chama de "internacionalista" a corrente que à época era designada de "entreguista" ou "cruzadista" (porque integravam a chapa Cruzada Democrática nas eleições do Clube Militar) e que estamos designando de pró-norte-americanos.

da redemocratização. Assim, apesar de Dutra ter sido ministro da Guerra do Estado Novo e operado contra o envio da Força, em 1945, ao surgir como candidato a presidente estava ungido pela vitória contra os nazifascistas.

Vargas e as Forças Armadas III: a queda

A 29 de outubro de 1945, Vargas foi deposto por um golpe militar sob a acusação de continuísmo. Gozava ainda de grande prestígio popular e com a anistia e a promessa da instalação de uma Assembleia Constituinte angariara o apoio dos comunistas. Prestes, recém-saído da prisão, declarou numa entrevista ao jornal O Estado de S. Paulo: "O proletariado estende neste momento a mão à burguesia, com quem deseja marchar para a democracia. A paz depende da união das três grandes nações: Inglaterra, Estados Unidos e União Soviética e enquanto elas estiverem juntas, cabe aos comunistas lutar pela ordem interna". Essa diretiva se traduzia, de um lado, no apoio a Vargas e na possibilidade de apresentarem um candidato de união nacional e, de outro, no enaltecimento das Forças Armadas brasileiras, porque parte dela lutara na Itália. Desse modo considerava que isolaria as forças mais retrógradas, "os homens de cartola e fraque que representam os interesses dos que desejam manter o Brasil no atraso econômico, na miséria e no analfabetismo" (Prestes, O Estado de S. Paulo, 27 abr. 1945, p.3). Mas a cúpula militar não se comportou de acordo com as expectativas de Prestes.

Num ambiente que se tornava a cada dia mais tenso, Vargas instalou, em junho de 1945, uma comissão para a elaboração da Lei dos Atos Contrários à Economia Nacional (a "Lei Malaia"), que entrou em vigor em 1º de agosto. O intuito da legislação era combater os monopólios, os trustes e cartéis. O cenário já complexo se complica ainda mais com manifestações políticas de repúdio à política governamental, de oposicionistas e ex-aliados, como Francisco Campos, ou com atos de apoio a Vargas (dos queremistas). Finalmente, a alta hierarquia do Exército manifesta seu distanciamento do governo, inclusive o presidente do Clube Militar, general José Pessoa, que repudia o queremismo e a nomeação do irmão de Getúlio, Benjamim Vargas, para chefe de polícia (Fonseca, 2005, p.319-20).

Entre tantos fatos políticos marcantes, o papel do embaixador norte-americano, Adolf Berle Jr. no golpe que retirou Vargas do poder destaca-se, não por ser mais importante que os outros, mas porque significou uma mudança de posição ocorrida em alguns meses.⁴⁶ Segundo Hilton, a leitura da correspondência diplomática demonstra a enorme simpatia que Vargas inspirou no embaixador logo na sua chegada ao Brasil (inversamente proporcional à antipatia que nutria por Perón). Essa simpatia derivava do fato de que Vargas havia "cumprido sua obrigação com o hemisfério, postando-se do lado Aliado", enquanto Perón fizera o oposto. Mas ia além: Berle estava firmemente convencido da boa-fé de Vargas e explicava a ditadura do Estado Novo pela situação de analfabetismo que grassava na maior parte do país. Estava também convencido de que o ex-presidente pretendia cumprir o programa de redemocratização do Estado brasileiro, inclusive o calendário eleitoral.

Mas essas simpatias se esfumaçaram entre janeiro e outubro de 1945. Depois da aprovação da Lei Malaia, Berle foi se aproximando do grupo golpista à medida que a conspiração avançava. O discurso que pronunciou em 29 de setembro foi interpretado pelos conspiradores como um alerta contra os planos continuístas de Vargas, estimulado pelo movimento queremista e pelo PCB. Embora haja dúvidas quanto ao peso que se deva atribuir às suas declarações nos acontecimentos que culminaram no golpe de 29 de outubro, o próprio Berle, após a queda de Vargas, se autoatribuiu uma intervenção decisiva e se congratulava por isso, pois salvara o "processo democrático" que estava em risco por causa dos planos de Vargas de continuar na chefia do governo.⁴⁷

Hilton, no entanto, considera altamente improvável a acusação de golpismo lançada sobre Vargas, embora o movimento de "constituição com Getúlio" afagasse o ego do ex-presidente. Improvável porque implicava em dizer que Vargas estava conspirando para suspender as eleições e se perpetuar no poder por meio de um golpe *contra* os desígnios dos comandantes militares, quando ninguém melhor do que ele sabia que sem apoio militar não havia chances de vitória.⁴⁸

---

46 Hilton (1987, p.1-37). O artigo conclui que a queda de Vargas se deveu mais aos erros que o ditador cometera no passado (perseguições políticas, instauração da ditadura etc.) do que à atuação que estava tendo na conjuntura da redemocratização.

47 Na campanha presidencial de 1950, que marcou a sua volta ao poder, Vargas acusou diretamente o embaixador Berle de ter, na conjuntura de 1945, se imiscuído nos assuntos internos do país.

48 Numa nota mais dramática, Tancredo Neves observa que Vargas só se decidiu pelo suicídio em 1954 quando ficou evidente que os comandantes militares o haviam abandonado, exigindo sua renúncia imediata. Cf. Lima (1986, p.262).

Por outro lado, a súbita cisão nas forças que apoiavam o governo e a transformação dos autores do golpe de 1937 em paladinos da democracia tinha a intenção de deixar a "herança maldita" do período ditatorial inteiramente nas costas de Vargas, o que acabou não funcionando. Como dissemos anteriormente, isso só foi possível porque o aparelho militar brasileiro saiu profundamente fortalecido pela sua participação no esforço de guerra dos Aliados.

O Partido Comunista contribuiu para a construção do mito, como se pode verificar no artigo do jornal legal do órgão, *Hoje* (21 nov. 1945, p.3):

> Nenhum partido, nenhuma organização mostrou e provou tamanho respeito e amizade pelas Forças Armadas Brasileiras quanto o Partido Comunista do Brasil. Enquanto grupos e partidos que existem em função dos interesses do capital colonizador estrangeiro não se cansaram de atribuir ao Exército tendências totalitárias, concitando permanentemente ao golpe contra o povo e contra a marcha democrática do país, o PCB defendeu sempre a justa tese de que nosso Exército era de formação democrática e de que o seu dever [...] é o de garantir a concretização dos mais legítimos anseios populares [...] Quando esses mesmos partidos e grupos gritavam e conspiravam contra a ida da FEB para a Europa, afirmando que os soldados deviam ficar no Brasil para a guerra civil, o PCB, ainda nas trevas da ilegalidade, se jogava por inteiro na campanha pelo envio da FEB. Queriam aqueles roubar ao nosso Exército a honra e glória de se haver batido contra o fascismo [...] Agora mais uma vez essa diferença de opiniões se acentua. Enquanto os mesmo bandos fantasiados de partidos heterogêneos e eleitoreiros querem fazer do Exército o feitor do povo, o PCB afirma que os soldados brasileiros são representação do nosso povo para garantia da ordem e da tranquilidade.

O fato de que essa participação tenha sido o resultado de uma trabalhosa negociação entre Vargas e o governo norte-americano[49] passou para segundo plano e, não obstante as simpatias do alto escalão militar pelas potências do Eixo na década de 1930, Góes e Dutra juntaram-se aos liberais da UDN e depuseram Vargas em nome dos ideais democráticos pelos

---

49 As negociações entre o governo Vargas e os Estados Unidos, envolvendo fornecimento de material bélico, instalação de siderurgia, dívida externa, borracha, ocupação do Nordeste brasileiro pelo exército norte-americano etc., foram analisadas em profundidade por Corsi (2000).

quais os pracinhas haviam lutado na Itália. Em suma, logo após a guerra, o corpo dos oficiais tornara-se favorável ao retorno da democracia representativa e a participação do Brasil no conflito conferia legitimidade à reviravolta política da cúpula do Exército. Nas palavras de Werneck Sodré (1979, p.289), "os pretorianos criaram o Estado Novo; os pretorianos o destruíram".

Considerações finais

Ao longo da década de 1930, Vargas manobrou com sucesso de modo a afastar do centro do poder todos os seus rivais políticos, dos revolucionários aos políticos tradicionalistas, conseguindo mantê-los como aliados entregando-lhes postos de pouca ou nenhuma influência na administração do Estado. Mas o sucesso que obteve nesse novo modo de fazer política deveu-se também ao fato de haver encaminhado a solução da "questão social" que levou à acalmia temporária do conflito operários-patrões que conturbou os últimos anos da República Velha. Uma série de medidas favoráveis aos industriais, cafeicultores e exportadores garantiram o apoio da sociedade civil ao Governo Provisório e ao regime de 1934, enquanto deixava Vargas à vontade para promover a "reestruturação" da sociedade política. Quando o Estado Novo se cristalizou, Vargas havia dispersado todas as forças que o levaram à Presidência. Sua política industrialista teve sucesso e modificou o perfil do país.

Mas o ex-presidente não "getulianizou" as Forças Armadas depois de 1930, por medo de ameaçar sua liderança, e perdeu assim a oportunidade de controlá-la. O resultado dessa fraqueza diante dos militares foi sua constante vulnerabilidade a um golpe militar, que acabou acontecendo em 1945. O Exército foi sempre um poder independente na época Vargas, perseguindo objetivos próprios, com apenas uma fraqueza: a permeabilidade às disputas políticas externas que desuniam a corporação, dividindo-a em facções.

A centralização do poder político e da máquina estatal que caracterizaram, tanto quanto o intervencionismo econômico e a legislação social, a "modernização conservadora" ocorrida no Brasil de 1930 a 1945 criaram as condições para que o Exército se tornasse o fator decisivo na evolução das instituições nacionais. A profissionalização das Forças Armadas foi parte desse processo, ou seja, a história política do período contradiz a tese de Huntington. Longe de se afastar do intervencionismo, ocupou um papel central na política dos anos 1930 e foi uma fonte de instabilidade, aguçando as contradições políticas que dividiam a sociedade.

A ideologia militar dos anos 1930 era nacionalista, mas girava em torno da questão da segurança nacional. Num mundo onde o militarismo crescia a olhos vistos, a solidariedade internacional não encontrava espaço e a competição econômica se acirrara devido à crise econômica e à recessão que se seguiu, os militares se guiavam por um nacionalismo centrado na defesa do território e, em economia, na busca de uma espécie de modelo autárquico. A construção de um parque industrial, capaz de abastecer o mercado interno em tempos de paz e de guerra e capaz de prescindir do apoio das demais nações integrava essa visão estratégica. Assim como a construção de uma rede viária que interligasse todas as regiões, escoasse a produção e servisse às necessidades do Exército, e a busca da autossuficiência em alimentos que a agricultura deveria proporcionar. Tratava-se de um nacionalismo muito distinto daquele que veio a crescer na década de 1950. Mas, ainda assim, já cumpria o papel de reforço ideológico para "justificar" a industrialização no sentido definido por Gerschenkron e que mencionamos no início deste trabalho.

Esse ideário integrava o pensamento de Góes Monteiro e a reforma que pôs em prática procurava seguir essa orientação. Os objetivos foram parcialmente atingidos. O Exército e a Marinha se tornaram mais fortes, apesar de ainda sofrerem limitações materiais. Porém, eliminar completamente a política na corporação não foi possível. Entretanto, a tendência passou a ser a oficialidade média seguir cada vez mais a alta hierarquia em questões políticas. A busca da unidade ideológica da corporação continuou a ser um objetivo que, ao que tudo indica, foi conseguido apenas em 1964, por meio do expurgo dos dissidentes.

A aproximação com os Estados Unidos não foi um objetivo perseguido pela cúpula militar do Estado Novo. Foi à evolução do cenário internacional e, em seguida, à iniciativa de Vargas que se deveu a conclusão dos Acordos de Washington. A guerra mudou substantivamente a inserção dos militares no Estado. A partir da vitória aliada, as Forças Armadas desenvolveram uma estratégia de subordinação aos objetivos militares norte-americanos: a "Guerra Fria" e a "defesa do Ocidente". A atuação da Escola Superior de Guerra expressou esse alinhamento. Ainda mais grave, toda a atenção passou a ser dada à segurança interna.

A tese do Exército tradicionalmente democrático que era um *mantra*, repetido nos anos imediatamente anteriores ao golpe de 1964, era um mito, com uma pequena base de realidade – a atuação da FEB durante a guerra – que obscurecia um fato, a divisão que havia na corporação cuja cúpula nunca fora democrata.

ASCENSÃO E CRISE DO PROJETO NACIONAL-DESENVOLVIMENTISTA DE GETÚLIO VARGAS[1]

Pedro Paulo Zahluth Bastos

O presente capítulo pretende mostrar que o segundo governo Vargas iniciou-se com uma estratégia consciente e integradora de diversos aspectos da ação estatal e discutir a crise do projeto em seus três aspectos principais: a crise sociopolítica interna, a crise da política externa e a crise estrutural da industrialização.

A memória histórica sobre o segundo governo Vargas esteve muito preocupada em explicar a crise política que o marcou. O que entrou em crise nesse governo? Como o desenvolvimento econômico e social do país seria afetado por ela? De certo modo, essa era também a preocupação da Carta-Testamento de Vargas. Segundo ela, o presidente suicida sacrificara-se como um mártir contra os inimigos que bloqueavam o desenvolvimento nacional-popular: trustes e cartéis, filiais estrangeiras, os Estados Unidos, as oligarquias locais e camadas médias conservadoras, que rejeitavam a colaboração necessária seja para financiar o desenvolvimento nacional, seja para melhorar a vida dos trabalhadores pobres.

As interpretações acadêmicas do governo e sua crise não poderiam deixar de reagir à própria versão de Vargas, para referendá-la ou criticá-la. Alguns autores vinculados à esquerda política referendaram a interpretação de Vargas: Octávio Ianni (1968, p.68), por exemplo, considera que

---

1 Agradeço a Luiz Gonzaga Belluzzo pela orientação em várias questões e aos comentários de Carlos Pinkusfeld Bastos e Pedro Dutra Fonseca, eximindo-os dos problemas remanescentes. Parte do capítulo foi publicada, em versão preliminar, na revista *Estudos Econômicos*, v.41, n.2, p.345-82, abr.-jun. 2011. Agradeço ainda à Fapesp pelo financiamento da pesquisa de doutorado sobre o tema.

em 1954, é total o antagonismo entre os que desejam o desenvolvimento internacionalizado (ou associado com organizações externas) e os que pretendem acelerar o desenvolvimento econômico independente. É a época em que se impunha o aprofundamento das rupturas com os setores externos e com a sociedade tradicional, se se desejava entrar em novo estágio de aplicação do modelo getuliano. O suicídio de Vargas revela a vitória daqueles que queriam reformular e aprofundar as relações com o capitalismo internacional.[2]

Em outra ocasião, procurei mostrar a inadequação da tentativa de identificar o nacionalismo de Vargas a formas particulares de intervenção estatal e de associação com o capital estrangeiro. Se é verdade que Vargas aderia ao ideário do *nacional-desenvolvimentismo*, ele não era xenófobo nem "entreguista", e sim flexível, pragmático e politicamente realista. Mesmo no segundo governo, o estadista não deixou de buscar um desenvolvimento "associado com organizações externas", pois continuava carecendo contornar a escassez de reservas cambiais (cada vez mais grave) e os obstáculos que seus adversários conservadores colocavam à centralização de recursos financeiros locais. Como discutido no Capítulo 9, o objetivo de Vargas não era rejeitar a associação externa, mas lutar por *termos* de associação que atendessem a finalidades nacional-desenvolvimentistas, em barganhas que maximizassem interesses nacionais.

No polo oposto de Ianni e Sodré, outros autores rejeitam não apenas que o segundo governo tivesse como alvo um desenvolvimento econômico independente, mas também que sequer tivesse um projeto coerente de industrialização pesada do país. Para Carlos Lessa e José Luiz Fiori (1984), os investimentos planejados nos ramos básicos (sobretudo energia elétrica, transporte, siderurgia e petróleo) tinham natureza meramente reativa à percepção de pontos de estrangulamento setorial, que surgiram à medida que o processo de industrialização se expandia espontaneamente nos ramos de bens finais. Segundo os autores, por serem meramente parciais e reativos, os investimentos não teriam relação com qualquer projeto mais geral de desenvolvimento do país.

---

2 Com algumas diferenças, essa também é a interpretação de Nelson Werneck Sodré (1967; 1997).

Essa conclusão também parece equivocada, ao exagerar a natureza reativa e obrigatória, quase espontânea, dos projetos governamentais de investimento nos ramos básicos, e subestimar a importância que teriam, se executados, para superar o estágio de industrialização restringida característico do período. Dada a sua escala produtiva e financeira, seus requisitos de insumos e seu longo tempo de maturação, esses projetos não poderiam ser realizados isoladamente, de modo parcial e reativo, sem previsão de seus impactos interindustriais e sem mudanças institucionais significativas.

De fato, os projetos envolviam encadeamentos de demanda, para a frente e para trás das cadeias produtivas, que exigiam um planejamento integrado de diferentes setores, nos quais deveria estimar-se uma ampliação da oferta além do ritmo de crescimento da demanda prévia, para acomodar as novas demandas geradas pela própria criação dos novos empreendimentos. Isso exigia criar novas instituições de controle e assessorias para formulação e acompanhamento de projetos, novos fundos fiscais e financeiros, e mesmo novas empresas estatais em ramos tradicionalmente explorados por concessionárias estrangeiras. Essa tarefa era custosa financeira e politicamente, e envolvia uma vontade política nada trivial, nem automática. Não é preciso se alongar sobre a experiência de outros países da região para mostrar que, diante de estrangulamentos setoriais e cambiais semelhantes, não "reagiram" como proposto por Vargas. Mesmo no Brasil, os governos Dutra e Jânio Quadros, antes e depois, tinham uma postura no mínimo ambígua em relação ao planejamento público e, sobretudo, ao investimento estatal. Dizer que o planejamento era *imposto* pela emergência de estrangulamentos envolve algum economicismo, ou seja, desconsidera que era uma escolha política como outras, enraizada em um conjunto de possibilidades abertas historicamente. Ademais, o desenvolvimento industrial não era visto apenas como um fato econômico: desde os primeiros anos da década de 1930 (antes que estrangulamentos básicos fossem pressionados pelo crescimento industrial "espontâneo"), Vargas considerava que o radicalismo político de massas seria um resultado inevitável de uma postura governamental que deixasse a estrutura econômica decadente (legitimada pela noção de vocação agrária do Brasil) à sua própria sorte, mantendo também milhares de trabalhadores famintos fora do mercado de trabalho. Era preciso fazer a reforma do capitalismo e da rede urbana de proteção social antes que o povo fizesse a revolução.[3]

É verdade, porém, que os estrangulamentos na oferta de energia e insumos básicos indicavam *concretamente* o caminho que deveria ser seguido para retirar o processo de industrialização brasileiro de sua natureza restringida. O conceito de industrialização restringida foi proposto por Maria da Conceição Tavares (1974) e João Manuel Cardoso de Mello (1975), e buscou caracterizar a dinâmica contraditória de um padrão de industrialização tardia que tendia a esgotar-se, sem decisiva intervenção estatal. Desde 1933, a recuperação econômica brasileira diante da crise internacional se fez em bases qualitativamente novas, estimulada pela expansão e diversificação industrial e urbana, mais do que por investimentos em ramos exportadores primários e nos setores secundário e terciário correspondentes. A própria relação entre agricultura e indústria se alterou: enquanto, até a década de 1920, a indústria tendia, sobretudo,[4] a atender demandas induzidas pela expansão dos complexos agrícolas (particularmente o complexo cafeeiro), depois da Grande Depressão a situação inverteu-se, de modo que a expansão agropecuária orientou-se a atender crescentemente a demanda interna de insumos e alimentos induzida pela expansão urbana. A indústria, por sua vez, se descolou da crise da agricultura exportadora ao passar inicialmente a atender a demanda reprimida por importações e, a seguir, novas demandas criadas pela própria expansão do novo sistema.

Esse movimento de expansão e diversificação, porém, se deparava com limites, pois não induzia espontaneamente investimentos em serviços de infraestrutura e ramos industriais básicos "pesados" (associados às inovações técnicas da Segunda Revolução Industrial e seus desdobramentos) necessários para a expansão industrial. Essa industrialização restringida se concentrava em itens de bens finais e alguns insumos e bens de capital mais "leves", cujos investimentos tinham requisitos de financiamento, tecnologia e escala de produção menores, e adequados aos limites do mercado brasileiro,

---

[3] Sobre as trajetórias de desenvolvimento econômico *possíveis* naquela conjuntura, porque economicamente viáveis, e enraizadas concretamente no choque de interesses entre grupos socioeconômicos com expressão política, ver Draibe (1985).

[4] Alguma diversificação industrial atendia também a necessidades de bens de produção da própria indústria, como parte da produção do ramo de cimento e da pequena indústria do aço, internalizados na década de 1920.

da capacidade de financiamento e da base tecnológica das empresas privadas brasileiras. Filiais estrangeiras também resistiam a ampliar a oferta de energia elétrica, material de transporte, insumos pesados (como aço e petróleo) e seus respectivos ramos de bens de capital, seja por motivos externos (contração dos investimentos externos entre a Grande Depressão e a Segunda Guerra Mundial, atração do investimento direto estrangeiro [IDE] norte-americano para a recuperação europeia no pós-guerra), seja internos (incerteza de mercado, de fornecimento de insumos e de reservas cambiais para importações e remessas de lucros). Com isso, a continuidade da expansão dependia de oportunidades limitadas de diversificação "fácil" que tendiam a se esgotar, e da frágil capacidade de importar insumos e bens de capital propiciada pelas exportações tradicionais e, ocasionalmente, créditos comerciais externos.

É claro que os estrangulamentos crescentes de energia, insumos básicos e reservas cambiais não passariam despercebidos por alguém que, como Vargas, era adepto do nacional-desenvolvimentismo, ou seja, da vinculação do interesse nacional ao desenvolvimento, ativado pela vontade política concentrada no Estado, de novas atividades econômicas, particularmente industriais. Para os adeptos desse ideário, desenvolver economicamente a nação dependeria, com urgência crescente, da redução de sua dependência de insumos importados.[5] Mas as iniciativas estratégicas visando desenvolver os ramos básicos não precisaram esperar e reagir ao aprofundamento das restrições na década de 1940 e se iniciaram já em 1931 com a criação da Comissão Nacional de Siderurgia, dentre outros aparelhos de Estado em várias áreas de atuação. Dados os limites financeiros e políticos existentes, no entanto, o escopo e profundidade da intervenção nos ramos básicos não poderiam ampliar-se senão de modo gradual (mas não reativo), avançando desde a tentativa de regular e incentivar empresas privadas até a criação de empresas estatais, não só na siderurgia, como também nos ramos do petróleo e da energia elétrica.

---

5 Nas palavras de Vargas diante das instalações da CSN, em 1943: "O que representa as instalações da Usina Siderúrgica de Volta Redonda, aos nossos olhos deslumbrados pelas grandes perspectivas de um futuro próximo, é bem o marco definitivo da emancipação econômica do país [...] O problema básico da nossa economia estará, em breve, sob novo signo. País semicolonial, agrário, importador de manufaturas e exportador de matérias-primas, poderá arcar com as responsabilidades de uma vida industrial autônoma, provendo as suas urgentes necessidades de defesa e aparelhamento. Já não é mais adiável a solução. Mesmo os mais empedernidos conservadores agrários compreendem que não é possível depender da importação de máquinas e ferramentas" (apud Fonseca, 1987, p.270-1).

Também não é de surpreender que a conjuntura da Segunda Guerra Mundial aguçasse a consciência industrializante e exigisse maior refinamento nos meios de intervenção. A reconversão dos países centrais para a economia de guerra e os limites ao comércio exterior provocaram desabastecimento de insumos estratégicos, limitaram o crescimento urbano e induziram significativa aceleração da inflação. A necessidade de administrar recursos escassos e priorizar linhas de produção e investimento, por sua vez, aumentou o controle do Estado sobre atividades econômicas, por exemplo, por meio da Coordenação de Mobilização Econômica (CME). Um pouco antes da guerra, o esforço de racionalização dos investimentos públicos contou com a criação do Plano Especial de Obras Públicas e de Aparelhamento da Defesa Nacional (Peopadn), substituído em 1943 pelo Plano de Obras e Equipamentos (POE) para os cinco anos seguintes. Além disso, a experiência de guerra sedimentou o caminho que poderia ser seguido para resolver estrangulamentos: criar fundos fiscais vinculados a necessidades específicas de infraestrutura e insumos básicos e complementar o esforço local com fundos externos barganhados diplomaticamente, transferidos para instituições públicas. Nos ramos básicos, empresas privadas que resistiam a se arriscar poderiam ser substituídas por estatais como a Companhia Siderúrgica Nacional, a Companhia Vale do Rio Doce, a Companhia Nacional de Álcalis, a Fábrica Nacional de Motores, a Companhia de Aços Especiais Itabira (Acesita) e a Companhia Hidrelétrica do São Francisco, criadas no período.

Além do esforço para intervenção direta nos ramos básicos, durante a guerra ampliou-se a política de indução seletiva de investimentos privados, por meio de instrumentos cambiais, fiscais e creditícios. Em primeiro lugar, a guerra propiciou a acumulação de reservas cambiais que poderiam ser usadas para reaparelhar a indústria quando o comércio internacional de bens de capitais fosse normalizado, se houvesse planejamento adequado. Em setembro de 1942, a criação do Serviço de Licenciamento de Despachos de Produtos Importados, na CME, visou priorizar licenças de importação de bens de capital e insumos.[6] Em janeiro de 1945, a Portaria Interministerial

---

6 Nas memórias reveladoras de um jovem diplomata da época: "Voltei a Washington para a infernal rotina da embaixada: peregrinações [...] à busca ou de licenças de exportação, ou de prioridades de fabricação, ou de praça marítima, todos necessários para manter a economia funcionando [...] Um dos projetos que mais trabalho causou, mas que também era

n. 7 (PI-7) estabeleceu restrições à importação de "produtos suntuários e dispensáveis", criando listas de classificação de produtos (dos "supérfluos" aos "essenciais") e propondo a criação de uma agência para orientar o regime de licenciamento de importações. O objetivo era claro: garantir o uso seletivo das divisas acumuladas na guerra, quando o comércio internacional se normalizasse. A renegociação da dívida externa no final de novembro de 1943 também foi saudada como uma iniciativa necessária para liberar divisas para o reaparelhamento industrial no pós-guerra. Vargas diria em 21 de dezembro de 1943, em discurso proferido na Fiesp, que "o maior proveito da operação consiste, porém, na possibilidade de realizarmos o plano de industrialização progressiva do país, no imediato após-guerra" (apud Corsi, 1997, p.250). Em memorando endereçado a Vargas no início do processo de renegociação da dívida (6 de fevereiro de 1943), o ministro da Fazenda Souza Costa, às vezes retratado como um representante da "ortodoxia liberal" no governo, sintetizava o objetivo desenvolvimentista da iniciativa:

> A redução da dívida externa se impõe como a mais imperiosa e urgente necessidade nacional. Inúteis serão todos os esforços no sentido de modificar a nossa economia, elevando-a do plano agropecuário em que se tem desenvolvido para o industrial, se não for afastado este peso morto, por si só capaz de apagar todas as iniciativas [...]. O Brasil carece utilizar o seu crédito em novas operações para o reaparelhamento de sua indústria e utilização de todo o potencial econômico que temos para desenvolver. (GV 43.02.06)[7]

---

o mais gratificante, foi o projeto da implantação da usina de Volta Redonda. Resultante de um acordo, ainda em 1940, entre Roosevelt e Getúlio Vargas, os suprimentos para a montagem da usina tinham, em tese, prioridade. Mas com o advento da guerra e as enormes demandas bélicas sobre equipamento disponível, as prioridades se foram degradando. A prioridade A, que tinha Volta Redonda, foi logo deslocada pela prioridade AA e, finalmente, pela prioridade AAA. Tínhamos que arguir com o Departamento de Estado e com o Board of Economic Warfare, em busca de contínua reasserção de prioridades para o projeto [...] Minha experiência de mendicância nos departamentos de Washington, à busca de licenças de produção e exportação de suprimentos, deu-me uma profunda e penosa impressão da dependência brasileira em relação a suprimentos externos. Literalmente, a economia brasileira paralisaria, não fossem os fornecimentos americanos. Além de produtos como aço, celulose e papel de imprensa, produtos químicos de base, máquinas e equipamentos, havia uma fundamental dependência em relação ao petróleo importado" (Campos, 1994, p.72-4).

7 Em discurso público na seção inaugural do I Congresso Brasileiro de Economia, em 25 de novembro de 1943, o ministro reforçava o ponto: "A regularização definitiva da dívida externa abre assim ao Brasil uma era nova de verdadeira liberdade de ação e de movimentos,

O governo não apenas procurou evitar que as reservas cambiais acumuladas fossem gastas com finalidades "supérfluas", mas buscou forçar empresários a utilizá-las para investimentos novos que substituíssem importações, e que para isso adiassem mesmo decisões de consumo corrente de "produtos suntuários" em moeda local. A política tributária foi usada para isto, pouco depois da renegociação da dívida externa (23 de novembro de 1943). Dois decretos simultâneos (n. 6224 e 6225, de 24/1/1944) criavam o Imposto sobre Lucros Extraordinários (que taxava excedentes eventualmente alocados para consumo corrente) e permitiam canalizar os impostos devidos para a compra de Certificados de Equipamentos: em vez de pagar o imposto, os empresários poderiam adquirir certificados no valor correspondente ao dobro do imposto devido, os quais renderiam 3% ao ano e seriam passíveis de resgate em moeda internacional, exclusivamente para a importação de bens de capital segundo prioridades definidas pelo Estado. Praticamente um ano depois (22 de janeiro de 1945), a citada PI-7 normatizou as prioridades de importações. Com isso, a administração impunha um fundo compulsório que forçava a canalização da acumulação interna de lucros (estimulada pelo contexto inflacionário) para financiar futuramente a reposição de capital fixo desgastado e novos investimentos do setor privado, assim que as dificuldades de fornecimento fossem normalizadas com a reconversão das economias de guerra. Isso era uma intervenção desenvolvimentista sem precedentes sobre as decisões de investimento e consumo, afetando diretamente as rendas dos empresários mais ricos do país. Cabe lembrar que a taxa de câmbio foi fixada nominalmente em 1939, tendo o efeito de subsidiar as importações necessárias pelos investimentos por causa da inflação interna (que por sua vez facilitava a acumulação "extraordinária" de lucros dos industriais). Desse modo, criava-se um mecanismo de financiamento dos investimentos adequado ao estágio de diferenciação da estrutura industrial que ainda mantinha os investimentos parcialmente dependentes da capacidade de importar bens de capital. É claro que, como já vinha sendo feito, os fundos privados podiam ser complementados por créditos públicos, oriundos particularmente da Carteira de Crédito Agrícola e

---

permitindo-lhe as iniciativas que interessam ao seu desenvolvimento [...]. Somente agora podemos considerar que o Brasil adquiriu a liberdade real, que é incompatível com a falta de recursos para agir. O fardo dos compromissos financeiros [...] tornava a independência nacional uma ficção angustiante" (Souza Costa apud Corsi, 1997, p.244-246).

Industrial do Banco do Brasil. Assim, embora "o plano de industrialização progressiva do país no imediato pós-guerra" de que falara Vargas não fosse formalizado, um conjunto de mecanismos cambiais, tributários e creditícios seria mobilizado para induzir investimentos nas prioridades desenvolvimentistas do governo, complementando os investimentos estatais nos ramos básicos.[8]

***

Não é possível saber se esse conjunto integrado de políticas teria algum sucesso para superar a industrialização restringida – ele não foi sequer colocado em prática. As resistências empresariais ao controle estatal sobre decisões privadas aumentaram à medida que Vargas "inventava" o trabalhismo no final do Estado Novo, ou seja, legitimava a ação estatal pelo interesse público identificado não só ao desenvolvimentismo, mas também ao distributivismo trabalhista.[9] As dificuldades políticas ao planejamento tornaram-se insuperáveis. Nos últimos anos do Estado Novo, a oposição, que formaria a União Democrática Nacional (UDN) em 1945, aproveitou o relaxamento da censura para divulgar argumentos liberais, por meio de articulistas como Eugênio Gudin e José Pires do Rio, que associavam a inflação não ao desabastecimento provocado pela guerra, mas ao autoritarismo político e à intervenção econômica (protecionismo comercial e déficit público), apelando aos temores de camadas médias e populares urbanas. Vargas não podia aceitar a identidade entre excesso de governo ("dirigismo") e inflação,

---

8 Novamente, uma conferência do ministro da Fazenda Artur de Souza Costa, em 27 de julho de 1945, revela claramente a intenção de canalizar lucros acumulados para a modernização industrial por meio de mecanismos cambiais e tributários heterodoxos: "Os produtos manufaturados acusam alta violenta que ultrapassa de muito o custo de produção. Daí a enorme margem de lucros. São esses lucros acumulados que devem propiciar o reaparelhamento industrial depois da guerra, permitindo baixa acentuada nos preços [...] É em atenção a esse programa de racionalização da indústria que o governo vem insistindo tanto no congelamento de tais lucros, quando da criação do imposto sobre lucros extraordinários [... daí] o acerto da política econômica do governo, no sentido de proporcionar à indústria a formação de reservas destinadas à renovação das instalações" (SC 42/44.00.00/1pi e 2pi; e SC 45.07.27pi). Para o texto dos decretos, ver Carone (1976, p.192-6).
9 Sobre a "invenção do trabalhismo" no Estado Novo e sua relação com a ideologia nacionalista, ver Gomes (1988).

quando a preservação da popularidade junto às massas urbanas era essencial para conduzir pelo alto a transição política. A reação veio com o decreto-lei apelidado pelos opositores de "Lei Malaia" (n. 7666, a 22/6/1945), transferindo a responsabilidade pela inflação aos "trustes e cartéis" formados para cometer "atos contrários à economia nacional", explorando a miséria e a impotência do povo. A reação de Vargas, porém, empurrou setores industriais, já afetados pelo Imposto sobre Lucros Extraordinários, para reforçar a campanha liberal, unificando comércio, indústria e agricultura no repúdio à intervenção estatal e polarizando o cenário político, à medida que o ex-presidente aproximava-se de sindicatos e movimentos sociais urbanos. O bloco de apoio popular ao estadista, além da bandeira dos direitos sociais, unificou-se em torno da bandeira do "queremismo", ou seja, a defesa do direito de Vargas disputar a eleição presidencial, criando o pretexto do golpe militar contra as pretensões presumidamente continuístas do presidente. Ainda no governo provisório de José Linhares, o ministro da Fazenda José Pires do Rio (diretor do *Jornal do Brasil*) cumpriria o programa liberal ao pé da letra: (a) revogou a Portaria Interministerial n. 7, o Imposto sobre Lucros Extraordinários e a Lei Malaia; (b) limitou as operações da Carteira de Redesconto (Cared); e (c) transferiu atribuições da Caixa de Mobilização Bancária do BB (Camob) para a recém-criada Superintendência da Moeda e do Crédito (Sumoc), dirigida por um discípulo de Eugênio Gudin, o jovem economista Octávio Gouvêa de Bulhões.[10]

O contexto político e ideológico tornou-se muito desfavorável à intervenção estatal e ao planejamento econômico. A única tentativa de formalizar o planejamento econômico no Estado Novo, a partir de relatório encomendado ao empresário Roberto Simonsen pelo Conselho Nacional de Política Industrial e Comercial (CNPIC), criado em novembro de 1943 e instalado em abril de 1944, sofreu bombardeios da Comissão de Planejamento

---

10 Em livro de 1947, Pires do Rio justificava sua atuação identificando nas emissões "de moeda fiduciária" a mais "velha moléstia do Brasil financeiro" e, em conjunto com a proteção industrial, causa de aceleração da inflação: para suas críticas ao protecionismo e seu elogio às posições de Gudin, ver também Pires do Rio (1947, p.484-99). Em relatório ao presidente Linhares em dezembro de 1945, "As condições atuais do Brasil", Pires do Rio afirmava que "sem tarifas aduaneiras o Brasil não poderia sustentar várias indústrias agrárias, como a de laticínios e a de açúcar, e não poderia talvez explorar as salinas de sua terra. Cumpre, entretanto, não exagerar esse protecionismo para não sacrificar a maioria do povo brasileiro à minoria industrial do país" (cf. Mayer; Benjamin, 1983, p.2984).

Econômico (CPE), criada em março e instalada em outubro de 1944, com relatório de Eugênio Gudin que repetia argumentos comuns na imprensa.[11] A plataforma econômica dos candidatos à sucessão de Vargas, general Eurico Gaspar Dutra, do Partido Social Democrático (PSD), e brigadeiro Eduardo Gomes (UDN), coincidia em linhas gerais com o programa de combate à inflação delineado por Eugênio Gudin, vinculado a um modelo de desenvolvimento que limitaria os incentivos "artificiais" à industrialização, ampliaria o papel do mercado e reduziria o do Estado na gestão de lucros e salários, do câmbio, do crédito e do investimento. Além de propiciar o crescimento "equilibrado" pelo mercado (e não planejado pelo Estado) dos setores urbanos e rurais, procurava-se criar um ambiente favorável à atração de capital externo para setores básicos. Nessa visão, a inflação não deveria mais ser controlada, no pós-guerra, pela retomada da importação de insumos escassos e pela fiscalização antitruste e, a médio prazo, pela expansão planejada dos investimentos para superar estrangulamentos de oferta e substituir importações essenciais. Ela deveria ser administrada pelo controle dos gastos públicos e do crédito, e por um choque de competição por meio da abertura comercial indiscriminada, atacando diretamente os "lucros extraordinários" dos industriais e os investimentos estatais. As reservas cambiais acumuladas na guerra deveriam ser complementadas pela retomada das exportações agrícolas e pela entrada de capitais externos e financiamentos oficiais, esperando-se financiar com folga o aumento de importações e remessas de lucro permitido pelas reformas liberais e induzido pela sobrevalorização cambial.

No governo Dutra, a liberalização indiscriminada de importações subsidiadas pelo câmbio sobrevalorizado trouxe o efeito previsível de desacelerar a inflação, mas, ao contrário do previsto, a custo de um esgotamento rápido das reservas cambiais acumuladas. As exportações agrícolas e o financiamento

---

11 Sobre a controvérsia do planejamento, ver especialmente Corsi (1991; 1996), Doellinger (1977), Diniz (1978, capítulo 6), Sola (1982, capítulo 2) e Bielschowsky (1985, parte II, capítulos 1 e 2). O debate ocorreu porque Vargas determinou que o relatório do CNPIC redigido por Simonsen fosse avaliado por Gudin no CPE, como se pretendesse paralisar a proposta, provavelmente porque não pretendia nem se identificar com industriais impopulares (por causa da aceleração inflacionária), nem lhes ceder o espaço político privilegiado que teriam na Câmara de Planificação proposta por Simonsen ao CNPIC. Mais tarde, Gudin concederia entrevista em que afirmava presumir que o intuito de Vargas era bombardear a proposta dos industriais, para preservar a autonomia do governo na questão. Cf. Monteiro; Cunha (1974).

externo não foram suficientes para sustentar o volume de importações e as remessas de lucro, provocando uma crise cambial que forçou o governo a voltar atrás na abertura comercial. Ao fazê-lo, Dutra restaurou, no final de 1947, o esquema de licenciamento seletivo de importações tão criticado antes, e evitou uma desvalorização cambial de efeitos previsíveis sobre a inflação (considerando, como Gudin, que nossas exportações eram preço-inelásticas).[12]

O efeito da restauração do regime seletivo de importações é conhecido: o bloqueio da importação de bens não essenciais e o barateamento relativo das importações de insumos e máquinas representaram

> um estímulo considerável à implantação interna de indústrias substitutivas desses bens de consumo, sobretudo os duráveis, que ainda não eram produzidos dentro do país e que passaram a contar com uma proteção cambial dupla, tanto do lado da reserva de mercado quanto do lado dos custos de operação. Esta foi basicamente a fase de implantação das indústrias de aparelhos eletrodomésticos e outros artefatos de consumo durável. (Tavares, [1963] 1972a, p.71)[13]

Uma vez iniciado esse processo "espontâneo" de substituição de importações, o governo Dutra, ao contrário das prescrições liberais, procurou atacar alguns estrangulamentos de infraestrutura e financiamento. O Plano Salte, com grandes debilidades financeiras e administrativas, foi anunciado em 1948 para definir investimentos públicos essenciais, enquanto o Banco do Brasil passou a realizar política de crédito mais acomodatícia. Desse modo, se restaurava, em escala limitada, a combinação entre plano de investimentos, política cambial seletiva, câmbio fixo e política acomodatícia de crédito visualizada no final do Estado Novo.

Mas o governo não agiria com a mesma presteza para controlar outra fonte de desequilíbrio externo: as remessas financeiras, facilitadas pela liberalização completa empreendida pela Instrução 20 da Sumoc em agosto de 1946 ("tendo em vista as condições favoráveis do mercado de câmbio", no texto da lei), não paravam de aumentar sem que o governo restaurasse os controles originais. Por não criar nem contar com mecanismos *internos* de

---

12 Em vez de generalizar taxa de câmbio desvalorizada ou livre, o governo preferiu promover as exportações de produtos "gravosos" com câmbio livre a partir de 1948, estimulando as exportações capazes de reagir a estímulos de preço.

13 Ver também Malan et al. (1977, capítulo 5).

financiamento de projetos essenciais (e ter abolido até o fundo constituído com taxa de 5% sobre transações cambiais que financiara o programa que antecedera o Salte, isto é, o Plano de Obras e Equipamentos), o governo continuava esperando uma promessa liberal que também não se realizou: que um arcabouço amigável para remessas por si só induziria grande surto de financiamento externo. Tal não se deu, e o governo amargou um saldo negativo de US$ 500 milhões de saídas líquidas de capital privado que manteve as reservas cambiais em níveis pouco confortáveis para financiar mesmo importações essenciais crescentes. As necessidades de importação, aliás, cresceram estruturalmente, uma vez que o governo Dutra, sem os controles tributários da lei do Imposto sobre Lucros Extraordinários, pouco ou nada fez para direcionar lucros privados para investimentos nos ramos de bens de capital e insumos básicos, ao mesmo tempo que o avanço de empresas estatais era barrado por resistências políticas e ideológicas. Com isso, a concentração de novos investimentos no ramo de bens de consumo duráveis aumentava as necessidades de insumos e bens de capital que as exportações primárias pareciam incapazes de financiar.

De todo modo, o governo, forçado a uma reversão, não conseguia agradar nem gregos nem troianos. Velhos aliados liberais exasperavam-se porque a estratégia inicial de incentivo às importações começava a ser substituída pelo elogio do planejamento e da substituição de importações. O debate entre matrizes ideológicas sobre o modelo de desenvolvimento econômico mal se iniciara na controvérsia de Simonsen e Gudin: assim como membros destacados do Congresso Nacional e da imprensa, Gudin agora denunciava o Plano Salte como um retrocesso, escrevendo críticas virulentas (cf. Bielschowsky, 1985). Mas a reviravolta do governo foi capitalizada, sobretudo, por Vargas, cujas agressivas críticas parlamentares (reunidas em *A política trabalhista no Brasil*, 1950) apontavam para o caráter "liberal", "anacrônico" e "omisso" da administração que intermediaria seus dois mandatos presidenciais. Não surpreende que Vargas, preparando-se para um retorno triunfal, elaborasse nos discursos parlamentares, na campanha presidencial e em memorandos trocados com assessores, um programa que combinava planos setoriais de investimentos e políticas macroeconômicas (no terreno cambial, monetário e fiscal) semelhantes ao final do Estado Novo, adaptando-os ao novo contexto e evitando as resistências ideológicas ao anúncio de um plano formal. Surpreende, sim, que, à luz dos escritos e discursos de Vargas, seu novo programa de governo, naquele contexto rico de debates, possa ser caracterizado como meramente "reativo", ou até, no limite, "ortodoxo".

O projeto desenvolvimentista: mecanismos de financiamento e gestão macroeconômica

Os temas presentes na agenda do final do Estado Novo continuaram relevantes, mas Vargas partiu de uma posição defensiva para um posicionamento fortemente agressivo quando foi da situação para a oposição. O ex-presidente passou a disputar publicamente não só a forma de resolver como inicialmente de interpretar os problemas em questão, tendo por objetivos econômicos aprofundar a intervenção industrializante, garantir o pleno emprego e combater a "carestia" sem sacrificar o crescimento, ou melhor, desacelerar a inflação exatamente por meio do crescimento da oferta. Não se pode entender como se conciliavam no pensamento de Vargas a importância de projetos estatais de investimento, de orçamentos equilibrados e da expansão do crédito na resolução simultânea de problemas de desenvolvimento, inflação e bem-estar social, sem entender seu posicionamento crítico diante das crises que, segundo ele, teriam sido produzidas pelas políticas liberais do governo Dutra.

Os primeiros sinais do posicionamento oposicionista de Vargas não precisaram esperar sequer que terminasse seu autoexílio em São Borja. Desde o momento em que apoiou publicamente a candidatura de Dutra à presidência, em discurso de 28 de novembro de 1945, Vargas fazia questão de frisar que seu apoio não seria incondicional, colocando-se na posição de um fiscal do novo presidente, em nome do povo e do Partido Trabalhista Brasileiro (PTB):

> A abstenção é um erro [...] O momento não é de nomes, mas de programas e de princípios. Recentemente, em mensagem, aconselhei aos trabalhadores que cerrassem fileiras em torno do programa do Partido Trabalhista Brasileiro, representante e defensor de seus interesses. O general Eurico Gaspar Dutra, candidato do PSD, em repetidos discursos e, ainda agora, em suas últimas declarações, colocou-se dentro das ideias do programa trabalhista e assegurou

a esse partido garantias de apoio [...] Ele merece, portanto, os nossos sufrágios. Sempre procurei atender aos interesses dos pobres e dos humildes, amparar os direitos dos trabalhadores e do povo brasileiro em geral, desse povo sempre bom, bravo e generoso. Estarei ao vosso lado para a luta e acompanhar-vos--ei até a vitória. Após esta, estarei ao lado do povo, contra o presidente, se não forem cumpridas as promessas do candidato. (Vargas, 1950, p.15-6)

Com essa declaração, Vargas buscava se afastar da "classe política" e justificar que a influência que o PTB teria na indicação do novo ministro do Trabalho não resultava de mera barganha fisiológica, mas se vinculava a um programa a que o candidato havia se comprometido: garantir aos já empregados os direitos trabalhistas "consolidados" por Vargas no Estado Novo; e respeitar o "direito ao trabalho" na gestão da política econômica, como o ex-presidente não iria demorar a cobrar.[14]

A atitude de fiscalização crítica do governo, desde uma postura programática diferente, marcaria gradualmente os posicionamentos de Vargas. Pouco depois de manifestar oposição ao discursar na sede do PTB gaúcho em setembro de 1946 (elogiando o planejamento econômico contra o desmonte liberal das "autarquias e institutos que amparavam produtores e consumidores") e de criticar os partidos que defendem a "velha democracia liberal que afirma a liberdade política e nega a igualdade social" em comício petebista de novembro, Vargas realizou um longo balanço favorável de seus quinze anos de governo em discurso no Senado (13/12/1946), enumerando realizações sociais (direitos trabalhistas) e econômicas (financiamento de investimentos) e defendendo-se das críticas do final do Estado Novo. Finalmente, saindo da defensiva em comício da campanha de Bias Fortes ao governo de Minas Gerais (6/1/1947), sublinharia frontalmente as diferenças entre seu governo e o atual, enfatizando a forma de condução da política de crédito:

---

14 Além da defesa de direitos trabalhistas específicos (salário mínimo, férias remuneradas, representação sindical, 13º salário, limitação da jornada, aposentadoria etc.), o programa do PTB tinha como peça fundamental aquilo que Vargas chamava de "direito ao trabalho", ou seja, o repúdio ao desemprego: "Oportunidade a todo indivíduo para trabalhar em emprego útil e regular, mediante salário razoável que lhe permita, em um máximo de oito horas de jornada, obter os meios necessários ao sustento próprio e de sua família de maneira condigna" (apud Carone, 1980, p.433-6; ou Delgado, 1989, p.36-7).

Transportei para estas montanhas, como glória, a acusação de que dei ordem ao Banco do Brasil para que fizesse o financiamento da pecuária mineira. Sim, dei essa ordem e novamente a daria, se tivesse podido fazê-lo. Jamais deixaria os trabalhadores rurais de Minas, os fazendeiros, os que criaram a grandeza de nosso interior nas vascas da agonia de uma falência ou moratória. (Vargas, 1950, p.122)

Seu objetivo era defender o legado de seu governo (no plano econômico, ter iniciado a "batalha da produção" e defendido vigorosamente o "direito ao trabalho") e, ao mesmo tempo, afirmar que seu desmonte deixava de atender às aspirações nacionais e populares, sob a alegação duvidosa de combater a inflação. Seu posicionamento tornou-se muito claro, e vigorosamente oposicionista, em meados de 1947. O último de seus cinco discursos no Senado (3/7/1947) concluiu o desagravo proferido em pouco mais de um semestre, em que acertava contas com o passado e passava à oposição aberta ao intitular-se defensor dos interesses do povo contra a "ditadura econômico-financeira que está funcionando como um garrote contra todas as forças da produção [...] ditadura mais rígida, mais severa, mais inabalável e irredutível do que a que se derrubou" (Vargas, 1950, p.267-8).

Antes de abordar o modo como Vargas tratou no período das relações existentes entre política monetária e creditícia, inflação, déficit público e desemprego, cabe frisar que a ideologia trabalhista do ex-presidente sempre procurou enfatizar (a) a existência de interesses convergentes entre trabalhadores e empresários, em uma espécie de neutralização dos comunistas; e (b) que essa convergência se faria garantindo direitos trabalhistas regulados por lei, mas tendo como condição a expansão dos frutos do progresso econômico a serem divididos entre as classes. De fato, repetidas vezes durante seus quinze anos de governo, Vargas afirmara que o desenvolvimento econômico era necessário para garantir a coesão social interna, permitindo elevação dos salários reais ("valorização do trabalho") graças à oferta de empregos de produtividade maior e à elevação do piso salarial. Coerentemente, agora fora do governo, Vargas buscava se apresentar não apenas como patrono das leis sociais no Brasil, mas também como campeão da "batalha da produção", condição de conciliação de interesses entre as classes e anteparo contra o comunismo. Quanto a isso, ele seria muito claro no referido discurso na campanha de Bias Fortes em Minas: "Um dos nossos mais notáveis espíritos liberais, o eminente Antônio Carlos, disse: 'Façamos a revolução antes que o povo a faça'. E hoje vos exorto a fazer a evolução antes que o povo faça a revolução" (Vargas, 1950, p.120). Ou seja: reformismo (político-social) e progresso (econômico) estavam intimamente articulados na ideologia trabalhista de Vargas, em geral, assim como estariam particularmente presentes em suas críticas à política econômica do governo Dutra. O último de seus cinco discursos oposicionistas na tribuna do Senado não deixaria dúvidas quanto a isso:

> Sr. Presidente, a industrialização é o anseio de todos os povos, porque a indústria representa a fase mais elevada da civilização [...] Como se combater o pauperismo sem a valorização do trabalho? Como se valorizar esse trabalho sem [garantir] eficiência? Como se alcançar eficiência sem a multiplicação do valor do homem pela energia da máquina? [...] Como justificar, em face desse conceito, a indiferença com que se fala em fechar fábricas e despedir milhares de operários? Se o plano monetário tem a consequência do desemprego de dezenas de milhares de operários, pode estar certo, financeiramente, mas socialmente está errado. E errado está sob o ponto de vista da solidariedade humana. (Vargas, 1950, p.252-3, 297-8)

Dessa maneira, Vargas explicitava como nunca a motivação ideológica de seu repúdio à política anti-inflacionária seguida pelo governo Dutra: o "direito ao trabalho" deveria sobrepor-se à ortodoxia monetária de velho tipo, pois o "plano monetário" não poderia ter como consequência o desemprego em massa; financiar a industrialização, por sua vez, seria meio de superação do "pauperismo" (elevar a civilização) e condição para a coesão social.

Mas ao contrário do que poderia parecer a partir de uma leitura descontextualizada da passagem citada anteriormente, para Vargas a política de contração creditícia seguida de início pelo governo Dutra não era errada somente à luz das consequências sociais que trazia; *ela não seria correta sequer em termos de sua eficácia técnica enquanto meio para combater a inflação*. Não será ocioso sublinhar essa questão, porque a heterodoxia revelada por Vargas é notável no modo como concebia as relações entre oferta de moeda, déficit público e inflação, e é crucial para que se entenda seu projeto de governo posterior.

Com efeito, o ataque de Vargas à política econômica do governo Dutra centrou-se na questão da contração do crédito como meio de combate à inflação. Para ele, o país não se encontrava em uma situação "saturada" em que a produção não pudesse aumentar sob o estímulo de uma política creditícia favorável. Isso ficaria muito claro não apenas nos documentos preparatórios de seus discursos, mas nos próprios discursos, como a seguir, em 30 de maio de 1947:

> Parece lógico que a solução para o problema [de assegurar que meios de pagamentos estejam em relação conveniente com o volume total de bens, das mercadorias e dos serviços] não é restringir créditos e, sim, aumentar a nossa produção e riqueza, aumentando, portanto, os bens, as mercadorias e os serviços. Creio até que, se bem não me engano, esta é a opinião de vários ilustres membros desta Casa [...] Mas não é esta a opinião do ilustre Presidente do Banco do Brasil, orientador geral da economia e das finanças nacionais. "A produção" – declara sua senhoria em seu Relatório – "não se pode desenvolver de modo ilimitado". E continua dizendo mais ou menos o seguinte: que, existindo excesso de meios de pagamento e não existindo possibilidade de aumento de produção, é indispensável reduzir os meios de pagamento. Doutrinariamente, esse ponto de vista estaria certo, se não houvesse mais possibilidade de aumento de produção, isto é, se o Brasil tivesse alcançado a saturação econômica. O grande mal de ler muitos livros estrangeiros, sem traduzir os problemas, limitando-se à tradução das palavras, reside precisamente nisso. Irving Fisher escreveu dentro do problema norte-americano e nós nos encontramos num país onde podemos verificar um subconsumo e uma subprodução. Muito longe de alcançarmos o ilimitado, precisamos produzir, e produzir muito, para a grandeza de nosso país e bem-estar de nosso povo [...] Se há falta, bens, mercadorias e serviços ainda se podem desenvolver, estando, assim, muito longe do limite de saturação. (Vargas, 1950, p.230-1)[15]

---

15 Em um estudo de 1946 que orientaria os discursos de Vargas no Senado (GV 46.00.00/13), lê-se: "A 'concepção financeira' do Brasil coloca todos os males como consequência da emissão de papel-moeda. Mas na realidade essa emissão de papel-moeda só é prejudicial quando a produção não a acompanha". Mais tarde, em carta a A. J. Rener de 19 de outubro de 1949, parabenizando-o pelo teor de suas opiniões econômicas nos *Diários Associados*, Vargas escrevia, em sua quase ilegível caligrafia, que "reforçou-me a opinião de que devemos voltar a um nacionalismo econômico moderado, mas eficiente. É preciso fomentar a produção principalmente, agrícola e industrial: fornecer créditos a juros mais baratos e maiores prazos, amparar

Vivendo-se então em uma situação em que a produção podia aumentar se o crédito estivesse disponível para financiar sua expansão, uma política de expansão do crédito não seria absorvida diretamente por elevações de preço. Por outro lado, uma política de contração do crédito afetaria diretamente os níveis de produção e emprego. Mas sem necessariamente reduzir nem as emissões nem os preços: a contração do crédito seria acompanhada pela ampliação do déficit público (e das emissões fiduciárias), de um lado, e pela redução da oferta de bens e pela elevação dos custos de produção, de outro. Ponto a ponto, criticaria assim as bases da política de combate à inflação seguida pelo governo Dutra, ao mesmo tempo que defendia a orientação financeira seguida antes por seu próprio governo, no seu principal e mais polêmico discurso no Senado, em 3 de julho de 1947:

> Desde 1930 até 1944, os meios de pagamento passaram do índice 100 para o índice 720 [...] A emissão de papel-moeda não tem uma relação tão estreita com os preços, conforme se afirma [...] Os que falam em baixa de produção em relação ao aumento de meios de pagamento, é preciso que reflitam sobre o índice de aumento de volume não só dos gêneros alimentícios como das matérias-primas que, de 100 em 1929, passou para 354 em 1944, e o índice de produção industrial básica, que, de 100 em 1929, passou para 1.217 em 1944. Relativamente à produção industrial brasileira, não existe uma estatística completa determinando seu aumento de volume [...] Temos, porém, possibilidades de chegar a uma estimativa bem superior ao índice de 700, considerando-se produção industrial a atividade de construção civil. Não há um desequilíbrio tão violento entre os meios de pagamento e os bens de consumo. E este ponto é, precisamente, o "calcanhar de Aquiles" da orientação monetária do governo. E é precisamente devido a esse erro que a produção nacional se reduzirá na proporção da redução dos meios de pagamento, porque inegavelmente tivemos [no governo anterior] um forte aumento não só no meio circulante como na moeda escritural. Mas isto representava apenas a média geral das necessidades de desenvolvimento de um país. Numa situação de economia já saturada, esse aumento de meios de pagamento pode determinar grandes crises. Numa nação

> indústrias novas, enfim criar riquezas. Mas não basta incrementar a produção nacional. É preciso, como medida correlata, garantir-lhe o mercado interno e favorecer a exportação. O aumento da produção acarretará o barateamento da vida e a indústria florescente poderá remunerar melhor o salário dos trabalhadores" (GV 49.10.18).

como o Brasil, de economia em evolução, o aumento dos meios de pagamento, acompanhado pelo aumento de bens de consumo – que, como se está verificando, se efetuou – e ainda por uma elevação proporcional da tributação, que retira os excessos da circulação pelo meio fiscal, não representa o menor perigo. Perigo, sim, é a redução dos meios de pagamento. E tanto mais grave quando vai alcançar toda a estrutura do Estado e não somente a vida econômica do país. (Vargas, 1950, p.259-61)

A contração creditícia alcançaria "toda a estrutura do Estado" porque, segundo Vargas, implicaria elevação do déficit público por conta da contração das receitas fiscais (dependentes do nível de atividade econômica) e, assim, não implicaria redução das emissões primárias. Em outras palavras, uma política *creditícia* contracionista acabaria sendo acompanhada por uma política *monetária* de direção inversa. Segundo ele, tudo se passaria então como se a redução programada da moeda escritural de crédito acabasse compensada (pelo menos em parte) pela expansão não programada da moeda fiduciária, por meio de uma ampliação do déficit público e a custo de uma redução dos níveis de renda, emprego e arrecadação tributária:

> Pensávamos todos, no Brasil, que o louvável esforço em se controlar o ritmo emissionista não significaria a drenagem de todos os recursos destinados à produção para o Banco do Brasil poder atender a despesas do governo. O que estamos verificando, porém, é apenas isso [...] Pergunto, sr. Presidente, quem está defendendo o governo? Eu, que chamo a atenção para a gravidade da redução dos meios de pagamento, afetando as possibilidades de recursos financeiros da administração pública, ou quem efetua essa redução de meios de pagamento, destrói todas as possibilidades dos orçamentos Federal, Estaduais e Municipais, e coloca o governo na impossibilidade de dispor de meios? (Vargas, 1950, p.249, 261).

O problema de um *mix* de política creditícia contracionista e política monetária expansionista era que a expansão da produção dependeria da expansão do crédito. Nesse sentido, Vargas diferenciava o impacto das emissões fiduciárias derivadas do déficit fiscal, do impacto da expansão da moeda por meio do crédito bancário: enquanto o crédito bancário podia vincular-se a uma expansão da oferta produtiva, um déficit orçamentário poderia não o fazer, se o déficit público resultasse de contração de receitas e não de aumento de despesas, e se a política de crédito estrangulasse a expansão da produção. Para Vargas, a inflação deveria estar sendo combatida por meio do aumento (e não da redução) da oferta de bens, apoiado pela expansão do crédito. Ele concordava então com a necessidade de uma política orçamentária equilibrada (afirmaria no início do discurso que "ainda não aprendi como fazer efetiva e eficientemente deflação sem se alcançar o equilíbrio orçamentário"), mas alegava que o efeito da política creditícia contracionista era, de um lado, o de reduzir a oferta de bens, e, de outro, ampliar o déficit orçamentário e, por essa via, as emissões fiduciárias sem contrapartida produtiva: "Iremos reduzir os meios de pagamento e a produção, sendo que esta em proporção muito maior do que a dos meios de pagamento, porque o governo, na proporção que for desenvolvendo seu programa, será obrigado a emitir cada vez mais" (Vargas, 1950, p.264). Além de provocar déficit público e recessão (pela queda da velocidade de circulação da moeda), a elevação das taxas de juros criaria uma pressão inflacionária ao elevar custos de produção:

> Nega-se ao trabalhador uma parcela de dinheiro para reajustamento de seus salários, alegando-se que isso afetará o custo de produção. Mas aumenta-se a parcela de juros do dinheiro, que hoje só circula em câmbio negro. O custo de produção não baixa. Antes pelo contrário: com a redução de meios para desenvolver-se, esse custo aumenta cada vez mais. (Vargas, 1950, p.283-4)[16]

O ponto importante a frisar é que, para Vargas, o resultado orçamentário, e, portanto, a emissão de moeda fiduciária para atender às necessidades do Tesouro, dependeria diretamente de uma política de crédito que não estrangulasse a expansão do ritmo de atividade econômica e o desempenho da arrecadação tributária. Assim, a expansão do crédito seria favorável ao

---

16 Vargas abordou a questão também em seu discurso anterior, em 30 de maio de 1947: "O custo da produção, sr. Presidente, nada mais é, dentro do sistema capitalista em que vivemos, do que o resultante da soma de duas parcelas: o custo do dinheiro e o custo do trabalho. O que se visa fazer é aumentar o custo do dinheiro e diminuir o custo do trabalho, isto é, reduzir, pelo desemprego, as possibilidades dos trabalhadores pleitearem reajustamento de salários. Não me parece que esta seja a melhor forma de se baratear a produção, nem, tampouco, a melhor maneira de se estimular a produção" (Vargas, 1950, p.233).

combate à inflação seja ao conter o déficit público (por meio de seus efeitos sobre as receitas tributárias), seja pela expansão da oferta de bens (com o financiamento da produção corrente e do investimento produtivo), seja, ainda, pela redução dos custos de produção (pelo controle dos custos de crédito). Isto é: um *mix* de orçamentos equilibrados e expansão creditícia não era, segundo Vargas, incoerente, mas sim obrigatório no combate à inflação. Para Vargas, não parecia apenas possível reduzir a inflação e crescer ao mesmo tempo – isto era imperativo.

Mas Vargas não limitava suas críticas à questão da eficácia da política econômica anti-inflacionária do governo Dutra: ele atacava diretamente a hierarquia de interesses socioeconômicos propostos por ela. Segundo ele, além de ter efeitos duvidosos sobre o combate à inflação, essa política estaria promovendo uma grande redistribuição de poder e riqueza, prejudicando trabalhadores, empresários e instâncias de governo para favorecer a alta finança; diante disso, Vargas se apresentava como porta-voz dos grupos atingidos e forte crítico do grupo beneficiado, sugerindo reverter a hierarquização perversa:

> Nada mais estou fazendo do que isto: provar que estão errados e evidenciando até que um dos erros maiores é o do cerceamento do crédito [...] Sr. Presidente, a criação do monopólio do dinheiro, que se está efetuando no Brasil, representa uma das mais impressionantes ofensivas do poder financeiro contra a produção e contra os valores do trabalho e de iniciativa [...] A alta finança, que tinha perdido o controle sobre a economia brasileira devido à ação do governo [anterior], que facilitava aos produtores os recursos necessários todas as vezes que os grupos financeiros os negavam, domina o Presidente da República e está governando o país. As forças de produção estão sendo subjugadas e aniquiladas. (Vargas, 1950, p.283-4)

Era então para combater esse aniquilamento que Vargas saíra do exílio de São Borja depois dos trabalhos da Constituinte, respondendo aos clamores de seus eleitores, que apenas pediam "como cidadãos brasileiros, que não se lancem suas famílias ao desespero do desemprego. Pedem que não se transforme em miséria o que era esperança de bem-estar [...] Estão pedindo a esta Casa que reconheça o direito de trabalhar" (Vargas, 1950, p.288).

É inegável que o posicionamento público de Vargas o recolocava no centro do cenário político nacional, visando interpelar diretamente os grupos sociais prejudicados e questionar a competência técnica e as opções políticas dos responsáveis pela política econômica – exatamente como a campanha liberal fizera, alguns anos antes. Agora Vargas acertava contas com o passado: no foco das críticas, a política de crédito; por trás dela, uma ordenação hierárquica que subordinava as "forças da produção" e o "direito ao trabalho" à "ditadura econômico-financeira" dos ambiciosos "intermediários do dinheiro", sob a alegação falaciosa de buscar um interesse geral, o combate à inflação. Combate que, segundo Vargas, estaria fadado ao fracasso caso não se apoiasse na expansão da produção e no equilíbrio orçamentário, ambos possíveis apenas com uma política creditícia que, ao mesmo tempo, não boicotasse a coesão social com a difusão da miséria, do desemprego e da desesperança. E, sobretudo, que não alimentasse o espectro do comunismo e da agitação social (segundo argumentaria em 11 de novembro de 1946, antes do banimento do PCB): "A evolução política do Brasil se deve processar em ordem, com disciplina e respeito às autoridades. Não precisam nem precisarão os trabalhadores do Brasil recorrer a greves, porque a bancada trabalhista, na Câmara e no Senado, defenderá intransigivelmente as fórmulas mais práticas para a solução dos seus problemas" (Vargas, 1950, p.45) – como, ao que parece, Vargas pretendia fazer ao criticar a política econômica do governo Dutra.

Além de reforçarem a identificação do ex-presidente com os "pobres e humildes", seus argumentos também sensibilizavam os empresários, prejudicados pela política de contração creditícia realizada desde a gestão Pires do Rio, e exacerbada no início da gestão de Guilherme da Silveira no Banco do Brasil (1946-1949), antes que este assumisse o Ministério da Fazenda e rompesse com as políticas propaladas pelo que já se apelidou (por sua vinculação político-institucional à Sumoc) de "grupo sumoqueano" (Lago, 1982). No período, documentos e declarações de organizações e congressos empresariais propunham, como Vargas, que o combate à inflação seria contraproducente caso acompanhado da retração do crédito, pois estrangularia a expansão da oferta agregada. Agora na oposição, o ex-presidente culpava a "ditadura econômico-financeira" que teria se instalado no país para "sugar" os esforços da produção, chegando a afirmar que o presidente do Brasil não era Dutra, mas sim Guilherme da Silveira, assim como Joaquim Murtinho fora no lugar de Campos Salles (Vargas, 1950, p.268-70).[17]

É evidente a linha de continuidade entre o posicionamento de Vargas na oposição ao governo Dutra e a plataforma eleitoral que defendeu nos pronunciamentos e propostas que fez ao longo da campanha presidencial de 1950. Era o próprio Vargas que se esforçaria para frisar essa continuidade em seu primeiro discurso da campanha de 1950:

> Não desconheço a gravidade da situação econômica e financeira em que se debate o país. Fui o primeiro a denunciá-la da tribuna do Senado e – ai de nós – meus vaticínios saíram infelizmente certos [...] Durante minha administração mantive, quando necessário, o regime de controle cambial estritamente para regular as importações, regime abolido pelo governo Linhares e só restabelecido pelo atual quando a invasão de mercadorias, muitas delas supérfluas, e a fuga de nossas disponibilidades cambiais deixaram o país endividado com os exportadores estrangeiros [...] Atribuindo-me a pecha de inflacionista, entregou-se, no começo, o governo a uma restrição de crédito súbita e perigosa, que arrastou casas de comércio, fábricas e até bancos à moratória ou à falência, e paralisou, já não direi o surto de novas indústrias, mas a estabilidade das existentes, contribuindo assim mais para atrelar-nos à dependência estrangeira em muitos ramos de produção em que já triunfara o similar brasileiro [...] Não é esta hoje uma plataforma de governo no desacreditado estilo dos tempos passados [...] Homem de governo, não descurarei, igualmente, os meus deveres para com as forças – hoje combalidas – da produção nacional em qualquer de seus ramos, estabelecendo uma política orgânica de assistência aos interesses do comércio, da indústria e da agricultura [...] Urge retomar o programa de amparo à industrialização progressiva do país, dando prioridade às indústrias de base. (Vargas, 1951, p.23-9)[18]

---

17 Sobre a posição dos empresários, ver Bielschowsky (1985, p.363-5).
18 Vargas voltaria ao tema logo depois, em seu primeiro discurso em São Paulo: "Sobrevinda a [Segunda] Guerra, prestou-se, imediatamente, por intermédio da Carteira de Crédito Agrícola e Industrial do Banco do Brasil, larga assistência financeira ao produtor [...] É conhecida de todos a política posteriormente adotada. O governo abandonou a lavoura e a indústria algodoeira à sua própria sorte [...]. As desastrosas consequências dessas e de outras medidas, quando apenas se esboçavam, fizeram com que erguesse a minha voz, no Senado da República, clamando por providências que evitassem a crise, como desfecho natural e desenlace lógico da orientação governamental contrária ao desenvolvimento da produção

A campanha presidencial voltou recorrentemente a um mesmo ponto: "retomar o programa de amparo à industrialização progressiva do país, dando prioridade às indústrias de base", mas sem se limitar a elas, recuperando programas de fomento da produção (agrícola e industrial) que haviam sido negligenciados, corrigindo erros da política de crédito e câmbio (para assegurar o fomento) e aprimorando o planejamento e financiamento da expansão industrial para novos setores. Ainda que em cada região do país Vargas procurasse apontar dificuldades específicas a serem superadas por programas de fomento da produção (garantir suprimento de energia, meios de transporte, armazenamento etc.), a questão do financiamento era indubitavelmente central. Para as regiões agrícolas, a superação de problemas específicos deveria ser complementada de política de preços mínimos e, sobretudo, financiamento barato aos produtores; para a indústria, vários estrangulamentos deveriam ser resolvidos, inclusive e particularmente a carência de créditos a maior prazo e menor custo para o produtor. Era o próprio Vargas que apontava a centralidade da questão financeira:

> Julgo que o ponto alto da maioria dos problemas que nos defrontam está no crédito acessível, reprodutivo e suficiente. Não será demais insistir em que sem crédito abundante, sem juros módicos, sem permanente e estimuladora assistência financeira, será impossível levar a economia nacional à plenitude de suas

---

[...]. A minha advertência não foi, porém, ouvida. Mas as minhas previsões se confirmaram no doloroso cortejo das desalentadoras realidades atuais" (Vargas, 1951, p.59-61). E em seu primeiro discurso no Rio de Janeiro: "Assisti aos trabalhos da Constituinte e, logo depois de promulgada a Constituição, ocupei o meu lugar no Senado. Proferi, pouco tempo depois, um longo discurso de defesa do meu governo, de justificativa de minha atitude. Pronunciei, ainda, mais três discursos de colaboração com o governo. Discursos de crítica à sua política econômica e financeira, mas de crítica serena, sem ataques pessoais. Previ o que ia acontecer. Avisei... E o que devia acontecer, aconteceu. As nossas reservas no exterior, 700 milhões de dólares, volatilizaram-se na importação de inutilidades luxuosas e em transações ruinosas para os interesses do Brasil. A inflação, a verdadeira inflação, veio pelas emissões a jato contínuo para cobrir déficits orçamentários [...] A falta de crédito à produção provocou a estagnação desta" (Vargas, 1951, p.98-9). E, ainda, falando sobre a crise da carnaúba no Piauí: "Embora se pretenda atribuir este fato à cessação da guerra, a verdade é que não foi essa circunstância a responsável pelo ocorrido, mas, sim, a grave retração de crédito verificada em todos os setores da atividade mercantil, como decorrência da orientação governamental, e que atingiu, em particular, a indústria da carnaúba. No Senado, em 1947, lancei uma advertência ao governo, assinalando os danos acarretados à economia do Nordeste pelas medidas postas em prática. Clamei contra a falta de financiamento" (Vargas, 1951, p.160).

realizações. Na solução do problema da madeira, do mate, do café e de tantos outros, a minha concepção se enquadra principalmente em um enunciado singelo: crédito, porque sem crédito morreremos de inanição. (Vargas, 1951, p.508)

Para não deixar dúvidas, Vargas ainda afirmaria que "será esse – o financiamento à produção – o ponto a que consagrarei a maior atenção se voltar ao governo, levado pelo voto popular" (Vargas, 1951, p.246).[19]

O tema da coesão social e da convergência de interesses entre proprietários e trabalhadores também continuou crucial em sua concepção a respeito da condução da política de crédito; ela deveria assegurar que os proprietários aplicassem sua riqueza "em funções reprodutivas" em vez de gozarem da "função de usurários", pois assim estaria preservado também o "direito ao trabalho", central à ideologia trabalhista e à sua proposta em defesa do compromisso de classes. Para isso, seria fundamental inverter finalidades e meios de ação no trato do dinheiro:

---

19 Cabe frisar que Vargas associava a importância do crédito à própria institucionalidade de economias modernas caracterizadas pela complexidade da divisão social do trabalho; nessas economias, ao contrário da "economia de uma sociedade embrionária [que] repousa em pequenas iniciativas individuais, tomadas isoladamente", as relações de crédito deixariam de assumir caráter meramente "subjetivo", individual e esporádico, de maneira que "o crédito torna-se, então institucional". Nesse contexto institucional peculiar, a oferta de crédito deveria preservar uma alta relação com o valor agregado na agricultura, na indústria e no comércio: "Não se verificam mais as relações simples e arbitrárias entre o banqueiro – de um lado – e o lavrador, o industrial, o comerciante e o trabalhador – do outro. Estamos diante de relações complexas, entre o sistema bancário e a lavoura, a indústria, o comércio e os trabalhadores em geral". Agora, a contração da confiança no crédito teria necessariamente consequências gerais (e não individuais) indesejáveis, pois o crédito tornara-se elemento permanente e indispensável para a ampliação "da produtividade e de desenvolvimento da riqueza, fontes de orientação e organização da política de expansão do crédito". Caberia, logo, rejeitar concepções atrasadas de gestão da política creditícia e colocar o crédito a serviço da expansão da produção: "a mentalidade bancária do nosso tempo, que se deve caracterizar por um sentido eminentemente social, não pode, portanto, ficar tolhida por métodos arcaicos, oriundas de concepções contemporâneas de estágios econômicos há muito superados" (Vargas, 1951, p.279-80). O tema, na verdade, não era novo no pensamento de Vargas, tendo sido antecipado mesmo antes de 1930: cf. Fonseca (1987, p.99 et seq.); nem seria esquecido, sendo repetido na passagem da Mensagem Presidencial de 1951 em que se afirmava que o volume de crédito destinado aos agregados econômicos "indústria" e "agricultura", graças à carência de recursos da Creai-BB e à falta de habilidade dos bancos privados, era insignificante em vista das "necessidades" institucionais (Vargas, 1951-1954, p.83-4).

A política econômica e financeira do governo atual tem sido a política da valorização do dinheiro e da desvalorização do trabalho [...] a valorização do dinheiro na mão dos que têm dinheiro e que não aplicam este dinheiro com finalidades sociais. Não sendo capazes de criar uma indústria e empregar esse capital em qualquer atividade produtiva, eles se reservam, no momento em que o governo nega crédito às forças produtivas para, na sua função de usurários, emprestarem o dinheiro a 12, 14, 18 e 20 por cento. É isto o que eu denomino de valorização do dinheiro. Desde que o dinheiro seja concentrado nas mãos de poucos, desde que o governo não forneça crédito para o desenvolvimento da iniciativa privada, o trabalho vai rareando [...] Portanto a política que se está seguindo, da valorização do dinheiro, é a da desvalorização do trabalho, é precisamente a política da perseguição do trabalhador e da produção; ao passo que a política que nós devemos fazer é a do barateamento do dinheiro para que todos tenham trabalho [...] E para que todos tenham oportunidade de trabalhar é preciso que não lhes falte o necessário crédito, sempre que tenham uma boa ideia a executar. É exatamente o inverso do que se está fazendo atualmente, o que é preciso fazer para o futuro. (Vargas, 1951, p.555-6)

Rejeitando o enriquecimento artificial das elites intermediárias do dinheiro, de um lado, e as "infecções ideológicas exóticas e dissolventes", de outro, Vargas propunha um "caminho do meio" fundamentado na inversão produtiva do capital e na garantia do "direito ao trabalho": "Nem a ditadura do proletariado, nem a ditadura das elites. O que a sociedade moderna aspira é o trabalhismo – ou seja, a harmonia entre todas as classes, a democracia com base no trabalho e no bem-estar do povo" (Vargas, 1951, p.419). Nos termos desse compromisso de classes, o fomento da produção por meio da expansão do crédito seria um forte anteparo contra a elevação do custo de vida e contra o comunismo, assegurando o bem-estar coletivo e a paz social por meio do crescimento da renda e do emprego.[20]

---

[20] "Isso será, apenas, a contribuição de qualquer governo bem-intencionado, que se coloque ao lado do povo, e compreenda que o amparo à produção e ao trabalho, além de beneficiar o Brasil, do ponto de vista econômico, diminuirá a nossa inquietação social, causada pelo preço exorbitante da vida que cada vez mais se eleva e permitirá levar às classes menos favorecidas a porção de alegria e conforto a que têm direito" (Vargas, 1951, p.410). A vinculação de crescimento econômico e coesão social seria várias vezes reafirmada durante a campanha, devidamente reforçada pela defesa dos direitos trabalhistas já adquiridos. Cf. Vargas (1951, p.49, 142, 148, 419, 490, 533, 587, 595, 629).

A política cambial também era um peculiar foco das críticas de Vargas, e não poderia ser diferente: vimos como, no final do Estado Novo, foi montado um engenhoso esquema de financiamento dos investimentos industriais privados, instituindo um regime de licenciamento prévio e seletivo de importações (a Portaria Interministerial n. 7) articulado à constituição de fundos compulsórios de investimentos (Decretos-lei 6.224 e 6225) e à oferta de crédito subsidiado de maior prazo pela Creai-BB. Com esse esquema, a administração Vargas buscava canalizar a acumulação interna de lucros do setor privado, apoiado pelo Banco do Brasil, para financiar a reposição de capital fixo desgastado e novos investimentos, usando seletivamente as reservas cambiais acumuladas durante a guerra assim que as dificuldades de fornecimento fossem normalizadas com a reconversão das economias industrializadas.

Como Vargas fazia questão de lembrar em seu primeiro discurso na campanha presidencial de 1950, o regime de licenciamento de importações foi abolido no governo Linhares e retomado, no governo Dutra, apenas depois que a perda de reservas exigiu o contingenciamento dos gastos em divisas. Ao longo da campanha, Vargas não perdeu outras oportunidades para sublinhar a imprevidência de seus sucessores e reafirmar que a utilização das divisas deveria ser feita priorizando a importação de "bens reprodutivos" e recusando pedidos de importações de bens com similar nacional:

> Tendes experimentado surpreendentes e profundos golpes, oriundos da nossa política comercial externa, a qual permite, sem maior cuidado, a importação de similares estrangeiros. Cumpre-nos regular esse comércio internacional, de forma que ele não venha a prejudicar nossas próprias indústrias. Se merecer a maioria dos sufrágios do país, retificarei a orientação que vem sendo seguida a esse respeito pelos responsáveis pela administração pública, só abrindo o mercado interno à produção estrangeira, quando assegurado o inteiro consumo da nacional. (Vargas, 1951, p.574)

Com isso, Vargas reafirmava seu compromisso com a "batalha da produção" e o estendia diretamente para o campo da política cambial e comercial.[21]

---

21 Vargas voltaria à questão outras vezes durante a campanha presidencial, esclarecendo suas prioridades no trato das divisas: "Quando deixei o governo, logo depois do conflito mundial,

Rejeitando políticas ortodoxas de restrição generalizada da oferta de moeda (o "desacreditado estilo dos tempos passados", os "métodos arcaicos"), a Vargas parecia impossível reduzir a inflação sem crescer ao mesmo tempo – de modo que aumentar a produção e reduzir o custo de vida não seriam metas a realizar em diferentes "fases" de um mesmo governo. O combate à inflação, se de fato exitoso, exigiria ser realizado em duas frentes, simultâneas e complementares: ampliar a produção com o apoio decidido das políticas cambial e de crédito, e assegurar o equilíbrio orçamentário. Segundo ele, exatamente o inverso do *mix* de política creditícia e fiscal-monetária do governo Dutra, criticado como desastroso (Vargas, 1951, p. 281, 363).

Na única vez em que tratou mais longamente da questão orçamentária durante sua campanha (e não, ao contrário do que afirmaria Besserman Vianna – 1987, p.35 –, "no único discurso em que se detém sobre os problemas econômicos do país"), diria que "todo e qualquer programa de desenvolvimento econômico será fadado ao fracasso irremediável, como o foram os ultimamente ensaiados, desde que não contem com o amparo de uma política que oriente, equilibradamente, as finanças públicas" (Vargas, 1951, p.65). Mas foram ainda mais frequentes as referências à necessidade de conjugar, ao equilíbrio orçamentário, uma política de expansão do crédito voltado à produção. Diria de improviso em Rio Grande (RS): "Nós precisamos defender o produtor estabelecendo um preço mínimo para a venda de seus produtos

---

o Brasil era, pela primeira vez na sua história, credor internacional, através de divisas que tinham valor ouro [...]. Que fizeram desse dinheiro? Por que não compraram material para o reaparelhamento dos nossos transportes? Por que não adquiriram máquinas, sondas e perfuratrizes para incrementar a pesquisa e desenvolver a produção de petróleo? Por que fundiram nossas reservas em quinquilharias, automóveis, em objetos de luxo, em coisas que não aproveitam à comunidade, que não criam riqueza?" (Vargas, 1951, p.257); ou na seguinte passagem: "Durante a Segunda Guerra Mundial, através de sacrifícios sem conta, trabalhamos todos para acumular riqueza pública. Em nossa já longa vida independente, pela primeira vez, chegamos ao fim da guerra na situação de credores das grandes nações industriais do mundo. Mais de seiscentos milhões de dólares estavam nos Estados Unidos, na Inglaterra e noutros países, aguardando o momento oportuno em que pudéssemos aplicá-los no reequipamento das nossas indústrias básicas. Era a forma de pagar os sacrifícios comuns, ampliando a eletrificação ferroviária, comprando teares de maior e melhor produção com menor esforço, desenvolvendo, enfim, uma indústria metalúrgica que suprisse as necessidades do país. Sabeis o destino melancólico dessas vultuosas reservas? Transformaram-se em bugigangas, em ouropéis e enfeites, como no tempo dos índios. Em lugar de bens reprodutivos, compramos contas e miçangas" (Vargas, 1951, p.474-5).

e permitindo-lhe o financiamento oportuno [...] Não se pode baratear a vida sem aumentar a produção e não se pode aumentar a produção fazendo uma guerra de morte contra os produtores" (Vargas, 1951, p.598). E o que seria uma guerra de morte contra os produtores? "Todos sabem que a vida encarece cotidianamente e que não se pode promover o barateamento da vida sem aumentar a produção. Mas como aumentar a produção, se o governo faz uma guerra de morte, negando crédito à produção, à lavoura, ao comércio, à indústria e à pecuária?", conforme perguntaria dois dias depois (Vargas, 1951, p.636).[22]

No entanto, se é verdade que Vargas propunha, de um lado, assegurar crédito "fácil e barato" junto ao Banco do Brasil e, de outro, destinar as divisas para atividades complementares (e não competitivas) às indústrias aqui instaladas, o retorno ao que chamara de "um nacionalismo econômico moderado, mas eficiente" não deveria envolver, doutrinariamente, uma recusa à "cooperação internacional" para o financiamento de investimentos industriais. Muito embora Vargas frisasse a necessidade de regular a entrada de capitais, não abria mão de financiamento externo, desde que se preservasse o controle nacional dos recursos naturais imprescindíveis à defesa nacional, como o petróleo (a "ser explorado por brasileiros com organizações *predominantemente* brasileiras" [Vargas, 1951, p.258]); e caso se assegurasse a vinculação dos investimentos estrangeiros às necessidades de desenvolvimento do país:

> Não sou, como tendenciosamente afirmam forças reacionárias, inimigo da cooperação do capital estrangeiro. Ao contrário, convoquei-o muitas vezes a cooperar com o Brasil durante os anos de minha administração. Sou adversário, sim, da exploração do capitalismo usurário e oportunista, visando exclusivamente o lucro individual e fugindo à função mais nobre de criar melhores condições de

---

22 Voltaria ainda à questão no penúltimo discurso da campanha presidencial, dando um sentido geral a ela: "A campanha que estamos desenvolvendo e a pregação que vimos fazendo através de vários Estados do Brasil, são no sentido da recuperação econômica da Pátria e da valorização do trabalho. A recuperação econômica tem em suas finalidades principais conseguir o barateamento da vida. Mas para conseguir o barateamento da vida é necessário aumentar a produção, e não se aumenta a produção fazendo, como faz o atual governo, uma guerra de morte contra a indústria, o comércio e a lavoura [...] o que se torna necessário a fim de aumentar a produção é amparar o produtor com crédito barato e fácil, com crédito a juros baixos e a prazo longo" (Vargas, 1951, p.652).

vida para todos. Por isso, sempre preferi e continuo a preferir, como método de ação, o sistema das sociedades de economia mista. (Vargas, 1951, p.303)

Nesse sentido, sua postura era coerente àquela que esposava em relação ao trato do capital interno: era necessário, sobretudo por meio de *joint ventures*, garantir a inversão produtiva (e não "usurária") do capital para articulá-lo às novas diretrizes do desenvolvimento industrial do país. Essas *joint ventures* deveriam desenvolver os ramos pesados de bens de produção que Vargas dizia ser necessário fomentar (e cujos requisitos financeiros mostraram-se bastante superiores à acumulação de lucros do setor privado nacional, ainda quando apoiado pela Creai-BB). Essa definição relativamente rígida das fronteiras da esfera de atuação do capital estrangeiro traria problemas em sua relação com o governo dos Estados Unidos e com o Banco Mundial, como veremos.

O problema mais emergencial visualizado por Vargas na campanha, porém, era a possibilidade de deflagração de um novo conflito militar em escala mundial:

> O futuro do Brasil está hoje em jogo, mais do que em qualquer oportunidade semelhante. Dos países estrangeiros hoje chegam os ruídos ameaçadores de conflito, próximo ou distante. Que será de nosso povo, em face de uma possível terceira guerra mundial? A última teria sido para nós verdadeiramente calamitosa, não fossem as precauções tomadas pelo meu governo. Agora, desfalcados de matérias-primas industriais, se irromper uma conflagração mundial, soçobraremos como embarcação sem bússola. Tudo ou quase tudo ficará paralisado e regrediremos meio século. Esse o panorama do futuro se errarmos na escolha [...] não é possível que nos façamos corresponsáveis pelos dias sombrios que o futuro nos reserva. (Vargas, 1951, p.546)

Vargas não estava incorrendo em falsidade retórica ao afirmar ser urgente evitar que o país regredisse caso a deflagração de uma guerra mundial desfalcasse o país de matérias-primas essenciais e "se errarmos na escolha": buscando se antecipar aos acontecimentos, já recebera no início de setembro um longo relatório elaborado por Walder Sarmanho, até então ministro de segunda classe da Embaixada Brasileira em Washington (e ex-chefe de gabinete de Vargas, por mais de dez anos, antes de ingressar na diplomacia), a ser promovido à primeira classe por Vargas um ano depois. Nesse relatório, intitulado "Sugestões para a defesa econômica do Brasil em situação de emergência" (GV 50.09.03), várias iniciativas emergenciais para assegurar o abastecimento do país eram analisadas e sugeridas.[23]

Diante da possibilidade de deflagração de um terceiro conflito mundial, a política que Sarmanho recomendava a Vargas era a de se antecipar aos acontecimentos, o mais rapidamente possível (GV 50.09.03). Tratava-se de acelerar o ritmo de formação de estoques domésticos de insumos essenciais em detrimento de importações não essenciais, antes da imposição de cotas para exportação de produtos norte-americanos ou, antes disto, de aumento ainda maior das cotações internacionais, que acompanharia a escassez de suprimentos trazida por nova mobilização de guerra da economia dos Estados Unidos.

Como forma de financiamento externo das compras ("sempre que as nossas disponibilidades cambiais não permitirem o pagamento com nossos próprios recursos"), deveria apelar-se ao Bird, ao Eximbank e à formação de um *pool* de bancos privados norte-americanos. E, internamente, deveria ampliar-se o crédito seletivo para conferir recursos tanto a iniciativas subsidiárias do esforço de estocagem, como à aceleração de investimentos voltados a substituir as importações mais caras de produtos manufaturados pela importação de insumos ou matérias-primas a serem manufaturadas internamente, apressando a construção de novos silos, refinarias de petróleo, destilarias de álcool etc. (GV 50.09.03).

Na Mensagem Presidencial de 1951, as sugestões de Sarmanho eram transformadas em peça de programa de governo: afirmava-se que o governo devia defender a sustentação dos altos preços do café, do algodão e do cacau (sem excluir uma política de ampliação da exportação de outros produtos), porque se esta já seria uma política aconselhável em tempos normais, "justifica-se de maneira especial na presente conjuntura, em que o suprimento de artigos essenciais à manutenção da atividade nacional deve ser procurado em qualquer país que seja capaz de atendê-lo" (Vargas, 1951-1954,

---

23 Na verdade, o debate na imprensa sobre a necessidade de estocagem de produtos essenciais e materiais estratégicos já era intenso desde o início da campanha eleitoral (coincidindo aproximadamente com o início das hostilidades na Coreia). Ver, por exemplo, as matérias em *O Globo* (8 ago. 1950), *O Jornal* (1 e 10 set. 1950), *Correio da Manhã* (8 set. 1950) e *O Economista* (26 set. 1950).

p.90). Pois, em meio à sua escassez generalizada, o aumento dos preços dos bens essenciais importados podia até inverter o resultado favorável das contas externas, devendo orientar uma rápida política de estocagem antes que isso acontecesse:

> As perspectivas são, aliás, de uma nova inversão da balança comercial externa, e, mesmo, do balanço de pagamento, à falta de disponibilidades exportáveis de bens essenciais ao Brasil, nos mercados tradicionalmente fornecedores. Sob esse aspecto, o grande saldo verificado na balança comercial, em 1950, constitui mau presságio para o ano em curso. Cumpre, portanto, incrementar as aquisições externas de bens essenciais, até mesmo com a consequente acumulação de estoques daqueles que se vão tornando escassos, assegurando-se ao país, por outro lado, através de acordos internacionais, o suprimento regular das mercadorias estrangeiras imprescindíveis à nossa economia, em face da conjuntura mundial. (Vargas, 1951-1954, p. 90-1)

É significativo que, na Mensagem de 1951, a menção feita na campanha presidencial às ameaças trazidas por uma terceira guerra mundial fosse devidamente acompanhada pela advertência de que, ainda antes de assumir o cargo, o atual presidente havia encomendado estudos que indicavam as políticas de emergência a serem seguidas diante daquelas ameaças. Vargas acreditava que a adaptação ao contexto internacional não podia voltar a ser lenta e gradual, mas ser tomada em caráter de urgência, sem vacilações e demoras:

> Os recentes acontecimentos começam a refletir-se no comércio mundial e na economia brasileira. Os preparativos de defesa das nações vêm alterar as condições de oferta e procura nos mercados mundiais. É de presumir que, num prazo relativamente curto, a situação do balanço de pagamentos do país tenda a inverter-se. Antes mesmo de iniciar o mandato, atribui importância primordial ao estudo dos problemas e das medidas relacionadas com as perspectivas internacionais, para, tomadas em tempo oportuno as providências cabíveis, como já o vêm sendo, compensar os impactos negativos das novas condições sobre a economia nacional. (Vargas, 1951-1954, p.95)

A política de importações estava, na verdade, em meio a um dilema visível: quanto mais demorasse a completar a formação dos estoques essenciais, o risco de ser incapaz de constituí-los era maior em virtude da possibilidade de corte de sua oferta internacional; mas se a concessão de licenças para a formação desses estoques fosse rápida demais perante as disponibilidades de divisas, o risco de ficar sem divisas para realizar compras necessárias futuramente também existia. Entre ficar sem divisas por acelerar as compras ou economizar divisas e ser incapaz de usá-las posteriormente, a opção do governo era nitidamente pelo primeiro dos dois riscos: como nos termos da campanha, a prioridade era impedir que, pela falta de insumos, "tudo ou quase tudo fique paralisado, em uma regressão de meio século".

Mas para prevenir de forma mais duradoura ambos os riscos, Vargas propunha acelerar o processo interno de substituição de importações em simultâneo à constituição dos estoques de bens intermediários, conseguindo recursos externos que ajudassem a financiá-lo:

> No plano interno, além das providências monetárias e fiscais, indicadas noutra parte, diligenciarei no sentido de promover uma política de estocagem de produtos essenciais: ampliar a capacidade de armazenagem; apressar a conclusão dos empreendimentos de relevante interesse para a economia do país, dependentes de financiamentos externos, obtido para esse fim as prioridades para as importações indispensáveis. (Vargas, 1951-1954, p.96)

Embarcar em um processo acelerado de substituição de importações que modificasse a própria estrutura produtiva era muito arriscado naquela circunstância, pois as importações necessárias para os investimentos concorreriam com as exigências de divisas para formar estoques de bens intermediários que fizessem funcionar a estrutura produtiva já existente. Mas o risco parecia estar sendo calculado, exigindo a rápida conclusão de acordos internacionais para suprimento de bens essenciais e para financiamento de projetos que viabilizassem sua produção interna. De fato, a proposta de fomentar investimentos nas indústrias de base era reforçada, naquela conjuntura internacional, pela necessidade de evitar o impacto desfavorável da interrupção do fornecimento de insumos básicos sobre a estrutura produtiva já existente, até então concentrada em bens de consumo:

A dificuldade de aquisição de matérias-primas e maquinaria estrangeiras, em virtude da situação nacional, é um desses empecilhos que tende a agravar-se. Às restrições adotadas pelos países fornecedores que já se fazem sentir no Brasil, principalmente nas indústrias que consomem metais não ferrosos, produtos químicos essenciais, ferro e aço, folha de flandres, ao mesmo tempo em que se acentuam as dificuldades para obtenção de equipamentos. Como medida destinada a evitar maiores entraves à expansão das indústrias nacionais de bens de consumo, cumpre fomentar a criação das indústrias de base destinadas a garantir suprimentos regulares. (Vargas, 1951-1954, p.129)

Em suma, para Vargas e sua equipe, a ameaça de guerra exigia acelerar o processo de adaptação da economia brasileira aos choques externos (guerras, crises cambiais) que lhe impossibilitavam, regularmente, suprir-se das importações que lhe eram essenciais, induzindo obter tais suprimentos básicos por meio de projetos internos.

De todo modo, diante da grande instabilidade internacional, caberia à Cexim se ajustar rapidamente às mudanças de conjuntura, mas sem se afastar dos princípios definidos no sentido de selecionar inequívocas prioridades no uso das divisas. Ou melhor, no sentido de evitar que a importação de bens de consumo concorresse com as importações de bens intermediários e de capital fixo:

A natureza extremamente dinâmica dos problemas econômicos exige que a atuação da referida Carteira se ajuste às exigências das conjunturas que lhe cumpre atender, mas sem que se afaste ela de suas diretrizes essenciais. Tenho, entretanto, a lamentar que ultimamente, interpretando com otimismo os efeitos dos melhores preços alcançados pelo café e outros produtos, a Carteira tivesse afrouxado a aplicação dos critérios que deveriam orientá-la, invertendo, em aplicações não essenciais ou simplesmente especulativas, disponibilidades exigidas por setores básicos da produção nacional [...] Louvando-se na gravidade da situação internacional, a execução do controle permitiu importações maciças de produtos não essenciais, sob os mais variados pretextos, inclusive o de estocagem. (Vargas, 1951-1954, p.96)

A defesa de uma política de seletividade cambial que limitasse a importação de bens de consumo não essenciais ou com similar nacional não era, entretanto, uma decisão induzida apenas, naquela circunstância internacional emergencial, pela necessidade de economizar divisas para propiciar as importações mais essenciais de bens intermediários e de capital sem similar no país. Como nas propostas da campanha presidencial, a política cambial seletiva também era justificada pela necessidade de resguardar o crescimento das indústrias nacionais de bens de consumo, protegendo-as da competição internacional – assim como fizeram os países industrializados no fomento de suas indústrias nascentes.[24]

***

Houve grande linha de continuidade entre as preocupações manifestas na campanha presidencial e as propostas sistematizadas na Mensagem de 1951, em todos os temas acima abordados. O programa de governo era claro: orientar investimentos na direção de um novo perfil industrial ancorado na produção de insumos básicos e bens de capital, superando as restrições ao desenvolvimento econômico, que também era considerado uma condição para a conciliação de classes sociais. Para essa finalidade, o Estado devia realizar ou induzir investimentos essenciais para superar pontos de estrangulamento, com planos setoriais bem definidos.[25] As políticas

---

24 "O impacto sofrido por essa indústria [de bens de consumo], em 1947, por motivo das importações indiscriminadas e em massa de manufaturas já fabricadas no País, não arrefeceu o ânimo dos industriais brasileiros que, não obstante a concorrência externa, mantiveram o ritmo de produção em quase todos os setores e empreenderam a renovação e ampliação de equipamentos, grandemente desgastados pelo esforço de guerra. Contudo, a experiência demonstrou, então, que a indústria nacional não pode prescindir de uma sadia política de comércio exterior, tendente a pôr as empresas instaladas para produção de artigos essenciais a coberto de surpresas resultantes de liberalidades excessivas em relação à concorrência externa. A falta de política aduaneira e, mais que isso, a situação cambial exigem a instituição daquela política, que deverá ser seguida pelo menos enquanto não se achar devidamente consolidada a posição industrial do país em face das nações industrialmente desenvolvidas. Preconizando tal orientação adotamos tão só a diretriz seguida por todas essas nações, durante o seu desenvolvimento" (Vargas, 1951-1954, p.128).

25 O programa acelerado de substituição de importações de insumos básicos e bens de capital deveria envolver investimentos na expansão da produção siderúrgica, incluso a de aços especiais (Vargas, 1951, p.120 et seq.); na produção de produtos químicos básicos, como aço sulfúrico, álcalis, barrilha e soda cáustica (Vargas, 1951-1954, p.124 et seq.); na produção de motores (Vargas, 1951-1954, p.127); de equipamentos de transporte e comunicação (Vargas, 1951-1954, p.151 et seq.); além de investimentos que superassem os estrangulamentos na

macroeconômicas, por sua vez, deveriam contar com expansão do crédito para fomentar a produção e combater a inflação; e com política cambial seletiva para fomentar a substituição de importações; com política fiscal que evitasse déficits, mas também aumentasse recursos para investimentos públicos nos ramos básicos.[26]

Esse programa não era ortodoxo, nem meramente reativo ao agravamento das restrições externas gerado pela abertura comercial e financeira do governo Dutra e, depois, por mais uma rodada de substituição de importações concentrada no setor de bens de consumo. Na verdade, a Mensagem de 1951 adaptava, a um novo contexto, o programa de intervenção desenvolvimentista já delineado durante a guerra, mas barrado pelo avanço liberal. Agora, a justificativa ideológica desenvolvimentista para a intervenção estatal era exatamente a de que era mais conforme a "tendências manifestadas" no processo de substituição de importações no Brasil,

---

infraestrutura de transportes e comunicações (Vargas, 1951-1954, p.143 et seq.) e no fornecimento de energia elétrica, a partir de usinas hidrelétricas (Vargas, 1951-1954, p.156 et seq.). Ainda não havia qualquer referência à indústria de materiais elétricos, mas Vargas conferia uma especial ênfase à realização de projetos de investimento voltados ao refino interno de petróleo. O objetivo básico era economizar divisas com a substituição das importações de petróleo já refinado por importações de petróleo bruto a ser manufaturado internamente, em conjunto com o fomento à construção nacional de navios petroleiros (para reduzir custos de frete e ameaças de interrupção de fornecimento por escassez de praça marítima) e de novos silos para estocagem (Vargas, 1951-1954, p.162-6). A mesma lógica seria válida para fomentar a produção interna de carvão (Vargas, 1951-1954, p.167-8).

26 A Mensagem de 1951 também reproduzia, às vezes textualmente, as propostas de campanha nas críticas às políticas do governo Dutra (Vargas, 1951-1954, p.13-14, 81-3, 94, 96-7); na importância da expansão do crédito para fomentar a produção e combater a inflação (Vargas, 1951-1954, p.12, 83-4, 86-7); no papel de uma política cambial seletiva para fomentar deliberadamente a substituição de importações, em conjunto com a política de crédito (Vargas, 1951-1954, p.84, 89-92, 95-6, 128); na importância do equilíbrio orçamentário para combater a inflação e financiar grandes empreendimentos básicos de caráter público (Vargas, 1951-1954, p.12, 67-8, 77, 81-3, 185-6); na necessidade de orientar investimentos na direção de um novo padrão industrial ancorado na produção de insumos básicos e bens de capital, com ênfase na intervenção do Estado para superar pontos de estrangulamento (Vargas, 1951-1954, p.91-2, 122, 129, 133, 143, 151, 156-9, 162, 168); no papel da cooperação internacional para complementar a carência interna de capitais (Vargas, 1951-1954, p.187-9); no papel do crescimento econômico como condição de conciliação de classes (Vargas, 1951-1954, p.12-13, 222-4); na ênfase nas condições externas desfavoráveis a serem esperadas com a Guerra da Coreia e seus possíveis desdobramentos mundiais, exigindo a realização de uma política emergencial de estocagem de bens essenciais cuja escassez futura era provável – e uma aceleração da substituição de importações apoiada em financiamento interno e externo (Vargas, 1951-1954, p.90-1, 95-7).

ao contrário das ilusões liberais quanto à suficiência de capitais externos e exportações tradicionais:

> O desenvolvimento econômico requer crescentes importações de bens de produção e, de vez que os rendimentos se elevam, também maiores volumes de importação de bens de consumo. Mas a ampliação das importações supõe um incremento da procura internacional para nossos produtos de exportação ao lado da entrada de capitais estrangeiros. Nossas exportações, entretanto, não se têm expandido numa taxa equivalente à demanda de importações e, de outro, não têm sido ponderáveis, nem estáveis, os influxos de capitais. Em consequência, tende a balança de contas do país a ser cronicamente desequilibrada, coartando o progresso econômico interno [...] Nessas condições, a economia nacional, através de lento e descontínuo processo de adaptação, vem sofrendo uma transformação estrutural, que consiste essencialmente na substituição de importações pela produção doméstica e na diversificação das exportações. Esse processo, que se iniciou pela substituição das importações das manufaturas destinadas ao consumo, se prolonga na fase mais recente pelo crescimento de produção interna de bens de capital, antes importados [...] Um dos objetivos fundamentais da política econômica do governo deve residir na criação das condições que facilitem o referido processo de adaptação, em conformidade com as tendências manifestadas, como a solução naturalmente indicada para assegurar não só o desenvolvimento econômico como o equilíbrio das relações internacionais. A correção do desequilíbrio permanente do balanço de pagamentos importa em defender as iniciativas nacionais, para garantia da expansão da produção substitutiva de importações, sempre que economicamente viável; em expandir as receitas de exportação e em assegurar um influxo estável de capitais estrangeiros. (Vargas, 1951-1954, p.91-2)

Os programas da Mensagem de 1951 não ficaram no papel, e orientaram de fato a condução do governo. Isso talvez seja mais claro nos projetos de investimentos priorizados pela alocação de recursos fiscais e financeiros, embora não tenham sido coordenados por alguma agência central de planejamento, a não ser pelo próprio presidente e sua assessoria, de modo pouco formalizado. Isso foi enfatizado por vários membros da assessoria econômica do presidente, o corpo burocrático informal que o assessorava na redação de programas e no acompanhamento das políticas: a crer no depoimento de

Jesus Soares Pereira (membro original da assessoria e seu segundo coordenador), vários dos programas parciais elaborados pela assessoria até 1954, e não foram poucos, seguiram as diretrizes básicas (ainda gerais e vagas) do que chamou de "Mensagem Programática" de 1951 (Pereira, 1975, p.89 et seq.). Cleantho de Paiva Leite, outro importante assessor direto de Vargas, foi ainda mais longe ao afirmar que "essa integração de vários projetos isolados é a característica principal, dominante, do segundo governo Vargas. Em vez de projetos isolados, você tem, no segundo governo, esse quadro, esses parâmetros, dentro dos quais vão se inscrevendo os problemas prioritários do país" (apud Lima, 1986, p.251). Para Rômulo de Almeida (1980), embora houvesse unidade de diretriz entre os diversos projetos parciais elaborados, vinculá-los explicitamente a um plano de metas era visto pelo presidente como politicamente oneroso e, talvez, até como tecnicamente ineficaz, ainda que a recusa de fazê-lo envolvesse o risco de ter dificultada a tarefa de coordenação posterior, pela ausência de um organismo formal de centralização de decisões.[27]

---

27 "Agora, não se falava em plano, em planejamento não se falava, por uma razão: havia primeiro um bombardeio contra essa ideia de plano [...] ainda continuava no ar aquela polêmica do Gudin contra o Simonsen e o grande bombardeio de Gudin contra o livro de Von Mises e de Hayek e tal, e então havia um certo receio. Por outro lado o presidente, como era um homem muito ligado a uma ideia de Estado atuante e tinha uma grande resistência contra ele – a maioria no Congresso, suspicácias internacionais, alguns elementos do setor privado e tudo mais –, então ele teve muita preocupação de evitar que ostensivamente se adotasse esse nome, *pelo menos na fase inicial*" (Almeida, 1980, p.7, 10). Depois que vários programas parciais amadureceram, porém, o risco político em admitir a existência de um planejamento central implícito aos projetos foi assumido, particularmente na Mensagem de 1953, sujeito à ressalva, porém, de que o plano não nascera pronto e acabado, mas vinha sendo atualizado constantemente: "Como acentuei no discurso do segundo aniversário da atual gestão, os programas que o governo tem lançado, ou cujos estudos estão em andamento, pela sua coerência e unidade fundamental, apresentam, em conjunto, o característico de um plano de governo. Não era, entretanto, possível retardar o início dos programas parciais – tão desprovido estava e ainda está o país de recursos básicos e tão carente de técnicos – até que se elaborasse um plano global. A integração formal e informal dos programas parciais de energia, transportes, agricultura, indústrias de base, de obras sociais e de política monetária, na unidade de um plano, com as retificações recíprocas que se impuserem, é tarefa que já determinei e está sendo realizada em coordenação com os órgãos próprios. Para elaboração definitiva do plano e de sua permanente atualização, torna-se cada vez mais notória a necessidade da criação de um Conselho de Planejamento e Coordenação contando com serviços técnicos suficientemente equipados" (Vargas, 1952-1969, v.3, p.277). Como se sabe, tal agência não entrou em vigor no governo Vargas, embora algo similar a ela (o Conselho de Desenvolvimento Econômico) viesse a vigorar no governo Juscelino Kubitschek.

Além da coordenação das decisões, o problema fundamental do programa desenvolvimentista era seu financiamento. Para isso, a própria restauração do par crédito/câmbio seletivo e barato era instrumental, mas insuficiente. Em 1951, mantido o câmbio fixo e sobrevalorizado, as reservas cambiais foram usadas para financiar a expansão das importações de bens de capital e insumos, que aumentaram significativamente nos primeiros anos de governo, antes que uma nova crise cambial forçasse sua desaceleração.[28] Na política de crédito, Ricardo Jafet foi indicado para o Banco do Brasil com a missão explícita de expandir o volume e rebaixar o custo do crédito, gozando de proteção presidencial contra a tentativa de enquadramento do banco ao Ministério da Fazenda, de onde Horácio Lafer pretendia realizar uma política de crédito menos expansiva. Cabe lembrar que a crítica que Lafer fazia à política creditícia do Banco do Brasil não vinha de fontes ortodoxas, mas do argumento de que o crédito devia ser mais seletivo para apoiar imobilizações de capital fixo e o pleno emprego, evitando *booms* que implicassem inflação de estoques mercantis, loteamento de terras e imóveis urbanos.[29]

Seja como for, recursos cambiais e financeiros baratos oferecidos pelo Banco do Brasil não eram suficientes para financiar investimentos pesados nos ramos básicos, cujos requisitos de financiamento ultrapassavam o horizonte financeiro das firmas locais e nos quais a disponibilidade de tecnologias materializadas em bens de capital importados era limitada. Em outras palavras, a utilização da política cambial como instrumento de política industrial se limitava a incentivar demandas de diversificação industrial passíveis de serem atendidas mediante bens de capital acessíveis no mercado internacional, e cujos requisitos de financiamento e escala (ou mesmo de risco) estivessem ao alcance de decisões de diversificação do capital local que não exigissem mecanismos mais avançados de centralização de capitais. Para superar a industrialização restringida, portanto, era necessário criar fundos financeiros internos e mobilizar recursos em moeda externa

---

28 As importações de bens de consumo no biênio foram, em sua imensa maioria, feitas sem que o critério de seletividade na utilização das reservas fosse desrespeitado, ou seja, por meio de operações vinculadas a exportações de produtos "gravosos" ou de convênios comerciais de compensação bilateral.

29 Sobre as ideias heterodoxas de Horácio Lafer e o fracasso de sua tentativa de controlar o Banco do Brasil, por não contar com o apoio do presidente, ver Bastos (2005; 2001).

em escala muito superior àquela passível de acumulação pelas firmas locais, mesmo quando compensassem parcialmente suas disponibilidades de capital com crédito e câmbio baratos.

No que tange aos recursos em moeda local, sua mobilização foi tarefa destinada à assessoria econômica da Presidência e ao Ministério da Fazenda. A assessoria elaborou projetos que envolviam, várias vezes, a proposta de uma nova agência pública para administrar os programas e novos fundos fiscais vinculados às tarefas específicas. Em vez de esperar por reformas financeira, tributária e administrativa gerais, preferiu contornar obstáculos políticos por meio de reformas incrementais no sistema tributário e administrativo. Como "braço" de Vargas na formulação de novos programas, a atuação da assessoria foi pródiga: Petrobras, Fundo Nacional de Eletrificação, Eletrobrás, Plano Nacional do Carvão, Comissão de Desenvolvimento Industrial (e seu Plano Geral de Industrialização), Subcomissão de Jeeps, Tratores, Caminhões e Automóveis, Capes, Carteira de Colonização do Banco do Brasil, Instituto Nacional de Imigração, Comissão Nacional de Política Agrária, Banco do Nordeste do Brasil, Plano Nacional do Babaçu, Companhia Nacional de Seguros Agrícolas e Conselho Nacional de Administração de Empréstimos Rurais.[30]

Ao Ministério da Fazenda coube, em um primeiro momento, assegurar o equilíbrio orçamentário por meio de aumento da arrecadação e racionalização do gasto, priorizando investimentos; paralelamente, elaborou-se um plano financeiro para o reaparelhamento econômico do país (aquilo que seria conhecido como Plano Lafer), que deveria permitir, em um segundo momento, ampliar a capacidade de produção nos ramos básicos sem prejudicar o equilíbrio orçamentário. O Plano Nacional de Reaparelhamento Econômico contaria com o empréstimo compulsório de adicional sobre o Imposto de Renda, assim como recursos do Banco Mundial e do Eximbank, constituindo o Fundo de Reaparelhamento Econômico (FRE). Os recursos seriam geridos por um novo banco público, o Banco Nacional de Desenvolvimento Econômico (BNDE), que financiaria projetos prioritários elaborados pela Comissão Mista Brasil-Estados Unidos (CMBEU).

---

30 A listagem é de D'Araujo (1982, p.135). Para uma análise geral das transformações operadas no aparelho de Estado durante o segundo governo Vargas, ver Draibe (1985, capítulo 3); para uma listagem sucinta dos órgãos criados em seu governo, sob influência da assessoria econômica ou não, ver Fonseca (1987, p.366).

Horácio Lafer foi o responsável pela tramitação do projeto do BNDE junto ao Congresso Nacional, e o Ministério das Relações Exteriores cuidou da negociação dos recursos externos transferidos para os projetos da CMBEU, seguindo instruções claras de Vargas. O objetivo brasileiro era obter recursos nos termos do Ponto IV, ou seja, do compromisso do presidente Truman de prover assistência técnica e financeira a países pobres sob sua área de influência. O governo Dutra já requisitara a formação de uma comissão para analisar projetos que pudessem intitular o país a recorrer às promessas de ajuda norte-americanas desde abril de 1949, mas a troca de notas diplomáticas que formalizaria o início dos estudos para a formação de uma comissão mista só se realizaria em dezembro de 1950 – depois de já ser conhecida a vitória de Vargas nas eleições de outubro e, sobretudo, de já haver sido convocada pelos Estados Unidos a IV Reunião de Consulta dos Chanceleres Americanos, visando obter apoio continental para a mobilização militar na Coreia. O sinal para uma barganha era claro, e ele foi rapidamente entendido e aproveitado pelo novo governo brasileiro.

Desde o início das gestões bilaterais, era claro ao governo Vargas que o Ponto IV criara uma excelente oportunidade. O objetivo do presidente era trocar o alinhamento político-militar por colaboração econômico-financeira, seguindo o padrão que dera certo nas negociações que levaram ao financiamento da CSN em 1942 e buscando assegurar, agora, não só suprimentos essenciais em caso de emergência, como recursos para levar adiante os projetos de superação dos estrangulamentos na infraestrutura de transportes e energia identificados na campanha presidencial. Isso era confidenciado por João Neves a Oswaldo Aranha, em carta datada de 9 de janeiro de 1951:

> Devemos cooperar – e havemos de cooperar com os Estados Unidos –, mas a cooperação deve ser recíproca, conseguindo nós que as utilidades a serem alcançadas no estrangeiro se convertam em utilidades indispensáveis ao Brasil, em bens de produção ou semelhantes [...] se entregarmos, embora bem vendidos, nossos minerais estratégicos, é justo que também tenhamos fábricas de seus produtos para nossa defesa que é, também, a defesa dos Estados Unidos. (OA 51.01.09)

Também era claro ao governo brasileiro que o objetivo estratégico norte-americano, ao iniciar nova rodada de "cooperação pan-americana", era assegurar o fornecimento de minerais estratégicos no Brasil e, se possível, contar com o apoio de uma nova força expedicionária brasileira na Coreia (ver *O Globo*, 19 jan. 1951; GV 51.01.01/1; OA 51.01.09). Como Vargas resistiu atender à solicitação de envio de tropas à Coreia, a posse de materiais estratégicos foi o principal trunfo utilizado pelos negociadores brasileiros para assegurar a colaboração financeira externa, desde o início das negociações bilaterais. De fato, Vargas chegaria mesmo a afirmar publicamente, em entrevista ao jornal *O Globo*, em 19 de janeiro de 1951, que a exportação de areias monazíticas seria a grande arma brasileira nas negociações bilaterais com os Estados Unidos durante a reunião de chanceleres, dali a três meses (o que não deixaria de ser enfatizado em despacho do vice-cônsul norte-americano no Rio de Janeiro ao Departamento de Estado: NA-M1489: 832.00/1-2251). No memorando enviado ao embaixador dos Estados Unidos em meados de janeiro de 1951, em que estipulava os termos da barganha, Vargas tampouco escondia (antes de sua posse) que:

> A boa vontade do governo brasileiro de contribuir com as matérias-primas nacionais para a economia de emergência dos Estados Unidos deve encontrar sua contrapartida na boa vontade do governo norte-americano de conceder prioridades de fabricação e créditos bancários a termo médio e longo, para a imediata execução de um programa racional de industrialização e de obras públicas, ao qual serão consagrados os principais esforços da administração brasileira (GV 51.01.04/2).[31]

As pressões de Vargas surtiram efeito. Ao receber o extenso memorando, o subsecretário de Estado, Edward Miller, sugeriu ao secretário Dean Acheson que assinasse um memorando ao presidente Truman sobre as negociações com o Brasil, em que se afirmava que o memorando enviado por Vargas criava uma nova urgência nas relações bilaterais e era "um dos mais importantes documentos das relações Estados Unidos-Brasil nos anos recentes" (NA-M1489: 832.00/1-2551). Na IV Reunião de Consulta dos Chanceleres Americanos, o argumento brasileiro era que, para além da cooperação

---

31 Vargas também solicitava que os Estados Unidos não buscassem reduzir artificialmente os preços do café ou outros produtos exportados pelo Brasil, além de arrolar um grande número de projetos internos a serem financiados e exigir prioridades de suprimento de insumos essenciais em meio à escassez trazida pela Guerra da Coreia.

militar, a promoção do desenvolvimento econômico seria um anteparo contra a principal ameaça subversiva na região, a infiltração de ideias comunistas em países marcados pela pobreza e pelas desigualdades sociais. Em julho de 1951, após intensas negociações, a CMBEU foi constituída a partir de um compromisso *informal* dos Estados Unidos de assegurar, junto ao Banco Mundial e ao Eximbank, pelo menos US$ 300 milhões para financiar os projetos aprovados pela Comissão Mista. Esses recursos eram essenciais para contornar a escassez de reservas cambiais para importar bens de capital e serviços de engenharia estrangeiros.

As diretrizes de Vargas continuaram sendo seguidas na negociação do Acordo Militar Brasil-Estados Unidos em março de 1952. Com este, o governo brasileiro negava-se ao envio de tropas, mas se comprometia a fornecer materiais estratégicos para a mobilização militar norte-americana (manganês, areias monazíticas e urânio, por exemplo) – além do embargo de tais materiais a países da "Cortina de Ferro" –, em troca de novas promessas de fornecimento de insumos essenciais em caso de guerra e de apoio futuro para o aparelhamento e treinamento das Forças Armadas brasileiras (Bandeira, 1997; D'Araujo, 1982).

A dura negociação envolvendo a barganha de insumos estratégicos por financiamento externo mostra que Vargas não era xenófobo, pois precisava superar tanto as restrições cambiais como as resistências políticas internas à centralização de recursos pelo Estado. A propósito, a necessidade de contrapartida financeira em moeda local para os recursos externos foi usada por Lafer, em sua negociação com o Congresso Nacional, para contornar resistências políticas à aprovação do Fundo de Reaparelhamento Econômico e do BNDE, sob pena de perder os recursos externos.[32]

---

32 "A carência de capitais nacionais, impossível de suprir-se sem sacrifícios dos níveis de vida, reclama um crescente influxo adicional de capitais estrangeiros [...] Em face da experiência do após-guerra na finança mundial, devemos esperar mais da cooperação técnica e financeira de caráter público. Até porque a maior aplicação de capitais privados pressupõe a existência de condições que só podem ser criadas mediante inversões públicas em setores básicos, tais como energia e transporte [...] Nossas fontes de capitais públicos são hoje o governo norte-americano, através do Eximbank, e os organismos internacionais, criados em Bretton Woods, o Banco Internacional de Reconstrução e Desenvolvimento e o Fundo Monetário Internacional [...] Vale salientar que o Brasil está incluído entre as áreas da economia mundial que se devem beneficiar com a ajuda técnica e financeira através do denominado Ponto IV, ou seja, o programa de assistência do governo norte-americano às regiões economicamente subdesenvolvidas" (Vargas, 1951-1954, p.187-8).

Vargas também não era "entreguista": se não rejeitava a associação com financiadores estrangeiros, tampouco aceitava qualquer associação. Por isso, precisava de trunfos para barganhar por termos de associação mais favoráveis à realização dos investimentos pesados nos ramos básicos. O sucesso da barganha, porém, não dependia apenas dele, mas da permanência dos trunfos que interessavam aos Estados Unidos. Essa vulnerabilidade do projeto desenvolvimentista ficou evidente quando o Brasil perdeu seus trunfos, tornando-se mais vulnerável ao novo governo republicano nos Estados Unidos, liderado por Dwight Eisenhower, que denunciou o acordo de cooperação financeira que instituíra a CMBEU.

A crise do projeto varguista

Três crises relacionadas explicam o fracasso do projeto de desenvolvimento varguista: a crise sociopolítica interna, a crise da política externa e a crise econômica estrutural da industrialização restringida, manifesta na crise cambial de 1952 em diante. Vou abordá-las sinteticamente.

Crise sociopolítica

O equilíbrio sociopolítico sobre o qual se assentava o governo Vargas era precário, e a tentativa de controlar forças conflitantes acabou fracassando. Parte da popularidade de que gozava o estadista advinha de sua aura de "pai dos pobres", popularidade esta que não podia se basear apenas em ilusão e manipulação de esperanças, devendo ser confirmada pelo atendimento de aspirações concretas das massas urbanas interpeladas pelo ideário trabalhista. Atendendo-as ou não, Vargas se sujeitava a acusações comunistas e udenistas, à esquerda e à direita, de que sua relação com as massas se baseava em um logro "populista" e "demagógico" a desmistificar. Esse tipo de acusação marcaria também, de modo mais refinado, interpretações acadêmicas sobre o populismo latino-americano, conceituado como o sistema de incorporação de interesses de camadas populares com baixo nível educacional e herdeiras da tradição de clientelismo rural. Por causa desses e de outros vícios de origem, as massas populares tenderiam, nessas visões acadêmicas, a se identificar menos com partidos comunistas e socialistas, que apelavam a origens classistas dos eleitores, do que com lideranças carismáticas cuja base social era mais heterogênea, interpelada por programas de reformas do capitalismo e/ou benefícios diretos.

Seja como for, para além do carisma, Vargas também buscava assegurar sua mística política por meio da incorporação efetiva de aspirações populares ao sistema de decisões e, assim, ele também se sujeitava à acusação conservadora (cada vez mais frequente em 1953) de que queria fomentar uma "república sindicalista", isto é, um regime no qual trabalhadores urbanos liderados por minorias organizadas, longe de estarem "amortecidos" pelos pelegos populistas, teriam o poder desproporcional de parar o país com greves e comícios, e exigir direitos ou elevações salariais irrealistas. A conjuntura do final do governo caracterizou-se pelo agravamento do conflito político e distributivo, e a intervenção dos chefes militares para arbitrar o conflito e vetar a presumida ameaça de uma "república sindicalista" depôs Vargas e o levou ao suicídio calculado para ampliar o impacto político da Carta-Testamento.[33]

Tabela 1 – Ocorrência de greves no período 1951-1952

Causas	Número de greves	%
Aumento salarial	96	36,3
Pagamento de salários atrasados	38	14,4
Solidariedade à classe	27	10,2
Melhores condições de trabalho	13	4,9
Bonificação de Natal	9	3,4

---

33 Mesmo autores que enxergaram no "populismo" uma forma de logro admitem que ele "foi um modo determinado e concreto de manipulação das classes populares mas foi também um modo de expressão de suas insatisfações" (Weffort, 1980, p.62-3). Para uma visão que busca distinguir as diferentes formas de populismo, ver o Capítulo 10 deste livro, de Jorge Ferreira. Dez dias depois da eleição presidencial, o principal conselheiro informal de Vargas, José Soares Maciel Filho, escrevia-lhe que: "O povo espera comida, espera proteção, espera tudo. Mas, *não esqueça, espera também tudo sem trabalho*. A concepção de 'pai dos pobres' é a de quem provê. É a da Divina Providência. Todos esperam o milagre do feijão, do arroz e da carne-seca. A desilusão do povo será a maior crise contra o Brasil. Por mais absurdo que pareça o que escrevo, é necessário cumprir *o que não foi prometido, mas que o povo imaginou que será dado*" (GV 50.10.13, grifos de Maciel Filho).

Causas	Número de greves	%
Admoestação	7	2,6
Contra a alta de preços	7	2,6
Contra o governo	-	-
Salário mínimo	3	1,1
Outros motivos	64	24,2

Fonte: Moisés (1978, p.78).

Antes mesmo da crise de 1954, a conjuntura de crise do final do Estado Novo já presenciara tanto a "invenção" do trabalhismo como os argumentos alarmistas que justificaram o golpe militar contra Vargas. Seu retorno nas eleições de 1950 trouxe, por um lado, esperança popular e, por outro, temor dos que se sentiam ameaçados pela mobilização trabalhista e pelas promessas de justiça social. É importante lembrar que o salário mínimo ficara congelado durante o governo Dutra, quando houve forte repressão aos sindicatos e às greves (proibidas legalmente), além do expurgo do Partido Comunista em 1947. Os descontentamentos gerados pela carestia e pela deterioração dos salários reais explicam em parte a vitória de Vargas e as expectativas por ela geradas.

Tabela 2 – Índices de preços selecionados: 1947-1954

Variações anuais em %

Ano	IGP (DI)	IPA (DI)	IPA (AGR.)	IPA (IND.)	ICV na GB	ICC na GB	Deflator do PIB
1947	2,7	2,7	11,2	-13,1	5,8	11,7	-
1948	8,3	7,1	14,8	8,7	3,5	3,8	19,9
1949	12,2	5,2	31,8	2,1	6,0	11,8	10,7
1950	12,4	11,3	11,9	15,0	11,4	1,6	11,2
1951	11,9	17,4	12,8	11,7	10,8	12,8	12,0
1952	12,9	9,4	15,1	4,8	20,4	7,1	13,2
1953	20,8	25,0	17,5	32,3	17,6	12,6	15,3
1954	25,6	22,3	26,5	21,5	25,6	31,8	21,4

Fonte: Vianna (1987, p.80).

Notas: IGP: Índice Geral de Preços; IPA: Índice de Preços por Atacado; ICV: Índice de Custo de Vida; ICC: Índice da Construção Civil; GB: Guanabara.

O esforço inicial de Vargas foi de conter algumas demandas parciais dos trabalhadores urbanos, com concessões moderadas que não ameaçassem o governo de conciliação nacional proposto. Essa estratégia levara, por exemplo, à primeira substituição ministerial realizada, ainda em setembro de 1951, quando o ministro do Trabalho Danton Coelho, um ex-presidente do PTB tradicionalmente ligado ao movimento sindical, cedeu lugar a Segadas Viana, um político moderado do PSD sem grandes vinculações com o movimento sindical e trabalhista organizado. De todo modo, as expectativas geradas pela eleição de Vargas e o relaxamento da repressão sobre os sindicatos estimularam as atividades grevistas, voltadas majoritariamente à questão salarial. Em 1952, o aumento do custo de vida nas grandes cidades acirrou o conflito distributivo e aumentou tanto as greves como as resistências conservadoras às políticas salariais "populistas" de Vargas. Não há um estudo conclusivo sobre a aceleração da inflação no período, mas ela tem relação com o forte aumento dos preços agrícolas (acompanhando o *boom* internacional em 1951 e quebras de safras locais a seguir), em conjuntura de forte expansão do produto urbano (indústria e serviços). Como a expansão da demanda urbana esbarrava em gargalos setoriais na agricultura e na própria indústria de base e, a partir de 1952, em estrangulamentos cambiais, os preços industriais também aumentaram fortemente a partir de 1953, antes que a duplicação do salário mínimo tivesse efeitos em 1954.[34]

Frente ao aumento do custo de vida (liderado pelos gastos com alimentação), demandas de reposição salarial animaram um surto de movimentos reivindicatórios que culminaram com a greve dos 300 mil em São Paulo,

---

34 Nas palavras de Vianna (1987, p.109-10): "Para o pensamento econômico ortodoxo, a explicação está no retorno do déficit público e consequente expansão dos meios de pagamento. A precariedade dessa posição, no caso, está em não explicar por que o salto não se deu em 1949 ou 1950, por exemplo, quando estes fatores estavam presentes de forma muito mais acentuada. Adotando como indicadores de política monetária a aceleração da taxa de crescimento dos meios de pagamento, não parece ter sido essa uma fonte de pressão inflacionária em 1953. Na verdade, não existem razões para não crer que a mudança no patamar da inflação em 1953 deveu-se, antes de mais nada, ao impacto das desvalorizações cambiais [...] é natural, e até esperável, que, com a posse de Aranha e as especulações a respeito da desvalorização do cruzeiro reinantes a partir da avaliação da situação cambial, muitas empresas tenham antecipado o reajuste de seus preços".

que parou a indústria paulista por um mês entre março e abril de 1953, e a dos 100 mil no Rio de Janeiro em junho, liderada pelos marítimos. A conjunção de inflação, greves e resistências conservadoras minaram a tentativa de conciliação empreendida. Mesmo Segadas Viana, ainda ministro, repetia o alarme conservador segundo o qual o anúncio de Vargas de que pretendia aumentar o salário mínimo em meio à greve dos 300 mil indicava suas intenções "continuístas". Supostas fontes oficiais vazavam para a imprensa que o governo se preparava para declarar estado de sítio (Moisés, 1978). O argumento típico era expresso em editorias do jornal *O Estado de S. Paulo*: Vargas estimularia a onda grevista para usar as massas populares em uma manobra continuísta, visando criar um clima para outro Estado Novo, contra o qual as forças "legalistas" deviam tomar as devidas providências preventivas, antes que fosse tarde. Mas Vargas não se intimidou, buscando aproximar-se da base de trabalhadores urbanos e dando ainda mais pretextos para o movimento conservador que o derrubaria. Na véspera da deflagração anunciada da greve dos 100 mil no Rio de Janeiro, quando a opinião conservadora sugeria forte repressão policial, Vargas nomeou João Goulart como ministro do Trabalho, atendendo a demandas de alas à esquerda no PTB e no movimento sindical. Jango atendeu às reivindicações grevistas, substituiu o presidente considerado pelego do sindicato dos marítimos e, na sede do sindicato, fez discurso no qual prometia "prestigiar os autênticos líderes [...] O Brasil precisa de líderes operários. Precisa, outrossim, dessa unidade demonstrada na greve dos marítimos, tão indispensável ao desenvolvimento do sindicalismo brasileiro" (apud Brandi, 2001, p.5963).

Tabela 3 – Índices de custo de vida – SP

1951=100

Itens	1952	1953	1954	1955
Alimentação	129	174	208	247
Habitação	123	133	140	173
Vestuário	112	122	156	193
Combustíveis	121	123	158	186
Assistência médica	108	135	175	184
Fumo	113	137	180	233

Itens	1952	1953	1954	1955
Artigos de limpeza	107	126	178	201
Móveis	125	132	183	223
Transporte	100	115	162	191
Diversos	133	144	157	175
Custo de Vida	123	150	177	212

Fonte: IBGE (1990).

Depois do sucesso da paralisação dos 100 mil, o movimento grevista não arrefeceu, estimulado pela proposta de Jango de duplicar o salário mínimo em 1954, e por sua gestão favorável às reivindicações redistributivas nos conflitos capital-trabalho. Vargas, porém, prescindiu de intermediários no apelo às massas ao substituir Jango por um técnico do Ministério do Trabalho em fevereiro de 1954. Ao contrário da expectativa de um recuo que representaria uma vitória das pressões conservadoras contra a "república sindicalista", o estadista desafiou abertamente a opinião de empresários e camadas médias civis e militares ao assumir a responsabilidade pela duplicação do salário mínimo, em comício no feriado de 1º de maio. O deputado da UDN Aliomar Baleeiro já havia discursado no Congresso propondo um golpe preventivo, em março, e em maio o líder partidário Afonso Arinos propôs o *impeachment* de Vargas a pretexto das denúncias de Carlos Lacerda sobre suposta conspiração entre os governos de Brasil, Argentina e Chile para apoiar "repúblicas sindicalistas" no Cone Sul. A proposta de *impeachment* foi derrotada por 136 votos contra 35, mas políticos da UDN e editoriais da imprensa, animados pelos argumentos de Lacerda e Baleeiro, pregavam abertamente uma intervenção preventiva contra a presumida conspiração continuísta de Getúlio, com o recado alarmista de que ela não se apoiava só em alguns militares golpistas, como em 1937, mas em um movimento de massas ainda maior do que em 1945, no estilo do peronismo argentino.[35]

---

35 O diretório da UDN em São Paulo afirmaria em maio: "A pretexto da concessão de um salário mínimo, que ninguém honestamente se lembraria de negar, mas que deve ser fixado com justiça e alta equidade, a luta de classes está sendo preparada e vai ser desfechada pelo Sr. presidente da República. O momento, que ninguém se iluda, é pré-revolucionário e a revolução está sendo dirigida pelo Catete" (apud Brandi, 2001, p.5966).

Como em 1945, o sucesso de um golpe "preventivo" dependia da disposição em intervir das Forças Armadas. Durante a campanha presidencial de 1950, a pretensão das Forças Armadas de assumir o papel de árbitros da política brasileira voltara a ser anunciada quando Góes Monteiro, inquirido sobre a eventualidade de candidatura de Vargas, afirmou ser aceitável se o ex-presidente "respeitasse, não só a Constituição, como os direitos impostergáveis dos militares" (apud Skidmore, 1982). É pouco questionável que o arbítrio militar estava a serviço da contenção de mobilizações sociais. Antes da exigência de renúncia de Vargas, o auge da resistência conservadora ao presidente "populista" fora o ultimato de chefes militares para que se licenciasse do cargo, sem amparo constitucional, sob pretexto de que a investigação a respeito do atentado a Carlos Lacerda não devia sofrer interferência do Poder Executivo. Cabe lembrar que, na conjuntura golpista de agosto de 1954, já operava o que se chamou de República do Galeão, ou seja, um comitê investigativo constituído pelo comando da aeronáutica à revelia da lei, e que se arrogara o direito de convocar depoimentos e proceder a buscas e prisões sem autorização judicial. Um precedente importante da conjuntura golpista que levou ao suicídio foi a eleição para a presidência do Clube Militar em 1952, quando muitos partidários da chapa do ex-ministro da Guerra, Estillac Leal, fiel a Vargas, foram impedidos de votar por meio de expurgos e prisões preventivas. Já em fevereiro de 1954, quando se cogitava a duplicação do salário mínimo, um longo memorando assinado por coronéis e tenentes-coronéis ligados à direção do Clube Militar e que teriam grande influência posterior, como Golbery do Couto e Silva, Sílvio Frota e Amaury Kruel, foi enviado ao ministro da Guerra e depois vazado para a imprensa. O chamado Manifesto dos Coronéis buscava influenciar o governo, refletindo demandas específicas do Exército, mas sem disfarçar o descontentamento que os oficiais compartilhavam com camadas médias civis quanto às pressões inflacionárias e à capacidade de mobilização dos trabalhadores menos qualificados.[36]

---

36 Dez anos mais tarde, o primeiro signatário do Manifesto dos Coronéis, depois general Amaury Kruel, comandaria as tropas que sitiaram o Distrito Federal e depuseram Goulart. Em 1954, o manifesto denunciava as ameaças de "estagnação duradoura da máquina militar, entorpecida em sua eficiência pela deterioração das condições materiais e morais indispensáveis a seu pleno funcionamento. Prenuncia-se indisfarçável crise de autoridade, capaz de solapar a coesão da classe militar, deixando-a inerme às manobras divisionistas dos eternos

Para além de demandas corporativas, o alvo do manifesto era não somente Goulart, mas a postura favorável à redistribuição de rendas, sobretudo por meio da elevação dos salários de base para trabalhadores menos qualificados. No Distrito Federal, a duplicação do salário mínimo o levaria a um patamar equivalente a de um segundo-tenente do Exército, encarecendo o custo de serviços urbanos e produtos industriais intensivos em trabalho. Camadas médias urbanas talvez fossem mais prejudicadas pela redução das desigualdades salariais do que os empresários, pois tinham menos capacidade de se proteger da inflação e mais dependência de salários básicos baixos para preservar seu *status* social e seu padrão de consumo diferenciado (Saes, 1985; Cardoso de Mello; Novais, 1998). Mas a resistência à intervenção distributiva do governo se impunha também na tramitação de projetos legislativos para mobilizar recursos fiscais.

O ministro Horácio Lafer foi explícito a respeito, nos debates sobre a forma de mobilizar recursos para o BNDE. Na sessão do Congresso (29/10/1951) em que apresentou o memorando de cooperação financeira com os Estados Unidos, o Eximbank e o Banco Mundial, Lafer indicou o motivo profundo por que considerava necessário recorrer a fundos externos para financiar a industrialização nacional: evitar a resistência de "grandes grupos" nacionais a um aumento progressivo de impostos. De certo modo, a decisão de contar com a cooperação internacional para financiar o

---

promotores da desordem e usufrutuários da intranquilidade pública [...] a ameaça sempre presente da infiltração de perniciosas ideologias antidemocráticas ou do espírito de partidarismo político, semeador de intranquilidade e conflitos, cada vez mais avulta na hora presente [...] vem acrescendo as dificuldades de vida com que lutam, principalmente, os oficiais subalternos, subtenentes e sargentos [...] pelas múltiplas preocupações que decorrem da obrigação moral de assistir a seus familiares na satisfação das mais elementares necessidades de subsistência. E não fora tão grave e premente esse problema, se não assistíssemos à compressão cada dia maior do padrão de vencimentos militares ante a espiral inflacionária de preços [...]. Sabido é que em todas as guarnições, embora em escala variável, lutam os militares com dificuldades cada vez maiores para a manutenção de um padrão de vida compatível com sua posição social [...]. Perigosas só poderão ser hoje, portanto, nos meios militares, as repercussões que já se pressentem e anunciam, de leis ou decisões governamentais que, beneficiando certas classes ou grupos, acarretarão pronunciado aumento do custo já insuportável de todas as utilidades [...] a elevação do salário mínimo a nível que, nos grandes centros, quase atingirá o dos vencimentos máximos de um graduado, resultará, por certo, se não corrigida de alguma forma, em aberrante subversão de todos os valores profissionais, estancando qualquer possibilidade de recrutamento, para o Exército, de seus quadros inferiores" (Cruz et al., 1983, p.248-52).

programa de reaparelhamento (tanto diretamente por meio de obtenção de recursos em dólares, como indiretamente enquanto acicate para a obtenção de contrapartidas internas) foi influenciada pela antecipação dos vetos políticos existentes para a mobilização de recursos internos a uma escala que tornasse dispensável a cooperação internacional. A resistência a um amplo movimento de concentração financeira por meio da exação tributária também ficava clara na alternativa elaborada nas discussões do Congresso para obter as contrapartidas em moeda nacional do BNDE, ou seja, um empréstimo compulsório que penalizaria, sobretudo, a classe média (Martins, 1973). O ministro da Fazenda não poderia ser mais claro em sua defesa do acordo internacional e da opção interna pelo empréstimo compulsório:

> Era natural, senhor presidente, que a primeira pergunta que me seria feita versasse sobre quais os recursos de que o Brasil dispunha para tornar a cooperação financeira eficiente. Realmente o que vale recebermos uma turbina ou gerador se não temos os cruzeiros para instalá-los? [...] A Câmara me fará justiça ao reconhecer que o ministro da Fazenda, antes de sair do país, já meditara e estudara profundamente o aspecto dos fundos em cruzeiros necessários ao nosso reaparelhamento. Três formas existiam: através do orçamento; o aumento dos impostos; ou o empréstimo. Sabem todos que o nosso orçamento não oferece disponibilidades de quantias vultosas para um programa nacional. O aumento de impostos iria determinar o encarecimento da vida e, fatalmente, encontraria oposição tenaz de grandes grupos no Brasil. Restava o empréstimo. Pensei no empréstimo voluntário, mas lembrei-me também de que o que fizemos com referência à dívida externa, consolidando-a, normalizando-a, nunca o Brasil fez em relação à sua dívida interna [...] Então, só restava uma solução justa, o meio-termo, mas que resolvia o problema nacional e o internacional. Era uma sobretaxa sobre o imposto de renda, que seria devolvida em títulos públicos com os respectivos juros. (Lafer, 1988, p.564-5)[37]

O Fundo de Reaparelhamento Econômico que financiaria o BNDE foi aprovado em meados de 1952, em parte porque o conflito distributivo e a

---

37 Em sua segunda sabatina como ministro da Fazenda no Congresso Nacional cerca de seis meses depois (6/5/1952), Lafer elaborava ainda mais sobre a necessidade de evitar afetar o patrimônio e a renda das camadas mais elevadas por meio da taxação progressiva (Lafer, 1988, p.623 et seq.).

crise política não tinham se radicalizado, em parte porque Lafer ameaçava com a possibilidade de perda dos recursos externos da CMBEU, caso a contrapartida financeira em moeda local não fosse aprovada. Outros projetos não contaram com a mesma sorte, sobretudo depois que a ruptura da cooperação financeira pelo governo Eisenhower forçou Vargas a encontrar compensações em moeda local à perda do financiamento externo, em uma conjuntura política mais tensa. O projeto do Fundo Federal de Eletrificação, essencial para a constituição da Eletrobrás, foi enviado em maio de 1953 para apreciação do Congresso, depois da confirmação de que a CMBEU acabaria sem que nenhum projeto pendente fosse financiado. O Fundo só foi aprovado uma semana depois da Carta-Testamento, que fazia referência direta aos obstáculos que o projeto tinha no Congresso. A Carta-Testamento não teve força para facilitar a tramitação de outro projeto de lei nela citado. De fato, em novembro de 1953, Vargas procurou aprovar uma reforma tributária parcial, submetendo ao Congresso um projeto de lei sobre lucros extraordinários. O projeto propunha alterações na legislação do imposto de renda, instituindo a taxação adicional dos lucros apurados pelas firmas e sociedades em geral. Como na conjuntura da crise do Estado Novo, o imposto sobre lucros extraordinários foi bloqueado politicamente, se arrastando no Congresso até o golpe de 1964, quando sumiu da pauta. O próprio Lafer, de volta ao Congresso, participou da oposição ao projeto.[38]

---

38 Ele continuaria a defender os mesmos argumentos contra a tributação progressiva depois da morte de Vargas, em sessão parlamentar de 14 de abril de 1956, criticando proposta de taxação crescente do deputado Aliomar Baleeiro: "S. Exa. acha que se combate a inflação com taxação agressiva, violenta de tal sorte, como diz S. Exa., que seja uma esponja que chupe a capacidade aquisitiva do povo brasileiro. Com essa orientação, sugere: aumento do Imposto de Renda, distribuição obrigatória de todos os lucros, tributação de lucros excessivos etc. Vou demonstrar, Srs. Deputados, ser este caminho, que visa o empobrecimento do indivíduo e a absorção pelo Estado, o mais fatal e o mais inexorável para o pauperismo e a inflação" (Lafer, 1988, p.744-5; sessão de 14 de maio de 1956). Ou mais tarde ainda, em 10 de dezembro de 1961: "Um é o sistema que chamo coletivista: tudo pertence ao Estado, os homens são funcionários do Estado, o Estado deve resolver todos os problemas, fazer todas as fábricas, abrir todas as fazendas, tomar o encargo de todos os empreendimentos. Os que aceitam esta tese devem também, como corolário procurar, no regime tributário, uma orientação diferente, ou a que existe, por exemplo, na União Soviética [...] que visa, pela taxação, a destruir os que se destacam no mundo dos empreendimentos, os chamados ricos, depois destruir a classe média, para ficar somente com o proletariado" (Lafer, 1988, p.475-476).

Sem recursos externos, Vargas tampouco tinha capacidade de mobilizar recursos fiscais e financeiros internos a ponto de financiar seu programa autonomamente. Mas a crise de seu governo, e sua conclusão trágica, fortaleceu as bancadas do PSD e do PTB depois das eleições de outubro de 1954, facilitando a aprovação de projetos propostos pelo governo Juscelino Kubitschek para a criação de fundos financeiros setoriais, justificados pela ideologia desenvolvimentista. A janela de recursos do governo dos Estados Unidos, porém, continuou praticamente fechada.

Crise da política externa

O principal objetivo de política externa era repetir a barganha favorável da Segunda Guerra Mundial, quando o Brasil obteve cooperação financeira e tecnológica significativa dos Estados Unidos em troca de cooperação militar e fornecimento de insumos estratégicos. É claro que a conjuntura não era tão favorável quanto antes, mas Vargas pretendia usar o trunfo do fornecimento de minerais estratégicos para assegurar recursos em moeda forte e compensar parte da fragilidade fiscal e financeira local. A contradição da cooperação financeira é que era do interesse estratégico norte-americano preservar a condição economicamente subordinada da América Latina como região fornecedora de insumos primários, enquanto Vargas queria industrializar o país e reduzir sua dependência de bens de produção manufaturados importados, sobretudo, dos Estados Unidos. Além disso, os norte-americanos queriam defender a posição estabelecida de filiais estrangeiras na produção/extração de insumos e serviços de infraestrutura básicos na região, enquanto a visão de Vargas, próxima do nacionalismo latino-americano, envolvia precisamente a nacionalização dos setores de base por meio do avanço de empresas estatais, de preferência com apoio financeiro externo. Secundariamente, enquanto as filiais queriam assegurar reservas cambiais para remeter lucros, Vargas preferia usá-las para importações essenciais ao esforço industrializante. O trunfo usado pelo estadista foi a posse de minerais estratégicos, sobretudo monazita e tório, mas estes desapareceram quando os Estados Unidos descobriram fontes locais mantidas em segredo em 1951, antes mesmo que assegurassem a remessa de estoques brasileiros em 1952.

Desde o início das negociações, os norte-americanos se recusaram a transferir recursos públicos sob o título de ajuda a fundo perdido, comprometendo-se a emprestar recursos do Eximbank e influenciar a concessão de empréstimos do Banco Mundial para projetos considerados "sadios", concebidos futuramente pela CMBEU. Além de economizar recursos do Tesouro para áreas geopoliticamente mais importantes, essa tática tinha a vantagem de "despolitizar" o apoio conferido à posição das filiais estrangeiras no Brasil, pois o Banco Mundial só financiava empreendimentos estatais que não ameaçassem a atração de capitais estrangeiros, sob o argumento de que a dependência inicial de recursos públicos multilaterais devia ser complementada e gradualmente substituída pela contribuição ao desenvolvimento trazida por capitais e técnicas privados. Presumidamente, só assim o desenvolvimento econômico se enraizaria nos países atrasados, garantindo também sua solvência externa e o pagamento dos empréstimos tomados, evitando moratórias e assegurando a credibilidade do Banco junto aos mercados de capitais. Desse modo, exigências eventuais para favorecer filiais estrangeiras podiam aparecer como "condicionalidades técnicas" exigidas pela análise de risco dos empréstimos do Banco Mundial.

Esses empréstimos fortaleceram abertamente a posição das filiais estrangeiras no setor elétrico, no qual eram ameaçadas pelas propostas varguistas de nacionalização. A Light, por exemplo, não foi só a primeira destinatária de um empréstimo do Banco Mundial para o Brasil, em 1949, como obteve nada menos que 56% do valor total dos empréstimos feitos até 1958. Além dos empréstimos liberados pelo Banco Mundial para a American and Foreign Power (Amforp) em 1950 (US$ 15 milhões), para a Light em 1949 (US$ 75 milhões) e em 1951 (US$ 15 milhões), o mais significativo dispêndio aprovado e liberado a partir dos trabalhos da CMBEU foi o empréstimo conferido à Amforp pelo Eximbank (US$ 41,1 milhões); somando um novo empréstimo conferido à Light pelo Banco Mundial em 1954 (US$ 18,8 milhões), cerca de um terço (US$ 60 milhões) do total de recursos liberado pelos bancos (US$ 186 milhões) dentre os 41 projetos (ou US$ 387 milhões) aprovados pela CMBEU destinou-se a apoiar a expansão das duas grandes filiais estrangeiras no setor de energia elétrica, assegurando a participação dessas distribuidoras no "pacto de clivagem" que se constituiria com as novas empresas estatais geradoras de energia. Quando o governo brasileiro demorou a autorizar o empréstimo do Eximbank para a

Amforp (a maior empresa de capital norte-americano no Brasil), preferindo a destinação de recursos para empresas públicas, o secretário de Estado dos Estados Unidos, Dean Acheson, simplesmente resolveu forçar a decisão brasileira ameaçando não liberar nenhum outro empréstimo para o Brasil (NA 832.00 TA/ 6-652).

Novas condicionalidades para a liberação de empréstimos foram exigidas em outras ocasiões. A exigência de uma contrapartida local para os recursos externos foi uma delas, pois a demanda inicial brasileira é que mesmo os dispêndios em moeda local dos projetos da CMBEU fossem financiados pelos bancos (NA 832.00/3-651, anexo 1; NA 832.00-TA/6-451; 6-1551). O corpo diplomático dos Estados Unidos exigiu também um projeto de reforma da administração da rede ferroviária brasileira, criando uma sociedade anônima central, como condição para que os financiamentos do Eximbank para a área de transporte fossem efetivamente liberados. O grau de interferência nesse caso foi maior, pois o projeto de lei que depois seria enviado por Vargas ao Congresso, criando a Rede Ferroviária Federal (RFFSA), teria sido nada menos que redigido na CMBEU, segundo diretrizes claramente condicionadas pela seção norte-americana (NA 832.00/4-1452; 4-2852). A pressão foi ainda maior para reverter efeitos da portaria de Vargas instituindo o recálculo do estoque de capital estrangeiro investido no Brasil. Em discurso célebre no final de 1951, Vargas propôs eliminar reinvestimentos de lucros em moeda local do estoque tomado como referência para remessas de lucro para o exterior. Sob ameaça de que os empréstimos externos não seriam liberados sem uma revisão dessa decisão, Horácio Lafer e João Neves passaram a buscar remediar o estrago provocado por ela, iniciando negociações com a diplomacia dos Estados Unidos para a aprovação de uma Lei do Mercado Livre de Câmbio que facilitaria as remessas de lucro (GV 52.01.31/4). Lafer buscou acelerar a tramitação no Congresso da Lei do Mercado Livre, enquanto João Neves pressionava o Executivo alegando que a alternativa ameaçadora à cooperação financeira internacional seria a crise cambial e monetária, e a "demagogia financeira" de estilo peronista.[39] Documentos diplomáticos comprovam que a alta

---

39 Nos termos de seu memorando ao chefe de gabinete de Vargas, Lourival Fontes: "Eu não sei se penso certo ou errado, mas para mim o ponto fundamental do atual governo é a recuperação econômica do país, a recuperação do nível de vida, a reabilitação dos transportes internos, o desenvolvimento das indústrias básicas e o saneamento financeiro do Tesouro.

cúpula do Banco Mundial e do Eximbank, em linha com o Departamento de Estado, decidiu atrasar a liberação de novos recursos enquanto a Lei do Mercado Livre não fosse aprovada, o que ocorreu em janeiro de 1953.[40]

Em 1953, a vulnerabilidade brasileira às exigências dos Estados Unidos aumentou significativamente, primeiro porque uma forte crise cambial ameaçou estrangular as importações brasileiras e levou o país a acumular atrasados comerciais em dólares que só podiam ser refinanciados, a curto prazo, pelo Eximbank. Segundo, porque o trunfo usado para obter concessões financeiras norte-americanas foi perdido graças à descoberta de fontes de monazita nos Estados Unidos (Idaho e na Califórnia) e na África do Sul, em área de concessão de filial estadunidense. Diante dessas descobertas, o secretário de Estado Dean Acheson operou em duas frentes: de início, resistiu às pressões do Senado para denunciar o recém-assinado acordo com o Brasil, sob o argumento de que seria uma decisão precoce em vista da incerteza quanto à quantidade do suprimento autônomo a ser obtido nos Estados Unidos; mas, logo em seguida, conseguiu que o chanceler João Neves autorizasse, no primeiro trimestre de 1952, o embarque de quantidades de tório correspondentes ao que seria entregue em três anos, sob alegação de que

---

Mas nada disso se consegue sem se proscrever a ajuda financeira do exterior, vale dizer dos Estados Unidos [...] Tudo ia marchando muito bem, quando surgiu a questão do retorno de capitais. Você sabe – e eu repito firmemente – que eu concordo plenamente com as razões que levaram o presidente ao decreto [...] Eu sustento que o presidente não deve dar marcha a ré; poderia talvez esclarecer ou interpretar o decreto dele, talvez parcialmente. Isso é o que tenho dito sem refolhos (ainda ontem voltei a fazê-lo) ao embaixador dos Estados Unidos. Agora, esse malfadado debate pode levar eventualmente (não acredito nisso) a que não sejam feitos os primeiros financiamentos até 30 de julho [sic]. Se isso acontecesse ruiria todo o plano financeiro e, então, penso eu, o governo teria que polarizar uma obra orgânica de recuperação econômica e saneamento financeiro para uma política de estilo peronista, isto é, inflação levada ao auge, emissionismo sem tréguas, falta de divisas, demagogia financeira, e sabe Deus que consequências daí adviriam no plano interno e internacional em face do comunismo. Minha batalha, tenaz e silenciosa, tem sido a de evitar esse desfecho" (GV 52.01.31/4).

40 Nos termos do documento diplomático reproduzido na coletânea *Foreign Relations of the United States* editada pelo National Archives, datado de outubro de 1952: "Em junho, quando o banco fez dois empréstimos para o Brasil, foram dadas garantias de que o projeto de lei (livre mercado) seria aprovado prontamente. A administração do banco definiu que não deveria prosseguir com empréstimos adicionais ao Brasil até que o projeto de lei de livre mercado com relação às transações de capitais fosse promulgado." (*FRUS*, 1951, v.4, p.597). Para a demonstração de que a tática de protelação também foi seguida pelo Eximbank, ver (NA 832.2553/5-2152).

havia um interesse emergencial no produto (NA 832.2546/1-653; 1-853). Isso permitia a acumulação de estoques de tório suficientes para reduzir os efeitos de uma eventual retaliação brasileira (na forma de interrupção de novas exportações) quando o acordo para o fornecimento de monazita bruta e sais de terras raras fosse denunciado, o que ocorreu de fato no final de 1952, eliminando o trunfo brasileiro antes da posse do novo presidente, Dwight Eisenhower.[41]

O governo Eisenhower buscou inverter a política de apoio ao desenvolvimento de países periféricos proposta por Truman com o Ponto IV, de acordo com os argumentos de que, primeiro, era necessário estancar o crescimento dos gastos públicos e racionalizá-los de acordo com prioridades geopolíticas regionais mais seletivas; segundo, que os países periféricos deveriam se esforçar para criar um ambiente favorável à atração de capitais estrangeiros, em vez de esperarem ajuda financiada pelo contribuinte norte-americano. O lema dos memorandos internos do Departamento de Estado passou a ser "trade not aid" [comércio, não ajuda] (Rabe, 1988). Isso significava influenciar mais diretamente a definição das fronteiras entre filiais estrangeiras e empresas estatais no modelo de desenvolvimento de países periféricos, tolerando e mesmo financiando uma maior intervenção estatal apenas onde as necessidades de combate do comunismo exigissem, como na Coreia do Sul.[42]

---

[41] As compras do primeiro ano teriam constituído estoques suficientes para as necessidades de seis anos e meio (NA 832.2546/5-654). Já em agosto de 1951, muito antes da troca de notas diplomáticas que formalizaria o acordo de fornecimento de monazita, terras raras e tório em 21 de fevereiro de 1952, o secretário de Estado, Dean Acheson, informava ao embaixador no Brasil, Herschel Johnson ("for embassy's information only" [apenas para informação da embaixada]), que uma barganha em que os brasileiros conseguissem vincular o fornecimento de monazita bruta aos produtos derivados de seu refino só seria favorável ao Brasil por algum tempo, pois a capacidade produtiva nacional poderia deixar de mostrar-se lucrativa quando as esperadas fontes autônomas de suprimento norte-americanas maturassem, provavelmente dali a dois anos (NA 832.2546/8-951). A descoberta do minério levou ainda menos tempo do que se imaginava: entre abril e junho de 1952, dois senadores e o advogado da principal firma de processamento industrial da monazita iniciaram um forte *lobby* junto ao Departamento de Estado para que denunciasse o recente acordo com o Brasil, uma vez que as descobertas no Idaho e na Califórnia, além de uma nova fonte na África do Sul em área de concessão extrativa estadunidense, garantiriam em breve o suprimento autônomo das necessidades do complexo industrial-militar (NA 832.2546/ 4-2352; 4-2552; 6-2052).

[42] O presidente respondeu, nos seguintes termos, a seu irmão, Milton Eisenhower, enviado em uma missão diplomática ao continente latino-americano em meados de 1953, e segundo quem algum tipo de aceno às solicitações locais deveria ser feito: "Países como a Birmânia,

Na nova visão, os fluxos privados de capital e comércio poderiam e deveriam substituir com vantagem as transferências intergovernamentais na função de desenvolver países pobres, desde que livres da ameaça comunista direta e, portanto, não considerados eleitos para receber assistência bilateral direta. É claro que o novo governo não defendia a abertura de mercados para filiais norte-americanas apenas para atender aos *lobbies* empresariais que financiavam o Partido Republicano: havia preocupações macroestratégicas evidentes. A garantia de fornecimento de matérias-primas estava entre as preocupações do novo presidente, uma vez que a penetração/controle de filiais sobre setores de produção de insumos essenciais em outros países praticamente garantia o atendimento de encomendas do sistema industrial e militar dos Estados Unidos. Nas palavras do diário pessoal de Dwight Eisenhower, a ênfase na livre-iniciativa e no livre-comércio não apenas aumentaria o bem-estar dos países pobres (*"allow backward people to make a decent living – even if only a minimum one measured by American standards"*),[43] mas asseguraria um suprimento de estanho, cobalto, urânio, manganês e petróleo, dentre outros insumos, que se adequaria com maior rapidez às necessidades dos Estados Unidos. Em seu diário, o ex-presidente escrevia que "a menos que as áreas nas quais esses materiais são encontrados estejam sob controle de pessoas que sejam amigáveis ou que queiram comerciar conosco, estaremos fadados a sofrer as consequências mais desastrosas e dolorosas a longo prazo" (apud Rabe, 1988, p.65).[44]

A orientação da política externa do governo Eisenhower para a América Latina foi definida em uma reunião do National Security Council em 18 de março de 1953, pouco depois da posse. O principal objetivo de seu governo em relação à região, em troca de redução tarifária para os produtos

---

Tailândia e parcelas remanescentes da Indochina estão francamente vulneráveis à ofensiva. Isto não se aplica à América do Sul... [as subvenções] são aplicadas ou não com a ameaça comunista aumentando ou diminuindo de intensidade [...] se a ameaça comunista recuar na área (Ásia), nós nos consideraremos ainda amigáveis, mas nos sentiremos amplamente livres de qualquer obrigação de ajudá-los econômica ou militarmente".

43 Trad.: "Permitir que os povos atrasados tenham uma vida decente – mesmo que seja apenas uma mínima medida dos padrões americanos." (N. E.)

44 No original: *"unless the areas in which these materials are found are under the control of people who are friendly to us and who want to trade with us, then again we are bound in the long run to suffer the most disastrous and doleful consequences"*.

latino-americanos nos Estados Unidos (e não de ajuda financeira), seria, nas palavras do presidente, encorajar "os governos latino-americanos a reconhecer que o essencial do capital requerido para seu desenvolvimento econômico pode ser melhor fornecido por empresas privadas, e que o próprio interesse desses governos requer a criação de um clima que atraía o investimento privado" (apud Rabe, 1988, p.65).[45]

O recado do presidente era complementado por seu secretário de Estado, John Foster Dulles, que em seção do Comitê de Orçamento do Congresso afirmaria que, como o continente não vinha sendo ameaçado por forças esquerdistas (*"Latin America's position in recent years has been relatively stable"* [A posição da América Latina nos últimos anos tem sido relativamente estável]), o Departamento de Estado reduziria transferências intergovernamentais que exigissem custosas dotações orçamentárias, liberando o caminho para a iniciativa privada norte-americana:

> Devemos o mais rapidamente possível mudar da ajuda governamental para a iniciativa privada, que penso poder desenvolver um intercâmbio mutuamente vantajoso, de modo muito mais efetivo que o governo [...] Talvez o governo possa gradualmente sair de atividades deste tipo que exigem dotações orçamentárias. (apud Hanson, 1953, p.2-4)[46]

Ao se referir especificamente ao Brasil, em reunião do gabinete ministerial (3/7/1953) que discutiu financiamentos do Eximbank para o país, Eisenhower se dizia comprometido (*"hooked"*) por uma promessa de dispêndio feita pela administração anterior (mas com a qual não concordava) e afirmou que o governo democrata havia colocado as relações interamericanas na base do favor fácil (*"come and get it"*), esclarecendo que, "se os latino-americanos querem nosso dinheiro, eles devem ser orientados a procurarem nossos capitalistas. Se colocamos uma moeda em um cofrinho,

---

45 No original: *"Latin American governments to recognize that the bulk of the capital required for their economic development can best be supplied by private enterprise and that their own self-interest requires the creation of a climate which will attract private investment"*.

46 No original: *"We ought as rapidly as possible to shift from government grants to private activities which I think often can develop mutually advantageous intercourse with others countries much more effectively than government itself [...]. Perhaps Government can gradually get out of the business of handling activities of that sort through public appropriations"*.

[devemos cuidar para] que o cofrinho esteja lá amanhã" (apud Rabe, 1988, p.65).[47]

Na prática, assegurar que o "cofrinho" estivesse à mão significava defender as filiais estrangeiras interessadas em conquistar ou preservar posições adquiridas no Brasil – ameaçadas que estavam pela expansão de empresas locais no setor petrolífero, energético e de refinamento mineral. A ação para forçar que o Brasil retraísse a intervenção estatal e criasse um ambiente mais favorável à atração de filiais foi imediata. A decisão de acabar precocemente com a CMBEU foi rapidamente transmitida à Embaixada no Rio de Janeiro (NA 832.00-TA/1-3053; 5-2053, anexo 14). No setor mineral, o objetivo foi atrasar o avanço tecnológico no processamento de minerais estratégicos, e continuar importando minerais do Brasil sem a transferência de tecnologias exigida pela legislação brasileira. A estratégia foi aproveitar a vulnerabilidade cambial brasileira para continuar importando tório e berilo sem as contrapartidas estabelecidas pelo Acordo Militar de 1952 (já denunciadas por Truman), e negociar um acordo de fornecimento de urânio *in natura* em troca de trigo (NA 832.2546/3-354; 8-1854).[48] No setor elétrico, o único projeto da CMBEU financiado depois da ruptura da cooperação financeira foi outro empréstimo para a Light em 1954, no valor de US$ 19 milhões, ao contrário dos três projetos públicos anteriores na fila de prioridades estabelecida pela Comissão Mista (Chesf, Cia. Nacional de Energia Elétrica-SP, Cia. Mato-Grossense de Eletricidade) e do imediatamente posterior (Cemig).

A maior pressão ocorreu no setor petrolífero, buscando aproveitar a vulnerabilidade cambial e a dependência extrema que o Brasil tinha de dólares. A administração Truman negociara um empréstimo do Eximbank para financiar os atrasados comerciais brasileiros em dólares, mas, depois de liberar a primeira parcela, o governo republicano exerceu uma forte pressão

---

47 No original: "*If Latin Americans want our money, they ought to be required to go after our capital. (We must regard) we put a coin in a tin cup and yet tomorrow we know the tin cup is going to be there*".

48 A denúncia do acordo no final de 1952 fez que o fornecedor brasileiro (a Orquima) acumulasse os resíduos associados à produção das quantidades de tório exportadas para os Estados Unidos, quando o acordo inicial buscava vincular, à exportação de matéria-prima (monazita bruta), quantidades correspondentes da decomposição química da monazita em tório e sais de terras raras (ver Salles, 1959; e Bandeira, [1973] (1997)). O aumento da capacidade de produção de sais de terras raras no Brasil, sob a expectativa de um longo contrato de fornecimento, criara um potencial produtivo que era nada menos que quatro vezes superior ao consumo mundial anual – e já era quase três vezes no caso da Índia (NA 832.2546/5-654).

para protelar a liberação das demais parcelas, em troca de novas concessões brasileiras. Foi a pretexto desse empréstimo que Eisenhower fez referência à necessidade de colocar dólares em "cofrinho" seguro, aludindo ao ambiente de atração de filiais. Depois de protelar a liberação da sua segunda parcela ainda sob gestão de Horácio Lafer no Ministério da Fazenda, o Eximbank a liberou apenas com o compromisso do novo ministro brasileiro, Oswaldo Aranha, de que não solicitaria "quaisquer outros desembolsos *até que seu governo tenha adotado um completo programa*, satisfatório a este Banco, bem assim a seu governo, para colocar o Brasil numa base de pronto pagamento em breve data" (OA 53.06.19/5). Reiniciadas as negociações, o Eximbank tentou vinculá-las diretamente a uma reformulação da legislação brasileira quanto ao petróleo (OA 53.08.06/4), mas a posição do governo federal foi fortalecida pela pressão dos exportadores norte-americanos, que exigiam transferir os atrasados comerciais para o Eximbank e continuar exportando para o Brasil.[49]

Segundo a pesquisa de Mason e Asher (1973, p.372), nos arquivos confidenciais do Banco Mundial, este teria complementado a pressão do Eximbank, sugerindo ao Brasil que alterasse sua política em relação ao setor petrolífero para permitir a entrada de filiais estrangeiras na prospecção e extração do produto, de modo a aliviar a crise cambial. Já se sugeriu que a deterioração da situação cambial do país em 1952, sem relação direta com a questão do petróleo, foi o motivo que rebaixou as perspectivas de pagamento dos empréstimos do Banco Mundial, levando-o a evitar novos empréstimos (Vianna, 1987, p.91). Na verdade, embora a crise cambial fosse a justificativa pública, ela era explicitamente vinculada, nos contatos entre a direção do Banco e o Departamento de Estado, ao regime restritivo de atração de filiais no ramo do petróleo. Documentos confidenciais atestam inclusive que a cúpula do Banco Mundial tomou a decisão de abandonar compromissos informais de financiamento com o Brasil antes da posse do governo Eisenhower, por não acreditar em um alívio da situação cambial do país a longo prazo enquanto um encaminhamento "racional"

---

49 Na verdade, em meio à pressão dos *lobbies* que conseguiu restaurar parte da autonomia política do Eximbank em relação ao Executivo republicano e até aumentar sua autonomia financeira em meados de 1954, Aranha conseguiu estender a amortização do empréstimo para os atrasados de 24 para 84 meses, reduzindo os encargos mensais de US$ 13 milhões para US$ 4,2 milhões (GV 54.06.07/4).

da questão do petróleo não fosse feito, mesmo que a curto prazo algumas iniciativas de estabilização fossem executadas com sucesso.[50]

A posse do novo governo eliminou as divergências existentes entre o Banco Mundial e o Departamento de Estado, como atestado na política restritiva para o Eximbank e nas novas instruções enviadas pelo Departamento de Estado à Embaixada dos Estados Unidos no Brasil, orientando-a a aquiescer aos critérios de desenvolvimento econômico estabelecidos pela cúpula do Banco Mundial *vis-à-vis* a capacidade de pagamento de empréstimos brasileira, em meio à crise cambial (NA 832.00-TA/5-653). O próximo relatório trimestral da Embaixada sobre a situação econômica do Brasil, depois da substituição do embaixador Herschel Johnson por

---

50 Dois memorandos do Departamento de Estado apresentaram as divergências então existentes com a postura dura do Banco Mundial, antes que os diplomatas que escreveram os memorandos fossem substituídos pelo governo republicano. No primeiro, o embaixador no Brasil Herschel Johnson fez críticas ao relatório confidencial do Banco Mundial sobre os motivos da crise cambial brasileira: "(Nós) concordamos que, exceto no caso da abertura do ramo do petróleo, é improvável, a longo prazo, uma melhoria dramática na situação da balança de pagamentos, mas acreditamos que o relatório do Bird é excessivamente pessimista em relação à resposta brasileira diante do objetivo de manter sob controle o equilíbrio de pagamentos, se o governo dos EUA e do Bird continuarem a política que começaram no ano passado de reforçar os indivíduos que trabalham em busca de políticas sadias a longo prazo [...]. A última frase na análise do Bird – 'não há ainda nenhuma garantia de qualquer manutenção de políticas econômicas gerais ou específicas de investimento e produção que poderiam aliviar substancialmente a balança de pagamentos para os próximos dez ou quinze anos' – significa presumivelmente ausência de decisão efetivas sobre petróleo e o fracasso na adoção de políticas de crédito anti-inflacionárias [...]. A esta frase seguem várias declarações que descrevem decisões específicas de investimentos, tais como refino de petróleo, programa de hidroeletricidade e medidas políticas tais como (a lei do) livre mercado, orçamentos mais consistentes e políticas de desconto que aparentemente resultarão, na realidade, em um ajuste de posição no longo prazo" (NA 832.00/1-2253). No segundo memorando, o subsecretário de Estado H. F. Linder narrou reunião com o vice-presidente do Banco Mundial, Robert Garner: "Eles acham que a situação se agravou, e uma maior exploração da economia brasileira os convence de que quanto mais amplo o desenvolvimento, maior deve ser o déficit. Ele se explica afirmando que, embora pareça haver alguma poupança em moeda estrangeira graças à produção industrial no Brasil, esse não é o caso, de fato, já que a demanda interna no Brasil cresce tão rapidamente que o custo dos materiais importados e de combustível realmente os deixa com um déficit cambial maior. [...] Ele não vê evidências de que algo será feito em relação ao petróleo, mas, se algo fosse feito, seriam necessários vários anos antes de que se produzisse o petróleo suficiente para aliviar a situação [...]. 'Nós precisamos reexaminar nossa política', disse ele, acreditando que, se a comissão conjunta continuar como no passado, a necessidade de fundos será muito superior à capacidade do banco de fazer o financiamento".

James Kemper, refletia claramente a "nova visão" que conduzia agora o Departamento de Estado.[51]

Vargas e Aranha recusaram-se a vincular a discussão dos atrasados comerciais à legislação dos investimentos externos no setor petrolífero, mas prometeram rediscutir a questão da Petrobras em troca da liberação dos empréstimos pendentes para os projetos da CMBEU, como evidente na reunião reservada entre ambos e Milton S. Eisenhower (NA-M1487: 732.00/7-2753). Embora a resposta inicial de Milton Eisenhower tenha sido negativa, a mesma barganha foi conduzida por Aranha em outras ocasiões (NA-M1489: 832.00/9-953; 832.2553/11-954), até que ficasse claro que, no final do ano fiscal de 1953, as dotações orçamentárias para a CMBEU não poderiam ser mais empenhadas e liberadas.

A reação de Vargas, então, foi coerente às ameaças inerentes à barganha. Aranha foi orientado a abortar qualquer reabertura de negociações quanto ao petróleo, passando a criticar abertamente a posição dos Estados Unidos diante de interlocutores estrangeiros (NA 832.2553/1-1954; 1-2054; 1-2254). Vargas fez provavelmente o seu mais violento discurso nacionalista (antes da Carta-Testamento) em 20 de dezembro de 1953, retomando a questão das remessas de lucro e afirmando que as empresas de energia elétrica deviam ser nacionalizadas em breve. Levando em conta o discurso de Volta Redonda de 21 de janeiro de 1954, em que falava como se estivesse se despedindo de seus herdeiros políticos, e o depoimento de Eusébio Rocha, segundo quem o ex-presidente já lhe havia sugerido a hipótese de suicídio (sem que percebesse antes do fato), é provável que Vargas já previsse

---

51 "Os grupos de comércio sugerem que sejam feitos esforços para liquidar a dívida dos pagamentos externos atrasados do Brasil, por meio de empréstimos com condições de reembolso razoáveis e que a legislação petrolífera atual seja alterada para permitir a livre utilização de capital estrangeiro e da iniciativa privada no desenvolvimento do petróleo [...]. Embora sejam realizados esforços para estimular as exportações de outras *commodities*, através do mercado de câmbio livre, isso isoladamente não vai resolver o problema. Em relação aos empréstimos estrangeiros, a opinião de alguns setores é que o Brasil está se aproximando do limite da sua capacidade de emprestar fundos estrangeiros. Se os investimentos estrangeiros pudessem ser atraídos em quantidades substanciais, poderiam trazer alívio imediato. O ambiente de investimento, no entanto, não favorece o aumento dos investimentos privados estrangeiros. O desenvolvimento do petróleo, por meio da indústria privada, oferece uma possibilidade de uma entrada inicial de fundos de investimento em uma escala suficientemente grande, mas parece duvidoso que a legislação brasileira do petróleo seja liberalizada o suficiente para estimular uma entrada substancial de capital para o desenvolvimento do petróleo."

sua resposta final à radicalização udenista, em meio a boatos crescentes de *impeachment* ou golpe (ver *O Globo*, 22 jan. 1954; Lima et al., 1986).

A vulnerabilidade cambial brasileira, entretanto, não havia sido senão postergada com a contratação do primeiro empréstimo-ponte com o Eximbank. A tática da diplomacia dos Estados Unidos foi a de esperar o momento certo para forçar o país a modificar os termos da participação das firmas estrangeiras no desenvolvimento econômico do país. O ápice da pressão ocorreria exatamente a uma semana do suicídio. Em memorando transmitido ao subsecretário de Estado Henry Holland, o novo embaixador norte-americano no Rio de Janeiro (James Kemper) afirmava que, enfim, a crise política e a precariedade de sua situação cambial permitiriam discutir abertamente a modificação dos termos de participação do capital estrangeiro no setor petrolífero brasileiro, caso uma solução ampla do problema cambial do Brasil pudesse ser proposta (NA 832.2553/8-1754).

Vargas faleceu uma semana depois e, a partir daí, a pressão não cedeu, diante de um novo ministro da Fazenda abertamente identificado com a visão de Washington a respeito da solução para o problema cambial brasileiro. O ministro Eugênio Gudin buscou refinanciar o passivo de curto prazo do Brasil e solicitou que os advogados da Standard Oil lhe apresentassem sugestões confidenciais para alteração da legislação brasileira sobre o petróleo (NA 832.2553/10-2854), mas no fundo não acreditava mais que uma alteração radical fosse possível a curto prazo, em virtude da radicalidade do gesto e da denúncia de Vargas "contra a espoliação do Brasil e do povo" (NA 832.00/12-454). De fato, o suicídio foi um gesto político capaz de influenciar os rumos do processo político e econômico posterior, não só estancando o esperado crescimento eleitoral da UDN, mas também influenciando o campo diplomático. Isso atingiu em cheio o corpo diplomático dos Estados Unidos, que acreditara, nos primeiros dias de agosto, que chegara a hora de abrir um espaço mais favorável para o capital estrangeiro no setor petrolífero, tornando-se bem mais pessimista depois do suicídio.[52]

---

[52] Ver em particular o memorando do embaixador no Brasil ao secretário de Estado em setembro de 1954 (NA M1487-732.00/9-354). De todo modo, em novembro, o Departamento de Estado ainda informava ao representante da Shell no Brasil, que "Todo o esforço possível está sendo feito pelo Tesouro e pelo Departamento de Estado para chamar a atenção dos brasileiros para a situação econômica impossível em que eles se permitiram inserir, e que

A crise da política externa de Vargas pode ser vista como a crise da tentativa de superar as restrições cambiais e as limitações financeiras locais por meio de barganhas diplomáticas, como vinha sendo feito desde a Segunda Guerra. Essa crise era tanto mais grave porque coincidia com a crise estrutural da industrialização restringida, manifesta em uma demanda crescente de insumos importados para os quais havia capacidade de importação estagnada ou decrescente. As duas crises levaram Vargas a recorrer a financiamentos privados até então indisponíveis na escala necessária, apelando a capitais europeus e japoneses destinados a ramos não concorrentes, mas complementares às empresas estatais. Embora essa tática só tenha tido sucesso no governo Juscelino Kubitschek, o esforço foi iniciado logo depois que a CMBEU foi abolida, por meio da abertura de um conjunto de comissões mistas com países europeus para atrair filiais estrangeiras e obter crédito de fornecedores (GV 53.05.16/1; 53.05.20/1; 53.06.04/3; 53.12.21/1; 54.01.10; NA 832.00TA/5-2753).

Crise cambial

Durante a campanha presidencial, a possibilidade de agravamento da Guerra da Coreia justificava a proposta de acelerar o programa de substituição de importações e a formação de estoques de insumos essenciais, que uma guerra prolongada poderia impedir. Isso exigiria acelerar as importações de bens de capital e insumos, mesmo que se corresse o risco de esgotar as reservas cambiais. De fato, a possibilidade de uma crise cambial já era admitida na campanha presidencial, e também na Mensagem Presidencial de 1951, mas era um risco considerado inferior ao de agir com prudência e acumular reservas cambiais que pudessem ficar sem uso por causa de uma guerra generalizada. A bibliografia costuma enfatizar, com correção, que a Guerra da Coreia foi uma razão essencial da decisão de acelerar o ritmo de concessão de licenças de importação, conduzindo à crise cambial.[53]

---

em nossa opinião uma solução satisfatória para o problema do petróleo é uma das exigências principais para a solução do problema, sobretudo financeiro".
53 Ver Tavares ([1963] 1972a, p.65 et seq.); Lessa (1964, p.23 et seq.); Malan et al. (1977, p.344 et seq.); Lago (1982, p.67 et seq.); e Lessa; Fiori (1984, p.588 et seq.).

Diante da ameaça da guerra, as importações brasileiras só não se elevaram tanto quanto gostariam as autoridades governamentais por causa da escassez provocada pelo bloqueio do fornecimento externo de insumos essenciais, característico de uma mobilização militar generalizada. Esse bloqueio era mesmo esperado pela Mensagem Presidencial de 1951 (p.129), em parte porque, desde o início da campanha eleitoral de 1950, a ameaça animou amplo debate na imprensa sobre a urgência de estocagem de produtos essenciais e materiais estratégicos. O relato de Horácio Lafer, na sabatina no Congresso Nacional (7/4/1953), é uma excelente descrição do clima de expectativas que levou as autoridades brasileiras a acelerar o ritmo de concessão de licenças de importação ou deixar de exigi-las em alguns casos:

> Mas vejamos também, neste capítulo, como se desenrolaram os acontecimentos. Em junho de 1950, a Comissão Consultiva do Intercâmbio Comercial com o Exterior propôs à Carteira de Exportação e Importação a formação de um estoque, chamado de guerra, fora das disponibilidades normais ou do orçamento cambial [...] Essa política foi prosseguida pelo atual governo. Qual era, então, a situação? O país desprovido de matéria-prima, de máquinas, de tudo, e uma situação internacional inquietante e ameaçadora. Eu mesmo ouvi de autoridades norte-americanas que, quando começasse o programa de rearmamento americano, talvez os Estados Unidos não pudessem embarcar para o Brasil mais de 20% das licenças que aqui estavam sendo dadas. Qual o governo que poderia correr o risco, diante da situação mundial que pressagiava um conflito internacional, de deixar as indústrias desprovidas de matérias-primas e o País ameaçado de paralisação nas atividades privadas, dentro daqueles primeiros meses, sempre de confusão nos embarques e nas entregas, e que caracterizam o início de um conflito? O Brasil seguiu o exemplo de outros países: deu licenças com ampla liberalidade, na certeza de que grande margem dessas licenças não seria embarcada. E o fez numa atitude de cautela, de prevenção – tendente a evitar que, no caso de uma conflagração, o Brasil não tivesse o mínimo de matérias-primas e máquinas para trabalhar alguns meses, até que a situação de fornecimentos pudesse ser recomposta. Dois fatores imprevistos, entretanto, surgiram. A Argentina deixou de nos fornecer o trigo, e tivemos de comprar em dólares todo o trigo que precisávamos. Por outro lado, a situação internacional aquietou-se, e as licenças concedidas foram utilizadas em grande parte. Surgiram, assim, os atrasados comerciais em dólares. (Lafer, 1988, p.704-5)

Tabela 4 – Importação de produtos essenciais

Em mil toneladas.

Produtos	1950	1951	Variações
Óleos combustíveis	2.309	2.750	441
Gasolina	1.618	1.976	358
Cimento Portland	404	656	252
Trigo em grão	1.228	1.306	78

Fonte: Banco do Brasil, *Relatório Anual* (1952).

Se o ritmo de crescimento das importações de bens intermediários não foi rápido o suficiente para antecipar-se inteiramente ao bloqueio relativo do suprimento internacional, não obstante ele foi suficiente para elevar as importações em 19% em tonelagem, entre 1950 e 1951. No que tange aos bens de capital, por sua vez, a elevação das importações (101% em valor e 56% em tonelagem, no mesmo período) foi suficiente para acompanhar um surto de investimentos caracterizado precisamente por uma elevação do coeficiente de bens importados na formação bruta de capital fixo. A expansão da capacidade produtiva permitiu sustentar altos níveis de crescimento da renda nos anos seguintes, depois que os atrasados comerciais passaram a acumular-se e antes que o investimento externo assumisse um maior papel complementar às importações ou à produção interna de bens de capital fixo.[54]

---

54 Fato que, aliás, era plenamente percebido na época, senão mesmo deliberadamente buscado: "Todavia, tão grande foi a entrada de maquinaria, matérias-primas e veículos no ano findo, que é bem provável que a diminuição de nossa capacidade aquisitiva em moeda conversível – em virtude das compras maciças de trigo – não seja de molde a interromper o ritmo de desenvolvimento econômico do país" (Cexim, *Relatório de 1951*, p.131).

Tabela 5 – Participação das importações na formação bruta de capital (1939-1954)

Em Cr$ bilhões de 1952

Ano	Investimentos totais	Importações de bens de capital	Produção interna de bens de capital	% importações sobre o total
1939	22,7	6,8	15,9	30,0
1940	22,6	5,5	17,1	24,3
1941	24,1	6,3	17,8	26,1
1942	19,6	3,4	16,2	17,3
1943	20,3	4,4	15,9	21,7
1944	24,2	6,2	18,0	25,6
1945	20,3	7,4	12,9	36,5
1946	29,5	12,1	17,4	41,0
1947	39,1	17,9	21,2	45,8
1948	35,3	14,3	21,0	40,5
1949	46,6	13,9	32,7	29,8
1950	51,7	13,0	38,7	25,1
1951	59,9	22,4	37,5	37,4
1952	65,6	20,5	45,1	31,3
1953	57,7	12,0	45,7	20,8
1954	59,0	16,0	43,0	27,1

Fonte: Grupo Misto Cepal-BNDE (1957).

A única tentativa de revisar o argumento sobre a importância da Guerra da Coreia foi feita por Sérgio Besserman Vianna, alegando que foi o objetivo de combater a inflação, e não a urgência de acumular insumos e bens de capital, que explica o surto de importações, levando ao aumento das importações concorrentes de bens de consumo e à redução deliberada da base monetária pela contração das reservas cambiais. A revisão é equivocada, pois ainda que o aumento das importações de bens de consumo contribuísse para reduzir seus preços, esse tipo de importação praticamente não se fez usando reservas cambiais líquidas, portanto, não pode explicar a crise cambial. Também é inquestionável que a redução das reservas cambiais trouxe uma retração correspondente da base monetária, mas essa retração não pode ser tomada como a própria razão de ser das importações, mas apenas um efeito indireto da decisão de usar reservas cambiais líquidas para importar, antes que fosse tarde, insumos e bens de capital, e não bens de consumo. De fato, o aumento das importações de bens de consumo se fez essencialmente de dois modos que não usaram reservas líquidas:

(a) como contrapartida de operações vinculadas a exportações de produtos considerados "gravosos", ou seja, que não eram competitivos à taxa de câmbio oficial, e cujas receitas de exportação podiam ser vendidas para importadores de bens de consumo que não atendiam às prioridades de importação de bens essenciais. Nesse caso, o objetivo não era apenas aumentar importações, mas possibilitar exportações;[55]

(b) como contrapartida de operações de acordos bilaterais de comércio com países de moeda inconversível, nos quais cada país indicava produtos pouco essenciais que dificilmente encontrariam mercados por meio do uso de reservas cambiais líquidas escassas. Nesses convênios bilaterais, em que as contas eram escrituradas e compensadas anualmente em moedas inconversíveis, apenas os saldos remanescentes eram liquidados em moeda forte, não sendo grandes a ponto de explicar a crise cambial.[56]

A tentativa de Vianna (1987, p.45-6) de confinar a importância da Guerra da Coreia ao primeiro semestre do ano, argumentando que, depois disso, considerações anti-inflacionárias explicariam o elevado nível de importações, também não é sustentável. Segundo o autor, o armistício de julho teria convencido as autoridades brasileiras de que o conflito não evoluiria para

---

[55] Não é de surpreender que, em sabatina no Congresso Nacional (7/4/1953), Lafer afirmasse que "no período de 1951 e 1952, as importações de bens não essenciais alcançaram 4 bilhões em um ano e 3 bilhões e quatrocentos milhões no outro ano, isto é, exatamente o equivalente à exportação dos produtos gravosos, que atingiu a cifra de 7 bilhões e tanto" (Lafer, 1988, p.704-6).

[56] Quanto ao tipo de importações, o relatório da Cexim de 1951 argumentava que a "principal razão de ser" dos acordos estaria exatamente "nas previsões que contêm sobre as trocas de mercadorias não essenciais ou dispensáveis para a parte importadora, as quais são sempre aquelas que a parte exportadora revela maior desejo de fazer figurarem no instrumento, porquanto são os seus produtos em luta com crises de mercados externos" (apud Vianna, 1987, p.57-8). Mesmo assim, as importações licenciadas por meio dos convênios comerciais bilaterais também seguiram diretrizes desenvolvimentistas, sendo uma porta de entrada muito significativa de bens intermediários e de capital, em alguns casos bem mais do que de bens de consumo (ver Cexim, *Relatório de 1951*, p.403 et seq.).

uma guerra longa. A interpretação não é convincente, pois não apresenta qualquer evidência da nova percepção, além de um memorando enviado por João Neves a Vargas tentando convencê-lo, em vão, da boa oportunidade de apoiar o esforço de guerra quando a probabilidade de morte de soldados brasileiros no campo de batalha seria menor. O ex-presidente negou a solicitação, acreditando que o risco ainda era grande e incerto. De fato, os Estados Unidos fariam grandes gestões, no segundo semestre de 1951, para convencer os brasileiros a participar de um novo esforço de guerra. Como se sabe, a guerra seria encerrada mais de dois anos depois.[57]

Tabela 6 – Evolução das exportações de café (1950-1960)

Anos	Exportações (mil sacas)	Receita (US$ milhões)	Proporção nas exportações brasileiras (%)	Consumo mundial (%)
1950	14.835	865	63,9	50,9
1951	16.358	1.059	59,8	51,3
1952	15.821	1.045	73,7	49,2
1953	15.562	1.088	70,8	45,1
1954	10.918	948	60,7	37,9
1955	13.696	844	59,3	40,8

---

57 Vianna não considera, também, que João Neves era o principal advogado da participação brasileira na Coreia, antes e depois de julho de 1951, e que tentava convencer o presidente a respeito da proposta, sem que suas opiniões possam ser tidas como representativas da opinião geral do governo. Não obstante seus argumentos, Vargas recusou-se a tomar um armistício recente como sinal de que as hostilidades estariam definitivamente afastadas (sem o benefício da visão retrospectiva e, portanto, sujeito a um futuro repleto de incertezas), rechaçando ao longo do ano todas as solicitações dos Estados Unidos de envio de uma força expedicionária. Pouco depois, o presidente se recusaria a assinar um memorando escrito por João Neves sobre a possibilidade de participação do Brasil na Coreia, escrevendo a Lourival Fontes: "Não subscrevo essas instruções. Elas são do governo brasileiro para um general brasileiro e devem expressar a verdade de nossa situação e não esse otimismo ingênuo de que estamos comprometidos a mandar tropas para a Coreia e outras afirmações dessa ordem". A possibilidade de conflito armado, afinal, não estava afastada, sendo prudente manter a política de não oferecer mais do que materiais estratégicos ao esforço de guerra norte-americano, pois "possuímos vários minerais estratégicos de que os americanos necessitam e não se faz referência a essa colaboração que podemos dar, em vez de sangue dos brasileiros para lutar na Coreia" (apud Fontes, 1966, p.76).

Anos	Exportações (mil sacas)	Receita (US$ milhões)	Proporção nas exportações brasileiras (%)	Consumo mundial (%)
1956	16.805	1.030	69,5	43,4
1957	14.319	846	60,8	40,7
1958	12.894	688	55,3	35,6
1959	17.723	733	57,2	42,0
1960	16.819	712	56,1	39,6

Fonte: Ribeiro (1997).

É claro que o ritmo de crescimento das importações não representaria um problema imediato se as exportações ou os influxos de capital crescessem o suficiente para compensar o aumento da demanda de divisas. Do ponto de vista das exportações, porém, o ano de 1952 experimentou a redução geral de 20% provocada por exportações outras que não o café, seja por causa do desaquecimento posterior ao *boom* comercial de 1951, seja em virtude da sobrevalorização real do cruzeiro e da perspectiva de desvalorização (induzindo retenção de estoques), seja por causa da crise mundial da indústria têxtil (que paralisou a venda do segundo produto de exportação, o algodão, cujas exportações chegaram a apenas 20% da tonelagem de 1951). Essa contração geral aumentou a dependência brasileira em relação ao mercado mundial de café, uma vez que o produto alcançou quase três quartos das exportações brasileiras em 1952. Em dólares correntes, as importações totais chegaram à média de US$ 1,7 bilhão em 1951 e 1952, mas enquanto as exportações atingiram US$ 1,77 bilhão em 1951, declinaram para US$ 1,416 bilhão em 1952. O nível de importações em dólares demorou a declinar depois que o ritmo de concessão de licenças se reduziu, seja porque as licenças tinham uma validade igual ou superior a um semestre, seja porque uma forte geada provocou a quebra da safra argentina de trigo, implicando um gasto adicional de dólares derivado da canalização das importações de trigo desde um país de moeda não conversível para os Estados Unidos. Ademais, o custo unitário das importações não se retraiu tanto quanto se poderia esperar depois do *boom* comercial provocado pela Guerra da Coreia, em razão da cobrança de sobretaxas em fretes (graças a atrasos de ancoragem e descarga provocados pelo desaparelhamento dos portos brasileiros) e nos produtos importados em geral (em razão do próprio crescimento dos atrasados comerciais).[58]

Assim como o café assumia um peso crescente nas exportações, o peso da conta de petróleo e derivados também aumentava nas importações, acompanhando o aumento geral do peso das importações de insumos intermediários na pauta comercial. Esse movimento seguia a tendência de estrangulamento cambial identificada pelos trabalhos clássicos da Cepal: o crescimento e diversificação da estrutura industrial brasileira eram acompanhados por um processo de substituição de importações em direção àquelas cada vez mais essenciais e de difícil compressão. A tonelagem importada de petróleo e derivados passava de 947 mil toneladas em 1945 para nada menos que 5,190 milhões de toneladas em 1951 e 7,782 milhões em 1954 (BB, *Relatório de 1954*, p.445). A tonelagem importada aumentou mais de 1 milhão de toneladas em 1955, já com tendência de perda de participação da gasolina e óleos combustíveis e aumento da participação de petróleo cru, uma vez que a Petrobras aumentou sua produção de óleo refinado em quase vinte vezes no ano (BB, *Relatório de 1955*, p.33, 102, 114).[59]

---

58 Para uma análise detalhada das contas externas brasileiras no período, conferir o Relatório da Cexim de 1951 e os excelentes relatórios anuais do Banco do Brasil, além de Tavares ([1963] 1972a), Malan et al. (1977) e Vianna (1987).

59 O problema não era limitado à importação de combustíveis derivados, embora esse fosse o principal problema. Nas palavras do Relatório do Banco do Brasil de 1952 (p.69): "O confronto da média anual do período 1947-1952 com a de 1937-1939 acusa os seguintes resultados, indicativos do crescimento da produção nacional: 1. O volume da importação de combustíveis líquidos e lubrificantes, passando de 1444,5 mil toneladas para 4115,8 mil toneladas aumentou 3 e meia vezes; 2. Não obstante haver duplicado o volume da produção interna de cimento, que subiu de 629 mil para cerca de 1500 mil toneladas, a importação desse produto, simultaneamente, aumentou oito vezes e meia, passando de 58,1 mil para 503,7 mil toneladas; e 3. Quase triplicou o consumo aparente de enxofre, tendo duplicado o de barrilha e soda cáustica. Em 1952, a importação de combustíveis líquidos e lubrificantes (6091 toneladas) representou duas vezes e meia o volume de 1947 (2471 toneladas), registrando-se aumento idêntico em relação ao cimento (820 mil toneladas, em 1952, contra 347 mil, em 1947)".

Tabela 7 – Importação de petróleo e derivados

Em mil toneladas

Anos	Gasolina	Óleos (fuel e diesel)	Lubrificantes	Querosene	Petróleo cru	Total
1945	412	401	70	54	10	947
1947	933	1308	92	138	9	2480
1950	1618	2309	116	236	–	4279
1951	1976	2750	183	281	–	5190
1952	2407	3180	148	353	18	6107
1953	2429	3478	154	408	30	6499
1954	2626	4262	213	539	142	7782

Fonte: Banco do Brasil, *Relatório de 1954*, p.445.

Sendo assim, a conta comercial brasileira era pressionada por duas heranças estruturais, dificilmente contornadas a curto prazo: do lado das exportações, forte dependência de produtos primários, muito parcialmente atenuada por uma melhor relação câmbio/salários; do lado das importações, dependência de insumos intermediários e bens de capital, uma vez que as bases técnicas do padrão de produção e consumo industrial que era internalizado ainda estavam relativamente pouco desenvolvidas. Desse modo, uma conta estruturalmente elevada de importações essenciais, inerente à reorientação que se produzia no modo de desenvolvimento do capitalismo brasileiro pelo menos desde os anos 1930, era complementada pela instabilidade dos mercados internacionais de *commodities* primárias legadas de um passado anterior.

Outro aspecto da vulnerabilidade cambial do país (legado de sua condição de espaço de atuação de filiais internacionais) era, naquela conjuntura, o impacto deficitário das transações líquidas de capital. Embora a renegociação da dívida pública externa em 1943 diminuísse significativamente o custo da herança de endividamento legada da República Velha, um peso financeiro crescente era assumido pelas transferências de lucros e dividendos. No governo Dutra, essa pressão sobre as contas externas brasileiras foi facilitada pela regulamentação do DL n. 9025 (27/2/1946), que limitava a repatriação de capital estrangeiro a 20% do capital ao ano e as remessas de rendimentos a 8% ao ano, considerando repatriação o que excedesse essa percentagem. O Aditivo ao Regulamento (3/4/1946) e a Instrução n. 20 da Sumoc (27/08/1946) permitiriam o reinvestimento dos lucros no registro do capital investido para efeito de cálculo das remessas autorizadas, além de, no texto da lei, "abolir temporariamente as restrições impostas pelos artigos 6º e 8º do DL n. 9025 ao retorno de capitais, juros, lucros e dividendos, bem como autorizar que sejam atendidas, sem restrições de limites, as transferências relativas à manutenção, viagens e turismo" (apud Leonel, 1955 e Malan et al., 1977). Um resultado dessa liberalidade foi que as remessas brutas atingiram um valor acumulado pouco inferior a 500 milhões de dólares no período 1946-1951.

Durante seu primeiro ano de governo, Vargas nada fez para conter aquilo que chamaria de "sangramento" do país no discurso de Ano Novo em 31 de dezembro de 1951, quando anunciou o recálculo do registro de capitais externos no Brasil: do capital registrado para cálculo das remessas de 8% ao ano, retirou-se o reinvestimento de lucros obtidos em moeda local (Decreto n. 30363, de 3/1/1952). Em 1952, os efeitos do novo registro e a acumulação de atrasados cambiais implicaram uma redução das remessas de lucros e dividendos, caindo de US$ 80 milhões em 1951 para US$ 33 milhões em 1952 (cf. Malan et al., 1977, p.88). Não obstante o sucesso da modificação do registro (e mesmo da fila de aproximadamente dois anos para os atrasados financeiros), a pressão diplomática dos Estados Unidos forçou o governo a tramitar a Lei do Mercado Livre de Câmbio, aprovada em 7 de janeiro de 1953 para facilitar as remessas financeiras e conferir incentivos para a exportação de produtos gravosos; consequentemente, as transferências aumentaram para US$ 94 milhões em 1953, quase três vezes o valor do ano anterior.

Tabela 8 – Movimento de capitais de risco: novas entradas e refluxo de rendimentos, 1946-1952

Em US$ milhões

Anos	1946	1947	1948	1949	1950	1951	1952	1946-1952	1939-1952
Investimentos líquidos	24,8	21,0	47,7	34,6	17,1	-13,1	5,5	137,5	97,1
Remessas	-64,6	-51,4	-96,9	-91,9	-90,2	-80,1	-33,4	-508,5	-806,9
Saldo	-39,8	-30,4	-49,2	-57,3	-73,1	-93,2	-27,9	-371,0	-709,8

Nota: Os investimentos líquidos são as entradas menos as saídas de capital de risco.
Fonte: Malan et al. (1977, p.188).

Tabela 9 – Influxos não compensatórios de capital externo e refluxo de rendimentos: comparação de períodos

Em US$ milhões

Período	IDE			Outras formas			Total (Capital Estrangeiro não compensatório)		
	Influxoa (1)	Remessasb (2)	1+2=3	Influxoc (4)	Remessasd (5)	4+5=6	Influxo (7)	Remessas (8)	7+8=9
1946-1950	219,6	-299,8	-80,2	-214,3	-99	-313,3	5,3	-398,8	-393,5
1951-1955	350	-509	-159	128	-208	-80	478	-717	-239
1956-1960	743	-297	446	726	-461	265	1469	-758	711

Fonte: Cepal (1964, p.199-201).

Depois do final da CMBEU, Vargas voltou à carga contra as remessas de lucros e dividendos no discurso de aniversário de três anos de governo (31/1/1954), explicando iniciativas recentes como o Decreto n. 34.839 de 5 de janeiro de 1954, que fixava as remessas no mercado livre em até 10% ao ano (8% para os juros) e exigia que as empresas registrassem seu capital na Sumoc (com documentos comprobatórios dos valores alegados). Não obstante o ataque de Vargas e as novas regras instituídas, o movimento líquido de capitais estrangeiros (entradas líquidas das saídas de investimentos e rendimentos) foi estimado em déficit de US$ 141 milhões (BB, *Relatório de 1954*, p.79-83).

Tabela 10 – Investimento direto externo no Brasil (1950-1960)

Em US$ milhões

Ano	Influxo novo (líquido)	Reinvestimentos
1946	-	-
1947	36	19
1948	25	42
1949	5	39
1950	3	36
1951	-4	67

Ano	Influxo novo (líquido)	Reinvestimentos
1952	9	85
1953	22	38
1954	11	40
1955	43	36
1956	89	50
1957	143	35
1958	110	18
1959	124	34
1960	99	39
1961	108	39

Fonte: *Conjuntura Econômica* (1972).

Foi somente a partir de 1956 que o encargo cambial provocado pelo refluxo de rendimentos de filiais estrangeiras passou a ser mais que compensado pelos novos investimentos nos ramos de bens de capital e bens de consumo durável por firmas oligopolistas (particularmente europeias). Antes disso, o fracasso em atrair filiais estrangeiras para os ramos de infraestrutura e insumos básicos e a demora em substituí-las por investimentos estatais, como alegava Vargas (1951-1954,p. 187-8), acabavam por inibir investimentos nos ramos de bens de capital e consumo, em razão dos estrangulamentos de oferta identificados pelo Banco Mundial e a CMBEU: oferta de energia, de vagas para navios atracarem, de meios de transporte e cambiais para arcar atrasados comerciais, financiar remessas de lucros e pagar uma conta crescente de importação de insumos essenciais escassos – petróleo e derivados, cimento, enxofre, barrilha, soda cáustica etc. O problema é que o governo Vargas buscava alocar reservas cambiais para importações essenciais e financiar a entrada de empresas estatais nos setores básicos, o que acabaria expulsando o capital estrangeiro desses ramos estrangulados pela falta de investimentos privados, mas era uma condição, paradoxalmente, para atrair investimentos para novas destinações setoriais. Neste sentido, o *boom* de investimentos diretos que acompanhou o Plano de Metas, no governo Juscelino Kubitschek, tornou-se possível, na segunda metade dos anos 1950 e não antes, seja porque os oligopólios industriais europeus responderam ao desafio dos Estados Unidos expandindo-se internacionalmente e/ou financiando suas exportações com *supplier's credits*, seja porque o Brasil tornava-se uma área atrativa em razão de: (a) incentivos públicos (cambiais, financeiros e fiscais), (b) metas de expansão e proteção dos mercados internos *a criar* por meio de um bloco integrado de investimentos públicos e privados e (c) superação de pontos de estrangulamento de infraestrutura e insumos básicos (Lessa, 1964; Tavares, 1974).

Tabela 11 – Distribuição setorial do estoque de capital estrangeiro (1950 x 1960)

Setores	1950 (%)	Setores	1960 (%)
Energia Elétrica	27,1	Automóvel	11,4
Petróleo	12,9	Petróleo	11,0
Bancos	6,9	Produtos químicos	10,8
Produtos químicos	5,9	Metalurgia	5,4
Indústria alimentar	5,6	Indústria alimentar	5,0
Aparelhos eletrônicos	4,9	Laboratórios farmacêuticos	4,5
Automóvel	3,2	Aparelhos eletrônicos	4,3
Metalurgia	2,4	Siderurgia	3,6
Cimento	2,3	Comércio	3,3
Laboratórios farmacêuticos	1,5	Serviços liberais	2,9
Máquinas para indústria	1,4	Peças (indústria automobilística)	2,8
Papel e celulose	0,9	Bancos	2,6

Fonte: Appy (1987, p.45).

Seja como for, é evidente que as remessas de lucros e dividendos aumentariam em valores absolutos depois da internacionalização/transformação da estrutura industrial do final dos anos 1950, elevando a pressão sobre o balanço de pagamentos assim que os investimentos externos se retraíssem depois do ciclo expansivo, na primeira metade dos anos 1960. Com efeito, as remessas de filiais eram menores em 1951-1954 do que seriam mais tarde, mas o que pesava nas contas externas durante o governo Vargas, como na primeira metade dos anos 1960, era o fato de que as remessas não eram compensadas por um *boom* de investimentos externos que financiasse um influxo líquido de reservas. Daí as frequentes imprecações de Vargas contra o fato de que as filiais eram financiadas pela acumulação de lucros em moeda doméstica, o que inflava o valor do estoque de patrimônio externo, aumentava remessas de lucros e dividendos e reduzia a capacidade de importação de bens essenciais.

***

Diante da crise cambial, o que fez o governo? Além de negociar empréstimos-ponte para liberar atrasados comerciais, recorreu a depreciações da taxa de câmbio, a partir da Lei do Mercado Livre, que não foi apenas o resultado de uma concessão diplomática às pressões norte-americanas ao criar um mercado livre de câmbio para transações financeiras. A desvalorização implícita na reforma cambial foi também uma forma de compensar os exportadores de produtos "gravosos" do fim das operações vinculadas. A lei promoveu a criação de três taxas flutuantes, com uma desvalorização implícita para os produtos "gravosos" por meio da venda de parte das divisas (15%, 30% ou 50% dependendo do produto) no mercado livre. Os compradores de divisas nesse mercado eram penalizados por uma taxa de câmbio superior à oficial para realizar certas operações comerciais e financeiras (importações não essenciais, remessas de lucros e dividendos sem "interesse nacional" etc.). A taxa oficial, por sua vez, permaneceu cotando 85% das exportações (café, cacau e algodão) que não eram consideradas "gravosas". Do lado dos demandantes de câmbio, por sua vez, a taxa oficial subsidiava importações consideradas essenciais (dois terços do total), serviços a ela associados (fretes, seguros etc.), remessas do governo e remessas de lucros, dividendos e juros considerados de "interesse nacional".[60]

---

60 Sobre as mudanças do regime cambial no governo Vargas, inclusive a Instrução 70, de outubro de 1953, ver Rio; Gomes (1955); Tavares ([1963] 1972a); Huddle (1964); Malan (1976); Malan et al. (1977); Dib (1983); Leopoldi (1984); e Vianna (1987).

Tabela 12 – Taxas nominais e reais de câmbio

Cr$/US$

Ano	Taxa Nominal (média anual)	Taxa Real (1980=100)
1952	0,019	58,60
1953	0,043	88,65
1954	0,062	94,32
1955	0,071	97,89
1956	0,071	91,07
1957	0,076	90,98
1958	0,129	123,07
1959	0,151	112,37
1960	0,187	104,36
1961	0,270	106,07

Fonte: Ribeiro (1997).

A Lei do Mercado Livre não se mostrou suficiente para superar a vulnerabilidade da inserção exportadora brasileira. Pelo contrário, um movimento de antecipações de importações e atraso de exportações (tanto de "gravosos" como de cafeicultores na expectativa de maior desvalorização cambial) fez que os atrasados comerciais continuassem aumentando a despeito da forte redução das importações. Como vimos, tendo esse fato como pretexto, o Eximbank não liberou em junho a segunda das cinco parcelas de US$ 60 milhões do empréstimo-ponte negociado em fevereiro para os atrasados comerciais. Logo a seguir, Oswaldo Aranha substituiu Horácio Lafer tendo como um dos objetivos a imediata liberação da segunda parcela do empréstimo-ponte. Buscando dar novo vigor às exportações, o ministro também ampliou a desvalorização implícita na Lei do Mercado Livre, permitindo a transferência de 50% das divisas obtidas por exportações "gravosas" para o mercado livre. Para os principais produtos de exportação (café, cacau e algodão), por sua vez, foi criada uma "pauta mínima" mediante a qual as divisas obtidas pelas exportações eram negociadas à taxa oficial apenas até uma cotação mínima (US$ 68 / 60 kg para café, por exemplo), liberando as divisas obtidas a um preço excedente (na época, US$ 78 / 60 kg em Nova York) para transações no mercado livre.

Tabela 13 – Taxas de câmbio sob o regime de leilões (out. 1953 – ago. 1957) Cr$/US$

Categoria\Ano	1953	1954	1955	1956	1957	% do total alocado[2]
Taxa oficial	18,82	18,82	18,82	18,82	18,82	-
Taxa de mercado livre	43,32	62,18	73,54	73,59	75,67	-
Leilões de importação						
categoria I	31,77	39,55	87,70	83,05	60,76	40%
categoria II	38,18	44,63	105,23	111,10	81,56	30%
categoria III	44,21	57,72	176,00	149,99	106,34	20%
categoria IV	52,19	56,70	223,16	219,58	151,93	8%
categoria V	78,90	108,74	303,54	309,28	316,39	2%
Taxas de Exportação[1]						
categoria I	-	-	31,50	37,06	38,16	-
categoria II	-	-	37,91	40,10	43,06	-
categoria III	-	-	43,18	49,88	55,00	-
categoria IV	-	-	50,98	59,12	67,00	-

1 De 9/10/1953 a 15/4/1954: Cr$ 23,36/US$ para o café e Cr$ 28,36/US$ para os demais produtos; de 16/8/1954 a 10/11/1954: Cr$ 30,70/US$ para o café e Cr$ 35,12/US$ para os demais produtos; de 11/11/1954 a 17/1/1955: Cr$ 31,50/US$ para o café e Cr$ 37,79/US$ para os demais produtos.
2 Exceto Mercado oficial e livre.
Fonte: Dib (1983).

Enfim, a Instrução 70 da Sumoc, em 9 de outubro de 1953, alterou substancialmente as regras para o comércio exterior. Por um lado, o novo regime cambial eliminou tanto a sistemática de licenciamento prévio, como as transações diretas entre vendedores e compradores de câmbio que haviam sido estabelecidas pela Lei do Mercado Livre. Por outro lado, reinstituiu o monopólio cambial e passou a distribuir reservas por meio de leilões de câmbio, ou seja, não eliminou completamente o sistema de preços introduzido pela Lei do Mercado Livre. A diferença era que os ganhos derivados da venda das cambiais eram apropriados pelo governo. Os leilões de câmbio realizavam-se em cinco categorias para as quais se alocavam diferentes montantes de divisas segundo a essencialidade do gasto, contra o pagamento de ágios mínimos (crescentes por categoria) sobre a cotação oficial e de uma comissão de transferência de 8%.

As divisas eram compradas com uma bonificação aos exportadores: Cr$ 5 para os cafeicultores e Cr$ 10 para os demais – de fato, a mudança significativa valeu para o café, pois a taxa de compra das divisas dos demais permaneceu quase idêntica à resultante da mistura, meio a meio, da taxa oficial e da livre. O saldo entre as receitas dos ágios de venda e os gastos com bonificações na compra das divisas era uma receita parafiscal creditada no Banco do Brasil, ficando de fora dos leilões as compras de trigo e papel ou material de imprensa e, contra a fixação de sobretaxas predefinidas sobre a cotação oficial, certas importações consideradas preferenciais das esferas de governo e de combustíveis (GV 53.10.10/5).

A Instrução 70 tinha três objetivos básicos. Primeiro, visava ampliar as exportações e introduzir critérios de mercado para encarecer as importações. Nesse aspecto, a reforma foi temporariamente bem-sucedida, registrando-se um significativo crescimento das exportações no último trimestre de 1953, mantendo as importações em níveis reduzidos. Segundo, o sistema de leilões de câmbio criado pela Instrução 70 manteve a política seletiva de importações que buscava assegurar os bens intermediários e de capital requeridos pelos empreendimentos produtivos. Nesse sentido, ela era uma reafirmação do espírito do tratado de Bretton Woods de 1944: não buscava subordinar a expansão da economia doméstica ao equilíbrio a qualquer custo do balanço de pagamentos. Pelo contrário, era uma tentativa de conciliar um regime cambial subordinado aos requerimentos do crescimento e diversificação econômicos domésticos às restrições cambiais que se faziam sentir na acumulação de crescentes atrasados comerciais. Terceiro, o regime cambial buscava ampliar a arrecadação fiscal do governo, contornando em parte as resistências a uma reforma tributária no Congresso Nacional.

Tabela 14 – Importação brasileira por categoria de uso

Em %

Categorias de uso	1946	1947	1948	1949	1950	1951	1952	1953	1954	1955
1 – Bens de consumo	21,7	19,8	17,9	15,5	13,7	15,7	13,5	11,1	10,2	9,7
Durável	9,0	11,7	10,7	8,9	6,7	10,0	7,5	3,6	4,3	2,8
Não durável	12,7	8,1	7,2	6,6	7,0	5,8	6,0	7,5	5,9	6,9
2 – Combustíveis e lubrificantes	9,5	9,6	12,6	12,0	14,8	12,0	13,5	18,8	14,7	21,5
3 – Matérias-primas	43,0	41,0	38,9	42,6	40,7	39,5	36,0	41,2	44,9	41,5
Para indústria	42,2	40,0	37,9	41,5	38,9	37,8	35,0	40,1	43,8	40,0
Para agricultura	0,8	1,0	1,0	1,1	1,8	1,7	1,0	1,1	1,1	1,5
4 – Bens de capital	25,8	29,6	30,6	29,9	30,8	32,8	37,1	28,9	30,2	27,3
Para indústria	8,3	9,5	9,8	11,3	12,1	11,4	14,0	13,2	10,4	11,2
Para agricultura	1,3	1,3	1,7	3,3	4,1	3,2	2,9	1,6	3,9	2,3
Transporte	11,5	14,2	14,4	9,8	9,6	13,9	15,0	10,0	11,8	9,8
Diversos	4,2	4,6	4,7	5,5	4,9	4,2	5,2	4,1	4,1	4,0
5 – Total	100	100	100	100	100	100	100	100	100	100

Fonte: Dib (1983, p.218).

Já no primeiro semestre de 1954, porém, a situação cambial voltaria a agravar-se por conta de mais uma tendência cíclica de queda dos preços do café. Essa crise expressava a vulnerabilidade da inserção exportadora de um país cujo principal produto comercial era uma *commodity* primária cujos requerimentos financeiros e técnicos de produção não criavam uma barreira à entrada que protegesse os produtores estabelecidos em relação a novos concorrentes. Sendo assim, um ciclo favorável de preços provocado pela reativação da demanda mundial e, principalmente, pela retração de estoques mercantis e investimentos que se seguia à crise de superprodução anterior atraía inversões na abertura de novas áreas de cultivo e a entrada de novos concorrentes que, a médio prazo, voltava a inundar o mercado mundial e provocar outra crise. A crise dos anos 1930 seria superada apenas no pós-guerra, uma vez que os estoques advindos da crise de superprodução anterior foram praticamente esgotados em 1948-1949. A fase ascendente do ciclo de preços foi acompanhada, porém, pela entrada de novos produtores na América Central e na África Oriental britânica, o que finalmente aumentaria a produção mundial em meados da década de 1950 para níveis bastante superiores à demanda mundial. Em 1954, ademais, a tendência de médio prazo foi acompanhada de uma ampla e exitosa campanha do senador Gillete nos Estados Unidos contra a especulação e o consumo do café, o que reduziu depois ainda mais a demanda mundial diante da oferta crescente depois do auge de 1953 (ver Delfim Netto, 1959; Bacha, 1975; Stolcke, 1986; 150 anos de café, 1992).

Tabela 15 – Mercado mundial de café

Em 1000 sacas de 60 quilos

Anos	Produção exportável			Exportações efetivas			Consumo mundial
	Brasil	Outros países	Total	Brasil	Outros países	Total	
1949	16.303	14.236	30.539	19.368	14.696	34.064	32.911
1950	16.754	15.966	32.720	14.915	14.530	29.445	29.310
1951	14.962	15.730	30.692	16.278	15.641	31.919	31.429
1952	16.076	16.474	32.555	15.821	16.570	32.391	31.964
1953	15.145	18.010	33.155	15.562	19.211	34.781	33.771
1954	14.506	19.253	33.759	10.918	18.657	29.575	30.329

Fonte: Banco do Brasil, *Relatórios Anuais* (1954-1955).

Se o objetivo do sistema de pauta mínima em meados de 1953 fora o de incentivar grandes produtores e exportadores a desovarem estoques, em meados de 1954 tratava-se do inverso. Visando induzir a uma retenção voluntária de estoques para impedir quedas de preços, o governo expediu decreto em junho de 1954 fixando uma elevada cotação mínima para exportações de café a partir de 1º de julho. Mas, em meio a reduzidas exportações em junho e julho, os cafeicultores acirraram campanha contra o "confisco cambial" e exigiram a revogação da política de "pauta mínima". Apenas 45 dias depois da introdução da nova pauta mínima e apenas a dez dias do suicídio de Vargas, Aranha e Souza Dantas cederam às pressões econômicas e políticas, baixando em 14 de agosto de 1954 a Resolução 99 da Sumoc. Ainda que não se alterasse a cotação mínima em cruzeiros por libra--peso exportada, as bonificações cambiais de Cr$ 5 e Cr$ 10 só valeriam para 80% das exportações, enquanto para os 20% restantes seria abonada a diferença entre a taxa oficial (ainda Cr$ 18,36 por dólar) e a média das taxas de compra no mercado livre. Para os cafeicultores, isso representava uma desvalorização implícita de 27% (supondo taxa de Cr$ 60 por dólar no mercado livre), ampliando o poder aquisitivo doméstico de seus saldos cambiais. Para o objetivo do governo, porém, a iniciativa não foi exitosa: a desvalorização levou a uma vertiginosa especulação baixista do preço internacional do café na Bolsa de Nova York, mas com tímida resposta do volume exportado, dando livre curso a uma nova fase descendente do preço do café e agravando a crise cambial brasileira.

A crise cambial era estrutural, com efeitos muito negativos sobre a estratégia geral do governo Vargas. Ela não significava apenas a falência da estratégia de financiamento externo do programa de desenvolvimento: a curto prazo, ela ameaçava a continuidade do crescimento econômico estrangulado pela falta de recursos cambiais e aumentava as pressões inflacionárias que agravavam o conflito distributivo e inviabilizavam graus mínimos de conciliação política. Muito embora o risco calculado da decisão de acelerar importações diante da Guerra da Coreia fosse em parte responsável pela crise, ela tinha raízes estruturais: o ciclo de preços do café entrava em uma nova fase descendente, reduzindo receitas cambiais; mas a demanda de reservas aumentava graças ao refluxo de rendimentos do estoque de capital externo no país e à grande dependência de insumos essenciais (particularmente petróleo) e bens de capital, agravada pela substituição de importações de bens de consumo duráveis no governo Dutra. Ademais, necessidades cambiais não apenas não eram compensadas por financiamentos da CMBEU: o governo norte-americano pretendia inclusive aproveitar as dificuldades cambiais para exigir reformas no programa de desenvolvimento brasileiro, fortalecendo a posição de filiais estrangeiras em ramos tradicionais, cuja oferta fora, paradoxalmente, estrangulada pelo desinteresse dessas filiais em realizar novos investimentos que acompanhassem o ritmo acelerado de demanda por insumos básicos e serviços de infraestrutura.

Por outro lado, a tentativa do governo Vargas de subsidiar e induzir o investimento industrial privado à custa dos exportadores de *commodities*, mantendo uma taxa de câmbio fixa (Cr$ 18,5 por dólar) que barateava importações de bens de produção, tornou-se inviável quando a crise forçou a desvalorização cambial. O problema das exportações, porém, não era apenas o de uma taxa de câmbio competitiva, mas sim o de um perfil estrutural de especialização produtiva pouco diversificado, concentrado em *commodities* cujos requerimentos financeiros e técnicos de produção não criavam barreiras à entrada de novos concorrentes. Por isso, as desvalorizações cambiais para facilitar as exportações a partir de 1953 não se mostraram capazes de superar vulnerabilidades mais estruturais e, no caso do café, até induziram uma redução do preço internacional no segundo semestre de 1954.

Em vista da natureza do problema, solucionar a crise cambial não dependia apenas de paliativos voltados a encarecer circunstancialmente as importações e favorecer exportações primárias, com variações da taxa de câmbio. Uma vez que a crise tinha determinantes estruturais no plano comercial (uma conta crescente de insumos e bens de capital; vulnerabilidades associadas à inserção exportadora tradicional) e financeiro (refluxo de rendimento de capitais estrangeiros) largamente independentes da taxa de câmbio, resolver a crise suporia superar problemas estruturais, ou seja, financiar empreendimentos que almejassem inserção exportadora em mercados industriais de maior valor agregado e maior crescimento ao longo do tempo, e que diminuíssem a dependência de importação de insumos essenciais. Como isso não era provável a curto prazo, em meio à crise, era necessário pelo menos contornar os problemas estruturais por meio de um novo ciclo de financiamento externo que, a um tempo, gerasse influxos líquidos de capital que compensassem circunstancialmente os refluxos de serviços financeiros e a debilidade da inserção comercial da economia brasileira. Se esses influxos de capital financiassem uma melhora da inserção comercial a médio prazo, por meio de novos investimentos industriais, tanto melhor.

Não surpreende que, assim que a perda dos trunfos geopolíticos brasileiros e a reorientação da política externa norte-americana deixaram claro que obter recursos governamentais e multilaterais com o apoio dos Estados Unidos não deveria mais ser esperado, o governo Vargas passou a ensaiar várias comissões mistas com países europeus para atrair filiais estrangeiras por meio de investimentos diretos e crédito de fornecedores. Embora o principal símbolo dessa aproximação fosse a inauguração da fábrica da Mannesman em Minas Gerais a poucos dias do suicídio, essa estratégia surtiria pleno efeito apenas no governo Kubitschek. Na administração Vargas, a crise cambial fez ruir o esquema de financiamento do investimento privado que se baseara na oferta de crédito público e câmbio barato para a compra de máquinas, equipamentos e insumos, ao mesmo tempo que a tentativa de expandir os empreendimentos estatais por meio da obtenção de recursos externos de governo a governo esbarrava em contradições incontornáveis entre os objetivos de política externa do Brasil e dos Estados Unidos.

O legado varguista

Embora a figura de Vargas seja talvez a mais controvertida da história brasileira, poucos negariam que seu legado a marcou radicalmente. A ação e a retórica política de Getúlio foram essenciais para legitimar o avanço da intervenção estatal para remediar os desastres econômicos e sociais que o livre mercado produzia, ao redor do mundo, nos anos 1930. Sua ação voltou-se para mudar a estrutura produtiva e financeira da economia brasileira, reduzindo sua dependência de *commodities* produzidas por trabalhadores muito mal pagos em latifúndios pouco produtivos e sua submissão regular aos gestores de fluxos internacionais voláteis de capitais, cujas exigências de credibilidade e rentabilidade se traduziam em políticas econômicas que deprimiam o investimento produtivo e os níveis de emprego e salário. Contra isso tudo, Vargas consolidou, no Brasil, uma noção de desenvolvimento econômico associada não mais à vocação agroexportadora, mas à incorporação de novas tecnologias industriais e à criação maciça de empregos urbanos, cujas condições contratuais deixariam de estar sujeitas quase que ao livre-arbítrio dos contratantes, passando a ser reguladas publicamente. O reformismo era justificado como uma alternativa à subversão política interna: o avanço do comunismo era considerado inevitável caso a estrutura econômica decadente fosse deixada à sua própria sorte, alienando parcela crescente da massa trabalhadora do mercado de trabalho, mais propensa ao radicalismo político do que os empresários incapazes de pagar bancos temerosos da rolagem de dívidas, embora também sentissem aversão especial aos banqueiros. Como esperado, os dividendos políticos que a expansão dos direitos sociais e do emprego urbano trouxeram para Vargas deram algum crédito à sua identidade de "pai dos pobres". Mas também afastaram a parte mais conservadora das camadas médias e capitalistas de um projeto desenvolvimentista que também as favorecia.

O principal obstáculo ao programa de reforma da economia era a debilidade da organização empresarial e financeira no Brasil. Empresas e bancos locais preferiam investimentos com maturação rápida em vista do histórico de instabilidade econômica e fugiam dos riscos de empreendimentos industriais de maior escala e complexidade tecnológica. Filiais estrangeiras eram afastadas pelas mesmas incertezas, além da escassez de reservas cambiais para importações e remessas de lucros, em meio às dificuldades trazidas pela Grande Depressão e pela Segunda Guerra. Empresários locais e estrangeiros tampouco concordavam em financiar, com tributos elevados sobre a renda ou o patrimônio, a intervenção estatal necessária para resolver os gargalos que o setor privado era incapaz de superar. O imposto sobre lucros extraordinários foi objeto de revolta empresarial em 1945, e outros projetos tributários foram sistematicamente vetados pelo Congresso Nacional até 1964. Um padrão fiscal regressivo que contava com impostos indiretos sobre transações comerciais e cambiais contornou resistências políticas à tributação direta, mas não impediu a emergência de déficits públicos recorrentes. Emissões sustentavam em parte a ampliação do gasto público, mas também sancionavam elevações de preços associadas a gargalos estruturais de oferta e desequilíbrios cambiais, em contexto de grande proteção de mercado. Além de reiterar a preferência empresarial por investimentos de prazos mais curtos, a inflação acentuava conflitos distributivos entre empresários de diferente porte, camadas médias e trabalhadores manuais.

Diante da pressão do conflito distributivo, e de um legado histórico profundo de preconceito contra o valor do trabalho manual, o modo de tratar a chamada questão social também não era consensual. Para parcelas crescentes das camadas médias ameaçadas pela inflação, por exemplo, a elevação do salário mínimo afastava a possibilidade de realizar a aspiração por um estilo de vida próximo ao *american way*, com casas próprias grandes, plenas de automóveis, eletrodomésticos e, na nossa tradição, empregados domésticos. Não surpreende que os apelos de Vargas pela integração de grupos sociais pobres e marginalizados e pela redução das desigualdades salariais fossem respondidos com a acusação de demagogia populista. Camadas médias urbanas eram especialmente suscetíveis a essas acusações, pois dependiam de salários básicos baixos para manter seu *status* social e um padrão de consumo diferenciado. Assim, muitos membros da classe média se opunham ao trabalhismo varguista, muito embora fossem beneficiados pela ampliação das oportunidades de empregos qualificados e pequenos negócios urbanos trazidas pelo desenvolvimento industrial. Maiores motivos de insatisfação tinham os trabalhadores rurais que não gozavam dos direitos dos trabalhadores urbanos, muito embora encontrassem consolo na expansão da fronteira agrícola e no êxodo para as cidades. De todo modo, o conflito distributivo dificultava a tarefa, já complexa, de assegurar suporte político para governar a transição de uma economia de base agrária para uma industrial e urbana, e construir uma rede de proteção social nesse processo.

Diante das debilidades da organização empresarial e financeira e das resistências ao financiamento da intervenção estatal, o projeto desenvolvimentista brasileiro dependia de oportunidades de recorrer a financiamento externo. No segundo governo, a existência de um Congresso Nacional conservador empurrava o Executivo, desde o início, para uma estratégia "cooperativa" de obtenção de recursos, ao mesmo tempo que o Ponto IV da política externa norte-americana o convidava para esse caminho. Contornando obstáculos internos desfavoráveis, a realização do projeto econômico de Vargas vinculava-se, porém, a condicionamentos políticos externos que foram revertidos de maneira mais ou menos súbita, sem que o presidente pudesse fazer algo além de ameaças que não atingiam mais seus interlocutores (uma vez que as jazidas de minerais estratégicos deixaram de interessar o Departamento de Estado tanto quanto de início interessaram). De fato, o financiamento externo requerido dependia de decisões que só podíamos induzir em uma conjuntura geopolítica que fosse favorável o bastante para subordinar as considerações econômicas que orientavam a diplomacia dos Estados Unidos – ampliar o escopo de atuação internacional de suas empresas na produção de insumos básicos e na infraestrutura – a considerações macropolíticas associadas à necessidade de formar alianças para finalidades de segurança. E essa conjuntura geopolítica modificou-se depois que o Brasil perdeu a posição monopolista no fornecimento de areias monazíticas e depois que o governo Eisenhower resolveu tirar todas as consequências diplomáticas desse fato, contra um governo que era nacionalista demais e aberto ao capital externo de menos para o gosto dos estrategistas do Partido Republicano.

Nesse sentido, e muito embora a Carta-Testamento que Vargas dedicou ao povo e a seus inimigos internos e externos tivesse um teor nacionalista inegável, seu nacionalismo não era xenófobo, no sentido de recusar-se a contar com recursos externos ou barrar a entrada de capitais estrangeiros no Brasil, desde que devidamente regulados. A crise de seu projeto econômico, portanto, não foi a de um projeto de desenvolvimento estritamente nacional e avesso à participação de capitais estrangeiros, embora alguns observadores diplomáticos norte-americanos compartilhassem dessa opinião sobre seu suicídio com alguns intérpretes locais mais ou menos ligados ao Partido Comunista. Foi a crise, sim, de uma forma de desenvolvimento associado do capitalismo brasileiro diferente daquela que vingaria na segunda metade da década de 1950, mas ainda assim a crise de uma proposta de desenvolvimento associado. Afinal, desde cedo o presidente dizia não ser possível concentrar os fundos necessários para os planos nacionais de desenvolvimento apenas com base em "nossas escassas disponibilidades financeiras" ou, pelo menos, "sem sacrifícios dos níveis de vida" (Vargas, 1951-1954, p.187). Mas sua preferência era por recursos transferidos bilateral ou multilateralmente, isto é, pelo Eximbank ou pelo Banco Mundial. E ainda que admitisse projetos privados (especialmente por meio de *joint ventures*), o ex-presidente acreditava que sua atração dependia inicialmente da resolução dos "pontos de estrangulamentos" da expansão industrial. Logo, o êxito da estratégia envolvia ampliar o escopo de atuação de empresas estatais no setor de insumos básicos e infraestrutura, mobilizar recursos domésticos para financiá-las e complementá-los com fundos externos, mas controlando as formas de inserção econômica e de remessas de rendimentos do capital estrangeiro.

Mas outra vulnerabilidade desse projeto de associação era que os termos desejados de associação eram diferentes para os possíveis sócios. De fato, um ponto central da barganha diplomática com o Departamento de Estado estava precisamente no papel relativo dos empréstimos governamentais e dos fluxos de investimento direto externo destinados pelos Estados Unidos ao Brasil e, em sua face interna, a participação relativa de capitais externos norte-americanos ou empresas estatais brasileiras na produção de insumos básicos e infraestrutura, seja no setor petrolífero, seja no elétrico ou de extração e processamento mineral. E, embora a solicitação feita para financiar empreendimentos nacionais no setor petrolífero com recursos do Eximbank (e, depois, do Banco Mundial) tenha sido rejeitada desde muito cedo, com o argumento público de que havia capitais externos disponíveis para realizar o serviço necessário (e com o argumento confidencial de que fazê-lo seria fortalecer aqueles que queriam um monopólio nacional no setor), os estrategistas do governo Eisenhower e do Banco Mundial também sabiam que aliviar a crise cambial brasileira ou financiar empreendimentos públicos em outros setores seria relaxar a pressão de forçar o país a abrir o setor petrolífero para investimentos externos.

Nesse sentido, o projeto varguista também dependia muito da disponibilidade de divisas cambiais obtidas por meio de exportações agrícolas, mormente café, particularmente depois que a vulnerabilidade cambial brasileira foi usada pelo governo Eisenhower para forçar modificações na forma de participação e associação do capital estrangeiro no desenvolvimento econômico do Brasil. Como sempre, porém, o mercado internacional do café era submetido a nítidos ciclos de preço, às vezes parcialmente controlados por arranjos de formação de estoques. Embora sua conjuntura fosse favorável nos primeiros anos de governo, sua reversão em 1954 ajudou a compor um quadro de crise cambial que se arrastava desde 1952. A forma como essa crise vinha sendo tratada, por sua vez, também acentuava a vulnerabilidade do governo. A negociação de empréstimos-ponte foi usada pelo governo Eisenhower, por exemplo, para exigir contenção do gasto público e do crédito interno, e a revisão do projeto da Petrobras. A possibilidade de que a crise cambial fosse crônica foi usada pelo Banco Mundial e pelo governo Eisenhower como argumento para justificar que a capacidade de endividamento do país já tinha sido esgotada e que não deviam ser liberados novos empréstimos. O projeto varguista de governo dependia de divisas cambiais abundantes também porque buscara usar a disponibilidade de divisas baratas, dada a taxa de câmbio fixada há anos, para fomentar o investimento e a produção local dependente de importações; mas as desvalorizações cambiais de 1953 aumentaram o custo de bens de produção importados e provocaram descontentamento entre os industriais, sem que a mudança cambial fosse considerada satisfatória por boa parte dos exportadores. A alteração cambial também teve um impacto inflacionário que, por sua vez, deprimia os salários reais e acentuava o descontentamento popular contra o governo, levando-o a uma reação em maio de 1954 que acirrou o conflito político e social no país e erodiu a sustentação do governo junto ao Congresso e aos militares. Ou seja: a crise cambial conjugou-se à crise da estratégia de financiamento externo para dificultar a estratégia de controle trabalhista e conciliação política sob a qual se assentava o modo de governar de Vargas.

A despeito de seguir de crise em crise, entretanto, o balanço das realizações econômicas do governo Vargas é positivo. Ninguém melhor para lembrar-nos do que alguém que participou do cotidiano do ex-presidente naqueles momentos cruciais da história brasileira. Com a palavra, Rômulo de Almeida (1982, p.v-vi):

> Este segundo governo, o oriundo do voto popular, está despertando um interesse particular pela herança econômica (positiva) para a política do desenvolvimento e pelo (controvertido) legado político para a crise da representação no Brasil. Com efeito, nele foi criada a Petrobras, lançados os projetos da Eletrobrás, depois de implantado o Fundo Federal de Eletrificação, e o Plano do Carvão; estabelecidos o Banco Nacional de Desenvolvimento Econômico e o Banco do Nordeste do Brasil; estabelecida a Superintendência de Valorização Econômica da Amazônia - Spevea, depois de uma longa conferência sobre a região que juntou representantes das várias esferas governamentais, da inteligência e do empresariado; ampliadas as fontes de financiamento rodoviário; implantados a Capes - Companhia de Aperfeiçoamento do Pessoal de Nível Superior - e o programa nuclear (Álvaro Alberto); instituídos a Carteira de Colonização do Banco do Brasil (que teve, lamentavelmente, vida breve), e o Instituto Nacional de Imigração e Colonização; expandido o crédito agrícola, criado o seguro agrário e ampliado o sistema de garantia de preços mínimos; dada preferência ao reaparelhamento de ferrovias e portos; lançada a base da indústria automobilística, com ênfase em caminhões e tratores, e a da expansão da indústria de base [...] Convém observar que além das criações nesse pequeno período, foi ele caracterizado também pelo reforço das estruturas encontradas, como a Vale do Rio Doce, o DNER e o Fundo Rodoviário, a Companhia Siderúrgica Nacional e a Companhia Hidrelétrica do São Francisco, criadas no primeiro Governo [...] Um exame do Programa de Metas, elaborado depois pelo Conselho Econômico, com apoio técnico do BNDE, no governo Kubitschek, revelará que este dinâmico período é uma continuação do governo Vargas, pois a maioria dos projetos é baseada nos projetos, nas agências e nos fundos legados por este. Mas não se pode deixar de distingui-los. Em três pontos, de certa maneira a administração Kubitschek se diferencia da de Vargas: a adesão a uma industrialização que privilegia os bens duráveis de consumo e a abertura franca ao capital estrangeiro, o que a faz iniciadora do modelo econômico exacerbado depois de 1964; a preferência pelo rodoviarismo (na administração JK se estabeleceu a Rede Ferroviária

Nacional, mas os recursos legais não foram liberados); e, afinal, o uso franco dos meios de comunicação, para defender e valorizar o governo.

A herança varguista é, de fato, nada irrelevante. Sem seu segundo governo, a eleição de Kubitschek, vários dos projetos de investimento do Plano de Metas, além do principal instrumento de financiamento e coordenação do Plano, ou seja, o BNDE, seriam impossíveis: certamente não seriam legados de um governo de Cristiano Machado ou Eduardo Gomes. O suicídio de Vargas também virou a maré da opinião pública na direção das forças políticas que, senão tanto nacionalistas como ele, levaram adiante um projeto de industrialização do país diferente daquilo que seus opositores defendiam e evitaram reverter as reformas na estrutura de proteção social, antes pelo contrário. Na verdade, o insucesso de Vargas explica em parte o sucesso de Kubitschek, mas explica muito do insucesso da UDN. De todo modo, foi a partir do legado institucional que Vargas construíra que Juscelino prometeria avançar "50 anos em 5" sem vacilações, talvez com reajustes nas alianças político-sociais, prioridades socioeconômicas e formas de financiamento internacional, mas certamente com outro padrão de consumo em mente.

Seja como for, havia mais semelhanças entre Vargas e Kubitschek do que entre Vargas e Gudin, por exemplo. E embora existam inegáveis diferenças entre Vargas e JK (que não nos cabe aqui explorar), estas dificilmente podem ser simplificadas pelos termos nacional-desenvolvimentismo e desenvolvimentismo, se tomarmos essas categorias não como construtos ideológicos fixados, mas como construções históricas mutáveis e contraditórias, e se levarmos em conta que Vargas parece ter sido mais pragmático (e, ao mesmo tempo, exigente) nas relações com o capital estrangeiro do que às vezes sugerido, e que foi incapaz de converter a burguesia nacional, elites políticas e militares ao ideário trabalhista de justiça social. Ademais, o Plano de Metas do governo Kubitschek esteve inegavelmente apoiado em instrumentos políticos, financeiros e organizacionais herdados do velho presidente nacionalista que, sabendo estar dando um passo para a história, preferiu entregar a vida a assistir à vitória de um projeto nacional oposto ao seu. Sem ter sido ainda perdoado, porém, por aqueles que gostariam que o desfecho da crise de 1954-1955 fosse mais favorável aos liberais udenistas.

REFERÊNCIAS BIBLIOGRÁFICAS

Arquivos

ARQUIVO da Faculdade de Direito da Universidade Federal do Rio Grande do Sul (Exames).

DE: Arquivo do Departamento de Estado – EUA: CPDOC-FGV.

EUG: Arquivo Eugênio Gudin: CPDOC-FGV.

GV: Arquivo Getúlio Vargas: CPDOC-FGV.

JMW: Arquivo José Maria Whitaker: CPDOC-FGV.

OA: Arquivo Oswaldo Aranha: CPDOC-FGV.

SC: Arquivo Souza Costa: CPDOC-FGV.

National Archives – Série M – 1487 (Internal Political and National Defense Affairs of Brazil, 1950-1954): rolos 1-14.

National Archives – Série M – 1489 (Internal Economic, Industrial and Social Affairs of Brazil, 1950-1954): rolos 1-34.

Livros, artigos e depoimentos

150 ANOS de café. Textos de Edmar Rocha, Robert Greenhill. Rio de Janeiro: Salamandra, 1992.

A MISSÃO COOKE no Brasil. Relatório dirigido ao Presidente dos Estados Unidos da América pela Missão Técnica Americana enviada ao Brasil. Rio de Janeiro: FGV, 1948.

ABREU, M. P. *A ordem do progresso*: cem anos de política econômica republicana, 1889-1989. Rio de Janeiro: Campus, 1989.

_____. Brasil e a economia mundial, 1930-1945. In: FAUSTO, B. (Org.). *História geral da civilização brasileira*. 2.ed. São Paulo: Difel, 1986. t.3, v.4, p.9-49.

ABREU, M. P. *O Brasil e a economia mundial*: 1930-1945. Rio de Janeiro: Civilização Brasileira, 1999.

ALBA, V. The Stages of Militarism in Latin America. In: JOHNSON, J. (Ed.). *The Role of the Military in Underdeveloped Countries*. Princeton University Press, 1962. p.165-83. [Ed. bras. *Militarismo e política na América Latina*. Rio de Janeiro: Zahar, 1964.]

ALDCROFT, D. *De Versalles a Wall Street, 1919-1929*. Barcelona: Editorial Crítica, 1985 [1978].

ALMEIDA, M. H. T. *Estado e classes trabalhadoras no Brasil, 1930-1945*. Tese (Doutorado) – Faculdade de Filosofia, Letras e Ciências Humanas, Universidade de São Paulo, São Paulo, 1979.

ALMEIDA, P. R. *A diplomacia financeira do Brasil no Império*. [S.l.]: Ed. Autor, 1985. Mimeografado. Disponível em: <http://www.pralmeida.net/05DocsPRA/767DiploFinImperio2.doc>. Acesso em: 4 maio 2012.

ALMEIDA, R. *Depoimento a M. C. D'Araújo e R. Roels Jr*. Rio de Janeiro: CPDOC-FGV, mar. 1980. (reg. E-109).

_____. Prefácio. In: D'ARAÚJO, M. C. *O segundo Governo Vargas, 1951-1954*: democracia, partidos e crise política. Rio de Janeiro: Zahar, 1982.

_____. *Rômulo*: voltado para o futuro (entrevistas concedidas a Grupos de Trabalho da Associação dos Sociólogos do Estado da Bahia). Fortaleza: Banco do Nordeste do Brasil; Salvador: Associação dos Sociólogos do Estado da Bahia, 1986.

_____. *Depoimento a P. A. Ramos, M. C. S. D'Araújo e M. A. Quaglino*. Rio de Janeiro: CPDOC-FGV, 4 jul. 1988. (reg. E-205).

_____. A política econômica do segundo governo Vargas. In: SZMRECSÁNYI, T.; GRANZIERA, R. G. (Orgs.). *Getúlio Vargas e a economia contemporânea*. 2.ed. Campinas: Editora da Unicamp; São Paulo: Hucitec, 2004 [1985]. p.125-40.

AMARAL, A. *O Estado autoritário e a realidade nacional*. Rio de Janeiro: José Olympio, 1938.

_____. *Getúlio Vargas, estadista*. Rio de Janeiro: Irmãos Pongetti, 1941a.

_____. Realismo político e democracia. *Cultura Política*, n.1, mar. 1941b.

ANNAES DA ASSEMBLEA DOS REPRESENTANTES DO ESTADO DO RIO GRANDE DO SUL. Porto Alegre: A Federação, [19--].

ANNAES DA CÂMARA DOS DEPUTADOS DO CONGRESSO NACIONAL. Rio de Janeiro: Imprensa Oficial, 1922-1927.

APPY, R. *Os capitais estrangeiros no Brasil*. Rio de Janeiro: José Olympio, 1987.

AURELIANO, L. *No limiar da industrialização*. São Paulo: Brasiliense, 1981.

BACHA, E. L. O papel do café na economia brasileira: do pós-guerra a meados dos anos 60. In: _____. *Os mitos de uma década*: ensaios de economia brasileira. 2.ed. Rio de Janeiro: Paz e Terra, 1978 [1975]. p.137-57.

BACKES, A. L. *Fundamentos da ordem republicana*. Brasília: Câmara dos Deputados, 2006.

BAER, W. *A industrialização e o desenvolvimento econômico no Brasil.* Rio de Janeiro: Fundação Getúlio Vargas, 1966

_____. *Siderurgia e desenvolvimento brasileiro.* Rio de Janeiro: Zahar, 1970.

BAER, W.; KERSTENETZKY, I.; VILELLA, A. V. As modificações no papel do Estado na economia brasileira. *Pesquisa e Planejamento Econômico*, v.3, n.4, p.883-912, dez. 1973.

BAK, J. L. Cartels, Cooperatives, and Corporatism: Getúlio Vargas in Rio Grande do Sul on Eve of Brazil's 1930 Revolution. *Hispanic American Historical Rewiew*, v.63, n.2, p.255-75, 1983.

BANCO DO BRASIL (BB). *Relatório Anual de 1952.* Rio de Janeiro: Jornal do Comércio Cia., 1953.

_____. *Relatório Anual de 1954.* Rio de Janeiro: Jornal do Comércio Cia., 1955.

_____. *Relatório Anual de 1955.* Rio de Janeiro: Jornal do Comércio Cia., 1956.

BANDEIRA, M. *O governo João Goulart*: as lutas sociais no Brasil, 1961-1964. Rio de Janeiro: Civilização Brasileira, 1977.

_____. *Estado Nacional e política internacional na América Latina*: o continente nas relações Brasil-Argentina, 1939-1992. São Paulo: Ensaio, 1993.

_____. *Relações Brasil e EUA no contexto da globalização*. T.I: Presença dos Estados Unidos no Brasil. Ed. rev. São Paulo: Senac, 1997 [1973].

BASTOS, P. P. Z. *A dependência em progresso*: fragilidade financeira, vulnerabilidade comercial e crises cambiais no Brasil, 1890-1954. Tese (Doutorado em Ciências Econômicas) – Instituto de Economia, Universidade Estadual de Campinas, Campinas, 2001.

_____. Raízes do desenvolvimentismo associado: comentários sobre sonhos prussianos e cooperação pan-americana no Estado Novo, 1937-1945. *Economia*, Selecta, v.5, n.3, p.285-320, dez. 2004.

_____. Desenvolvimentismo incoerente? Comentários sobre o projeto do segundo governo Vargas e as ideias econômicas de Horácio Lafer (1948-1952). *Economia*, v.6, p.151-76, 2005.

_____. A construção do nacional-desenvolvimentismo de Getúlio Vargas e a dinâmica de interação entre Estado e mercado nos setores de base. *Economia*, Selecta, v.7, n.4, p.239-75, dez. 2006.

BELO, J. M. *História da República.* 7.ed. São Paulo: Cia Editora Nacional, 1976.

BERNARDI, L. *Ortodoxia econômica nas origens da era Vargas*: continuidade ou ruptura? Campinas: Editora da Unicamp, 2007.

BESOUCHET, L. *História da criação do Ministério do Trabalho.* Rio de Janeiro: Serviço de Documentação do MTIC, [19--].

BIELSCHOWSKY, R. *Pensamento econômico brasileiro*: o ciclo ideológico do desenvolvimentismo. Brasília: Ipea; São Paulo: Inpes, 1988 [1985, 2000].

BIROLI, F. M. *A nação diante do suicídio de Vargas*: uma análise do discurso do PCB. Campinas: Editora da Unicamp, 1999.

BLEANEY, M. *The Rise and Fall of Keynesian Economics*. London: Macmillan, 1985.

BOBBIO, N.; MATTEUCCI, B.; PASQUINO, G. *Dicionário de política*. 5.ed. Brasília: Editora UnB; São Paulo: Imprensa Oficial, 2000. v.2.

BODEA, M. *A greve de 1917*: as origens do trabalhismo gaúcho, ensaio sobre o pré--ensaio de poder de uma elite política dissidente a nível nacional. Porto Alegre: LP&M, 1978.

BOJUNGA, C. *JK*: o artista do impossível. Rio de Janeiro: Objetiva, 2001.

BOMENY, H. (Org.). *Constelação Capanema*: intelectuais e política. Rio de Janeiro: Fundação Getúlio Vargas/Universidade de São Francisco, 2001.

BORDO, M. D.; KYDLAND, F. The Gold Standard as Commitment Mechanism. In: BAYOUMI, T.; EICHENGREEN, B.; TAYLOR, M. P. (Eds.). *Modern Perspectives on the Gold Standard*. Cambridge: Cambridge University Press, 1996.

BORDO, M. D.; ROCKOFF, H. The Gold standard as a "Good Housekeeping Seal of Approval". *The Journal of Economic History*, v.56, n.2, p. 389-428, 1996.

BORGES, P. A. Prefácio. In: SINGER, H. W. *Estudo sobre o desenvolvimento econômico do Nordeste*. Recife: Comissão de Desenvolvimento Econômico de Pernambuco, 1962.

BOSI, A. *A dialética da colonização*. São Paulo: Companhia das Letras, 1992.

BOUÇAS, V. *Dívida externa*: 1824-1945. Rio de Janeiro: Secretaria do Conselho Técnico de Economia e Finanças, Ministério da Fazenda, 1955.

BOYER, R. *Théorie de la régulation*: une analyse critique. Paris: La Decouverte, 1986.

BRANCO, C. *Energia elétrica e capital estrangeiro no Brasil*. São Paulo: Alfa Omega, 1975.

BRANDI, P. Getúlio Vargas. In: ABREU, A. A.; BELOCH, I.; WELTMAN, F. L. (Coords.). *Dicionário histórico-biográfico brasileiro*: pós-1930. Rio de Janeiro: Editora FGV, 2001.

BRESSER-PEREIRA, L. C. (Org.). *Populismo econômico*. São Paulo: Nobel, 1991

_____. Why Did Democracy Become the Preferred and Consolidated Political Regime Only in the Twentieth Century? In: ENCONTRO DA ASSOCIAÇÃO BRASILEIRA DE CIÊNCIA POLÍTICA, 3, 2002, Niterói. Niterói: ABCP, 2002. Revisado em jan. 2007. Disponível em: <http://www.bresserpereira.org.br>. Acesso em: 2 maio 2012.

_____. *Macroeconomia da estagnação*. São Paulo: Editora 34, 2007.

_____. Dutch Disease and its Neutralization: A Ricardian Approach. *Brazilian Journal of Political Economy*, v.28, n.1, p.47-71, jan. 2008.

_____. Transição, consolidação democrática e revolução capitalista. *Dados, Revista de Ciências Sociais*, v.54, n.2, p.223-58, 2011.

BROZ, L. The Political Economy of Commitment to the Gold Standard. In: ANNUAL MEETING OF THE AMERICAN POLITICAL SCIENCE ASSOCIATION, 2002, Boston, Massachusetts. *Proceedings*... Boston, 2003. Disponível em:

<http://www.allacademic.com/meta/p66372_index.html>. Acesso em: 27 maio 2009.

CAIN, P.; HOPKINS, A. *British Imperialism*: Innovation and Expansion, 1688-1914. London: Longman, 1993.

CAIRNCROSS, A. K. *Home and Foreign Investment*: 1870-1913. Clifton: Kelley, 1975 [1953].

CAMPOS, F. A. *O privilégio do dissenso*: reflexões sobre o debate intelectual do Segundo Governo Vargas, 1951-1954. Campinas: Editora da Unicamp, 2005. Mimeografado.

CAMPOS, F. *O Estado Nacional*: sua estrutura, seu conteúdo ideológico. Rio de Janeiro: José Olympio, 1940.

CAMPOS, R. O. *A lanterna na popa*: memórias. Rio de Janeiro: Topbooks, 1994 [1984].

CANITROT, A. A experiência populista de redistribuição de renda. In: BRESSER--PEREIRA, L. C. (Org.). *Populismo econômico*. São Paulo: Nobel, 1991 [1975]. p.11-36..

CANO, W. Padrões diferenciados das principais regiões cafeeiras, 1850-1930. *Estudos Econômicos*, v.15, n.2, p.291-306, 1985.

_____. *Raízes da concentração industrial em São Paulo*. São Paulo: Hucitec, 1990 [1975].

_____. Base e superestrutura em São Paulo: 1886-1929. In: LORENZO, H. C.; COSTA, W. P. (Orgs.). *A década de 1920 e as origens do Brasil moderno*. 2.ed. São Paulo, Editora Unesp, 1997. (Coleção Prismas).

_____. *Desequilíbrios regionais e concentração industrial no Brasil*. 2.ed. Campinas: Editora da Unicamp. Instituto de Economia, 1998.

_____. *Soberania e política na América Latina*. Campinas: Editora da Unicamp; São Paulo: Editora Unesp, 2000.

CANO, W.; CINTRA, L. C. *Algumas medidas de política econômica relacionadas à industrialização brasileira, 1874-1970*. Campinas, Editora da Unicamp, 1975. Mimeografado.

CAPELATO, M. H. Estado Novo: novas histórias. In: FREITAS, M. C. *Historiografia brasileira em perspectiva*. São Paulo: Contexto, 1998.

CARDOSO DE MELLO, J. M. *O capitalismo tardio*. São Paulo: Brasiliense, 1987 [1975].

_____; NOVAIS, F. Capitalismo tardio e sociabilidade moderna. In: SCHWARTZ, L. *História da vida privada no Brasil*. São Paulo: Companhia das Letras, 1998. v.4.

_____; TAVARES, M. C. The Capitalist Export Economy in Brazil, 1884-1930. In: CONDE, R. C.; HUNT, S. *The Latin American Economier, 1880-1930*. New York: Holmes & Meier, 1985 [1984].

CARDOSO, F. H. *Empresário industrial e desenvolvimento econômico*. São Paulo: Difusão Europeia do Livro, 1964.

CARDOSO, F. H. Dos governos militares a Prudente–Campos Sales. In: FAUSTO, B. (Dir.). *O Brasil Republicano*: v.1, estrutura de poder e economia. São Paulo: Difel, 1975. cap.1. (Coleção História geral da civilização brasileira, n.3).

CARONE, E. *O Estado Novo, 1937-1945*. São Paulo: Difel, 1976.

_____. *O pensamento industrial no Brasil, 1880-1945*. Rio de Janeiro: Difel, 1977.

_____. *O centro industrial do Rio de Janeiro e sua importante participação na economia nacional, 1827-1977*. Rio de Janeiro: Cátedra, 1978.

_____. *A Quarta República, 1945-1964*. v.1. Rio de Janeiro: Difel, 1980.

CARVALHO, J. M. Armed Forces and Politics in Brazil. *Hispanic American Historical Review*, v.62, n.2, p.194, maio 1982.

_____. Forças armadas e política, 1930-1945. In: *A revolução de 30*: seminário internacional. Brasília: Editora UnB, 1983 [1980]. p.109-87. (Temas brasileiros, n.54).

_____. et al. Incentivo fiscal às exportações gaúchas durante a Primeira República. In: TARGA, L. R. P. (Org.) *Breve inventário de temas do Sul*. Porto Alegre: UFRGS; Lajeado: FEE/Univates, 1998. p.89-145.

CASTRO, N. J. *O setor de energia elétrica no Brasil*: a transição da propriedade privada para a propriedade pública, 1945-1961. Rio de Janeiro: UFRJ, 1985.

CENTRO DE MEMÓRIA DA ELETRICIDADE NO BRASIL. *Panorama do setor de energia elétrica no Brasil*. Rio de Janeiro: CMEB, 1988. 333p.

CEPAL. *El financiamiento externo de America Latina*. New York: UN, 1964.

CEXIM (Carteira de Exportação e Importação). *Relatório do ano de 1951*. Rio de Janeiro, 1952.

CHAUI, M. *Brasil*: mito fundador e sociedade autoritária. São Paulo: Fundação Perseu Abramo, 2001 [2000].

CMBEU. *Relatório geral*. t.I. Rio de Janeiro, 1954.

COASE, R. H. Nobel Lecture: The Institutional Structure of Production. In: WILLIAMSON, O.; WINTER, S. G. *The Nature of the Firm*: Origins, Evolution, and Development. New York/ Oxford: Oxford University Press, 1993.

COELHO, E. C. *Em busca de identidade*: o exército e a política na sociedade brasileira. Rio de Janeiro: Forense, 1976.

_____. Forças armadas: autonomia e hegemonia. In: *A revolução de 30*: seminário internacional. Brasília: Editora UnB, 1983 [1980]. (Temas brasileiros, n.54).

COHN, G. *Petróleo e nacionalismo*. São Paulo: Difel, 1968.

CONCEIÇÃO, O. A. C. *Instituições, crescimento e mudança na ótica institucionalista*. 218f. 2000. Tese (Doutorado) – Curso de Pós-Graduação em Economia, Faculdade de Ciências Econômicas, Universidade Federal do Rio Grande do Sul, Porto Alegre, 2000.

CONJUNTURA ECONÔMICA. Rio de Janeiro: Fundação Getúlio Vargas, fev. 1972.

CONSELHO FEDERAL DE COMÉRCIO EXTERIOR. *Dez anos de atividade*. Rio de Janeiro: Imprensa Nacional, 1944.

CORDEN, W. M.; NEARY, J. P. Booming Sector and De-Industrialization in a Small Open Economy. *Economic Journal*, v.92, n.368, p.825-48, 1982.

CORREIO DO POVO. Porto Alegre: Record RS.

CORSI, F. L. *Os rumos da economia brasileira no final do Estado Novo, 1942-1945*. Dissertação (Mestrado) – Instituto de Economia, Universidade Estadual de Campinas, Campinas, 1991.

_____. *Estado Novo*: política externa e projeto nacional. São Paulo: Editora Unesp/Fapesp, 2000 [1997].

COSTA, H. *Em busca da memória*: comissão de fábrica, partido e sindicato no pós--guerra. São Paulo: Scritta, 1995.

COSTA, H. et al. *Na luta por direitos*: estudos recentes em história social do trabalho. Campinas: Editora da Unicamp, 1999.

COSTA, J. G. *Planejamento governamental*: a experiência brasileira. Rio de Janeiro: Fundação Getúlio Vargas/Indoc, 1971.

COUTINHO, L. *O General Góes depõe*. Rio de Janeiro: Coelho Branco, 1956.

COUTINHO, M. C.; SZMRECSÁNYI, T. *As finanças públicas no Estado Novo, 1937-1945*. Campinas: Editora da Unicamp, 1987. Mimeografado.

CRUZ, A. N. et al. *Impasse na democracia brasileira, 1951-1955*: Coletânea de documentos. Rio de Janeiro: Editora UFRJ, 1985 [1983].

D'ARAÚJO, M. C. *O Segundo Governo Vargas, l951-1954*: democracia, partidos e crise política. Rio de Janeiro: Zahar, 1982.

_____. *Sindicatos, carisma e poder*. O PTB de 1945-65. Rio de Janeiro: FGV, 1996.

_____. *O Estado Novo*. Rio de Janeiro: Zahar, 2000.

DEAN, W. *A industrialização de São Paulo*. São Paulo: Difusão Europeia do Livro, 1971.

DELFIM NETTO, A. *O problema do café no Brasil*. São Paulo: Universidade de São Paulo, 1966 [1959, 1979].

DELGADO, L. A. *PTB*: do getulismo ao reformismo (1945-1964). São Paulo: Marco Zero, 1989.

DIAZ ALEJANDRO, C. F. A América Latina em depressão: 1929/39. *Pesquisa e Planejamento Econômico*, v.10, n.2, p.351-382, ago. 1980.

DIB, M. F. P. *Importações brasileiras*: políticas de controle e determinantes da demanda. Rio de Janeiro: PUC, 1983. Mimeografado.

DINIZ, E. *Empresário, Estado e capitalismo no Brasil, 1930-1945*. Rio de Janeiro: Paz e Terra, 1978.

_____. Engenharia institucional e políticas públicas: dos conselhos técnicos às câmaras setoriais. In: PANDOLFI, D. (Org.). *Repensando o Estado Novo*. Rio de Janeiro: Editora FGV, 1999.

DOELLINGER, C. Introdução. In: SIMONSEN, R.; Gudin, E. *A controvérsia do planejamento na economia brasileira*. Rio de Janeiro: Ipea/Inpes, 1977.

DRAIBE, S. M. *Rumos e metamorfoses*. Rio de Janeiro: Paz e Terra, 1985.

DRAKE, P. *Money Doctor in the Andes*: Edwin Kemmerer and the establishment of central banks in South America, 1920-1930. Princeton: Princeton University Press, 1989.

DROZ, B.; ROWLEY, A. *História do Século XX*. Lisboa: Dom Quixote, 1988 [1986]. v.1.

DULLES, J. W. F. *Getúlio Vargas*: biografia política. Rio de Janeiro: Renes, 1967.

DUNKERLEY, J. The United States and Latin America in the Long Run (1800-1945). In: BULMER-THOMAS, V.; DUNKERLEY, J. (Ed.). *The United States and Latin America*. Cambridge, Mass.: Harvard University Press, 1999.

EICHENGREEN, B. Conducting the International Orchestra: Bank of England Leadership Under the Classical Gold Standard. *Journal of the International Money and Finance*, v. 6, n.1, p.5-29, 1987.

_____. Hegemonic Stability Theories of the International Monetary System. In: EICHENGREEN, B. *Elusive Stability*: Essays in the History of International Finance, 1919-1939. Cambridge: Cambridge University Press, 1991 [1989].

_____. *Golden Fetters*: The Gold Standard and the Great Depression, 1919-1939. Oxford: Oxford University Press, 1992.

ESTEY, J. A. *Tratado sobre los ciclos económicos*. 3.ed. México: FCE, 1960.

FANO, E. Crisi i ripresa economica nel bilancio del New Deal. In: TELÓ, M. (Coord.). *Crisi i piano*: Le alternative degli anni trenta. Bari: De Donato, 1979.

FAUSTO, B. *A Revolução de 1930*. 9.ed. São Paulo: Brasiliense, 1983.

_____. Estado, classe trabalhadora e burguesia industrial, 1920-1945. *Novos Estudos Cebrap*, v.20, p.6-37, mar. 1988.

_____. Expansão do café e política cafeeira. In: HOLLANDA, S. B. (Dir.). *História geral da civilização brasileira*. Rio de Janeiro: Bertrand Brasil, 1997a [1977]. v.8.

_____. A crise dos anos 20 e a Revolução de 30. In: HOLLANDA, S. B. (Dir.). *História geral da civilização brasileira*. Rio de Janeiro: Bertrand Brasil, 1997b [1978]. v.9.

_____. *O pensamento nacionalista autoritário*: 1920-1940. Rio de Janeiro: Zahar, 2001.

_____. *Getúlio Vargas*: o poder e o sorriso. São Paulo: Companhia das Letras, 2006.

FEDERAÇÃO DAS INDÚSTRIAS DO ESTADO DE SÃO PAULO (Fiesp). *A situação econômica da América Latina*. São Paulo: Fiesp, 1948. Quadros 26-28.

FEIS, H. *Europe*: The World's Banker, 1870-1914. Clifton, New Jersey: Kelley, 1974 [1930].

FERES JUNIOR, J. *A história do conceito de "Latin America" nos Estados Unidos*. São Paulo: Edusc/Anpocs, 2005.

FERREIRA, J. O nome e a coisa: o populismo na política brasileira. In: FERREIRA, J. (Org.). *O populismo e sua história*: debate e crítica. Rio de Janeiro: Civilização Brasileira, 2000.

_____. *O imaginário trabalhista*: getulismo, PTB e cultura política popular, 1930-1964. Rio de Janeiro: Civilização Brasileira, 2005.

_____. *João Goulart*: uma biografia. Rio de Janeiro: Civilização Brasileira, 2011a.

FERREIRA, J. *Trabalhadores do Brasil*: o imaginário popular. Rio de Janeiro: 7 Letras, 2011b [1997].

FICO, C. Espionagem, polícia política, censura e propaganda: os pilares básicos da repressão. In: FERREIRA, J.; DELGADO, L. A. N. (Orgs.). *O Brasil Republicano*: o tempo da ditadura. Rio de Janeiro: Civilização Brasileira, 2003. v.4.

FIGUEIREDO, P. A. O Estado nacional como expressão das necessidades brasileiras. *Cultura Política*, n.11, p.33-50, jan. 1942.

FINER, S. E. *The Man on Horseback*: the Role of the Military in Politics. London: Pall Mall, 1969.

FIORI, J. L. *Em busca do dissenso perdido*: ensaios críticos sobre a festejada crise do Estado. Rio de Janeiro: Insight, 1995.

FISHLOW, A. Origens e consequências da substituição de importações no Brasil. *Estudos Econômicos*, v.2, n.6, p.7-75, 1972.

FONSECA, P. *RS*: economia & conflitos políticos na República Velha. Porto Alegre: Mercado Aberto, 1983.

_____. Estado e industrialização consciente: 1930-1955. *Questões de Economia Política*, v.3, n.4, p.20-32, 1987.

_____. *Vargas*: o capitalismo em construção. São Paulo: Brasiliense, 1989 [1987].

_____. Positivismo, trabalhismo, populismo: a ideologia das elites gaúchas. *Ensaios FEE*, v.14, n.2, p.410-421, 1993.

_____. Nacionalismo e economia: o segundo governo Vargas. In: SZMRECSÁNYI, T.; SUZIGAN, W. (Orgs.) *História econômica do Brasil contemporâneo*. São Paulo: Hucitec, 1996. p.17-30.

_____. As origens e as vertentes formadoras do pensamento cepalino. *Revista Brasileira de Economia*, v.54, n.3, p.3333-58, jul.-set. 2000.

_____. Gênese e precursores do desenvolvimentismo no Brasil. *Pesquisa & Debate*, v.15, n.2 (26), p.225-56, 2004.

_____. Vargas no contexto da Primeira República. In: SZMERECSÁNYI, T.; GRANZIERA, R. (Orgs.). *Getúlio Vargas & a economia contemporânea*. 2.ed. São Paulo: Hucitec, 2005. p.171-92.

_____. A Revolução de 1930 e a economia brasileira. Porto Alegre: Decon/FCE/UFRGS, 2011. 26f. (Texto para discussão – Universidade Federal do Rio Grande do Sul, Faculdade de Ciências Econômicas, n.06/2011).

FONTES, L. *A face final de Vargas (os bilhetes de Getúlio)*. Rio de Janeiro: Cruzeiro, 1966.

FONTES, P. *Trabalhadores e cidadãos*: Nitro Química, a fábrica e as lutas operárias nos anos 50. São Paulo: Annablume/Sindicatos Químicos e Plásticos, 1997.

FORD, A. G. Notes on the Role of Exports in British Economic Fluctuations. *Economic History Review*, New Series, v.16, n.2, p.328-37, 1963.

_____. International Financial Policy and the Gold Standard: 1870-1914. In: MATHIAS, P.; POLLARD, S. (Ed.). *The Industrial Economies*: the Development of Economics and Social Policies. Cambridge: Cambridge University Press, 1989. (The Cambridge Economic History of Europe, n.8).

FORJAZ, M. *Tenentismo e forças armadas na revolução de 1930*. Rio de Janeiro: Forense, 1988.

FRAGA, C. C. Resenha histórica do café no Brasil. *Boletim da Divisão Econômica Rural*, v.10, n.1, 1963.

FRANCIS, M. J. The United States at Rio, 1942: The Stains of Pan-Americanism. *Journal of Latin American Studies*, v.6, pt.I, p.77-95, maio 1974.

FRANCO, A. A. M. *Um estadista da República*. Rio de Janeiro: José Olympio, 1955.

FRANCO, G. *Reforma monetária e instabilidade durante a transição republicana*. Rio de Janeiro: BNDES, 1983.

_____. Uma nota sobre a política fiscal durante os anos 30. *Pesquisa e Planejamento Econômico*, v.15, n.2, p. 401-18, 1985.

FRENCH. *O ABC dos operários*: conflitos e alianças de classe em São Paulo, 1900-1950. São Paulo: Hucitec; São Caetano do Sul: Prefeitura, 1995.

FREYRE, Gilberto. *Casa-grande e senzala*. Rio de Janeiro: José Olympio, 1933.

FRITSCH, W. *External Constraints on Economic Policy in Brazil, 1889-1930*. London: Macmillan, 1988.

FRUS (United States Department of State/Foreign relations of the United States), 1951-1954. Volume IV: The American Republics (1952-1954).

FURTADO, C. *Desenvolvimento e subdesenvolvimento*. [S.l: s.n.], 1961.

_____. *Dialética do desenvolvimento*. Rio de Janeiro: Fundo de Cultura, 1964.

_____. *Formação econômica da América Latina*. Rio de Janeiro: LIA, 1969.

_____. *Formação econômica do Brasil*. São Paulo: Cia. Editora Nacional, 1989 [1959].

GALBRAITH, J. K. *O colapso da Bolsa de 1929*: anatomia de uma crise. Rio de Janeiro: Expressão e Cultura, 1972.

GERSCHENKRON, A. *El atraso económico en su perspectiva histórica*. Barcelona: Ariel, 1968.

GNACCARINI, J. C. *Estado, ideologia e ação empresarial na agroindústria açucareira do estado de São Paulo*. Tese (Doutorado) – Faculdade de Filosofia, Ciências e Letras, Universidade de São Paulo, São Paulo, 1972.

GÓES M, P. A. *A Revolução de 30 e a finalidade política do exército*. Rio de Janeiro: Andersen, 1934.

GOLDENSTEIN, L. *Repensando a dependência*. Rio de Janeiro: Paz e Terra, 1994.

GOMES, A. C. *Burguesia e trabalho, política e legislação social no Brasil, 1917-1937*. Rio de Janeiro: Campus, 1979.

_____. A ética católica e o espírito de pré-capitalismo. *Ciência Hoje*, v.9, n.52, p.28, 1989.

_____. O populismo e as ciências sociais no Brasil: notas sobre a trajetória de um conceito. In: FERREIRA, J. (Org.). *O populismo e sua história*: debate e crítica. Rio de Janeiro: Civilização Brasileira, 2000.

GOMES, A. C. Reflexões em torno de trabalhismo e populismo. *Varia História*, n.28, p.55-68, dez. 2002.

_____. *A invenção do trabalhismo*. 3.ed. Rio de Janeiro: FGV, 2005 [1988].

GOUREVITCH, P. *Politics in Hard Times*: Comparative Responses To International Economic Crises. Ithaca/London: Cornell University Press, 1988 [1986].

GREMAUD, A. P. *Das controvérsias teóricas à política econômica*: pensamento econômico e economia brasileira no Segundo Império e na Primeira República, 1840-1930. São Paulo: FEA, USP, 1997.

GRUPO MISTO CEPAL-BNDE. Análise e projeções do desenvolvimento econômico. Rio de Janeiro: BNDE, 1957.

HADDAD, C. L. S. *Growth of Brazilian Real Output, 1900-47*. 1974. Dissertation (Ph.D.) – University of Chicago, Chicago, 1974.

HALPERIN DONGHI, T. *História da América Latina*. Paz e Terra, 1975.

_____. *La Argentina y la tormenta del mundo*. Buenos Aires: Siglo XXI, 2003.

HAMADY, S. *Temperament and Character of the Arabs*. New York: Twayne, 1960.

HANSON, S. The End of the Good Neighbor Policy. *Inter-American Economic Affairs*, outono 1953.

HILTON, S. Military Influence on Brazilian Economic Policy, 1930-1945. *Hispanic American Historical Review*, v.53, n.1, p.71-94, fev. 1973.

_____. Vargas and Brazilian Economic Development, 1930-1945: A Reappraisal of his Attitude Towards Industrialization and Planning. *The Journal of Economic History*, v.35, n.4, p.754-78, 1975.

_____. *O Brasil e as grandes potências*: os aspectos políticos da rivalidade comercial, 1930-1939. Rio de Janeiro: Civilização Brasileira, 1977.

_____. Brazilian Diplomacy and the Washington-Rio de Janeiro "Axis" During the World War II Era. *Hispanic American Historical Review*, v.59, n.2, p.201-231, maio 1979.

_____. The Armed Forces and Industrialists in Modern Brazil: The Drive for Military Autonomy (1889-1954). *Hispanic American Historical Review*, v.62, n.4, p.629-73, nov. 1982.

_____. Brazil's International Economic Strategy, 1945-1960: Revival of the German Option. *Hispanic American Historical Review*, v.66, n.2, p.287-318, maio 1986.

_____. The Overthrow of Getúlio Vargas in 1945: Diplomatic Intervention, Defense of Democracy, or Political Retribution? *Hispanic American Historical Review*, v.67, n.1, p.1-37, fev. 1987.

_____. *Oswaldo Aranha*: uma biografia. Rio de Janeiro: Objetiva, 1994.

HIRSCH. F.; OPPENHEIMER, P. The Trail of Managed Money: Currency, Credit and Prices, 1920-1970. In: CIPOLLA, C. M. (Org.) *The Fontana Economic History of Europe* (The Twentieth Century, part. II). London: Fontana, 1976.

HOBSBAWM, E. *A era do capital, 1848-1875*. 3.ed. Rio de Janeiro: Paz e Terra, 1982 [1975].

HOBSBAWM, E. *Da revolução industrial inglesa ao imperialismo*. Rio de Janeiro: Forense Universitária, 1986.

_____. *A era dos extremos*: o breve século XX, 1914-1991. São Paulo: Companhia das Letras, 1995.

HOCHMAN, G.; FONSECA, C. M. O. O que há de novo? Políticas de saúde pública e previdência, 1937-1945. In: PANDOLFI, D. (Org.). *Repensando o Estado Novo*. Rio de Janeiro: Editora da FGV, 1999.

HOLANDA, S. B. *Raízes do Brasil*. Rio de Janeiro: José Olympio, 1936.

HUDDLE, D. L. Balanço de pagamentos e controle de câmbio no Brasil: diretrizes políticas e história, 1946-1954. *Revista Brasileira de Economia*, ano 18, n.1, p.5-40, mar. 1964.

HUNTINGTON, S. *Political Order in Changing Societies*. 3.ed. New Haven/London: Yale University Press, 1969.

_____. *The Soldier and the State*: The Theory and Politics of Civil-Military Relations. Cambridge, Mass.: Harvard University Press, 1985 [1957]. [Ed. bras.: *O soldado e o estado*: teoria política das relações entre civis e militares. Rio de Janeiro: Biblioteca do Exército, 1996.]

IANNI, O. *O colapso do populismo no Brasil*. Rio de Janeiro: Civilização Brasileira, 1968.

_____. *Estado e planejamento econômico no Brasil*: 1930-1970. 4.ed. Rio de Janeiro: Civilização Brasileira, 1986.

_____. *El Estado capitalista en la época de Cardenas*. México: Ediciones Era, 1991.

INSTITUTO BRASILEIRO DE GEOGRAFIA E ESTATÍSTICA (IBGE). *Anuário estatístico do Brasil*. Rio de Janeiro, IBGE, 1912-.

_____. *Censos econômicos*. Rio de Janeiro, 1919-1960.

_____. *Produção industrial no Brasil*. Rio de Janeiro: IBGE, 1975.

JANOWITZ, M. *The Military in the Political Development of New Nations*: An Essay in Comparative Analysis. Chicago: University. of Chicago, 1964.

JESSOP, B. Accumulation Strategies, State Forms and Hegemonic Projects. *Kapitalistate*, v.10/11, p. 89-111, 1983.

JOHNSON, John. (Ed.). *The Role of the Military in Underdeveloped Countries*. Princeton: Princeton University Press, 1962.

KAFKA, A. Interpretação teórica do desenvolvimento econômico latino-americano. In: ELLIS, H. S. (Org.). *Desenvolvimento econômico para a América Latina*. Rio de Janeiro: Fundo de Cultura, 1964.

KALECKI, M. *Teoría de la dinámica económica*. México: FCE, 1956.

_____. *Estudios sobre la teoría de los ciclos económicos*. Barcelona: Ariel, 1970.

KENNEDY, P. *Ascensão e queda das grandes potências*. Rio de Janeiro: Campus, 1989.

KINDLEBERGER, C. P. *La crisis econômica, 1929-1939*. Barcelona: Crítica, 1985.

_____. *World in Depression*: 1929-1939. Berkeley: California University Press, 1986 [1973].

KUGELMAS, E. *A difícil hegemonia*: um estudo sobre São Paulo na primeira república. 125f. 1986. Tese (Doutorado) – Faculdade de Filosofia, Letras e Ciências Humanas, Universidade de São Paulo, São Paulo, 1986.

LAFER, H. *Discursos parlamentares (Reunidos por Celso Lafer)*. Brasília: Câmara dos Deputados/CDI, 1988.

LAGO, P. C. *A Sumoc como embrião do Banco Central*: sua influência na condução da política econômica, 1964/1965. Rio de Janeiro: PUC, 1982.

LAMOUNIER, B. O modelo institucional dos anos 30 e a presente crise brasileira. *Estudos Avançados*, v.6, n.14, p.39-57, 1992.

LEFF, N. *Economic Policy-Making and Development in Brazil, 1947-1964*. Nova York: John Wiley & Sons, 1968.

LEFORT, C. *A invenção democrática*. Os limites do totalitarismo. São Paulo: Brasiliense, 1983.

LEONEL, J. *Controle de câmbios*: regime jurídico e penal – ensaio com referência à legislação cambial brasileira. Rio de Janeiro: Jornal do Commercio, 1955.

LEOPOLDI, M. A. P. *Industrial Associations and Politics in Contemporary Brazil*: The Associations of Industrialists, Economic Policy-Making and the State with Special Reference to the Period 1930-1961. Tese (Ph.D.) – St. Antony's College, 1984.

_____. O difícil caminho do meio: Estado, burguesia industrial e industrialização no segundo governo Vargas, 1951-1954. In: SZMRECSÁNYI, T.; SUZIGAN, W. (Orgs.) *História econômica do Brasil contemporâneo*. São Paulo: Hucitec, 1996. p.31-80.

_____. *Política e interesses na industrialização brasileira; as associações industriais, a política econômica e o Estado*. São Paulo: Paz e Terra, 2000.

LESSA, C. *Quinze anos de política econômica*. São Paulo, Brasiliense, 1982 [1964, 1975].

LESSA, C.; FIORI, J. L. E houve uma política nacional-populista? In: ENCONTRO NACIONAL DE ECONOMIA, 12, 1984. São Paulo. *Anais...* São Paulo: Anpec, 1984.

LESSA, R. *A invenção republicana*. 2.ed. Rio de Janeiro: Top Books, 1999 [1988].

LIEUWEN, E. *Arms and Politics in Latin America*. New York: Council on Foreign Relations/Frederick Praeger Publisher, 1961.

LIMA, C. A. *O processo do petróleo*: Monteiro Lobato no banco dos réus. Rio de Janeiro: Ed. Autor, 1977.

LIMA, H. F. *História político, econômica e industrial do Brasil*. 2.ed. São Paulo: Cia. Editora Nacional, 1976.

LIMA, J. H. *Café e indústria em Minas Gerais*: 1870-1920. Dissertação (Mestrado) – Instituto de Filosofia e Ciências Humanas, Universidade Estadual de Campinas, Campinas, 1977.

LIMA, J. L. *Estado e energia no Brasil, 1890-1964*. São Paulo: IPE-USP, 1984.

LIMA, J. L. *Políticas de governo e desenvolvimento do setor de energia elétrica*. Rio de Janeiro: Memória da Eletricidade, 1995.

LIMA SOBRINHO, B. *A verdade sobre a revolução de outubro*. 2.ed. São Paulo: Alfa--Ômega, 1975.

LIMA, V. R. *Getúlio*: uma história oral. Rio de Janeiro: Record, 1986.

LINDERT, P. *Key Currencies and Gold*: 1900-1913. Princeton: Princeton University Press, 1969. (Princeton Studies in International Finance, n.24).

LIPSON, C. *Standing Guard*: Protecting Foreign Capital in the Nineteenth and Twentieth Centuries. Berkeley: University of California, 1985.

LLACH, J. J. El Plano Pinedo d 1940, su significado historico y los orígenes de la economía política del peronismo. *Desarrollo Económico*, v.23, n.92, p.515-558, jan./mar. 1992.

LOVE, J. L. *O regionalismo gaúcho e as origens da revolução de 1930*. São Paulo: Perspectiva, 1975.

_____. *A construção do terceiro mundo*. São Paulo: Paz e Terra, 1998 [1996].

LUZ, N. V. *A luta pela industrialização do Brasil*. 2.ed. São Paulo: Alfa-Ômega, 1975.

MADDISON, A. *Dos crisis*: América Latina y Asia, 1929-1938 y 1973-1983. México: FCE, 1988. 126p.

MALAN, P. *Foreign Exchange-constraint Growth in a Semi-industrialized Economy*: Aspects of the Brazilian Experience, 1946-76. 1976. Thesis (Ph.D.) – University of California, Berkeley, 1976.

MALAN, P. et al. *Política econômica externa e industrialização no Brasil, 1939/52*. Brasília: Ipea; São Paulo: Inpes, 1977.

MANOILESCO, M. *Teoria do protecionismo e da permuta internacional*. Rio de Janeiro: Capax Dei, 1929 [2011].

MARTINS, L. *Pouvoir et développement économique*: formation et évolution des structures politiques au Brésil. Paris: Anthropos, 1976 [1973].

MASON, E. S.; ASHER, R. *The World Bank since Bretton Woods*. Washington, D.C.: The Brookings Institution, 1973.

MATOS, H. Persuasão e denúncia: a trajetória do debate da privatização no Brasil. In: CONGRESSO DA ASSOCIAÇÃO BRASILEIRA DE PESQUISADORES EM COMUNICAÇÃO E POLÍTICA, 1, 2006, Salvador, BA. *Anais...* Salvador, 2006.

MATTOS, L. V. *Economia política e mudança social*. São Paulo: Edusp, 1998.

MAUSS, M. Ensaio sobre a dádiva: forma e razão da troca nas sociedades arcaicas. In: _____. *Sociologia e antropologia*. São Paulo: EPU, 1974. v.2.

MAYER; BENJAMIN. José Pires do Rio. In: BELOCH; ABREU. *Dicionario histórico-biografico brasileiro*: 1930-1983. São Paulo: Forense Universitária/Finep, 1984 [1983].

MCCANN JR., F. The Brazilian Army and the Problem of Mission, 1939-1964. *Journal of Latin American Studies*, v.12, p.107-26, maio 1980.

MCANN JR., F. *Soldados da pátria*. São Paulo: Companhia das Letras, 2007.

MEDEIROS, A. A. B. *Mensagem enviada à Assembleia dos Representantes do Estado*. Porto Alegre: A Federação, [19--].

MIGLIOLI, J. (Org.). *Kalecki*. São Paulo: Ática, 1980.

_____. *Acumulação de capital e demanda efetiva*. São Paulo: T. A. Queiroz, 1981.

MOISÉS, J. A. *Greve de massa e crise política*: estudo da Greve dos 300 mil em São Paulo (1953-54). São Paulo: Polis, 1978.

MONASTÉRIO, L. M. *A economia institucional-evolucionária de Thorstein Veblen*. Dissertação (Mestrado) – Universidade Federal do Rio Grande do Sul, Porto Alegre, 1995.

MONTEIRO; CUNHA. Alguns aspectos da evolução do planejamento econômico no Brasil: 1934-1963. *Pesquisa e Planejamento Econômico*, v.4, n.1, fev. 1974.

MORAES, J. Q. *Les militaires et les régimes politiques au Brésil de Deodoro a Figueiredo, 1889-1979*. Tese (Doutorado) – Fondation Nationale de Sciences Politiques, Paris, 1982.

_____. *A esquerda militar*: da Coluna à comuna. São Paulo: Siciliano, 1994.

_____. Alfred Stepan e o mito do poder moderador. In: _____. *Liberalismo e ditadura no Cone Sul*. Campinas: IFCH/Unicamp, 2001a. p.57-110. (Coleção trajetórias, n.7).

_____. *Liberalismo e ditadura no Cone Sul*. Campinas: IFCH/Unicamp, 2001b. (Coleção trajetórias, n.7).

MOREIRA, V. M. L. Os anos JK: industrialização e modelo oligárquico de desenvolvimento rural. In: FERREIRA, J.; DELGADO, L. A. N. (Orgs.). *O Brasil Republicano*: o tempo da experiência democrática. Rio de Janeiro: Civilização Brasileira, 2003. v.3.

MOSLEY, L. *Golden Straightjacket or Gonden Opportunity?* In: ANNUAL MEETING OF THE AMERICAN POLITICAL SCIENCE ASSOCIATION, 2002, Boston, Massachusetts. *Proceedings*... Boston, 2003. Disponível em: <http://www.allacademic.com/meta/ p66372_index.html>. Acesso em: 27 maio 2009.

MOURA, G. *Autonomia na dependência*: a política externa brasileira, 1935-1942. Rio de Janeiro: Nova Fronteira, 1980.

_____. *O aliado fiel*: a natureza do alinhamento brasileiro aos Estados Unidos durante e após a Segunda Guerra Mundial. Tese (Doutorado) – University College London, London, 1984. Tradução do CPDOC-FGV.

_____. *A questão do petróleo*. São Paulo: Brasiliense, 1986.

NELSON, R. R. Recent Evolutionary Theorizing About Economic Change. *Journal of Economic Literature*, v.33, n.1, p.48-90, mar. 1995.

NEUHAUS, P. *História monetária do Brasil, 1900-45*. Rio de Janeiro: Ibmec, 1975.

NEVES, L. A. Trabalhismo, nacionalismo e desenvolvimentismo: um projeto para o Brasil, 1945-1964. In: FERREIRA, J. (Org.). *O populismo e sua história*: debate e crítica. Rio de Janeiro: Civilização Brasileira, 2001.

NICHOLLS, W. H. A fronteira agrícola na história recente do Brasil: o Estado do Paraná, 1920-65. *Revista Brasileira de Economia*, v.24, n.4, p.33-63, out.-dez. 1970.

NOGUEIRA DA COSTA, F. *Bancos em Minas Gerais, 1889-1964*. 2v. 1978. Dissertação (Mestrado) – Instituto de Filosofia e Ciências Humanas, Universidade Estadual de Campinas, Campinas, 1978.

NORMANO, J. F. *Evolução econômica do Brasil*. São Paulo: Cia. Editora Nacional, 1939.

NUNN, F. Military Professionalism and Professional Militarism in Brazil, 1870-1970: Historical Perspectives and Political Implications. *Journal of Latin American Studies*, v.4 p.29-54, maio 1972.

NURSKE, R. *International Currency Experience*. Genève: League of Nations, 1944.

OBSERVADOR Econômico e Financeiro. Rio de Janeiro, 1937.

O'DONNELL, G. Anotações para uma teoria de Estado I. *Revista de Cultura e Política*, n.3, nov.-jan. 1980.

_____. Anotações para uma teoria de Estado II. *Revista de Cultura e Política*, n.4, fev.-abr. 1981.

_____. Estado e alianças de classe na Argentina, 1956-1976. In: BRESSER-PEREIRA, L. C. (Org.). *Populismo econômico*. São Paulo: Nobel, 1991. p.37-74.

OLIVEIRA, G. B. As indecisões do intervencionismo no Brasil após-1930: estudo de um caso: a política cambial do Brasil na era Vargas. *Revista Brasileira do Mercado de Capitais*, v.4, n.12, set./dez. 1978.

_____. Expansão do crédito e industrialização no Brasil: 1930-1945. *América Latina en la Historia Económica, Boletim de Fuentes*, n.6, jul./dez. 1996.

OLIVEIRA, L. L. Sinais de modernidade na Era Vargas: vida literária, cinema e rádio. In: FERREIRA, J.; DELGADO, L. A. N. (Orgs.). *O Brasil Republicano*: o tempo do nacional-estatismo. Rio de Janeiro: Civilização Brasileira, 2003. v.2.

OLIVEIRA, L. L.; VELLOSO, M. P.; GOMES, A. C. *Estado Novo*: ideologia e poder. Rio de Janeiro: Zahar, 1982.

PACHECO BORGES, V. *Getúlio Vargas e a oligarquia paulista*. São Paulo: Brasiliense, 1979.

PAIVA, R. M.; SCHATTAN, S.; FREITAS, C. *Setor agrícola do Brasil*. São Paulo: Secretaria da Agricultura, 1973.

PANDOLFI, D. A trajetória do Norte: uma tentativa de ascenso político. In: GOMES, Â. C. et al. *Regionalismo e centralização política*: partidos e constituintes nos anos 30. Rio de Janeiro: Nova Fronteira, 1980.

PASQUINO, G. Militarismo. In: BOBBIO, N.; MATTEUCCI, N.; PASQUINO, G. *Dicionário de política*. 5.ed. Brasília: Editora UnB; São Paulo: Imprensa Oficial, 2000. v.2.

PEIXOTO, A. C. P. Le Clube Militar et les affrontements au sein des forces armées. In: ROUQUIE, A. (Ed.). *Les partis militaires au Brésil*. Paris: Presses de la Fondation Nationale de Sciences Politiques, 1980.

PELÁEZ, C. M. A balança comercial, a grande depressão e a industrialização brasileira. *Revista Brasileira de Economia*, v.22, n.1, p.15-47, mar. 1968.

_____. As consequências econômicas da ortodoxia monetária, cambial e fiscal no Brasil entre 1889 e 1945. *Revista Brasileira de Economia*, v.25, n.3, p.5-82, set. 1971.

_____. *História da industrialização brasileira*. Rio de Janeiro: Apec, 1972.

_____. *História econômica do Brasil*. São Paulo: Atlas, 1979.

PENNA, L. A. *O progresso da ordem*: o florianismo e a construção da República. Rio de Janeiro: 7 Letras, 1997.

PEREIRA, J. S. *Petróleo, energia elétrica, siderurgia*: a luta pela emancipação, um depoimento sobre a política de Vargas. Rio de Janeiro: Paz e Terra, 1975.

PERISSINOTTO, R. *Classes dominantes e hegemonia na República Velha*. Campinas: Editora da Unicamp, 1994.

PESAVENTO, S. J. *RS*: agropecuária colonial e industrialização. Porto Alegre: Mercado Aberto, 1983.

PESSANHA, E. G.; MOREL, R. Classe trabalhadora e populismo: reflexões a partir de duas trajetórias sindicais no Rio de Janeiro. In: FERREIRA, J. (Org.). *O populismo e sua história*: debate e crítica. Rio de Janeiro: Civilização Brasileira, 2000.

PIRES DO RIO, J. *A moeda brasileira e seu perene caráter fiduciário*. Rio de Janeiro: José Olympio, 1947.

PLATT, D. M. *Finance, Trade, and Politics in British Foreign Policy, 1815-1914*. Oxford: Clarendon, 1968.

POLANYI, K. *A grande transformação*: as origens da nossa época. Rio de Janeiro: Campus, 1988 [1944].

POLLACK, M. Memória e identidade social. *Estudos Históricos*, v.5, n.10, p.200-12, 1992.

POULANTZAS, N. *Poder político e classes sociais*. São Paulo: Martins Fontes, 1986 [1968].

PRADO, L. C. D. *Commercial Capital, Domestic Market and Manufacturing in Imperial Brazil*: The Failure of Brazilian Economic Development in the XIXth Century. 1991. Tese (Ph.D.) – University of London, London, 1991.

_____. A economia política das reformas econômicas da primeira década da república. *Análise Econômica*, v.10, n.39, p.93-113, mar. 2003.

PRADO, L. C. D.; EARP, F. S. O "milagre" brasileiro: crescimento acelerado, integração internacional e concentração de renda, 1967-1973. In: FERREIRA, J.; DELGADO, L. A. N. (Orgs.). *O Brasil Republicano*: o tempo da ditadura. Rio de Janeiro: Civilização Brasileira, 2003. v.4.

PRADO JUNIOR, C. *Evolução política do Brasil*. São Paulo: Brasiliense, 1969.

PRESTES, A. L. *Tenentismo pós 30*: continuidade ou ruptura? São Paulo: Paz e Terra, 1999.

QUEIROZ, S. R. R. *Os radicais da república*. São Paulo: Brasiliense, 1986.

RABE, S. G. *Eisenhower and Latin America*: The Foreign Policy of Anticommunism. Chapel Hill; London: Univ. of North Carolina, 1988.

RANGEL, I. *A dualidade básica da economia brasileira*. Rio de Janeiro: Iseb, 1957.

_____. *A questão agrária brasileira*. Recife: Codepe, 1962.

_____. Características e perspectivas da integração das economias regionais. *Revista BNDE*, v.5, n.2, p.43-71, jul./dez. 1968. Originalmente publicada pelo BNDE, Rio de Janeiro, em 1966, mimeografada.

REIS FILHO, D. A. *Ditadura militar, esquerdas e sociedade*. Rio de Janeiro: Zahar, 2000.

RIBEIRO, R. R. *As políticas cambiais no Brasil de 1953 a 1982*. Campinas: Unicamp, 1997. Mimeografado.

RIO, A. S.; GOMES, H. C. Sistema cambial: bonificações e ágios. In: BARROS, J. R. M.; VERSIANI, F. R. (Orgs.). *Formação econômica do Brasil*: a experiência da industrialização. São Paulo: Saraiva, 1977 [1955]. p.339-56.

ROTHERMUND, D. *The Global Impact of the Great Depression, 1929-1939*. London: Routledge, 1996.

SAES, D. *Classe média e sistema político no Brasil*. São Paulo: T. A. Queiroz, 1985.

SAES, F. *As ferrovias de São Paulo, 1870-1940*. São Paulo: Hucitec; [Brasília]: INL, 1981 [1977].

_____. *A grande empresa de serviços públicos na economia cafeeira*. São Paulo: Hucitec, 1986a [1983].

_____. *Crédito e bancos no desenvolvimento da economia paulista, 1850-1930*. São Paulo: Instituto de Pesquisas Econômicas, 1986b.

_____. Crescimento e consolidação do sistema bancário em São Paulo na década de 1920. In: LORENZO, H. C.; COSTA, W. P. (Orgs.). *A década de 1920 e as origens do Brasil moderno*. 2.ed. São Paulo, Editora Unesp, 1997. (Primas).

SALLES, D. *As razões do nacionalismo*. São Paulo: Fulgor, 1959.

SAMUELS, W. J. The Present State of Institutional Economics. *Cambridge Journal of Economics*, v.19, n.4, p.569-590, 1995.

SANTA ROSA, V. *O sentido do tenentismo*. São Paulo: Cia. Editora Nacional, 1976.

SANTOS, W. G. *Ordem burguesa e liberalismo político*. São Paulo: Duas Cidades, 1978.

_____. *Cidadania e justiça*: a política social na ordem brasileira. Rio de Janeiro: Campus, 1979.

_____. *Razões da desordem*. Rio de Janeiro: Rocco, 1993.

SARETTA, F. O Jornal O Estado de São Paulo e Getúlio Vargas: política e economia, 1951-1954. In: ENCONTRO NACIONAL DE ECONOMIA POLÍTICA, 9, 2004, Uberlândia. *Anais...* Uberlândia, 2004. p.4.

SEERS, D. Inflación y crecimiento: resumen de la experiencia en América Latina. *Boletín Económico de América Latina*, Cepal, v.7, n.1, fev. 1962.

SEITENFUS, R. S. Ideology and Diplomacy: Italian Fascism and Brazil (1935-1938). *Hispanic American Historical Review*, v.64, n.3, p.503-34, ago. 1984.

SENTO-SÉ, T. Uma herança a ser superada. *O Globo*, Rio de Janeiro, 22 ago. 2004. Suplemento Getúlio Vargas.

SILBER, S. Análise da política econômica e do comportamento da economia brasileira durante o período 1929-1939. In: VERSIANI, F. R.; MENDONÇA DE BARROS, J. R. *Formação econômica do Brasil*. São Paulo: Saraiva, 1977.

SILVA, F. T. *A carga e a culpa*: os operários das docas de Santos: direitos e cultura de solidariedade, 1937-1968. São Paulo: Hucitec; Santos: Prefeitura Municipal, 1995.

SILVA, F. T.; COSTA, H. Trabalhadores urbanos e populismo: um balanço dos estudos recentes. In: FERREIRA, J. (Org.). *O populismo e sua história*: debate e crítica. Rio de Janeiro: Civilização Brasileira, 2000.

SILVA, H. *1926*: a grande marcha. Rio de Janeiro: Civilização Brasileira, 1965.

_____. *O ciclo de Vargas*: v.2, os tenentes no poder. Rio de Janeiro: Civilização Brasileira, 1966.

_____. *1935*: a revolta vermelha. Rio de Janeiro: Civilização Brasileira, 1969.

SILVA, L. O. A crise política do Quadriênio Bernardes: repercussões políticas do "caso Itabira Iron". In: LORENZO, H. C.; COSTA, W. P. (Orgs.). *A década de 1920 e as origens do Brasil moderno*. 2.ed. São Paulo, Editora Unesp, 1997. p.15-35. (Primas).

_____. Projeto Nacional e Politização das Forças Armadas, 1945-1964. In: CONGRESSO INTERNACIONAL DA BRASA, 9, 2008, New Orleans, Louisiana. *Anais...* New Orleans: Brasa, 2008. p.26.

SILVA, R. *A ideologia do Estado autoritário no Brasil*. Chapecó: Argos, 2004.

SIMONSEN, R. C. *Evolução industrial do Brasil e outros estudos*. São Paulo: Cia. Nacional/Edusp, 1973.

SKIDMORE, T. E. *Brasil*: de Getúlio Vargas a Castelo Branco (1930-1964). 7.ed. Rio de Janeiro: Paz e Terra, 1982 [1967].

SMALLMAN, S. The Official Story: The Violent Censorship of Brazilian Veterans, 1945-1954. *Hispanic American Historical Review*, v.78, n.2, p.229-59, maio 1998.

_____. *Fear & Memory in the Brazilian Army and Society, 1889-1954*. Chapel Hill: University of North Carolina Press, 2002.

SMITH, P. *Petróleo e política no Brasil moderno*. Brasília: Editora UnB, 1978 [1976].

SMITH, T. *Los modelos de imperialismo*: Estados Unidos, Gran Bretana y el mundo tardiamente industrializado desde 1815. Mexico, D.F: FCE, 1984 [1982].

SOARES, G. A. D. *A democracia interrompida*. Rio de Janeiro: FGV, 2001.

SOCHACZEWSKI, A. *Desenvolvimento econômico e financeiro do Brasil*: 1952-1968. 1980. Thesis (PHD) – London University, London, 1980

SODRÉ, N. W. *Formação histórica do Brasil*. 4.ed. São Paulo: Brasiliense, 1967.

_____. *A história militar do Brasil*. 3.ed. Rio de Janeiro: Civilização Brasileira, 1979.

SODRÉ, N. W. *Capitalismo e revolução burguesa no Brasil*. 2.ed. Rio de Janeiro: Grafia, 1997.

SOLA, L. *The Political and Ideological Constraints to Economic Management in Brazil*: 1945-1963. Tese (Ph.D.) – University of Oxford, l982 (Ed. bras.: *Ideias econômicas e decisões políticas*. São Paulo: Edusp, 1998).

SOUZA, A. M. *O Estado dependente no Brasil*. Campinas: Editora da Unicamp, 1995. Mimeografado.

STEPAN, A. *Brasil*: los militares y la política. Buenos Aires: Amorrortu, 1971.

STOLCKE, V. *Cafeicultura*: homens, mulheres e capital (1850-1980). São Paulo: Brasiliense, 1986.

SUZIGAN, W. *Indústria brasileira*: origem e desenvolvimento. São Paulo: Brasiliense, 2000.

SZMRECSÁNYI, T. *O planejamento da agroindústria canavieira do Brasil, 1930-1975*. São Paulo: Hucitec; Campinas: Editora da Unicamp, 1979.

SZMRECSÁNYI, T.; GRANZIERA, R. G. (Orgs.). *Getúlio Vargas e a economia contemporânea*. 2.ed. São Paulo: Hucitec, 2004.

SZMRECSÁNYI, T.; SUZIGAN, W. (Orgs.). *História econômica do Brasil contemporâneo*. São Paulo: Hucitec, 1996.

TANNURI, L. A. *O Encilhamento*. Campinas: Hucitec/Funcamp, 1981 [1980].

TARGA, L. R. P. *Breve inventário de temas do Sul*. Porto Alegre: FEE-UFRGS; Lajeado: Univates, 1998.

_____. Fundação do estado burguês no Brasil. In: JORNADAS DE HISTORIA ECONÔMICA, 3, 2003, Montevideo. *Anais...* Montevideo, 2003. 1 CD-ROM.

TAVARES, M. C. A. Auge e declínio do processo de substituição de importações no Brasil. In: _____. *Da substituição de importações ao capitalismo financeiro*: ensaios sobre a economia brasileira. Rio de Janeiro: Zahar, 1972a [1963].

_____. *Da substituição de importações ao capitalismo financeiro*. Rio de Janeiro: Zahar, 1972b.

_____. *Acumulação de capital e industrialização no Brasil*. 3.ed. Campinas: Unicamp. Instituto de Economia, 1998 [1974].

TÁVORA, J. *Uma vida e muitas lutas*. Rio de Janeiro: José Olympio, 1974. v.2.

TEIXEIRA, A. *O movimento da industrialização nas economias capitalistas centrais no pós-guerra*. 1983. 243f. Dissertação (Mestrado em Economia) – Instituto de Economia Industrial, Universidade Federal do Rio de Janeiro, Rio de Janeiro, 1983.

TENDLER, J. *Electric Power in Brazil*: Entrepreneurship in the Public Sector. Cambridge, Mass.: Harvard University Press, 1968.

TOPIK, S. Capital estrangeiro no sistema bancário brasileiro, 1889-1930. *Revista Brasileira de Mercado de Capitais*, v.5, n.15, 1979.

_____. A empresa estatal em um regime liberal: o Banco do Brasil, 1905-1930. *Revista Brasileira de Mercado de Capitais*, v.7, n.19, 1981.

TORRES, A. *O problema nacional brasileiro*: introdução a um Programa de Organização Nacional. 3.ed. São Paulo: [s.n], 1938.

TRINER, G. The Formation of Modern Brazilian Banking, 1906-1930: Opportunities and Constraints Presented by the Public and Private Sectors. *Journal of Latin American Studies*, v.28, n.1, p.49-74, 1996.

TRINER, G. British Banks in Brazil During the First Republic. In: CONGRESSO BRASILEIRO DE HISTÓRIA ECONÔMICA, 2, 1996, Niterói, UFF. Anais... Niterói: ABPHE: Instituto de Ciências Humanas e Filosofia-UFF, 1997.

VARGAS, G. Mensagem a Assembleia de Representantes do Estado do Rio Grande do Sul. Porto Alegre: A Federação, 1928-1930.

_____. A nova política do Brasil. Rio de Janeiro: José Olympio, 1938.

_____. As diretrizes da nova política do Brasil. Rio de Janeiro: José Olympio, 1942.

_____. A política trabalhista no Brasil. São Paulo: José Olympio, 1950 [1946-1948].

_____. A campanha presidencial. São Paulo: José Olympio, 1951 [1950].

_____. Mensagem ao Congresso Nacional (1951-1954). Rio de Janeiro: Imprensa Nacional, 1951-1954.

_____. O governo trabalhista no Brasil. Rio de Janeiro: José Olympio, 1952-1969a [1950-1954]. v.1-4.

_____. Os fundamentos da Petrobrás. In: _____. O governo trabalhista no Brasil. Rio de Janeiro: José Olympio, 1952-1969b [1950-1954]. v.1-4.

_____. A política nacionalista do petróleo no Brasil. Rio de Janeiro: Tempo Brasileiro, 1964 [1954].

_____. Getulio Vargas: diário. São Paulo: Siciliano; Rio de Janeiro: FGV, 1995.

_____. Parlamentares gaúchos: discursos, 1906-1929. Organizado por Carmen Aita, Gunter Axt. Porto Alegre: Assembleia Legislativa do Estado do Rio Grande do Sul, 1997.

_____. Mensagem do Presidente do Estado à Assembleia de Representantes na Sessão de Instalação em 24 de setembro de 1928. In: VARGAS, G. Getúlio Vargas: discursos, 1903-1929. v.2. Organizado por Carmen Aita, Gunter Axt. 2.ed. Porto Alegre: Assembleia Legislativa, 1999. p.507-62. (Perfis: parlamentares gaúchos). Disponível em: <http://www2.al.rs.gov.br/biblioteca/LinkClick.aspx?fileticket=KH4W2UskhBk%3D&tabid=3101&language=pt-BR>. Acesso em: 4 maio 2012.

_____. Discurso proferido no 2o Congresso de Criadores, A Federação, 26 de abril de 1928. In: VARGAS, G. O pensamento político de Getúlio Vargas. Porto Alegre: Alerg & IHGRG, 2004a. [1928] p.30-6. (O pensamento político). Disponível em: <http://www2.al.rs.gov.br/biblioteca/LinkClick.aspx?fileticket=1qGzSauxIbI%3d&tabid=3101&language=pt-BR>. Acesso em: 4 maio 2012.

_____. O discurso do dr. Getúlio Vargas, A Federação, 10 e 12 de dezembro de 1927. In: VARGAS, G. O pensamento político de Getúlio Vargas. Porto Alegre: Alerg & IHGRG, 2004b [1927]. p.20-7. (O pensamento político). Disponível em: <http://www2.al.rs.gov.br/biblioteca/LinkClick.aspx?fileticket=1qGzSauxIbI%3d&tabid=3101&language=pt-BR>. Acesso em: 4 maio 2012.

_____. Plataforma da aliança liberal. In: VARGAS, G. O pensamento político de Getúlio Vargas. Porto Alegre: Alerg & IHGRG, 2004c [1930]. p.37-58. (O pensamento político). Disponível em: <http://www2.al.rs.gov.br/biblioteca/LinkClick.aspx?fileticket=1qGzSauxIbI%3d&tabid=3101&language=pt-BR>. Acesso em: 4 maio 2012.

VELLOSO, M. P. Os intelectuais e a política cultural do Estado Novo. In: FERREIRA, J.; DELGADO, L. A. N. (Orgs.). *O Brasil Republicano*: o tempo do nacional-estatismo. Rio de Janeiro: Civilização Brasileira, 2003. v.2.

VIANNA, L. W. *Liberalismo e sindicato no Brasil*. Rio de Janeiro: Paz e Terra, 1978 [1976].

VIANNA, O. *Populações meridionais do Brasil*: populações rurais do centro-sul. Rio de Janeiro: José Olympio, 1952.

VIANNA, S. B. *A política econômica no segundo governo Vargas, 1951-1954*. Rio de Janeiro: BNDES, 1987 [1985].

_____. Política econômica externa e industrialização: 1946-1951. In: ABREU, M. P. (Org.). A ordem do progresso. Rio de Janeiro: Campus, 1990. p.105-22.

VICTOR, M. *A batalha do petróleo brasileiro*. Rio de Janeiro: Civilização Brasileira, 1970.

VIEIRA, D. T. *A obra econômica de Amaro Cavalcanti*. 1948. 132f. Tese (Livre-Docência) – Faculdade de Filosofia, Letras e Ciências Humanas, Universidade de São Paulo, São Paulo, 1948.

VILLELA, A.; SUZIGAN, W. *Política do governo e crescimento da economia brasileira, 1889-1945*. Brasília: Ipea; São Paulo: Inpes, 1973.

WEFFORT, F. O nacionalismo, o populismo e o que restou do legado político e econômico de Vargas. In: SZMRECSÁNYI, T.; GRANZIERA, R. G. (Orgs.). *Getúlio Vargas e a economia contemporânea*. 2.ed. São Paulo: Hucitec, 2004 [1985]. p.157-70.

_____. *O populismo na política brasileira*. Rio de Janeiro: Paz e Terra, 1980.

WHITAKER, I. M. *O milagre de minha vida*. São Paulo: Hucitec, 1978.

WILLIAMS, D. Gustavo Capanema, ministro da Cultura. In: GOMES, A. C. (Org.). *Capanema*: o ministro e seu ministério. Rio de Janeiro: Editora da FGV/Universidade de São Francisco, 2000.

WIRTH, J. D. *The Politics of Brazilian Development, 1930-1954*. Stanford, Calif.: Stanford Univ. Press, 1970. [Ed. bras. *A política de desenvolvimento na Era Vargas*. Rio de Janeiro: FGV, 1973.]

ZYSMAN, J. How Institutions Create Historically Rooted Trajectories of Growth. *Industrial and Corporate Change*, v.3, n.1, p.243-83, 1994.

Sobre os autores

Organizadores

Pedro Paulo Zahluth Bastos – Professor Doutor da Universidade Estadual de Campinas (Unicamp).

Pedro Cezar Dutra Fonseca – Professor Titular da Universidade Federal do Rio Grande do Sul (UFRGS).

Autores

Ângela de Castro Gomes – Professora Titular da Universidade Federal Fluminense (UFF) e pesquisadora do CPDOC da Fundação Getúlio Vargas (FGV-RJ).

Francisco Luiz Corsi – Professor Assistente Doutor da Universidade Estadual Paulista Júlio de Mesquita Filho (Unesp).

Jorge Ferreira – Professor Titular da Universidade Federal Fluminense (UFF).

Ligia Osório Silva – Professora Titular da Universidade Estadual de Campinas (Unicamp).

Luiz Carlos Bresser-Pereira – Professor Titular da Fundação Getúlio Vargas (FGV-SP).

Wilson Cano – Professor Titular da Universidade Estadual de Campinas (Unicamp).

SOBRE O LIVRO
Formato: 16 x 23 cm
Mancha: 27,5 x 49,0 paicas
Tipologia: Horley Old Style 11/15
Papel: Offset 75g/m^2 (miolo)
Cartão Supremo 250 g/m^2 (capa)
1ª edição: 2012

EQUIPE DE REALIZAÇÃO

Capa
Estúdio Bogari

Edição de Texto
Luís Brasilino (Copidesque)
Frederico Ventura e Carmen Costa (Revisão)

Editoração Eletrônica
Sergio Gzeschnik

Assistência Editorial
Alberto Bononi

Impressão e acabamento